民事信託
実務ハンドブック

監修 税理士 **平川忠雄**
編者 弁護士 **遠藤英嗣**
　　 税理士 **中島孝一**
　　　　　 星田　寛
編集協力 （一社）民事信託推進センター

JN244301

日本法令

まえがき

　民事信託を家族で活用するメリットは「固い絆で結ばれた信頼できる親族だけの構成とそのスキームによる財産管理・承継である」。この有利性を安全に活用するためには、資産所有者への「民事信託の活用と魅力」を提示して「多角的かつ合理的な、すなわち事情変化に対応できる柔軟な財産管理・承継スキームを取組む時期」が見えてきたともいえます。財務管理のスタートは「提案実務の合理的基礎説明ツールの作成」からスタートします。

　この任に携わる各分野の専門家により「民事信託の特色やその有効活用の効果等」を具体的に提案し、専門家が受託者になる家族の管理実務をサポートして民事信託の優れた機能・特色を発揮させることができるといえます。

　民事信託有効活用には、その本質に係る法令と法務、財産と財務、税制と税務等の手続き等の専門性要件のいずれかが欠ければ民事信託機能の全体に大きな影響を及ぼします。「これらの要件等が有する複雑な法令等が支える現代社会」において、「他より優れた経済取引と資産管理、財産承継等を実践することを期待する財産所有者」のニーズに対応するためには、多様なクロスセッションが機能する民法・信託法、税法の専門家の活用は不可欠です。

　この専門家には、民事信託の委託者・受託者・受益者に対して相当な注意義務と説明責任があります。民事信託には「柔軟性」があっても、公序に反すること、法令を潜脱することは許されません。専門家として委託者のニーズを注意深く見極め、目的に即する適格な提案をする必要があります。

　財産の自己管理が当然である我が国の資産所有者の方々にも、自己所有の土地の有効活用等において「不動産管理信託」の手法等が拡大

してきました。しかし、自己資産の保全と自己運用が当然であるとの認識は、まだまだ多くの資産所有者の基本的信条ともいえます。

　国際的にみれば、地理的に外国と国境を隣接しているヨーロッパ等では、他国との紛争などに参加する夫が妻子のために、土地・建物等を実力者に「信託する」地理的・合理的慣行が形成され「信託」が財産管理の認識として育つ事情があったといえます。

　我が国においても信託が注目されたケースとして、信託銀行不動産部等の開発手法を拡充して「財産の有効活用の分権的手法、つまり、商事信託の手法」が民事信託においても活用されてきたといえます。

　信託銀行等または信託会社が提供する家族のための信託も民事信託であり、活用の可能性を検証すべきといえます。

　本書は、現在の国際社会・世代交代の時代における中小企業等のクライアントに民事信託を提案、コンサルする専門家のための、民事信託実務と検討すべき法務、財産・財務及び税務について記述し、関係する方々の専門分野の更なる認識による財産管理手法の拡充を期待しています。

　財産の管理運用が「自己管理かつ自己責任である」ことは、資産家の方々のみならず会計・税務の業務に携わる税理士・会計士の方々に既に定着していますが、マイナス金利時代において「経済的にも法的にも更なる認識拡充が求められている」ともいえます。また、銀行等の金融機関においても低金利時代の現状に対応し、「更なる経済の活性化に資するルートを模索している時代変革を期待する時期でもある」といえます。

　信託の活用の可能性・広がりについて、信託法の権威者である、Austin Wakeman Scott 教授、及び四宮和夫博士は、「想像力」がポイントと指摘されています。また、遠藤英嗣弁護士は、民事信託の「創造者」、「制作者」が重要として、「提案する専門家の想像力次第」という認識を示しました。

民事信託では、民法でできないことを可能とし、遺産分割の方法の選択肢を広げ、認知症等による財産管理能力の低下を補うことに対応できるといえます。

　近世になって対等な取引としての契約の概念が熟成されますが、信託という「信じて託する関係」も中世から培われてきました。『多様化する現代社会のこの時期において「民事信託」を通してクライアントの家族の幸せをサポートする』という、「専門家の機能・責務が公正にして働き甲斐のある関係を拡大していくこと」が期待されています。

平成 28 年 6 月　恵みの滋雨が緑を育てる季節に

監修　平川忠雄

目　　次

第3章　民事信託の基本スキーム

第6章　民事信託の会計

コラム6　日本の信託の歴史　320

第7章　民事信託の基本的な税務(所得税・相続税・諸税)

第10章　民事信託を活用する場合に留意すべき事項

［凡　例］

信	信託法
信規	信託法施行規則
信計規	信託計算規則
信業	信託業法
兼営	金融機関の信託業務の兼営等に関する法律
兼営規	金融機関の信託業務の兼営等に関する法律施行規則
民	民法
民施	民法施行法
不登	不動産登記法
不登令	不動産登記令
不登規	不動産登記規則
会	会社法
振替	社債、株式等の振替に関する法律
法人	一般社団法人及び一般財団法人に関する法律
公証	公証人法
司法規	司法書士法施行規則

【税法】

所法	所得税法
所令	所得税法施行令
所規	所得税法施行規則
所基通	所得税基本通達
法法	法人税法
法令	法人税法施行令
法規	法人税法施行規則
法基通	法人税基本通達
相法	相続税法
相令	相続税法施行令

相規	相続税法施行規則
相基通	相続税法基本通達
評基通	財産評価基本通達
措法	租税特別措置法
措令	租税特別措置法施行令
措通	租税特別措置法通達
消法	消費税法
消令	消費税法施行令
消規	消費税法施行規則
地法	地方税法
登法	登録免許税法
印基通	印紙税法基本通達
通法	国税通則法
通規	国税通則法施行規則
国外送金調書法	内国税の適正な課税の確保を図るための国外送金等に係る調書の提出等に関する法律
国外送金調書法規則	内国税の適正な課税の確保を図るための国外送金等に係る調書の提出等に関する法律施行規則

＜条・項・号の略について＞

条 …… 算用数字
項 …… ローマ数字
号 …… マル付き数字
例）信託法第 21 条第 2 項第 4 号　→　信 21 Ⅱ④
【税法】
条 …… 算用数字
項 …… マル付き数字
号 …… 漢数字
例）相続税法第 59 条第 2 項第 1 号　→　相法 59 ②一

第 1 章
民事信託の活用と魅力

1 「民事信託」の活用

(1) 民事信託の活用 —— こんなときに使っています

　民事信託とは家族のための信託です。財産を有する者の願いの実現化の方法の一つで、複雑な事情や複数の願いがあって、また民法・組合・法人の定め・仕組みでは対応できない、疑義が生じやすい等のケースに活用する方法です。信託は慣れない故に慎重さが求められ、その分リスクとコストが増加する可能性があります。その点の認識も必要でしょう（もちろんコストが軽減されるときもたくさんあります）。

　では、民事信託とはどんなものかを具体的に理解するために、使われている例を挙げてみます。

> ⑦　自らとともに家族の大切な財産管理のために
> ⑦　特定の家族の扶養・生活のために
> ⑦　護りたい家産・事業の承継のために
> ⑦　相続手続を速やかにするために、かつ負担軽減化のために
> ⑦　夫婦の生涯のために、とともに残余財産を社会に・特定のことに役立てるために

　民法では自分のみのための単なる財産管理は可能ですが、複数の者、家族・第三者も含めた、また将来の事情変化に対応できる管理は難しいのです。

　次のような場合には、他の手法と比較して民事信託スキームを検討する余地があると考えます。

（a）家産の確実な二次承継・移転をも望む場合
（b）贈与後の子供の先死亡等その後の事情変化により、見直すことを望む場合

（c）分割協議をさせずに相続手続を素早く・簡単にしたい場合

（d）判断能力低下に備え、自らまた配偶者・家族の生活が安定できるようにしたい（成年後見制度では思うような本人・家族のための使用はできない）場合、世話が必要な者と世話をする者（伴侶亡き後の、親亡き後の家族）のために遺したい場合

（e）後の配偶者の居住・生活資金を確保しつつ、前の配偶者との間の子へ確実に財産承継・帰属できるようにしたい場合

（f）自社株、先祖からの不動産を維持し、議決権行使を円滑にし、今後の相続による家産・事業財産の承継、分散を避けるとともに、他の相続人の生活を安定させたい場合

（g）負担付遺贈の履行・財産管理に不安がある場合

（h）アンバランスな財産構成、複雑な家族構成ゆえ、円滑な遺産分割方法として、財産から生じる果実を特定の家族に与え、その元本は他の家族に帰属させたい場合

（i）生活維持・財産管理・判断の能力に疑問（たとえば気が弱い・ハンディがある・騙されやすい・散財する）がある子孫に、事情に応じて臨機応変に対応してほしい場合

（j）同居または近所に住み、身近な存在である可愛い子孫に対し、十分な教育を受け・豊かな人生を得られるように、また感謝の気持ちとして残った財産を定期的に渡したい場合

（k）自己の存在を忘れられないように菩提を弔う寺院、特定の子孫の活動、可愛いペット、または特定の非営利活動等に、定期的に援助し続けるようにしたい場合

（l）成年後見制度も利用しつつ、家族のためにも財産が活用できるようにしたい場合

（m）身体障がい等、成年後見制度が利用できないので財産管理もしたい場合

（n）成年被後見人等になると借入行為、借入の更新・契約変更等ができないので困る場合

(2) 民事信託を使う理由 —— なぜ民事信託なのか

　民事信託は最近注目を浴びています。身近に利用される場面は少なく、多くの人にとって慣れない仕組みですが、民事信託においての信託の特長は財産管理、財産承継、そして倒産隔離です（後述 (3) 及び 2 参照）。もし委託・代理、贈与・相続・遺贈、相続分離など従前の方法で願いが解決・対応が十分にできるなら、わざわざ信託を利用せずに慣れ親しんだ方法がよいのは当然です。

　しかし、相続・贈与、財産管理の民法の仕組みを超えたニーズ・願いがあるときは、海外に持ち出すか、諦めずに信託を検討してはどうでしょうか。信託は本人の財産から分離し、本人の相続の対象から外すことができる仕組みです。つまり本人の財産は受益者として「信託の受益権」（後述 2 参照）という財産に切り替わるのです。本人の生涯にわたる財産として受益権を持ちます。受益権は所有していた財産についての権利ですから、実質的に同じものです。途中でやめたいときは元の財産に戻すことができます。そして本人が次の受益者 A を指定することができます。指定した次の受益者 A（たとえば長男を指定すれば長男）が原始的に新たな受益権を取得し、前の受益者である本人が持つ受益権は消滅する定めができますので、本人の「相続」財産ではなくなるのです。ただ一つ、次の受益者 A の受益権は、本人からの特別受益として遺留分の減殺請求の対象になります。しかし、指定する次の次の受益者 B（たとえば長男の第一子）はその前の受益者 A からの特別受益にはなりません。いいかえますと、信託法は民法の特別法として、民法とは別の枠組みで異なる効果を作り出すことを認めているのです。

　わかりにくいので、「水の上に浮かぶ油のような存在」と四宮和夫博士が言われ、この特長を活用して財産承継の願いを実現させようとするのが民事信託の一つの魅力になっています（**コラム 1** 参照）。

> ・民事信託のコンセプトは家族に対する願いの実現
> ・民法では、相続財産は相続開始により相続人に包括承継する
> ・信託法では、受益者の死亡によりその有する受益権は消滅し、指定する受益者が新たな受益権を取得することができる（信託により民法・本人の財産から分離する）

　本人の財産から分離させるために、財産の所有権、占有を受託者に移転します。たとえば、不動産を移転すると「所有者」の表示ではなく「受託者」の表示にて登記・登録されます。しかし、法律は濫用・悪用されないように種々の防御策を定めています。必ず、名義を移転することも含めて民事信託の効果、費用・手間とリスクを他の手法と比較します。比較して納得できない方であれば、それ以上勧めても誤解されるだけです。

(3) 民事信託の特長

> ㋐　委託者が死亡しても継続して長期にわたる財産管理機能がある（法人格がなくても）
> ㋑　委託者の債権者は差押えできない倒産隔離機能がある（詐害行為でない場合）
> ㋒　受託者の債権者も差押えできない倒産隔離機能がある（所定の義務を果たしていれば）
> ㋓　財産の後継ぎ遺贈に類似の行為、民法（遺産分割・遺贈等）ではできない行為ができる
> ㋔　相続手続が回避できる

　遺言等の手続が、取扱金融機関の保守的な対応により、また一部の家族等の妨害により容易に進まない場合、また生前の契約・贈与、遺言もしくは死後委任の契約等を組み合わせても円滑に実現できない可能性がある場合[1] には、適切な信託契約一つをすることで比較的円滑に財産の引継ぎができる可能性が広がります。

民事信託の具体的な機能を、次の２(1)の図表も参考に関係者へ説明します。

(4)　民事信託を使ってはいけない場合

　信託の法的効果等について、まだまだ解釈が明確ではないものがあります。またその税法の取扱い、財産の実務手続も明らかでないところがあります。活用することでかえってトラブルになりえます。もちろんマネーロンダリング、反社会的勢力、詐欺等の犯罪に加担する、公序に反することは許されません。信託目的、スキームにおいて犯罪の疑い、トラブルの可能性、不合理な状況がありうるか、しっかり見極めて提案します。そのような意図のある財産管理・承継、民事信託の提案・コンサル・実務支援はできない旨を明確にします。

　また、民事信託をわざわざ活用する必要もない場合、信託銀行等の信託商品を活用すればよい場面もあります。

2　民事信託の基本スキーム、機能、類似制度との比較

(1)　民事信託の基本的なスキーム「契約信託」

　民事信託の基本的な仕組みは「契約信託」です。その手続フローは次のとおりです。

a　委託者は受託者と次の図のような信託の契約を締結し、所有する財産を受託者に引き渡します。

b　受託者は所定の名義変更・信託登記等の手続をして分別管理します。

---

1) 堂薗昇平「相続預金払戻拒否による金融機関の不法行為責任リスクと実務対応」金法2026号（2015年）16頁。

c　受益者は委託者が定めた受益権を取得し、受託者は委託者が定めた目的、管理等の方法及び給付内容に基づき手続をして受益者に交付します。

　　委託者が受益者の場合もあります（自益信託といいます）。

《家族のための民事信託のスキーム図》

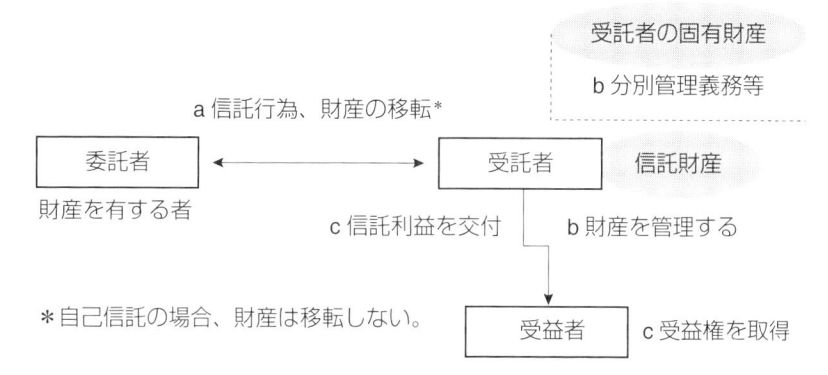

（民事信託の委託者・受託者・受益者の立場）

> ㋐　財産を拠出等して信託をする委託者、財産を管理処分等する受託者、信託されている財産の元本またはその収益の全部または一部のいずれかもしくはいずれも受ける受益者の三者がいます。しかし制限はありますが兼ねることもできます。
>
> ㋑　委託者から受託者に財産が移転等します。信託財産は受託者の名義に変更等しますが、受託者の固有財産にはなりません。
>
> ㋒　受益者は受益権を取得し、所定の信託の利益を享受でき、かつ受託者を監督する等の受益権を保護する権限を有し、また保護する機能が設けられています。
>
> ㋓　受託者は信託の目的を遂行する範囲に限り財産を管理処分等する権限を有します。しかし、勝手な処分ができないよう、その行為には善管注意義務、忠実義務、公平義務、分別管理義務、報告義務などその権利濫用を防ぐための諸義務とその責任を負い、受託者として利益を得ることはできません。

（信託法の定めの概要）

信託法では次のように定めています。

㋐　信託とは、「特定の者が一定の目的（専らその者の利益を図る目的を除く。）に従い財産の管理又は処分及びその他の当該目的の達成のために必要な行為をすべきものとすることをいう」（2条1項）。

　　信託法は、信託の役割、つまり受託者の行動範囲として、単に「管理又は処分」だけでなく「管理又は処分及びその他の当該目的の達成のために必要な行為をすべきものとすること」と定めて、受託者に「その他の……」の行為ができることが明らかになり、福祉型の民事信託においても上手に定めて有用な活用ができる。

㋑　委託者とは、「信託をする者をいう」（同条4項）。

㋒　受託者とは、「信託行為の定めに従い、信託財産に属する財産の管理又は処分及びその他の信託の目的の達成のために必要な行為をすべき義務を負う者をいう」（同条5項）。

㋓　受益者とは、「受益権を有する者をいう」（同条6項）。受益権とは、「信託行為に基づいて受託者が受益者に対し負う債務であって信託財産に属する財産の引渡しその他の信託財産に係る給付をすべきものに係る債権（以下「受益債権」という。）及びこれを確保するためにこの法律の規定に基づいて受託者その他の者に対し一定の行為を求めることができる権利をいう」（同条7項）。

㋔　信託財産とは、「受託者に属する財産であって、信託により管理又は処分をすべき一切の財産をいう」（同条3項）。また、「信託行為において信託財産に属すべきものと定められた財産のほか、次に掲げる財産は、信託財産に属する」として、「一　信託財産に属する財産の管理、処分、滅失、損傷その他の事由により受託者が得た財産　二（省略）」と定義されている（16条）。つまり、委託者から信託財産として設定当初に、及びその後に追加して受託者に移転された財産、その代位物、運用益により生じた財産等々も信託財産となる。

㋕　委託者の信託を設定するには、つまり信託行為として、契約による「生前信託」（2条2項1号）、遺言による「遺言信託」（同条2項2号）、意思表示による「自己信託」（同条2項3号）の3つの方法がある。

　　信託契約、遺言及び公正証書等の書面または電磁的記録による意思

表示の３つの作成方法を定め（３条）、契約の締結、遺言の効力発生、公正証書等の作成等により信託行為の効力が生じる（４条各項）。また、停止条件または始期を付すことも認めている。

　公正証書等の作成等による方法は、自己信託と呼ばれる（２条２項３号・３条３号・４条３項・附則２項）新たな方法であるが、民事信託のスキームとしても活用できる。

(2)　民事信託の機能

　民事信託には、次のような信託の機能があります。
　本人及び家族のために財産を保全・管理・活用・処分等する方法、またその生活を支援する方法として、その有用性が期待されています。

①　倒産隔離機能

　違法な信託（信９〜12）ではなく、かつ特定の財産が受託者に適正に移転・管理されていれば、委託者の債権者は直接信託財産を差押えできません。まず信託財産を特定して、受託者が所定の登記登録等を行い、かつ日々の動きを法令に定める分別保管・管理していれば（その方法については**第４章２及び第５章２〜４及び６・７参照**）、委託者及び受託者の債権者からの強制執行・仮差押え・仮処分・担保権実行・滞納処分等の制限（自己信託の例外）があります。

　受益者は受託者に対する受益債権及びその関係する権利を有するも直接信託財産を得ることができないので、受益者の債権者は受益権を差し押さえることができるだけです。

　受託者が破産しても破産財産には組み込まれず、受益債権は破産債権、再生債権とならず、また受託者が死亡等により任務が終了しても相続財産にならず、新受託者に引き継がれます（信20・22・23・25・74・75）。このように、受益者のための信託財産は守られているので、信託財産の独立性から倒産隔離機能といいます。

　この機能を有効なものにするためには、適正な分別管理（会計事

務）がとても重要なので、専門家としては受託者に委託者の協力を得
てその態勢の重要性を説明し、整備を求めます。

②　長期財産管理機能

　委任・代理は死亡により原則として終了しますが、信託は終了しま
せん。受託者が死亡等により任務を終了しても新たな受託者に引き継
がれ、長期にわたり財産を管理でき委託者の意思の実現が継続できる
ので、長期管理機能のうち特に意思凍結機能[2]といわれています。

　また、長期財産管理機能には、受益者または信託財産の事情変更に
対処できるよう、受託者に裁量権を付与して事情変更に柔軟に対応す
る受託者裁量機能と、将来の受益者を指定・変更するなどの受益者連
続機能もあります。

　民事信託は主に財産の管理が目的ですが、私的自治がありますので
柔軟な定めが可能です。その信託財産に係る範囲で身上に配慮する義
務を託し、また事実的な身上監護も可能との考えがあります。もっと
もどの程度できるかは受託者の現実的な能力しだいですから、その取
扱いについて慎重に定める必要があります。むしろ信託には法律上の
身上監護機能はありませんので、身上監護を期待する場合には成年後
見制度が利用できる態勢を考慮して信託のスキームを提案します。

③　転換機能

　専門能力を有する受託者へ所有権等の財産を移転することによる優
れた管理等の能力を有する専門家への転換、所有権等から種々の受益
権への財産の種類の転換、受益者を指定または変更（もしくは受益権
の相続・遺贈等）する受益者の転換、受益権の受給内容・給付時期の
転換、複数の受益権・複数の受益者への転換等、種々の転換ができ、
これらを転換機能といいます。

　なお、受益債権が生活扶助等の信託目的等から受給内容が制限され
ている場合、民事訴訟法 152 条による差押禁止債権の適用の可能性が
あるものと考えられます。金銭管理ができない浪費癖のある者等を受

2）新井誠『信託法［第 4 版］』（有斐閣、2014 年）85 頁。

益者にする場合には、弁護士と検討します。

（民事信託の説明ツール例「民事信託の機能」）

1	長期財産管理機能	・委託者が死亡しても委託者の意思である信託は継続する（法人格がなくても）。 ・受益者または信託財産の事情変更に対処できるよう、受託者に裁量権を付与して事情変更に柔軟に対応できる。 ・将来の受益者を指定・変更するなどの受益者連続もできる。 ・身上配慮義務を託すことも可能（しかし限界があるので、成年後見制度と併用する）。
2	倒産隔離機能	・委託者の債権者は差押えできない（詐害行為でない場合）。 ・受託者の債権者も差押えできない（所定の義務を果たしていれば）。 ・受益者の債権者は受益権を差し押さえることができる。 信託財産を特定して所定の登記登録等を行い、かつ日々の動きについて法令に定める分別管理（会計事務）をすれば、この機能が有効なものになる。
3	転換機能	・民法のいわゆる後継ぎ遺贈に類似の行為ができる。 ・遺言等の手続が、取扱金融機関の保守的な対応により、他の家族等の妨害により、また生前の契約・遺言・死後の契約等により、円滑に実現できない可能性があるとき、適切な信託契約一つをすることで比較的円滑に財産の引継ぎができる可能性が広がる。 ・管理等の能力を優れた専門家へ転換できる。 ・所有権等から種々の受益権へ財産の種類・内容を転換できる。 ・受益者を指定または変更（もしくは受益権の相続・遺贈等）でき、受益権の受給内容・時期を転換できる。 ・複数の受益者へ転換できる。

(3) 類似制度、委任との比較

委任とは次のような点に相違があります。

(民事信託の説明ツール例「委任との相違例」)

> ㋐　委任は、対等な関係による契約という方法で法律関係を生むが、信託は契約に限らず、遺言、自己信託の単独行為でもできる。委任契約には相手方がいるが、自己信託には相手方はいない。
>
> ㋑　委任では財産の所有は本人のままであり所有権は移転しない（金銭の場合の占有は移る）が、信託では受託者としての名義になる。信託された財産は、受託者の固有財産でもなく委託者のものでもなく、またいずれの相続財産にもならない。
>
> ㋒　委任契約は、委任者の命令は絶対的であるが、信託は基本的には受託者のみが信託目的に従い管理処分権限を有する。もっとも、委託者が元気なときは変更権、指図権等を留保できる。
>
> ㋓　委任では第三者のための契約は限定的であるが、信託の基本は第三者のための他益信託であり、その受益者の権限は保護されている（民事信託契約の多くは最初は自益信託である）。
>
> ㋔　受任者は善管注意義務（民法644条）などを負うが、受託者はさらに忠実義務、誠実公平義務、分別管理義務等19か条の義務等がある。
>
> ㋕　受託者は勝手に辞任できないが、委任はいつでも解除できる（民法651条）。また、委任は当事者の死亡により原則終了する（民法653条）が、信託は終了しない。

(4) 類似制度、成年後見制度との比較

任意後見契約の場合には任意後見監督人が必ず置かれ、法定後見も必要により後見監督人が置かれて、被後見人等を保護する仕組みができています。でも、成年後見制度の法制面・実務面から、家族のための財産の利用はとても制限的です。家族のための積極的な活用、本人

の元気なときの意思から、成年後見制度を補う仕組みが必要であれば、民事信託の利用・検討をします。また成年後見制度を利用できなく（判断能力が低下していなく）ても託したい場合もあります。

　しかし、成年後見制度には、身上監護の機能があり、またノーマライゼーション、残存能力の活用等の趣旨があります。ついては、成年後見制度の理念と利点を説明して、民事信託スキームにおいてもその併用・利用を（パターナリズムにならないよう）よく検討します。

　そこで、信託には成年後見制度のような裁判所の直接的な関与はないが、信託法により明定された「共同受託」または「信託監督人」もしくは「受益者代理人」の指定、さらに信託事務の委任において専門家の活用による相互監視・牽制・効率性から受託者を監督する、受益者を保護するいくつかの仕組み（**第2章1(6)**参照）を検討します。成年後見制度を活用しつつ、その制度の足りない点を補い、また私的自治・プライバシーを守ることも図れます。機能等を比較表（**第2章1(2)**及び**第3章1**参照）で示してどのような仕組みにするかを検討します。

　なお、民事信託スキームを検討するに際しては、信託銀行等の特約付き金銭信託「成年後見制度支援信託」の仕組みを参照して組成し、また金銭の運用として合同運用金銭信託（**第3章3(2)**参照）を活用することも選択肢の一つです。

（民事信託の説明ツール例「成年後見制度との相違例」）

㋐　成年後見制度は本人のためであるが、民事信託は本人とその家族のためにも利用できる。

㋑　成年後見制度の対象でない者にも民事信託は利用できる。

㋒　成年後見制度には身上監護機能があるが、民事信託は身上に配慮できても監護機能はない。

㋓　成年後見制度には裁判所の監督がある。民事信託には裁判所の監督はないが、専門家による受益者を保護する信託監督人等の仕組みができる。

㋔　取消権がない補助、保佐と異なり、民事信託では事前にチェックできるスキームができる。

(5)　類似制度、負担付遺贈との比較

　民事信託がよいかは、負担付贈与・遺贈など他の民法によるスキームと比較して選択します。負担付遺贈は、停止条件付遺贈、始期付遺贈とともに実例も少なく、いずれも法務リスク、実務、所得・資産に係る課税扱いに不安が残るものの、受遺者が真に信頼できる者であれば実現できるものと思われます。

　たとえば、一定の給付を負担とする遺贈の場合、受遺者がその負担の履行をしないときは、相続人が履行を請求し原則として受益者は請求できないと解され、家庭裁判所に遺贈の取消しの可否の判断が委ねられ、遺贈が取り消された場合は相続人に帰属すると解されています（民1002・1027）。また、受遺者が先に死亡すれば給付の負担は継続せず終了します。負担付遺贈には、受益者の利益保護の定めがないので、遺贈が取り消されて不誠実な受遺者の制裁になっても受益者の救済になりうるかの疑義があり、受益者の権利は不安定なものになっています。

（たとえば、遺言代用のいわゆる後継ぎ遺贈型受益者連続信託の利点（第3章2(7)参照））

㋐　受益者連続信託は、時の経過により2代以上の財産承継者を指定することができる。

㋑　複数の受益者のためにまたは複数の目的を叶えることができる。
　家族の生活の支援とともに家産・事業の承継も願っている場合、時の経過により2代以上の配偶者、障がい者等の生活のため、そして残余の帰属先等を指定しておきたい場合に利用できる。

> ⑦ 条件付・期限付・負担付の贈与・遺贈もあるが実行性等に不安がある
> ので、これらの遺贈もしくは後継ぎ遺贈を使うより民事信託で受益者の
> 権利を明定すれば受託者が手続するので複数の行為でないため合理的で
> ある（慣れていないので専門家を活用）。

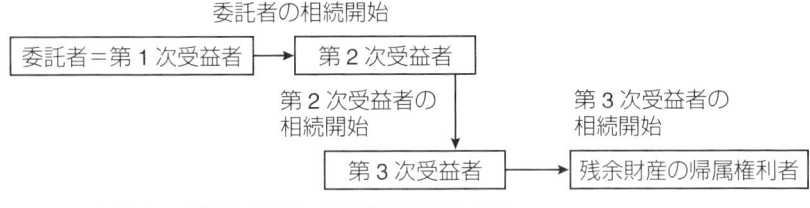

しかし、相続を原因とする移転ではない！

　複数の目的または複数の受益者にするニーズとして、次のような例
があります。

（複数の目的または複数の受益者にするニーズの例）

> ⑦ 自らとともに老齢となる配偶者の財産管理、生活等の支援も心配だし、
> また気がかりな子孫、社会的貢献・活動への思いもある。
> 　例）後妻の生活と先妻との子への財産の承継が心配である。
> 　例）障がい者である子の生活とともに、お世話になったまたは世話して
> くださる方に残りを渡したい。
> ④ 家産、事業承継に係る重要な財産が、次世代へ確実に承継・維持され
> ることを願う。
> ⑦ 大切な、重要な財産を複数の家族がともに活用できるようにしたい。
> 　例）共有財産とせずに統一した適切な管理・処分等ができるようにした
> い。
> ⑤ 遺産分割により分散されず、有用な・効率的な管理・運用ができるよ
> う財産を守りたい。
> ⑦ 後継ぎ遺贈、負担付遺贈、停止条件付遺贈による手法もあるが、確実
> に実現できるよう受託者と専門家による信託監督人に託し、事情変化に
> 対して臨機応変に対処できるようにしたい。

信託の起源は、通説では英国の封建時代、中世 13 世紀に利用されたユース制度（use）といわれています[3]。

英国等の封建等の社会の枠組み（封建社会を維持するための領主・国主からの様々な重要な財産である土地の承継にかかる負担（租税と認識できる後見権・相続上納金・利益の献上による相当の財産減少））の回避（逃れたい・免れたい）のみならず、家族等への思いの実現の願いが創り出した仕組みです。当時においては子女は相続できず、遺言制度は認めておらず、子女・家産を守る法制度がなかったのです。

また、教会に寄進を願っても、宗教上の理由から受け取ってもらえないこともありました（フランシスコ会は神のみが所有するものだから財産の寄附を受けない・財産の保有を認めない）。そのため、信頼できる実力者・名士に土地を譲渡（託）し、その果実・収益を家族や教会等に享受させるスキームとしてユースが生まれ利用されるようになったようです。さらに、十字軍の遠征に赴く兵士が帰ってくるまで、留守中の家族の生活のために土地を託したことも、普及を加速させたと考えられます。

しかし、14 世紀には、受託者が委託者の信頼を裏切ってその収益を分配せず私物化し、教会が国王の裁判所に訴えることもありました。が、普通法（common law）では受託者が所有権を有するので自由に管理・処分する権限があり教会を救済することができません。そこで 15 世紀初頭には、教会は国王の書記局（Chancery）の長として統治全体の最重要な助言者である大法官（Chancellor）に『信頼を裏切る行為は正義に反する』と訴え、大法官の裁判所（High court of chancery）は普通法の条文に縛られずに、正義（衡平法＝ equity）に基づき裁判を行い、

---

3) 信託の教科書、新井誠教授の前掲注 2) 6〜16 頁にわかりやすく説明されていますので、是非ご一読をお勧めします。また、ドノバン・ウォーターズ著、清水真人訳「信託とタックス・プランニング（1）」徳大社会科学研究 26 号 109 頁を参照しました。

受託者に対してユース設定の際の条件に従って信託財産を管理・処分すべき旨の対人的命令を発して救済しました。当初人々の習慣にすぎなかったユースは、この時から国家の保護のある法律制度になったのです。

　その後、バラ戦争が始まると、貴族の中にも戦争に負けると没収されるため、領主等に没収・略奪されないよう、ひいては家族（妻・子供）の生活のために、また後継者が決まらない場合等の諸税を回避するために、出兵する前に実力者・友人に土地を託する者が現れてユースが普及しました。一方、信心の篤い土地所有者が、土地から発生する収益をキリスト教の教会に寄進するために（for the use of church、to the use of the beneficiary）、その信頼する人に不動産権を信託譲渡し管理・処分してもらう習慣があったようです。

　この結果、深刻な歳入減少になりヘンリー8世が1536年ユース禁止法（the Statute of Uses of 1536）を制定し、ユースを認める封建的負担の支払義務を課しました。しかしながら、ぎこちない法のためユースにユースを重ねた二重のユース（ダブルユース）のアイデアが抜け道として利用され、1557年にCommon Law裁判所で無効とされました。その後、1634年にEquity裁判所が第二のユースを衡平法上の権利として認め、「TRUST」と呼ばれるようになりました。こののち植民地支配等の時代を迎えて歳入としての土地から生じる封建的負担の重要性が減少し、土地が地主の将来世代を結びつける・家族遺産として維持されるための手段になりました。

　なお、古代エジプトでは、紀元前1805年の遺言書の中に信託的な考え方の兆しを見ることができるとの文献があります。また、古代ヘブライ人、古代ローマ人（ローマ法起源説）の文献にも信託的考えがあり、その時代の法律で妻・娘・未成年者、特に女性に取得・相続させられないため、遺言によって自分の財産を自分が望む人に贈与するという内容と言われています。

　5〜9世紀から中世にかけてゲルマン法上相続人なしで死亡した場合に

は国王に帰属するので、回避策として遺言執行制度であるザールマンが死後1年以内に指定する者に財産を譲渡することを条件に財産を譲り受けていました（ザールマン共同起源説）。

　このほかに、イスラム諸国、インドにはワクフ（waqf）の制度があります。

第2章

民事信託の制作のための知識（提案実務の概要）

1 民事信託の設定を理解するための基礎説明ツールの作成

(1) 民事信託をコーディネイトして提案する手順

　本書の内容は専門職が専門分野だけでなくトータルに民事信託をコーディネイトして提案するためのものですから、民事信託に関わる各分野の基本的なことに触れています。本書は、専門職が適切な民事信託を制作するために、また委託者、受益者及び受託者にその立場と権利義務等をどのように説明し理解を深めてもらえるか、さらに専門職がどう支援しどう見守るかを考える書です。

　ついては、民事信託を提案するには、次の手順になると考えますので、各専門家はさらに各々の分野の専門家と連携して個別事案に応じた専門的な調査・分析・対応を検討します。

（民事信託の提案業務の手順案）

①　財産管理・承継等の相談を受ける（関係する背景、財産概要を聞き取る）。 　　本人の意思・ニーズからいくつかの方法を基本的に示す（ここまでが相談、相談料の範囲）。	ヒアリングシート、簡単な比較表の提示、問題点を整理した方向感の提示

②　改めて、民事信託等について、本格的な対策・提案の依頼を正式に受ける（手数料、報酬等を明示してアドバイザリー・コンサルタント契約締結）。	契約締結、調査すべき事項、留意点の提示

③　必要な財産の関係資料の徴収及び必要な情報収集・調査、ならびに受益者、委託者その他関係者の状況及びライフプランを確認する。	専門家に調査の依頼、金融機関・専門家に金融商品の概要・扱いの確認

④　再度委託者等のニーズ、背景等からいくつかの方法の選択できる比較をする。合わせて、スケジュール・費用項目・額の概要を示して、方針・方法の決定を促す。	ライフプラン表等の提示具体的な比較表、わかりやすい補助説明ツール、信託条項概要等の提示

⑤　改めて、専門家の役割、信託設定後の受託者等の手続、スケジュール（今後の手続手順）等を説明する（専門家との今後の役割についての打合せ）。 　また、具体的な各専門職としての職務内容、費用・報酬額を示してコンサル・専門家契約を確認する。	今後の作業表、費用・報酬見積り表の提示準備すべき書類の案内手続のための書類徴収

⑥　信託条項案の作成、専門家間で協議・登記等具体的手続を確認（公証人との交渉も）、関係者に説明し了解を得てのち信託契約を締結して、信託登記等の手続をする。	信託行為案の提示・承認後に設定手続

⑦　登記事項証明書等、通帳等を交付し、報酬を得る。また、信託期間中の年間スケジュール、関係者各人の役割分担、臨時の対応・相談体制を確認する。	ファイル一式を交付、会計帳簿・信託計算書等の見本の提示

　以上の各段階において、民事信託を設定するための知識を説明し理解を深めるための次のような説明ツールを作成し関係者に提供して、わかりやすい説明に工夫と配慮をします。

（2）民事信託の特長等

　次のような表等を作成して、委託者と受益者の信頼に受託者が誠実に応える民事信託の特長等を説明する工夫に努めます。

①　民事信託の特長
（民事信託の説明ツール例「民事信託の特長」）

いわゆる民事信託は、私人が、自己の死亡や適切な判断能力の低下等の事態に備えた、自己の財産の生前の保全・活用、加えて死後の家族等への管理・承継を想定している。
自分自身、配偶者、家族の安定的な生活の維持、または大切な事業・家業の後継者への承継を達成するための個人資産の管理・承継を目的としている。
3つの特則を設けている。1つ目は「遺言代用信託」といわれ、（死因贈与のように生前に契約によって）死後の受益者を指定・変更する権利を留保することができる信託（権利を放棄することも）、2つ目は「受益者指定権等付信託」といい、受益者を指定または変更する権利を他の者に付与することができる信託（将来の事情変更により対応できるように）、3つ目は「いわゆる後継ぎ遺贈型受益者連続信託」という、受益者として指定した者がその後に死亡等する場合の第二・第三の受益者等までを指定できる信託で、民法では相続秩序から無効とする後継ぎ遺贈の代替的な機能として認められている信託である。
遺留分に関する規律ほか贈与・相続・遺贈に関する民法の規定が類推適用される（しかし、委託者の相続人による委託者の権利を排斥する定めもできる）。

②　他の手法との比較表
　民事信託を提案する場合、提案する仕組みの概要、関係者の役割、事務フロー、法・税・実務の扱い、効果・費用ほかを比較して利点、注意点等を記載します。

提案する際は、類似する遺言・贈与等の仕組み・方法と比較する表だけではなく、民事信託の目的等に応じて必ず信託銀行等の取り扱う類似する信託商品（**第3章3(2)(3)**の信託銀行等との商品比較及び**コラム4**参照）も含めたわかりやすい表を個別の事案に沿って具体的に作成し、関係者と協議します。法的効果が似ている方法と、その効果の程度と財務・税・費用、実務手続、リスク等を、たとえば相続対策・節税など全体的な目的実現性を比較検証します。

③　受託者が家族の場合の長所短所は何か

　長所としては次の点があります。

> ・受益者、信託財産のことを一番理解できる立場にあり、相当期間長く対応できる（信託銀行等の場合は担当が変わる）
> ・柔軟性が発揮できる
> ・コストを比較的抑えることができる
> ・受任者ではなく所有者・占有者としての権限により行動・対応できる

　短所としては次の点があげられます。

> ・管理がおろそかになったり、ときには信託財産に損害が生じる可能性がある（相当の注意が必要）
> ・受託者が自分のものとして誤解（不正）し使ってしまう（使い込み・犯罪リスク）
> ・受託者の権利を過大に考え、濫用するリスクがある（受益者に給付しない、処分する等）
> ・受託者の職務を支援する機能、監督・牽制する機能が必要となる（費用負担増）

（民事信託の説明ツール例「信託の設定方法等の概要比較」）一般比較

項目	生前信託契約 （みなし贈与の場合も）	自己信託 （みなし贈与の場合）	遺言代用信託 （みなし遺贈の場合）
法律行為	生前の契約	所定手続	生前の契約
他の制度 との類似	管理の委託のような自益信託と贈与とみなされる他益信託がある	単独行為（公正証書等） 生前贈与契約に代わる方法	遺言に代わるより確実・簡便で、柔軟な方法（民法ではできないことも）
特長	今あげたい人に確実に渡すことができる	財産を愛する者のために与えるが、元気なうちは自らが管理する	特別な要式は要求されないので、比較的気軽にでき、確実に財産を家族等に渡すことができる（途中でやめることも可能）
リスク	受贈者が、先に死亡しても、裏切っても取り戻せない	管理等が不適切だと自己信託を否認される	停止条件付遺言代用信託は遺言信託と同じリスクがある
特別受益 遺留分減 殺請求	他益信託では受益権が特別受益の対象（特別受益の持戻免除の意思表示要） 受益権が遺留分減殺後順位の対象と解する	受益権が特別受益の対象（特別受益の持戻免除の意思表示要） （同左）	特別受益の持戻し（免除意思表示要） （同左）
次世代、 次々世代 への承継	いわゆる後継遺贈型受益者連続信託が可能	後任受託者がいれば、いわゆる後継遺贈型受益者連続信託が可能	いわゆる後継遺贈型受益者連続信託が可能
登録免許 税 費用負担	所有権移転、信託 0.4 ％、取得税無 終了時 2%、取得税有の場合もある	権利変更、信託 0.4 ％、取得税無 （同左）	所有権移転、信託 0.4%、取得税無 （同左）
利用長所 （目的）	先見の明があれば、財産を確実に渡せる	贈与するができるだけ自分が管理できる	遺言よりも確実に手軽に円滑に渡せる
留意点	自益信託なら変化に対応しやすい	変化に対応しやすい	（同左）
要専門家	受託者 信託監督人 税理士	公証人 信託監督人 税理士	受託者 信託監督人 税理士
遺言必要	シンプル遺言	シンプル遺言	シンプル遺言

遺言 （遺贈の場合）	遺言信託 （みなし遺贈の場合）	死因贈与 （または負担付贈与）
所定手続	所定手続	生前の契約
単独行為（公証人・証人要）	単独行為（公証人・証人要） （民法ではできないことも）	死亡を始期として贈与の効力が生じ、遺贈の規定が準用される
厳格な要式があり、方式違背の無効、紛失、偽造変造及び無効の可能性があり、遺言能力が争われ、無効の危険性、遺言と異なる分割協議の合意の可能性がある 自筆は検認が必要	（同左）	履行済の負担付贈与を除き取消しできるが、期待権があるとの学説があり自由な取消しができるとは限らない
執行手続に要時間・費用、トラブルの可能性がある	生前に受託者・遺言執行者と打合せが必要、さらに同左	贈与手続が円滑にできるか負担が履行されるか
相続財産が遺言の対象 遺留分減殺の対象	遺留分減殺の対象、信託財産か受益権かの解釈が分かれるが、みなし遺贈は受益権と解する	受贈財産が特別受益の対象（特別受益の持戻免除の意思表示要） 遺留分減殺の後順位の対象
いわゆる後継ぎ遺贈は無理だが、停止条件・不確定期限・負担付の遺贈が可能な場合も	いわゆる後継遺贈型受益者連続信託が可能	停止条件・不確定期限・負担付の贈与が可能な場合も
相続0.4%取得税無、遺贈2%取得税有	所有権移転、信託0.4%、取得税無 終了時遺贈2%取得税有の場合もある	死因贈与2%、取得税有（相続の場合異なる）
死ぬまで財産を動かす必要がない 知られたくないから	（同左） （同左）	個別理由で特定財産だけを贈与可 仮登記知られる
作成時と死亡時のギャップ有	（同左）	契約時と死亡時のギャップ有
公証人 遺言執行者	公証人 遺言執行者 受託者等	履行義務者
要遺言	要遺言	シンプル遺言

（民事信託の説明ツール例「遺言の作成方法と特長」）

	公正証書遺言	自筆証書遺言	秘密証書遺言
作成方法	公証人が証人2人の面前での遺言内容の口授を聴取り作成する。受遺者ごとの財産額等により算定された手数料を負担する。	日付・署名も含め所定の様式に従い全文自筆で作成する。費用はかからない。	作成した遺言書を公証人と証人（利害関係のない人（公正証書も））2人の面前で遺言書である旨を宣言する。作成料1.1万円等がかかる。
保管	遺言執行者・受遺者・貸金庫に保管する。原本は公証役場保管、相続開始後謄本発行可能である（秘匿するには保管方法、証人に注意）。	（紛失・破棄・隠蔽・改竄の可能性があるので）遺言の存在・内容を明らかにするか、秘密にするかを検討し、どこに保管・誰に託すかを考える（書直ししづらい）。	公証人の面前で作成した事実は残り、紛失・破棄の可能性があるので、左記の自筆証書と同様の配慮を慎重に考える。
検認	証拠保全手続の検認不要。	見つかったすべての遺言の検認要（相続人全員に通知）。	（同左）
デメリット	費用相当の負担、証人2人等手続が面倒。	遺言の記載のトラブル性、検認手続の手間等（自筆である疎明証拠、開封不可）、紛失、遺言を書かされる場合等がある。	検認手続の手間等（開封不可）、紛失等・遺言の記載のトラブル性がある。
メリット	検認が不要、公証による有効性の評価高い、作成有無検索できる（病院等公証人出張可能）	費用をかけず、独りで、いつでもどこでも書直しできる（が保管・記載に注意）。	封書の中身の記載遺言は自筆でなくてもよく、専門家の記載でもよい。作成日が特定できる。

	公正証書遺言	自筆証書遺言	秘密証書遺言
留意点	本人にとって手間・費用（弁護士に比して安い）がかかるが、家族の手続は楽になる。	遺言が破棄等されないよう、有効な内容になるよう、慎重に作成・保管方法を考える。	封書の中身の遺言文面作成、検認手続を専門家に委ねるなら、費用を含め中途半端(作成が少ない)。

※遺言者・家族・財産の状況、遺言内容等を総合的に考慮し、最善の方式を選択する。
※法制審にて相続法（遺言法も）改正も議論されている。

④ 信託目的（ニーズ）確認表

　委託者等の背景・ニーズを幾度も確認して、委託者の真の願い・目的、信託行為・受託者の職務の範囲を明らかにします。

（民事信託の説明ツール例「委託者のリスクの確認」）

	リスクの有無	対応の考え方、条項の定め、留意点
1	委託者等の意思能力が喪失した、重い病気になった、離婚した場合	・誰が成年後見人候補になるか、選任するか ・誰がどこで事実上の看護をするのか、施設に入所するか ・事情・環境が変わった場合の変更の定めをどうするか
2	委託者等が死亡した場合（相続開始の場合） 相続税法、民法が改正された場合、対応できるか	・信託行為を訴えられたら、遺言執行の妨害が予想されたら ・特別受益の持戻免除の意思表示はどうするか ・遺留分の減殺請求の対応方法は、その実現性は ・相続税等の納税資金は ・税法等の改正により見直しする体制をとるか
3	受益者が先に死亡した、離婚等した場合	・別の者を指定しておくか ・終了事由にするか・帰属権利者の定めはどうするか

	リスクの有無	対応の考え方、条項の定め、留意点
4	受託者等が怠慢なとき、横領・破産した場合 受益者から給付内容の不満が出た場合	・支援する体制を、または監視する態勢をとるか ・信託監督人か受益者代理人を置くか、後見人の役割は何か ・もしものとき、どの程度まで追及するか ・どの程度の裁量を認めるか、給付の判断基準は何か
5	信託財産が老朽化した／災害にあった場合 信託財産に瑕疵を発見、または不足する場合	・多大な修繕・改修費がいるとき、保険金・信託金融資産で建て直すか ・瑕疵等により信託目的が達成できないとき、終了かそれともどうするか
6	信託財産の金融資産が枯渇した場合 予想外の経済情勢になった場合	・信託の終了事由になるか／させるか ・委託者等が資金を追加するか ・途中で終了する場合の帰属権利者は誰がよいか
7	残余財産の引渡しが円滑にできない場合	・換価・現状有姿の引渡しか、法令上の手続は問題ないか ・諸費用・納税は誰が負担するのか、信託財産が負担するのか、財源に問題がないか ・清算受託者は誰か、専門家は必要か
8	委託者が、変更・解約したい場合 受託者を更迭したい場合	・委託者が受益者を・給付内容をまたは契約内容を変更したい、契約を解約したい、受託者を変えたい、などのときどのように対応できるか、将来の環境変化から制限するか

※紛争の蓋然性の高い事情があれば弁護士とともにその対処方法を準備することが不可欠であり、委託者と関係者との争いの余地があればあらゆる法令から追及されないように専門家集団としてスキームを慎重に検討します（後述(7)の訴訟等のトラブルリスクを参照）。

（民事信託の説明ツール例「相続対策としての信託の活用」）

※もし、相続人の中に、意思表示が適確にできない者がいればどうなるか
※もし、速やかに、財産の把握、管理ができない、また話合いができない
　とどうなるか
※もし、事業、家産の承継を気に掛けるなら、また気になる子孫がいるなら、
　どうなるか
※もし、事前に信託契約をしておけばどうなるか

（民事信託の説明ツール例「相続開始後のタイムスケジュール」）

　間に合わない財産調査、手間がかかる債務承継、もめる可能性の遺産分割では、気持ちが落ちつきません。

対応すべき項目	具体的手続
・相続開始（相続を知った日）	日程・葬儀社・寺・費用等の準備
・通夜・葬儀・法要	死亡届、死亡診断書の請求 保健・年金等の手続
・相続人確定、債務・保証債務の把握	除籍謄本、改製原戸籍等の徴収 遺言書の有無等確認
・相続放棄・限定承認　熟慮期間**3カ月以内** ・自筆遺言書等の検認手続 （手続上の紛争性・留意点等の把握）	債務・財産調査開始 時価・相続税の評価の算定開始 法務・税務等の専門家の活用 保険等の手続
・所得税の準確定申告等　知った日から**4カ月以内**	所得調査、消費税等の届出
・遺産分割協議、協議書の調製 ・遺言執行者の就職通知・財産目録交付	財産精査、財産目録の調製 納税資金の試算・調達準備
・遺産分割手続（現物・代償・換価の検討）	口座開設管理・名義変更・換金等

対応すべき項目	具体的手続
・相続税の申告・納付等　知った日から **10 カ月以内** （申告書記載内容、特例適用の要件、未分割のデメリット等の説明を受け・理解して後に申告書に押印）	税理士による申告書の作成・申告 銀行で納付 未分割の場合、特例適用できるよう書面提出
・遺留分の減殺請求期限　知った日から **1 年以内**	減殺請求後の遺言執行手続が中断
・遺産分割、遺言等でトラブルになると……	家裁の調停・審判・訴訟 相続税の未分割申告、延納等申請
・不動産等の譲渡所得の特例　申告期限から **3 年以内** ・税務調査　申告した日により 1 年から 3 年程度	未分割の場合の書面の提出

(3) 民事信託の基本構造と委託者の意思の確認

　図式・表を活用して民事信託の基本構造、関係者・役割等を示します。また、信託当事者（委託者・受託者・受益者）その他の関係人の関係等を説明しながら、委託者の意思を確認します。

　民事信託を提案するに際しては、信託当事者及び信託関係人の役割、権利義務を明確にして、関係者が理解する必要があります。口頭だけでなく書面において何時でも関係者が確認できるようにしておきます（一般的なものだけでなく、その事案に応じた信託行為における扱い、リスクも明示するようにします）。

　また、できれば、信託行為後少なくとも数年間は、後述 2(4)のコンサルティング契約・アドバイザリー契約（委託者、受託者のいずれかからの委任）を継続・締結し、信託行為後の状況を見守る体制が望まれます。

（民事信託の説明ツール例「信託行為・関係者の概要」）

	定義・内容の概要
信託の方法	委託者が信託を（設定）する方法のことで、「信託行為」といい、契約信託、遺言信託または自己信託の方法がある（条件または期限を付すことができる）
委託者	受益者のために、信託行為により、信託目的、受託者がなすべき行為等を定めて、その有する財産を受託者に移転等する者
受益者	委託者の信託行為の定めにより受益権が与えられる者
受益権	受託者が受益者に負う義務で、信託財産に属する財産及び生ずる利益のうち信託行為に定める範囲で交付を受ける債権、及びそれを確保するための信託法及び信託行為の定めにより、受託者その他の者に対し報告等一定の行為を求めまた監督することができる権利をいう
信託目的	受益者のために受託者にその実現を託する委託者の意思（信託の本旨）で、信託行為に定める
受託者	信託行為の定めに従い、受益者のためのみに信託財産の管理または処分及びその他の信託目的の達成のために必要な行為をすべき義務を負う者
信託財産	受託者に属する財産であるが、受益者のために信託行為の定めに従って管理または処分等をすべき一切の財産
固有財産	受託者に属する財産であるが、信託財産に属しない財産（受託者が有する信託財産以外の財産）
その他重要な事項	信託財産の管理・処分・必要な行為の方法 管理等のための費用・報酬とその負担方法 受益者への給付内容・給付基準 受益者が死亡等した場合の信託財産の帰属（誰に引き継がせるか、交付するか） 受益権の放棄、譲渡、質権設定の可否 信託の終了の方法 （具体的な内容を考える。また適正な運営のために、他の信託関係人をどう仕組むか、成年後見制度とどのように併用していくかを考える）

① 信託を組成するために検討する事項

民事信託を目的に従い適正に遂行するために組成するには、信託行為において明確にすべき事項があり、これらの事項についての委託者の意思を確認し、また実現できるかについて財産の状況、受益者等の状況を調査・分析したうえで、具体的な事項を定めます。

自己信託の場合に定めるべき事項として信託法施行規則3条に、自己信託の要式を定めています。また、信託業法26条には信託契約の締結時に信託業を営む受託者が委託者に交付する書面について、不動産登記法97条には信託目録（**第4章**参照）に記載・公示される事項について定めています。これらの事項を参考にして、民事信託の主な条項を検討します。

（民事信託の説明ツール例「信託行為に定める事項」）

自己信託の記載すべき事項（信規3）	事前交付する書面に記載する事項（信業26）	信託目録に記載すべき事項（不登97）
受益者	信託の設定 受益者（当初、死亡後、残余）	**定形記載欄** 委託者、受託者、受益者（受益者を定める方法の定めがあるとき、受益者代理人があるときは不要）
信託の目的 信託財産	信託の目的 信託財産（債務の引受けの定めも）	**その他の信託条項欄** 信託の目的
信託設定者	信託設定者 後任受託者	
管理・処分方法 条件・期限	信託財産の管理等の方法	信託財産の管理方法

自己信託の記載すべき事項（信規3）	事前交付する書面に記載する事項（信業26）	信託目録に記載すべき事項（不登97）
終了事由	合意による信託の終了等 信託の終了	信託の終了（解除）の事由
他	信託受益の内容 清算受託者及び清算事務 信託終了時の信託財産の帰属権利者 信託の変更 信託事務の委任 信託財産目録	その他の重要な事項（受益権の給付等の内容・受益権の譲渡禁止等・第2次受益者等の扱い、信託事務処理費用等・信託報酬、信託監督人等の定め、管理等の報告等、信託期間、計算期間、信託の変更、受託者の辞任・解任・後任選任、委託者等の権利義務等についてのデフォルト・ルール以外の特段の定め）

　これらの基本的な条項とともに、委託者の信託する本旨、信託事務（受託者が行うこと）、及び信託関係者の権利義務を適切にかつ明瞭に示すよう検討します。特に民事信託の場合には受益者のライフプラン、財産の将来性、信託関係人の事情等を踏まえた具体的な特段の条項の定めを示すことが求められ、また条項に漏れがないように、慎重に吟味します。

　なお、将来の予測には限界があるので、想定外の漏れ・事情変更に対処できるように、受託者の裁量権限などに加え、信託の変更・終了の柔軟なルールを定めます。

　遺言信託の場合、遺言に信託要綱のみで実務的な定めがないときには、受託者として引き受けることができるように、相続開始時の受益者及び財産の状況を踏まえて遺言者の真意を探求して受益者に対して具体的な信託事務、給付内容を示す必要があります。受託者は、遺言者の意思を代弁する者としての遺言執行者等と協議して引き受ける意思表示として、実務では「遺言信託付属書」と称する遺言を補充する書面を作成して受益者に交付する場合があります。

（民事信託の説明ツール例「委託者等の意思確認のための基本条項」）

	項目	概要		項目	概要
1	委託者		10	信託財産の計算期間、租税その他費用	
2	受託者（後任受託者）		11	信託事務を委託する場合の手続先・費用等	
3	受益者（第2次・3次受益者）、定める方法		12	受益者（第1次・2次・3次）の権利、給付内容	
4	残余財産受益者・帰属権利者への交付方法		13	受益者等の能力低下の（後見等）対応	
5	趣旨・目的		14	受益権の譲渡・担保等の禁止	
6	契約日、信託期間		15	受託者の役割・義務・費用負担・報酬	
7	信託財産の内容、引渡し手続		16	信託関係者の役割・義務・報酬	
8	信託財産の管理・処分等の方法		17	信託の変更・終了事由・対応（手続）	
9	委託者の留保する権利等の特段の定め		18	法令のデフォルト・ルール以外の特段の定め	

※条項を定めるに際して、上記の基本条項について委託者の意思を確認し、また受託者・受益者の考えに沿うものかを、上記基本条項表について同様に確認します。
※民事信託の場合、委託者と受益者との間に対立、委託者の相続人との対立が生じると、受託者としても間に挟まれ対応も難しいものとなります。管理・処分・給付について誤解が生じないよう、また少なくとも委託者、受益者及び受託者が良好な関係を維持できるよう、委託者の意思がわかりやすく伝わるよう具体的な条項に配慮します。

② **委託者の権利等**

　委託者は、信託行為、すなわち契約、遺言、書面等の意思表示ができる民法が定める権利能力、行為能力を有する者です。成年被後見人等の場合には、成年後見人等が代理して財産の管理に関する一定の信

託契約ができます。

　行為能力を有する委託者の主な権利等は次表のとおりです。

　委託者は権利をできるだけ留保したいと考えます。しかし、本人の能力低下の可能性からいずれ制限することになります。どのような場合にどの権利を、どの場面で制限するのか、また拡大するのかは、個別の事案ごとに円滑な運営が実現できるか否かの視点から検討すべきものであり、実務では委託者の地位の移転とも併せて考慮して具体的に必要な権限を検討します。

　委託者の権限の拡大または維持は、委託者が適切な判断を有している間に限定せざるをえず、委託者の相続人に承継させることは避けるべきとの考えが多数を占めますが、場合により特定の受益者に地位を移転させる（信146Ⅰ）ことも選択肢です。

（委託者の主な権限等）

> ㋐　委託者には、信託を設定した（財産の移転）後も、信託内容、受益者を変更する、信託を終了するなどの権限を留保し、またその権限を有しないとすることも可能である。
>
> ㋑　委託者は、たとえば、受託者の辞任の同意権、受託者の解任の合意権、信託監督人または信託代理人の辞任・解任の同意権、信託の変更・終了の合意権、信託事務処理状況等の報告請求権等の権利が認められているが、その全部または一部を有しない旨を定めることができる（信145Ⅰ）。
>
> ㋒　委託者が別段の定めにより、たとえば、受託者の権限違反行為の取消権・差止請求権、受託者の利益相反行為の取消権、受託者への損失てん補または原状回復請求権、給付可能額を超える受益者への給付による受託者等へのてん補・支払請求権、各種事実の通知受領権、財産状況開示資料の報告請求権、信託帳簿・信託事務の処理の書類等の閲覧等請求権等の権利の全部または一部を有する旨を定めることができる（信145Ⅱ）。
>
> ㋓　受託者に、受益者に対し通知すべき事項、報告すべき事項を委託者に対しても通知、報告する義務等を負う旨を定めることができる（信145Ⅳ）。
>
> ㋔　委託者の地位は、受託者及び受益者の同意を得て、または信託行為において定めた方法に従い、第三者に移転することができる（信146）。

㋕ 信託法3条2号に掲げる遺言信託の方法によって信託がされた場合には、委託者の相続人は、委託者の地位を相続により承継しない（信147）。ただし、信託行為に別段の定めがあるときは、その定めるところによる。

遺言信託以外の信託行為の場合は、委託者の地位は原則として相続により承継される。

そこで、契約信託、遺言代用の信託、または自己信託による信託行為において、別段の定め、たとえば、「信託目的に反する信託の変更も、委託者死亡後は受託者と受益者の合意によりできる」、また「委託者の死亡により委託者の権利は消滅する」との定めが可能なので検討する。なお、この定めは、委託者の権利・地位の相続性を否定するのではなく、委託者の権利に条件または期限を付したものと解されている[1]。

③ 信託の終了事由についての委託者の意思確認

民事信託がどのような場合に終了するか、終了することができるかを説明し、委託者の意思を確認します。

（民事信託の説明ツール例「委託者の意思の確認、信託の終了事由」）

信託法の条項		信託の終了事由
163条	1号	信託の目的を達成したとき、又は信託の目的を達成することができなくなったとき
	2号	受託者が受益権の全部を固有財産で有する状態が1年間継続したとき
	3号	受託者が欠けた場合であって、新受託者が就任しない状態が1年間継続したとき
	4号	受託者が信託法52条（信託法53条2項及び54条4項において準用する場合を含む）の規定（信託財産が不足する場合等）により信託を終了させたとき

---

1) 寺本昌広『逐条解説 新しい信託法［補訂版］』（商事法務、2008年）336頁（注2）。

信託法の条項		信託の終了事由
163条	5号	信託の併合がされたとき
	6号	信託法165条又は166条の規定により信託の終了を命ずる裁判があったとき
	7号	信託財産についての破産手続開始の決定があったとき
	8号	委託者が破産手続開始の決定、再生手続開始の決定又は更正手続開始の決定を受けた場合（で自益信託）において、破産法53条1項、民事再生法49条1項又は会社更生法61条1項（金融機関等の更正手続の特例等に関する法律41条1項及び206条1項において準用する場合を含む）の規定による信託契約の解除がされたとき
	9号	信託行為において定めた事由が生じたとき
164条	1・2項	委託者及び受益者の合意による終了（やむを得ない場合を除き受託者に損害賠償）
	3項	信託行為において定めた合意等（委託者、受益者及び受託者の合意等による終了）
	4項	委託者が現にいないとき、1・2項は適用できないが、しかし3項・信託行為に定める
165条	1項ほか	裁判所は、信託目的等々に照らして終了することが受益者の利益に適合するに至ったときは、委託者、受託者又は受益者の申立てにより信託の終了を命ずる
166条	1項ほか	裁判所は、不法な目的等々、公益の確保のために、委託者、受益者、信託債権者その他の利害関係人の申立てにより信託の終了を命ずる

④ **委託者・受益者等の権利義務についての委託者の意思確認**

委託者から、委託者、受益者その他信託関係人の権利義務等についての特別な意思を有するかを確認します。受益者、信託関係人については後述します。

（民事信託の説明ツール例「委託者の意思の確認、委託者・受益者等の権利義務」）

確認事項	役割・権利義務（デフォルト・ルール）	本信託ではどうするか
委託者は信託の監視・監督する権能をさらに求めるか（信145ほか）	受託者の固有債権者からの強制執行等に対する異議申立て（信23） 受託者の権限違反行為の取消権（信27） 受託者の利益相反行為の取消権、競合行為の介入権（信31、32）	・○○に係る権利については、特約として……
	受託者に対する報告、帳簿・信託事務の書類等の閲覧・謄写、他の受益者氏名等の開示の請求権（信36、38、39） 受託者・役員の任務違反等に対する損失てん補等請求権及び違法行為の差止め請求権、検査役選任の請求権（信40、41、44、46）	・報告は別段の定め不要
	受託者・信託監督人等の辞任の承諾権（信57、128等） 受託者等の解任の合意権、裁判所への解任請求権（信58、128、134、141） 前受託者・前受託者相続人、破産管財人の信託財産処分の差止め請求権（信59、60）	・辞任承諾・解任合意・請求は別段の定め不要
	受託者等の選任の合意権（信62、129） 信託監督人等の事務終了合意権（信136、143） 信託の目的に反する変更・併合・分割・終了の合意権（信149、151、155、159、164、165、166）ほか	・選任合意、事務終了、変更等は別段の定め不要
	（利害関係人等として） 受託者への財産の拠出・引渡し、受託	・以下、別段の定め不要

確認事項	役割・権利義務（デフォルト・ルール）	本信託ではどうするか
	者の引受け催告、取消権（信4Ⅰ（諾成契約）、5） 帳簿等の閲覧請求権（信38Ⅵ） 裁判所への受託者・信託監督人の選任請求権（信62、131） 解約・死亡後受益者の変更（信90） （死亡後受益者が先に死亡した場合は必ず受託者に通知すること（遺言による変更は争われる余地がある）） 残余財産の帰属権利者がいない場合の帰属者（信182） ほか	・留保する ・明確に定める
委託者の相続人に地位を承継させるか （信145～148）	委託者の地位の移転（信146） 信託目録の委託者の変更の登記（不登103） 委託者の相続人の地位の承継（複数なら準共有。原則として遺言信託を除く。信147）	・○条　委託者の地位は、委託者死亡により消滅（○○に移転）する
受益者は有する権利等を強化するか （信92③～⑥・⑨～⑫・⑰・⑱）	裁判所に対する申立権（受託者の解任申立て、新受託者選任申立て等、信58、62、63） 遺言信託の指定の受託者、指定の新受託者、指定の信託監督人等への催告権（信5、62、131、138） 信託財産への強制執行等に対する異議申立権等（信23） 受益者勝訴の費用等支払請求（信24、45、61） 受託者等の権限違反行為の取消権（信27ほか） 受託者の利益相反行為に関する取消権（信31） 信託事務処理の状況の報告を求める権利（信36） 帳簿等の閲覧・謄写の請求権（信38）	・○○に係る権利については、特約として……

確認事項	役割・権利義務（デフォルト・ルール）	本信託ではどうするか
	受託者等の任務違反行為等に対する損失てん補等請求権（信40、41） 受託者、前受託者等の信託違反行為の差止め請求権等（信44、59、60） 受益権を放棄する権利（信99） 受益権取得請求権（信103） 受益権の譲渡（信93〜95） 受益権の質入（信96） 受益債権の消滅時効等（信102） 意思決定に関する権利（信105）	
第2次受益者	上記と同じ	
残余財産の帰属	残余財産受益者（委託者死亡後受益者としてか、当初からの受益者とするか）、帰属権利者とするか（信182、183） 後述(4)②参照 現状有姿のままか・換価して引渡しするか 清算手続に要する費用を負担できるか	
後見人等	後見人等は受益者の法定・任意代理人であるが、信託監督人・受益者代理人を指定した場合の役割分担等の考えを整理する	
信託監督人 受益者代理人	(信131〜137、124・127の準用) 後述(6)②参照 (信138〜144、124・127の準用) 後述(6)③参照	
指図・同意者	受託者に対して管理運用処分・給付内容等について、指図または同意を与える者。また受益者の権限行使に際して同意を与える者を定めることも考えられる。 指図者等の権利義務について法令の定めがなくあいまいなので指図者を定め	受託者はどのような指図でも従えば許されるか（目的に反すると受託者が判断すれば従わなくてよいか）について定める

確認事項	役割・権利義務（デフォルト・ルール）	本信託ではどうするか
	る場合は扱い要注意・要工夫。（信業 65・66。権利義務として付与するのか、その者の意見を聴取して受託者が目的に照らして（合理的説明ができるなら異なる）判断ができるようにするのか、検討する）後述(6)④参照	

(4) 受益者の権利・制約

① 受益者の権利・制約等

　受益者を保護するための権利の定めはたくさんあり、また制約もあります。事案に即して委託者等に説明します。

（受益者の権利・制約の概要）

⑦　受益者は信託の利益を享受できる。つまり、受益債権を有し、またそのための監督的権能を有している（信2 Ⅵ・Ⅶ、88）。いつ受益者になるか、つまり、受益者としていかなる権利等をいつ取得するかについては、信託行為、その定めにより異なる。
　　また、どのような者が受益者になるかの信託法の定めはないが、法令に反しない限り権利主体となるものである。しかし、民事信託の受益者がその権限を自ら十二分に享受し発揮できる状態とはいえない場合があるので補助する仕組みが必要となる。
　　その受益者を守るために、受益者は次のような権利を有する。
⑦　受託者が信託財産のためにした行為がその権限に属しない場合において、その行為の相手方が、その行為の当時に、(a)信託財産のためにされたものであることを知っていたとき、かつ、(b)受託者の権限に属しないことを知っていたことまたは知らなかったことにつき重大な過失があったときは、受益者は、その行為を取り消すことができる（信27 Ⅰ）。ただし、受託者が信託財産（信託法14条の信託の登記または登録をすることができるものに限る）について権利を設定しまたは移転した行為がその権限

に属しない場合に、その行為の当時に、(a)その信託財産について 14 条の信託の登記または登録がされていたとき、かつ、(b)その行為の相手方が、その行為が受託者の権限に属しないことを知っていたことまたは知らなかったことにつき重大な過失があったときには、受益者は、その行為を取り消すことができる（同Ⅱ）。また、複数の受益者のうち 1 人の取消権行使により取り消された効力は他の受益者にも生ずる。

⑰　受益者は、受託者に対し、信託財産に係る帳簿その他の書類（信 37 Ⅰ）または信託財産に属する財産の処分に係る契約書その他の信託事務の処理に関する書類等に記録されたもの（同Ⅴ）の閲覧または謄写を理由を明らかにして請求することができる（信 38）。なお、請求があったときは、受託者は、(a)その請求を行う者（以下「請求者」という）がその権利の確保または行使に関する調査以外の目的で請求を、(b)請求者が不適当な時に請求を、(c)請求者が信託事務の処理を妨げ、または受益者の共同の利益を害する目的で請求を行ったときなどと認められる場合を除き、これを拒むことができない。また、利害関係人は、受託者に対し、貸借対照表、損益計算書等の書類等に記録されたものの閲覧または謄写の請求をすることができる（信 38 Ⅵ）。

㊤　受託者が法令もしくは信託行為の定めに違反する行為をし、またはこれらの行為をするおそれがある場合において、その行為によって信託財産に著しい損害が生ずるおそれがあるときは、受益者は、その受託者に対し、その行為をやめることを請求することができる（信 44）。

㊥　次のような受益者の単独受益権の行使を原則として信託行為の定めにより制限することはできない（信 92）。受益者の申立権限として、信託財産への強制執行等への異議申立権等、受益者の請求権限として、受託者等の権限違反行為・利益相反行為の取消権、信託事務の処理状況の報告請求権、受託者等の任務違反行為等に対する損失てん補等請求権、受託者の信託違反行為の差止請求権等、受益者の閲覧権限として、帳簿等の閲覧等請求権、受益者の催告権限として、遺言信託の受託者引受けの催告権、信託監督人または受益者代理人への就任承諾の催告権、そして受益者の固有権限として、受益権の放棄権、受益権取得請求権がある。

㊦　受益者は、その有する受益権を譲り渡すことまたは質権を設定することができる。ただし、その性質がこれを許さないときは、この限りでない。

また、信託行為に別段の定めがあるときは、譲渡等ができない。しかし、譲渡禁止特約があっても重大な過失により知らない場合以外の譲渡の効力は妨げられない（民法改正案 466 II）。また、信託行為の別段の定めは、善意の第三者に対抗することができない（信 93・96）。

受益権の譲渡または受益権に質権設定ができない「その性質がこれを許さないとき」とは、一身専属的な受益権であるといわれているが、具体的にどのような場合をいうのか。特に福祉型信託の場合、特定の受益者の生活支援を目的とする場合などは、譲渡されると本来の目的の受益者と異なることから終了事由にもなる。しかし、一義的に禁ずることは難しく、限定的なものと慎重に定める必要がある※。また第三者への通知方法の定め、譲渡に備えた定めなど、信託行為に定めることが望まれる。

㋑ 受益者は、受託者に対し、受益権を放棄する旨の意思表示をすることができる。ただし、受益者が信託行為の当事者である場合は、この限りでない。受益者は、放棄の意思表示をしたときは、当初から受益権を有していなかったものとみなされる。ただし、第三者の権利を害することはできない（信 99）。信託行為において放棄に備えた定めが必要な場合がある。

遺言、遺言信託の場合は、相続人全員による異なる分割協議（相続人への遺贈を含めて）がなされる可能性があり、また金融機関等の名義変更等の手続に相当の手間等を費やす[2]。それに比し、生前信託、また遺言代用の信託では相続開始後には相続人による特段の手続を要しない。しかし、いずれも受益権の放棄が可能である。他益信託においては受益権を放棄できない旨を信託行為において定めることはできない。受益権が放棄された場合は他の受益者を指定するのか、信託を終了するのか、あるいは信託がなかったものとするのか等、放棄に備えて、個別事情を踏まえて信託行為に別段の定めを検討しておく必要がある。

※単に別段の定めとして「できない」旨を定めるのではなく、たとえば、受益者の特別な状況を前提とした信託目的・生活を支援する程度の範囲の受益権なら、「受益権の性質から一身専属的な権利であるので、受益権の譲渡及び質権を設定することを禁止する」旨を定めます。なお、民事信託の受益権はみなし有価証券ですが、譲渡の可否にかかわらず信託受益権証書を発行しない旨を定める必要はありません。

2）堂薗昇平「相続預金と遺言執行者の権限」金法 1961 号（2013 年）4 項。金融商品、不動産に係る「相続させる」旨の遺言の解釈をめぐり、実務では遺言執行者の権限についての取扱いが確立していない。

② 残余財産の帰属者

　信託が終了するとその残余財産は受益者が取得するまたはその相続人が相続等するとは限りません。そのような信託行為（に定める場合）は限定的であり、むしろ、受益者の受益権は消滅して信託行為に定める帰属者の定めによりその者が取得します。

（残余財産の帰属者）

> ㋐　残余財産は、信託行為に指定された、(a)残余財産の給付を内容とする受益債権に係る「残余財産受益者」※、または(b)残余財産の帰属すべき「帰属権利者」に帰属する。なお、帰属権利者は、信託の清算中は、受益者とみなす（信183）。
>
> 　また、信託行為に残余財産受益者もしくは帰属権利者（「残余財産受益者等」と総称する）の指定に関する定めがない場合または信託行為の定めにより残余財産受益者等として指定を受けた者のすべてがその権利を放棄した場合には、(c)信託行為に委託者またはその相続人その他の一般承継人を帰属権利者として指定する旨の定めがあったものとみなされる。それでも残余財産の帰属が定まらないときは、残余財産は、(d)清算受託者に帰属する（信182）。
>
> ㋑　帰属権利者として指定された者は、当然に残余財産の給付をすべき債務に係る債権を取得する。ただし、信託行為に別段の定めがあるときは、その定めるところによる。帰属権利者となった者は、受託者に対し、その権利を放棄する旨の意思表示をすることができる。ただし、帰属権利者となった者が信託行為の当事者である場合は、この限りでない。
>
> 　なお、帰属権利者となった者が権利の放棄の意思表示をしたときは、当初から帰属権利者としての権利を取得していなかったものとみなす。しかし、第三者の権利を害することはできない。

※残余財産受益者は原則として信託行為の効力が生じた時より受益者としての権能を有するが、委託者死亡後受益者として指定された残余財産受益者は委託者が死亡するまで受益者としての権利はありません（別段の定めがあればその定めによります）。

(5) 受託者の権能等

① 受託者（後任受託者）の義務（責任）等と信託期間中の職務

受託者は信託目的を達成するための管理・処分・給付等について大きな権限を有しています。とともに多くの義務・責任があります。予想外の場面にも遭遇するかもしれません。委託者及び受託者にはその概要を説明して、専門家のサポートが必要な場面があることの理解を得ます。

（受託者（後任受託者）の主な職務等）

⑦　受託者は、信託財産の管理・処分・その他の信託目的のために必要な行為をすべき義務を負い（信2Ⅴ）、受益者として信託の利益を享受する場合を除き、何人の名義をもってするかを問わず、信託の利益を享受することができない（信8）。

⑦　受託者は、信託の本旨に従い、信託事務を処理しなければならない。また信託事務を処理するに当たっては、善良な管理者の注意をもって、これをしなければならない。ただし、信託行為に別段の定めがあるときは、その定めるところによる注意をもって、これをするものとする（信29）。

民事信託においては、特に不動産に係る種々の契約、たとえば不利なサブリース契約、問題があるテナントとの賃貸契約など、簡単に見極めできないリスクがあり、相当の注意が求められる。

⑨　受託者は、受益者のため忠実に信託事務の処理その他の行為をしなければならない（信30）。また、受託者は、たとえば、信託財産に属する財産（その財産に係る権利を含む）を固有財産に帰属させ、または固有財産に属する財産を信託財産に帰属させること、第三者との間において信託財産のためにする行為であって、自己がその第三者の代理人となって行うものなどの行為をしてはならず、その行為をしたときは受益者に対し、重要な事実を通知しなければならない。

ただし、その行為をすることを許容する旨の別段の定めがあるとき、受託者がその行為が信託目的の達成のために合理的に必要と認められる場合であって、受益者の利益を害しないことが明らかであるとき、またはその行為の信託財産に与える影響、実質的な利害状況などの事情に照らして正当な理由があるときなどは、上述した利益相反行為をすることができる。

　　なお、受託者がその行為について重要な事実を開示して受益者の承認を得ることができない旨の信託行為の定めがあるときは、この限りでない（信31Ⅰ・Ⅱ）。

　　また、受託者が定めに違反した場合の行為が無効となるとき、相手方の第三者がこれを知っていたときまたは知らなかったことにつき重大な過失があったときに限り受益者がその行為を取り消すことができるなどの定めがある（信31Ⅳ・Ⅵ・Ⅶ）。事案の財産、家族状況により具体的な利益相反関係が生じる可能性を検証する。

㋑　受益者が2人以上ある信託においては、受託者は、受益者のために公平にその職務を行わなければならない（信33）。公平とは均分・均等ということではなく、信託目的に則して受益者ごとに公平に扱うとの解釈がなされている。なお、公平義務は善管注意義務として解されている。

㋒　受託者は、信託財産に属する財産と固有財産等に属する財産とを、財産の区分に応じ、定める方法により分別して管理しなければならない（信34、**第5章2**参照）。ただし、分別して管理する方法について、信託行為に別段の定めがあるときは、その定めるところによるが、信託法14条の信託の登記または登録をする義務は、免除することができない。

㋕　委託者または受益者は、受託者に対し、信託事務の処理の状況ならびに信託財産に属する財産及び信託財産責任負担債務の状況について報告を求めることができる（信36）。

㋖　受託者は、信託事務に関する計算ならびに信託財産に属する財産及び信託財産責任負担債務の状況を明らかにするため、法務省令（信計規4、**第6章2(2)(5)**参照）で定めるところにより、信託財産に係る帳簿その他の書類または電磁的記録（以下「書類等」という）を、また、受託者は、毎年1回、一定の時期に、貸借対照表、損益計算書その他の法務省令で定める書類等を作成しなければならない。作成された書類等の内容につ

いて受益者に報告しなければならない。

　ただし、信託行為に別段の定めがあるときは、その定めるところによる。また、受託者は、信託財産に属する財産の処分に係る契約書その他の信託事務の処理に関する書類等を作成し、または取得した場合には、その作成または取得の日から10年間（実務では終了まで）、その書類または電磁的記録を保存しなければならない（信37）。

㋺　受託者は、清算結了、死亡、後見または保佐開始、辞任、解任、信託行為で定めた事由等により任務が終了する。

　また受託者は、委託者及び受益者の同意を得て、またはやむを得ない事由があるときは、裁判所の許可を得て辞任することができる。ただし、信託行為に別段の定めがあるときはその定めるところによる。委託者及び受益者は、いつでも、その合意により、受託者を解任することができる。委託者及び受益者が受託者に不利な時期に受託者を解任したときは、委託者及び受益者は、受託者の損害を賠償しなければならない。やむを得ない事由があったときは、この限りでない。ただし、これらの規定にかかわらず、信託行為に別段の定めがあるときは、その定めるところによる（信56・57・58）。

（受託者の権利等）

㋐　受託者は、信託財産に属する財産の管理または処分及びその他の信託の目的の達成のために必要な行為をする権限を有する。ただし、信託行為によりその権限に制限を加えることを妨げない（信26）。

㋑　受託者は、信託事務を処理するのに必要と認められる費用を固有財産から支出した場合には、信託財産からその費用及び支出の日以後におけるその利息(以下「費用等」という)の償還を受けることができる。ただし、信託行為に別段の定めがあるときは、その定めるところによる。

　受託者がその前払いの通知を受益者にしなくてもよいように信託財産から支弁する旨を信託行為に定め、固有財産で負担したときは信託財産から費用等・信託報酬の償還を受けることができ、また別段の定めとして、受託者が受益者との間の合意に基づいてその受益者から費用等の償還または費用の前払いを受けることを妨げない（信48Ⅴ、54Ⅳ）。

ⓒ 受託者は、信託の引受けについて商法512条の規定の適用がある場合のほか、信託行為に受託者が信託財産から信託報酬（信託事務の処理の対価として受託者の受ける財産上の利益をいう）を受ける旨の定めがある場合に限り、信託財産から信託報酬を受けることができる。

信託報酬は、信託行為に信託報酬の額または算定方法に関する定めがあるときはその定めるところにより、その定めがないときは相当の額とすることができる（信54）。信託の事務費用等には信託報酬が含まれないとの趣旨で信託法48条とは別に54条にて信託報酬を定めている。

なお、信託事務を委任できる定めがある場合の信託報酬の定め方に留意する。

ⓓ 信託事務費用等及び信託報酬を受託者が確保できないときは信託終了事由にもなりうるので、受益者の行為能力が制限されている場合にはその代理人による合意が必要であり、または受託者が家族として負担するか、信託目的に必要な費用・報酬を賄う十分な金融資産が必要となる。

（受託者の責任債務等）

ⓐ 信託財産の破産、債務超過の備えが必要である。

信託財産が破産すれば、受託者は原則として無限責任を負うので、受託者の固有財産が信託債権の責任財産になりうる。受託者は信託財産のみをもって対処できるよう、信託債権を有する信託債権者との間で信託財産に属する財産のみをもってその履行の責任を負う旨の「責任財産限定特約」の合意書を締結する（信21 Ⅱ④）ことが認められている[3]。

特に不動産、賃貸不動産を対象にする場合に留意する必要がある。天災、人災による計画外の予期しないリスク（たとえ補強工事をしてもダメなときもある）が起こりうるからである。

受託者が信託財産に属する財産をもって履行する責任を負う債務を「信託財産責任負担債務」といい（信2Ⅸ）、受益債権、信託財産の信託前の原因によって生じた権利、信託前の委託者に対する債権に係る債務を

3）信託法216条以下には「限定責任信託」の特例が創設されているが、設定・管理の手続には相当の手間と注意が必要である。

信託財産責任負担債務とする旨の信託行為の定めがあるもの、受益権取得請求権（信 103 Ⅰ）、受託者の権限により信託財産のためにした行為によって生じた権利、受託者が信託事務を処理するについてした不法行為によって生じた権利、これら以外の信託事務の処理について生じた、たとえば、所有する工作物による損害賠償債務に係る債権等が信託財産責任負担債務である（信 21 Ⅰ①〜⑨）。

　また、受託者が信託財産に属する財産のみをもってその履行の責任を負う「信託財産限定責任負担債務」には、受益債権（信 100）、受益権取得請求権等の法が支払うべきものとする債権、信託債権を有する者との間で信託財産に属する財産のみをもってその履行の責任を負う旨の合意がある場合における信託債権、すなわち上述の責任財産限定特約の債権がある（信 21 Ⅱ）。なお、受益債権は信託債権に後れる（信 101）。

㋑　受託者の所有者責任（民 717 但書）は避けられない。

　信託財産責任負担債務の範囲として、信託法 20 条 9 号の「信託事務の処理について生じた権利」には、土地の工作物である信託財産を所有することにより負担する民法 717 条ただし書所定の損害賠償債務に係る債権（過失・帰責事由があれば 8 号不法行為責任に該当の可能性）[4]、信託財産に係る公租公課などがある。工作物責任は所有する者の責務で、信託財産で対応できなければ受託者の固有財産をもって責任を果たさなければならない（受託者に引き渡す際、引受け管理するうえで何か問題点がないか売買仲介と同程度の重要な事項のチェックをして必要な資金も信託する）※。

㋒　受託者の不法行為を避ける対策が受益者のために必要である（受託者が信頼できる者でも過失がある場合もある）。

　信託法 27 条では、14 条の登記登録をしても相手方が悪意・重過失でない限り取消しできない（第三者が知っていたか知らなかったことの重大な過失の立証は安易にはできない（信 27 Ⅱ）場合もある）。

　また、信託法 21 条 1 項 8 号の「受託者が信託事務を処理するについて

---

4) 5) 寺本・前掲注 1) 87 頁・420 頁、秋山靖浩「受託者が土地工作物の所有者として責任を負う場合に関する一考察」73 頁ほか、道垣内弘人ほか著『基礎法理からの信託分析』トラスト 60 研究叢書（2013 年）、中田直茂「限定責任信託の受託者の負う不法行為責任」金法 1828（2008 年）43 頁。

した不法行為によって生じた権利」に係る債務は信託財産責任負担債務になると規定している。もっとも受託者自身の不法行為の要件（民法709条では受託者の故意・過失、権利侵害、損害、因果関係の4つ）を満たせば受託者の固有財産をもって負うが、受託者の固有財産が十分でないとき、受託者の行為のリスクは対外的には信託事務処理により利益を得る受益者が信託財産をもって負うのが公平（被害者に比し）と考えられている[5]。

　受益者にとっては、信託財産であることをもって当然には対抗できず、差止め請求（信44）が速やかにできるよう、受託者が重要な財産の処分等の具体的な行為をする前に、後の祭りにならないよう、受託者から受益者等への事前の通知・情報開示、専門家の関与等の定めの必要性を検討します。

※判タ（1404（2014.11）200頁）参照。判旨「不動産の信託受託者として所有権を有する信託銀行との間で、「定期建物賃貸借契約兼管理業務委託契約」を締結して当該不動産の転貸及び保守管理をしていた者が、当該不動産の屋上部分からの漏水事故について、民法717条1項の占有者に該当する」とされた事例。
※受託者の過失がなければ信託財産から賠償でき（信53Ⅰ①）、過失があれば・任務懈怠があれば信託財産に請求できず損失てん補の責任を負うので、受益者との個別合意、委託者の瑕疵がない（委託者所有時に既に瑕疵があっても受託者は免れられないが）・責任を負う旨の表明保証条項（同Ⅱ、48Ⅴ、40）等の工夫を検討します。

　次のような受託者の具体的な作業シートにより、受託者の種々の義務等を理解しているか、委託者が求める信託目的を達成するための受託者としての役割を担えるかの心構えを確認します。

（民事信託の説明ツール例「信託法に定める受託者の義務等と信託期間中の具体的な職務」）

	信託法が定める義務等	本信託での条項の定め、また信託期間中の手続
権限と義務等	必要な信託事務の遂行権限と義務（信26〜28。制限できる） 権限違反行為は受益者が知ってから3カ月以内に取消し可能	・重要な処分行為などは事前に信託監督人等の承認を得る、または、重要な処分行為などは事前に通知を要する旨の条項を検討する（○条に、特約として、通常と異なる手続または重大な処分を行う場合には、受益者等に対して2週間前に通知しなければならない等）

信託法が定める義務等	本信託での条項の定め、また信託期間中の手続
	・○条に、会計事務を○○に委任する旨を定め、受託者の責任を軽減しつつ、専門家の助言を得る　など
善管注意義務（信29）	・不動産等信託財産の中期的な価値維持に配慮する ・信託財産を適正に管理しているか自問確認する ・受益者の状況・環境に注意する
忠実義務（信30） 利益相反行為の制限（信31、32）	・受益者との競合、利益相反取引になる場合は事前に回避または了承を得る
公平義務（信33）	・複数受益者がいれば目的に沿って公平に扱う
分別管理義務（信34） 事務委託の監督義務（信35）	・登記登録を要する財産は必ず手続をする ・登録制度がない財産は外形上区別できる状態にし、かつ計算方法を帳簿等で明らかにする旨を定める ・事務委託すれば選任監督義務を負う
帳簿等の作成報告 契約書等の保存 貸借対照表等の報告 閲覧等、他の受益者の開示義務 （信36、37、38、39等）	・信託事務処理・信託財産等の状況を明らかにするための帳簿・計算書類を作成し、状況を分析評価し、受益者等に報告する ・上記の書類とともに信託事務処理の契約書等を10年間保存し、受益者等は閲覧謄写を請求できる
損失てん補義務（信40、42、43） 役員連帯責任（信41） 違法行為等の差止め請求（信44） 受益者勝訴費用の支弁（信45） 検査役選任（信46、47） その他 事務委託の選任・監督義務、損失てん補責任	・受託者は損失てん補の責任を負う ・受託者（一般社団法人等の場合）の役員は重過失があれば連帯して損失てん補の責任を負う ・受託者の法令等違反・恐れの行為は受益者により差止め請求される （後で知っても対応できない場合があるので、「通常と異なる手続または重大な処分を行う場合には○週間前の通知義務を定める」）

（責任等）

信託法が定める義務等	本信託での条項の定め、また信託期間中の手続
等の免除、損失てん補責任の債権の期間制限、受益者の受託者行為の差止め請求、損失てん補責任・差止め請求に係る費用の信託財産からの支弁、検査役の選任、費用等の信託財産からの償還（別段の定め可）、費用等の償還等の方法（別段の定め可）、信託債務の受託者弁済の代位、費用等の償還までの受益者への給付債務の同時履行（別段の定め可）、費用等を償還できない場合、信託財産からの受託者損害の賠償（別段の定め可）、信託財産からの信託報酬、担保権信託の受託者の実行、受託者の任務終了事由（一部別段の定め可）、受託者の辞任（別段の定め可）、受託者の解任（別段の定め可）、前受託者の通知保管義務、前受託者の相続人等の義務、前受託者等の処分の差止め請求に係る費用の信託財産からの支弁、新受託者の選任（信 48〜62）	・受益者が受託者を訴えて勝訴した場合の費用等を信託財産から支弁する ・共同受託者とするか（合有）、互いに協力できるときは、その旨を定めることでリスクを軽減する ・後任受託者を指定するか、または指定の方法を定めて、信託事務を円滑に引き継ぐようにする ・信託事務費用について ・信託報酬について

□委託者の財産を預かる・管理するためには、どの程度労力をとられるか理解できた

□委託者の財産を預かる・管理するということは、受益者のためである

□受益者のために（自分のこと・自分の家族より慎重に）尽くせる（誠実に行動できる）

□この信託の目的の定め・記載内容から受託者として具体的にどのように行動すればよいかのイメージがわかった、またしてはいけないことを把握できた

□受託者として、目的を達成できる、目的を達成できる内容と思えた

□明確な行動基準・方針を決めて、必要なモニタリング体制を整備すれば実行できる

□助言・補助が得られる専門家、または監督してもらえる専門家がいれば役割を担える、事務（会計・管理）を委託する専門家が必要

□給付内容、財産管理運用等の明確な行動基準・方針として委託者の意思を確認し理解した

　　上記のとおりであることを表明する。

　　　　　　　　　　　　　　　　　　　　○年○月○日　　○□△

　受託者の信託行為時、信託期間中等における年間スケジュール・注意すべき事項等を表にして示し、理解を得ます。

　民法644条の委任に係る「善良なる管理者の注意」とは、ローマ法の「良家父の注意」にはじまり、フランス法の「善良なる家父の注意（仏民1137 Ⅰ）」、ドイツ法の「取引に必要な注意（独民276）」に相当するものとされ、その者が属する階層・地位・職業（社会的経済的地位）などに応じて一般に要求される注意で、自分の能力に応じた程度（自己のためにする・自己の財産に対する注意と同一（民659、827、940））という主観的なものではなく、客観的に要求される程度の注意といわれています。

　民事信託の受託者の善管注意義務も、委任等（民415、493）と同様に信託の本旨に従いその目的に適合するように事務を処理する義務

を負い、注意義務の程度・内容は具体的な信託目的・信託財産・管理給付等に応じた役割により異なるものです。

　受託者の役割を担う家族等は、信託財産の管理、受益者への給付について委託者が自らのものとして対処してきた程度の注意・配慮でよいとは言いきれません。

　他人の物を預かっているとの認識の下、受託者として注意を怠らずに信託の目的を達成するために、次のような具体的な作業とその注意事項（チェックポイント）を確認します。

（民事信託の説明ツール例「受託者の具体的な作業とそのチェックポイント」または「受託者支援体制チェックポイント」）

	受託者の作業	チェックポイント	専門家の役割
信託設定前	・財産の確認（関係書類のチェック・保管） ・受託者の役割の確認 ・受益者等の状況の確認 ・信託目的が予定どおり遂行・終了できるかの確認 ・受託者を支援する者の確認	□関係書類の内容確認 □費用・報酬の確認 □関係者の最終意思の確認 □財産・受益者等の確認 □（設定・終了）の手続内容と費用等を確認	委託者・受託者・受益者等へ説明したか 費用・報酬等の理解を得たか
信託設定時	・登記登録するための添付書類の準備 ・記録記載のための本人確認資料等の準備 ・信託条項の最終の確認 ・財産目録等の作成 ・信託期間中の職務と体制の確認	□信託目録の記載内容を確認 □名義変更後の書類・通帳等が信託条項と整合しているか □関係者への書類の引渡し □税務署への手続	受託者等の不安を解消する

	受託者の作業	チェックポイント	専門家の役割
信託期間中	・年間スケジュールの確認（収支等の見積もり、資産運用状況） ・年に数回、臨場、財産状況を確認する ・年末、1年間の書類の整理・保管 ・翌年初、収支表、目録等を作成、報告、税務署に提出 ・専門家、関係者の意見を聴取する	□財産状況に問題があるか □受益者等に問題があるか □今後も目的が遂行できるか □受託者の健康に問題はあるか □関係人と上手に意思疎通できているか □専門家は問題提起しているか	何を委託・支援するか ・財産管理等 ・会計事務等 ・法務相談等 ・手続 ・受益者対応
信託終了時	・終了事由の確認 ・財産の確認 ・帰属者の確認 ・費用・報酬・税負担の確認 ・費用はかかるが、実務は専門家に委ねるか（委ねることができる定めがあるか）	□終了事由は定めた事由か □財産の状況に問題はないか □帰属者の意思に問題ないか □費用支払いに問題ないか □トラブルの要素はないか	実務を委ねる専門家は誰か

② **受託者等に関わる信託条項の例**

　受託者を、また後任受託者を指定する、受託者を監視・監督する次の(6)に記載の信託監督人等、指図者を指定する、さらに受託者を支援する（顧問契約する、もしくは信託事務を委託する）等について、信託条項に定めをします。

（民事信託の説明ツール例「受託者（信託監督人、信託事務委任）の定めの条項」）

受託者の場合の信託条項	受託者	信託監督人 （受益者代理人）
ⅰ　委託者は、次の者を<u>受託者</u>として指定する。 （本人を確定できるよう住所・氏名・生年月日・職業続柄等）	○○	
ⅱ　<u>受託者</u>は、（専門職業能力に基づき／社会通念に基づき）、善良なる管理者の注意をもって信託財産を管理し、この信託の目的に従って忠実に信託事務を処理するものとする。	—	○○○ 「信託監督人は、…注意をもって、受託者の信託財産の管理運営が適正に行われているか否かを監督し、受益者に必要な情報提供等を行う。」
ⅲ　<u>受託者</u>が、信託期間内に死亡したときなど信託法 56 条 1 項各号の事由により<u>受託者</u>の任務が終了したとき（若しくはそのような事由に相当すると<u>信託監督人</u>が判断したとき）は、<u>受託者</u>があらかじめ委託者／受益者及び／又は<u>信託監督人</u>に書面にて通知した者 （例）受益者の親族・関係者が社員となる一般社団法人を新<u>受託者</u>に指定する。	後任 受託者 ○□□	「…、信託期間内に死亡したときなどその職務を遂行できなくなったとき（若しくは…）は、…信託監督人があらかじめ受託者に…。」
ⅳ　前項の新<u>受託者</u>になる者が不存在又は受託できないときは、<u>信託監督人</u>（又は○○会）が指定する者を新<u>受託者</u>に指定する。	—	「…ときは、次の者（○○法人）が指定する者を…」

受託者の場合の信託条項	受託者	信託監督人 （受益者代理人）
ⅴ　受益者（委託者も）及び／又は信託監督人は、受託者に義務違反、管理失当、任務懈怠その他の不誠実又は不適切な行為があると（医師の診断等により）判断したときは、受託者を解任することができる。この場合にはⅲ項ではなく、信託監督人及び／又は受益者が指定する者を新信託者とする。	－	「受託者及び又は受益者は、信託監督人に…ときは、信託監督人を…」

③　受託者を補助する仕組みか、受託者を監督する仕組みか

　家族が受託者になり受託者としての注意義務を果すことが重荷になってはこのスキームはできません。そうであれば、次の(6)で記載する信託関係人等を活用して相談・支援・補助できる体制を調えておきます（専門家に安易に任せてしまう仕組みは避けます）。

　受託者になる家族が行き過ぎた行動をとる可能性があれば、逆に監視・相互牽制体制を敷く必要があります。委託者の考え等の総合判断ではありますが、要は、情報を管理（必要な情報が得られるように報告等を仕組む）し、受益者・信託財産に配慮し、事務の委託先を監督して、家裁、専門家の言葉を自分勝手に取り違えないこと、怪しいおいしい話を鵜呑み・良いとこどりしないよう（その法的根拠・エビデンスを明らかにし適正な判断ができるよう）に、受託者を補助し、かつ監視できる体制を調えます。

(6)　信託関係人の権利義務等と設置の判断

①　信託関係人の設置の検討（成年後見制度の併用を考慮する）

　受益者の利益を保護するため、受託者の能力を補充する方法として、共同受託・後任受託者にするか、信託事務委任するか、信託監督人または受益者代理人等を定める検討をしますが、その機能・責務・

短所等を踏まえて個別の名を考えて選択します。その者の責務・具体的行為、伴う受託者の具体的・定期的な報告・確認等の責務も考慮して条項化します。

受益者の身上監護に配慮・対応するためには、成年後見制度との併用（信託の不足点を補う）が不可避です。信託関係人の役割を成年後見人が兼務することがよい場合もあり、また併存する方法もありますが、成年後見人がその職務を遂行しやすくなるように、（機能等を比較して）どのように仕組むかを検討します。

信託管理人は受益者が不存在のとき、特定の受益者のための信託監督人、多数の受益者には受益者代理人を定めるとの考え方がありますが、民事信託において、信託監督人がよいか、受益者代理人がよいかは、慎重な検討が必要です。

任意後見人の定めが可能ならば、その者が受益者または受益者代理人として行動できるように信託行為に定める方法が有用な場合もあります。しかし、誰が法定後見人に選任されるかわからない場合には、信託監督人か、または受益者代理人（信託行為で定めなければならない）の指定（または指定の方法）の定めを置くことを考えます。

民事信託において、受託者のほかに、受益者のために信託監督人と受益者代理人のいずれを置くべきか、他にも指図者・同意者、受益者指定権等または信託変更権を有する者を設けるべきか、また後見人等がいる場合もしくは開始申立てする場合も考慮して、どのように構成すれば受益者にとってよりよいかを、受益者の状況、具体的な者を念頭に費用・報酬も含め総合的に考えます。

次表を参考に、事案・成年後見人の状況に即していずれがよいか具体的に検討します。

（民事信託の説明ツール例「信託監督人等の比較」）

	信託監督人	受益者代理人
選任事由	受益者が適切に監督できない	受益者が変動・多数で権利行使困難
選任方法	信託行為の定めまたは裁判所の決定	信託行為の定めのみ（後任選任の場合裁判所）
行使できる権限	受託者の監督の権利	受益者が有する権利
権限行使	自己の名により行使	受益者の代理人
資格	未成年者、成年被後見人、被保佐人、受託者はなれない（信 124・137・144）	
義務	善管注意義務、誠実・公平義務（信 126・133・140）	
辞任	委託者と受益者の同意、信託行為の別段の定め、やむを得ない場合は裁判所の許可により辞任可能（信 57・128 Ⅱ・134 Ⅱ・141 Ⅱ）	
解任	委託者と受益者の合意、信託行為の別段の定め、委託者又は受益者の裁判所申立・決定により解任可能（信 58・128 Ⅱ・134 Ⅱ・141 Ⅱ）	
費用償還等	請求可能（信 127・137・144）	
報酬等の請求	信託行為の定めある場合（信 127 Ⅲ・137・144）	

② **信託監督人の選任、権利義務等**

　寺本昌広立法担当者は、信託監督人は福祉型信託のための制度と述べています。

（信託監督人の選任、権利義務等）

⑦　受益者が現に存する場合には、信託行為に信託監督人となるべき者を指定する定めができ、利害関係人は、指定された者に対し、相当の期間を定めて、その期間内に就任の承諾をするかどうかを確答すべき旨を催告することができる。この催告があった場合において、指定された者は、その期間内に委託者（委託者が現に存しない場合は受託者）に対し確答をしないときは、就任の承諾をしなかったものとみなす。

④　受益者が受託者の監督を適切に行うことができない特別な事情がある場合において、信託行為に信託監督人に関する定めがないとき、または信託行為により指定された信託監督人が就任の承諾をせず、もしくは就任できないときは、裁判所は、利害関係人の申立てにより、信託監督人を選任することができる。

⑰　信託監督人は、受益者のために自己の名をもって、信託法 92 条各号（17 号・18 号・21 号及び 23 号を除く）に掲げる制限できない受益者の権利に関する一切の裁判上または裁判外の行為をする権限を有する。ただし、信託行為に別段の定めがあるときは、その定めるところによる。

㋜　信託監督人は、善良な管理者の注意をもって、また、受益者のために、誠実かつ公平に、権限を行使しなければならない（信 131・132・133・134・137）。

㋔　信託監督人が 2 人以上であるときは、これらの者が共同してその権限に属する行為をしなければならない。ただし、信託行為に別段の定めがあるときは、その定めるところによる。

㋛　信託監督人の任務終了、辞任及び解任については、信託法 56 条、57 条及び 58 条の受託者の規定が準用される。また、信託監督人の資格、費用及び報酬については、信託管理人に係る信託法 124 条及び 127 条の規定が準用される。

㋝　一部の受益者のために機能できるか、指定がなくても裁判所が選任できると法は定めているが受益者の一部のために機能できるか、どんな特別な事情に限るのか（信 131）等の注意点がある。

③ 受益者代理人の選任、権利義務等

　受益者代理人を選任したいときは、代理人である趣旨から信託行為において特定の受益者を指定するか、またはその方法の定めが必要です。

（受益者代理人の選任、権利義務等）

⑦　信託行為において、代理する特定の受益者を定めて、その受益者代理人となるべき者を指定することができる。受益者代理人を指定する定めがあるときは、利害関係人は、指定された者に対し、相当の期間を定めて、その期間内に就任の承諾をするかどうかを確答すべき旨を催告することができる。

　　指定された者は、その催告の期間内に委託者（委託者が現に存しない場合は受託者）に対し確答をしないときは、就任の承諾をしなかったものとみなす。

　　受益者代理人は信託行為において定めなければならない。先に死亡した場合、辞退した場合など就任前の万一に備えた予備的な定めを置く必要がある（しかし、辞任の場合は、信託法142条から62条が準用され受益者代理人の任務が終了すれば裁判所に選任を申立てできる）。

⑦　受益者代理人は、その代理する受益者のためにその受益者の権利（損失てん補責任等の免除（信42）の規定による責任の免除に係るものを除く）に関する一切の裁判上または裁判外の行為をする権限を有する。ただし、信託行為に別段の定めがあるときは、その定めるところによる。

　　受益者代理人があるときは、その受益者代理人に代理される受益者は、信託法92条各号に掲げる権利及び信託行為において定めた権利を除き、その権利を行使することができない。

⑦　受益者代理人は、善良な管理者の注意をもって、また、その代理する受益者のために、誠実かつ公平に、権限を行使しなければならない。受益者代理人の任務終了、辞任及び解任については、信託法56条、57条及び58条の受託者の規定が準用される。

　　また、信託監督人の資格、費用及び報酬について、信託管理人に係る信託法124条及び127条の規定が準用される（信138・139・140・141・144）。

④ 指図権者（または指図者）とは

　民事信託の場合、信託財産の管理または処分だけでなく、その他の信託目的の達成のために必要な行為が受託者に託されています。受託者の裁量にすべて託するのではなく、信託財産の管理等に加え、受益の内容（給付の時期、金額等）の全部またはその一部についての判断を指図権者（ここでは業としないので「指図者」という）の権限等に託することを信託行為において定めることができます。

　たとえば、信託財産である株式の議決権の行使の指図者として、一定の配当を確保できるように優先的に配慮して議決権を行使するよう受託者に指図する定めも考えられます。

　しかし、信託業法には業として営む指図権者の定めがあり（信業65、66）、義務等を定めていますが、信託法には定めがありません。

　指図権には、委託者と受託者の合意による信託行為に由来し、指図者と委託者との間の委任等の契約によるものと、契約関係がないものがあります。指図権は、信託行為の特別な定めにより創出された信託事務処理の要件であり、財産権ではないと考えます[6]。どのような権利にするか、またどのような、どの程度の義務を負うのか（さらに受託者は指図に従えばそのことに何らの責任はないのか）、むしろ指図者の権利ではなく受託者が指図者の意見を聴取する義務を負う方法も選択肢であり、指図者の有する権利等の性質は、信託行為の定め、またその解釈次第です。そのゆえ、信託行為においてその性質または目的遂行の判断基準、注意義務の指針を明確化することが望まれます。

　指図者に従って行動する受託者の責任について、中田直茂弁護士は、「信託事務の委託を行う場合と利益状況が類似する。」、「指図者が

6）金融法委員会「信託受益権に対して設定された質権の効力」5頁（平16・9・15）の記述では、受益者に指図権を与えた場合、受益権を譲渡しても指図権は当然に譲渡に随伴しない。しかし、受益権の流動化等の実務では当事者の合理的意思からむしろともに移転すると解され、その行使により受益権を構成する信託財産の経済的価値を形成するものとして、受益権の従たる権利として位置付け、受益権の質権の設定という受益権の処分に従うと解されている。

信託行為により指名され、または信託行為の定めにより委託者または受益者により指名された場合、信託法 35 条 3 項の趣旨および信託当事者の合理的意思から、受託者は、指図者の行為について積極的な調査を行う義務はなく、指図者の行為が信託行為に違反し、または不適法であることを知ったときに限り、受託者は指図を拒絶する義務を負うと解釈するのが相当ではないか。」と記述されています[7]。

　また、佐久間毅教授は、「信託行為で、受益者の権限を拡大しその権限を受益者代理人に行使させる旨を定めることができる。指図者の機能を受益者代理人に担わせることも、受託者の責任範囲を限定することもできよう。本来信託事務の管理を行うのは受託者であるから、受益者・受益者代理人は監督権限を有するにすぎないのに、受益者代理人に指図権を付与すれば受託者は免責されると解することは、困難であると解される。」と記述されています[8]。

　民事信託の受託者及び指図者の責任を安易に軽減できないので、受益者の差止め請求権等の趣旨から、信託財産に著しい損害が生じるおそれがあると受託者が認識すれば、その指図に従わず信託目的に沿って判断・行動すべきと考えますので、その旨を定めることが重要です。

---

7) 中田直茂「指図権と信託」新井誠・神田秀樹・木南敦編『信託法制の展望』（日本評論社、2011 年）455 頁。

8) 佐久間毅「信託管理人、信託監督人、受益者代理人に関する諸問題」信託 234 号 32 頁（注 31）。

（信託業法の指図権者とその機能）

> ㋐　信託行為において受託者を指図する権者（指図権者という）を定める
> ことができる。信託法には定めがないが信託業法 65 条・66 条に財産の
> 管理または処分の方法についての指図権者の忠実義務と行為準則の定め
> があり、多くの場面で活用されている。
>
> ㋑　信託財産の管理または処分の方法について指図を行う業を営む者、つ
> まり「指図権者」は、信託の本旨に従い、受益者のため忠実に当該信託
> 財産の管理または処分に係る指図を行わなければならない（同 65）。指
> 図権者は、信託財産について次の行為をしてはならない（同 66）。
>
> i　通常の取引の条件と異なる条件で、かつ、その条件での取引が信託
> 財産に損害を与えることとなる条件での取引を行うことを受託者に指
> 図すること。
>
> ii　信託の目的、信託財産の状況または信託財産の管理もしくは処分の
> 方針に照らして不必要な取引を行うことを受託者に指図すること。
>
> iii　信託財産に関する情報を利用して自己またはその信託財産に係る受
> 益者以外の者の利益を図る目的をもって取引（内閣府令（信業規 68）
> で定めるものを除く）を行うことを受託者に指図すること。
>
> iv　その他信託財産に損害を与えるおそれがある行為として内閣府令で
> 定める行為をすること。

⑤　第三者への信託事務委託

　受託者がすべての信託事務を注意深く慎重に対応することができれ
ばよいのですが、時間的にも制約があり、また専門的知識・行動が求
められるものがあります。受託者の能力・環境に応じて専門家を活用
すること、補助者を活用することが合理的であり有用です。

　民事信託において、信託事務の処理について信託行為に第三者を活
用する定めができます。信託財産が不動産など複雑な事務の場合等
に、受託者の能力に応じて専門家の知見等を活用する定めを検討しま
す。

　なお、委託する第三者には、受託者との独立性がない受託者の家族や
受託法人の従業員などの狭義の履行補助者は含まれないと解されます。

（信託事務を第三者に委託する場合）

⑦　第三者に委託する旨または委託することができる旨の定めがあるとき、第三者への委託に関する定めがない場合において第三者に委託することが信託の目的に照らして相当であると認められるとき、第三者に委託してはならない旨の定めがある場合において、第三者に委託することにつき信託の目的に照らしてやむを得ない事由があると認められるときには、第三者に委託することができる（信28）。

⑦　信託事務の処理を第三者に委託するときは、受託者は、信託の目的に照らして適切な者に委託しなければならない。受託者は、その第三者に対し、信託の目的の達成のために必要かつ適切な監督を行わなければならない（信35）。

　なお、信託の受託者を業とする者には、その業務、業務の委託等について信託業法21条から31条（兼営法2条1項にて準用）にも業務の取扱いの定めがある。

（信託事務の委託の仕方と受託者の責任）

⑦信託行為に定めがないが信託目的に照らして相当であるとき（信28②）、⑦信託行為で禁じられているが目的に照らしてやむを得ないとき（同③）、⑦信託行為で許容されているとき（同①）、第三者への委託が認められ、受託者はその選任・監督の責任等を負う（信35ⅠⅡ）。

　上記のうち、⑦信託行為で事務委託が許容され、第三者への委託が認められるものの、ⅰ信託行為で指名された第三者に委託するとき、またはⅱ信託行為に従って委託者または受益者が指名した第三者に委任するときのいずれも、受託者は選任・監督責任を負わない。ただし、その第三者が不適任もしくは不誠実であることまたは事務処理が不適切であることを知ったときは、受益者に通知して委託の解除その他の必要な措置を取らねばならない（同Ⅲ）。

　つまり、委託者・受益者が指名するか、受託者が指名するかでは、受託者の責任が異なることを委託者等が理解したうえで、信託を提案する専門家は、受託者が現実的に（専門家である第三者を）監督できるのかを踏まえて、事務委託先を誰がどのように監督できるかを考慮して、事務委託先

の指名方法、関係人の配置を検討する。

　なお、受託者の履行補助は事務の委任に当たらない。

⑥　信託関係人等としての専門職の活用の検討

　信託法は受託者の義務等多くの点で任意法規化され、高齢者等の財産管理といいながら受益者にとって望ましくない、受託者が権限を濫用する危険もありえます。また対応が遅くなって後の祭りでは困りますので、受託者を監督する、事前の通知・承諾などの信託違反行為を未然に防止できる差止め、取消権が行使できるようにするなど、信託関係人を設置して、事前の通知・報告等、説明義務をも明定する必要がある場合もあります[9]。

　また、家族による民事信託を推奨・提案する場合、業法の適用がないので、受託者の管理能力、委託者の多様な（複雑な）希望から柔軟な仕組みを検討する場合が考えられます。しかしながら、受託者等の義務、管理等また給付内容等の注意義務を緩める・曖昧にすることによりかえって家族自身にオウンリスクを負わせる仕組みになる可能性があります。受益者保護という信託の本旨・社会的要請に合致するように、専門職によって民事信託の仕組みを補う役割が期待され、また使命と考えています。信託関係者の相互の権利義務に係る調整役としても期待されます。

　受託者の能力を補強して受益者を保護するために、受託者を監督・指図・役割分担する手段として専門家等による信託監督人等の関係人の設置の定めだけでなく、これらの者が互いにどのように行動するか、報告・説明等の義務等の行動基準を明らかに定め、権利の濫用を防ぎ誠意忠実に行為できるよう定めることに注意を払います。

　信託関係人等として専門職が関わる場面・役割には、委託者か受託者の相談役・顧問、信託事務を分担する受任者、監視役として信託監督人・受益者代理人・委託者の代弁者として指図者等が考えられます

---

9)　信託フォーラム vol.1Mar.2014、対談 能見×新井 7・8 頁を参照。

（残念ながら共同受託者にはなれませんが、一般社団法人が受託者になれば理事（法人と連帯責任（信40、41））として事務の一部を担えると考えます）。専門家がどのようにどの程度関わるかは、受益者保護等の視点から専門家の責任負担と個々の関係者の状況により繊細な判断と説明が求められます。信託関係人としての責務（受益者から問えるか）に専門家としての責務が加重されます。また、専門家同士による相互監視・牽制の仕組みも考えられますが、適材適所を踏まえて、費用負担とリスクの程度等総合的に委託者の意向を確認しつつ慎重に検討します。どのような役割が期待されているか、受託者の能力及び各関係人の期待役割と責任の整合性等を考えます。

(7) 訴訟等のトラブルリスク

　管理委任、相続等においてトラブル・訴訟のリスクは多々ありますが、民事信託に関わる訴訟リスク等として、事案そのもののトラブルリスクに加え、民事信託により解消される点もあるが新たなリスクとして生じる次のようなものが考えられますので、民事信託の提案、組成に際しては、個別の事情の情報を確かめて事前に慎重に検討して信託条項等について専門家と協議します。

一般的な争点	㋐民事信託の真の委託者・受託者・受益者は誰か、信託といえるか	名義預金の帰属の問題 詐害行為等としてのトラブル
	㋑不動産信託に係るもの	管理委託者の債務不履行、賃借人との賃料増減請求・明渡し請求、不法行為・所有者責任等に係るトラブル
	㋒金銭債権信託に係るもの	金銭債権の回収の委託等によるトラブル
	㋓善管注意義務違反、忠実義務違反等各義務違反の有無が争点となるもの	収支予測の合理性、事業計画の受益者の認識・承認の有無、信託契約に沿った管理・運用をしていたか、裁量の範

信託法の争点		囲を逸脱し濫用したか、信託財産に係る管理・処分（権限外行為か否か）及び支払給付の事務の内容（目的範囲内か）が適正か、信託株式の議決権行使等受託者等の行為は権利を濫用しているか、など
	㋑費用償還請求の可否等	信託終了して信託財産を引渡し前後の費用負担、清算結了の事実確認・合意内容の解釈、受益者の放棄の意思表示・対応、受益者の負担意思表示等など
	㋒処理状況・書類の閲覧・報告請求等	閲覧対象の書類の範囲・拒否事由等、違反による損害賠償請求等※
	㋓相続・贈与に関わる信託法89・90・91条等の解釈	信託行為の定めが信託法を逸脱していないか
	㋔信託条項の解釈	そもそも、信託行為の定め、信託目的、受益者・受益権の内容、管理等方法、信託財産の特定等々、重要な条項においてその解釈があいまい、疑義あるとして、信託行為の無効等が争われます。
相続法と信託の争点	贈与・相続・遺贈に関係するもの（相続人の権利等）	委託者兼受益者がその意思能力が低下し、受託者の判断で生活費等の費用に充てるための給付を行う場合、委託者が死亡した時にその相続人から受託者による信託事務の支払い、受益者への給付について問題を提起される可能性[10]、特別受益となるか、受益者の相続分は、遺留分はいくらか等を問われます。 　適切な給付内容の信託条項の定め、適正な帳簿作成・報告に加え証憑書類の保管が求められ、また適正な使途・内容であったかの合理的な説明であるかについて、受益者代理人のチェックが求められます。

※後述(8)参照。

民事信託の提案に際して、トラブルの可能性を聞き出して、次のような対処方法を提案します。

（民事信託の説明ツール例「受託者がトラブルに巻き込まれないための受託者の実務」）

⑦　巻き込まれる可能性のある（受託後管理すべき）リスクを把握し、どのように対処するかを検討する。

④　委託者（関係者）から直接ヒアリングを得て行動指針等の書面化を図る。※法的な効果はないと言われているが、委託者の意向表明書（英国では legally significant letters、米国では letter of wishes）を得て、委託者の意思・考え方等を明らかにし、受託者の判断に活用します。

⑨　さまざまな批判・クレーム・要求に対応できるよう、合理的説明ができる行動をする。

⑤　法令・信託条項等の定めを確認のうえ、信託財産・受益者の状況を踏まえ、事前に法律専門職に相談してから判断し行動する。

⑦　行動・手続する前に、目的遂行のためになっているか、目的から外れないか、利益相反になっていないか、自ら自問する。

⑦　行動・手続の判断した根拠は事実的に正確か（関係者・自らが事実を確認したか）。

⑦　信託財産・受益者の状況（リスクも）を定期的にモニタリングし、また必要に応じその都度確認する。

⑦　オプション・リスク・コスト・ベネフィットを把握・注意深く秤にかけて選択する。

⑦　ベネフィットがリスク・コストを上回ることを合理的に確信し、自信をもって進める。

⑦　受益者等とは、ときには会合をもって情報収集し、またコンセンサスを得る。

⑪　過剰に憶病になり、リスクを避けるために消極的にならない。

10）名古屋高判平 24・8・17（原審平 24・1・13）、名古屋高判平 26・5・9（原審平 25・8・8）、東京地判平 23・8・22 ほか（判タ 1414・97 頁以下参照）。

(8) プライバシー保護と情報開示に留意した定め等

① プライバシーが漏れないよう配慮

　民事信託は主に財産の管理と承継に有効な方法ですが、同時にプライバシーを護る方法でもあります。受託者の名前で取引を行うので、受益者のプライバシーを守ることができるのです。また昨今の詐欺的な行為の被害を防ぐためにも、受益者が誰か等々信託の内容について安易にわかるような公示・名義・書類作成等を避けるようにすることが大切です。

　悪意の、寄附を求める、もしくは頼りにする第三者・親族らによる受益者等への甘い誘い等に受託者、受益者及び関係者は注意を払わねばなりません。プライバシーが侵害され、給付後の金銭に被害を受けてからの事後的な救済では消し去ることはできません。民事信託の条項（信託目録の作成）、組成において個人情報の保護について慎重に配慮します。

② 適正な情報開示をしても守秘義務の工夫をする

　受益者及び特約により委託者（どの程度提供するか検討して定める）への適正な情報開示が信託法及び信託行為の定めから求められます。受託者は、受益者等に対して、その意思決定のため、また受託者が適切に職務を遂行しているかを報告するために必要な情報開示をします。また、報告をすることが受託者自身として適切に行動するためのインセンティブになります。それゆえ、信託行為において、受託者の書類の管理と報告義務を明確化することが大切です。

　受益者等は、受託者が作成・保存する義務のある帳簿、財産状況開示資料、及び信託事務処理関係書類等のすべてのうち、請求理由を明らかにして開示すべき書類等を特定して閲覧・謄写を請求できます（信37ⅠⅣ、38ⅠⅡⅥ、145Ⅱ⑤）。また、受益者が2人以上であれば、その理由を示して他の受益者の氏名等及び内容の開示を請求でき

ます（信 39 Ⅰ Ⅲ、145 Ⅱ ⑥）。しかし、受益者等に信託行為を開示する義務の定めはありません。

　受益者または受益者の相続人、委託者の地位承継者・相続人として、また利害関係人として（過去現在の）帳簿・財産状況開示資料等について受託者に開示請求できる範囲を検討して信託条項に定めます[11]。委託者・受益者の相続人には委託者・受益者の生前の権利（債務も）が適切に処理されていたか、残余の有無はないか、を確認できる権利があると考えられます。そのため、事案に応じて委託者の開示の権利がどの程度相続人に承継され信託についての情報を知る権利を与えるかについて検討して必要な定めをします（第 2 次受益の内容についての情報が第 1 次受益者の相続人は相続税申告のために必要となり、また第 2 次受益者は第 1 次受益者にかかる相続税の課税価格に算入される他の財産内容の情報を知る必要が互いに生じます（相法 9 の 2 各項））。

　また、受託者の公平義務（信 33）の解釈から、同種の受益権を有する受益者に対する信託事務の処理について、説明し書類を開示する義務を有するものと解されます（信 36、38、民 645）。しかし、受託者は忠実義務を負い守秘義務があり、個々の受益者のプライバシー・利益に係る信託事務を開示することと利害が対立するので、いずれを優先させるかの比較衡量が求められます。公平な事務が行われているかは他の受益者の信託財産に係る事務開示も関わってきますが、公平

11）相続人への情報開示義務の判例として最判平 21・1・22 民集 63・1・228 がある。守秘義務にも留意するものとして、複数受益者の場合、一棟のビルなど信託財産を全体的に・一括して管理・運用・処分する（ことが効率的・有用な）とき、共同体として維持される性質（経済的利害を共有する）を有し、受益者は信託財産全体の状況に係る事務処理について、書類の閲覧及び説明の請求を求めることができると解され、他の受益者に係る信託事務に係る事項も含まれることになる。しかし、個々の受益権の譲渡に係る価額（譲受人が誰であるかは共同受益者として今後の行動を共有化するために必要と解されるが）は信託事務処理に該当しないと解される（東京地判平 13・2・1 判タ 1074・249。高裁は平 13・8・2 棄却し、最高裁は平 14・2・28 不受理）。

義務に反する蓋然性のある具体的な行為、つまり他の受益者と比べて不当に不利な扱いを受けたことを立証する必要があります。あらかじめ信託行為において、濫用されないよう（信 38 Ⅱ Ⅳ）、またプライバシーを保護できるよう、情報開示には合理的な（他の受益者の利害を害しない）範囲に限定すること、その判断は受託者の裁量によること、不利な定めはできないのでその説明責任を負うことの定め（「受益者は請求する理由を（その根拠とする事実も）書面により明らかにすること」、「信託法 37 条 2 項に定める財産状況開示資料の作成に欠くことのできない情報その他の信託に関する重要な情報及び受益者以外の者の利益を害するおそれのない情報を除き、信託法 38 条 1 項に定める閲覧又は謄写の請求をすることができないこと」、「受託者はその裁量によりその可否を判断し、その説明をしなければならないこと」など）を慎重に検討します[12][13]（信 38 Ⅱ①ⅣⅤ、146、147）。

　なお、債権者等の一般の利害関係人は財産状況開示資料のみが閲覧・謄写できます（信 38 Ⅵ）。謄写費用は、受益者らが負担することになります。

　包括承継人である相続人間であるとき、信託行為においてのプライバシーや守秘義務の扱いは明らかではありません。相続人間のトラブルに巻き込まれたくないので、開示請求の態様、対象・範囲等によっては権利濫用に当たるとされており、請求に対する委託者の意向等を踏まえ、法律専門職との検討が求められます。

---

12) 寺本・前掲注 1) 152・153 頁（注 9）、会社法・一般法の会計帳簿の閲覧の考え方と少なくとも整合的であろう。
13) 村松秀樹・冨澤賢一郎・鈴木秀昭・三木原聡『概説新信託法』（きんざい、2008 年）131 頁（注 11・12）。

（プライバシーと情報開示の検討）

⑦信託契約 公正証書	遺言公正証書原本はその特殊性から死亡まで嘱託人以外法定後見人を含め制限される（昭和63・12・2民6776民事局長回答（公証89号173頁））。 　生前の遺言代用信託等の信託契約公正証書原本及び附属書類は合意の内容を確定するためなので、嘱託人・その承継人または法律上の利害関係人は閲覧等請求できる（公証人44、51）。遺言代用信託公正証書の取扱いも遺言公正証書と同様に扱われることが望まれる。また、その保管に留意する。 　受益権を取得していない第2次受益者、帰属権利者は委託者の相続人なら開示請求できるが、原則利害関係人ではない。 　委託者が受託者へ別途受益者指定の届出をする旨の定めがあり、その書類を公正証書によるなら法定後見人が、死後は利害関係人も開示請求でき知ることはできる。しかし、死後においては委託者の地位を承継させない旨の定めがあれば（信147の趣旨）、利害関係人として請求することになるが開示の範囲は限定的と考えられる。
⑦不動産登 　記	不動産登記法等による信託目録において受益者の氏名・住所等々を登記に記載（**1（3）①**及び**第4章1**及び**2（1）**参照）するが、受益者代理人の定めがあればその氏名・住所を、受益者の指定に関する条件または受益者を定める方法の定めがあればその定めを登記すると、個別の受益者の氏名と住所を登記することが不要になる（不登97ⅠⅡ。定めによる書類等も信託行為と考える）。 　「指定に関する条件」の定めとしては、誰が受益者になるかの客観的な条件が必要である。「定める方法」の定めとして受益者を指定・変更の権利を付与する者を指定する方法が考えられる。たとえば、委託者兼受益者が次の受益者を指定する権利を留保する定めをするなどである。いずれもあいまいな定めだとその効力について争いが生じるので注意する。 　また、「その他の信託の条項」（同Ⅰ⑪）には、1号から10号（**第4章1**参照）に定める事項以外で、受託者との取引が適正に行われるよう、また受益者の権利等が行使できるような特に重要となる条項を登記する（記載すべき条項をプライバシー保護の観点からも慎重に選ぶ）。

㋩財産状況 報告書等 の情報開 示	受託者が作成・保存する義務のある帳簿、財産状況開示資料、及び信託事務処理関係書類等のすべてのうち、請求理由を明らかにして開示すべき書類等を特定して閲覧・謄写を請求できる（信 37 ⅠⅤ、38 ⅠⅡⅥ、145 Ⅱ⑤）。また受益者が 2 人以上であればその理由を示して他の受益者の氏名等及び内容の開示を請求できる（信 39 ⅠⅢ、145 Ⅱ⑥）。
㋥相続人へ の取引明 細開示	最判平 21・1・22（民集 63・1・228）では、相続人の一人単独から預金契約上の地位に基づき相続預金の取引明細の開示請求行使を認め、金融機関は預金口座の取引経緯（振込入金、料金自動引落、利息入金、自動継続などの事務委任契約による報告義務がある）を開示すべき義務を負うとした。 　また、貸金庫の持ち出しは処分行為（民 251）であるが、相続人一人から開扉請求も公証人による事実実験公正証書（公証 35）の作成が可能である。情報の公開を請求する者が、遺言により当該預金を取得していない者ならどう対応すべきか。 　については、生前信託及び遺言代用信託の場合に委託者の地位が承継されず、かつ委託者死亡後の新たな受益者でない相続人にとっては、相続人としてまた利害関係人としてどこまで開示が請求できるか等々、慎重に検討したうえで条項を定める（委託者等の相続人は委託者・契約者の地位に基づき、前の委託者また前の受益者としての生前の権利を全部取得したかをその範囲で確認するために会計帳簿等の閲覧を求めることができるものと考えられ、そのほかにどの範囲まで開示請求できるか）。
㋬贈与税の 申告内容 の開示請 求	相続または遺贈により財産を取得した相続税の申告や更正の請求をしようとする者は、他の相続人等が被相続人から受けた ⅰ 相続開始前 3 年以内の贈与または ⅱ 相続時精算課税制度適用分の贈与に係る贈与税の課税価格の合計額について開示を請求でき（相法 49）、その範囲で知ることはできる。

2 総合的な検証ほか

(1) ライフプラン、財産の状況から信託目的が達成できるかの検証

　委託者のニーズを確認、必要な情報を収集・調査してその分析に基づき、信託の設定から終了までの、財産の変化・変動の可能性を考慮して、受益者のライフプラン及び信託財産をシミュレーションします。

　必要な追加の財産がなければ当然目的不達成で終了するので、目的と信託財産の整合性を検証するのです。目的達成のために信託期間中に必要な財産・資金、判断要素などを考慮してトータル資金・資産のシミュレーションを示し可能かを確認します。

① 受益者等のライフプランと信託財産の資産サイクル等の確認

　民事信託スキームの提案前において、次のような資料の概要版を提供し方向感等について合意ができれば、次回以降のコンサルティング契約の概要を説明し、今後のスケジュール表等を示し、また見本を渡して検討を要請します。

（交付等の資料）

□委託者のニーズ・背景等確認表
□財産概要・状況表
□民事信託の基本的なスキーム図・概要・フロー表等
□信託当事者及びその他の関係人の権利義務等の説明書
□事例の紹介等を説明するモデル資料書面
□今後のスケジュール表（契約締結から信託等の対策の実行・フォローまで）
□準備する書類、調査する事項
□コンサルティング契約の概要書及び契約書

コンサルティング契約が締結すれば、92・93頁の図表により委託者の意向の再確認と、財産のシミュレーションを表し、またその他の資料の具体的かつ詳細な書類を作成し、委託者の意思・ニーズ、財産の状況等を再度確認します。

　受益者のライフプラン等、信託目的と各財産に応じたキャッシュフローの整合性を検証します。

　関係人・信託財産等のイベント・ライフシミュレーションの表を作成し、委託者の真の意思を再確認（確認シート作成）し、目的の達成のための問題点・リスク、必要な財産等を確認します。また、これから提案するスキームが意向に適合するものかを検証します。

②　信託財産の総合的なデューデリジェンス（その1）金融資産の検証

　信託財産について信託の設定から終了まで（変更があったときも）目的の遂行のために円滑な信託事務の手続、適切な管理等ができるか、また受益者の変更時、ハプニング時、新受託者への引継ぎ時、終了時の手続を、また財源として十分かを試算します。また、金融資産等が納税資金、遺留分減殺に対応する資金等の手当て、受益者等のライフプラン、財産の性質・状況から目的の実現に十分な財源となるのかを検証します。

　信託する財産の種類、個々の財産の状況、またその利用・使用目的により、その分野の専門職から必要な知識を得るか、調査を依頼して当該財産の状況、将来の可能性を分析します。

　金融資産の市場リスクを踏まえ、また定期的・臨時的給付に備えた運用の工夫も求められます。一口に財産管理といえども、長期にわたる生活資金に充当する金融資産ならば、規模にもよりますが数年間に必要な資金もあれば中長期の運用ができる資金もあります。長期であればインフレリスクに注意する必要もありえます。設定に際して委託者から今までの収支の状況、必要な資金量と運用スタンスについて確認しておきます。また、ファイナンシャルプランナー等の専門職に相談（セールスサイドの話だけではだめ）する体制も配慮します。

③ 信託財産の総合的なデューデリジェンス（その2）不動産の検証

　賃貸建物なら地域の環境、建物の需要・老朽度、必要な管理費等の、また自宅利用建物なら同居者等の利用状況、老朽度等の必要な情報・資料を、現地を確認したうえで収集（不動産に係る重要な書類を保管）して場合により専門家による必要な物件調査をし、改築等または処分の長期的な展望、借入の額・担保等を委託者と相談し、信頼できる管理会社等への物件管理等の委託の体制、建替・処分の考え等を信託行為に反映させます。

　受託者の定期的な確認方法を確立しておきます。報告だけでなく現場も見ることができるようにします（居住用なら住まいの状況を簡単に観察できないが、同居者がいるか特別な状況になっているかを確認できる権限を明確化するか、その責任を居住者に転嫁できるか（管理者として定めるか、もし負えないときはそのリスクは帰属権利者に属する旨））。

　また、管理・増改築・取得・処分（施設利用権の取得に充当すれば信託財産とするかも検討）、債務の引受けの方法・条件・担保等の専門的知見の入手方法・体制を検討します。

　ニーズの確認、状況の問題点把握、スキーム案の妥当性・合理性、他の信託商品・他の手法との相違点等の根拠となるデータ（注意喚起等の情報）の一つとして調査結果が活用できます。

（民事信託の説明ツール例「シミュレーション表」）

	現在	10年後	20年後	30年後	40年後	50年後	60年後	70年後
委託者	75歳							
受託者	45歳							
後任受託者								
信託監督人等	40歳							
受益者	20歳							
後見人等								
関係人の主なイベント		委託者要介護	委託者逝去	受託者交代 信託監督人交代	受益者要介護・施設利用 後見人等選任		受託者交代	受益者逝去
信託財産の主なイベント・サイクル	災害対応	修繕 設備等買替	修繕 設備等買替	大修繕 設備等買替	修繕 災害？	修繕 処分？	修繕	
財産変動	・土地［額］ ・建物［額］ ・保険［額］	具体的変動・プラン記入		納税資金				
資金変動	・金融資産							
	3000万	3000万	3000万	2000万	1000万			
年間収入	年金	250万/年	250万/年					
年間経常支出								
年間イベント支出								

※必要な損害保険等の項目と付保額を確認します。

（民事信託の説明ツール例「委託者家族の関係図・背景・検討課題」）

⑦　信託の関係人とその他の親族の図（例）

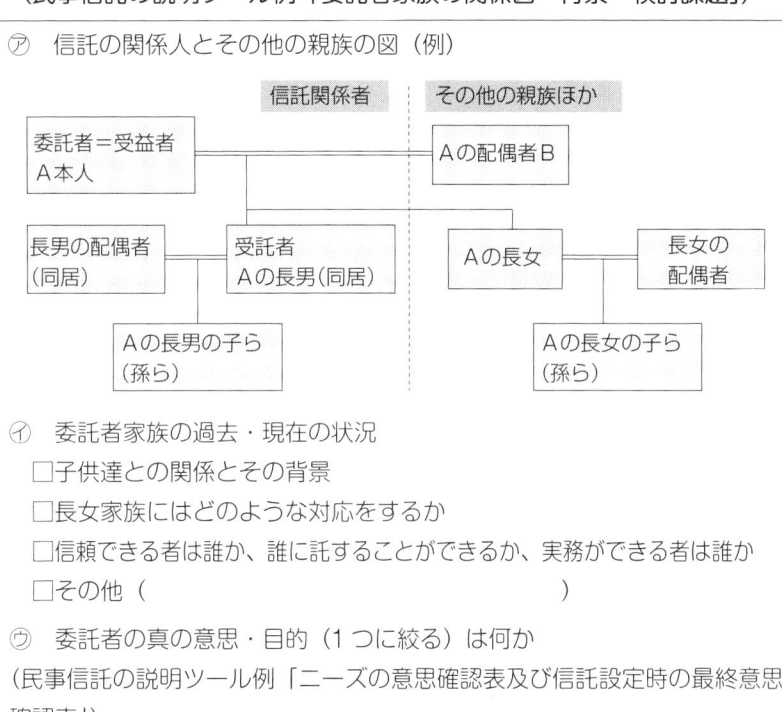

⑦　委託者家族の過去・現在の状況

　□子供達との関係とその背景

　□長女家族にはどのような対応をするか

　□信頼できる者は誰か、誰に託することができるか、実務ができる者は誰か

　□その他（　　　　　　　　　　　　　　　　　　　　）

⑦　委託者の真の意思・目的（1つに絞る）は何か

（民事信託の説明ツール例「ニーズの意思確認表及び信託設定時の最終意思確認表」）

	「○○様平成○年○月○日現在のご意思確認表」
目的	何を願う（複数もあり・優先順位、承継等の考え方等も）
背景	家族・親族（元家族）の（過去・現在の職業・生活・健康）状況、会社の概要等 主な財産の概要（築年数、隣地等注意をすべき事項を確認） 過去の贈与等、生命等の保険契約、エンディングノート 遺言書の作成、祭祀承継の考え・寺・郷里、書類等の保管先・方法 信頼できる者（ご近所の者、関係・属する団体等、世話になっている者・団体・機関も）
不安	誰かに託することの気がかりな事象・者
意思	当面の予定している対応、手続、方針等の意向
備考	

　本人が記載するか、聞き取って確認します。

1	信託目的を具体的な事態を想定してある程度具体的に明らかにし、実現・遂行できる担い手・手続を確認し、関係者の理解が得られるか（誰もが具体的にわかる・誤解されない・トラブらない内容か） ⅰ 目的達成に必要な額・財産（財産の変動・リスク）を試算する ⅱ 信託法、遺留分制度等相続法から効力・訴訟リスク・対応を確認する（慎重に解釈） ⅲ 信託課税に留意する、また相続対策としての課税の扱いを確認する
2	信託目的に沿って具体的な場面を想定した必要十分な（給付・費用・報酬・税負担を賄える）信託財産であることを確認する
3	受益者の特定、受益者への給付・権利内容が予想可能なように確認する
4	想定できない事態が生じた場合の対応方法（変更する・終了するか、指図する者・協議する方法等）を確認する
5	受託者、受益者、委託者その他の信託関係者（その他の信託関係者の受託者及び受益者に対する）の権利・義務はデフォルト・ルールでよいか、特段の定めを付すか、円滑に友好的に遂行できる（妨害行為が安易にできない）か、濫用を防ぐような仕組みか、受益者が保護されるようすぐに対応できる仕組みかを確認する
6	信託財産の引渡し、管理・処分についての具体的手続・権限義務者を確認する
7	効用・費用・リスクについて、他の方法との比較を示し、専門家と検証する（長短所）
8	専門家自らのコンサル時の立ち位置と信託設定後の立ち位置の理解を得る

※もし相続対策が目的なら、民事信託だけの問題ではありません。たとえば、相続対策として不動産を賃貸することにより財産の相続税法（評価通達）による評価が次のようになります。しかし、これは相続税の申告における評価であり、遺産分割の時価の算定と異なる評価方法であることに注意をします。信託行為の定めに基づき取得したのは受益権ですので、その受益権の内容に応じて適正に評価するものと解されます（民1029Ⅱ。**コラム8**参照）。

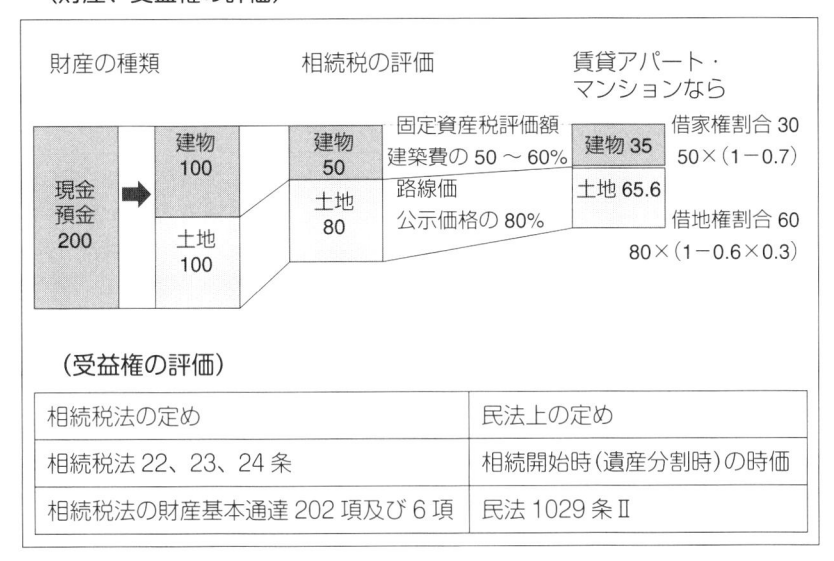

相続税法の定め	民法上の定め
相続税法 22、23、24 条	相続開始時（遺産分割時）の時価
相続税法の財産基本通達 202 項及び 6 項	民法 1029 条 II

(2) 法務から信託目的が達成できるかを検証

　信託を提案するに際しては、上述の実務の実現性に加え、委託者・受託者等の関係、財産の現在及び将来の状況を前提に、信託スキーム及びその信託条項の定めの法的安定性（民法、信託法の解釈（信託は何でもできるとはいえない））等の法務面から目的の実現性を検証します。

　また、既に遺言をしている（既遺言書有）場合、または信託契約締結後に新たに遺言をする（将来作成）場合には（遺言代用）信託契約とのトラブルが生じないよう、もし遺言書が作成されず遺産分割手続をする場合には特別受益の持戻し免除の意思の有無のトラブルが生じないよう、遺言書の作成に際して、信託契約に際して、またその後においても、遺言との抵触、持戻し免除について訴訟リスクが生じないように、その対応を信託行為等において慎重に定めることが望まれます。

① 信託３要件を明確にする。特に最優先の信託目的を明確化に注意する

　民事信託が有効になるには、まず信託目的（明確化）、信託財産（特定性）、受益者（確定性）の３つが明確であることが求められます。

　受託者は、信託目的のために財産を管理または処分及びその他の信託目的の達成のために必要な行為をすべきであり、信託目的の達成に必要な範囲でその権限と義務を有しているのです（信２Ⅳ、8、26、29 ほか）。

　新井誠教授は、「信託の設定にあたっては、受託者が信託事務遂行の指針とすべき、当該信託の「一定の目的」（新信託２条・３条）を明瞭に示さなければならない。」、「有効性の観点から、当該目的の可能性、違法性、社会的妥当性が問題となる」と記述されています[14]。

　信託法２条１項には「その他の信託目的の達成のために必要な行為」と、同５項には「必要な行為をすべき義務を負う者をいう」と定めています。信託目的は、受託者が信託事務を処理するうえで必要な行為を理解して従うべき指針であり基準となるとても重要な定めなのです。委託者からのメッセージであり、受益者のためにどのように行動すべきかの具体的な指針です。

　また、表現された信託目的はその他の関係者にとっても、受益者の利益に沿うものであるか、終了すべき事由に該当するか、受託者の行為は権限外行為か、信託目的に反せずに信託の条項を変更できるかの判断の基準にもなります。解釈をめぐっての訴訟リスクが起こりうるのです。

　受益者の生活、療養看護のための財産の管理等を目的とするものは、より慎重なわかりやすい具体的な表現が求められます。

　浪費癖のある受益者などの場合は、受益者の異なる意見で信託事

14）新井誠『信託法［第４版］』（有斐閣、2014 年）171 頁。

務の妨げにならないよう、受託者の裁量権の範囲をはっきりと示し、同時に受益者にとっても得られる利益が予測可能なように、必要に応じ受益者等の意見を聴取しつつも、最終判断が受託者等の判断による旨を、また分配に係る受託者の説明責任を明確に表しておくことも必要と考えます。

　受託者の判断と受益者の期待が異なり、誤解が生じることは、委託者にとっても不幸なことです。いつ、どのような事態のとき、どの程度、どの財産を、給付または送付するか等、委託者の意図が実現できるよう、目的、給付の内容の判断の基準・指針、受託者等の判断の権限の定め方・表現について特に慎重に検討します。

② **状況変化に対応する方法を定める**

　長期にわたることから、信託行為、すなわち信託の条項の定めが硬直的だと、予期していない事態が生じた場合に支障が生じます。そのために、予想できなかった事態の変化に柔軟に対応できるように幅をもたせた条項の定めをします。これにより委託者の期待に応える信託となりうると考えます。たとえば、特定の者に判断の権限を付与して、または関係者の協議により信託条項を変更できるように、それとも次のように受託者に目的に反しない限りの裁量権を付与します。

③ **受託者に裁量権を付与する**

　一口に通常の生活のためといえども、扶助、扶養、教育、療養看護、安寧、幸福等の要素があり、さらに受益者の固有の財産、所得・その把握方法、受益者を扶養する者の扶養義務負担、受益者の家族の生活を考慮するのかにより、給付すべき内容、額は異なる場合があります。どのような点について配慮すべきかの客観的、付随的な基準の定めが必要な場合があります。米国では、受託者に裁量権を付与して臨機応変に対応させるための扶養信託があり、絶対的な裁量権を付与しています。しかし、日本では目的に反するか否かの曖昧さによる権利の濫用リスクがありうるので、法的安定性のための監視の仕組みも併せて専門家と慎重に協議します（信149Ⅱ②、Ⅳ）。

(3) 他の専門家と連携し、総合検証する

　信託は長期にわたる行為ですから、慎重なプランニングが必要です。専門職（信託関係者・信託財産についてのライフプラン、各種財産の取得管理処分実務、財務・税、法律、その他の専門家）がその分野ごとに専門職として詳細に検討した情報・問題点を総合的多面的に検証して、選択肢としての民事信託を提案します。

　提案する民事信託をパーソナルなものにするか、信託銀行等が提供する信託商品を活用するか、それとも信託を使わない従前の他の方法を選択するかについて、事案ごとの個性のある状況を踏まえて民事信託の適合性を他の専門家らと検証して提案します。

(検証する事項)

> ㋐　許容できるリスク（財産のリスク、信託法の解釈・相続・遺留分減殺等の法的・事務リスク・濫用リスク、課税リスク・課税負担・費用報酬等の資金負担増、関係者等の事情変更リスク、社会環境リスク）か
> ㋑　委託者はニーズ・望みを満たすか
> ㋒　どのような将来の最悪の状況を想定しているか
> ㋓　委託者が想定する、また各分野の専門家が認識できるリスクにも対応できているか
> ㋔　受益者等のライフプラン、信託目的を達成するために必要な財産であるか

(4) コンサルティング契約・アドバイザリー契約の締結

① コンサルティング契約に際して

　専門職が民事信託のプロフェッショナル・コンサルタントとして提案する場合には、上述したように総合的な検証が必要です。財産管理には、法律家として法律を考える前に事実としての、財産の状況・今

後、受益者等の状態・今後を理解する必要があります。まず財産・債務についての専門家、人についての専門家と、そして財務・税務の専門家と連携する必要があります。

　種々の専門家との連携を、依頼者が理解する必要があります。今までは依頼者自身で対応していたので、すぐには納得・理解できないかもしれません。しかし、現状を再確認してこれから受益者・家族のために適正に行動するには各種の専門家との連携が必要です。どの程度専門家との連携を求めるか（家族が受託者になることで多少のミスを許し、その責任を免責するのか）を明らかにしておきます。

　専門家としての財産管理業務は、司法書士は本来業務としての法29条に定める業務に加え、司法書士法施行規則（同31条1号及び5号）があり、また弁護士も、法3条に定める業務のほかに30条の5（施行規則1条1・2号）の定めがあります。なお、税理士または行政書士はこれらの財産管理業務の資格制限はないのでもちろん行うことができますが、附帯業務としての定めがないのでその責任は明確ではありません。

② **エステイト・プランニングの留意点（高齢者等が対象である）**

　意思能力の状況は、個々の具体的な法律行為ごとに実質的に個別的に判断されます。あまりにも包括的（財産内容から重要・重大な事項を含む）な委任、すなわち信託は重大な財産が長きにわたり影響を受ける行為であるから、その提案に係る委任は、とても慎重に対処すべきであるので、委任者にとっても高度な意思能力・判断能力が要求されるものと考えます[15]。つまり、信託は、平均的な者でも専門知識・分析力なしには取り扱えないスキームです。ましてやその状況に満たない者にはより慎重さが求められます。

　高齢者本人の意思を補助する範囲で家族等の同席のうえ、また家族と相談する時間を経て、重要な課題・選択肢を書面で明確化してその

---

15) 赤沼康弘「任意後見契約と死後事務委任契約に関する実務上の諸問題」新井誠ほか著『高齢者の財産管理』（トラスト60研究叢書、2008年）43、57頁。

意思決定を図りますが、家族の同意・同席があっても広義の適合性原則等の違反が起こりえます。家族の本来の役割は本人の判断が正常になされているかを確認する点にあり、家族が信託内容・リスクを理解することを求めていませんが、家族の意見を聞いて判断することが多いので家族にも理解できるように説明する必要があります。まずは委託者に面談してその意思能力を確認します。

事案の法律等の難しさ・馴染みなさによる情報収集力、分析力の格差だけでなく、冷静さを欠きやすい事柄であり、さらには判断力低下・意志薄弱の状況（意思・資産等からの主体の脆弱性・取引耐性）もあり、長期にわたり、重要な財産・処分行為ゆえ、そのリスクの大きさから、この提案ができるのは専門家しか考えられません。

このような状況下にある者とのコンサル契約、その後の信託行為の提案・実行に際しては、専門家としては、消費者契約法、特商法、金融商品取引法等の弱者保護の行政規制に準じて、内容の不相当性、不実告知は当然に、広義の適合性（目的・財・知識等に適合した勧誘。最判平 17・7・14 判時 1909・30）、関係者の同席による説明、アフターフォロー等々を踏まえたコンサルの進め方・対応が求められています。

なお、コンサルの依頼者が、なんでも不安になる、信じやすい・暗示を受けやすい状況にある、不安につけ込まれる状況にある、怠惰で不注意で無関心で専門家に任せきりの場合、または疑り深い者、超保守的・不安を抱きながらも動かない者に対しては、説明等のコンサルを行う場面では相当の注意を払う必要があります。

エステイト・プランニング、信託行為においては、任意後見契約の締結以上に神経を使って対処すべきものと認識すべきです（「委任事項にもよるが、将来の自己の生活像を描き、それに相応しい生活レベル、収支予測などを立てて任意後見人に対する報酬額を定め、また不動産処分の可能性などを検討して代理権を付与するか否かを決定するものであるから、相当程度高度の判断能力が要求される。」）[16]。

---

16) 赤沼・前掲注 15) 44 頁。

③ **委任契約の業務と契約・報酬等について**

　民事信託に係るコンサルティング契約・アドバイザリー契約を締結する場合、その役割は次の３段階（提案・企画そのための調査・分析、実施、その後の見守り）に分かれるものと考えられ、契約書等において料金体系とともに明らかにします。見守りは大切であり、当面のアフターサービスとしても検討します。

㋐　財産管理・財産承継等の相談料

　　これはコンサルティング業務の範囲ではないと考えることができます。

㋑　民事信託の企画料（または財産管理手数料・承継企画料）

㋒　職務報酬（信託行為作成、締結・登記等手続代理ほか）及び顧問料

　　そのほかに、民事信託の設定に伴う、受託者の継続的相談業務（法務顧問契約）、信託監督人の役割を担う契約（信託行為に具体的職務を定める）、信託事務委任契約等があります。

　　依頼者には報酬額の算定方法その他報酬基準をあらかじめ示さなくてはならない（司法規22）ので、民事信託スキームの提案に際しては、提案までのステップ・段取り、そのスケジュールを明らかにし、併せて報酬予定額を説明し、了解を得て、次のようなコンサルティング条項を定めた契約を締結します。

（コンサルのプロセスとコンサル項目の例）

㋐　現状の把握・分析・課題確認
㋑　事例・信託の紹介
㋒　プラン・ドゥ・シーのコンサル契約の締結(他の専門家との委託契約も)
　　次のように、戦略（ライフプランまたは種々のエステイトプラン及びトラストプランの比較検討）、信託行為までの調査・分析、プランの実効性（法務の観点から、贈与すべきか、相続・遺言で対応できるか、また他の専門家により、税務の観点から、贈与と相続の税負担・費用負担、実務の観点から、円滑な手続ができるか・実現できるか、必要な財産額・諸費用、諸リスク）を検証し、また実務を担う。

㋓ 関係者の健康状態、財産の状況その他の事情等を含め総合的に検討し、選択する

㋔ 信託スキームの検証・基本合意

㋕ 信託条項案の作成・検証・合意（専門家（法務・税務・実務）の条項案の検証）

㋖ 信託設定等の手続実行（契約書締結等・移転手続の立会・実務等）

㋗ 信託設定等の直後及び毎年の信託事務等の助言・補助・監督（信託関係人として）、評価・見直し

（提案の手順）

初回	□ニーズの確認（背景・理由・受益者等の状況）、分析、目指すものの確認 □コンサルの役割・内容・スケジュールの説明 □信託の仕組み、長短所の説明、事例の検討例の紹介 □コンサル契約書の提示、契約の目的・契約概要・責務の説明
2度目	□再度の信託の仕組み、長短所等々のより詳しい説明、事例の検討例の紹介 □目的・背景・財産等の再度の確認 □コンサルを続ける意思の確認・報酬等の確認・契約の締結の検討の依頼 □準備を依頼する書類等の説明 □契約締結後に、提案の検討（法務・税務・実務（財産・手続・当事者理解等）・トラブル性） □信託にする財産・受益者等の詳細調査（ヒアリング・その他調査等による実現性の検証）
3度目	□受益者・委託者等、財産等の状況の詳細調査・検討による現状等の再度の確認 □ライフプランに基づく、具体的信託の仕組み・長短所（他の場合との比較）、費用・税・報酬等の説明・承認 □信託関係人の役割・権利義務の表・説明（デフォルト・ルール、特約の検討）
4度目	□具体的信託条項の説明・書面の交付、今後のスケジュール・手続・必要書類・費用等の再確認

	□同席者・関係者の理解、２週間のクーリングオフ（冷静な目で実行するかを見直す）
５度目	□提案内容・実行意思の再度の確認、必要書類の徴収・確認
実行	
６度目	□手続後の関係書類の説明・引渡し（保管に注意）

④ **信託業法等が求めている行為準則・説明責任**

専門職はその専門分野において説明責任を負います。信託業法等が求めている行為準則等が参考になると考えますので、記載します。

「信託検査マニュアル（金融検査マニュアル別編［信託業務編]）」（金融庁）は、受託者を業として引き受ける、管理運営するに際してのチェックポイントが記載されています。専門家として民事信託を提案・アドバイス等するに際して、記述の内容は信託の設定前後、終了までの信託期間中の管理においても大いに参考になる事柄です。

専門家が委託者・受託者等に民事信託を提案する場合に置き換えて、財産の種類ごとにその参考となる注意すべき事項を記述します。

（専門家としてチェック（民事信託を提案する適正性）すべき事項）

㋐ 委託者の属性・ニーズに適合した信託か。

㋑ 委託者・受託者等に予め適正(リスク・義務も)に情報提供しているか。

㋒ 提案内容が禁止行為（不実の告知の禁止、断定的判断の提供の禁止、特別な利益を提供する行為の禁止、信託を条件とした信用供与の禁止、優越的地位を利用した信託の禁止、免脱の疑義のある・反社・法令に反する・紛争性のある行為の禁止、経済的合理性（費用・報酬・税負担の妥当性）を欠いた不適切なスキーム等の提供の防止）に該当しないか。

㋓ 信託行為の前後に交付する書面の記載内容、交付時期・方法が、法務だけでなく、税務・実務から各専門家により検討された適正なものであるか。

㋔ 信託財産、不動産管理（土地）信託について、今の状況で信託してよい事案か、法令違反の建物等か、権利・境界等に法的紛争性等があるか、大修繕、資金負担増、汚染等環境リスクはないか等を確認したか。

㋕ 信託財産、金銭信託・金銭債権信託の管理について、金融資産の運用により定期的な生活資金を交付する場合、信託するに際しては、取り扱う金融商品、金銭債権の性質・効力・紛争性の有無を契約内容等にて確認し、また受益者等のライフプランを確認し必要な財務計画を立て、対象となる金融商品による実現性を確認したか。

　金銭債権の場合、対抗要件の具備・疎明資料の保存、債務者の財務状況・回収状況の管理、トリガー条項の監視、償還事由を管理できるか。

㋖ 管理業務の委任先の管理態勢・状況について、定期的な報告を得て、またヒアリングをして委任業務の適正度を評価できるか。

㋗ 信託財産状況報告等の適正な作成・交付ができるか。

㋘ 受託者の権利濫用のリスクを予防する態勢を敷いているか、どのように監督するか。

（各専門家の役割分担）

税務・会計	・現状分析 ・プランの提案・検討・実行支援 ・税務デューデリジェンス（そのまま・対策後） ・信託設定後の税務・会計手続、助言等
法律・登記等	・現状分析 ・プランの提案・検討・実行支援 ・法務デューデリジェンス（そのまま・対策後） ・契約書等の信託条項のドキュメンテーション ・信託設定のための登記等実務 ・信託設定後の信託事務等支援、助言等
ライフプラン・財務 （FP・金融機関・不動産会社ほか）	・（家族・財産の状況の）現状分析（不動産・注意すべき金融資産等の財産は調査する） ・ライフプラン・運用の提案・検討・実行支援 ・財務・不動産デューデリジェンス(そのまま・対策後) ・信託設定手続支援 ・信託設定等後の財産管理受託・見守り等の支援

⑤　諸経費・信託報酬・専門家報酬と負担

　信託スキームを検討するに際して、諸経費・信託報酬・専門家報酬（当然税負担も）を試算して、比較します。

　適切な受託者、また受託者を補充（監督・支援・代替）する関係者を確保する（目的達成のためにより完璧なスキームにする）ためには、コスト負担の問題が生じます。信託銀行等の金融商品を活用したほうが安価に安全に（手間がかかり柔軟性が欠けるが）目的の一部を達成することができる場合もあります。

　専門家は、他の選択肢があることを示し、どの程度の目的達成度で、どの程度のリスクで、どの程度の費用等負担で、困った・心配なときは相談できる仕組みを、委託者・受託者・受益者が納得できるバランスのあるスキームを構築できるよう、コーディネイトするとともに、その仕組みを補助する役割を担っているものと考えます。

⑥　コンサルティング契約書（または兼務する場合の契約書）の案

（ア）　コンサルティングの役務提供する概要

　　上記の③に記載した業務内容のうち、顧客が実際にどの業務を要請するかにより定める内容は異なりますが、これらの一連の検証・助言等の行為を、アドバイザリー、またはコンサルティングもしくはアレンジメントなどと業務を呼ぶことができます。

　　契約条項（後掲の契約書例参照）には、次のような事項を定める請負に関する契約書（印基通第二17）と考えられます。コンサル契約とは別に顧問（委嘱）契約を別途結ぶ考え方もあります。

　　なお、民事信託の企画・制作が、他の職務報酬を誘引する恣意的なコンサルティングは利益相反行為にもなりえます。

（業務の説明事項）

> ⑦　業務の趣旨・目的
> ⑦　業務の具体的内容
> 　（スキームの提案、信託行為に係る条項の作成は、行為のみを目的とせず
> 　成果を目的としているので請負である）
> ⑦　規則 31 条との関係（兼務の場合は違いを明記する）
> ⑤　信託行為後の当面の手続助言、管理運営のためのアフターフォロー
> ⑦　その他要望された追加事項または削除事項
> ⑦　業務のプロセス
> ⑦　費用負担、報酬（手数料）（他の業務に係る報酬とは別である旨を明記
> 　する）
> 　（まずは委託者との複合的な契約（信託行為後に新たに受託者との契約も
> 　ありうる）
> ⑦　非弁行為はしない（含まない）
> ⑦　提案・助言の前提となる事実が異なる場合、予想できなかった状態が
> 　生じた場合の損害賠償を負えない（依頼者からの専門家としての高度な
> 　善管注意義務（前提となる事実を調査・確認する義務、有利な方法を遂
> 　行・提供する義務、法令違反しない義務、要望に従うのでなく不適正で
> 　ある旨・法令の定めを説明・助言し、依頼者が不知等による損害・リス
> 　クを被らないようにする助言義務）の責任の追及がある）
> ㋙　コンサル業務のホームページ等の広告には、各業法に抵触しないよう、
> 　また表示できない・実態が伴わない・誤認誇大な表現に留意する。

（イ）　コンサルティング契約条項案と業務の進め方

　　契約に際しては、専門家としての契約上の立場と、信託行為後の
関係者との立ち位置について説明します。また将来の信託関係人の
いずれの立場から説明・行動するかにより内容は異なりますので、
コンサルティングに際しての立ち位置が将来の利益相反、双方代理
に陥らないようにします。また説明をして理解を得ます。

　　コンサルするにおいて、委託者・受託者が理解できない（かえっ
て誤解する）場合には、安易に不利益事実の説明を省略せず（不実
開示を省略せず）、信託当事者等の権利義務等について相当な注意義

務をもって時間をかけて必要十分な説明をするか、契約を終了します。重要な財産についての長期にわたる重大な決断行為なので慎重に扱う義務があります。また、業務を適切に行うために事務所内の使用人等の教育指導・他の専門家との連携等の体制整備を図ります。

　コンサル業務を進めるには、意思確認書を作成して意向を確認し、コンサル契約締結後にはスキーム概要の提示・内容の重要事項の説明及び助言を必要十分に行い、信託行為に際してはニーズに合っているかの確認の機会の提供（注意喚起事項の情報提供（比較表等の作成、信託銀行等が取り扱う商品の情報等）、家族等との検討の時間）し、また入手した顧客情報の適正な管理に注意します（専門家が行うので、信託業法に準じた取扱いが望まれる）。また、特に高齢者等への適切・きめ細やかな十分な説明（余裕のある進め方・十分な時間、複数人・複数回による意思確認）、反社会的勢力の扱いに注意します。

（コンサルティング契約条項の案）

「民事信託・コンサルティング業務契約書」例	留意事項
1.　当事者の表示　委任者　　（甲） 　　　　　　　　　受任者　　（乙） 　　　　　　　　　履行補助者 　　　　　　　　　関係専門家(丙)	
2.　目的 　　甲は、甲の生涯にわたる生活及び甲の家族である○○への財産承継及び○○の生活のために、乙に対してとり得ることができる対応策を検討し、実行する等の第5条の定める業務を行うことを託し、必要な代理権を付与するものである。	目的は例である
3.　業務権限 　　乙の本契約ができる権限は、司法書士法及び同施行規則31条1号に定めるものである。 ②　甲は、乙が第5条の定める業務以外のことができず、本目的を達成するためには、税理士等の必要な専門家と別途委任契約を締結するものとする。 4.　財産	司法書士の場合（法定業務との兼務の場合の記載に注意）

「民事信託・コンサルティング業務契約書」例	留意事項
甲の有する財産全て（但し、信託財産は第５条①項⑦に記載の実行対象の財産）とする。（又は、全財産、全家族を踏まえた財産管理・相続対策を検証（現状調査、過去現在の分析）することを業務外とする場合、「甲の○○財産」だけもありうるが、取扱いは留意する） 5.　業務の範囲 　　次に定める甲と乙が約する業務の範囲とする。 　　第１条に定める目的（以下「本目的」）を達成するために、現状等の分析から総合的に検討し、どのような対応策が相応しいかを提案し、その実現のための具体的な手続き等に係る助言、実行支援、必要な書類等の徴収・作成その他本目的を達成するために必要な金融機関等の手続き事務・交渉に係る代理権を付与するものとする（また、本目的のために必要に応じて代理権を付与する場合には、甲は乙に対して速やかに書面を別途交付するものとする）。 ⑦　甲の全財産（全家族）に係るライフプラン及び財産管理・相続対策の検証（そのための現状の調査、過去・現在の贈与等の確認・分析して）ののち報告する。 ④　民事信託プラン（スキーム等の資産計画）のフィージビリティ・スタディ（成立可能性分析。プランの法律的、実務的、経済的（財務・税務）な妥当性・効果について、目的・費用・リスク、実現の可能性を調査・分析し検証する。プランによる収支計画・損益計画・財産シミュレーションをして、そのリスクを分析する。 ⑨　具体的な信託条項、信託財産により、より詳細な検証を行う。 ①　……（個別事項）。 ⑦　次の財産を実行対象財産（信託財産及び関連財産）とする。 ⑦　上記の各業務について、乙は甲に対して定期的にまた甲の求めに応じて、進捗状況及び検討内容を報告する。 ②　次の行為は乙の本契約に係る業務外とする。本契約を進めるにおいて、甲は別途、税理士○○、FP ○○との委任等の契約を締結し、連携して本目的を達成するために、必要な措置を講ずる。乙は甲に対して、専門家から必要な相談、手続き及び書類の作成を要請するよう助言しなければならない。 ⑦　甲及び家族○のライフプラン、財産管理・相続対策	「財産管理・相続対策として全財産・全家族について検証しないことから、民事信託プランが、相続対策等のプランに影響を与えるリスクがある」旨を明記する

「民事信託・コンサルティング業務契約書」例	留意事項
④　甲の財産管理・相続対策の税務上の検証（課税関係・納税負担等）、民法上（及び会社法上）の検証・助言	
⑦　実行に係る実務 （③　本条○項○号の定めから、甲の○○財産及び家族○○について提案・手続き等を目的とすることから、財産管理・相続対策は全財産・全家族について検証していないので、費用負担・公租公課（・遺留分の減殺請求）などから本目的を達成できないリスクがある。	
6.　処理の引渡し等、代理権の付与 　甲は、乙に対して第5条の業務を遂行するために必要な情報・書類を提供し、また第4条に定める実行対象の財産に係る、第5条①項④に記載の財産の受託者への引渡しのための、不動産の移転及び信託の登記手続、○○金融機関の○○手続きに係る代理権限を付与し、また必要な情報・書類を、乙の指示で速やかに交付するものとする。	
②　乙は預かった場合には甲に対してその明細、保管方法又はその目的を記載した預かり証を交付しなければならない。	
7.　受任者の注意義務等 　乙は、本契約の趣旨及び甲の意思を尊重し、善良な管理者としての注意義務をもって、甲の同意がない限り利益相反行為をせずに、第5条の業務を遂行しなければならない。	甲が乙の提案を検証するために、第三者の意見を得る場合、相手を確認する・同席する
②　乙は、甲のためにまた甲の求めにより必要な範囲で第5条の業務に係る書類を作成し、説明義務を果すものとし、本契約終了後全ての書類を引き渡すものとする（控えを5年間保管するものとする）。	
③　乙は、第5条の各号の業務の進行の都度、また甲の求めに応じて、少なくとも一月に1回以上書面又は面談その他の適切な方法により、報告しなければならない。	
④　甲と乙は、互いに知り得た乙のノウハウ、また甲及び家族○の秘密・情報を、正当な理由なく（ノウハウを検証するためにオピニオンを得る場合は正当な理由）、かつ承諾を得ることなく第三者に、本契約中及び本契約終了後に漏らしてはならない。	守秘義務 情報提供禁止義務
⑤　乙は、受託者ではなく委託者の立場から助言するものとする。	
8.　費用の負担	

「民事信託・コンサルティング業務契約書」例	留意事項
甲は、本契約に係る事務処理費用を負担するものとし、乙の請求により速やかに交付する（または「乙の請求により事前にその一部を交付する」）ものとする。 9.　受任者等の報酬 　甲は、乙の本契約に係る手数料及び報酬を、乙の別途提示した報酬等規程表の定めに基づき、第5条の各号の業務の進行に応じての乙の請求により速やかに交付するものとする。 ②　報酬等規程表の定め以外の報酬等を要求する又は減額する場合には、甲及び乙の誠意ある協議をするものとする。 10.　契約の解除 　甲は、いつでも本契約を解除することができる。ただし、乙の報酬等規程表に定める報酬等を支払わねばならない。 ②　乙は、第5条の各業務を甲の求めに応じて遂行しない限り、反社会的勢力である、法令等に抵触するおそれがあることが判明するなど正当な理由なくしては本契約を解除できない。 11.　契約の終了 　本契約は、次の事由により終了する。 ⑦　乙の第9条の報酬等の正当な支払請求について、甲が応じないとき ⑦　乙の後見等の開始の審判、破産手続開始の決定、死亡等、病気等により、乙が第5条の業務を遂行できないとき ⑦　甲の後見等の開始の審判、破産手続開始の決定、死亡等、病気等により、甲が第5条の業務に係る委任又は意思表示ができないとき 12.　契約終了時の処理 　乙は、本契約が解除され、または終了した場合は、預かった書類等を甲又はその法定代理人に速やかに返還するものとする。 ②　乙は、契約終了時までに処理した事務及び業務の程度に応じて、第9条の報酬等規程表に基づく報酬等を受領でき、またその要した費用の弁済を受けることができ、その受領までは預かった書類等の返還をしなくてもよいものとする。 13.　情報提供の同意	①委任者による解除 ②受任者による解除

「民事信託・コンサルティング業務契約書」例	留意事項
甲と乙は、本目的の達成のために必要な範囲で必要な情報を提供する。また、甲は乙が本目的に必要な範囲で必要な者に対して、甲及び○○の情報を提供することに同意する。 14. 規定外事項等 　本契約の変更、又は本契約に定めがない事項若しくは疑義のある事項について、甲又は乙が互いに申し出る場合、甲と乙は誠意をもって協議し、本契約を変更又は定めるものとする。 　以上、本契約を証するため、本契約書を2（3）通作成し、甲及び乙（甲、乙及び立会人として丙）が各自署名押印のうえ、各自その1通を所持するものとする。 　平成　年　月　日 　　　委任者（甲） 　　　受任者（乙） 　　　立会者（丙）	（その他、情報利用禁止・守秘義務・リスク回避・免責条項も）

※受任者による解除には、委任者等が反社会勢力等でないことの表明に疑義があると判明したとき、また委任者等の目的が公序に反することが判明したときは契約を解除する旨を記載します。

※相談・コンサルを進める場合、できるだけ2人体制が望ましいです（互いにフォローできる。他の専門家との同席もよい）。

※コンサルティング契約締結までは、相談料、無報酬、都度時間当たり定額、またはコンサルティング契約が締結すればその報酬に含める（留保する）旨の合意をします。

※必要な場合には、他の分野の専門家の助言を得るよう提案します。

※信託設定・遺言後の信託に係る毎年の管理運営その他についてアドバイス機能を委託者または受託者に提供する場合若しくは信託関係人としての契約を締結する場合、相談時の役割とコンサルティング契約による専門家としての役割・責任の範囲等の業務の違いを説明し、理解を得てのち契約締結します。

（反社会的勢力との対応）

> 信託の当事者・関係者（テナント、事務委託先、不動産処分先も）が反社会的勢力である、または疑わしい場合には、専門家として協力できない（生活等に資する目的の場合には福祉的観点から疑義があるが、その後にどのように利用されるかのリスクが残る（普通預金の口座開設を拒否したことについて不法行為は成立しないとした判例、東京地判平 26・12・16（金法 2011・108）））。
>
> また、国内だけでなく非居住者（アルジェリア、エクアドル、インドネシア、ミャンマーもリスクは高い）に対するコンサル契約に際して、また信託契約に際しては、関係する契約条項には、反社会的勢力でないことの表明、判明した場合の違約金なし等の解除の定めを明確にしておきたい（金法 2012・56 以下鈴木仁史「改正監督指針等を踏まえた金融機関の反社対策（7）」、主要行監督指針Ⅲ -3-1-4-2 柱書、金融庁の考え方 49〜52、警察「暴力団排除条項に関する Q&A」、FATF 平 26・12・18「犯罪による収益の移転の危険性の程度に関する評価書」顧客や取引の属性等のリスクを低下させる要因としての 8 類型（犯罪収益移転防止法規則 4 条）等参照）。

（ウ）　コンサルティング業務に係る報酬規程の例

（「民事信託・コンサルティング業務契約書」第 9 条の報酬規程表）例

> 民事信託・コンサルティング業務契約に係る報酬等規程表
>
> 　平成○年○月○日付けの甲（　　　）と乙（　　　事務所代表　　　）との民事信託・コンサルティング業務契約の締結による第 9 条に記載の報酬等規程表は次のとおりである。甲は末尾に署名押印して、その内容の説明を受け了承したことを証する。
>
> 1.　○○家についての相談料として、半日まで 3 万円、3 時間以内ごとに 3 万円
> 2.　○○家についての現状調査・分析料として、
> 3.　○○家についての財産管理・相続対策の作成料（他の専門家のものとは別）として、○万円
> 4.　○○家についての民事信託プランの作成料（他の専門家のものとは別）として、○万円

5. ○○家についての民事信託プランに基づく信託行為の条文の作成料として、○万円

6. ○○家についての民事信託の信託行為の実行のための準備・手続きに係る報酬・立会料として、○万円

7. ○○家についての民事信託の設定後の１か月のアフターフォロー相談料として、３万円

8. ○○家についての本契約に係る報酬等は、前各項に記載の役務を提供する都度乙は甲（又はその法定代理人・相続人）に請求することができ、また受領できる。

　　ただし、乙が前各項の役務を順に提供をすることの甲と乙との合意により、乙は次の全報酬等の内金として受領する。

　　本契約に係る全報酬等の額として、相続税評価額による財産額の1％（又は50万円）

9. ……についての本契約に係る報酬等を、役務内容が予想に反して増額又は減額する必要がある場合は、事前にその役務を行う前に、甲と乙が協議して了承を得るものとする。

10. ……についての本契約が解除又は終了された場合、乙は、契約終了時までに処理した事務及び業務の程度に応じて請求することができ、第９条の報酬等規程表に基づく報酬等を受領でき、またその要した費用の弁済を受けることができるものとする。

　　なお、……について実行された民事信託に係る毎年のコンサルティング業務に係る報酬等は別途定める。

以上

平成○年○月○日
　　　　　　　　　甲　　　署名・押印
　　　　　　　　　立会人　　署名・押印

（民事信託コンサル業務プロセスと報酬明細表）

	項目	概要	手数料・報酬
プレゼン	意向・現状確認書 現状分析表・課題確認書		
コンサルティング	財産調査・目録調製 ライフプランニング作成 民事信託スキーム案の作成（3回）関係者説明書作成及び説明 関係専門家との調整 関係金融機関との調整 一般社団法人設立手続		
書類作成	民事信託関係説明書一式 民事信託契約書案（3回） 民事信託登記等の申請・手続の添付書類の取寄せ・作成等 信託目録作成 一般社団法人の定款等一式		
手続	（土地・建物）信託による所有権移転登記、信託の登記○件 （金融資産）名義変更等○件		
設定後	信託監督人 （信託事務委任、顧問）		

最終意思確認チェックシートの例　　　　　（平成○年○月○日現在）

1.　○○家の民事信託スキーム概要
　1)　民事信託をする趣旨・目的（経緯・背景）
　2)　○○家の民事信託スキーム概要

（○○家の民事信託のスキーム図）
具体的な氏名・財産を踏まえた見える記載をする！

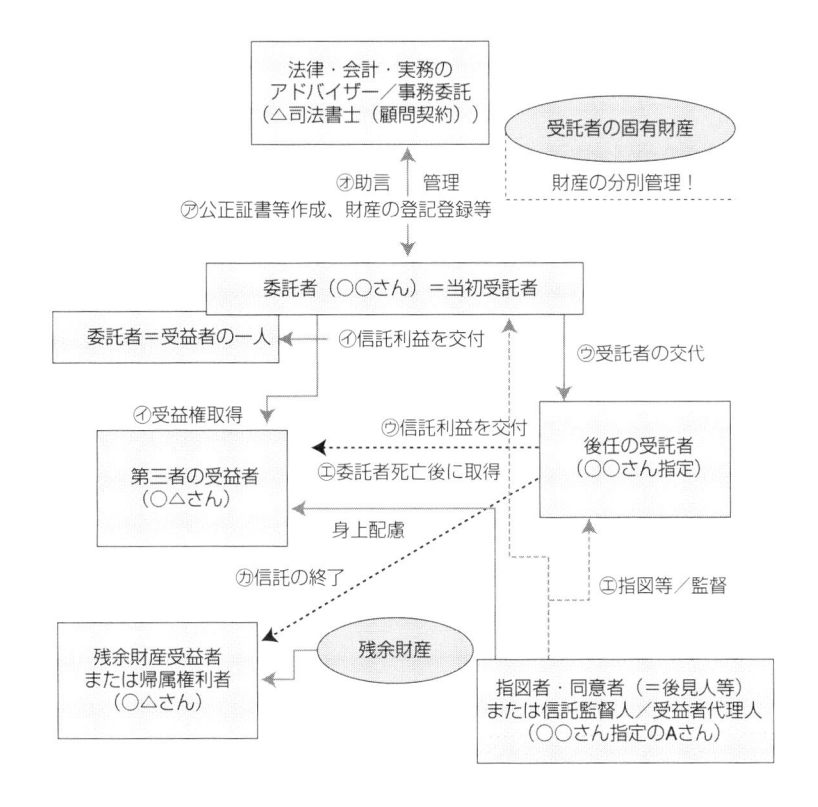

（○○家の民事信託のスキーム概要表*）

注：ニーズに合致・適合しているかを具体的に確認するためのものを作成する。

時の変遷	設定時以降	委託者意思能力喪失時以降	委託者死亡時以降	受益者死亡時後
信託目的	第一の目的：「Bの生涯の生活」第二の目的：「Aへの残余引渡」	同左	同左	第二の目的：「Aへの残余引渡」
設定等の方法	委託者自己信託ゆえ公正証書による	後見人による後任受託者への役割交代手続（後見等開始後に受託者を変更する）	—	—
受益者・権利者	受益者；B＆委託者	同左	同左	帰属権利者；A
信託財産・残高推移（年間費用等）	財産内容；金銭財産額；（設定時費用・報酬概算）（当面の年間費用・報酬概算）	財産内容○年後予想財産額；（後任受託者・後見人等による追加の費用等見込）	財産内容○年後予想財産額；（相続税等税額見込）（今後の年間費用・報酬概算）	残余財産の内容（見込）；
管理・処分方法	権利変更・口座開設金銭入金	所有権移転・口座開設金銭入金	—	所有権移転・口座解約等
給付内容方法				
受託者・後任受託者	受託者：委託者	後任受託者：C	同左	同左
信託期間	受益者死亡時まで	→→→		終了（帰属権利者へ）
信託関係人・責務	信託監督人手続チェック	同左定期的チェック	同左同左	同左手続チェック
権限（変更・終了）	（変更・終了）委託者のみで可能	（変更・終了）受託者・信託監督人・受益者の同意	（変更・終了）受託者・信託監督人・受益者の同意	—

（○○家の民事信託の主な事務フロー）

i　委託者である○○は、自己の有する財産のうちから信託財産にするもの、その他所定の事項を定めた公正証書等の書面（または電磁的記録）により（公証役場にて）意思表示し、委託者及び受託者である○△は信託財産にする財産の種類に応じて必要な名義の登記登録その他の方法で記録する。

ii　当初の受託者である委託者○○は、信託財産を管理・処分等して受益者に生活等に必要な範囲で定期給付及び臨時給付する（なお委託者も受益者の一人とすることができるので、この事例では、本人の生活費等給付と配偶者等の家族の生活保持義務、扶助義務の履行を目的として複数の受益者を指定する）。

iii　委託者が後見等の開始により能力を欠くに至るまたは死亡した場合に備えて、あらかじめ後任の受託者を指定（受益者に指定させる旨を定めることができる）し、その時には速やかに後任の受託者への引継ぎをする。後任の受託者は、信託財産を管理・処分等してその受益者に、指図者等の定めがあればその指示等により、受益者の生活、療養看護を考慮し定期給付及び臨時給付する。

iv　委託者が指図者（同意者、信託監督人または受益者代理人（これらの者の役割を後見人等が担う定めも可能））を定める場合は、その指示により（または同意を経て）定期または臨時の給付額・方法等を決定する。後見人等、または受益者代理人もしくは信託監督人を指定する場合は、受益者の身上に配慮し受益者のために受託者を監督し、後見人等または受益者代理人は受益者を代理する。

　なお、委託者死亡後の受益者として生前からの受益者以外にもあらかじめ特定の者を指定しておくこともでき、委託者死亡後に指定された者は受益権を取得する。

v　後任の受託者は、専門を必要とする信託事務を委託し、また専門家に必要な助言を求める。

vi　受益者の死亡により信託は終了し、後任の受託者は清算手続をしてなお残余の財産があるときは指定されていた施設等の帰属権利者

（または残余財産受益者）に交付する。

（留意点）

i　みなし贈与に該当するので、特別受益の免除の意思表示を信託行為に明記し、遺言を作成するときは、この信託を考慮する。

ii　毎年の信託計算書（受益者が変更等する場合には委託者別調書も）を作成し受益者及び税務署に提出する。

iii　この信託、その他の財産及び家族について、わからないとき、相談したいときは、まず○○司法書士に連絡する。

iv　修繕費がかさみ所得が赤字になるリスク・損益通算ができないリスクを考慮すること、また、同一生計の者への信託報酬は必要経費にならない等、会計・税務申告の適正な手続をすること。　等々

2.　○○家の民事信託設定の意思の最終確認シート　（理解し・納得したかを信託関係者自らがチェックし・表明するためのもの）

平成○年○月○日

　　署名　委託者
　　　　　受託者
　　　　　受益者等関係者（内容の理解を深めるために、ケースバイケースで信託当事者が立会人となる）

　上記の者は、下記事項について相違ないこと、また○○家の民事信託を設定することの最終意思を表明します。

例（○○家の民事信託設定の意思の最終確認チェックシート）

（注：個別具体的に記載して作成するもの）

	チェック項目	留意点	☑
1	本スキームは、○○の○○を第一の目的とすることを確認し、ニーズを一番満たすものと理解した「この方法がベストの選択」と関係者の共通認識に至った。相互の信認（信頼）関係ができた		☐

		チェック項目	留意点	☑
2		類似の信託銀行等の信託商品と比較して、パーソナルな○○家の民事信託を設定することにした	別添の表を確認	☐
3		本スキームの信託の設定時・期間中・終了時の会計・税務（注意点）を専門家に確認した	○○税理士に確認	☐
4		本スキームの信託の設定時・期間中・終了時の法律上の委託者／受託者の立場から注意点を専門家に確認した（みなし贈与の場合、特別受益の意思表示を明記した。また遺留分に配慮した）	□司法書士に確認 ○司法書士に確認	☐ ☐
5		大凡の費用（当初・その後・終了時）・報酬（信託、専門家）・見込み税額・リスクと対応を理解した		☐
6		信託条項が将来の予測できない事情変更に耐えうるか、途中で終了することを理解した		☐
7	本信託・スキームについて	本スキームは、法令に触れずまた疑念を持たれない、社会が認める合目的的なものと認識する		☐
8		本信託後に、遺言の作成・書換え又は贈与等を講じるときは、矛盾しないよう、専門家に相談する		☐
9		委託者は、贈与とみなされる本スキームは、特別受益の持戻し免除の意思を確認し明文化した		☐
10		委託者及び受託者は、関係する全ての情報を開示して、本スキームの疑念・不安はなくよく理解した		☐
11		適正な判断能力・健全な行為能力をもって重要な課題を意思決定し、本信託の設定を了解し実行する（遺言信託でも遺言内容の複雑さから遺言能力として相当の判断・行為能力を求める）	○医師診断書／確認 受託者等に確認	☐ ☐
12		関係者の倒産等ほか事情変更による、信託行為の解除、信託財産・受益権の譲渡、信託の変更等の対応方法を定めているか（また、いつでも変更等できるように定めていることを理解したか）	委託者に確認 受託者に確認	☐ ☐
13		委託者と受託者との（過去・現在の状況、未来の考えの）十分な話し合い・ヒアリングがなされたか		☐
14				

		チェック項目	留意点	☑
1		信託目的に沿った（を満たす）財産内容（額）か	FP に確認	☐
2		不動産を適切に管理ができるよう重要事項を調査し、受託者は所有者責任・留意点を確認した	専門業者に確認	☐
3		委託者から、不動産に係る全ての情報・書類等を提供され、受託者の注意すべき（法令・近隣・利用者・物的）事項を表明され、受託者は確認した（所有者・管理のリスクがあることを理解した）	委託者に確認 受託者が確認	☐ ☐
4	財産等について	委託者等は、ライフプラン・財産の状況等をできるだけ調査・把握し、受託者等に資料提供・説明した	FP に確認	☐
5		不動産の信託目録は、変更登記に必要な、処分等の権限を明確にする範囲で登録することを理解した		☐
6		不動産の信託目録は、受益者等のプライバシーの保護に配慮して登録することを理解した		☐
7		不動産の移転登記、金融資産の名義の移転の意義とその手続き（「信託」を付すこと）を理解した		☐
8		信託目的を達成するための相当の金融資産であること、運用方法の考え方を理解した	FP にも確認	☐
9		株式の株主権（議決権だけでなく）が、信託目的（配当／経営）に沿って適切に行使できる	関係者に確認	☐
10		株式の企業の状況を理解し、配当実績などから信託目的に相応しい財産であることを理解した		☐
11				☐
1		受託者等が権利を濫用する可能性があるリスクを認識し、防止する対応策としての定めを理解した		☐
2	関係人について	本スキームを途中で変更・解除できるよう、委託者の権利を確保した、関係者が協議して可能にするようにした、それとも受益者又は後見人に権限を付与した	委託者に確認 受託者に確認	☐ ☐
3		信託の設定時・期間中・終了時の会計・税務・法務の実務ができる、又は専門家に対応を依頼した	○○税理士に依頼	☐
4		委託者・受託者等は、専門家を活用する・相談する意義（必要とする場面）を理解した		☐

		チェック項目	留意点	☑
5		受託者等は、贈与・遺贈とみなされるスキームの相続分・遺留分等のトラブル・対策について理解した		☐
6		委託者・受託者等は、信託条項に従わず・事務を怠ると法・税のトラブルになることを理解した	委託者に確認 受託者に確認	☐
7	関係人について	委託者・受託者等は、信託銀行等の商品を利用するより優れたスキームであることを理解した	委託者に確認 受託者に確認	☐
8		委託者は、後の贈与・遺言・後見人等による処分・取消等の行為によりトラブルの可能性を理解した		☐
9		受託者等関係者は、本信託の目的を達成するために誠意をもって行動することを表明する		☐
10		任意／法定後見人等を事前に準備又は申立てる定めをし、後見制度を併用することを理解した		☐
11				☐
1	その他	一般社団法人の社員・役員の責務（権利義務・職務等）、適切な運営方法・負担・リスクを理解した		☐
2		どのようなリスク（　　　　　　　）とその対応（　　　　　　　）があることを理解したか	委託者に確認 受託者に確認	☐
3				☐

注意事項（取り扱えない信託）

・法令・業法の違反のおそれがあるもの

・公序良俗に反するおそれがあるもの

・犯罪行為を誘発するおそれがあるもの

・本人の承諾なく、プライバシーを侵害するおそれのあるもの

・第三者に不利益を与える・中傷するおそれのあるもの

・記載内容が虚偽・異なる・誤解のおそれのあるもの

・社会通念上誰もが理解できず、実現可能なものといえないもの

　民事信託では、気がかりな家族が生涯の生活等に不安なく暮らせることを願って信託される例があります。この場合に配慮しておきたいこととして、扶養義務、特別受益及び遺留分の減殺請求、そしてこれらに伴う課税問題があります。

　扶養義務に係る課税として、所得税法9条に所得税を課さない所得として、15号には「扶養義務者相互間において扶養義務を履行するため給付される金品」と定めており、相続税法の贈与税の非課税財産として、同法21条の3の1項2号に、「扶養義務者相互間において生活費又は教育費に充てるためにした贈与により取得した財産のうち通常必要と認められるもの」との定めがあります。また、国税庁のホームページに「扶養義務者（父母や祖父母）から『生活費』又は『教育費』の贈与を受けた場合の贈与税に関するQ&A」があります。しかし、これらの税法と民法の各定めとの関わりが説明されておらず取扱いが明確ではありません[17]。

　民法では、扶養義務の定め（民877）、生計の資本としての特別受益、特別受益の持戻し免除の意思表示の定め（民903）、また遺留分の減殺請求等の定め（民1030〜1044）があります。これらの法律とその税務が信託を設定する場合においてどのように影響するかを確認して対応を考える必要があります。

　民事信託で、委託者の生前において種々の理由から生活を支援するために、あえて障がい者等を受益者に指定する場合があります。委託者が扶養義務を負う者を受益者に定めた信託契約を締結すれば、どのように贈与税が課されるか。また、子孫を受益者に指定すれば生計の資本に該当するのか、どのような課税になり、持戻し免除の意思表示が必要にな

17）小林伯弘「教育資金の負担は誰に対する贈与か」税務通信（2015年11月）巻頭言　2頁以下。

るのか、信託契約内容を慎重に定める必要があります。

　また、民事信託には、親亡き後の障がい者等の生活全般を託するものがあります。障がい者である受益者に対して、受益者を扶養する義務を有する者が受託者になる場合がありえます。信託財産からどの程度給付すべきかのトラブルになる可能性もあり、信託条項を慎重に定めます。

　関連する信託として「養育（養育料）信託」があります。国税庁の相続税個別通達（昭和57年6月30日直審5-5）には、「離婚に伴い養育料が一括して支払われる場合の贈与税の課税の取扱い」の記載があり、いわゆる養育料信託の課税の取扱いが示されています。

　家庭裁判所での養育料の一括による一時の支払いは今日少ないようですが、類推適用は慎重を要しますが、類似の場面でも同じように利用できるので、参考になるスキームです。

《仕組み図》

『自益信託』

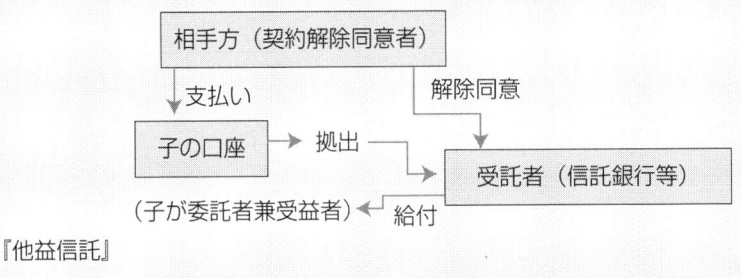

『他益信託』

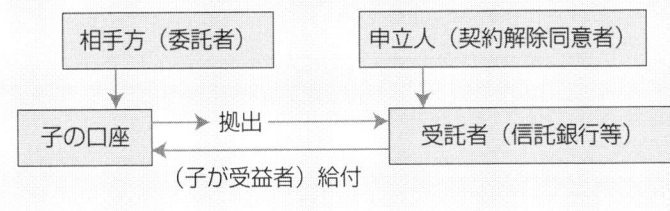

第3章

民事信託の基本スキーム

1 比較表の作成

　家族等が受託者になる民事信託のスキーム提案に際して、その目的等に応じて、類似する商品・仕組みを比較検討できるわかりやすい表を作成し、関係者と協議します。比較表または長短所表においては、必ず資金負担・リスク欄を明記します。

　検討するプランの長短所、リスクを明記した検討表（いわゆる比較表）を作成し、意向確認表とともに比較表等を通して委託者の意思を確認しつつ、民事信託プランの理解を深めます。

　そのために、まず提案する民事信託スキーム案についての概要図、事務フロー表等の図式を作成し、概要及び手続、利点等が理解・説明できるようにします。また具体的な氏名・財産名を見えるように記載します（115頁以下参照）。

　なお、リスクには、解除されるリスク、途中で信託財産が不足する等による達成不能による信託終了のリスク、インフレリスク、等一般的なリスク、スキーム固有のリスクのほかに個別事案特有のものがあるので、リスクの明確化に努めます。

　たとえば、自社株信託なら、議決権行使に係る指図権の定め方等による、受益権の価額・評価（遺産分割・遺留分上、相続税上）の争いリスク及び指図権の内容・権利義務、信託目的の信託全体の解釈・効力等の争いリスクがある旨を明らかにします（もちろん、そのための指図権とその行使の定め方等の条項に注意を払いますが、判例がない現在において争いの可能性がある事柄は、家族・関係者の理解と協力を得る対策も検討します）。

（民事信託の説明ツール例「意向確認及び信託プランの検討表の例」）

目的意向	⑦　事業承継：株式の後継者への移転 ④　後継者が先に死亡するなど、万一期待に沿えない状況になったときの対応 ⑤　〇〇について……。□□について……。		
背景			
対策	対策のプラン比較表		
概要	A プラン （無議決権優先株式贈与）	B プラン （自社株式信託契約）	C（先送り）プラン （遺言により相続させる）
特長	・生前に方針を決める ・相続対策として贈与する	・生前に意思決定する ・変更するか否かは選択	・遺言内容で決まる ・生前には書換えできる
長所	・とりあえず議決権を確保できる	・遺言相続手続等せずに議決権行使できる ・後継者が万一に備える	・本人の手間はかからない
短所	・総会で決議できるか ・後継者が万一のとき ・配当できなくなったとき	・理解しにくい ・受託者の権限濫用リスク	・円滑に遺言相続手続できるか ・後継者が万一のとき
費用報酬	・コンサル時〇〇万円、総会手続〇〇万円、納税資金〇〇万円、相応のトラブル費用	・コンサル時〇〇万円、契約時〇〇万円、手続時〇〇万円、管理のために〇〇万円、相応のトラブル費用	・コンサル時〇〇万円、遺言作成時〇〇万円、執行時〇〇万円、相応のトラブル費用
リスク	・総会で決められるか ・相続対策、功を奏すか ・配当があること	・契約内容に無効・取消事由があるか ・同左	・遺言相続が円滑にできるか ・同左
備考	・遺留分対策は ・納税資金準備は	・同左 ・同左	・同左 ・同左

2 | 民事信託の基本的スキームの概要

(1) 民事信託契約のスキーム

　民事信託契約のスキームの概要については、すでに**第1章2(1)に**おいて記述していますが、本人の生涯と死亡後の家族のための生前に結ぶ信託契約についてさらに追加して説明します。

　受益者として指定された者は、原則として当然に受益権の権利を取得します（信88）。しかし、例外として信託法では89条、90条及び91条に3つを定めています（本節の**(4)(5)**及び**(7)**を参照）。個人の生活等の支援・維持のための財産管理・承継に用いられる民事信託のために、信託法の改正に際して民事信託として活動できるよう新たに明確化されました。

① **民事信託に係る委託者の意思確認1（信託の基本事項）**

　まず、委託者の目的、受益者の指定、その権利の内容、対象とする財産等、信託を構成する基本的事項の概要についての意思を確認して、民事信託契約のスキームを考えます。

　委託者の目的は、生前の本人のためか、特定の家族のためか、それともいずれも含めるのか、または生前の本人らとともに、死後の家族のためか、等を確認します。その目的に沿って受益者を指定します。また、生活・療養看護のためか、その他の要素も含めるのか、さらにその支援か、従前の範囲か、もっと豊かなものか、など権利、つまり給付内容、範囲、規模について、いつ取得させるかの意思を確認します。

　さらに、委託者には信託終了時の残余財産の帰属権利者または残余財産受益者の指定の意思を確認します。この場合、委託者から指定された受益者及び残余財産受益者はその受益者としての権利、すなわち受益債権とその権利を守るための種々の監督権を当然に取得します

（信 88）。指定した受益者を帰属権利者にしたいならその旨を定めます。この信託契約を変更するためには必ずこれらの受益者の同意が必要となります（信 149 ほか）。

しかし、記述のような当然に受益権を取得するのでなく、受益者になる条件・始期を付すこと、委託者が生前にいつでも受益者を・給付内容等を変更すること、またこの信託を解約することなど別段の意思の定めをすることができます。前述の信託法 89 条から 91 条の定めです。また 149 条に信託の変更についての定めがあり、委託者にはいろいろな権限を留保し、またその権限を有しないとすることも契約に定めることができます。これらの権限について委託者の考えを確認します（**第 2 章 1 (3)** 参照）。

（民事信託の説明ツール例「委託者の意向確認表（信託の基本事項、目的・受益者・財産等）」）

事　項	検　討	具体的な考え
信託目的の趣旨 信託目的の対象者 対象財産は何か	・委託者の目的は、生前の本人のためか、特定の家族の生涯のためか、それともいずれもか ・家産・事業の承継か、後継者は決まっているか ・財産は何か、特定できる問題のない財産か	
生前の受益者 その給付内容・程度その他の制約	・今からの受益者は誰か ・生活・療養看護のためか、その他の要素も含めるのか、さらにその支援か、従前の範囲か、もっと豊かなものかなど給付内容、範囲、規模は	

事　項	検　討	具体的な考え
委託者死亡後の受益者、その給付内容 その他の制約等	・委託者死亡後の受益者は誰か ・生活・療養看護のためか、施設入所・その他の要素も含めるのか、さらにその支援か、従前の範囲か、もっと豊かなものかなど給付内容、範囲、規模は、いつ取得させるか ・税負担の程度、その資金源は ・見合った資金・財産が信託できるか	
遺したい財産があるか、残ればどうするか 残余財産受益者・帰属権利者か	・信託終了時の残余財産の帰属権利者、残余財産受益者（生前から権限を持つ）のいずれを指定するか ・どこに・誰に、何を渡したいか	
委託者の権限の留保（変更・解約・その他の条件等）の有無	・委託者が持っておきたい権限は何か（受益者等の変更、契約の解約等） ・死亡後に他の者に持たせたい権限があるか	
受託者を誰にするか 費用負担はどの程度か	・最も信頼できる者、理解者は誰か、その関係は ・専門家の支援か、監督が必要か	

②　受益者を確定させたい契約信託のニーズ

　特定の者の生涯の安寧を目的として定め、受益者を他の者に変更する可能性もしくは必要性がなく、また受益者を直ちに確定することが望まれる場合、民事信託の基本スキームである契約信託を利用します。

（受益者の受益権取得を確定させたいニーズ例）

> ⑦　自らの老後または特定の家族の財産管理能力の低下等による種々の管理リスクに備え、生活・療養看護の支援のための定期的な給付をするなど、他の事情変更があっても老後・生涯の生活を安定できるようにしたい
>
> ⑦　離婚・死別による親権者の対応に不安があり、未成年者の扶養・養育のためのみの財産管理を望みたい
>
> ⑦　任意後見制度、補助・保佐の場合にも、「後見制度支援信託」（財産を保護し、もって生活の安定に資することを目的とする）と同じような管理・給付のための信託を活用したい
>
> ⑤　特定の障がい者を受益者とする「特定贈与信託」の要件を満たす贈与税を非課税とする特例を利用したい

③　民事信託に係る委託者の意思確認2（その他事項、また詳細確認）

　スキームの事務のフロー（**第1章2(1)及び後述(2)②参照**）を確認しながら、具体的に委託者の意思・考え方、受託者の能力、財産、受益者等の状況等についての委託者の考え方を確認します。

（○○さんの場合の生前の民事信託契約のスキーム図）

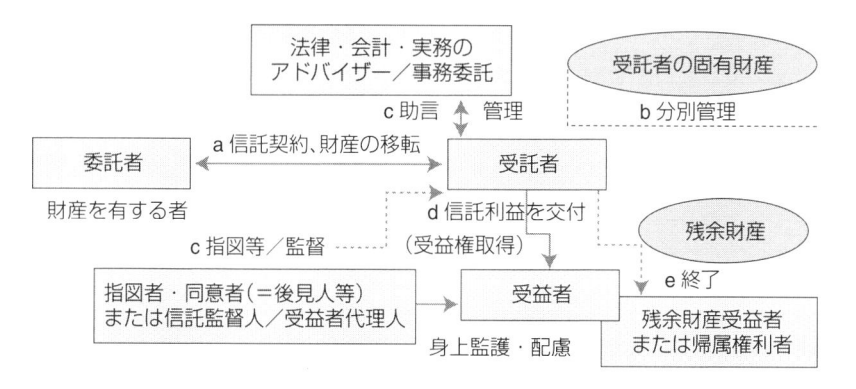

（民事信託の説明ツール例「委託者の意向確認表（その他、具体的な詳細事項）」）

	意向の確認事項	具体的内容
財産	・何をどの程度とりあえず信託財産とするか ・後で追加する予定はあるか ・いつ受託者に移転または引渡しするか	
管理処分他	・受託者には、信託財産をどのように管理・処分等することを期待するか ・そのほかに何を期待するか ・委託者等の指示に従って管理等することか ・定期の給付または臨時の給付をすることか	
指図者等指定	・委託者自ら、または家族の能力低下に備えて、任意後見人を指定するか（申立てを期待するか・身上監護を期待するか） ・別途の指図者（同意者、信託監督人または受益者代理人（これらの者の役割を後見人等が担う定めも可能））を定めるか（その指図等により定期または臨時の給付額・方法等を決定するか）	
受託者	・受託者を誰にするか、とても信頼できる家族がいるか ・その者に受託者としての能力の何に期待できるか ・予定する受託者の弱い点は何か、補強する方法は	
専門家	・受託者の信託事務を支援・補助する専門家に委託するか ・受託者を監督する者・受益者を保護する者として専門家を指定するか、いずれも相当の費用を出すことができるか	
希望	・その他、委託者として特に期待・望むことは何か ・留意・配慮してほしいことは何か	

(2) 自己信託スキーム

① 自己信託とは

　米国では、後見に代わる手段、遺言に代わる手段の一つとして、撤回可能信託（revocable trust）が利用されています。撤回可能信託は、

委託者は元気なうちは受託者でかつ受益者でもあり、いつでも信託の変更、終了ができる信託です（その多くは遺言で遺産を生前に作った信託に注ぎ込む定めをしています（**コラム5** 参照）。意思能力を喪失してもしくは死亡により他の受託者がその管理を引き継いだときに撤回不能信託となって継続するものです。信託する理由は、遺産の裁判所による公開の清算手続を回避し、プライバシーを守るためです。

　日本では信託法の改正により、民事信託のためにも新たに自己信託が創設されました。自己信託とは、委託者が特定の目的（専ら自己の利益を図る目的は認められません）のために自己の有する財産の一部を別扱いにすること、その管理または処分及びその目的のために必要なその他の行為を自らすることの意思表示（単独行為ゆえ信託宣言といいます）をします。意思表示には、公正証書その他の書面及び電磁的記録という特別な要式行為が求められ、信託目的、信託財産の特定に必要な事項、その他信託をする者、受益者の定め、財産の管理または処分方法など省令で定める8つの事項（**第2章1(3)** 参照。簡潔明瞭な条項に努めますが、実務では明確な契約信託と同レベルの内容です）を記載しまたは記録した方法により行います（信2Ⅱ③、3③、4Ⅲ、信規3）。信託財産を追加するなど8つの事項のいずれかを変更するときには改めて変更のための所定の書面等が必要です。

　特別な方式は委託者の債権者の権利を害することを防止するためであり、公正証書、公証人の認証を受けた書面等の作成により、またこれらの公正証書等以外の書面の場合には第三者の受益者に対する確定日付のある証書（民施5。内容証明郵便等）による信託された旨とその内容の通知により効力が生じます。しかし、将来において委託者の債権者、相続人とのトラブルの可能性が高いので、所定の手続、特に財産の特定、その管理を適切にする事務が求められますので、管理状況を専門家が定期的に確認するよう説明します。

　自己信託は、新たな信託法の検討過程においてその濫用が懸念されましたが、信託の本質といわれる、対外的な所有者とその利益を享受する者とが別に存在し、受託者は自己のためではなく受益者のために

信託財産を管理処分等することには、反するものではないこと、パブコメからその有用性が想定されたこと、他人が関与することなく自己の財産に倒産隔離の機能が働くが、執行免脱する意図があればあえて自己信託の方法を選ばないのではないか等から、債権者詐害の懸念を踏まえた一定の防止措置（信23Ⅱ）を定めることで創設された、といわれています[1]。

　なお、委託者のみが受益者で他に受益者がいなければ1年間で終了事由になり、1年以内に他の受益者が指定されないような目的の信託は無効と解されます（信163②）。この点が米国の revocable trust の生前信託と異なります。

② 民事信託の自己信託スキーム

（○○さんの場合の自己信託のスキーム図）

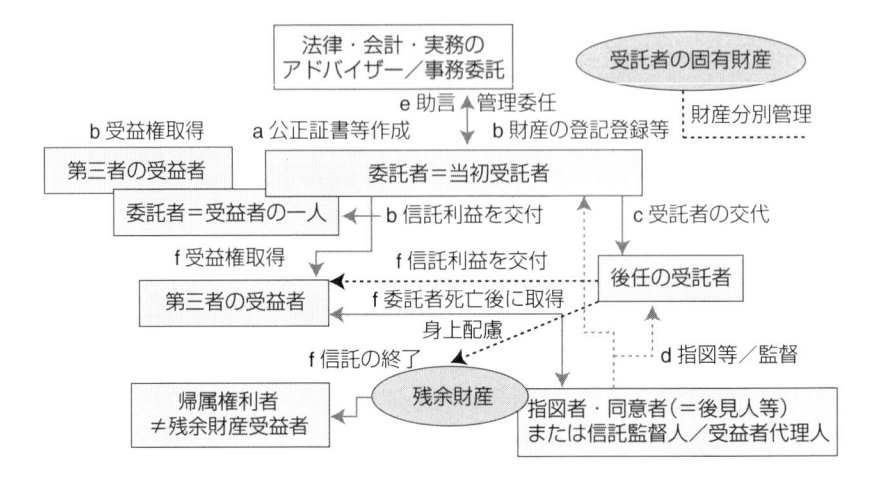

---

1) 寺本昌広『逐条解説 新しい信託法［補訂版］』（商事法務、2008年）38頁。

（自己信託の主な事務フロー）

a　委託者は、自己の有する財産のうちから信託財産にするもの、その他所定の事項を定めた公正証書等の書面または電磁的記録により意思表示する。

b　当初の受託者である委託者は、信託財産にする財産の種類に応じて登記登録その他記録等して分別管理・処分等して受益者らに生活等に必要な範囲で定期給付及び臨時給付する（委託者のみが受益者とすることができないので、たとえば、本人の生活費等給付と配偶者等の家族の生活保持義務、扶助義務の履行を目的として複数の受益者を指定する）。

c　委託者が後見等の開始により能力を欠くに至るまたは死亡した場合に備えて、あらかじめ後任の受託者を指定し、その時には速やかに後任の受託者への引継ぎ（名義変更等）をする。後任の受託者は、信託財産を管理・処分等してその受益者に、指図者等の定めがあればその指図等により、受益者の生活、療養看護を考慮し定期給付及び臨時給付する。

d、e は、受託者に指図する、受託者を監督する、受託者を支援する者、専門家を活用・指定してより適切な信託事務ができるように仕組む。

f　委託者死亡後の受益者として生前からあらかじめ特定の者を指定しておくこともでき、委託者死亡後に指定された者は受益権を取得して信託の利益を享受する。指定されたその受益者の死亡により信託は終了し、後任の受託者は清算手続をしてなお残余の財産があるときは委託者が指定する家族・施設等の帰属権利者（目的から残余財産受益者を指定することは考えにくい）に交付する。

※預金は譲渡禁止の特約がありますが自己信託の設定時には譲渡に当たらない（その他の処分に当たるかもしれない）と解されます。しかし、少なくとも受託者が交代する時、受益者等に交付する時が譲渡に当たりますので、その手続ができないとスキームとして問題です。そのため、信託する手続としては金融資産をいったん換金してから金銭の信託をすることが適切と考えます。

③　自己信託のニーズ

　自己信託による民事信託のメリットは多々あります。しかし、財産の特定・管理、受託者の交代時に注意しなければならず、自己信託を安易に活用することは濫用、トラブルにつながるので、関与する専門

家は自己信託の趣旨である合理的目的を確認して慎重に取り扱うことが大切です。

（自己信託のニーズ・メリット）

> 　自らが管理できる間は自らが管理するのが適切であり合理的である。とはいうものの万一の倒産、能力低下に備え、自らとその家族の生活等を維持できるよう、自らの健全な能力・財政状況があるうちに事前に準備する方法として自己信託による民事信託を利用する。
>
> ⑦　事業経営者の場合、事業の経営状況が家族の生活に大きな影響を与える（一定の金銭または居住用不動産等を自己信託として分別して管理する）
>
> ⑦　障がいがある等の子孫に財産を贈与しても管理が困難なので、自らが委託者兼受託者となって、第三者の受託者への信託報酬等のコストを削減する[2]
>
> ⑦　高齢の者が自ら管理できないときに備える
>
> ⑦　自らの能力低下等の生前の対策だけでなく、後任の受託者を定めて家族のために死後も継続できるようにする
>
> ⑦　配偶者への居住用不動産の贈与の特例（相法21の6）の適用に利用できる

(3) 遺言信託スキーム

①　遺言信託とは

　遺言信託は、遺言によって、特定の者（受託者）に対し財産の譲渡、担保権の設定その他の処分をする旨ならびにその受託者が家族等の生活費等に充当するという目的に従って財産の管理または処分及びその他遺言の目的の達成のために必要な行為をすべき旨を定める方法です（信3②）。遺言公正証書、遺言自筆証書、または遺言秘密証書

2）寺本・前掲注1）44頁（注11）①。

等の遺言方式により遺言信託ができます。

　この「遺言信託」とは信託銀行等の遺言執行業務のことではありません。遺言書に記載し遺言者の死亡によって効力が生じる信託のことです。

　遺言の効力とともに遺言者の死亡により遺言信託の効力も生じます。遺言に受託者となる者の指定があり、その者に対し遺言執行者または相続人等の利害関係人が相当の期間を定めて引受けの催告をし、その期間内に確答がないと引き受けなかったものとみなします。受託者の指定がないとき、辞退したとき、または引受けできないときは、裁判所に申し立てて受託者が選任されます（信4・5・6）。

② **民事信託の遺言信託スキーム**

　遺言信託の遺言書を作成するに際しては、遺言者は将来の遺言執行者及び受託者になる者との事前の打合わせが大切です。

　特定の受益者の生活等を重視・目的とするなら、残余財産については帰属権利者を定めるほうが合理的と考えられます。もし残余財産受益者を定めた場合は、信託期間中、受益者だけでなく残余財産受益者も現に受益者としての権利を有しているので、受託者は公平義務に留意しその者の利益も配慮することになり目的と矛盾します。

（○○さんの場合の遺言信託のスキーム図）

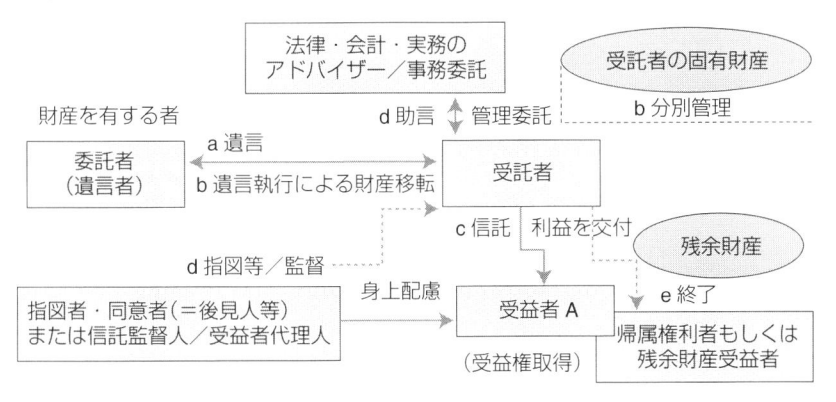

（遺言信託の主な事務フロー）

a　死後の財産の処分のために、他の要式でもよいがより確実な遺言公正証書を作成する。遺言執行者及び受託者になるべき者と生前に打ち合わせる。

b　遺言者の死亡により、遺言執行者の就職通知・目録作成・遺言執行の手続を経て、受託者は就任承諾をして財産の引渡しを受け、信託財産として名義変更して管理運用する。

c　受託者は、信託目的等の定めに従い、親亡き後の受益者として指定された特定の子（または子ら等）の生活、療養看護を考慮して、適切な信託財産から合理的な定期または臨時の交付額・方法等を決定し交付する。また年間の状況の報告を行う。

d　管理、運用または交付について指図等する者として、専門家等を活用して指図者、信託監督人等を定めたときは、その者の定めた権限等の範囲で指図等を得て管理等を行い交付し、報告を行う。

e　指定された受益者の死亡により信託は終了し清算手続をしてなお残余の財産があるときは、遺言者が指定する家族・施設等の帰属権利者等に交付する。

③　遺言信託のニーズ

　民事信託の多くのニーズは伴侶亡き後の配偶者、親亡き後の障がい者など家族の生活支援が目的であるので、直接的には相続開始後の問題であるため、遺言・遺言信託を利用します。

（遺言信託のニーズ例）

　生前契約信託、自己信託、後述の遺言代用信託により死後を想定した特段の定めをすれば老後と死後のいずれも対応できる。

㋐　委託者本人の元気なうちは自らの手で財産を管理し手許に置いておきたい、費用負担も節約したいので、死後においてのことだけを託したいから遺言信託にする。

㋑　遺言による後継ぎ遺贈、負担付遺贈、停止条件付遺贈などのニーズがあるが、確実に実現できるよう第三者に託したいので、遺言信託にする。

㋒　単に財産を与えるのではなく、家族・子孫の末永い将来の事情の変化に柔軟に変更できるように裁量権・変更権等を付与して対処してもらいたい。

(4) 遺言代用の契約信託スキーム

① 遺言代用信託スキームとは

民事信託がより活用されるための特例として、3つの信託スキームが新たにまた明らかに定められています。ここでは、その1つである「遺言代用信託」について記述します。

遺言がいつでも書換えできるように、契約信託のうち委託者死亡後の受益者等を委託者はいつでも変更できるまたは契約そのものを解除できる信託を遺言代用信託（または遺言代用の信託もしくは遺言代用の生前信託）と呼んでいます（信90）。

（3つの特例スキーム）

a 受益者を指定し、または変更する権利を有する者を定めている信託を、「受益者指定権等の定めのある信託」という（信89）

b 委託者の死亡の時に新たな受益者が受益権を取得する旨の定めのある信託を、「遺言代用信託」という（信90）

c 受益者の死亡により他の者が新たに受益権を取得する旨の定めのある信託を、「いわゆる後継ぎ遺贈型受益者連続信託」という（信91）

（生前信託3つのケース）

㋐ 原則、生前信託は受益者等の信託条項の定めを変更するには受益者の同意が必要（信149、164）

㋑ 特例として、受益者を指定・変更する権限を誰かに付与する定めができる（信89）

㋒ 特例として、委託者のみが、委託者の死亡時に受益権を取得する受益者（委託者死亡後受益者という）、または委託者の死亡を始期として信託財産に係る給付を受ける受益者（委託者死亡まで何らの権利を有しない）を指定でき、また変更できる。さらにいつでも契約を解約でき（原則であり、違う取決めもできる）、委託者は生前において受託者に対する監督的権能を行使でき、受託者から報告を受ける（信148）ことができる（信90）

委託者が、生前の民事信託契約スキームにおいて、財産の活用と死後の財産の分配ができるようにしたいと望むなら、つまり、遺言のように財産の処分方法を決めたい、またいつでも書換え・撤回したいなら、「遺言代用信託」によって委託者がいつでも本人死亡後の受益者等を、また信託契約を変更等できるよう定めることができます。

委託者のみが受益者を指定でき、また受益者を変更する権利を留保しているのが遺言代用の信託で、次のような定めのある信託です。

（遺言代用信託（信90）の定め）

> ㋐　委託者の死亡の時に受益者となるべき者として指定された者（いわゆる「委託者死亡後受益者」という）が受益権を取得する旨の定めのある信託
>
> ㋑　委託者の死亡の時以後に受益者が信託財産に係る給付を受ける旨の定めのある信託
>
> 　　なお、その受益者は、その委託者が死亡するまでは、受益者としての権利を有しない（監督権も含め権利を全く有しない受益者である）
>
> ㋒　信託契約に委託者死亡後の受益者について別段の定めをした信託

※遺言代用信託は、次の(5)の受益者指定権等の権限を委託者のみが有する場合の特例です。

　信託契約に別段の定めをしたときはその定めによると規定していますので、委託者死亡後受益者の変更をできないように、またその信託契約を解除できないように、定めることも可能です。この点は、遺言または死因贈与の撤回権をあらかじめ放棄する旨を定めることは無効（民1026）と解されるので、遺言等とは異なります。

　また、夫婦遺言はできませんが、同じような効果が可能な委託者を夫婦とする夫婦の遺言代用信託は注意を要しますが可能と考えられます。

②　民事信託の遺言代用信託スキーム

残余財産受益者を指定すれば本来は設定時に受益権を取得していることになりますが、遺言代用信託では委託者死亡後の受益者として委託者死亡時まで権利を有しません（特段の定めがない限り）。

（遺言代用信託の主な事務フロー）

a、b、c、d のフローは、生前の信託契約（1）③の a、b、c と同じフロー。
　e の委託者死亡後の受益者（または委託者死亡後の帰属権利者）を、さ
らにその後の f の帰属権利者（または残余財産受益者）を、定めれば遺言
代用信託である。
e　受託者は、信託財産を管理・処分等して第２次受益者（指定・変更され
　た委託者死亡後受益者）に定期給付及び臨時給付する。
f　第２次受益者の死亡により信託が終了すれば清算手続をしてなお残余財
　産があるときは、帰属権利者等に残余財産の内容を報告し承認を得て交付
　する。
　委託者が死亡後の受益者の変更を受託者に生前または遺言で通知しな
かったときは、当初受益者である委託者の死亡により、指定されていた委
託者死亡後受益者が受益権を取得する。

（○○さんの場合の遺言代用信託契約のスキーム図）

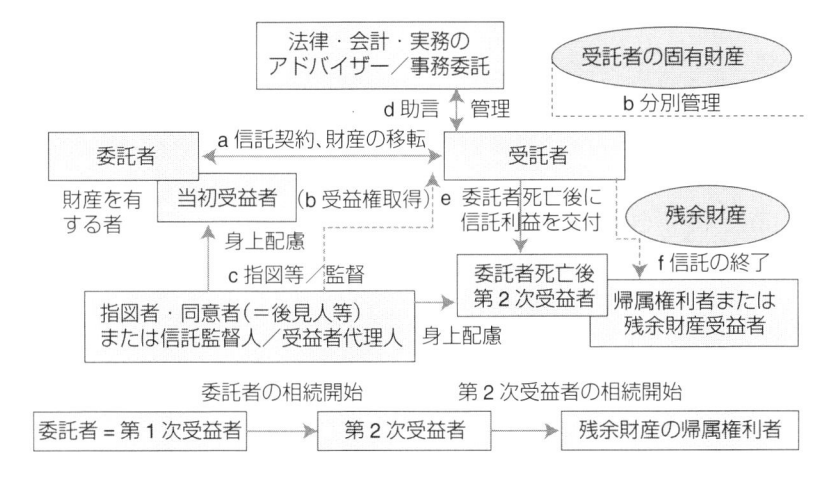

③　**遺言代用信託のニーズ**

　遺言代用信託は、委託者自らの老後に不安をもち、また家族に障が
い者等気がかりな者がいる場合など、生存中の生活と、配偶者・子が
生活等に使えるよう死後の財産の分配が速やかにできるように、そし

て、その契約をいつでも自らの判断と行為だけで変更し解約できるように したい、というニーズをかなえます。生前と死後の時を経た、世代を越えて2人以上の者の生活等を安定できるようにしたい、少子高齢社会の今、最も求められているスキームと考えています。

（遺言代用信託のニーズ・メリットの例）

⑦　伴侶亡き後、親亡き後の配偶者または子孫が速やかに財産を使えるようにしたい。

⑦　遺言では死後の財産管理・処分しかできないが、遺言代用信託契約ならば、委託者本人の生前の生活支援もできる。

⑦　後の配偶者・内縁関係の者の生活支援をもしたい。

⑦　家産の存続とともに気がかりな家族への生活支援をしたい。

⑦　複数の気がかりな家族（障がい、認知症だけでなく、浪費癖のある、金銭感覚に乏しい家族、所在不明の家族）と家産・祭祀の承継など2つ以上の願いをかなえたい。

⑦　相続人による遺産分割協議はさせたくない（遠地の者がいて手間が大変だ。主張の強い相続人に振り回される）。

⑦　遺言信託もよいが、すぐに引き渡せるようにしておきたい。
遺言では時間がかかる。分割協議が成立する可能性もある。すぐに使えるようにしたい。

⑦　遺言・遺言信託では死亡するまでは変更・撤回できる。しかし、その意思が変更されず確実にできるように契約を解除できない旨を定めたい。

⑦　遺言信託と比較すれば簡便でかつ柔軟性があるので気軽に利用できる。
遺言・遺言信託に比べて、遺言の厳格な所定の要式は不要であること、また容易に契約内容を変更できること、速やかに受益者に信託利益が給付できること、遺言執行費用がかからないこと、また、遺言執行にかかる手続についての手間、特に「相続させる」旨の遺言による不動産相続登記、預貯金払戻し手続の実務と法的解釈について、未だ議論がなされている[3]ことから、遺言がスムーズに実現できるとは限らない。

3）堂薗昇平「相続預金と遺言執行者の権限」金法1961号（2013年）4頁参照。

(5) 受益者指定権等が付与された民事信託のスキーム

① 受益者指定権等が付与された民事信託とは

　たとえば、信託契約に際して、受益者（または第2第3の受益者、帰属権利者もしくは残余財産受益者を含む）を指定できないが将来指定する者を、または指定しているが将来変更する権限を有する者を定めることができます。指定または変更する権限を「受益者指定権等」といい、受託者に対する意思表示により権限を行使します（信89Ⅰ）。

　もし、遺言代用信託契約を締結後に委託者が認知症等になり判断ができなくなり、かつ家族の事情・環境が変わり、委託者死亡後の受益者を新たに追加したい、または変更したい事態が生じる場合もありえます。そこで事態に備えて、受託者もしくは他の家族の判断で追加、変更できるよう、また給付内容を変更できるよう、つまり委託者が判断できない状況になっているときは代わって受益者を指定・変更する、その給付内容を変更する権利を付与する旨の定めをすることができます。

（受益者指定権等が付与された信託とは（信89Ⅱ～Ⅵ、56、75））

⑦　指定等の意思表示は受託者にするが、受託者が指定権等を有するときは、受益者になる者に意思表示する。受託者が指定権等の行使を知らないとき新受益者は請求できない。

④　受託者に対して受益者を変更する権利が行使されると当初の受益者はその権利を喪失するので、別段の定めがなければ、受託者がその旨を通知しなければならない。

⑨　この指定権等は別段の定めがある場合を除き相続により承継されず、指定権を行使せず死亡した場合は信託目的が達成せず終了事由になる。変更権を行使せず死亡した場合は既に指定されている受益者が別段の定めがない限り確定する。

　なお、指定権等には財産的価値を有しないと解されていますが、その行使はどのような場合に無効になるのか、委託者の生前か死後か、新たな受益者等を指定できる範囲は法定相続人か否か、また喪失・取得する受益権の法的性質は何か、等について(6)の裁量信託のところで記述しますが、研究が未だ進んでいないので注意して慎重に取り扱います。

② 受益者指定権等が付与された遺言代用信託スキーム

（○○さんの場合の受益者指定権等が付与された遺言代用信託契約のスキーム図）

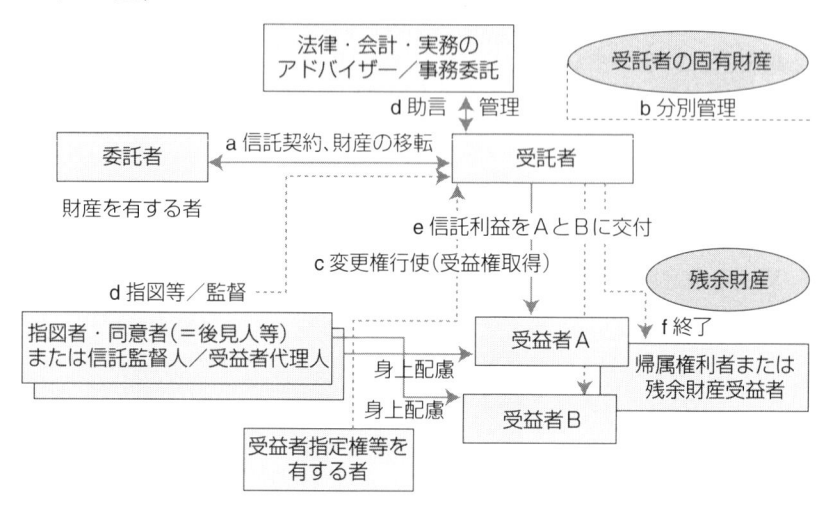

（受益者指定権等が付与された遺言代用信託の主な事務フロー）

> a、b、dのフローは、**(4)**に記述の遺言代用信託契約と同じフローである。
> 　委託者死亡後の受益者Aを、さらにその後のfの帰属権利者（または受益者Aを定めずに委託者死亡後の帰属権利者だけ）を、定めていれば遺言代用信託である。
> c　委託者が指定権等を行使できない場合に備えて、代わって指定権等を付与された者が、指定されていた受益者Aの給付内容を変更し、また新たな受益者Bを追加してまたはAに代えてその給付内容も指定する旨を、受益者指定権等行使により受託者に通知する。
> 　通知を受けた受託者は委託者死亡後の受益者に通知し、変更されたまたは追加された受益者に対して信託契約に定める信託の利益を給付する。
> e　この例では、受託者は委託者死亡後の受益者としてAにBを加える指定に基づき給付を行い、また報告する。
> f　受託者は終了事由が生じれば、委託者または指定権等を有する者の指定による帰属権利者等に交付し、また報告する。

③　受託者等に受益者指定権等を付与するニーズ

　信託契約締結において受益者指定権等を有する者として、元気なうちは委託者とし、認知症等の万一に備え受託者または第三者に権利を付与します。

（受益者指定権等を付与するニーズ・メリットの例）

> ㋐　今の状況では事業、家産の後継者を指定できないので、受益者を指定できない。
> ㋑　信託が開始されてから後に、もし家族である孫Bが交通事故に遭い（または難病を患って）障がいが残った場合等に備えて、受益者には孫Bの生涯の生活を支援するために受益者を追加／変更する指定権等を付与する。
> ㋒　信託契約後の予想できない変更せざるを得ない家族の事態に備えて、委託者等に指定権等を付与する（将来の予期しない天災人災の事態等々が起こりうる危機管理の視点から、委託者及びその信頼できる者にその権利を付与する）。

(6) 裁量権を付された民事信託（裁量信託）のスキーム

① アメリカの裁量信託の例

　新井誠教授が訳されたドノバン・W.M.ウォーターズ教授の講演記録に、次のような趣旨の記述があります[4]。

　　受益者の指名権を付与された者が信託財産の帰属先を決める機会だけを持っているにすぎない場合、または指名権を付与された者に指名しなければならない義務が課されている場合がある。受託者が単純指名権を付与された場合では、手を拱いて何もしないというのは許されず、定期的に状況を検討した上で何もしなかったという合理的な説明が求められる。指名権を与えられている者は、単純指名権または信託的指名権のいずれにおいても、特定のグループに属する者の中から、誰に、何を（またはどれだけ）、何時（またはどのような状況にある場合に）、どのようにして（如何にして、どのような方法で）一部または全部の分配をするかを決める。このような権限を受託者に付与されている信託を英米では裁量信託といい、裁量信託は信託的指名権の一種である。つまり、指名権を与えられた者に裁量権も一緒に与えられ、同時に裁量権を行使する義務も負わされている場合には、信託的指名権とか裁量信託という。

　　英米では、一般的（mere）裁量、絶対的（absolute）裁量の2つの裁量権があり、信託条項において明確に定められています。米国では、受益者の将来の総ての事情を、状況の変化を予想することは信託期間が長いほど困難であるので、受託者に絶対的な裁量権を付与して臨機応変に対応させることを委託者が期待して設定するのが扶養信託であり、Family Trust の特長の一つとして活用されています。

　　受益者とその家族の生活を考慮すれば、給付すべき内容、額は異な

4）ドノバン・W.M.ウォーターズ、新井誠訳「個人が信託を利用して行うエステイト・プランニング――権利取得者指名権と裁量信託（3）」信託186号（1996年）39頁。

りRます。また、適当に給付して受益者の固有の財産を増やすことが委託者の趣旨・目的ではないと考えられる場合もあります。

　生活費等の給付をといわれても、どのような点について配慮すべきかの相当の客観的、付随的な給付の基準が求められ、かつ委託者の意思を慎重に確認する必要があります。

②　日本での裁量信託の利用可能性・ニーズ

　受託者の裁量権は、一般に信託財産の管理・運用・処分等に係る裁量をいいますが、分配に係る裁量もありここでは分配に係る裁量について検討します[5]。

　信託の特色として柔軟性があり、目的に必要な行為（信2Ⅳ）のために、受託者の一定の裁量権を与えるのが裁量信託です。受益者、受益内容等について、すなわち未来のこと、専門性が必要なこと、委託者自分ではできないことについて、信頼できる受託者に託することが最も合理的な手段であるからであり、裁量信託、受益者指定権等の付与は、その合理的な要請からその範囲で認められるものと解されます。

　たとえば、限られた信託財産である場合など、複数の受益者を指名し、受益者の中から生活に困窮する程度に応じて分配額を増減する裁量を受託者に期待します。裁量信託では、あらかじめ受益者には確定した内容の受益をする権利はない[6]と解しています。

　1人ないし複数の受益者の生涯の生活を目的とする民事信託であるなら、委託者の趣旨・信託目的に沿った範囲の給付内容で十分であり、不必要な給付は合理的でなくひいては信託期間を早めることになりかねません。また今後の社会保障制度、生活環境、身体状況等々の変化は予想しきれないので、受益者の将来の事態の変化に柔軟に対応できるように備えることが求められます。受託者に裁量権を付与する信託は、後を家族に託す日本人らしい合理的なスキームであり、委託

5）沖野眞己、**コラム3**注14）参照。
6）樋口範雄『入門 信託と信託法』（弘文堂、2007年）66頁～68頁。

者の期待する民事信託の機能と考えられます。

> ㋐　受益者の生涯のライフスタイルは経済・社会環境とともに身体の変化もあり、将来の適正な給付額、給付時期は信託行為に際しては予測不可能である。そこで、受託者には、給付する時期と額を決定できる権限を与えて、受益者の事情変更に適切に対応できるようにする。
>
> ㋑　受益者が給付される金員を管理できない場合、浪費癖がある場合、使途について受益者の自由な意思を尊重する必要・余裕がない場合など信託目的によっては、余分な財産、資金を受益者の手元に置くことにリスクがある場合、受託者の判断により必要なまたは十分な財産または金員を必要なときに給付すればよいと考える場合がある。
>
> ㋒　まとめて運用することが効率的な場合、または分割できない財産である場合で、かつ複数の子供もしくは孫を受益者として子供らの生活等の状況に応じて支援したいとき、また成年後見制度は本人のためであり、扶養する家族、家産の承継等、本人以外の対応も併せて願う場合、つまり一団の財産をまとめておきたいが、複数の目的がある、または複数の受益者にしたい場合に、受託者の判断で各受益者への分配・給付内容を調整してほしい場合がある。

③　裁量権、受益者指定権等の有効な範囲

　判例、信託法改正の議論から裁量権、受益者指定権等の有効性・射程について少し記述します。

　（ア）関係する判例

　　最判平5・1・19（民集47・1・1、家月45・5・50）では、受遺者の選定を遺言執行者に委託することについて、遺言の「全部を公共に寄与する。」とは「遺言執行者に指定した被上告人に右団体等の中から受遺者として特定のものを選定することをゆだねる趣旨を含めたものと解するのが相当である。……、受遺者の特定にもかけるところはない。……、遺言者にとって、このような遺言をする必要性のあることを否定できないところ、」、「遺産の利用目的が公益

目的に限定されている上、被選定者の範囲も前記の団体等に限定され、そのいずれが受遺者として選定されても遺言者の意思と離れることはなく、したがって、選定者における選定権濫用の危険も認められないのであるから、本件遺言は、その効力を否定するいわれはないものというべきである。」といわゆる公共的包括遺贈と解釈して有効と判示しています。

また、大審判昭14・10・13（民集18・17・1137）では、遺言「遺贈分配その他寄附行為等一切を処分することを委任す」について「受遺者の選定及び遺贈額の割当ての標準につき遺言書に相当の方法を定めないと、受託の範囲は著しく広範囲でその実現は極めて困難で、受託者の行為は遺言者の意思に乖離せざるを得ず、遺言執行者2名の意見が対立した場合にあってはどうするのか、遺贈に関する部分はその内容を確定すべき方法がない」として無効とし「遺言代理の禁止」の判例とされています。

（イ）信託法改正の議論[7]

信託法では、受託者の裁量権を明確にしていませんが、受託者は信託目的の達成のために必要十分な行為をするための権限と義務を有し、信託事務を処理する（信2Ⅳ、8、26、29Ⅰ）定めから、信託の本旨または信託目的から合理的な範囲において受託者の裁量権が当然に有する権利として、また義務として有するものと解され、目的達成に必要な相当の権利と義務を裁量権といってよいと考えます。受託者は信託行為に別段の定めがない限り信託目的の範囲において裁量権を有しているのです。

第7回信託法部会（20041217）の議事録には信託法89条について、また第26回信託部会（051202-1）の議事録には公平義務について、各々一部ですが記載されています（法務省ホームページ参照）。

---

7) 村松秀樹・富澤賢一郎・鈴木秀昭・三木原聡『概説新信託法』（きんざい、2008年）210頁〜212頁には、受益者指定権等の行使の範囲については信託の趣旨しだいと記述されている。

なお、英米では信託行為に裁量の幅・基準について詳しく記載せず意向書（letter of wishes）が使われます[8]。

　信託法の改正の議論からは、公平義務違反（公平義務違反は善管注意義務の問題と整理され、法律行為の効力の問題にはならないと解することになる）、損失てん補あるいは債務不履行の問題が言及されていますが、まずは公平の解釈にトラブルがないように予測可能な受益債権にする必要があります。そのうえで、信託財産の投資、管理、分配について各受益者の利益に適切な注意をもって公平に行動しなければなりません。

（ウ）　裁量権、受益者指定権等の限界

　判例、信託法議論の論点からは、裁量権または受益者指定権等について、受益者及びその受益の内容等を確定すべき受益者の範囲、金額の確定の方法・基準に相当程度明確な定めが求められるものと考えます。

　公益法人だけでなく、特定のグループを対象とする包括遺贈が遺言者の合理的理由により明確な趣旨が示されれば、具体的な受遺者の選定、その金額についての基準が示されその判断を遺言執行者に委ねることは、遺言執行者がそのグループの構成員に含まれない場合等濫用の危険性がないときは、合理的な選択であり許されると解されます。

　不確かな財産を受ける受遺者の場合と同様に、受益内容が不確かな受益者の指定（いわゆる裁量信託を想定）、また法定相続人間の受益者指定も財産（遺産）処分の一つとして、包括受遺者（受益者）に準ずるものとして有効と解されます。ただし、受遺（受益）内容・配分について相当程度の特定性が認められる場合であり、遺

---

8)　金子敬明「"irreducible core of trusteeship"の概念について」新井誠・神田秀樹・木南敦編『信託法制の展望』（日本評論社、2011年）223頁。「設定者が、その信託を設定した動機を記録し、あるいは受託者その他の者に与えられた裁量がどのように行使されるべきかを提案した、設定者の署名入りの書面であり、……、受託者その他の者に与えられた裁量を制約するものではない旨が表明されている。」

言者の明確な意思が示され、濫用が制約されている（逆に濫用防止がなされていると認められる程度の基準があること）と認められるときに限ると解されます。遺贈ないし相続分の指定[9]（または分割方法の指定）の一種として有効なものと認められるものと解されます。

　しかし、争われる場合には相続分、遺留分が算定できる程度に予測可能性のあるように、具体的にその目的、受益者の範囲及び受益債権の内容またはその判断基準ならびに受益者らへの開示すべき事項を明確に定めるなど[10]慎重な対応が求められます。

④　裁量信託のスキーム

　受益者の時々刻々と変わりゆく状況に合わせて給付内容を調整したい場合、受託者に裁量権を付与することにより給付の内容、時期を工夫することができる、いわゆる裁量信託を、遺言代用の信託また自己信託でもできますが、ここでは遺言信託のスキームを示します。

　受託者は、本来受益者が同時に複数いる、また時系列的に複数（たとえば収益と残余の受益者）いると公平に扱う義務を負います。しかし、信託行為において、信託目的に照らして一部の受益者をその他の受益者よりも生活費等を優遇して信託の利益の分配等する裁量権限を付与する旨を明らかに定めることが可能と解されます。

---

9)　遺贈に関するものではないが、民法902条1項では、共同相続人の相続分を定めることを第三者に遺言で委託することが認められている。

10)　金盛峰和「遺言代用信託の実務と今後の可能性」前掲注8）418頁に、裁量権を行使する際の具体的検討事項として、「信託財産の現状、支払いの明細、必要性の証憑、受益者の生活状況、受益者の収入等、受益者の年齢」の記述がある。

（○○さんの場合の受益者を複数とする裁量型の遺言信託のスキーム図）

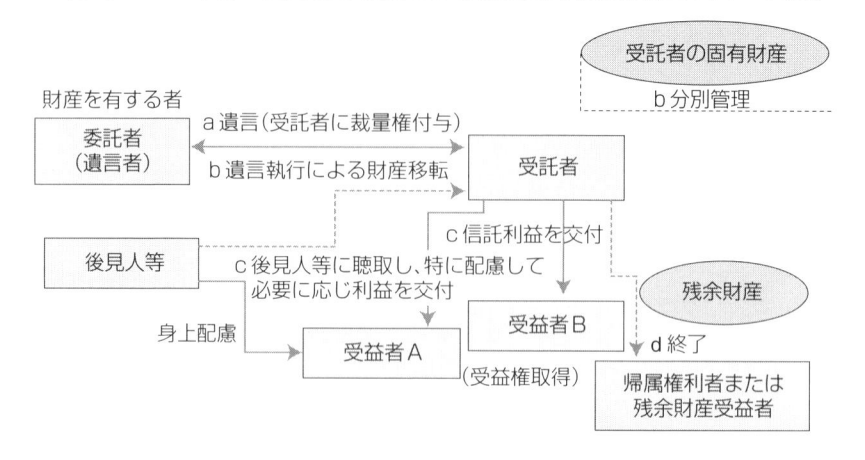

（裁量型の遺言信託の主な事務フロー）

a、b、d のフローは、(3) に記述の遺言信託の a、b、e と同じフローである。

c　受託者は、指図者の指定もないことから、受益者の後見人の意見を聴取し、信託目的等の定めに従い、特定の受益者 AB（子・子孫等）の生活、療養看護に特に目を向けて配慮して、各受益者に対して適切な信託財産から合理的な定期または臨時の交付額・方法等を決定し交付する。また年間の状況の報告を行う。

受託者は、善管注意義務（公平義務も含まれると解されている）をもって信託目的等に照らした裁量権を行使し、必要な情報を入手して受益者らの生活、療養看護を考慮して、適切な信託財産から合理的な定期または臨時の分配額・方法等を決定し交付します。

なお、相応しい者であれば指図者または受益者代理人に裁量権を付与する定めも考えられます。

(7) いわゆる後継ぎ遺贈型受益者連続信託スキーム

① いわゆる後継ぎ遺贈型受益者連続信託とは

　信託法 91 条は見出しとして、「受益者の死亡により他の者が新たに受益権を取得する旨の定めのある信託の特例」と記載され、本文は「受益者の死亡により、当該受益者の有する受益権が消滅し、他の者が新たな受益権を取得する旨の定め（受益者の死亡により順次他の者が受益権を取得する旨の定めを含む。）のある信託は、当該信託がされた時から 30 年を経過した時以後に現に存する受益者が当該定めにより受益権を取得した場合であって当該受益者が死亡するまで又は当該受益権が消滅するまでの間、その効力を有する。」と定めています。

　委託者による委託者の財産についての信託という処分行為であり、制限された受益権を複数の受益者に時系列的に与えることから、「いわゆる後継ぎ遺贈（昭和 58 年最判 [11] 型」といわれています。この信託の立法趣旨・通説として、「第 2 次以降の受益者は、先順位の受益者からその受益権を承継取得するのではなく、委託者から直接に受益権を取得するものと法律構成される」、「遺留分算定に当たっては、第 2 次受益者（妻）はもとより、第 3 次受益者（第 1 子）についても、いずれも委託者兼第 1 次受益者の死亡の時点を基準として、第 2 次受益者は存続期間の不確定な受益権を、第 3 次受益者も存続期間の不確定な受益権を取得したものとして、各受益権の価額等について必要な算定がされるべきものと考えられる。」と解されています [12]。つまり、委託者の死亡段階での相続法の遺留分制度の適用を受けた後は、信託の終了まで、信託財産もその受益権も、委託者以外の受益者の相続財産、遺留分基礎算定財産から除外されることになります。

11）最判昭 58・3・18 判タ 1075・115。
12）寺本・前掲注 1）260 頁（注 3）（注 5）、村松・冨澤・鈴木・三木原・前掲注 7）216・217 頁及び能見善久・道垣内弘人編『信託法セミナー（3）受益者等・委託者』（有斐閣、2015 年）87 頁以下参照。

なお、後の受益者として指定されていた者が先に死亡した場合にはその受益者の相続人は特段の定めがなければ代襲相続できず、次順位の受益者が取得することになります。また、信託行為に特段の定めがなければ、また後順位の受益者等の定めがないとき、有する受益権はその範囲で贈与することまた相続させることができますので、信託法89・90及び91条の定め（相続税法では受益者連続型信託にあたる）とは異なる信託行為の定め方（相続税法では受益者連続型信託以外の信託）に注意します。

② **遺言代用信託によるいわゆる後継ぎ遺贈型受益者連続信託スキーム**

　委託者が第1次受益者である遺言代用信託も受益者連続信託と解します。また、受益者指定権等の行使による受益者変更も、受益者の死亡が事由とは限りませんが前受益権が消滅して指定された受益者が新たな受益権を取得すると解するのが合理的と考えます。

　なお、信託行為に残余財産受益者の定めがありその受益者としての権利を現に有していれば（委託者死亡後受益者の一人としない旨を定めれば）、受託者は公平義務に留意し残余財産受益者の利益も配慮しなければなりません。

（遺言代用信託によるいわゆる後継ぎ遺贈型受益者連続信託の主な事務フロー）

> a、b、c、d、eのフローは、(4)遺言代用信託契約と同じフローである。
> f　委託者死亡後の第2次受益者の死亡により指定されている第3次受益者が新たに受益権を取得する。受託者は、信託財産を管理・処分等して第3次受益者に定期給付及び臨時給付する。
> g　第3次受益者の死亡により信託が終了し、帰属権利者等に残余財産を交付する。

（○○さんの場合の遺言代用信託によるいわゆる後継ぎ遺贈型受益者連続信託スキーム図）

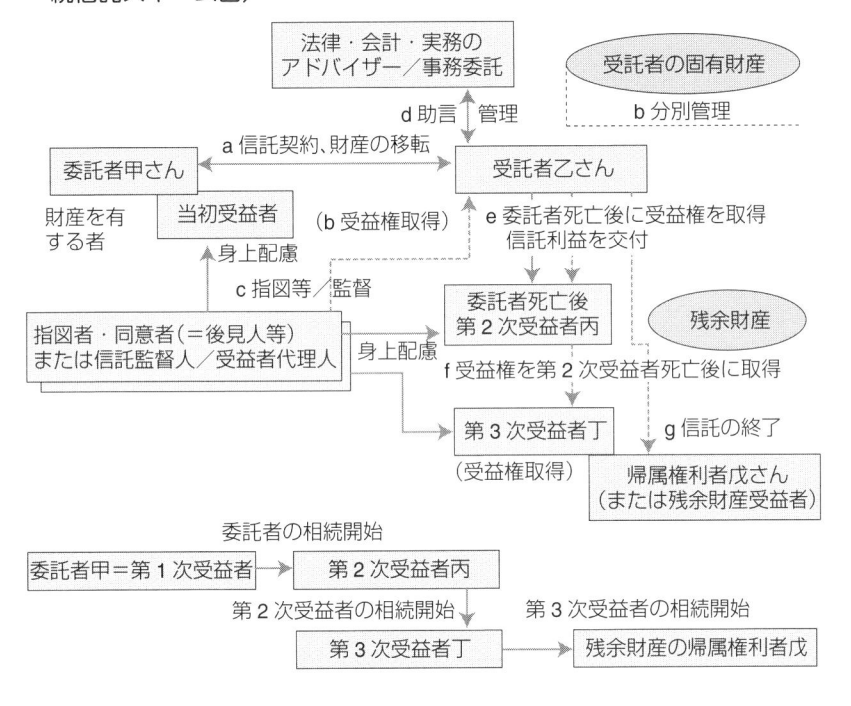

③　いわゆる後継ぎ遺贈型受益者連続信託のニーズ

　家族の生活の支援とともに家産・事業の承継も願っている場合、時の経過により2代以上の配偶者、障がい者等の家族、そして残余の帰属先等を指定しておきたい場合に利用できます。

（いわゆる後継ぎ遺贈型受益者連続信託のニーズ例）

ア　自らとともに配偶者の生活の不安、そして気がかりな子孫、社会的貢献・活動への思いもある。たとえば、後妻の生活と先妻との子への財産の承継が心配である。

イ　家産、事業承継に係る重要な財産が、次世代へ確実に承継・維持されることを願う。

　複数の受遺者と受益者のためにまた複数の目的をかなえるためには、停止条件付、始期付または負担付遺贈の手法が考えられます。代替する信託スキームとして、一定の制約はありますがいわゆる後継ぎ遺贈型受益者連続信託があります。

　いわゆる後継ぎ遺贈型受益者連続信託を遺言信託にて設定するか、遺言代用信託契約にするかのスキームの選択は委託者等の総合的判断です。

(8) 民事信託に利用するスキームの選択

　民事信託は上述の７つ（契約信託、自己信託、遺言信託、そして多様なニーズにも応えられ、検討する意義もある特例・組合せとして遺言代用信託、受益者指定権等付、裁量信託、いわゆる後継ぎ遺贈型受益者連続信託）のスキームを活用できます。生前から信託を設定するか、あるいは遺言による設定するかのスキームを選択して構築します。利用するスキームは、個々の事案ごとにその状況により、また委託者等のニーズ・意図（**第 2 章 1 (3)** 参照）を確認・尊重して総合的に判断して提案します。

　最適な民事信託スキームを選択するのは委託者ですが、ニーズに対してスキームには長所短所がありますので、選択肢が少ない場合もありますが、慎重に選びます。

3 信託銀行等の信託商品との比較検討

(1) 信託銀行等の信託商品を調査し、学び・比較し・活用する

　少子高齢社会において民事信託のニーズが増して、利用者保護の観点から信託銀行等が取り扱う信託商品においては準拠する兼営法・業法の重要性が増して、画一的ではありますが信用度の高いものを提供しています。

　民事信託を提案するなら、信託銀行等が取り扱う信託商品を調査・理解することが不可欠です。信託商品の説明の仕方、説明ツール、信託約款及び特約の信託条項が示されています。とても参考になる情報・ノウハウが満載されているので、最新の情報も調査・入手に努めます。

　また、信託銀行等が取り扱う信託商品には種々なものがあり、信託銀行、信託会社、銀行によって仕組み、扱いも異なっています。信託銀行等が制度商品（一定の機能しか持たない）として多くの方に利用できるよう規格化・簡素化した金銭の信託商品（中には税制上の特典があるものも）も種々あります。信託管理報酬・手数料は低い（ないものも）、わかりやすさ等の工夫がなされています。信託銀行等の既成の信託商品の良さの利用、または家族による民事信託との組み合わせの比較検討を示すことが大切です。

　そのためには、まず信託銀行等が提供する信託商品の特長を理解し・比較し、民事信託との併用または信託財産の運用としての利用可能性も検討して・説明して家族による民事信託を提案します。

(2) 兼営銀行の合同運用指定金銭信託（一般口）

① 信託の種類

　信託銀行等が取り扱う商品の多くが金銭の信託です。金銭の信託と

は、金銭を当初の信託財産として引き受ける信託です。当初引受財産の種類により信託が分類され、金銭の信託では、運用方法として指定と特定に分かれ、管理方法として合同と単独に分かれ、終了時の交付方法として、信託財産を金銭に換価してか現状有姿のままかに分かれます。ものの信託として、有価証券信託、不動産信託、2種類以上の財産を扱う包括信託などと信託業法では分類しています（兼営規4Ⅱ。信託協会のホームページ参照）。

② **合同運用指定金銭信託（一般口）とは**

一口に合同運用指定金銭信託、合同金信といっても、合同運用指定金銭信託には、元本補てん契約のある商品とそうでない実績配当型の商品があります。兼営法による信託銀行等においても2種類あるので注意します。

（合同運用指定金銭信託（一般口）[13] の特長）

⑦ 元本保証（合同して安全な運用をすることが指定されている信託）
⑦ 預金保険の対象の預金型の金融類似商品   （預金保険制度）   http://www.shiruporuto.jp/finance/hogo/yoho/yoho002.html
⑦ 2年ものまたは5年ものの予定配当の金利が付利されている
⑦ 定時定額振込（年金払い）が可能
⑦ 紛争解決機関の指定（さらに金融庁の監督）がある
⑦ 管理報酬が低額（実質手数料がないものも）
⑦ 毎年の報告が得られる
⑦ 所定の連絡を要請される（死亡通知など）
⑦ 取り扱う金額が限定（いくつにも分けて煩雑になるがわかりやすい面もある）
⑤ 受益者の範囲が限定
⑦ 受取り・給付方法が限定（事情変更で⑤⑦等の対応に限界が生じ受託者更迭もできず実質解約するしかない場合もありうる。そのときもう一度作り直しできればよいが）

ⓢ	受け取るときの手続書類等・手間がいる
ⓩ	遺留分減殺請求により当分引き出せないことも（扱いが制限）
ⓣ	取扱店が遠い場合も（代理店があるかも）

※平成21年には、金融分野の裁判外紛争解決制度（金融ADR）導入のための法改正がなされ、翌22年10月施行され、信託協会が指定紛争解決機関として指定されています。

　次の信託商品は、合同運用指定金銭信託（一般口）に、民事信託の様々な目的・ニーズ（主に給付の仕方）を特約として付すことにより、特約付き合同金銭信託として商品化しています。金融庁に提出している業務方法書に基づく商品なので、多くの方に利用されるよう基本的には柔軟性はなく規格化されています（だからコストが安くシンプルなのです）。契約前には必ず「商品概要説明書」を必ず交付します（ホームページに掲載されますが、主たる重要な事項のみで網羅していないこと、改定もあるので約款及び特約条項を確認します）。

（特約付きの合同運用指定金銭信託（一般口）の信託商品）

⑦	後見制度支援信託
⑦	遺言代用信託
⑨	教育資金贈与信託
⑪	暦年贈与信託
⑦	結婚子育て支援信託
⑦	その他

※各信託は、信託銀行等ごとに多少異なり、約款とその特約条項も違い、とても参考になるので内容を確認しておきます。
※信託商品については、**第7章9**及び各信託銀行等につど確認します。
※「暦年贈与サポート信託」には信託法に定める信託と信託でないものもあります。
　民事信託の選択肢の一つでもあり、また家族による民事信託を仕組むときの財産の運用方法としてこの合同金信（一般口）の利用を検討します。

13）兼営法6条「信託業務を営む金融機関は、第2条第1項（信託業法の準用等）において準用する信託業法第24条（信託の引受けに係る行為準則）第1項第4号の規定にかかわらず、内閣府令で定めるところにより、運用方法の特定しない金銭信託に限り、元本に損失を生じた場合又はあらかじめ一定額の利益を得なかった場合にこれを補てん又は補足する旨を定める信託契約（内閣府令で定めるものに限る。）を締結することができる。」。

③ 信託商品と民事信託の比較

（民事信託の説明ツール例「スキーム比較 1（信託銀行等との違い）」）

		信託銀行等、信託会社	検討する民事信託
特長	安全性	銀行等としての信頼（金融庁の監督） 信託業法、兼営法、金商法等を遵守 ・信託業務の範囲 ・信託業務の委託の責任 ・行為準則(信業 24〜31 等、信業規 33、37、40、41 等)	受託者・関係者（特別な信頼関係・仕組み次第）
	トラブル防止	指定（信託協会）の紛争解決機関がある	対話が不可欠、受託者・関係者・仕組み次第 トラブルの解決機関がない
	柔軟性	銀行等の取り扱う範囲、担当者能力次第	受託者・関係者・仕組み次第
	信託財産等	合同運用指定金銭信託（相応の金利）、その他取り扱う財産の規模、信託目的、管理方法等が限定された信託商品（※ 2）	受託者能力・仕組み次第（リスクもある） 単独運用指定金銭（金銭債権/有価証券/不動産/包括）信託（※ 1）も柔軟に対応できる !?</br>
	その他	手間・時間を要する場合ある 合理的費用・報酬がかかる	受託者・関係者・仕組み次第 どれだけ気配り・時間を割いてくれるか

※ 1　検討する民事信託は、個別の事情を踏まえて具体的に記載します。

※ 2　信託銀行等、信託会社（運用型・管理型）の商品の取扱いは改正されるので、つど確認します。

（民事信託の説明ツール例「スキーム比較2（信託銀行等の合同運用金銭信託との違い）」）

		信託銀行等	検討する民事信託
特長	元本保証	信託銀行が元本保証しているしかし、万一の場合がある	受託者の運用方法次第
	預金保険	1,000万円まで受益者の預金保険対象しかし、破たんの場合の限界はある	受託者が預けた銀行預金は、受託者固有の財産とは区別せず1,000万円の枠に取り込まれる
	信託報酬	運用報酬のみ管理報酬は、各社の信託商品ごとに特約条項の定めにより異なる	受託者・関係者・仕組み次第
	受託要件	200万円以上3,000万円以下（原則は5,000円以上）30年以内の期間（または受益者の生涯）定時定額払いの機能がある	委託者が目的のために必要な、かつ受託者が対応できる額委託者が望む期間で受託者等が対応できる期間
メリット	安全性	銀行としての信頼（金融庁の監督）	受託者・関係者（特別な信頼関係・仕組み次第）
	トラブル性	担当者の説明不足、顧客の思い込み・ニーズ違い等によるトラブルの解決機関（信託協会）がある	対話が不可欠、受託者・関係者・仕組み次第トラブルの解決機関がない
デメリット	柔軟性がない	銀行等の所定の範囲・担当者能力次第	受託者・関係者・仕組み次第
	運用限定	合同運用指定金銭信託（5年物、高くはないが普通預金金利とは大違い）のみである（※2）	受託者能力・仕組み次第（リスクもある）指定単独運用金銭（金銭債権／有価証券／不動産／包括）信託（※1）何でも信託財産にできるが…。

		信託銀行等	検討する民事信託
デメリット	その他	手間・時間を要する場合あり（相続手続には時間がかかりそうなので、必要書類を確認しておく）解約手数料がかかる場合がある	受託者・関係者・仕組み次第どれだけ気配り・時間を割いてくれるか

※1 　検討する民事信託は、個別の事情を踏まえて具体的に記載します。
※2 　信託銀行等、信託会社（運用型・管理型）の信託商品は開発・見直されるので、
　　つど確認します。

(3) 特約付き合同運用金銭信託「遺言代用信託」(2(4)参照)

　一社）信託協会には、家族信託の質問において、「遺言代用信託とは、委託者が受託者に財産を信託して、委託者自身が自己生存中の受益者とし、子・配偶者などを死亡後の受益者とすることによって、死亡後における財産の分配を信託によって達成しようとするもので、例えば、相続が発生したときに、葬儀費用や当面の生活費などの必要な資金を予め指定された受取人が速やかに受理することができます。また、後継ぎ遺贈型の受益者連続信託とは、例えば、夫が生前は自らを受益者として、夫の死後は妻を、妻の死亡後はさらに長男を連続して受益者とする旨を定める信託です。」との記述があります（ホームページ）。

　次頁の各銀行の「遺言代用信託」は、（相続手続には時間がかかりそうなので）当面の必要資金の準備等のために、高齢者等が自らの老後生活費、死後の葬儀費用、後始末費用、当面の生活資金等に充てたいというニーズを適えるためのとても良い信託商品です。

　しかし、注意したい点があります。本来遺言代用なので基本的にはいつでも取り止めできるものです。また、いつか家族に知らせ通帳等を渡しておかないと速やかな銀行への請求手続ができません。いつ知らせるか通帳を渡すか難しい決断です。家族にとって期待は大きく通帳を渡したあとでの解約はしにくいのです。また、遺留分の減殺請求等トラブルが生じた場合の受託者としての対応が気になります。

(各銀行の「遺言代用信託」特長比較（ホームページから筆者の独断で抜

	＜みずほ信託＞	＜三菱ＵＦＪ信託＞
	みずほの家族信託（一時金・年金型）、「財産承継信託（愛称：やすらぎ）」	相続型信託「ずっと安心信託」3つのメニュー（自分用定時定額受取、家族用（一時金・定時定額受取））
特長	・委託者死亡により、指定されていた受取人に信託財産を一時金型（すぐに必要）または年金型（生活等に必要な定期的に）で引き渡す、目的・支払方法等の特約付きの信託 ・（年金型）委託者が受益者のとき変更不可、委託者死亡後受益者（第2次受益者）は3親等内親族から1名指定（変更可だが、事前に変更前後の受取人に同意を得る）	・定時は毎月・隔月・3カ月4カ月・半年・1年から選択 ・自分用は受け取る口座は本人名義で他の銀行でも可能、口座に代理人指定も可能（生前意思能力が低下しても代理人により生活費が引き出せる） ・家族用一時金・定時定額は複数家族指定可能、家族が死亡すれば受益権は受取人の相続財産
申込み・支払手続	・（一時金型・年金型）信託証書（委託者用・受取人（帰属権利者・第2次受益者）用）発行、委託者から受取人用証書を帰属権利者・第2次受益者に渡す、相続開始時に証書と死亡診断書等を提出して信託財産を一括または定時定額で受け取る ・（年金型）年に1度元本の状況を報告	・3つのメニュー（自分用定時定額受取）、（家族用一時金）、（家族用定時定額受取）から1つ・2つ・3つを自由に組み合わせ、受取人・受取り方法・金額（割合1％単位、メニューの追加・変更可能）・期間を指定・変更可能（当社から受取人に変更を通知） ・自分用の残金の振替先を指定 ・相続開始後の受取り方法・終了事由・金額の受取人からの変更を認めない特約の指定が可能（一定事由を除き解約等ができなくなる） ・一人につき1契約 ・相続開始時には、死亡診断書・除籍謄本等・専用通帳及び受取人の印鑑証明書・実印または写真入り本人確認書・印鑑

き出したもの）

＜三井住友信託＞	＜りそな銀行＞
家族おもいやり信託〈一時金型〉・〈年金型〉、安心サポート信託（金銭信託型）	「ハートトラスト心の信託」、「マイトラスト未来安心図」
・（一時金型）相続開始すれば指定の家族が一括して受け取れる ・（年金型）相続開始すれば指定の家族が毎月または隔月の定期的に当社の普通預金口座で生活等の資金を受け取れる ・ライフメモリアルノートがある	・委託者または委託者の病気等・能力喪失時も指定の代理人（帰属権利者）は介護費等の支払いのために一部・全部の解約可能、委託者死亡（終了）時に委託者の指定の帰属権利者（法定相続人に限る）に信託財産を一括取得させることを目的の信託（これ以外の特約不可） ・終了事由までの期間
・（一時金型）法定相続人のうち国内居住の成年一人を帰属権利者として指定、証書式（受取人の住所等届出） ・（年金型）法定相続人のうち国内居住者から１契約ごとに一人指定、通帳式（受取人の住所等届出）、手続後の翌月受取り可能 ・指定変更は無料解約を経て申込み、委託者から受取人に申込み・解約を連絡する ・相続開始時には、死亡診断書・除籍謄本等・証書（通帳）及び受取人の印鑑証明書・実印または写真入り本人確認書・印鑑	・委託者一人につき１契約 ・りそな所定の手続 ・委託者・その代理人（帰属権利者）または委託者死亡時に帰属権利者からの請求により支払う ・りそな「感謝の言葉」お預りサービス（りそなオリジナルブック、りそなオリジナルカード）で物品を預かる（ブック・カードには、遺言書の要件を満たさないように、押印はしないように、誹謗中傷は記入しないように、トラブルの原因にならないように、りそなは閲覧・助言・関与せず責任を一切負いません）、帰属権利者に交付（りそなの損害賠償上限５万円）

	＜みずほ信託＞	＜三菱UFJ信託＞
報酬	・設定時、信託期間中の事務・管理報酬は不要（運用報酬のみ） ・途中解約可能だが手数料有	・管理報酬無料（運用報酬のみ） ・中途解約手数料有
留意事項	・<u>弁護士・税理士等専門家に相談を</u>	・遺留分等を配慮 ・原則受益権は譲渡・質入れ不可
申込みの範囲	・（一時金型）100万円から500万円 ・（年金型）契約による5年以上25年以内、500万円から3,000万円（複数・追加可でも合計限度）	・200万円〜3,000万円以下（遺留分に配慮して金額相談、金融資産の3分の1まで可、3,000万円まで追加可能）、5年〜30年以下（年単位、変更不可） ・家族の受取人は推定相続人から指定、受取人の来店不要（住所・生年月日等必要）

※ホームページ等公に示された商品概要説明書等は一般的な取扱いを定めたもの（上記の内容はすでに異っている可能性があります）で、すべてが記述されていません。具体的に提案するに際してつど信託約款と特約条項を定めた契約書等を入手して確認します。

※信託銀行等も専門職に相談・確認するようアドバイスしています。民事信託には、専門家が支援する仕組みが求められていると考えます。

＜三井住友信託＞	＜りそな銀行＞
・管理報酬無料（運用報酬のみ） ・中途解約手数料有	・管理信託報酬、契約時5万円、変更（受取人死亡による変更を除く）契約時3万円（税別、信託財産とは別に）、定例管理報酬不要 ・中途解約手数料有
・遺留分等を考慮 ・相続税課税対象 ・<u>弁護士・税理士等専門家に相談を</u>	・この信託で遺贈した結果の遺留分の問題などの紛争可能性 ・<u>弁護士・税理士等専門家に相談を</u>
・（一時金型）100万円以上500万円追加不可、一人1契約のみ ・（年金型）500万円以上3,000万円以下3,000万円まで追加・複数契約可能、5年以上25年以内（年単位） ・いずれも相続後は追加不可	・50万円以上500万円以内 ・ハートトラスト心の信託特別約定により取り扱う

相続法の改正？　民法と民事信託の交錯

1. 法制審議会の民法（相続関係）改正の要綱案の検討

　非嫡出子の相続分の違憲判決（平成 25 年 9 月の最判）を受けて民法が改正されたので、法務省では平成 26 年 1 月から相続法制検討ワーキングチームが問題点を洗い出して平成 27 年に報告書を取りまとめました。同年 4 月より法制審議会民法（相続関係）部会（大村敦志部会長）が開催され、平成 28 年 4 月 12 日に中間試案のたたき台（第 11 回部会資料 11）がまとめられホームページに掲載されています。相続法制の見直しに当たっての検討課題として次のような配偶者への配慮等が挙げられています（第 1 回部会資料 1、http://www.moj.go.jp/shingi1/shingi04900255.html）。

　　⑦　配偶者の居住権を法律上保護するための方策
　　⑦　配偶者の貢献に応じた遺産分割の実現
　　⑦　寄与分制度の見直し
　　⑦　遺留分制度の見直し
　　⑦　相続人以外の者の貢献の考慮
　　⑦　預貯金等の可分債権の取扱い
　　⑦　遺言制度の見直しを検討すべき事項はないか
　　⑦　その他見直しを検討すべき事項はないか

　遺留分については、第 4 回 7 月 14 日及び第 8 回 12 月 15 日において次のようなことが検討されています（部会資料 4：ホームページ参照）。

　遺留分減殺請求権の法的性質の見直しとして、物権的効力を改めることに大きな異論はなかったが、金銭支払いを原則にするか、現物返還の目的物を特定財産に集中することの是非、当事者間の協議または家裁の審判により定めるものとするか、家裁の既判力が認められない、受遺者が相続人でない場合に分けて検討すべき、遺留分権利を弱めないようにすべき、遺留分算定の財産として実質的夫婦共有財産と被相続人の固有の財産に分け、その属性に応じた遺留分を決めるか、算定方法を一部見直して受遺者等が相続人である場合の特則を設ける考え方の 2 つが示さ

れ、いずれも複雑になる指摘がなされたが、受遺者等が共同相続人である場合と第三者である場合に完全に分けて規律することも視野に検討すべきとの指摘がありました。また、円滑な事業承継のための方策としての遺留分放棄等の要件の緩和（利用されるかの疑問の指摘もあり）、相続債務を引き受けた場合の遺留分侵害額の算定、相続分の指定と持戻し免除の意思表示等が減殺された場合の効果等の明確化について検討されています。

　信託に対する遺留分の減殺請求についていくつかの考え方が示されていますが、物権的効力の見直し等の民法改正が民事信託にも影響を与えます。改正されるとこれからの家族に影響を与え、また作成する民事信託だけでなく、既に作成の民事信託も見直す必要が生じる場合もあるでしょう。

（参考）フランス民法との比較

　足立公志朗准教授の論考（「フランスにおける信託的な贈与・遺贈の現代的展開（1）（2・完）―「段階的継伝負担付恵与」・「残与物継伝負担付恵与」と相続上の公序」民商 139（4・5）466 頁以下、（6）607 頁以下（2009 年））に、フランスの平成 18 年相続・恵与法改正について次のような記述がなされています。わが国は信託法改正が定める「いわゆる後継ぎ遺贈型受益者連続信託（信 91）」と同様のスキームをフランスは民法改正により明確化され、また税法も改正されています。大陸法においてもそのニーズを認め明確化されたものの一つの例として参考になります。

a　残存物継伝負担付恵与の名で、改正前は判例および学説上認められていた残存物継伝負担付遺贈を明文化され（仏民 1057 条他）、段階的継伝負担付恵与の名で、信託的継伝処分の許容範囲を拡大された（仏民 1048 条他）。
b　段階的継伝負担付恵与について、「財産を保存し、第一受益者死亡の際にそれを第二受益者に移転するという二重の義務の下で、第一受益者になされる恵与である」、「A が、自らの死亡時にその所有する

甲土地をＢ（Ａの子）に、Ｂの死亡時にはＣ（Ｂの子であり、Ａの孫）に、順次遺贈しようとしたとする」、「段階的継伝負担付恵与は、信託的継伝処分を基に 2006 年改正で設けられた」、「第二受益者が誰の承継人であるかという点につき、「恵与の本人から取得するとみなされる」（仏民 1051 条）との解決が与えられた。その結果、「第一受益者死亡時に存在する対象財産は、第一受益者の相続財産を構成しない」ということになる。」、「尤も、保存及び移転の義務を負わせられるのは一代までであって、第二受益者に保存及び移転の義務を負わせることはできない（仏民 1053 条 1 項）」、「信託的継伝処分は、2006 年改正前は原則として禁止され、極めて狭い範囲で例外的に認められていた。」、許容される継伝処分は、「直系の場合、継伝処分を行う者は、その子を継伝義務者に、その孫を継伝指定者に指名する」。

c　残存物継伝負担付恵与について、「Ａ は Ｂ に甲不動産を遺贈する際、Ｂ 死亡時に甲不動産が処分されずに残っていれば、その甲不動産を Ｃ に移転する義務を Ｂ に負わせることができる」。

d　2006 年の法改正を受けて税制も改正（租税一般法典 784C ①〜③）され、まず贈与時等の課税法に変化はなく「贈与時或いは遺言者の死亡時は、第一受益者に無償移転税が課され、その額は処分者と第一受益者との親等を基準に算出される」、「第一受益者死亡時の課税方法には二つの変化が生じた」、「第二受益者に課される無償移転税の税率が、第二受益者と処分者との親等を基準に算出される」。また、二重課税と評価されていたことの解消として「第一受益者によって支払われた無償移転税は、第二受益者が支払うべき税額から控除されるようになった」、「この処理は、改正前の残存物継伝負担付遺贈の処理に由来する。すなわち、残存物継伝負担付遺贈は、二重の条件付遺贈と構成されていたため、「連続する二つの遺贈」ではなく「（条件成就の遡及効による）」一つの遺贈」と理解されていた。」、「租税一般法典改正により、残存物継伝負担付恵与にも段階的継伝負担付恵与にも、第一受益者が支払った額の控除が認められることとなった」。

2.　民法と民事信託 89 条〜91 条の交錯

　ところで、信託法は新たに 89 条から 91 条を民事信託のために明確化

しました。また、日本の信託法には裁量信託としての特別の規定は存在せず受託者の裁量権を明確にしていませんが、受託者は信託目的の達成のために必要十分な行為をするための権限と義務を有し、信託事務を処理する（信2ⅠⅤ、8、26、29Ⅰ）定めから、信託の本旨または信託目的から合理的な範囲において受託者の裁量権が当然に有する権利として、また義務として有するものと解することができ、目的達成のための相当の権利とその遂行に係る義務を裁量権として有すると考えられます。

受託者の裁量権は、一般に信託財産の管理・運用・処分等に係る裁量をいいますが、分配に係る裁量もあります[14]。受託者には給付する時期と額等を決定できる権限が裁量権の一つと呼ばれ、信託行為において給付に係る権限が明確に定められ、裁量信託として英米では利用されています[15]。

受託者の裁量権を示している例として、相続税法が定める特定障害者のための非課税信託商品である「特定贈与信託」（相法21の4、同令4の7〜4の20）では、金銭の支払いは、生活・療養看護の需要に応じて、「定期に、かつ実際の必要に応じて適切に」行われることを要件（同令4の12三）にしています。

複数の受益者を指名した場合であっても、受益者の中から生活に困窮する程度に応じて分配額を増減する裁量を受託者に認めることができます。本来の裁量信託では、あらかじめ受益者には確定した受益額を受ける権利はありません[16]。しかし、相続分・遺留分の計算が必要な場合には、具体的に算定できるように明らかにする必要があります。

---

14) 沖野眞己発言、パネルディスカッション「新しい信託法と実務」ジュリ1322号（2006年）28頁。「一層難しく、大きな問題として出てくるだろうと思います」と記述され、裁量権、公平義務について問題提起されている。
15) 星田寛「信託と後見」新井誠・赤沼康弘・大貫正男編『成年後見制度［第2版］』（有斐閣、2014年）508〜525頁参照。米国では一般的裁量・絶対的裁量、単純指名権・信託的指名権がある。
16) 樋口範雄『入門 信託と信託法』（弘文堂、2007年）66〜68頁。

受託者は、受益者が一人のときは善管注意義務を、また受益者が同時に複数いるときまた時系列的に複数（たとえば収益と残余の受益者）いるときは公平に扱う義務（信33）を負うので、給付・分配に際しては、成年後見人の法定代理の給付・支払の実務と同様に、受益者の状況を把握して慎重な判断が要請されます（トラブルになる可能性があります）。また、受託者の権限の濫用される可能性のリスクに考慮したスキームを検討しておくべきです。

　そこで、受益者等の状況の変化に対応する方法として、受託者に裁量権を付与する方法の他、職務分掌の共同受託者方法、第三者への事務委任、指図者の指名、信託監督人・受益者代理人への権限付与の方法も、同じような機能をもたせることができるので、個別に事情に合わせて選択します。

　受託者等の裁量権だけでなく、また信託法89条の受益者の指定変更権についてもその権利の具体的な定めがありません。解釈に委ねられていますので、裁量の範囲、給付だけでなく、受益者を指定・変更する判断の基準等が信託行為において明らかにされていなければ、遺言代理の禁止の原則（最判平5・1・19民集47・1・1、大審判昭14・10・13民集18・1137）、遺留分制度等から、受益者の特定方法・基準の委託者の意思が示されているといえず、かつ相続人の権利等、受益内容が予測可能性（受益権の評価額が算定できるように）から無効の訴えが起こりえます。委託者の意思が明らかで、権利が濫用される余地がなく、かつ算定が可能であるといえる程度に信託行為に定めが求められます。

　なお、信託法の解釈、民法との交錯の研究はまだ緒に就いたばかりなので、個別の事情を踏まえた合理的な、かつ変化に対応できるよう信託行為の法的有効性の検証を慎重に行う必要があります。

第4章

民事信託の不動産登記実務

はじめに

　信託法 14 条「登記又は登録をしなければ権利の得喪及び変更を第三者に対抗することができない財産については、信託の登記又は登録をしなければ、当該財産が信託財産に属することを第三者に対抗することができない。」に規定のあるとおり、登記または登録できる財産については登記または登録をしなければ、それが当該信託財産に属することを第三者に対抗することができません。本章では、民事信託に関する不動産登記手続の中から特に民事信託に重要と思われる部分を中心に解説します。つまり (1)信託の開始、(2)信託期間中の変更、(3)信託財産の処分及び信託の終了です。

　信託の登記手続に関しての通達としては、平成 18 年に施行された新信託法に対応するものとして、平成 19 年 9 月 28 日付法務省民二第2048 号民事局長通達（信託法等の施行に伴う不動産登記事務の取扱いについて）と平成 21 年 2 月 20 日付法務省民二第 500 号民事局長通達（不動産登記記録例について）（うち、信託に関する登記は記載例508 から記載例 550）が出されています。参照してください。

1　信託に関する登記の概要

　信託に関しては、不動産登記法 4 章 3 節 5 款（第 97 条〜第 104 条の 2）に規定がされています。主な条文を見ていきます。

　信託の登記の登記事項は、権利に関する登記の登記事項（不登 59）に加え同法 97 条に列記されています。

　不動産登記法 59 条に規定されている主な登記事項は、(1) 登記の目的、(2) 申請の受付の年月日及び受付番号、(3) 登記原因及びその日付、(4) 登記に係る権利の権利者の氏名または名称及び住所ならびに登記名義人が 2 人以上であるときは当該権利の登記名義人ごとの持分、などです。

同法 97 条に、59 条各号に掲げるもののほか、信託の登記の登記事項（いわゆる信託目録記録※事項）を定めており、民事信託に係る事項は次のとおりです。

（信託目録記録事項）

① 委託者、受託者及び受益者の氏名又は名称及び住所
② 受益者の指定に関する条件又は受益者を定める方法の定めがあるときは、その定め
③ 信託管理人があるときは、その氏名又は名称及び住所
④ 受益者代理人があるときは、その氏名又は名称及び住所
⑤ 信託法 185 条 3 項に規定する受益証券発行信託であるときは、その旨
⑥ 信託法 258 条 1 項に規定する受益者の定めのない信託であるときは、その旨
⑦ 公益信託二関スル法律 1 条に規定する公益信託であるときは、その旨
⑧ 信託の目的
⑨ 信託財産の管理方法
⑩ 信託の終了の事由
⑪ その他の信託の条項

　　②から⑥までに掲げる事項のいずれかを登記したときは、受益者（受益者代理人に掲げる登記をした場合にあっては、当該受益者代理人が代理する受益者に限る。）のその氏名又は名称及び住所を登記することを要しない（不登 97 Ⅲ）。

※信託目録とは信託の登記事項（不登 97 Ⅰ）を明らかにするものであり、申請人がその情報を提供し、登記官が作成すべきものとされています（不登規 176 Ⅰ）。
　信託の登記の末尾に信託目録の目録番号が記録されます。
※信託監督人は登記事項とはされていませんが、信託条項に記載して取引相手方に示すことが望ましい場合があると思われます。

　登記の申請に関しては、同法 98 条及び 99 条に規定されています。
　信託の登記の申請は、当該信託に係る権利の保存、設定、移転または変更の登記の申請と同時にします。信託の登記は、受託者が単独で申請できます。自己信託による権利の変更の登記は、受託者が単独で

申請できます。また、受益者または委託者は、受託者に代わって信託の登記を申請することができます。

　登記期間中に受託者が変更となったときは、権利の移転登記が必要となりますが、同法 100 条以下に規定されています。

　受託者の任務が死亡、後見開始もしくは保佐開始の審判、破産手続開始の決定、法人の合併以外の理由による解散または裁判所もしくは主務官庁（その権限の委任を受けた国に所属する行政庁及びその権限に属する事務を処理する都道府県の執行機関を含む）の解任命令により終了し、新たに受託者が選任されたときは、信託財産に属する不動産についてする受託者の変更による権利の移転の登記は、新たに選任された当該受託者が単独で申請することができます。

　受託者が 2 人以上ある場合において、そのうち少なくとも 1 人の受託者の任務が終了したときは、信託財産に属する不動産についてする当該受託者の任務の終了による権利の変更の登記は、他の受託者が単独で申請することができます。

　不動産の権利に関する登記（不登 16 Ⅰ）については登記申請義務が課されていませんが、不動産登記法 97 条に規定されている信託の登記の登記事項に変更があったときは、例外的に受託者は遅滞なく変更登記の申請をする義務が課されています（不登 103）。

　信託が終了するときの信託の登記の抹消については同法 104 条に規定されています。信託財産に属する不動産に関する権利が移転、変更または消滅により信託財産に属しないこととなった場合における信託の登記の抹消の申請は、その権利の移転の登記もしくは変更の登記またはその権利の登記の抹消の申請と同時にします。また、信託の登記の抹消は受託者が単独で申請することができます。

　登記申請時における添付情報については、不動産登記令 3 条及び 7 条に規定される情報ならびに別表（下記）に規定されている情報を添付するものとされています。

（主に必要な添付情報）

信託設定時	・登記識別情報（不動産所有者の権利を表すための12ケタのパスワードです。登記識別情報通知書に目隠しされたうえで記載されています）または登記済証（権利書） ・登記原因証明情報（登記の原因を証する書面です。契約書などの原本を法務局に提出することも可能ですが、法務局への報告形式の書面を作って提出することも可能です） ・不動産所有者の印鑑証明書 ・受託者の住民票 ・信託目録に記録すべき情報 ・委任状（司法書士に登記申請を依頼する場合）
信託変更時	・変更を証する登記原因証明情報と信託目録に記載すべき情報、委任状 ・受託者が変更になる場合は、登記原因証明情報及び委任状のほかに、旧受託者の登記識別情報及び印鑑証明書ならびに新受託者の住民票（共同申請による変更の場合）
信託終了時	・登記原因証明情報及び委任状のほかに終了時の受託者の登記識別情報及び印鑑証明書 ・財産を引き継ぐ者の住民票

（不動産登記令　別表）

信託に関する登記		
65	信託の登記	イ　信託法第3条第3号に掲げる方法によってされた信託にあっては、同法第4条第3項第1号に規定する公正証書等（公正証書については、その謄本）又は同項第2号の書面若しくは電磁的記録及び同号の通知をしたことを証する情報 ロ　イに規定する信託以外の信託にあっては、登記原因を証する情報 ハ　信託目録に記録すべき情報

66	信託財産に属する不動産についてする受託者の変更による権利の移転の登記（法第100条第1項の規定により新たに選任された受託者が単独で申請するものに限る。）	法第100条第1項に規定する事由により受託者の任務が終了したことを証する市町村長、登記官その他の公務員が職務上作成した情報及び新たに受託者が選任されたことを証する情報
66の2	信託財産に属する不動産についてする権利の変更の登記（次項及び67の項の登記を除く。）	イ　法第97条第1項第2号の定めのある信託の信託財産に属する不動産について権利の変更の登記を申請する場合において、申請人が受益者であるときは、同号の定めに係る条件又は方法により指定され、又は定められた受益者であることを証する情報 ロ　信託法第185条第3項に規定する受益証券発行信託の信託財産に属する不動産について権利の変更の登記を申請する場合において、申請人が受益者であるときは、次に掲げる情報 (1) 当該受益者が受益証券が発行されている受益権の受益者であるときは、当該受益権に係る受益証券 (2) 当該受益者が社債、株式等の振替に関する法律（平成13年法律第75号）第127条の2第1項に規定する振替受益権の受益者であるときは、当該受益者が同法第127条の27第3項の規定により交付を受けた書面又は同法第277条の規定により交付を受けた書面若しくは提供を受けた情報 (3) 当該受益者が信託法第185条第2項の定めのある受益権の受益者であるときは、同法第187条第1項の書面又は電磁的記録 ハ　信託の併合又は分割による権利の変更の登記を申請するときは、次に掲げる

		情報
		(1) 信託の併合又は分割をしても従前の信託又は信託法第155条第1項第6号に規定する分割信託若しくは同号に規定する承継信託の同法第2条第9項に規定する信託財産責任負担債務に係る債権を有する債権者を害するおそれのないことが明らかであるときは、これを証する情報
		(2) (1) に規定する場合以外の場合においては、受託者において信託法第152条第2項、第156条第2項又は第160条第2項の規定による公告及び催告（同法第152条第3項、第156条第3項又は第160条第3項の規定により公告を官報のほか時事に関する事項を掲載する日刊新聞紙又は同法第152条第3項第2号に規定する電子公告によってした法人である受託者にあっては、これらの方法による公告）をしたこと並びに異議を述べた債権者があるときは、当該債権者に対し弁済し若しくは相当の担保を提供し若しくは当該債権者に弁済を受けさせることを目的として相当の財産を信託したこと又は当該信託の併合若しくは分割をしても当該債権者を害するおそれがないことを証する情報
66の3	信託法第3条第3号に掲げる方法によってされた信託による権利の変更の登記	信託法第4条第3項第1号に規定する公正証書等（公正証書については、その謄本）又は同項第2号の書面若しくは電磁的記録及び同号の通知をしたことを証する情報

67	信託財産に属する不動産についてする一部の受託者の任務の終了による権利の変更の登記（法第100条第2項の規定により他の受託者が単独で申請するものに限る。）	法第100条第1項に規定する事由により一部の受託者の任務が終了したことを証する市町村長、登記官その他の公務員が職務上作成した情報

2　信託の各段階における登記手続

(1) 信託の開始

① 「信託契約」による信託行為

（ア）　委託者及び受託者の共同申請により所有権移転登記と同時にする信託の登記

　　　信託における最も基本的な登記申請です。

　　　権利に関する登記の事項は、登記の目的、登記原因、その日付、権利者の氏名・住所等（不登59各号）です。信託の登記とともに、権利部の権利者の表記は「受託者」として記録されます。信託の登記の内容は信託目録に記載して公示されますので、信託目録の信託番号（不動産ごとに付される）のみが記録されます。

　　　委託者は受託者名義に移転することに不安を抱き躊躇します。登記事項証明書等の見本を見せて、移転の原因が「信託」で、所有者ではなく「受託者」として記載されていること、「信託目録」には受託者が負う義務、制約されている権限を記載し、取引相手はその定めを無視できない旨が明示されていることを説明します。

（委託者乙某、受託者甲某における信託開始時の登記：受託者が１人の場合）

権　利　部（甲　区）		（所有権に関する事項）	
順位番号	登記の目的	受付年月日・受付番号	権利者その他事項
何	所有権移転	平成何年何月何日受付 第何号	原因　平成何年何月何日売買 所有者　何市何町何番地 　　　乙　某
何	所有権移転	平成何年何月何日受付 第何号	原因　平成何年何月何日信託 受託者　何市何町何番地 　　　甲　某
	信託		信託目録第何号

（委託者乙某、受託者甲某及び丙某における信託開始時の登記：受託者が２人の場合）

権　利　部（甲　区）		（所有権に関する事項）	
順位番号	登記の目的	受付年月日・受付番号	権利者その他事項
何	所有権移転	平成何年何月何日受付 第何号	原因　平成何年何月何日売買 所有者　何市何町何番地 　　　乙　某
何	所有権移転 （合有）	平成何年何月何日受付 第何号	原因　平成何年何月何日信託 受託者　何市何町何番地 　　　甲　某 何市何町何番地 　　　丙　某
	信託		信託目録第何号

　受託者が２人の場合登記記録は、上記のとおりとなります。受託者が複数の場合その信託財産は合有（信79）となります。持分の概念がないため、持分の記録はされないことに注意が必要です。

　登記申請書（受託者が１人の場合）は、以下のとおりとなります。

登 記 申 請 書

登記の目的　　　所有権移転及び信託[*1]
原　　　因　　　平成何年何月何日信託[*2]
権　利　者　　　何市何町何番地
　　　　　　　　　　甲　某
義　務　者　　　何市何町何番地
　　　　　　　　　　乙　某
添　付　情　報　　登記識別情報　登記原因証明情報　印鑑証明書
　　　　　　　　住所証明情報　代理権限証書
　　　　　　　　信託目録に記載すべき情報

　　平成何年何月何日申請　東京法務局○○出張所　御中

代　理　人　　　何市何町何番地
　　　　　　　　　司法書士○○　　○○

課　税　価　格　　土地　金○○○○円
　　　　　　　　建物　金○○○○円

登録免許税　　　移転分非課税（登録免許税法第7条第1項第1号[*3]）
　　　　　　　　信託分土地　金○○○○円(租税特別措置法第72条)[*4]
　　　　　　　　　建物　　金○○○○円
　　　　　　　　合計　　　金○○○○円

信託に関する事項別紙のとおり

不動産の表示
　　略

＊1　登記の目的は、「所有権移転及び信託」です。
＊2　登記原因は、「年月日信託」です。
＊3　委託者から受託者に信託のために財産を移す場合における財産権の移転の登記には、登録免許税は課されません。
＊4　不動産価額の1,000分の4（登法9別表第一、1（十）イ）。ただし土地の所有権の信託の登記については、平成31年3月31日まで減税措置がとられており1,000分の3（措法72①二）となっています。なお、不動産取得税は課されません（地法73の7三）。

添付される登記原因証明情報は、以下のとおりです。

登記原因証明情報

1. 登記申請情報の要項
　　登記の目的　　　　　　所有権移転及び信託
　　原　　　因　　　　　　平成何年何月何日信託
　　権　利　者　　　　　　何市何町何番地
　　　　　　　　　　　　　（甲）甲　某
　　義　務　者　　　　　　何市何町何番地
　　　　　　　　　　　　　（乙）乙　某
　　不動産の表示　　　　　後記のとおり
　　信託に関する事項　　　後記のとおり

2. 登記の原因となる事実又は法律行為
　（1）平成何年何月何日、乙は甲に対し、登記すべき「信託目録に記載
　　　すべき事項」を後記のとおりとして乙所有の後記不動産を信託し、
　　　甲は乙からこれを引き受けた。
　（2）よって、同日、本件不動産の所有権は乙から甲に移転した。

　　平成何年何月何日　　　東京法務局○○出張所　御中
　　上記登記原因のとおり相違ありません。

　　委託者（乙）乙某様
　　　　住　　所　　何市何町何番地
　　　　氏　　名

　　受託者（甲）甲某様
　　　　住　　所　　何市何町何番地
　　　　氏　　名

　　不動産の表示
　　　　略

記

信託目録に記載すべき事項
 委託者の氏名住所
  何市何町何番地　乙　某
 受託者の氏名住所
  何市何町何番地　甲　某
 受益者の氏名住所
  委託者と同じ

1. 信託の目的
 信託財産を受益者のために管理・運用・処分すること

2. 信託財産の管理方法
一　受託者は、信託不動産及びその他の信託財産の管理・運用・処分等の信託事務につき、本契約に別段の定めがある場合を除き、受益者又は本契約に定める代理人（以下「受益者等」という）による指図に基づいて行う。
（以下省略）

3. 信託終了の事由
一　本信託契約は、次の各号に定める場合に終了する。
 (1) 本信託契約が解除されたとき
 (2) 委託者兼受益者が死亡し、その葬儀及び百か日までの法要が終了したとき
 (3) 信託財産が無くなったとき
 (4) 受託者が欠けた場合であって、新受託者が就任しない状態が1年間継続したとき（以下省略）

4. その他の信託条項
一　本信託の受益権は、これを分割することができない。
二　受益者は、受託者の事前の承諾を得なければ、受益権を譲渡又は質入することができない。
三　受益権の譲受又は承継により受益権を取得した者は、本信託契約上の受益者及び委託者としての権利及び義務を承継し、かつ委託者の地位も承継する。
四　本契約の条項は、受託者及び受益者の合意によってのみ変更又は修正することができる。

信託目録は、以下のように記録されます。

信 託 目 録		調製	
番 号	受付年月日・受付番号	予 備	
第1号	平成何年何月何日受付 第何号		
1 委託者に関する事項	何市何町何番地 　甲　某		
2 受託者に関する事項	何市何町何番地 　乙　某		
3 受益者に関する事項等	何市何町何番地 　丙　某		
4 信託条項	信託の目的 　略 信託財産の管理方法 　略 信託終了事由 　略 その他の信託条項 　略		

　信託財産の管理方法などをどの程度信託目録に記録すべきかの判断は難しいものです。公示される信託目録に記録される条項に期待されている効力は曖昧、薄まった感はあります。しかし、その後の社会的事情の変化または受益者等の心身の状況による後発的事情により、信託目録として記録している信託条項の事項を変更する必要が生じた場合に、変更の登記原因を証明する根拠の条項を記録しているかが問題になります。信託の登記の申請に当たっては、委託者と受託者が協議して確認しておきたいところです。

　信託目録に記録すべき事項としては、公正証書等信託行為に記載の

事項すべてを記録して第三者に知らしめることも選択肢でありますが、限定することも可能です。第三者にも知る機会を与えておきたい受託者の権限（権限を制約している条項等）の濫用防止、第三者に知らせたくない受益者の保護（プライバシーも）等の視点から慎重に検討することが望まれます。どのような信託条項にすれば受託者を中心にしたガバナンスが適切に維持できるかの配慮等が求められます。

（イ）　信託財産である金銭により不動産を買い受けた場合の所有権保存（移転）登記申請と受託者のみの単独申請による信託の登記

（信託財産）

- 信託財産に属する財産の管理、処分、滅失、損傷その他の事由により受託者が得た財産（信16）
- 財産の付合等、固有財産との共有物の分割等（信17〜19）により信託財産に属することとなった財産

　信託財産が金銭であり、その金銭の処分により不動産を取得した場合、その不動産の登記については以下の記録となります。

（受託者乙が、信託財産である金銭の処分により新築建物を建てた場合）

権　利　部（甲　区）　　　　（所有権に関する事項）			
順位番号	登記の目的	受付年月日・受付番号	権利者その他事項
何	所有権保存	平成何年何月何日受付第何号	原因　平成何年何月何日信託 所有者　何市何町何番地 　　乙　某
	信託		信託目録第何号

（受託者乙が、信託財産である金銭の処分により甲から不動産を購入した場合）

順位番号	登記の目的	受付年月日・受付番号	権利者その他事項
	権　利　部（甲　区）	（所有権に関する事項）	
何	所有権移転	平成何年何月何日受付 第何号	原因　平成何年何月何日売買 所有者　何市何町何番地 　　甲　某
何	所有権移転	平成何年何月何日受付 第何号	原因　平成何年何月何日売買 所有者　何市何町何番地 　　乙　某
	信託財産の処分による信託		信託目録第何号

登記申請書は、以下のとおりとなります。

```
                    登　記　申　請　書

登記の目的　　　所有権移転及び信託財産の処分による信託＊1
原　　　因　　　平成何年何月何日売買
権　利　者　　　何市何町何番地
（信託登記申請人）　　甲　某
義　務　者　　　何市何町何番地
　　　　　　　　乙　某

　　　中略

課税価格　　　土地　　金〇〇〇〇円
　　　　　　　建物　　金〇〇〇〇円
登録免許税　　移転分土地　　金〇〇〇〇円
　　　　　　　＊2　建物　　金〇〇〇〇円
　　　　　　　信託分土地　　金〇〇〇〇円（租税特別措置法第72条）＊3
　　　　　　　　　　建物　金〇〇〇〇円
　　　　　　　　　　合計　金〇〇〇〇円

　　以下、略
```

＊1　登記の目的は、「所有権移転及び信託財産の処分による信託」です。

＊2　移転分は、通常の移転分と同額です。

＊3　不動産価額の1,000分の4（登法9別表第一、1（十）イ）、ただし土地の所有権の信託の登記については、平成31年3月31日まで減税措置がとられており1,000分の3（措法72①二）となっています。

② 「遺言信託」による信託行為

遺言信託の方法によって信託がされた場合において、その遺言に受託者となるべき者を指定する定めがあるときは、利害関係人は、受託者となるべき者として指定された者に対し、相当の期間を定めて、その期間内に信託の引受けをするかどうかを確答すべき旨を催告します。催告があった場合において、受託者となるべき者として指定された者は、催告の期間内に委託者の相続人に対し確答をしないときは、信託の引受けをしなかったものとみなします（信5）。

委託者の相続人が現に存しない場合は、「委託者の相続人」に代わって「受益者（2人以上の受益者が現に存する場合にあってはその1人、信託管理人が現に存する場合にあっては信託管理人）」に確答します。

その遺言に受託者の指定に関する定めがないとき、または受託者となるべき者として指定された者が信託の引受けをせず、もしくはこれをすることができないときは、裁判所は、利害関係人の理由を付した申立てにより、受託者を選任することができます。受託者の選任の裁判に対しては、受益者または既に存する受託者に限り執行停止の効力を有する即時抗告をすることができます（信6）。

遺言信託の場合、受託者に指定された者に対して利害関係人がその信託を引き受けるかの催告をしたのち、信託の引受けをした受託者は遺言執行者または相続人全員との共同申請で登記を行います。

専門家は、民事信託の受託者となる家族には遺言を作成する段階において、その役割等を説明し速やかに遺言執行者と連携して共同申請等の手続を行うことについて理解されるようにすることが大切です。また、相続開始後にも改めて受託者の職務を説明のうえ、引受承諾等の手続を開始するよう助言します。

遺言信託による不動産の所有権移転登記は、以下のとおりの記録となります。

権　利　部（甲　区）		（所有権に関する事項）	
順位番号	登記の目的	受付年月日・受付番号	権利者その他事項
何	所有権移転	平成何年何月何日受付 第何号	原因　平成何年何月何日遺言信託 受託者　何市何町何番地 　何　某
	信託		信託目録第何号

　遺言執行者が選任されている場合は、受託者と遺言執行者の共同申請となり、その申請書は以下のとおりです。

登　記　申　請　書

登記の目的　　　所有権移転及び信託*1
原　　　因　　　平成何年何月何日*2遺言信託*3
権　利　者　　　何市何町何番地
　　　　　　　　　甲　某
義　務　者　　　何市何町何番地
　　　　　　　　　乙　某
　　遺言執行者　　　何市何町何番地
　　　　　　　　　丙　某
添　付　情　報　　登記識別情報　登記原因証明情報*4　印鑑証明書
　　　　　　　　住所証明情報　代理権限証書
　　　　　　　　信託目録に記載すべき情報

　　　中略

課　税　価　格　　土地　金○○○○円
　　　　　　　　建物　金○○○○円

登録免許税	移転分非課税（登録免許税法第7条第1項第1号＊5） 信託分土地　金〇〇〇〇円(租税特別措置法第72条)＊6 　　　　建物　金〇〇〇〇円 　　　　合計　金〇〇〇〇円

　以下、略

＊1　登記の目的は、「所有権移転及び信託」です。
＊2　原因日付は、信託の効力発生日として、委託者の死亡日を記載します。
＊3　原因は「年月日遺言信託」です。
＊4　登記原因証明情報は、遺言書及び遺言者の死亡を証する戸籍となります。
＊5　委託者から受託者に信託のために財産を移す場合における財産権の移転の登記には、登録免許税は課されません。
＊6　不動産価額の1,000分の4（登法9別表第一、1（十）イ）、ただし土地の所有権の信託の登記については、平成31年3月31日まで減税措置がとられており1,000分の3（措法72①二）となっています。

③　「自己信託」による信託行為

　自己信託に関与する場合には、債権者詐害となってしまう等の危険性が高いため、自己信託にする理由、公正証書等の書面の作成の経緯等を調査してその有効性を確認して慎重に取り扱います。

　自己信託が濫用され、委託者の債権者が害されないよう防止するため、委託者が債権者を害することを知って信託したとき、委託者に対する債権で信託前に生じたものを有する者は、信託財産に属する財産に対し、強制執行、仮差押え、仮処分もしくは担保権の実行もしくは競売または国税滞納処分ができます。ただし、受益者が現に存在し受益者であることを知った時に債権者を害すべき事実を知らなかったときはこの限りではありません（信23Ⅱ）。

　不動産の自己信託の設定のためには、「所有者」から「受託者としての所有者」になる（固有財産から信託財産に属する）ことから、権利の「変更」（不登3）の登記に当たります。所有権の自己信託の場合の権利の変更の登記は付記登記でなく主登記によります。また、権利の「変更の登記」の申請は、権利の「信託の登記」の申請と同時に一の申請情報でしなければなりません（不登98Ⅰ、同令5Ⅱ）。

なお、信託の登記は、受託者が単独で申請することができ（不登98Ⅱ）、信託法3条3号に掲げる方法によってされたいわゆる自己信託による権利の変更の登記、信託の登記も、受託者が登記識別情報、公正証書等の登記原因証明情報を提供し単独で申請できます（同法98Ⅲ、同令8Ⅰ⑧・別表65の項添付情報欄イ、別表66の3の項添付情報欄）。

　自己信託による不動産の所有権移転登記は、以下のとおりの記録となります。

権　利　部（甲　区）　　　（所有権に関する事項）			
順位番号	登記の目的	受付年月日・受付番号	権利者その他事項
何	信託財産となった旨の登記	平成何年何月何日受付第何号	原因　平成何年何月何日自己信託 受託者　何市何町何番地 　何　某
	信託		信託目録第何号

　登記申請書は、以下のとおりとなります。

<pre>
　　　　　　　　　　登　記　申　請　書

登記の目的　　　信託財産となった旨の登記及び信託*1
原　　因　　　平成何年何月何日自己信託*2
権　利　者　　　何市何町何番地
　　　　　　　　　何　某

添付情報　　　登記識別情報　登記原因証明情報*3　印鑑証明書
　　　　　　　代理権限証書
　　　　　　　信託目録に記載すべき情報

　　　中略
</pre>

＊1　登記の目的は、「信託財産となった旨の登記及び信託」です。

＊2　登記原因は「年月日自己信託」です。

＊3　登記原因証明情報は、公正証書の謄本または、通知したことを証する情報です。

＊4　不動産1個につき1,000円（登法9別表第一、1（十四））です。

＊5　不動産価額の1,000分の4（登法9別表第一、1（十）イ）、ただし土地の所有権の信託の登記については、平成31年3月31日まで減税措置がとられており1,000分の3（措法72①二）となっています。

　また、持分の一部のみを自己信託として信託財産とした場合は、以下のとおりとなります。

権　利　部（甲　区）　　　　　（所有権に関する事項）			
順位番号	登記の目的	受付年月日・受付番号	権利者その他事項
何	何某持分2分の1が信託財産となった旨の登記	平成何年何月何日受付第何号	原因　平成何年何月何日自己信託 受託者　何市何町何番地 　何　某 （受託者持分2分の1）
	信託		信託目録第何号

（信託目録の別記5号様式と記載事項（自己信託の場合））

信　託　目　録			調製	余白
番　　号	受付年月日・受付番号	予　　備		
第○号	平成○年○月 第○号	余白		
1　委託者に関する事項	○市○区○町○丁目○番○号 ××××			
2　受託者に関する事項	○市○区○町○丁目○番○号 ××××			
3　受益者に関する事項等	○市○区○町○丁目○番○号 ××○○			
4　信託条項	1．信託の目的 2．信託財産の管理・処分方法 　1）引渡し 　2）管理方法 　3）処分等 3．信託の終了の事由等 　1）合意等 　2）…… 4．その他の信託条項 　1）受益者への給付内容 　2）受益権の扱い（委託者の地位も） 　3）残余財産の帰属 　4）信託の変更の扱い			
	信託目的更正 平成○年○月○日 第○号 原因　錯誤 更正後の信託条項 1．信託の目的 （なお、錯誤による更正の登記には、錯誤ゆえ再度の公正証書の作成・提出をするか、別途の登記原因証明情報を作成し、信託目録に記録すべき情報を更正する原因事			

		実、更正後の信託目録に記録すべき条項を明らかにする（1個1,000円））。	
変更	前受託者の変更を証する書面及び新受託者の選任を証する書面または報告形式の登記原因証明情報を添付	2　受託者変更 原因　平成○年○月○日受託者○○辞任による変更 受託者　住所・氏名 　平成○年○月○日付記　印	権利の変更登記により、登記官の職権で信託目録を変更
変更		3　受益者変更 原因　　平成○年○月○日変更※	
変更		1　委託者変更 原因　　平成○年○月○日変更 委託者　住所・氏名	

※　「委託者死亡による変更」、「前受益者死亡による変更」、「受益者指定権等行使による変更」等明らかでありません。

(2) 信託期間中の変更

　受益者の変更、信託条項の変更等の信託の変更の登記をすべきときは、登記官は、申請または職権で信託目録の記録を変更します（不登規176③）。

　書面を提出する方法による登記申請に際しては、受託者は不動産登記令第15条の規定に基づき、信託目録に記録すべき情報を記載した書面（磁気ディスク）を提出します（従前は様式による記載。平成23年1月12日「不動産登記規則の一部を改正する省令」）。

①　受益者の変更

　受益者の変更には、受益者による贈与等があり、また遺言代用信託の委託者が死亡する、また前の受益者が死亡し新たな受益者になる場合等のほか、受益権が譲渡される場合があります。受益権の性質上譲渡が許されないときを除き、受益権は譲渡が可能となっています。

　民事信託では特に福祉型信託の場合、受益権の性質から譲渡・質権設定ができない（信93〜96）ものと解され（この解釈は慎重にしま

す）、確認的にその性質からできない旨を明らかに定めるようにします。なお、信託条項から譲渡ができても、受託者への通知または承諾を要する旨を定めることにより、その通知等を経なければ受託者・第三者に対抗できないので、受託者はその信託条項に定められた手続の履行を確認して登記申請をします。

　民事信託の受益者の死亡等により受益者の変更があった場合、また受益権の譲渡がなされ受益者の変更があった場合は、信託目録に記録した登記事項について変更があった場合に該当しますので、「受益者の変更」の登記申請が必要となります。

　この場合など、信託の登記事項（信託目録に記載された事項）を変更する場合の登録免許税は不動産1個につき1,000円（登法9別表第一、1（十四））です。

　受益権が売買で譲渡された場合の登記記録は、以下のとおりです。

信　託　目　録		調製	
番　　　号	受付年月日・受付番号	予　　備	
第1号	平成何年何月何日受付 第何号		
1　委託者に関する 　　事項	略		
2　受託者に関する 　　事項	略		
3　受益者に関する 　　事項等	何市何町何番地　　甲　某		
	受益者変更 平成何年何月何日受付第何号 原　因　平成何年何月何日売買 受益者　何市何町何番地　　乙　某		
4　信託条項	略		

登記申請書は、以下のとおりとなります。

信託目録記録申請書

登記の目的　　　　受益者変更*1
原　　因　　　　　平成何年何月何日売買*2
変更後の事項　　　受益者　何市何町何番地
　　　　　　　　　　　　乙　某
申　請　人　　　何市何町何番地
(受託者)　　　　　　　　何　某
添　付　情　報　　登記原因証明情報兼信託目録に記載すべき情報*3
　　　　　　　　　代理権限証書

　　中略

登録免許税　　　　金○○○○円*4

　　以下、略

---

* 1　登記の目的は、「受益者変更」です。
* 2　登記原因は「年月日売買」です。
* 3　登記原因証明情報兼信託目録に記載すべき情報としては、受益者の譲渡証明書または受益権売買があったことを証する書面を提供することとなります。信憑性を担保する観点から、報告式の登記原因証明情報を作成するときは、受益権譲受人、受益権譲渡人及び受託者が記名押印して印鑑証明書を添付することが望ましいとされています。実務上、少なくとも権利を失う受益権譲渡人については、記名押印するとともに印鑑証明書を添付するものとされています。
* 4　不動産1個につき1,000円（登法9別表第一、1（十四））です。

　受益者が住所移転などを行った場合も、変更登記が必要です。その登記申請書は以下のとおりです。

信託目録記録申請書

登記の目的　　　　受益者住所変更*1
原　　因　　　　　平成何年何月何日住所移転*2
変更後の事項　　　住所　何市何町何番地

申　請　人	何市何町何番地
（受託者）	何　某
添 付 情 報	登記原因証明情報兼信託目録に記録すべき情報[3]
	代理権限証書
	中略
登録免許税	金○○○○円[4]
	以下、略

* 1　登記の目的は、「受益者住所変更」です。
* 2　登記原因は「年月日住所移転」です。
* 3　登記原因証明情報兼信託目録に記載すべき情報としては、住民票など受益者の住所を証する情報を添付します。
* 4　不動産1個につき1,000円（登法9別表第一、1（十四））です。

②　受託者の変更

　受託者の変更について、受託者は登記簿上信託不動産の所有者であるため、所有権移転の登記となります。受託者の辞任・解任により受託者を変更する場合は、原則どおり登記権利者が新たな受託者で、登記義務者は辞任・解任された受託者の共同申請となりますが、受託者の死亡・後見開始等の審判・破産手続開始の決定、法人解散による場合は、例外として新たに選任された受託者が登記権利者・申請人として単独申請ができます（不登100Ⅰ）。

　受託者が複数でその一人が委託者の場合は自己信託に該当せず、信託財産は合有（信79）となります。そして合有登記名義人の変更の登記をするには、一人の辞任・解任の場合は共同申請、死亡等の場合は残存受託者の単独申請となります。

　受託者の死亡により任務が終了した場合（信56）、信託財産は法人となり（信74）、必要があると認めるときは、裁判所は、利害関係人の申立てにより、信託財産法人管理人による管理を命ずる処分をすることができます。しかし、新受託者が就任したときは、その法人は成

立しなかったものとみなされ、信託財産法人管理人の代理権は新受託者が信託事務の処理をすることができるに至った時に消滅します。なお信託財産法人管理人がその権限内でした行為の効力はあります（速やかに後任受託者の登記申請をします）。

　受託者の変更（辞任）による所有権移転（共同申請）の登記記録は、以下のとおりです。

権　利　部（甲　区）　　　（所有権に関する事項）			
順位番号	登記の目的	受付年月日・受付番号	権利者その他事項
何	所有権移転	平成何年何月何日受付　第何号	原因　平成何年何月何日受託者変更（受託者辞任による変更） 所有者　何市何町何番地 　　甲　某

　受託者の辞任による所有権移転の登記が申請されると、信託目録の記録変更のための信託の変更の登記が登記官の職権で行われ、信託目録の受託者の欄の記録には下線（抹消の記号）が記録され新受託者が記録されます。
　登記申請書は、以下のとおりです。

登　記　申　請　書

登記の目的　　　所有権移転[*1]
原　　　因　　　平成何年何月何日受託者の辞任による変更[*2]
権　利　者　　　何市何町何番地
　　　　　　　　　　甲　某
義　務　者　　　何市何町何番地
　　　　　　　　　　乙　某
添付情報　　　　登記識別情報　登記原因証明情報[*3]
　　　　　　　　印鑑証明書　住所証明情報
　　　　　　　　代理権限証書

中略

登録免許税　　　　登録免許税法7条1項3号により非課税[4]

　　以下、略

---

[1]　登記の目的は、「所有権移転」です。
[2]　登記原因は「年月日受託者の辞任による変更」です。
[3]　登記原因証明情報は、前受託者の変更を証する書面及び新受託者の選任を証する情報を添付します。具体的には前受託者の辞任届、裁判所の許可を得ての場合は許可決定正本の写し、また信託行為に別段の定めがありそれに従った場合にはその選任を証する書面などを添付します。
[4]　受託者の変更に伴い受託者であった者から新たな受託者に信託財産を移す場合における財産権の移転の登記は非課税です。

受託者の死亡による所有権移転登記（単独申請）の登記記録は以下のとおりです。

権　利　部（甲　区）		（所有権に関する事項）	
順位番号	登記の目的	受付年月日・受付番号	権利者その他事項
何	所有権移転	平成何年何月何日受付 第何号	原因　平成何年何月何日信託 受託者 　　何市何町何番地 　　甲　某
	信託		信託目録第何号
何	所有権移転	平成何年何月何日受付 第何号	原因　平成何年何月何日受託 者変更 　（受託者死亡による変更） 受託者 　　何市何町何番地 　　乙　某

受託者の死亡による所有権移転の登記が申請されると、信託目録の記録変更のための信託の変更の登記が登記官の職権で行われ、信託目録の受託者の欄の記録には下線（抹消の記号）が記録され新受託者が記録されます。

登記申請書は、以下のとおりです。

登 記 申 請 書

登記の目的　　　所有権移転[*1]
原　　　因　　　平成何年何月何日受託者の死亡による変更[*2]
　　　　　　　　（前受託者　甲　某）
権　利　者　　　何市何町何番地
　（申請人）　　　　　　　乙　某
添 付 情 報　　　登記原因証明情報[*3] 住所証明情報　代理権限証書

　　中略

登録免許税　　　登録免許税法7条1項3号により非課税[*4]

　　以下、略

[*1]　登記の目的は、「所有権移転」です。
[*2]　登記原因は「年月日受託者の死亡による変更」です。
[*3]　登記原因証明情報は、前受託者の死亡を証する書面及び新受託者の選任を証する
　　情報を添付します。
[*4]　受託者の変更に伴い受託者であった者から新たな受託者に信託財産を移す場合に
　　おける財産権の移転の登記は非課税です。

③　信託条項（信託の目的、信託財産の管理方法、信託終了の事由、その他信託の条項）を変更した場合

　信託行為は長期間にわたるものが多く、その期間中に信託内容を変更する必要が出てくる場合があります。信託行為においてどのような場合に変更できるように定めているか、法令はどのように定め（信149）ているか、その有効性と実効性を確認して、将来の事情変更に対応して変更できるように必要な事項を信託目録に記載することが大切です。

信託条項（信託の目的、信託財産の管理方法、信託終了の事由、その他信託の条項）を変更した場合の登記記録は、以下のとおりです。

信　託　目　録		調製	
番　　　号	受付年月日・受付番号	予　　備	
第1号	平成何年何月何日受付 第何号		
1　委託者に関する事項	略		
2　受託者に関する事項	略		
3　受益者に関する事項等	略		
4　信託条項	1　信託の目的　　略 2　信託財産の管理方法　　略 3　信託終了の事由　　　略 4　その他信託条項　　　略		
	信託の目的、信託財産の管理方法、信託終了の事由、その他信託条項の変更 平成何年何月何日受付第何号 原因　平成何年何月何日変更 1　信託の目的　　　略 2　信託財産の管理方法　　　略 3　信託終了の事由　　　略 4　その他信託条項　　　略		

　登記申請書は、以下のとおりです。

信託目録記録申請書

登記の目的	信託の目的、信託財産の管理方法、信託終了の事由、その他信託条項の変更[*1]
原　　　因	平成何年何月何日変更[*2]
変更後の事項	「信託目録に記録すべき情報」のとおり
申　請　人	何市何町何番地

```
  （受託者）                何　某
添付情報          登記原因証明情報兼信託目録に記載すべき情報＊3
                代理権限証書
    中略

登録免許税        金〇〇〇〇円＊4

    以下、略
```

＊1　登記の目的は、「信託の目的、信託財産の管理方法、信託終了の事由、その他信託条項の変更」です。

＊2　登記原因は「年月日変更」です。

＊3　信託目録の「信託の目的、信託財産の管理方法、信託終了の事由、その他信託条項」の変更は、原則、委託者、受託者及び受益者の合意によって行うので、変更事項及び合意の旨を記載した書面を提出します。登記原因証明情報の信憑性を担保する観点から、報告式の登記原因証明情報を作成するときは、委託者、受託者及び受益者が記名押印して印鑑証明書を添付することが望ましいとされます。

＊4　変更する事項の個数にかかわらず、不動産1個につき1,000円（登法9別表第一、1（十四））です。

(3) 信託財産の処分、信託の終了

① 信託財産の処分等

　受託者がその権限に基づき、信託財産を処分し、当該不動産が信託財産に属さなくなったときは、所有権移転登記と信託の抹消登記を同時に行うこととなります。

　登記記録は、以下のとおりとなります。

権　利　部（甲　区）　　　　（所有権に関する事項）			
順位番号	登記の目的	受付年月日・受付番号	権利者その他事項
何	所有権移転	平成何年何月何日受付 第何号	原因　平成何年何月何日売買 所有者　何市何町何番地 　　　　甲　某
	何番信託登記抹消		原因　信託財産の処分

登記申請書は、以下のとおりです。

登 記 申 請 書

登記の目的　　　所有権移転及び信託登記抹消[1]

原　　　因　　　所有権移転　　平成何年何月何日売買[2]

　　　　　　　　信託登記抹消　信託財産の処分[2]

権　利　者　　　何市何町何番地

　　　　　　　　　　甲　某

義　務　者[3]　　何市何町何番地

　　　　　　　　　　乙　某

添 付 情 報　　　登記識別情報　登記原因証明情報[4]

　　　　　　　　印鑑証明書　住所証明情報

　　　　　　　　代理権限証書

　　中略

登録免許税[5]　　金○○○○円

　　　　　　　　移転分　金○○○○円

　　　　　　　　抹消分　金○○○○円

　　以下、略

＊1　登記の目的は、所有権移転登記と信託財産の処分登記の同時申請であり「所有権
　　移転及び信託登記抹消」となります。

＊2　登記原因は、所有権移転については「年月日売買」、信託登記抹消については「信
　　託財産の処分」です。

＊3　登記義務者として、所有権登記名義人たる受託者を記載します。

＊4　登記原因証明情報については、信託契約の規定に基づいての信託財産の処分であ
　　ることを証する売買契約書または、報告形式の登記原因証明情報を提供します。

＊5　登録免許税は、移転に関しては不動産価額の 1,000 分の 20（ただし、租税特別措
　　置法 72 条 1 項 2 号　1,000 分の 15）、抹消分に関しては、不動産 1 個につき 1,000 円
　　（登法 9 別表第一、1（十五））です。

また、受託者が信託財産を売買等の理由により受託者の固有財産に属する財産とした場合は、次の登記記録となります。信託終了により受託者の財産とする場合の登記原因は、「信託財産引継」です。

権　利　部（甲　区）		（所有権に関する事項）	
順位番号	登記の目的	受付年月日・受付番号	権利者その他事項
何	受託者の固有財産となった旨の登記	平成何年何月何日受付第何号	原因　平成何年何月何日委付
	何番信託登記抹消		原因　委付

　登記申請書は、以下のとおりです。

登　記　申　請　書

登記の目的　　　受託者の固有財産となった旨の登記及び信託登記抹消[*1]
原　　　因　　　所有権移転　　平成何年何月何日委付[*2]
　　　　　　　　信託登記抹消　委付[*2]
権　利　者[*3]　何市何町何番地
　　　　　　　　　甲　某
義　務　者[*3]　何市何町何番地
　　　　　　　　　乙　某
添付情報[*4]　　 登記原因証明情報　印鑑証明書　代理権限証書

　　　中略

登録免許税[*5]　金○○○○円
　　　　　　　　移転分　金○○○○円
　　　　　　　　抹消分　金○○○○円

　　　以下、略

＊1　登記の目的は、信託財産が受託者の固有財産となった旨の登記と信託の抹消登記の同時申請であり「受託者の固有財産となった旨の登記及び信託登記抹消」となります。
＊2　登記原因は、所有権移転については「年月日委付（いふ）」、信託登記抹消については「委付」です。
＊3　登記権利者として受託者、登記義務者として受益者を記載します。登記原因証明

情報は、信託行為に受託者の固有財産とすることを許容する旨の定めがあることまたは受益者の承諾を得たことを証する書面などです。印鑑証明書は、受益者のものとなります。
＊4　登記識別情報の添付は不要です。
＊5　登録免許税は、移転に関しては不動産価額の 1,000 分の 20（ただし、租税特別措置法 72 条 1 項 2 号　1,000 分の 15）、信託の登記の抹消分に関しては、不動産 1 個につき 1,000 円（登法 9 別表第一、1（十五））です。

②　信託の終了

　信託の終了事由が発生した時、信託は終了します（信 163〜165）。清算受託者は、信託に係る債権債務を清算し、残余財産を残余財産受益者または帰属権利者に対して交付（信託財産の引継ぎ）をすることとなります。

　信託の登記の抹消の申請は、権利（所有権）の移転の登記もしくは変更の登記またはその権利の登記の抹消と同時にします（不登 104 Ⅰ）。

　たとえば、信託の終了による受益者（帰属権利者）への信託財産の引継ぎを原因とする権利（所有権）の移転の登記と信託の登記の抹消を同時に行う場合、登記権利者は受益者（帰属権利者）、登記義務者は受託者、信託登記の抹消申請人は受託者で、登記目的は所有権移転及び信託登記抹消で、所有権移転、信託登記抹消の登記原因はともに信託財産引継です。

（信託の終了の登記記録）

権　利　部（甲　区）		（所有権に関する事項）	
順位番号	登記の目的	受付年月日・受付番号	権利者その他事項
何	所有権移転	平成何年何月何日受付第何号	原因　平成何年何月何日信託財産引継 所有者　何市何町何番地 　甲　某
	何番信託登記抹消		原因　信託財産引継

登記申請書は、以下のとおりです。

登　記　申　請　書

登記の目的　　　所有権移転及び信託登記抹消[*1]

原　　　因　　　所有権移転　　平成何年何月何日信託財産引継[*2]
　　　　　　　　信託登記抹消　　信託財産引継[*2]

権　利　者[*3]　　何市何町何番地
　　　　　　　　　　甲　某

義　務　者[*4]　　何市何町何番地
　　　　　　　　　　乙　某

添付情報　　　　登記識別情報　登記原因証明情報　印鑑証明書
　　　　　　　　住所証明情報　代理権限証書

　　中略

登録免許税　　　金○○○○円
　　　　　　　　移転分　金○○○○円
　　　　　　　　抹消分　金○○○○円

　　以下、略

＊1　登記の目的は、所有権移転の登記と信託の抹消登記の同時申請であり「所有権移転及び信託登記抹消」となります。
＊2　登記原因は、所有権移転については「年月日信託財産引継」、信託登記抹消については「信託財産引継」です。
＊3　権利者は帰属権利者等です。
＊4　義務者は受託者です。

（信託終了による信託財産の引継ぎ）

登記原因証明情報　（文例）

2　登記の原因となる事実又は法律行為　　　（報告形式）

(1)　信託の終了

　○を受託者とし、○某を受益者とする本件不動産を信託財産とした信託行為（具体的に記載。平成○年○月○日付信託契約 or 平成○年○月○日に効力が生じた遺言信託等）は、信託条項○条の信託終了事由の定めにより、受託者及び受益者○某の双方の合意により、平成○年○月○日に本件信託は終了した。

（2）信託不動産の移転

　信託の終了により、信託条項○条において残余の信託財産は受益者（or 帰属権利者等）に帰属する旨の定めがあることから、本件信託不動産の所有権は、受託者たる○から受益者○某へ平成○年○月○日信託財産引継を原因として移転した。

　また、売買等の信託財産の処分を原因として権利（所有権等）の移転（変更）の登記と信託の登記の抹消を同時に行う場合、登記権利者はその不動産の買主、登記義務者は受託者、信託登記の抹消申請人は受託者で、登記の目的は「所有権移転及び信託登記抹消」で、所有権移転の登記原因は「売買」、信託登記抹消の原因は「信託財産の処分」です。

（信託財産の処分による移転登記）

登記原因証明情報（文例）
2　登記の原因となる事実又は法律行為　　（報告形式）
（1）信託財産の処分に係る信託条項の定め

　○を受託者とし、○某を受益者とする本件不動産を信託財産とした信託行為（具体的に記載。平成○年○月○日付信託契約 or 平成○年○月○日に効力が生じた遺言信託等）は、信託条項○条の信託財産の処分の定めにより、受託者が（or 受益者○某の同意を得て）本件信託不動産を処分する権限を有している。

（2）売買契約の締結

　○は、平成○年○月○日△某に対し本件信託不動産を売却する契約を締結し、売買代金の支払い完了時に本件信託不動産の所有権が移転する旨を定めている。

（3）信託不動産の移転

　上記（2）の売買代金全額を△某が平成○年○月○日に支払い受託者○はこれを受領したことから、本件信託不動産の所有権は、同日売買を原因として△某に移転し、本件不動産の信託は信託財産の処分により終了した。

3	所有権移転	平成○年○月○日 受付第○号	原因　平成○年○月○日信託 受託者　○市△町△丁目○番○号 　　　乙　某
	信託	余白	信託目録第○号
4	所有権移転	平成○年○月○日 受付第○号	原因　平成○年○月○日売買 所有者　○市△町△丁目○番○号 　　　丙　某
	３番信託登記抹消	余白	原因　信託財産の処分

（参考　信託の設定から終了までの登記の目的・原因・登録免許税等の概要）

① 　不動産を信託する場合

　登記の目的「所有権移転及び信託」原因「平成○年○月○日信託」

　登録免許税；移転分は、非課税（登録免許税法第７条第１項第１号）

　信託分のうち土地は 1,000 分の 3（平成 31 年 3 月末まで）、建物は 1,000 分の 4

② 　金銭信託で不動産（土地）を買い受けた場合

　登記の目的「所有権移転及び信託財産の処分による信託」原因「平成○年○月○日売買」

　登録免許税；移転分は、1,000 分の 15（平成 31 年 3 月末まで）。信託分は、1,000 分の 3

③ 　信託により建物を建築した場合

　登記の目的「所有権保存及び信託」

　登録免許税；保存分は、1,000 分の 4。信託分は、1,000 分の 4

　（信託の目的に従って受託者が建築した建物の所有権保存登記と信託登記は、受託者が単独で同一の申請書で申請することができる。（「登記研究」469 号 142 頁）

④ 　処分信託で受託者が第三者に土地を売買したときの所有権移転・信託登記抹消の場合

　登記の目的「所有権移転及び信託登記抹消」原因「平成○年○月○日売買」

　登録免許税；所有権移転分は、1,000 分の 15。信託登記抹消は、金 1,000 円

⑤ 信託終了による受益者（委託者）への所有権移転・信託登記抹消の場合

登記の目的「所有権移転及び信託登記抹消」原因「平成○年○月○日信託財産引継」

登録免許税；金1,000円（所有権移転分は非課税（登録免許税法第7条第1項第2号））

⑥ 信託終了による受益者への所有権移転・信託登記抹消の場合

登記の目的「所有権移転及び信託登記抹消」原因「平成○年○月○日信託財産引継」

登録免許税；所有権移転分は、1,000分の20。信託登記抹消は、金1,000円

⑦ 信託終了後の受益者（委託者の相続人）への所有権移転・信託登記抹消の場合（委託者が受益者であるいわゆる自益信託のケース、委託者死亡により終了し受益権相続）

登記の目的「所有権移転及び信託登記抹消」原因「平成○年○月○日信託財産引継」権利者「（委託者○○○○相続人）○○○」

登録免許税；信託登記抹消は、金1,000円。所有権移転分は、1,000分の4（登録免許税法第7条第2項）

⑧ 信託終了後の委託者の相続人への所有権移転・信託登記抹消の場合

登記の目的「所有権移転及び信託登記抹消」原因「平成○年○月○日信託財産引継」権利者「（委託者○○○○相続人）○○○」

登録免許税；所有権移転分は、1,000分の4。信託登記抹消は、金1,000円

⑨ 受益者の変更（信託目録記載事項の変更申請書）

記載の目的「受益者変更」原因「平成○年○月○日売買」

登録免許税；金1,000円

（記載の目的は「登記の目的」、記載原因証明情報は「登記原因証明情報」と記載してもさしつかえないものと考えられる。記載原因証明情報（登記原因証明情報）は、当事者を買主・受益権譲受人、売主・受益権譲渡人、受託者（申請人）○○○某とし、買主・受益権譲受人、売主・受益権譲渡人が共同で作成し、記名押印したもの（※買主の資格証明書（法人の場合。以下同様）、売主の実印押印印鑑証明書添付）。受託者（申請人）

である○○○某が作成、押印したものの場合は、買主・受益権譲受人の受益権売買証明書（資格証明書）、売主・受益権譲渡人の受益権売買証明書（印鑑証明書添付）も添付する（この場合は、単独申請にもかかわらず○○○某の自己証明書になるため）。受益権譲渡承諾書を添付する場合は、印鑑証明書を添付する。買主の資格証明書は、買主の「住所等」の確認に必要。なお、実務の取扱いは、管轄登記所により異なることがあるので確認する。）

⑩　受託者の変更（前受託者と新受託者による共同申請の場合）

　登記の目的「所有権移転」原因「平成○年○月○日受託者変更」

　登録免許税；非課税（登録免許税法第7条第1項第3号）

⑪　受託者の変更（前受託者の死亡による新受託者の単独申請の場合）

　登記の目的「所有権移転」原因「平成○年○月○日受託者死亡による変更」

　申請人「○○○（前受託者□□□）」

　登録免許税；非課税（登録免許税法第7条第1項第3号）

　不動産に係る信託スキームを検討する場合には、信託不動産が処分または信託終了により帰属権利者等に登記されるまでの登録免許税等の負担を確認したうえで組成します。

　登録免許税法7条1項2号、同7条2項、同法別表第一1(ニ)イ及び不動産取得税については**第7章6**において記述します。

信託銀行等の信託商品を活用するか、家族で民事信託にするか？

　家族による民事信託を活用する（資産管理会社、一般社団法人の活用も選択肢です）か、信託銀行等または信託会社を活用するか、それとも従前の手法を活用するか、については総合的に検討する必要があります。

　まず、次のような視点から比較できると思われます。

㋐　目的の実現可能性（合理性（納得できる目的、公序）、財産・給付の内容、課税等負担）

㋑　法的等のリスクの程度（わかりやすさ）

㋒　受託者の信頼性（濫用リスク）能力（補う方法）の程度

㋓　費やす負担（費用（報酬を含む）、手間・複雑さ（シンプルさ））

㋔　コストはそれなりにかかるが柔軟なオーダーメイドの家族による民事信託か、信頼でき元本保証でコストはリーズナブルだが融通が利かない画一的な信託銀行等の信託商品等か（**第3章3**参照）

　ここでは、目的を達成するための要・信頼できる受託者として、次の点から誰に託するかを考えてみます。

① 受託者になる家族は信託の趣旨・役割を納得し実行できるか

　受託者にも自らの仕事があり家族との生活があります。他人の財産を預かって管理することから相当の注意義務等が求められるので、時間や行動に制約が生じます。

　一方、信託銀行等に信託すると、費用は多少かかっても安心ですが、いちいち信託銀行等の担当者に相談する、支払いを要請するには、手間もかかりまた相当の説明が必要なうえに、希望どおりにならないかもしれません。委託者は何を重視するかという選択の基準を明確に認識しておくことが求められます。

② 受託者を支援する、監督する専門家を活用するか

　家族である受託者は専門家ではありません。普段から管理等に注意を払わないと後々受益者等が困ります（関係書類が保管され経緯等がわかるようにする必要があります。書類がなくて不動産の売買等、相続手続で多数の方が困っているのが実情です）。受託者としての職務を支える専門家等が必要です。また、場合によっては受託者の行動を監視する専門家が必要になるかもしれません。

　なお、民事信託を依頼者に提案するに際して、同時に受託者になるべき家族に説明するとき、また専門家が信託関係人になるとき、専門家はどのような立場であるのか、またどのような役割を担うのかの説明をし、信託関係人の了解を得る必要があると考えます[1]。

③ どの程度コストをかけることができるか、かけるべきか（リスクと効用のバランス）

---

1) 小原健「弁護士による信託業務活性化へ」自由と正義66・8（2015年）の39頁「Ⅲ立法化にあたっての課題」において、委託者から依頼されて信託のシステムを構築した弁護士が受託者として関わることにつき、注10に「しかし、信託を構築する場合、実際は、委託者と受託者に実質的な争いのない事案が基本で、弁護士職務基本規程27条1号・2号の「相手方」に該当しない例が多いのではないかと思われる」との記述があり気になります。

④　一般社団法人を組織する必要があるか、設立したほうがよいか、できるか

　受託者の能力、年齢等の制約、信頼度等から、一人の者に、また共同受託者として複数の者に託することにより、求める受託者の役割が担えない、または不安がある場合、受託者の機能を上手に担う組織的に行動する仕組みとして、一般社団法人の設立が考えられています（**第8章**参照）。一般社団法人による運営には、法令上の制約もありまた費用負担増となり、専門家を活用してどのような役員構成等にするか（専門家を信託事務受任者、信託監督人等の信託関係人にするよりも役員としてその能力を活用すべきと考えます）。また社員の制約、費用等の財源がポイントと考えます。家族に託するか否かも比較表を作成して許容できる仕組みを検討します。

第5章

信託財産の引渡し・管理等について

1 受託者への引渡しに際しての信託財産の特定

　民事信託を設定するに際して、信託財産によって信託目的が達成できるかを確認する必要があります。そのために、信託財産については、受託者に引き渡す手続から信託期間中の管理・処分・給付、終了時の引継ぎ・交付までの取扱い等が大過なく手続が可能かを検証して、そのことを踏まえた信託条項を定めます。

　信託財産とは、「受託者に属する財産であって、信託により管理又は処分をすべき一切の財産をいう」（信2Ⅲ）、また、「信託行為において信託財産に属すべきものと定められた財産のほか、次に掲げる財産は、信託財産に属する。」として、「一　信託財産に属する財産の管理、処分、滅失、損傷その他の事由により受託者が得た財産、二（省略）」（信16）と定義されています。つまり、委託者から信託財産として設定当初及びその後に追加して受託者に交付された財産、その代位物の財産等々も信託財産となります。

　信託財産に属する財産をもって履行する責任を負う債務を「信託財産責任負担債務」（信2Ⅸ、21）といい、信託財産への強制執行等が例外的に許される信託事務の処理から生ずる債務です。これらの債務のうち受益債権、法令の規定、信託債権者との合意債務を除き、受託者は固有財産（信2Ⅷ）も責任が及びます（信21Ⅱ反対解釈）。

　ついては、信託設定に際して、またその後に信託財産として追加する財産について、具体的に適正に特定させて信託行為において明らかに表示しておく（次の2及び7参照）こと、またその財産の状況を的確に把握して管理することが必要です。信託財産とする財産を特定して信託の効力が及ぶ範囲を明らかにするとともにその財産の状況を把握するための調査をします。

2 信託財産の分別管理について

　受託者は、信託財産に属する財産と固有財産等に属する財産とを、次の表のように財産の区分に応じ、記述の定める方法により、分別して管理しなければなりません（信34）。

　ただし、分別して管理する方法について、信託行為に別段の定めがあるときは、その定めにより受託者が管理すればその範囲で責任を負いますが、信託法14条に定める、信託財産であることを第三者に対抗（また取消し請求（信27））できる信託の登記または登録をする義務は、免除することができません。

　受益者保護に差し支えない範囲で受託者を信頼してその管理事務を緩やかにするか、専門家の補助を得るか、または専門家の監督に服するかについて財産の内容・法令・税制を踏まえて委託者等と検討します。

（信託の公示の区分と分別管理方法）

信託の公示方法に係る財産区分（信34）	具体的な信託の公示・分別管理方法とその財産
信託法14条の信託の登記・登録をしなければ、信託財産に属することを第三者に対抗できないもの（法務省令で定める財産を除く）（1号）	委託者・受託者・受益者の氏名等、信託目的、信託財産の管理方法等を具体的に登記・登録する。（不動産（不登97〜104の2）、特許権（特許66、98）、著作権（著75〜78の2、88）等（登法2別表第一））
公示しなくても信託財産に属することを第三者に対抗できるもの（2号）一般債権は、信託の表示がなくても第三者に対抗できると判例（最判平14・1・17民集56・1・20）・通説は解している。	信託に関して特段の公示不要で、計算方法を帳簿等で明らかにする。（現物の有価証券、一般の動産、指名債権等）

	信託財産に属する財産と固有財産及びその他の信託の信託財産に属する財産とを外形上区別できる状態で保管する。（金銭を除く動産）
個別の法令により名簿・原簿等に記載・記録しなければ、信託財産に属することを第三者に対抗できないもの（3号、信計規4）	信託財産に属する旨を記載・記録する。 （不発行株式、不発行社債、振替社債等（振替75、142等））

3　賃貸不動産について

(1) 信託設定に際しての調査すべき事項

　民事信託を制作する専門家は、種々の情報を入手確認してその状況を踏まえた信託条項等を定め、委託者・受託者その他信託関係人に理解してもらうことが大切です。

　信託を設定するに際しては、そもそも目的を達成できる信託してよい物件なのか、法令違反の建物等か、権利・境界等に法的紛争性等があるか、汚染等環境リスクはないか等について確認・検証します。

　受託者は、必要とされる注意義務をもって保存行為、管理行為をしなければなりません。そのためには、まず賃貸不動産の収支の現況と市場の調査をします。

　次に、老朽化が進んでいないか、適切な管理がなされているか、修繕が必要か等建物等の保守管理の現況を確認します。また、受託者として当面の必要な修繕費を見積もり、収益で賄うことができるか、中期の収支計画を確認します。さらに収益性の維持向上を見据え、収支のバランスを考慮して受益者への給付を計画的に行うことができるかを検証します。

雨漏り、エアコンの故障、水回りの不具合等、今後の使用に直接支障があるか、共用部分の管理、速やかな対処が必要かを確認します。建物等の規模や状況により管理委託契約の締結の是非及びその内容、また管理会社の業務範囲とその業況を確認します。管理会社には、建物等の保守点検・維持管理、賃料等の請求及び受領、新規募集等の管理、建物等の改修や修繕等様々な業務があり、物件の状況・費用対効果等から委託すべき内容や報告義務等を検討します。

　また、空室状況だけでなく、賃借人の状況、賃料の未収とその請求の状況も確認します。こまめに現地に出向いて確認することが望まれます。

(調査すべき事項)

- ⑦　対象不動産に関する調査（現地、役所、登記所）※
- ④　賃貸住宅・テナント・貸倉庫に係る市場調査、周辺環境調査
- ⑨　不動産管理会社等の調査、マンション管理組合の調査、委託契約書のチェック
- ⑤　テナント・入居者の状況調査、賃貸契約書のチェック
- ⑦　劣化（内外設備等）状況チェック（専門家による建物診断等）・修繕プラン
- ⑩　抵当権等が付されているか（解消方法、債務の引受け方法、債務の承継等のトラブル性）
- ⑪　借換え・建替え借入できる担保力があるか（建替え・テナント募集までの総コスト見積もり、個人保証、追加担保提供が不可欠か）
- ⑦　空室率等事業リスクの見込み（損害保険等の付保状況も）
- ⑦　優れた業者や担当者の選定
- ⑤　過去の履歴を確認できる書類の保管、隣地等とのトラブル

※対象不動産に関する調査（チェック項目等やその方法）については、「4 自宅不動産について」を参照。

(設定に際しての参考事項)

- ⑦　信託する財産にかかわる債務について
　信託する財産にかかわる債務について、信託目的が財産管理ならその財産に係る債務も委託者から隔離することも求められていると解されます。

その後の貸借契約等の変更、承継手続が円滑にできるように、信託設定に際してシンプルにしておくことが望まれます。

　民法改正案では、免責的債務引受けは、債権者が債務者に対して引受人との引受け契約が成立した旨の通知により効力が生ずるようですが、そうであるなら、受託者の信用や財産状況にもよりますが、信託時に免責的債務引受けも可能と考えられ、また信託時に受託者のみが債務者として変更等の手続ができるようにするのが合理的です（信託する趣旨が円滑な財産管理と権利移転であるため）。特段の理由がなければ、金融機関から併存的債務引受け、質権設定を要請される合理性はなく、もし求められるなら優越的地位の濫用の可能性が考えられ、借り換えも視野に入れて金融機関への粘り強い説明をします（本章5参照）。

⑦　中古賃貸用マンションの耐用年数について

　中古賃貸用マンションを相続により取得した場合の耐用年数は、中古資産に係る簡便法（省令3条1項2号ロ）は適用できません（大阪高判平26・10・30（国税庁訴資 Z888-1891））。被相続人の取得価額・取得時期を引継ぎ（所法60、所令126②）、法定耐用年数が適用されるので、委託者の取得・賃貸に係る書類等（可能ならば確定申告控も）を大切に保管しておく必要があります。

（2）管理すべき事項

①　不動産の管理

　受託者は長期にわたり信託行為に定められた範囲で広範な裁量権を有するとともに法令及び信託条項に定めた相当の注意をもって事務を遂行しなければなりません。

　信託効力発生後は、対抗要件の具備・疎明資料の保存、不動産管理の委託業者任せではなく（委託先の選定基準を満たし信用できる状況に変化はないか定期的に評価する）、建物等の保守管理、工作物責任、境界確認、借入金返済リスク、利益相反等の取引の管理、不適切な処分の管理、テナント契約管理・収支管理のための定期的な情報収集・現地確認・社会地域環境分析が大切で、また賃貸状況悪化に備え

修繕積立金等を積み立てるなど財務計画を立てる必要があります。

　については、信託をアレンジする際に、受託者に日頃からチェックすべき事項及び管理日誌のモデルを明示し、また不動産管理の委託業者以外の専門家に相談でき、アドバイスが得られる態勢を仕組んでおく必要があります。

② **不動産管理の事務**

ⅰ　不動産所得の申告等のための帳簿等の記録等

　帳簿等による収入別・経費別の記録及び証憑書類の保存ならびに計算書類の作成は、受益者及び委託者相続人等とのトラブルを防止するとともに、受託者の権利濫用や任務懈怠を防止するためにも重要ですが、所得課税の申告（措法41の4の2、措令26の6の2⑥、措規18の24）の際に添付する書類を作成したり、相続税の申告に必要な情報提供をするためにも必要です。

　また青色申告の承認申請を行う場合、青色申告特別控除、青色専従者給与・小規模企業共済掛金の必要経費算入、所得の金額300万円以下の現金主義会計、30万円未満の減価償却資産の一括償却等の50種類以上の特例の適用を、事案に即して上手に活用し、青色決算書、収支内訳書等を作成します（専門家に必ず具体的に相談し必要な手続をします）。そのためには、複式簿記による記帳、標準簡易帳簿等（現金出納帳・預金出納帳・経費帳・固定資産台帳等）、小規模な事業者の現金式簡易簿記の記帳による記録方法を適切に行う必要があります（記録・保存の規定に従わない場合、承認の取消事由の事実があった年まで遡り取り消されます）。

　事業規模（5棟10室、共有者各々適用可）及び複式簿記であれば特別控除は65万円になりますので、複式簿記による適正な帳簿作成及び書類の保存（青色申告では7年間、信託法では10年間の保存ですが、実務上の理由によりトラブル回避、残余財産の引渡しに係る書類等はそれぞれの手続が終了するまで保存することが望ましいです）が不可欠になります（措法25の2③⑤ほか）。

ⅱ　子孫等を受益者にする時期の検討

相続対策、所得対策等から、譲渡か贈与・相続か、数年後か信託設定時か、民事信託を活用するか否か、どの財産を信託財産にするか、誰を受益者等にするか等々については、節税対策・納税資金対策・争族トラブル対策等の総合的な検証が必要であり、税務面では税理士による詳細な検証は不可欠です。また、親亡き後の財産管理のための民事信託であっても単純に考えずに、財産等、キャッシュフロー及び納税負担等のシミュレーションを専門家も交えて検証します。

iii　管理方法の検証

　不動産賃貸をどのように管理するのか、どのような管理内容が適切かは、用途（テナント用／居住用）、規模及び状況により異なります。また、入居募集、入退去手続、集金、保守管理等の多くの事務作業があります。受託者としてどのような事務を担うのが最適か、またそのうちの第三者への事務委託、家族の管理会社の活用、サブリース（家賃保証（テナント部分20・30％、住宅部分10・20％のリスク））契約等、について専門家を交えて検証します。

　もちろん、受託者によるシンプルな管理方法がよい場合もたくさんありますが、事案の状況等により検証することが大切です。

（不動産賃貸管理事務の例）

・入出金の管理、帳簿の記録・保存、計算書類等の作成・保存
・入居者の募集、市場調査
・入退去の立会い
・入退去の修繕等の手配・監理
・入居者の管理、集金事務及び物件・近隣の状況チェック
・清掃作業
・管理会社の手続状況等のチェック　等々

※転勤時等に留守宅（リロケーション：3年以内の期間、1～2割安い家賃、専門業者の管理料は家賃の10%前後）を第三者または親戚等に貸す場合にも、専門業者を活用したり、民事信託を活用したりすることも考えられますが、上記のように原状回復の修繕費負担や居座り等の対策が大切なので慎重に検証します。

(3) 信託事務の第三者委託

　賃貸不動産の規模・状況等により、信託事務の一部を第三者に委託するか、履行補助する者を得るか、指図者を指定するか、等について検討します。

　信託法28条の規定では、信託財産の適正な管理のために、第三者委託に関して、委託者または受益者の指定、指名する第三者の指定、受託者の裁量で適宜指定、または原則禁止とすること等の定めのいずれかを選択することができます。定め方により受託者の責任は異なります。信託行為に際して、どのような定めをすべきか、信託財産の状況、受託者の能力等の変化等を踏まえて、その受託者・受任者の状況、信託財産の規模等に応じて管理事務の適切な方法を検討する必要があります。

　また、事案ごとに受託者に求められる職務の程度・報酬、信託財産からの費用負担の程度も踏まえて、信託行為に際して受託者が担えるか、第三者に委託することが受益者のためになるかを、委託者とともに検討します。

　賃貸不動産の場合、受託者として適正な管理・運営をするために、サブリースの是非、管理方法等の判断、受託者の具体的義務履行のためのセカンドオピニオン等々、法務・財務・実務について専門家に相談できる契約を締結できるように、信託条項に定めることも検討します[1]。

1）参考文献として、福井修「自己執行義務と受託者の責任——役務提供型契約における履行補助者」富大経済論集59-1（2013年）43頁以下、同「他人を使用した場合の責任」新井誠・神田秀樹・木南敦編『信託法制の展望』（日本評論社、2011年）234頁。村松秀樹・富澤賢一郎・鈴木秀昭・三木原聡『概説新信託法』（きんざい、2008年）82頁。山本敬三「第三者への事務処理の委託」ジュリ1450（2013年）52頁以下。

（4）賃貸不動産に係る信託条項の例

　賃貸不動産の場合、その管理等に係る次のような条項等について検討し、適切な条項にします。

（賃貸不動産を管理し適時に処分する場合の信託条項の検討例）

（信託財産）

第○条　本信託の当初信託財産は、別紙信託財産目録記載の不動産（以下「信託不動産」という。）及び金銭（受領済みの敷金を含む。）とする。

2　上記の他、以下の各号に掲げるものを信託財産に含むものとする。

　① 　信託不動産の賃貸から生じる賃料収入等の果実

　② 　信託不動産の換価（売却）代金、信託不動産に関して取得した保険金及び補償金その他信託不動産の代償として取得した財産

　③ 　信託財産に属する金銭の運用から生じる収益

　④ 　受託者の要請に基づき、本信託の目的を達成するために委託者より追加的に受け入れた金銭

　　信託財産として将来組み込まれる可能性のあるものを上記の第2項に記載しました。①から③の信託財産から得られる果実は、当然信託財産に組み入れられるので契約書に記載する必要はありませんが、委託者、受託者及び受益者への配慮から、わかりやすくあえて記載します。

　　また、信託財産の現金の中に敷金が含まれていることを本契約の中で明確にすることで、敷金を債務として相続税等の課税価格から忘れることなく除かれるよう記載します。

　　なお、賃貸人の地位が移転すれば、敷金の権利や義務も移転します。賃借人は退去時に、新しい賃貸人である受託者に対して敷金返還を請求しますので、受託者は将来の支出を予定しなければなりません。

（受益権の内容）

第〇条　受益者は、信託不動産の賃料収入、信託不動産を売却した換価代金その他の金融資産から必要経費等を控除した残余金の給付を受ける権利を有する。

2　受益者は、受益権の性質から譲渡または質入れその他の担保設定等の処分をすることができない。

3　本信託の受益権は、相続により承継する。

> 　信託期間中に、予期せぬ事態が発生し、多額の資金が必要になった際には、信託不動産に抵当権を設定して融資を受けることも選択肢として考えられます。しかし、信託財産の収益が限定的で、給付も家族である受益者の生活のためなど限られた目的であり、受益権の譲渡または新たな資金の借入れをできるだけ避けるべきと考えられる場合、上記2項を入れます。
>
> 　また、受託者等の事務が複雑になることを避けるため、第2項及び第3項により、この事例では受益権の拡散は相続によるもののみ認め、受益権の売買等は認めないこととしました。
>
> 　なお、信託法（93、96）では受益権を譲渡し、あるいは質権を設定することを認めつつ、信託行為に別段の定めがあればそれを適用しないとしていますが、第三者対抗からまずは信託目的に照らしその性質から譲渡できないことを主張する必要があります。このため、契約書に上記のように記載することで、契約当事者が譲渡や質権設定を拒否していることが明確になります。

（信託財産の引渡し）

第〇条　委託者は、本信託契約締結後速やかに、信託財産である金銭及び信託不動産に係る証書類等を受託者に引き渡し、信託不動産等につき必要な名義変更、所有権移転及び信託の登記手続きを行う。

2　受託者は、信託不動産以外の信託財産については、「信託口」又はこれに類する分別管理をするための表示を受けた預貯金口座を開設し、当該口座により管理する。

3 本条第1項及び第2項の手続きに必要な公租公課その他の費用は、委託者の負担とする。

> 信託財産である金銭は、通常委託者の預貯金を原資としていますが、信託財産として引き渡す際には、受託者において自らの財産と分別管理するため、受託者が「信託口口座」を新たに開設し、この口座に委託者の預貯金を振り込みます。実際には信託口口座の開設を行わない金融機関も多いので、その場合は新たな口座に信託財産であるとわかる記載をして、受託者の固有財産と明確に分けます。受託者名義の財産が受託者の事情により差し押さえられた時の速やかな対応のため、また当該信託財産が差押えの対象にならないためにも必要です。
> 建物に関連する損害保険の名義の書き換えは忘れられがちです。名義変更や契約者変更等の手続を怠っていると、信託期間中に事故が起きた際、保険金を速やかに受領できなくなるかもしれませんので、契約書にも明確に記載します。

（公租公課の精算）

第○条　信託不動産に係る信託設定日が属する年の固定資産税及び都市計画税の負担は、信託設定日をもって区分し、同年1月1日を起算日として、信託設定日の前日までに該当する分はこれを委託者の負担とし、信託設定日以後12月31日までに該当する分はこれを信託財産の負担とする。

（信託事務の内容）

第○条　受託者は、信託不動産の管理等を行うために、次の各号に定める事務及びその他の必要な手続きを行う。

① 　本信託の契約締結後速やかに賃借人に対して既存賃貸借契約の賃貸人の地位を承継した旨及び賃借料の振込先となる「受託者○○信託口」口座（またはこれに類する分別管理をするための表示を受けた預貯金口座）を通知をする。

② 　前号により承継した賃貸借契約を、期間満了（平成　年　月　日迄）により終了させる。このため、期間満了の1年前から6カ月前までの間に、賃借人に対して正当事由とともに

契約の更新を拒絶する旨の通知をする。また、期間終了後も賃借人が建物の使用を継続した場合、遅滞なく賃借人に対して異議を述べる。（この事例では空き家にして処分を予定）

③　信託不動産の賃貸期間中に得た賃料収入の一部について受益者代理人（事案により「受益者」。以下同じ）から臨時の給付の請求があった場合、受益者に対して金銭を給付する。

④　本信託開始と同時に必要な書類の保存と信託帳簿の作成を開始する。なお、信託帳簿は、青色申告等による確定申告にも使用できる帳簿として作成し適正に管理する。

⑤　信託財産の内容について、前号信託帳簿に基づき毎年12月末日現在の以下の書類を作成し受益者代理人に報告する。

　　1）貸借対照表
　　2）損益計算書
　　3）財産状況開示資料等の信託事務や信託財産の状況を明らかにする書類

⑥　自然災害の発生や不慮の事故等による特別の事務処理や支出が発生する可能性がある又は発生した場合、速やかに受益者代理人に報告する。

⑦　受益者代理人から報告を求められたときは速やかに求められた事項を報告する。

2　受託者は、信託不動産から賃借人が退去した後、速やかにリフォーム工事を行うこととする。このため、適宜、リフォームの業者の選定、工事請負契約の締結、請負工事の監督及び請負代金の支払い等、必要な手続きを行う。

3　受託者は、リフォーム工事終了後、速やかに信託不動産を換価のため売却することとする。このため、適宜、不動産仲介業者の選定、売買契約の締結、売買代金の受領、信託不動産の引渡し等、必要な手続きを行う。なお、信託不動産を売却するにあたり、あらかじめ受益者代理人に対し売却価格を通知し、承諾を得ることとする。

4 受託者は、信託不動産の換価（売却）後、信託財産から第○
条に規定する譲渡費用等を差し引いた残余金を受益者に対して
給付する。

> 1. 賃貸借契約の地位の移転について
> 　賃貸物件の所有権が移転し、賃貸人の地位が移転した場合、賃借人の承諾がなくても契約は継続できますが、前賃貸人の口座に引き続き賃借料の振込がなされると信託機能が働かないので、速やかに新たな賃借料振込用の信託口口座を賃借人に通知し、賃借料の振込先を変更してもらいます。
> 2. 建物の賃貸借契約の更新について（空き家にして処分する場合）
> 　期限の定めのある建物賃貸借契約は、期間が満了しても原則更新されますので、更新しない場合は、期間満了前の一定期間内に、賃貸人が賃借人に対して正当事由とともに更新拒絶通知をしなければなりません。また、賃借人が建物の使用を継続し、それに対して賃貸人が遅滞なく異議を述べなければ賃貸借契約は更新されてしまいますので、賃貸人である受託者がこれらを怠ることがないよう、信託契約書に記載します。
> 3. 信託財産に係る帳簿等の作成について
> 　信託法 37 条では、第 1 項で信託財産に係る帳簿の作成、第 2 項で毎年の貸借対照表、損益計算書及び財産状況開示資料の作成を義務付けています。信託財産及びその収支の管理は複雑でなく、リスクがなく、受益者が日頃から状況を把握している場合で合意があり、かつ対外的にその状況を説明する必要がなければ、簡易な"信託帳簿"でもって代替でき、さらに毎年 12 月末現在の状況の報告も簡潔にすることも可能です。賃貸の規模、管理の重要性及び申告等から総合的に検討しますが基本どおりにすることが大切です。確定申告にも使用できる帳簿を作成する場合、信託帳簿として内容が充分か慎重に検討しなければなりません。

（受託者の義務）

第○条　受託者は、本信託の目的に従って、忠実に信託事務の処
理その他の行為を行い、かつ善良なる管理者の注意をもって信
託事務を処理する。

2　受託者は、その信託事務の一部を第三者に委託するときは、委託先を適切に指導・監督する。

3　受託者は、前各項の注意をもって信託事務を処理する限り、信託財産に生じた価格の下落その他の損害が委託者又は受益者に生じてもその責めを負わない。

（諸費用等）

第〇条　受託者は、次の各号の費用を信託事務の必要経費として信託財産から支出する。

①　信託不動産の公租公課、修繕費、賃貸住宅管理会社への手数料、損害保険料、マンション管理費、修繕積立金、敷金の返還債務、リフォーム工事代金、売買の仲介手数料、その他管理、運用及び換価（売却）等の処分のために必要となる費用

②　信託報酬（及び信託関係人の報酬）

③　本信託を遂行するうえで、受託者が過失なくして受けた損害賠償請求による賠償金

2　受託者は、訴訟行為等、前項各号以外の特別の支出が見込まれる場合は、本信託の本旨に従い、受益者代理人の同意を得て、当該費用を支出することができる。

> 受託者の受託事務の円滑な実施を促すため、予め支出可能な必要経費を具体的に記載または受託者に別途示します。

<table>
<tr><td>4</td><td>自宅不動産について</td></tr>
</table>

次のいずれかのようなケースを前提に記述します。

（ア）　委託者の自宅不動産の所有権を信託財産として受託者に移転した後、委託者が当該不動産に引き続き居住する場合

（イ）　委託者の配偶者が委託者死亡後も自宅不動産に引き続き居住する場合

　民事信託を創造し提案する専門家は、受託者としての職務（信託事務）の適正な実施が可能であり、ひいては信託目的が達成できるかを受託者及び委託者において確認・検証するため、次のような項目を調査・確認します。

(1) 自宅不動産の信託財産としての受入れに際して

　下記について、信託契約締結前に可能な限り収集・調査します。将来の売却、帰属権利者への引渡しも視野に、不動産に関する情報・書類を収集整理し、管理のために必要な事項を確認することで、今後の改修や売却時等の手続が円滑になります。

① **関係書類（物件の履歴情報等）の収集**
　・不動産登記事項証明書による最新の登記情報（登記所にて取得可能）
　・過去の売買契約書、造成・新築・改修等の工事請負契約書や重要事項説明書
　・不動産に付随する設備等の取扱い説明書や購入時の契約書
　・公図、地積測量図及び建物図面等（登記所にて取得可能）
　・固定資産評価証明書（または固定資産税・都市計画税納付通知書）及び都市計画図等（市役所等にて取得可能）
　・建物の新築時における設計図面や建築確認・検査済証、住宅性能評価書、マンションであれば分譲時のパンフレット

・マンションの管理規約や修繕費の積立等に関する資料等

・電気水道等の公共料金の納付資料（名義人、各種料金納付口座等）

・火災保険や地震保険等の各種損害保険契約書情報（名義人、保険料納付口座、保険の対象）

② **現地等の調査による物件の確認**

　以下の内容について、現地等の調査の結果と上記①関係書類の内容とが一致しているか否かを確認するとともに、上記関係書類では把握できない現地の様子を記録に残します。

現地等の調査において確認すべき内容（土地）	地目、地積、間口、土地の形状、境界標や塀等の存在、接面道路の幅員及び接道状況、地下埋設物・埋蔵文化財・土壌汚染（聞き取り調査）、電柱、供給処理施設の引込み箇所、法令上の制約の遵守　等
現地調査において確認すべき内容（建物）	用途、規模（床面積や階数）、形状、構造、建築後の経年、間取り、屋根・外壁・内壁・天井・床の使用資材、付帯設備（空調、防災設備、蓄電発電等）、法令上の制約の遵守　等

　以下の内容について、専門家によりさらに現地調査にて確認し、その結果を記録に残します。

現地にて確認すべき内容（土地）	接面道路の舗装の有無、縁石及びガードレール等、隣地の土地利用、越境している竹木等の有無、境界線付近の建築、自然排水、浸水、地盤沈下、浄化槽等敷地内残存物、騒音、振動、異臭、電波障害の可能性、公衆道路等の清掃管理状況、近隣の幹線道路による影響　等
現地にて確認すべき内容（建物）	家具、植栽、アスベストの使用の有無、バリアフリー化の状況、共用部分の清掃等管理状況、汚れ破損腐食劣化の状況、火災等の被害状況、鍵の設置状況、建物の傾き　等

マンションの場合、以下の内容について、マンション管理組合関係者等に確認し、その結果を記録に残します。

マンション管理組合等に対して確認すべき内容	管理委託業務費の明細の有無、管理委託契約書内の業務不履行時の契約解除条項の有無、管理組合理事会や総会の議事録の配付、災害時用の道具・備品等の保管の有無、マンション損害保険や賠償保険の加入の有無、管理費と修繕積立金を区分経理しているか否か、収支予算書及び決算書等を作成して総会承認を得ているか否か、管理費等滞納世帯に対する管理費等請求の実施状況、長期修繕計画書の作成、耐震診断の結果、躯体や設備の定期的な点検結果　等

③　委託者の意向の確認

委託者の以下の意向をなるべく詳細に確認します。なお、利害関係人等とのトラブルを避け、自宅不動産の処分にあたり受託者の権限外行為を防止（裁量が生じないように）する観点から、確認された意向は、可能な限り、信託契約に定めることが望ましいです。

・信託財産（自宅不動産）の管理に係る受託者の信託事務の範囲を話し合います。

・固定資産税や都市計画税、損害保険料等を所有者である受託者において支払うため、必要な財源を確認するとともに、所有権の移転に伴うこれらの支払い変更手続を行うことを委託者に伝えます。

・自宅不動産の敷地・建物等・設備の修繕等（災害に起因する復旧工事や、バリアフリー化、耐震改修工事、大規模修繕を含む）や取替え、庭木の手入れが必要になった時の費用負担や手続について、受益者と受託者間の役割分担や必要な財源を確認します。また、受益者（使用借権類似の権利を与えることになるのかについて後述します）が事前通知により修繕等を自己負担で行うか否か、信託終了時の原状回復の義務を免除するか否か等の希望を伺います。

　（配偶者を収益受益者とするか受益者とするか、またその受益債

権の内容・性質をどう具体的に定めるか、また帰属権利者の権利の内容をどのように契約の条文において定めるかを慎重に検討します）

・受益者以外の同居者は信託スキームに影響するため原則認められないことから、将来、同居者を迎え入れた場合に契約違反として受益権の消滅事由にするのか、同居者との終了時の立退き合意書を得て認めるのか、終了時に引き渡す帰属権利者と協議をすることとするのかなど、委託者の意向を確認します。

・信託期間中、受託者には相隣関係や生活環境、信託財産（自宅不動産）の居住の状況を把握するため定期的に現地を訪問するとともに、敷地立ち入りや室内入室等を行う義務があるので、受益者に協力してもらえるか確認します。

・隣地所有者との過去の交渉経緯、その他財産に係る渉外交渉における留意点を伺います。

・受益者として、受託者に事前に確認をしてから行動すべき事項（単独で行動してはいけないこと）の有無とその内容を明らかにし、受益者の理解を得ます。

・信託期間中の不動産の使用の中止及び処分を判断する場合の例示として、受益者の施設入所・転居、建物の老朽化等をあげたうえで、希望を伺います。

・信託終了後の信託不動産の扱いについて、現状のまま帰属権利者等に引き渡すことを希望するのか、もしくは建物等を解体するのか、あるいは歴史的建造物としての保存、特定の者への売却や寄贈等を希望しそれらを帰属権利者または処分時の買主への交付条件として付与するのか、希望を伺います。

・不動産引渡しに際して、受益者の私物を含めて、使用していた家具、備品等の廃棄・引渡し等の処分方法の希望を伺います。

※受益者が有する権利は信託不動産の自らの居住のための使用借権に近いものと考えられますが、法的性質について検証されておらず、法律上の権利義務は明確ではないことから、慎重に検討して信託契

約書を作成する必要があります。また、受益債権の性格から使用貸借契約とは異なると解されることから受益者には使用貸借または賃貸借契約でない旨を説明します。

　なお、委託者だけが受益者（同居者がいない）なら、委託者兼受益者に通常必要な諸費用負担を求めることもでき、委託者の意思として特別の有益費を負担しても受託者に費用請求せず、また信託終了時の原状回復も求めないと考えられますので、帰属権利者へは現状有姿での引渡しの定めになるものと考えます。

④　**毎年の費用、及び将来の改修・売却等の各種費用の調査（委託者が希望する場合）**

・将来想定される以下の費用の相場を専門家等に聞くなどして把握します。

　a)　自宅不動産の改修の費用（風水害等被災の可能性、外壁塗装、塀門扉改修、手すりやスロープ設置、耐震改修等）

　b)　自宅不動産（建物）や工作物の除却費、土地の整地費

　c)　自宅不動産の主な設備の修繕や交換の費用

　d)　庭の手入れ、伐採の費用

　e)　使用していた家具や備品の撤去及び処分費用

　f)　固定資産税や都市計画税、損害保険料、事務委託費（信託報酬を含む）その他維持管理のために毎年要する費用

　g)　売却の際の不動産仲介手数料等

・上記の費用を、委託者において負担するか、信託財産である金銭の中で賄うか、あるいは金融機関に借りるか等、委託者の意向を確認します。

・自宅不動産に係る受益権の移転による課税、売却価格（市場価格）、仲介手数料及び売却時の課税額等の資金負担を専門家に確認します。

⑤　**受託者としての工作物・営造物の所有者責任の履行能力の検討**

　受託者は損失てん補責任等（信40）とともに、信託された不動産の法的所有者としての責任（瑕疵等による損害賠償責任を含む。

信託法21条1項9号と解されているが、過失があれば8号の適用もあり得る。）を負う一方で、受託者の裁量は限定的と考えられます（信29、30）。そのため、現況について調査した結果を委託者・受託者へ適切に情報提供するとともに、それらの情報に基づく問題点と対応策を把握したうえで、受託者としての責任を果たせるか否か、検討することが重要になります。

・現地調査等により法令等違反の有無を確認し、違反があった場合には、その実態（違反内容及びその軽重、対応方法）を委託者に説明し、委託者等の方針を把握します。

・違反があった場合、合理的にみて是正可能な期間内に適法状態へ是正するなどにより、受託者としての所有者責任を履行することが可能か否かを検討します。

・不動産については、土地であればPCB（ポリ塩化ビフェニル）等の土壌汚染、建物であればアスベストの使用等、信託財産に環境リスクがあることを委託者に説明し、委託者の方針を把握します。

・自然災害や事故等により不動産に損害が発生した場合、その補償額として、既に加入している火災保険や地震保険等の各種損害保険の対象及び額が適切なものであるかどうか検討します。

・事前に表明していた瑕疵以外の瑕疵から損害が生じた場合や、不動産が違法状態である場合、委託者は瑕疵担保責任等相当を負わざるを得ない可能性があります。このため委託者にそれらに対処する能力（損害保険や保有資産、資金手当てのための融資に必要な信用力及び返済能力等）があるかを受託者側においても検討します。これらの問題を放置した場合、将来、損害賠償請求が提起される恐れがあります。一方、必要な資金を受益者に請求することも考えられますが、受益者が委託者とは異なる第二受益者等である場合には、前払い義務や償還義務は認められませんので、慎重な対応が求められます。なお、強制できませんが、受益者または残余財産の帰属者が現実的に負担することができるかを委託者と検討します。

（受入時の確認・調査・留意事項）

> ⑦　帰属権利者、残余財産受益者（むしろ元本受益者）のいずれかを設定
> 　するか（信託不動産の維持に必要な改修等をする場合の判断及び資金負
> 　担をする者を検討する）
> ④　受益者は信託目的を叶えられるような状況か、必要十分な信託財産か
> 　（ライフプランと整合性のある財産状況か、いずれ信託財産で補う必要が
> 　生じる瑕疵・要修理等の問題はないか）
> ⑨　信託目的に照らして各種の損害保険を適正に付保しているか（契約の
> 　地位の変更、付保内容・額の見直し）
> ⑤　（収益）受益者が使用できる範囲（建物内のうち、家屋内動産の費用負
> 　担）、またその使用はどのような権利か（使用貸借に似ているが費用負担
> 　によって権利関係にトラブルが生じる可能性がある（後述参照））
> ⑦　（収益）受益者の権利が消滅する事由としてどのような場合が想定され
> 　るか、終了時の家屋内動産の整理・費用負担は誰が行うのか

（信託財産を居住用とする場合の検討）

　信託では、受益者に信託財産の所有権ではなく信託財産から生じる
収益だけを享受できる権利、すなわち「収益受益権」というものだけ
を与えるスキームができます。資産の帰属と果実の帰属を異なる者に
するスキームです。

　一方、信託独自のものでなく、所有権の一部を分離させたものとし
て欧米には使用・収益権があります。たとえば、フランス民法では、
不動産の権利である居住する権利（使用する権利）、賃貸する権利
（果実を収受する権利）と売却する権利（処分する権利）の３つにつ
いて、利用権（usufruit）と残存権（nue-propriété）に分かれ、併せ
て完全な所有権（plein propriété）となり、生涯利用権の売買をビュ
アジェ（viager）といい、リバースモーゲージとして利用されていま
す。英米法では無償で生涯居住する権利を有する配偶者を
usufructuaryといいます。ドイツ法では譲渡はできないものの利用
する権利があるといわれています。

しかし、日本では、土地を目的とする用益物権として地上権・地役権・入会権などがありますが、法令内においての使用、収受及び処分する権利であり、処分する権利または残存権だけを切り離すことはできません。また、日本の民法では所有権の一体性の考えが強く、建物を目的とする使用・収益権という用益権を認めていません。

　いわゆる後継ぎ遺贈型受益者連続信託のスキームは、所有権を受益権として種々の制限された指名債権に転換させることにより、独仏の大陸法にもある一種の用益権（生涯権などと言われ、終身借家権のようなものもある）のような権利を、民法改正ではなく改正信託法により期限付きの受益権として創設させました。社会的な福祉・家族ニーズの要請により多様な財産承継制度としてだけでなく、財産権としても改正信託法は認めたのではないでしょうか。

　能見善久教授は、「フランスでも財産所有者がこれを生前処分して、自己のために終身の用益権（usufruit）を設定することが多いといわれている。用益権は、その者に専属する権利であり、権利者が死亡すると終了する（フランス民法617条）。……。さらに、ドイツの用益権（Niessbrauch）は、相続の対象とならないだけでなく、処分もできない（ドイツ民法1059条）。このような用益権の利用の仕方は、信託設定者が自分に生涯権を設定し、死亡後は子に受益権を与えるのと類似する。」[2] と記述されています。

　このような期限付きの受益権スキーム、いわゆる後継ぎ遺贈型受益者連続信託により遺留分を侵害した場合に、委託者の最終意思を尊重して一種の用益物権に類似する新たな受益権の創設を認めたうえで、減殺請求に応じる解釈がなされるよう、信託と相続制度が共存する取り扱いの明確化が望まれます。

　平成27年4月に法務省に設置された法制審の民法（相続関係）部会において、高齢化社会、家族の在り方の国民意識の変化等、残された配偶者の生活配慮等の観点から相続に関する規律の見直しが検討さ

2）能見善久『現代信託法』（有斐閣、2004年）90頁（注47）。

れています。論点の一つとして、遺産分割後にも配偶者に居住建物の使用を認める新しい権利「長期居住権」の新設が取り上げられており、現時点の検討状況を部会資料から伺うことができます。

民法（相続関係）部会（H27.10.20）資料6の第2「長期居住権*」の概要（その後 H28.4.12 部会資料 11 の中間試案たたき台）	委託者の配偶者等が受益者になり信託財産である自宅不動産を使用する民事信託の場合
法定の債権（被相続人所有の建物の遺産分割終了後、配偶者は長期居住権として賃借権類似の債権を取得。建物所有者の義務は配偶者の使用を受忍する義務のみ、居住に適する状態にする義務（修繕等）を負わず、公租公課・通常の必要費、災害の損傷修繕費等は配偶者が負担。配偶者が有益費を支出すれば民 196 Ⅱ の規律による（増改築・リフォーム費等の価値増が現存すれば所有者の選択により増価額・支出額を償還））	受益者は配偶者とは限らない 信託行為で定めた受益債権 受益者には、原則として信託財産を維持するための費用負担はさせない（後述の使用貸借の場合の通常の費用負担と受益者の費用負担との違いに注意）
長期居住権の法的性質を用益物権ではなく賃借権類似の法定の債権とする （配偶者の居住権を保護しつつ、建物の所有権を相続人である自分の子が相続できる）	受益権として配偶者等の受益者の居住建物を使用する権利を認め、建物の用法遵守義務・善管注意義務（保存義務）等を負うか
無償使用（全額前払方式）、有償使用（賃料支払方式）のいずれも許容（遺言の場合、有償の義務の相当性等が問題になる）	原則無償
要件として（相続開始時居住、年齢・婚姻期間）	委託者の意向による
配偶者は、その財産的価値に相当する金額を相続したものと扱う 無償使用の場合は建物賃借権類似の権利＋賃料相当の前払（財産評価額＝建物賃借権の評価＋賃料相当額×存続期間（平	受益権としての評価可能 通常費用負担がないときは、左記よりも高くなると解される。しかしその方がよいか要検討

均余命等）－中間利息額）、有償使用なら賃借権相当	
配偶者は、建物の性質によって定まった用法に従い使用し、善管注意義務をもって保存する義務がある	委託者の意思、現実の状況から個別に具体的に定める
長期居住権として登記すれば、所有権が譲渡されても第三者に対抗できるが、敷地所有者が譲渡すれば建物のための敷地利用権が設定されていないと第三者に対抗できない（居住権侵害の損害賠償請求）ので、居住建物の敷地に長期居住権のための新たな用益物権を創設せず、賃借権類似の法定の債権と位置づけて、対抗要件を登記のみとする案	長期居住権としての登記なし（ただし、今後民法の改正があった場合、配偶者は長期居住権として登記できるのか、またする義務があるか、要注意）
第三者に譲渡・転貸できる（所有者の承諾要）。期間更新なし	第三者に譲渡・転貸は定めによる。期間更新なし
配偶者死亡で消滅し、期間満了用法・譲渡等違反により所有者は長期居住権の消滅請求ができ、配偶者は消滅により原状回復義務を負う	終了事由として、死亡、用法・譲渡等信託行為違反、再婚その他を定めることが可能経年損耗等はもちろん、原状回復義務は定め次第
遺産分割のほか、遺言・死因贈与により取得させることができる配偶者は遺産の相続の選択肢の1つとなる	生前に、または相続開始後に設定できる
長期居住権は抵当権に劣後するので、もし実行されれば建物買受者に明け渡すことになる（遺産分割では抵当権消滅後に長期居住権を取得・登記すべき）。長期居住権を取得・登記後の抵当権設定は対抗できる不法占拠者に対して占有訴権で明渡し請求できる	抵当権が信託財産に付されている場合、また信託財産を担保に付した場合、抵当権者に対抗できない

※配偶者が相続開始時に居住していた被相続人所有の建物を対象として、遺産分割終了後にも配偶者にその建物の使用を認めることを内容とする法定の権利。

（居住用の場合の委託者意思の確認事項）

> ⑦　信託財産（自宅不動産）の範囲は受託者が修理等の対応をする範囲であり、具体的には敷地、庭園、建物及び建物に付属する構築物・設備となる（これらは混同により信託財産となる）。なお、家屋内動産（家具・生活用品等）や書画骨董品は除かれる（家屋内動産については、信託財産とするなら分別管理義務がある。これらを個々に管理及び費用負担することは現実的に不可能で合理的ではないので、家屋内の受益者固有の財産の引渡しや処分等について別途対応を協議する必要がある）
>
> ④　受益者以外の同居者を認めるか否か（同居者がいることが判明した場合終了事由にするか否か（同居者を認める場合、その終了事由について定めが必要））、施設入所後も帰宅できるように引き続き管理するのか、あるいは施設入所後は処分するのか（引き続き管理する場合は何を終了事由にするのか）、受益者及び同居者等関係者が信託条項違反をした場合、施設に入所する場合・入所すべきであるが入所しない場合、無断で改装をした場合及び適切な使用ができない状況にある場合の対処方法はどうするか（例：（収益）受益権を消滅させる、信託終了事由にする、元本受益者がリスクを負う）
>
> ⑦　信託目的に照らして信託不動産を処分する必要があるのか
>
> ①　災害等により受益者が信託不動産において生活できなくなり、信託財産から多額（保険金等を除く）の修繕・改修・建替え費用が必要となった場合の対処方法（例：信託を終了させる）
>
> ④　固定資産税等、損害保険料について委託者に費用負担請求できるか（委託者兼受益者ならば、支弁や追加信託を求めるが、速やかに手続できるか）
>
> ⑦　信託不動産の管理等のために信託金融資産からどのような場合にどの程度負担するのか（公租公課、損害保険料、躯体及び躯体と一体の設備（給排水・台所、洗面、浴室、トイレ、床暖房等）に係る修繕・改修（バリアフリー化を含む）及び建替え資金）、またそれを実現するだけの十分な金融資産があるのか
>
> ④　家具・家庭用製品（冷暖房器具・電気製品・家具等の動産一式（生活用品・その他図書等含む））に係る修繕や買替え、費用負担及び処分の権限は（収益）受益者にあるとするのか（信託終了時に信託建物内にある（収益）受益者の所有物の整理・帰属についてどうするのか（遺言等）

（民事信託説明ツール例「自宅不動産関連の財産目録の明細チェック」）

財産内容・数量等	信託財産にするか否か	所有・共有者同居人の有無	関係書類の有無	管理・処分等
宅地等　所在・地番等				
公衆用道路　所在・地番等				
青地（従来の水路や河川敷）　所在・地番等				
建物　所在・地番等（登記有無）				
植木・燈篭等				
ガレージ等構築物				
台所・浴槽設備				
電化製品、冷暖房器具				
家具				
調度品（信託財産にする場合、具体的に記載）				
書画・骨董（　　　〃　　　　）				

※自宅不動産は、現場を見て、登記簿に記載の内容を確認し、相違点の有無等を慎重に確認します。

※建物及びその敷地内にある動産または構築物等は、現場を見て、信託財産にするか否かを関係者間で確認します。また、受益者が信託財産を使用するに際して、その適切な管理を受益者に委ねるのか、または不適切な管理ならば、受益者の自己負担にするのか、適切な管理がなされていたときの（同等程度の）買替え・修繕等は受託者が負担するのかについて、検討します。

（2） 自宅不動産の信託財産としての管理（信託期間中）

　信託契約締結前に確認した内容に沿って、以下のことを実施します。
・定期的に現地を訪問し、相隣関係や生活環境、居住状況等を確認することにより信託財産の利用状況を把握します。
・受益者（居住者）が自宅不動産を使用するにあたり、居住者の加齢に伴う身体能力の低下に配慮したものになっているか、確認します。適宜、改修等により手すりを設置したり、緊急連絡設備を備えたりしますが、場合によっては、自宅不動産の居住を断念し、介護施設等に移ることについて話し合います。
・受益者や親族、受益者代理人等から改修等を相談されたとき、信託目的に照らして工事関係者や介護士等の専門家を交えて話し合います。
・受託者として事務を適切に実行するため、受益者の死亡等による受益権消滅の時期を速やかに把握し、次の受益者に不動産の利用を促したり、信託を終了させる等の措置をとる必要があります。このため、受益者の親族や後見人等関係者から連絡を受けることができるよう日頃からの交流に努めるとともに、次の受益者の連絡先を把握しておきます。
・隣地所有者との交渉、その他財産に係る渉外交渉を行います。
・自宅不動産をしばらく使用しない期間は、定期的な室内の空気の入れ替えや郵便受けの確認等について予め委託者と確認した管理方法に沿って管理します。
・その他、信託事務として定めた範囲において自宅不動産の管理を行います。

（民事信託の信託不動産管理台帳の例（平成○年○月○日現在））

受益者	○○○（S○.○.○生）住所：○○▽丁目○番○号		受託者	○○○○（S○.○.○生）住所：○○△丁目○番○号	受託日 H○.○.○	信託登記日 H○.○.○
信託財産の種類：土地及び建物（敷地権付建物）	財産の所在：○○▽丁目○番	構造・数量等：構造：鉄筋コンクリート造陸屋根7階建家屋番号：××番居宅：鉄筋コンクリート造1階建、床面積：6階部分××㎡登記日付：S×年×月×日新築		土地の符号：××番、××㎡、敷地権割合：×××分の××	信託登記番号：××号、信託目録××号（公正証書番号：○○××年）	信託財産の価額※：建物×××、土地×××計××××（受託時の固定資産税評価額）	信託期間：H○.○.○から受益者死亡等終了事由（耐用年数○年）
信託事務の留意事項	・転居する場合・受益者能力低下時・受託者能力低下時・終了時				受益権の内容	：：：
連絡先等	（○○公証人）			信託計算書の作成・報告・提出	H○年○月○日作成・○月○日報告、なお提出不要（所規96②）	
	（司法書士）					
	（不動産管理）					
	（税理士）			受益者別調書の提出（自益信託を除く）	H○年○月○日作成・○月○日報告	
	（第2次受益者）					
	（受益者代理人）					
各種費用：登記費用（○年○月○日登免税等○○○、報酬等○○○、消費税○○、計○○○）、錯誤更正登記（○月○日登免税等○○、報酬等○○、消費税○○、計○○）公正証書作成費用等（○○○＋コピー代等）その他印鑑証明・戸籍謄本等（○○○）					備考：取得価額：（S○年）○年度正面路線価：×××（贈与価額　　　　　）関係書類の保管先：貸金庫	
変更年月・変更事項	H○.○.○・信託目的の更正登記（受付番号○○号）				摘要	
	H○.○・○○○修繕					
	H○.○・○○○風呂場改修				○○円	

※「信託財産の価額」欄には、移転時の価額または課税価格を記載するのが合理的ですが、固定資産税評価額を記載しても構いません。いずれにしてもどの価格を記載したのかを明記します。

※信託不動産について、委託者が取得したとき、増改築・修繕等したときを記録し、その際の関係書類を大切に保管します（保存期間を超えて保管し終了時に帰属権利者等に引き渡します）。

(3) 自宅不動産の処分（終了時等の譲渡または解体、引渡し）

　信託契約締結前に委託者と確認した内容とともに、受益者の考え等も考慮して、以下のことを実施します。
・信託条項の定めに基づき、信託期間中に不動産処分事由が発生した場合や信託が終了した場合、信託財産である自宅不動産を信託条項による処分の方法または引渡し方法にて処分等をします。
・自宅不動産にある信託財産としての家具等（家具等は信託財産にすべきではありませんが、もし骨董的価値のあるものなど特別なもので管理が可能ならば）について、信託終了時の帰属権利者への引渡し等、委託者等が希望する処分方法にて処分します。なお、受益者の私物は、信託財産ではないことから、信託行為では処分できず、原則として受益者の遺言等が必要と考えられます。私物の整理方法について確認して、受益者との個別の契約などを検討します。

(4) 自宅不動産を信託財産とする場合の留意点及び検討する信託条項の例

①　自宅不動産を信託財産とする場合の留意点
　信託の受託者には、信託法等により重い責任が発生する一方で、信託財産である不動産には委託者や専門家でないとわからない不動産の瑕疵が潜んでいるリスクがあります。将来の災害や事故等のリスクもあります。
　また、自宅として委託者兼受益者がそのまま居住を継続するため、賃料収入も見込めず、大きな改修等が必要になっても、資金が不足し対処できないことが多いと思われます。
　さらに、新たな受益者が受益権を取得する場合には、終了事由にならないよう、維持管理費や改修費用の支出の財源を確保する必要があり、また受託者としての所有者責任を果たすことができるのか、十分

な検討を行う必要があります。

このため、受託者は信託目的や委託者の意図を十分に理解したうえで、受託者として優先すべきことを冷静に見極めて適切に信託財産の保存管理を行うとともに、委託者や受益者に対しては不動産の状況に関する十分な情報収集をもとに説明責任を果たしていくことが求められます。

② 自宅不動産を信託財産にする場合に検討する信託条項の例

自宅不動産を信託財産にする場合、次のような信託条項について検討します。

（自宅不動産を信託財産にする場合に検討すべき信託条項の例）

> ⑦ 信託の目的条項
> ・「受益者の従前と変わらぬ単身の生活のための安心できる場所の確保」
> ・「専ら自らのみの生活の本拠地として使用し、第三者を同居させてはならない」
> ④ 信託財産を特定する条項
> ・「敷地内の庭園等、構築物、未登記建物について……」（信託事務の中でそれぞれの管理方法等も定める）
> ・「追加信託について、……」
> ⑦ 信託期間（終了事由）の条項
> ・信託行為に定める別段の事由（受益者等が受託者の要請に応じない、費用を賄えない場合等）、合意による事由、法令の事由
> ㊁ 信託不動産の管理等の条項
> ・「受託者は、この信託の定めに基づき受託者が相当と認める方法により、信託不動産を受益者の居住用として管理する。その管理において、受益者の契約時と変わらぬ（安全な）生活を維持するために必要な大規模な修繕、保守、改良工事・設備等の追加工事等を行うときは、あらかじめ受益者（又は受益者代理人及び信託監督人）の意見を聴取するとともに、信託金融資産から（将来、必要となる額を控除した後）支弁することができる額の範囲（かつ委託者が同意した額の範囲）で工事等を行う」

・「受託者が事前に認める前項の信託不動産の改修、修繕、○項の動産の改修等に係る資金は、信託金融資産をもって支弁する」(「受託者はこれらの改修等に係る記録をしてその証憑書類を適切に保管するものとし、受益者及び信託財産の帰属者の求めに応じて書類等を交付する」)

・「当該信託不動産についての第三者（改修等にかかる業者、隣地所有者等）との交渉は受託者が行う。このため、受益者は第三者からの連絡等があれば速やかに受託者に通知するとともに、受託者からの指示に従い行動することとする」

・「受益者は受託者に対し信託不動産に関して年に1度以上その状況を報告し、また受託者は年に1度以上敷地内及び家屋内に立ち入りその使用状況を確認できる」

・「受託者は、信託事務処理にあたりその責に帰すべき事由がないとき、また信託期間中に信託不動産につき生じた瑕疵及びその瑕疵を原因として受益者等に生じた損害等につき信託財産の引受けにおいて既に起因が生じている瑕疵であるときはその責を負わない」、「受託者の不法行為（民709）、又は信託財産たる土地の工作物の瑕疵（所有者責任）により第三者に損害を与えた場合、受託者の固有財産もまた責任財産となる」(信21Ⅰ⑧⑨)

・「受託者は、当該信託不動産の移転日をもって受託者が必要と考える種々の損害保険契約を締結する（又は委託者が既に契約している保険契約の地位を引継ぐとともに、不足の保険を付保する)」

・「信託目的から信託不動産を処分する事態が生じた場合、受託者は、受益者（又は受益者代理人若しくは信託監督人等）と協議して、……合理的な方法で適時適宜に処分することができる（この場合の不動産内動産については……)」

　「災害等により自宅不動産が損壊等した場合、資金負担の可能な範囲で、受益者（又は受益者代理人若しくは信託監督人等）からの建替えの承諾を得て、必要な間取りによる建て替えを行うことができる」

㋔　受益権の内容等の条項

　この事例の配偶者の受益債権は、死亡するまで委託者の自宅不動産に無償で居住できる権利です。しかし、配偶者の再婚・施設入所・被災等のとき、自宅不動産を原状回復できない、同居者がいる等のとき、信託

の目的が達成されず信託終了することとなるなど、建物の使用貸借とは異なる制約を付すことにもなります。そこで、あらかじめ委託者の意向を確認することも大事です。

・「受益者が居住用として自らの裁量で修繕できる範囲は、信託建物、同建物内に付属する設備及び庭とする。ただし、適正に使用できない等により近隣に迷惑をかける、信託財産の原状回復に多額の費用負担が生じる可能性が生じ、信託目的に相応しい使用ができず目的達成できない状況が判明したときは、……」

・「受益者は受益権の性質から受益権を譲渡又は質入れその他処分をすることができない」

・「目録○記載の信託不動産は、(受託者が相当と認める方法により) 専ら受益者のみが居住の用に使用することができる。また目録○記載の信託動産は、受益者の居住のために使用 (及び廃棄) することができる。ただし、受託者に無断で、以下に掲げることをしてはならない。

　a) 増減築・改修・改装・修繕等の現状を変更すること

　b) 受益者以外の者に受益権若しくは信託不動産の使用権を譲渡すること又は貸し与える (転貸を含む) こと

　c) 受益者以外の者に信託不動産を事実上使用させること」

・信託目的に反して第○条第○項に掲げる事実が判明した場合には、信託の終了事由にあたることから、直ちに受益権は消滅することとなります。この場合、「受益者が○カ月 (相当の期間を記載) 以内に信託不動産の残置物を引き取らないときはその所有権を放棄したものとみなし、これを受託者が処分しても異議を述べない」

・「受益者が当該信託不動産に単独で居住することができなくなり、従前の生活環境と同等であると受託者が判断した施設に入所する場合、又は当該信託不動産が適切な使用ができない状況にある場合、受託者は目録○記載の金銭をもって、施設入所及びその後の施設利用に係る費用を負担し、請求する権利を有する (信託された金銭で賄う費用の範囲を委託者にあらかじめ確認する)」

・「受益者が信託不動産にて生活するための諸費用 (電気・ガス・上下水道料金等を含む) 及び家具・生活用電化製品等の購入等に要する資金については、受託者は信託金融資産から負担するものとする (又は、信託され

た金銭で賄う費用の範囲をあらかじめ委託者や受益者（又は受益者代理人）と協議し（信託監督人の承認を得て）決めるものとする（又はその都度協議するものとする））」

・「信託条項に反しての受益者等の行動により、近隣等に何らの迷惑を与える等、信託目的（信託不動産にて単独の生活）を円滑に遂行できないと受託者が判断するときは信託を終了することができる（又は当該受益権は消滅する）」

(参考)

> 一般的な居住用建物の使用貸借の場合の契約（無償・片務・要物）
> ・無償使用（居住用目的に限定）
> ・増築等現状変更及び転貸禁止（同居者も禁止）
> ・保存及び管理に通常必要な費用の使用借人負担（建物固定資産税、公共料金、割れた窓ガラス修理費等）
> ・特別の有益費は費用請求又は目的物返還請求（台風による瓦はがれの修理等）
> ・一定の居住の用法に従って使用し注意をもって保管する義務
> ・返還時に付着物を収去し元通りにする義務
> ・使用借人の死亡による終了、天変地異等所有者の責に帰す事由でないとき失効する旨の定め（原状回復返還義務）
> ・譲渡による新所有者には対抗できない
> ・近隣等に何らの迷惑をかけない義務
> ・契約違反による契約の解除
> ・残置物の所有権放棄、処分に異議を述べない
>
> ※使用貸借は賃料の支払いがなく、「借用物の費用の負担（実費弁償、原状回復義務、近隣への迷惑禁止義務）」「担保責任」「借主の死亡により終了する（天変地異等の責に帰すことができない事由も契約が失効する）」点が賃貸借と異なりますが、任意規定なので別の合意もできます（民400、551、583、593〜600、財産的価値について最判平成6・10・11（集民173・133））。

㋕　信託財産の引渡し手続・登記・費用負担の条項

・「委託者及び受託者は、目録○記載の信託不動産について、この信託契約の効力が生じた後速やかにこの信託のための所有権移転登記及び信託の登記を行う。この登記に係る登録免許税及び登記手続きに係る一切の費用は、委託者が負担する（又は信託財産から支出する）」

・受託者が遺言執行を兼務する場合、遺言本文の条項として「遺言執行者はこの遺言及び信託条項の定めにより、遺言者の不動産に関して受託者名義への所有権移転及び信託の登記を共同申請するとともに、受託者名義の信託口又は換価処分した金銭により受託者が開設・指定した金融機関の同名義の信託口の預金口座に遺言者名義の金融資産を振り込む等の執行行為のほか、遺言者名義の財産について解約、解扉手続き、債務の支払いその他必要な一切の行為（遺言執行のための委任等を含む）をする権限を有する」（遺言の遺言執行者の権限を定める条項との整合性に留意）

・「善良なる管理者としての義務」、「分別管理義務」、「信託の計算期間は……として、帳簿等作成、報告義務」等

・「信託事務の専門家等の活用、誰（委託者・受益者・第三者・受託者）が専門家等を選ぶのか・指定するのか、信託事務の一部を外部委託した場合の費用負担」

㋗　残余財産の帰属、交付方法

・「帰属権利者には受益者が使用した目録○記載の信託不動産及び同不動産内にある動産等を現状有姿のまま引渡すものとし、信託終了に伴う不動産登記申請等に要する費用は信託財産より支出する。（又は帰属権利者が負担する。）」

・「受益者固有の動産は、受益者の相続人のいずれか（又は事前に指定された者）に引き渡す。なお、清算受託者（又は帰属権利者）からの○カ月以内の受取りの催告に応じないときは、清算受託者又は帰属権利者等はその動産の一部を換価して処分の費用に充てることができる。(この場合、事前に受益者にその旨の承諾を得る。)」

㋘　信託条項の変更等（事情変更等に対応できるよう）

・「変更できる事項とその方法、規定のない事項を定める方法（法令による、協議による等）の定め」

・「この信託の定めは、信託目的に反しない範囲で、受益者の健康等又は信託財産の状況の事情変化その他の重大な事由が生じた場合には（受益者の義務を加重若しくは追加し又はその権利を剥奪（遺留分減殺請求があった場合を除く）若しくは不当に制限しない限り）、受託者及び（収益）受益者（又は受益者代理人若しくは信託監督人（委託者が残余財産に関心があり相当の費用負担できる者との協議を求めるなら残余財産受益者））ら全てによる書面による合意により、信託契約の変更又は信託財産の追加をすることができる。なお、信託目的に反しない範囲であれば、受託者が単独で契約を変更することができる。」

※委託者の意向や考え方を確認し、整理してから各条項を定めます。
※受託者の信託事務の手続、その裁量や判断について、受益者等からクレームや改善要求が出される場合があるので、受益者代理人の設置の是非や選任の検討に際しては相当の注意を払い、また合理的な説明ができるよう、関係者と協議してその根拠となる情報等を整理しておきます。

（信託不動産を居住の用に使用することを給付の内容とする受益権について）

　居住を目的とする不動産を信託財産として、配偶者等を信託財産の居住使用についての収益受益者とする信託の設定が考えられています。また、配偶者等を収益受益者ではなく受益者とし、子孫を残余財産の帰属権利者に定める場合もあります。

　このような（収益）受益権の権利の内容は何か、また、その評価額はどのようになるか。

　受益者とは信託不動産を対象に使用貸借契約を結んでいませんが、受益権は信託財産を居住用に無償で使用する権利、すなわち使用貸借権、居住権のようなものと思われます。

　しかし、信託不動産の使用に係る費用負担については使用貸借の場合と異なる専用の利用権と解されます（関係する費用負担等も権利の性質に影響すると思われます。受益者の使用に係る費用負担が実質的に賃貸借のようにならないよう、また費用償還請求がないよう管理において注意しなければなりません）。

　なお、受益債権が実質的に使用貸借となるかは、残余財産の帰属者の権利内容に影響を与えるので、信託行為等の定め及びその管理方法について慎重な検討が必要と考えられます。

　受益債権は受託者が受益者に対し負う債務で、信託財産に属する財産の引渡しその他の信託財産に係る給付をすべきものに係る債権で信託債権に劣後するとし、受益権の基本的性質を債権としています（信２Ⅶ、100〜102Ⅰ）。しかし、差止め請求権等の規定から物権的な性質を有する面もあり、信託債権との連動性も信託行為の受益権の定め方によるものと考えられます。

5 債務引受け、借入れについて

　民事信託において、不動産を信託財産にする場合、その不動産を担保に借入れをしていて抵当権が設定されているケースがあります。このような消極財産、債務を受け入れる場合、どのようにするのがよいのかを委託者と相談して諸状況を踏まえて、適切な受入れのための信託条項を定めて対応をします。

(1) 平成 18 年改正前の旧信託法の解釈 (通説)

　旧信託法では、消極財産は信託できないと解されていましたが、信託の目的たる積極財産が担保物件を負担していることは差支えなく、また、「財産権」自体に付随する公租公課や賃貸不動産を信託する際の賃貸人の地位移転に伴う敷金返還債務承継は当然に承継されるものとし、その負担を伴うことは妨げないとされていました。

　さらに、信託設定後に受託者が信託の目的の範囲内で信託事務処理として、委託者の債務について債務引受けをすることにより当該債務を信託財産責任負担債務とすることは認められるとされていました。

(2) 賃貸不動産を信託財産とする場合の敷金契約承継

　平成 11 年 3 月 25 日付最高裁判決では、賃貸不動産を信託する際の敷金返還債務につき、賃貸不動産の所有権移転に伴う賃貸人の地位の当然承継に関して、「賃貸建物の新旧所有者が賃貸人の地位を旧所有者に留保する旨を合意したとしても、これをもって直ちに賃貸人の地位の新所有者への移転を妨げるべき特段の事情があるとはいえない。」としています。

　また、平成 16 年 7 月 13 日付大阪高裁判決 (金商 1197・6) では、賃貸人の地位の承継に伴う敷金返還債務の承継により、旧所有者は賃

借人に対する敷金返還義務を一切免れるとしています。ただし、この判決に対しては、賃借人保護の視点から、免責的に新所有者が引き受けるには賃借人の承諾が必要とする見解があります。

　学説では、賃貸不動産を信託財産とする場合、賃料債権は信託法16条により、当然信託財産となるという点で立場の違いはありませんが、受託者が賃貸人の地位と敷金契約を承継し、敷金相当額引渡請求権が信託財産となるかについて、2つの立場に分かれています。しかし、どちらの立場においても賃貸人の地位と敷金契約は当然承継され、敷金相当額引渡請求権を信託財産が負うものとされています。

　つまり、賃貸借契約終了後の貸室明渡し時に発生する敷金返還債務は、信託法21条1項2号または同項9号により、信託財産責任負担債務になり得ると考えられています。

　実務においては、賃貸不動産を信託財産とする場合は、敷金返還債務の受託者引受けについて、信託条項に定め、また、負担付贈与の課税上の取扱い考慮し、敷金相当以上の金銭も信託財産とし、さらに納税額も確保できるようにしておきます。

(3) 現在の信託法の解釈

① 信託財産責任負担債務

　信託財産責任負担債務とは、受託者が信託財産である財産をもって履行する責任を負う債務のことです（信2Ⅸ）。次に掲げる権利に係る債務が、信託財産責任負担債務です（信21Ⅰ）。その多くが受託者の固有財産をもって負担する義務がありますので、受託者にはその点を説明し納得することが必要です。

（信託法 21 条による信託財産責任負担債務の範囲）

1項 信託財産＋受託者個人財産による責任	2号	信託財産に属する財産について信託前の原因によって生じた権利 ※信託前に設定された抵当権など	
	3号	信託前に生じた委託者に対する債権であって、当該債権に係る債務を信託財産責任負担債務とする旨の信託行為の定めがあるもの	
	4号	第103条第1項又は第2項の規定による受益権取得請求権 ※信託の変更・併合・分割	
	5号	信託財産のためにした行為であって受託者の権限に属するものによって生じた権利 ※権限に基づき信託財産のために借入をした場合の借入にかかる貸付債権など	
	6号	信託財産のためにした行為であって受託者の権限に属しないもののうち、次に掲げるものによって生じた権利 ※受託者の権限違反行為	イ　第27条第1項又は第2項（これらの規定を第75条第4項において準用する場合を含む。ロにおいて同じ。）の規定により取り消すことができない行為（当該行為の相手方が、当該行為の当時、当該行為が信託財産のためにされたものであることを知らなかったもの（信託財産に属する財産について権利を設定し又は移転する行為を除く。）を除く。）
			ロ　第27条第1項又は第2項の規定により取り消すことができる行為であって取り消されていないもの
	7号	第31条第6項に規定する処分その他の行為又は同条第7項に規定する行為のうち、これらの規定により取り消すことができない行為又はこれらの規定により取り消すことができる行為であって取り消されていないものによって生じた権利 ※利益相反行為の制限にかかわる行為などによって生じた権利	
	8号	受託者が信託事務を処理するについてした不法行為によって生じた権利	
	9号	第5号から前号までに掲げるもののほか、信託事務の処理について生じた権利 ※民法第717条第1項但書による土地工作物の損害賠償債務など	

	1号	受益債権（信21Ⅰ①）
2項　信託財産のみによる責任	2号	信託行為に第216条第1項の定めがあり、かつ、第232条の定めるところにより登記がされた場合における信託債権（信託財産責任負担債務に係る債権であって、受益債権でないものをいう。以下同じ。）　　　　　　　　　　　　　※限定責任信託
	3号	前二号に掲げる場合のほか、この法律の規定により信託財産に属する財産のみをもってその履行の責任を負うものとされる場合における信託債権
	4号	信託債権を有する者（以下「信託債権者」という。）との間で信託財産に属する財産のみをもってその履行の責任を負う旨の合意がある場合における信託債権　　　　　　　※いわゆる責任財産限定特約

②　消極財産を信託財産責任負担債務とする債務引受け

　信託財産となりうる「財産」は、金銭に換価することができる積極財産に限るとされていますが、信託法2条9項・21条1項2号において、信託財産責任負担債務は「受託者が信託財産に属する財産をもって履行する責任を負う債務」と定め、信託法21条でその詳細が定められていることから、以下のとおり解釈が分かれています。

（解釈その1）

　信託法が改正されて新法となっても債務の信託はすることができない。ただ旧法で信託設定当初から委託者の債務引受けが可能であるかについて疑義があったところ、新法において、信託の引き受けと同時に受託者が債務引受けをすることが可能となったことを明文化したにすぎない[3]。

（解釈その2）

　「消極財産を信託財産とすることは、受託者が債務を引き受けることに他ならないのである」、また、「積極財産の信託譲渡がおこなわれた後でなければ債務引受けはできないなどということはない。委託者か

<hr />

3）四宮和夫『信託法［新版］』（有斐閣、1989年）133頁、寺本昌広『新しい信託法［補訂版］』（商事法務、2008年）84頁。

ら受託者への財産の移転とともに設定される信託においても、受託者は設定と同時に債務引受けをすることができる。」と記述されている [4]。

(4) 実務上の手続検討

信託財産責任負担債務について、「債務の信託はすることができない」とする立場であっても、「債務の信託がなしうる」とする立場を取る場合であっても、受託者が委託者から債務を引き受けるについて、その契約が必要となると考えます。

① 委託者・受託者・債権者同意による免責的債務引受け

委託者は、積極財産を信託した場合には信託財産の処分権限は無くなるので、信託の目的の範囲内で債務を信託財産責任負担債務とするならば、免責的債務引受けとすべきですが、これには債権者の同意が必要となります（民法改正については後述参照）。

現時点では、実務上で債権者の同意を得られ、免責的債務引受けの手続が取られたという情報を入手できていません。

しかしながら、委託者の財産管理を信託設定の目的とする場合、積極財産だけでなく消極財産も受託者が適切に管理できる仕組みが求められるのではないかと考えます。

たとえば、委託者兼受益者が認知症になった後には、従前金銭消費貸借における金利等の借入条件を変更することは煩雑になり、返済が適切に実行されているかを受託者は管理できず、その時点で金融機関から受託者に返済の要請があったとしても受託者としては権限外行為となってしまうため、信託財産の管理に支障が生じる可能性があり、また債務の相続手続（金融機関にとって）も煩雑です。

金融機関には信託する趣旨を理解していただく粘り強い交渉が必要でしょう。もっとも、その時点において担保が十分であるか、返済が滞りなく実行できるか等々の審査をクリアするために、受託者の収入

---

4) 新井誠『信託法［第4版］』（有斐閣、2014年）164〜166頁。

状況や財産状況を証する資料等の提出及び個人保証、場合によっては別の担保差し入れが要請される可能性もありますが、必要な合理的な担保の範囲であることの説明を求め、委託者が当初契約したときの条件との違い、今後の財産管理を踏まえて、信託のスキームの見直し、他の金融機関にて借換え交渉をも検討することも考えるということも検討の一つではないかと考えます。一部の金融機関では、受託者による借換えを認めている事案が出てきていますので、委託者が望む信託目的と合理的な金融機関の対応を踏まえた信託行為を定める必要があります。

（免責的債務引受け契約書の例（信託された不動産が担保とされている場合））

第１条　債務引受人　○○（以下「甲」という。）は、債務者　△△（以下「乙」という。）が平成○年○月○日付、抵当権設定金銭消費貸借契約証書（以下「原契約」という。）に基づき債権者★★銀行（●●支店取扱い。以下「丙」という。）に対して負担する債務を乙から免責的に引き受けた。
　　一　債務金額　借入元金及び利息○○万円の内、現在残金　　　　円
　　二　利率・償還方法・遅延損害金等については原契約の定めるところによる
第２条　乙は、甲が前条により債務を引き受けたことにより今後債務関係から脱退する。
第３条　甲は、本契約により引き受けた債務を本契約及び原契約に従って履行する。
第４条　丙は、甲が本契約により免責的に債務を引き受けることを承諾する。
第５条　本契約により甲が乙から引き受けた債務は、甲及び乙が別に定める「財産管理処分信託契約」に基づく信託財産に属する財産をもってのみ履行の責任を負う。
第６条　甲、乙及び丙は、原契約に基づき後記不動産に設定された抵当権につき、平成年月日付乙と甲との間の信託契約に基づき、

> 本契約締結の日から２週間以内に本債務引受により、前記抵当権登記の付記による免責的債務引受による債務者変更登記をすることを約し、期限内にその登記が行われないときは、丙において本契約を解除できることを認める。
>
> 第７条　甲は、本証書の作成、抵当権に関する登記その他本契約に関する一切の費用を負担する。

② 委託者・受託者による重畳的債務引受け

　委託者が借り入れているときに、さらに受託者による重畳的債務引受けをする場合は委託者兼受益者の債務者としての地位は維持され、受託者がさらに連帯債務者として加わることになるだけですから、債務の管理は受託者だけでできません。両者の権利関係が複雑になります。信託設備前と変わらず委託者は意思能力が低下しても債務者として金融機関に対応しなくてはなりませんが、一部の金融機関で要請しているようです。

　信託法21条１項による信託財産責任負担債務の範囲は、「信託財産＋受託者個人財産による責任」となるため、特約を付すなどその調整が必要な場合もあるでしょうが、まずは信託目的に照らして、また担保の状況等を踏まえて、どのような借入条件にするのがベスト・ベターかを考え、特段の理由がなければ免責的債務引受けにするよう、粘り強く信託の活用の趣旨を説明し金融機関にとってもメリットであることを説明して交渉します。

③ 委託者兼受益者が、債務の返済を継続する

　担保付不動産を信託財産とする場合に、担保権者である金融機関が、受託者の債務引受けを認めず、債務者である委託者兼受益者において、債務の返済を継続することを求めることは多いようです。

　この場合、受益権として、金融機関への返済相当分の給付を確保するような信託設定内容とすることで対応するなどしていくことになるのですが、金融機関が受託者の債務引受けを認めないとする理由は、金融機関は委託者を信用して融資を行い、その所有不動産を担保とし

たのであり、当該不動産を信託財産とする場合、委託者兼受益者の権利は、所有権から受益権に変化するだけなので、受益者が受益権の給付を受けた中から返済を行ってほしいというものです。しかしながら、委託者の能力低下に備えた財産管理のために積極財産を信託にするのですから、委託者の債務の管理・借入契約の交渉をそのまま委託者にすることに違和感があります。

　①、②同様、信託活用の趣旨とその合理性等を理解されるよう、また借り換えも考慮して金融機関との交渉をすることが必要と考えます。

(5) 受託者の借入権限

　信託内容として、信託目的達成のために受託者が借入れ（信託財産を担保とする）をする権限が付与されていれば受託者として借入れは可能となります。

　信託目的として、受託者が借入れをする場合が生じる事案については、特に慎重な検討が必要です。

①　借入れにより目的が達成できるか

　まずは賃貸事業等が成功できるか、信託目的が達成できるのか、資金調達方法としての借入れの可否とその適正な額について、信託を設定する際にも、いくつかの専門家の試算、市場調査等による可能性の検証が求められます（相続対策での失敗例があります）。不十分な目論見での借入れは考えられません。慎重にも慎重を重ねて、将来の事業計画の可能性を検証します。

②　金融機関の受託者に対する信用度（受託者個人としての資産状況は金融機関の融資審査対象）

　受託者が信託のためにする借入行為による債務は信託財産責任負担債務であるとともに、自己の固有財産も含めて責任を負うこととなります（(3)の表参照。信21Ⅰ⑤⑥）。

（ア）　受託者が個人である場合、受託者自身の借入状況や委託者の財産状況につき、現時点では、金融機関の融資審査対象とされている

ようです。また、受託者が法人の場合、当該法人の代表者個人の借入状況や委託者の財産状況につき、金融機関の融資審査対象とされているようです。

（イ）　会社が金融機関から融資を受ける際、代表取締役個人が連帯保証人となることが条件とされていることは多いという現状から、受託者個人が連帯保証人となることを求められることも予想されますが、信託法21条1項5号の定めにより、受託者が権限に基づき信託財産のために借入れをした場合の借入れに係る貸付債権は、信託法21条2項に該当しない限り、受託者固有の財産についても責任を負うこととなるので、改めて連帯保証契約を結ぶまでもないと考えられますが、金融機関ごとに対応は異なるのではないかと推察します（もっとも借入れ時の条件を確認し関係者の了解を得る必要があります）。

③　**信託条項の検討に際して**

信託目的達成のために受託者がどのような場面で、どのような借入れ（信託財産の担保設定）をする権限を付与するのか、裁量に任せるのか、について検討する必要があります。

この場合、使途・金額等によりますが、金融機関の受託者に対する信用度が必ず問題になります。受託者及び受益者等の個人保証、固有財産への担保提供、保険加入等の条件もあるので、受託者の認識を踏まえ現実的な可能性を考慮して条項を定めます。

また、借入行為は重要な事項であるので、信託監督人等の事前の同意が必要と信託条項に定められるか、受託者の裁量に委ねるか、等の条項の検討も必要です。

なお、信託の引受けに際して、債務を引き受ける旨、ともに、当該債務を信託財産の責任負担債務とする旨及び銀行・債務者・受託者により免責的債務引受けと抵当権の変更等の契約を結ぶ旨を信託条項において明記します（また、可能か否かを検証して、信託財産の範囲内でその責任を負う旨の特約を定めます）。

（6）民法改正の概要と対応

　民法の一部を改正する法律案が 2015 年 3 月 31 日に国会へ提出され、まだ成立していませんが、公布日から 3 年内に施行が予想されます。

　たとえば、次のような改正も実務に影響があると思われます。

項目	改正点	対応
免責的債務引受け（民法改正案472・472の2、472の3、472の4）	（1）成立：債権者と引受人となる者との契約によってもすることができ、債権者が債務者に対してその契約をした旨を通知した時に効力を生ずる。 （2）効果：①引受人は、債務者に対して求償権を取得しない。②引受人は、免責的債務引受により負担した債務について、効力が生じた時に債務者が主張することができた抗弁をもって債権者に対抗することができる。③債務者が債権者に対して取消権又は解除権を有するときは、引受人は、免責的債務引受がなければこれらの権利行使によって債務者がその債務履行を免れることができた限度において、債権者に対して債務履行を拒むことができる。 （3）担保権等の移転：①債権者は、債務者が免れる債務の担保として設定された担保権をあらかじめ又は同時に引受人に対してする意思表示によって、引受人が負担する債務に移すことができる。ただし、引受人以外の者がこれを設定した場合には、その承諾を得なければならない。②債務者が免れる債務の保証をした者があるときについて、①を準用する。③②で準用する承諾は、書面でしなければ、効力を生じず、電磁的記録によってされたときは、その承諾は、書面によってされたものとみなす。	民法改正案では、免責的債務引受けは、債権者が債務者に対して引受人との引受け契約が成立した旨の通知により効力が生ずる（部会資料80－1・14頁、法案472条）ようである（金法1997・105）。受託者の信用・財産状況にもよるが信託設定に際して受託者と債権者とが免責的債務引受け契約ができるよう、事前に債権者に対して信託内容案を説明し交渉し、設定後に手続を速やかに行う。また信託設定時に受託者のみが債務者として変更等の手続ができることが期待される。

項目	改正点	対応
根保証 （民法改正案465の2、465の5）	(1) 一定の範囲に属する不特定の債務を主たる債務とする保証契約であって保証人が法人でないものの保証人は、主たる債務の元本、主たる債務に関する利息、違約金、損害賠償その他その債務に従たる全てのもの及びその保証債務について約定された違約金又は損害賠償の額について、その全部に係る極度額を限度として、その履行をする責任を負う。 (2) 保証人が法人である根保証契約において、①極度額の定めがないときは、その根保証契約の保証人の主たる債務者に対する求償権に係る債務を主たる債務とする保証契約、②主たる債務の範囲に貸金等債務が含まれるもの、または、求償権に係る債務が含まれるものにおいて、元本確定期日の定めがないとき、または元本確定期日の定めもしくはその変更が民法465条の3第1項もしくは3項の規定を適用するとすればその効力を生じないものであるときは、その効力を生じない。①、②は、求償権に係る債務を主たる債務とする保証契約または主たる債務の範囲に求償権に係る債務が含まれる根保証契約の保証人が法人である場合には、適用しない。	
個人保証の制限 （民法改正案446～465の10）	(1) 個人保証人保護のため、事業のために負担した貸金等債務を主たる債務とする保証契約（または根保証契約）は、その締結の日前1箇月以内に作成された公正証書で保証人になろうとする者が保証債務を履行する意思を表示していなければ、その効力を生じない。 (2) 保証人になろうとする者が、①主たる債務者が法人である場合のその理事、取締役、執行役又はこれらに準ずる者や総株主の議決権の過半数を有する者、親会社や兄弟会社の総株主の議決権の過半数を有する者、②主た	受託者及び受益者に保証人の要請がある。受託者を法人とする信託設定において、受託者が信託事務として借入れをする場合に、その役員を保証人とするよう金融機関から要求される可能性がある場合に、注意を要する。

項目	改正点	対応
	る債務者と共同して事業を行う者又は主たる債務者が行う事業に現に従事している主たる債務者の配偶者については、（1）は適用しない。 （3）主たる債務者は、事業に係る債務のための保証・根保証をする者（法人除く）に財産等の状況その他の情報を提供しなければならない。	何が事業のための債務かが論点になる。
債務の譲渡 （民法改正案 466、466 の 5）	（1）債権はその性質が許さないときを除き譲り渡すことができる。 （2）しかし、預金口座又は貯金口座に係る預金又は貯金に係る債権は、当事者による譲渡制限の意思表示は上記にかかわらず、その意思表示を知り又は重大な過失により知らなかった譲受人その他の第三者（強制執行を除き）に対抗できる。	預金・貯金をそのまま信託財産にすることは難しい。なお預貯金の範囲が今後の問題となる。 受益権の性質による譲渡禁止の定め方に注意する。

※法制審の民法（相続関係）部会（平成 27 年 4 月設置）において、相続債務の遺言による相続分の指定等の扱いも検討されています（部会資料 5 ほか）。

6 | 自社株式について

(1) 上場株式と非上場株式の引受け手続

① 株式譲渡制限会社の場合

```
┌─────────────┐          ┌─────────────┐
│  株券不発行会社  │          │   株券発行会社   │
└─────────────┘          └─────────────┘
       ▼                         ▼
┌──────────────────────────────────────────────┐
│ 委託者から受託者への株式譲渡承認手続                    │
│ ⇒  会社は、委託者からの譲渡承認請求を受け、定款の規定に基づき、│
│    取締役会または株主総会決議により信託による株式譲渡承認     │
└──────────────────────────────────────────────┘
                       ▼
┌──────────────────────────────────────────────┐
│ 委託者と受託者による自社株を信託財産とする信託契約の締結        │
└──────────────────────────────────────────────┘
       ▼                         ▼
┌─────────────────┐    ┌─────────────────┐
│ 委託者及び受託者による  │    │ 委託者から受託者へ株券交付 │
│ 株主名簿書換え請求     │    │ (不発行手続も)        │
└─────────────────┘    └─────────────────┘
                                ▼
                       ┌─────────────────┐
                       │ 委託者及び受託者による  │
                       │ 株主名簿書換え請求     │
                       └─────────────────┘
```

　なお、名義書換えは、株主名簿に受託者名を記載する（会 121、126）とともに、その備考欄に信託財産である旨も必ず記載するよう書面により請求します。また手続が終了した旨も、書面で確認します（法人税申告書の別表二の記載も確認します）。

（株主名簿の例）

株主名簿						○○株式会社	
株式の種類	株券番号	株式取得日	株式の数	氏名・名称	住所	備考	
普通株式	－			受託者の氏名		株券不発行 信託財産	
合計			株				

② **上場株式の場合（社債、株式等の振替に関する法律 132 条 2 項）**

　次の 7「金融資産について」の記述に留意して、信託条項において分別管理として別段の定めをします。

（参考「株主の権利、議決権行使」）

持株比率	会社法条項	主な権利
1 株	308、454、504、847	議決権、利益配当請求権、残余財産請求権、株主代表訴訟提起権
1%以上	303、306	総会提案権、総会検査役選任請求権
3%以上	358、433、854	総会招集権（検査役選任請求権 358）、帳簿謄写閲覧権、解任請求権
10%以上	833、206 の 2	解散請求権、総会決議請求権（所定募集株式発行等）
3 分の 1 超	309、447、473、467、339、341、199、200	総会特別決議（定款変更、資本減少、継続、合併、解散、重要な事業譲渡、役員解任、募集株式の発行）の否決（拒否権）
2 分の 1 超	329、339、341、317、454、361、387	総会普通決議（役員の選解任、総会延期続行、剰余金配当、役員報酬決定）の可決
3 分の 2 超	309、447、473、467、339、341、199、200	総会特別決議（役員の即時解任、定款変更、合併、株式交換、株式移転、金庫株、会社分割、第三者割合増資等）の可決

※比率は発行済株式数でなく、自己株式を除いた議決権株式数が基準となります。
※信託する株式がどのような株主権を有するかを理解し法令に従った取扱いに注意します。

(2) 受託者の管理・処分

　株券不発行の場合には、受託者の証券管理は不要（株主名簿の記載確認）となります。

　また、受託者以外の者が議決権行使指図権者（業法65条の業として行わないので「指図者」ともいう）と定められている場合には、受託者の信託事務は株主の自益権（剰余金配当請求権・残余財産分配請求権・株式買取請求権）につき、議決権行使指図権者の指図に従い請求権を行使し、株主としての権利が侵害されないようにします。

　信託条項の検討に際しては、株主としての適正な権利行使のため、議決権行使の指図権者についての信託条項の定め方・考え方の整理（指図がない場合、信託目的に合致しない指図がある場合、指図権者の権利義務、受託者の最低限の義務としての注意事項等）を委託者と協議します。

　実務では、議決権行使及び行使指図を円滑にするための手順（参考書類等の提供・指図書の受領・行使の方法等）その他の手続を事前に確認し必要に応じて受授等の諸手続を事務日記として記録します。

　また、遺留分の減殺請求等のトラブルが生じた場合の具体的な対応を考えます。速やかな名義書換手続、または議決権行使ができないことも予想されます。会社による速やかな株式買取（財源注意）等の段取りを検討し信託条項の定めに工夫します。

　なお、指図権者の指定、その場合の対応に係る信託条項は後述の案の例を参照します。

(3) 事業承継を目的とした自社株を信託財産とする事例の検討

① 事業承継における民事信託活用と他の制度活用比較

　事業承継における最大の目的は、（中小）企業の経営を維持・継続・発展させることであり、特に、中小企業の事業承継を進めるうえ

では、①確実に、しかも円滑に行われること、②後継者の地位を安定させること、③会社の重要事項を決定する株主の議決権が分散してしまうことによる経営混乱を防止すること、④財産管理の安定性などが重要です。

　民事信託においても、自社株や事業を信託するという活用例が多く紹介されていますが、会社法や中小企業における経営の承継の円滑化に関する法律などにおける承継手段とどのような違いがあるのかを検討する必要があります。

② 　種類株式（会 108）と属人的株式（会 109 Ⅱ）の活用

　非公開会社では、株主総会特別決議により、9つの事項を制限されずに組み合わせて内容の異なる種類の株式、たとえば議決権制限株式、配当種類株式、取得条項付株式、拒否権付株式等を新規に発行し、または、既存株式の内容を変更することができます。後継者に議決権のある株式を相続させ、他の相続人に対しては無議決権株式を相続させるなどの方法がとられています。

　種類株式の発行には特別決議が必要なことなどその手続とその後の影響を検証する必要があります。また、種類株があるとき、また変更等ができるとき、種類株のまま信託を活用できる可能性があります。

③ 　遺言の活用

　他の相続人の遺留分を侵害しないように配慮しつつ、後継者には会社経営に必要な遺産を承継させることとするなど、すべての遺産について具体的に指定することで目的を達成できる可能性があります。遺言で指定した遺産取得者が遺言者よりも先に死亡した場合にはその遺言条項の効力を失います[5]ので、予備的遺言の定めが必要と考えられます。

　しかし、遺言が速やかに実行できるかの疑義があり、議決権行使が

---

5) 株式は分割協議が調うまで準共有となり、相続人一人による行使を会社が同意しても認められず、管理行為（特段の事情がない限り）としては過半数で決せられる（会社法 106 条但書。最判平 27・2・19 民集 69・1・25（藤原俊雄「民事法判例研究」（金商 1480）14 頁））。

できない期間もあり得るなど、不安が払拭できないともいえます。

④ 「中小企業における経営の承継の円滑化に関する法律」概要

　民法に特例を設け、経済産業大臣の認定及び家庭裁判所の許可を受けた非上場会社について、後継者への株式の生前贈与について遺留分の対象から除外できるもの（「除外合意」）として、相続に伴う株式の分散を防げるようにするものです。また、生前贈与株式の株価評価額の算定を、「固定合意」にすることにより相続時ではなく贈与時とされているため、たとえば、相続発生時の株価上昇分を他の相続人に権利主張されることは原則としてできないこととされています。また、会社承継時などの資金調達支援策も盛り込まれており、会社資産の承継がスムーズに行えるよう取り計らいがなされています。

⑤ 相続税や贈与税の納税猶予制度

　議決権に制限のない株式であることなど一定の要件をクリアし、計画的な事業承継に係る取組みを行っていることについての「経済産業大臣の確認」を得ることで、中小企業の後継者が、現経営から会社株式を承継する際に、相続税（80％）・贈与税（100％）が軽減される制度があります。平成21年に創設されましたが、平成25年には要件が緩和されています。この税制特例と民法の特例は別の制度であるため、2つの制度を利用したい場合は、それぞれの手続が必要となります（さらに改正される見込み（28年度改正大綱の検討事項等参照）です）。

（民事信託（遺言代用信記）のメリット）

① 　委託者であるオーナー代表者の固有資産でなくなるため、オーナーがすぐに自社株を処分できなくなります（別段の定めにより、委託者の権限を制約することもできます）。
② 　「円滑な事業承継」を信託の目的とする設定であることから、受託者は、信託目的から逸れるような議決権行使の指図があった場合に、拒めるとする定めを設けることも可能となります。どのような場合が目的に反するかの判断基準・例示については、委託者と協議する必要があります。

③ 委託者死亡後の帰属権利者（もしくは受益者）を後継者と定めておくことで、株式の速やかな議決権行使が可能です。

④ 種類株・属人的株式を設定し、中小企業における経営の承継の円滑化に関する法律の民法特例を活用し、さらに、相続税・贈与税の軽減を受けることも考えられますが、それぞれの制度について、要件や手続の面で、活用しにくい点があるため、信託設定により柔軟な承継方法が可能とも考えられます。

⑤ 遺言で連続承継（いわゆる後継ぎ遺贈）の旨が定められている場合であっても、第1の承継者死亡後に第2の承継者についてまで遺言の効力を認めないとする説が現時点では有力であるため、引き続きの承継を希望する場合には支障が生じる可能性がありますが、信託契約であれば、よりスムーズに承継できると考えられます。

（民事信託のデメリット）

① 事業承継税制において、受益権に対しての贈与税や相続税などの税金面の猶予や免除制度が信託にも適当する法制度が整っていないため、税制改正の要望がなされているところです。

② 株主が親族や従業員等に散在している場合には、後継者に重要事項の議決権も確保できるよう株式を買い取る等して、信託設定以前に株主を整理しておくことも必要です（他の手法も同じ）。

③ 総合的な事業承継対策を経て民事信託が選択され活用されます。トラブルリスク、遺留分減殺時の対応方法は判例がなく未知のこともあり、そのときの議決権行使はどうするかなど十分に検討を要します。

(4) 自社株を信託する場合の注意点

① 自益権と共益権

　株式には、自益権と共益権の2種類の権利がありますが、信託法上、信託財産とできるのは、「金銭に見積もることができる財産」とされています。したがって、共益権は金銭に見積もることができず、

「議決権行使権」のみを信託することはできないと考えられています[6]。

　また、中小企業庁では、平成 20 年 6 月に「信託を活用した中小企業の事業承継円滑化に関する研究会」が設置され、同年 9 月 1 日には、検討の中間整理「信託を活用した中小企業の事業承継の円滑化に向けて」[7] として、遺言代用信託を活用した事業承継スキームが紹介されています。公表されたスキームでは、少なくとも非公開会社の場合には、剰余金配当請求権等の経済的権利と議決権を分離する（いわゆる属人的定め）ことが許容されているため、特定の受益者に議決権行使の指図権を集中化させても会社法上の問題はないことが明らかにされています（報告書第 2 の 1.（2））。つまり、議決権行使指図権者を受託者の他に定めることができるとする点で、受益権と議決権行使の指図権の割合を異にすることが可能なことが明らかにされています。

② **議決権行使の指図権を後継者へ集中**

　たとえば、受益者を複数とするが、議決権行使の指図権を後継者である一部の受益者に集中させる場合に、議決権行使指図権のない受益者が、受益者保護の点から、不利益を受けることとならないかという点について、信託の目的が「事業承継を円滑に行う」ということであり、経営者が会社の支配権を不当に維持しようとする目的ではないため、認められると考えられています（もっとも指図権を有しない受益者の受益債権の内容が明らかに不公平であるなど合理的でないと信託目的からその効力に疑義が生じえます）。また、会社法上でも、完全無議決権種類株式発行が認められていることからも、合理的な配当なら認められると考えられています。

6）大阪高決昭 58・10・27。

7）http://www.chusho.meti.go.jp/zaimu/shoukei/2008/download/080901shokei_chun.pdf 参照。

(5) 中小企業庁のスキーム例

　記述の中小企業庁が示す事業承継スキームは、経営者（委託者）がその生前に、自社株式を信託し、信託契約において、自らを当初受益者とし、経営者死亡時に後継者が受益権を取得する、そして、信託の終了は後継者死亡時と定める内容の遺言代用の生前信託です。

　このスキームは、信託銀行等が受託者と想定されたものです。りそな銀行（自社株承継信託）[8] やみずほ信託銀行（事業承継信託）[9] などが事業承継に関する信託を取り扱っています。しかし、後継者が育つまでの期間、現オーナーが信頼できる古参役員や後継者あるいは、親族等を構成員とする法人を受託者とし、後継者が育ったとき等には信託契約は終了させて、帰属権利者を後継者とする民事信託も考えられます（**第9章3**参照）。

8）http://www.resonabank.co.jp/kojin/jishakabu/index.html 参照。

9）http://www.mizuho-tb.co.jp/company/release/index.html 参照。

（1）受託者への引渡しに際して、金融機関への確認

　信託契約または遺言信託により、信託財産とする財産の名義を受託者に変更して引き渡す手続をしなければなりません。しかし、委託者・受託者または遺言執行者・受託者がその債務者・金融機関との間でどのような手続をするのか、明らかではありません。そのために、信託行為においてその手続を定めておきます。しかし、その定めどおりの手続が可能か（預貯金は譲渡できないので解約することになるが、解約権限を有するのは委託者、遺言執行者であり、受託者に権限を付与しても金融機関等が了承するか不明です）、どのような手続が合理的であるか、また金融機関はどのように対応できるか、信託行為を定める前に、個別に確認したうえで、信託条項に移転の手続の定めを明確化します。

（2）受託者「信託口」名義への変更

　預貯金、金銭は信託財産であることを会計にて明らかにします（信34Ⅰ②ロ）。また、非公開会社の株式は株主名簿等に記載します。しかし、上場株式、社債、投信等は信託財産であることを振替法に定める信託口（加入者が受託者の場合）に記録する定めになっています（会154の2、信14、37、信規4）。
　上場株、投信、公社債の場合、信託銀行等が受託者なら3号財産として「信託口」にて管理しますが、受託者が家族等なら専用の「信託口」の開設による記載・記録ができないので、2号口の財産として会計帳簿（信37Ⅰ）にて明らかにする旨の別段の定めをするしかありません。しかし、預金、投信等の名義が単に受託者の名義であれば固

有財産と誤解され、万一受託者が破産したら一旦は差し押さえられ受託者による返還請求にて信託財産であることを証明する手間・負担がかかる可能性があります（旅行積立預金の判例等[10] [11]）。

　については、投信、上場株式等の金融資産は分別管理の別段の定めとする旨を明らかにし、2号ロの財産の預貯金と同様の取扱いで、帳簿上にて明らかにする旨とともに、受託者名義に「信託口」の名称を付す旨を条項に定めることが重要です。そのために「信託口」を付すこと、また受託者としての口座であることを理解できる金融機関に預託

10）4名の旅行積立金のための預金口座が信託財産と認められた例（東京地判平24・6・15金判1406・47頁、判時2166・73頁、評釈、佐藤勤「信託財産の独立性」新井誠編集代表『信託法実務判例研究』（有斐閣、2015年）100頁）。
　㋐　事案の概要（旧信託法適用の事案）
　　友人4名の旅行積立のために、その一人Aが開いた口座「戌の会　代表A」の預金債権が差し押さえられた。そこで、友人たちは、預金債権の4分の3は委託者兼受益者、Aが受託者とする信託財産であることを理由に、受益者として各々は4分の1の不当利得返還の請求を債権者にした（第2の事件）。また、同じ理由から、Aは受託者として債権者に対し、不当利得返還請求権に基づき4分の3の返還を求めた（第4の事件）。
　㋑　判旨
　　預金債権の帰属については、代表者として口座開設をして、その後の入出金及び通帳管理を専らAがして、他の者は一切表示されていないから、預金者はAと解すべきであると判示するが、預金債権の法的性質については、4名の旅行積立のために各人の財産と分離して管理することを目的とする合意形成があること、代表Aも自らの他の固有財産と区別して口座を開設し管理していることから、3名を委託者兼受益者、Aを受託者とする信託契約を締結した信託財産と判示する。預金債権はAに帰属するので預金債権の差押え、取立において預金者として扱うが、しかし、預金債権のうち4分の3は信託財産であるから、Aが信託の受託者として損失を被った（旧信16（信23Ⅰ））ので、差し押さえた債権者に対するAの不当利得返還の請求（第4の事件）は認められると判示している。
11）東京地判（控訴）平25・6・25（判タ1417・339）は、旧信託法において、相殺された預金債権について、明示的な信託の合意はなく黙示の信託関係が認められる程度の客観的な分別管理が認められるものであることを要し、そのような分別管理が行われていないので受益者と認めることもできないと判示している。分別管理義務は基本的義務であり受託財産が独立した法的地位を確保するうえで決定的に重要であると解している。

するようにします。

　投信等の顧客口座に「信託口」の名称を付すことができるよう、取り扱う金融機関等に要求される資料を提出（プライバシーの保護のため本人に了解を得て）して、相殺されないようまた第三者が差押えしないように信託財産であることを説明し、金融機関が信託財産であることを確認したことを明確にしておきます。

　口座管理機関である金融機関・証券会社にて、振替口座の顧客口座に記録される金融資産に「受託者○「信託口」」の名義を付しても信託財産である旨の信託法施行規則4条の記載・記録ではありません（振替（68Ⅲ⑤、75）により振替口座に「信託口」口座を開設できるのは受託者が加入者の場合だけ）ので、金融機関等からの残高表等の報告書（要保管）に基づく帳簿等管理が大切です。

　なお、金融資産による信託利益に係る所得税の源泉徴収は所有者としての受託者に対して行われ、（特別法がないので）受益者の名前での徴収はできず、特定口座にすることももちろんできません。

　金融資産をそのまま信託しようとする場合、まず信託的譲渡が可能か、つまり受託者名義にそのまま変更できるか、特定口座から一般口座にすれば可能か、約款・規定、窓口で確認・交渉します。預貯金には譲渡禁止特約条項（民法改正案466の5）があります。また公社債・投信の売買・相続・贈与以外の信託的譲渡による名義変更ルールはありません。ついては、その金融機関は例外的にそのまま受託者名義に変更する取扱いを認めてくれるならよいですが、もし、一旦解約して金銭を信託財産とするしかできない場合には、委託者の了解を得て、信託条項としては、金銭を信託すること、受託者名義に「信託口」口座を開設する旨の定めまたは事前に「受託者○○信託口」の口座を開設しその番号にて入金管理する旨の定めをし、またその運用方法をどうするかを定める必要があります。

（参考）

> 　社債、株式等の振替に関する法律（http://law.e-gov.go.jp/htmldata/
> H13/H13HO075.html）では、社債（同 68 Ⅲ ⑤）、国債（91 Ⅲ ⑤）、投
> 信（121）、株式（129 Ⅲ ⑤）等の有価証券の振替機関等の取扱いを定めて
> いる。
> 　たとえば、投信の受益権の権利の帰属は、振替口座簿の記載または記録
> により定まり（121 条が準用する 66 条 2 号）、投信受益権は振替機関（証
> 券保管管理機構）の振替口座簿に開設する口座管理機関（販売金融機関、2
> Ⅱ）の口座に記載または記録され、次に口座管理機関の振替口座簿に開設
> する加入者（投資家）の口座に記載または記録されることにより投資家の
> 受益権となる。
> 　振替口座簿に口座が開設されるのは同法 44 条に定める金融機関（口座管
> 理機関）である。振替口座簿にて機構加入者である口座管理機関が信託の
> 受託者であるときの信託財産であることを示すための記録の記載を定めて
> いる（68 Ⅲ ⑤、75）。振替口座簿には顧客口座以外に信託口等を記載する
> ようになっている金融機関が、信託口座を設けるには相当の口座維持費用
> がかかる。
> 　なお、特定口座を信託口にすることはできない（定めがない）。
> 　また、民事信託の場合は受託者の個人番号の情報を金融機関に提供する。

（3）特に注意が必要なのは、自己信託の場合

　自己信託の場合、信託財産を特定し、分別管理することが大切です
（信 3 ③、4 条Ⅲ、信規 3 ②）。委託者と受託者が同じなので財産は移
転しませんが、破産時の帰属に争いの余地があり、終了時の財産の引
渡しに支障が生じる可能性があります。そのため、信託財産である旨
を明らかにすることに注意します。もし、普通預金の預金を信託財産
にするなら、預金を一旦引き出して金銭をもって信託財産とし、事前
に信託口の普通預金口座を新たに開設して、当該口座に入金して管理
する旨を信託行為に定めます。今後入金する預金をも信託財産とする
には追加信託として所定の手続が必要です。信託財産として特定され

ていないと否定される可能性もあり、入金される債権等を特定するために必要な事項の定めが必要となり、とっても慎重に扱う必要があります（今後に入金する金銭を特定する必要があります（要弁護士等相談））。

(4) 信託期間中の金融資産の管理

① 年間収支の見込みの算定

　まず、信託を設定するに際して、年間の受益者の生活の支援等のための支出及び自宅等の不動産の管理等のための支出の額を、次のような点に注意して具体的に算定します。

　信託目的、信託財産の管理方法等の定めにより、金銭・金融資産の管理等の目的が不動産管理（修繕・処分を含むか）であれば不動産に係る支払いに充当するしかできません。

　しかし、受益者の生活の支援等のための支出も目的としている場合には、信託行為に定める範囲において、定期及び必要に応じて支出します。月々必要な金銭は手元資金にしておくか、キャッシュカードによる支払いが可能なように6カ月単位に必要な額を口座に置けるように運用を考えます。また6カ月以上後に必要な金銭、年間の臨時に必要な額は6カ月定期預金等により別管理しておく方法も考えられます。

② 金融資産の運用

　受託者は運用の専門家でない限り、保守的な管理のための運用を図りますが、中長期的（短期的なことは基本的に考えない）な視点で、中長期の経済動向を踏まえる必要があります。

　一般に、受託者として、取扱金融商品についてサービス等が日進月歩しているので知識・情報を定期的に見直すことが大切です。社会経済環境の大きな変化に注意する・専門家の情報を定期的に確認して、市場変動リスク・為替リスク・信用リスク等に目配りして、資産配分・分散投資・流動性リスクに留意し、また不適切な処分等の勧誘・

取引・議決権行使、受益者間の公平な取扱いに注意して最良執行に務めます。

　また、受託者は、受益者のライフプランを定期的に見直し財務計画、運用スタイル・手法等を専門家・関係者と確認しあいます。そして、帳簿の残高と現物の残高を定期的に照合し、必要な書類が保存されているかを会計専門家とともに確認し、適正な管理を検証します。

　そこで、まず委託者の運用の考え方を確認して、受託者の役割、注意義務等を信託条項に反映させることが大切です。

（信託財産を投信等に運用するかの検討例）

⑦　財産管理の観点から元本割れリスクのある投資を信託行為で認めるか。
　　財産管理とは、財産の保存・改良・性質変更しない利用・改良を目的とする行為である。そして、管理の目的のための範囲内であれば財産の処分も妨げないものと解されている。では、信託行為において受託者は、委託者が運用していたように損失の可能性のある投信の購入は財産管理として認められるだろうか。金融資産の管理と運用方針について、信託行為の目的、管理内容にどのように定めるべきかを協議する。

⑦　成年後見制度においてはどのようなスタンスで対応しているか。
　　被後見人の立場から、リスク・損失を負担させることが適当かを判断するものと解される。被後見人の財産等の現況、被後見人の今までの心情（今までの苦労を考え少なくとも価値を維持してほしい）、成年後見制度の趣旨から判断すべきと解される。

　　しかし、成年後見人である配偶者等の投資経験が豊富でも、現在の裁判所の見解では、安全確実な金融商品で運用すべきとし、投機的な（投機と投資の違いは何か、投資的とは記述していないので疑義が残るが）運用では絶対に避けるべきとし、株、元本割れの危険性のある金融商品等の購入は許されないと記載している（福岡家裁ホームページ「成年後見のための Q&A（24.4 版）」）ことから、投信の販売はできないものと考えられている。また、成年被後見人名義の既存の投信において損失が生じている場合、成年後見人からの解約請求は、今後の損失の可能性を回避するものとしての一つの投資判断と考えられる。なお証券会社従業

員の無断売却行為については保存行為に類するとして追認するが、無断買付行為については投機リスクの観点から追認しないとした行為が信義則に反しないとした判例がある（以上については「実務相談室」金法1975号（2013年）83頁を参照）。

⑰　信託行為においては、成年後見制度に準じて検討・取り扱うことも考えられる。

　信託行為において、信託財産が相当の金融資産である場合には、その管理・運用についての定めに留意しなければならない。委託者が従前に運用したものの維持以上に投資するためには、信託行為の定めが必要と考えられる。しかし、受託者の能力・財産の規模だけでなくその後の事情変更・経済環境変化等々から投信等の運用が必要か、またその時期であるかについて、受託者の裁量だけで任せるか、専門家・関係者と協議させるかについて検討する。

　信託行為に特段の定めがなくても、信託目的の達成のために必要な範囲で受託者は財産の組替えは基本的には認められるものと解される。財産の運用として財産の処分も含めている・妨げていない場合、受託者は、ポートフォリオ理論（財産の性質・状況に応じたプルーデント・インベスター・ルール）に従って運用管理していると説明できるならば、注意義務を果しているといえると解される（会330、民644、信26・29）。

③　生活の支援等の具体的な額の確認

　受託者は、信託行為に定める目的、信託財産の管理方法に従うので、その定めの意図する内容・範囲・基準等を読み取ることができること、受益者（または代理人）もその内容を理解することができることが大切です。運用方法とともに具体的な算定方法・金額等が明らかにできないなら、信託行為には受託者の裁量権を明示し、また別に委託者の意思表明書を作成して判断材料にすることも一つの方法です。

　受益者の安定的な生活を目的とする場合には、定期的な受益者等との面談・聴取をして、本人の生活状況・健康状況、取巻き者の動向・状況等の周辺環境の現状、今後の予定等を確認します。

（受益者への金銭交付事由等の検討例）

ア　給付すべき事項を委託者等の日頃使用している通帳・カード等から確認する。

i　生活費・生活必需品費、社会保険料、介護費・入院手術・治療費、施設入所費、お小遣いその他（誕生日等祝金等々）の項目・時期・額の確認。

ii　教育関連費（文科省の教育資金贈与 Q&A 参照。受験・入学・授業等の学納金・書籍・施設利用・塾等・修学旅行・留学）の項目・時期・額の確認。

iii　なお、給付以外の支払うべき信託事務に係る非消費支出（委託者の通帳等から公租公課、火災等の損害保険料、信託報酬等、公共料金等、修繕費用等）も確認・年額の予測。

イ　給付の範囲、基準・判断方法について委託者の意向を確認する。

i　生活費等とは十二分・受益者が求める、できるだけの、従前どおりの、信託財産・年齢等から判断してできる範囲の支援をする、受益者固有の財産を残さない程度、生活保護程度、受益者が扶養すべき者の生活費も含めて給付するか等、信託目的に記載の文言との整合性。

ii　受益者を扶養する義務を有する者の有する財産・稼得する所得を考慮するか否か。

iii　受益者が有する財産・稼得する所得を考慮するか否か。

iv　浪費をどの程度認めるか。

v　交際・趣味・旅行・耐久財への出費をどの程度認めるか、また他の経費としてどの程度の自動車、交際費・旅行費・趣味、親族・施設への贈与援助、冠婚葬祭、町内会との付合いを認めるか。

vi　改築等をどの程度認めるか（どの程度の施設入所、介護、医療を認めるか）。施設入所には、専用居住・共用施設の利用権、共用施設管理費、食事費、掃除・洗濯・健康管理費、介護サービス費、事務処理委託管理費、よろず相談料、死後委託などきわめて多数のサービス内容・資金負担があるので事前に確認する。

vii　その他、相続対策等委託者が望むこと。

※老親に対する扶養料（配偶者・未成年の親の生活保持義務ではなく、民法 877 条の生活扶助義務）は、扶養権利者の平均的生活を維持するために必要である最低生活費から同人の収入（年金）を差し引いた額を超えず、かつ扶養義務者の扶養余力の範囲内の額とするのが相当とした事例（札幌高裁平 26・7・2 判時 2272・67 参照）。本件では、消費支出（総務省統計局の家計調査報告）に加え実額の非消費支出（公租公課・医療費・保険料）により最低生活費を算出しているが、生活保護の基準（生活扶助・住宅扶助等の額に医療費等から算出した判例（東京家審平 4・3・23））を超えていると推認される。

8 信託報酬等について

　受託者の信託報酬は、信託事務の処理の対価として受ける財産上の利益であり、信託法54条では委任の考え方から無報酬を基本としていますが、役務の対価として原則後払いで支払う旨を定めることができます。原則として信託財産から支払われ、自己取引に当たるので、過大・過小になることに注意しなければなりません。

　信託報酬の額は、その額または算定方法を定めるか、定めないときは相当の額を受ける旨を定めます。額等を定めないときは受益者にその算定の根拠を通知するか、個別に合意します（信54ⅡⅢⅣ）。なお、定めた報酬を受けることができないと所定の手続により信託を終了させることができるので、十分な注意が必要です（信54Ⅳ、52Ⅳ）。

　信託報酬は、受託者の職務の性質、裁量の有無、委託の有無、特殊性・専門知識の要否、事務量・規模により算定されます。財産額または年間収入額の一定の率とする定め方がありますが、職務の内容から妥当と言えない場合もあります。また、算定する基準時にも注意します。信託開始時の時価、信託報酬の支払時の時価のいずれを適用するかです。

　米国の合理的報酬の判断要素として、業界の慣習、受託者の技量・経験・能力、受託者の義務に費やす時間、信託財産の額と性質、信託事務の困難・責任・危険の程度、他の者により提供されるサービスの性質・費用、受託者の履行した職務の質があげられています。

　受託者が信託報酬を受けることができる旨を定める場合、信託期間が長期にわたり、事情変更（事務の軽重）が生じうることから、具体的な額を定めることが難しいので、算定方法の定めまたは相当の額（算定方法を定めないとき、関係者の協議による・誰の承認を得た）の旨を定めます。トラブルにならないよう、その合理的な算定根拠を受益者等に説明して理解を得ます。

また、信託監督人、受益者代理人等の報酬も同様の考え方で合理的な算定基準・算定方法を定めます。

　信託報酬の合理的な根拠を示すために、信託会社・銀行・業者等社会の他の参考となる情報を入手しておく必要があます（所要時間では、最低賃金が900円前後である、派遣事務員は2,500円前後、弁護士報酬は2万円以上である）。信託事務の受任、相談、顧問などを引き受ける士業事務所としても業務内容に応じた報酬規程を制定することが求められます（司法規22）。

　信託報酬についての判例は存在せず、学説も見かけません。過大な信託報酬（多く得るように行動することも含む）に対する受益者の救済方法として、①受託者の義務違反・債務不履行等は、信託法54条4項による民法648条2項の準用により費用償還等とともに、支払前には差止め請求（信44Ⅰ）、支払後には無効訴え（同31Ⅳ）または損失てん補請求（同40Ⅰ）による、②状況変化により過大になるときは、信託の変更（同149・150）を理由にすることは難しく、③信託行為の定めが過大である余地があれば、①のように差止め、無効、損失てん補請求によると考えられますが、事実がないので過大であるかの判断が難しく、何を根拠に請求できるかが難しいといわれています[12]。また、過少な信託報酬に対する受託者の救済については、事情変更による増額の余地は認められるものと解されます。トラブルが生じないように、合理的な算定方法または協議する方法を定めること、事前の関係者の協議によるコンセンサスを得られるよう、具体的な事務手続・量、注意義務の程度など責務との合理的な説明が求められると考えられます。

　なお、信託事務処理の対価としての信託報酬と信託事務の処理に必要な費用（信48）の取扱いに注意します。

---

12) 小出篤「信託報酬について」信託法研究39号（2014年）53頁以下、96頁以下。

（信託報酬について検討する条項案の例）

> ⑦ 「受託者の信託報酬は、毎年金○万円とする。」
>
> ⑦ 「受託者は、各計算期日において信託報酬について信託財産から充当するものとし、信託期間の途中で信託が終了した場合には、清算し受益者等に残余財産を交付するまでの信託報酬を月額に計算して受け取る。」
>
> ⑦ 「受託者は、収益収受の都度又は各計算期日及び信託終了又は受託者辞任の日において、管理信託報酬として、○○円の報酬額及びその消費税等相当額を、委託者若しくは受益者又は信託財産のいずれかにより申し受ける。ただし、受託者は、消費者物価指数の変動等を指標として値上げした報酬額を申し受けることができる。」
>
> ⑦ 実務として、受益者・信託監督人は受託者の専横による結果に対してその事後の回復を得るための適確な対処は難しくなります。そこで、事前に防ぐために所定の額でない場合は、「事前に請求明細を 2 週間前に通知し、承認を得てから信託財産から支払う」旨の定めも考えられます。

9　年間の管理事務について

　受託者の年間に行うべき信託事務とそのスケジュールを明確化することが大切です。

　信託の設定に際して、受託者がなすべき信託財産の管理事務、給付事務として具体的にどのような事柄があるか、その時期はいつか、毎年の年末等一定の時期に確認スケジュールを立てるよう、例示の表を示してアドバイスすることがよいと考えます。

　信託財産、受益者を現場で現状を確認（留意すべき点を把握）します。たとえば、不動産等の物件外回り・境界・内部の維持状況の管理・清掃等、入居者・同居者の状況等、保険付与・修繕改修・防犯防災対策・各種証明・書類等を確認し、金融資産の運用、収支の状況が予定どおりであるか、今後への影響等について専門家とともに確認します。

　また、信託事務の処理の状況（資金収支）、信託財産・債務（信託財産責任負担債務）の状況を年に1度以上報告・申告添付（信託計算書、貸借対照表）するため、また所轄税務署への翌年1月の信託計算書等を提出するためには、また当然に日々適正に管理（不動産所得なら青色申告）するためには、関係書類（契約書・証憑書類等）の保管、正確な帳簿の作成（代替可能ならばその通帳、報告書の保管）、補助簿管理を、また定期的な複数人による確認が必要と考えます（将来のトラブルの可能性、財産の状況・管理の内容によりコストとリスク等を考えて）。

　受託者は、専門家を活用するなどして、日々の収益及び費用（収入及び支出）の管理を行います。主なものとして、手元現金の管理、収益（または収入）は賃料、共益費、広告料、信託財産の運用益その他雑益が、費用（または支出）には公租公課・固定資産税の納付、管理費・改修費等の支払、管理のための費用（委託費を含む。近隣対策費・町内会費）、修繕費、損害保険料、信託関連事務費用、敷金等返

還支出、信託事務遂行により生じた損害、信託報酬、訴訟費用等があります。市販の会計ソフト等を活用して、仕訳帳・総勘定元帳・補助簿を作成・記載し、関係する証憑書類を受益者（帰属権利者を含む）のために保存します。

　また、年末から準備して年が明ければ決算処理（残高等確認）、信託財産目録・貸借対照表・損益計算書を作成し、信託計算書を作成・報告・提出（3万円以下の収入は不要）します（以上の会計は**第6章**、税務は**第7章**を参照）。

　信託するに際して、またその後の期中・期末そして終了時において、信頼できる専門家、業者を活用して受託者としての事務が適切に行えるよう仕組み、理解を得ることに注意を払います。

（受託者のスケジュール表の例）

時期	信託事務	具体的手続他
引受時	・財産目録作成 ・口座開設 ・所有権移転等 ・税務署へ提出等	
期初	・帳簿の締、開始 ・給付すべき額の決定 ・計算書類の作成提出等	
期中	・財産・受益者等の調査	
期末（12月）	・翌年修繕等の計画・調査・確認	
終了	・未払給付の交付 ・残余財産の帰属者への所有権等移転 ・税務署へ提出等	

米国の民事信託は、19 世紀初めでは、相続の法律手続を回避するために富裕層に利用され、その後の南北戦争をきっかけとする鉱山開発・鉄道建設など近代産業の勃興・飛躍的な発展で主な財産の種類が有価証券となり運用の専門性も期待されるようになり、移民社会であったこともあり、信頼できる者（受託者）として家族よりも弁護士・信託会社（金融機関を含む法人）に託する習慣が形成されました。

今では、さらに多くの者が相続手続回避策として信託を活用しています。

米国ではコモンロー系の諸国と同様に戸籍制度等の仕組みがなく相続人を確定するのが大変で、探偵・調査員を活用して探している話を耳にします。コモンロー諸国の多くの遺産手続は清算主義ゆえ、死亡すれば原則として裁判所（プロベイトという）が関与する仕組みで、その手続は公開されプライバシーが侵害され、手間、時間と費用が相当かかる（州によって相当違う）ので、それを避けるために富裕層だけでなく多くの方が簡単な遺言書の作成（必ず）とともに生前信託を設定します。

生前信託は、委託者は Trustor でありまた生存中は自らが Trustee となります。生前信託は Revocable Living Trust（撤回可能生前信託）といい、信託宣言（declaration、契約信託ではなく日本の自己信託とも似て非なるものです）により設定します。イリノイ州 1955 年最高裁判決（Farkas v.Williamas）により有効性が認められましたが、英国では委託者の撤回権等の権利から Bare trust 受動信託として信託の成立を否定し、日本でも否定的です。

典型的な生前信託の例として、マイケル・ジャクソン（Michael Jackson、父親 Joseph Walter "Joe" Jackson、母親 Katherine Esther Scruse の五男、1958 生）の話があります。

ポップ界の王（king of pop）と称されるこの世界的エンターティナー

Michael Jackson は 2009 年 6 月 25 日に睡眠導入のための麻酔薬により突然死しました。彼は遺言と生前信託を遺しています。最新の遺言は 2002 年 7 月 7 日付けの 5 頁のもので、7 月 1 日にプロベイトに提出され、本人のものとして認められました。その概要は次のとおりです。遺産額は約 5 億ドル、負債が約 3 億ドルあると当時いわれていました（故人の所得番付では 3 年連続首位で 2014 年 10 月からの 1 年間で 115M ＄（フォーブス 15.10.27））。

① 2 人目の妻だったデビー・ローさんには遺産を与えない（遺言書に記載していない者は「意図的に財産が与えられる者のリストから外した」旨の記載があり、彼が相続人として指名しなかった離婚した妻だけでなく、父親も、兄弟の誰も相続人になれない）。他にも「私は現在結婚していない。デビー・ローとの結婚は解消されている。私には 3 人の子供がいる。他に子供はいない。」旨の記載もある。

② 子供の後見人として母親キャサリンさんを指名する。もし務められないときの後継者としてダイアナ・ロスさんを指名する。

③ すべての財産は、生前に設定した「MICHAEL JACKSON FAMILY TRUST」に信託する。

Michael Jackson の遺言	⇒⇒⇒⇒⇒⇒⇒ 遺産を既にある信託に入れる	MICHAEL JACKSON FAMILY TRUST

生前信託への残余財産払込条項（pour over）にて、信託財産にしていない残りの遺産を面倒な検認手続から回避できるように定めています（必ず生前信託と遺言はセットです）。

④ 遺言書の執行者としてジョン・ブランカ弁護士とジョン・マクレーン氏を任命する。また、財産の処分や賃貸・投資などの一切の裁量権限を遺言執行者に付与する。

John Branca 氏はエンターテインメント、音楽の世界では著名な弁護士で彼の代理人を務め、彼の遺言の作成を取り扱い、John McClain 氏は John Branca 氏が経営するレコード会社のエグゼクティブでした。

　共同遺言執行者は生前から彼のビデオなどの販売推進をしていたこともあり、死後も彼の音楽事業は非常にうまくいきました。彼の母親の Katherine は当初この 2 人を遺言執行者として指名することに反対していましたが、取り下げました。共同遺言執行者は、執行報酬として遺産の 10%を受け取ったと報道されました。

　「MICHAEL JACKSON FAMILY TRUST」は 2002 年 3 月 22 日に署名されており、Michael Jackson が trustee（受託者）でありかつ trustor（委託者）です。信託の内容（本来開示されないがマイケル死亡後の共同受託者である弁護士が公表した）は、次のとおりです。この信託は未払込信託（unfunded）であり設定時に信託財産がなかったが、マイケル・委託者が亡くなると遺言書の信託への残余財産払込条項により残余財産が払い込まれて、この信託の信託財産は彼のすべての財産になります。Neverland Ranch、ビートルズ及び本人の音楽ライブラリー（音楽著作権）があります（債務として相続当時 5 億ドルのバークレイズからの借入れ残がありましたが、本人の死後の映画、DVD、レコード等の売上げが好調のため、2 億ドルは既に返済できたとのことで債務超過ではないと受託者であるブランカ弁護士は説明しています。受託者であるブランカ弁護士はビジネスプロモーションを進め信託収益は増加しているようです）。

① Michael Jackson 死亡後は共同受託者（Co-Trustee）として弁護士 John Branca と親しかった John McClain（John Branca の会社の音楽エグゼクティブ（Barry Siegel 会計士は 2003 年に受託者になることを断っている））が指名され（9 条 1 項）、受託者が誰もいない誰も職務を行使できないときは信託会社○○と○□が Corporate Trustee として信託を管理する。なお、受託者報酬は数字としてでは

なく合理的な報酬を受け取れる（9条5項）とのみ記載され、また委託者マイケルが死亡すれば信託条項の変更は認められない（10条1項）と記載されている（撤回不能信託になる）。

② 信託財産の最初の20%は、受託者 John Branca と John McClain、母親 Katherine Jackson 3名による Committee により選ばれた子供に関連する慈善団体に寄附をする。

③ その後、納付すべき遺産税を支払い、医療費・葬儀費・弁護士費用を支払う。

④ その残額の50%は、Michael Jackson の3人の子供たちが均等に受益できる受益者とする信託「Michael Jackson Children Trust」に分配する。この信託の定め（5条）によると、21歳までの信託からの分配は受託者（Trustee）の裁量に任され、21歳からは信託から生じる Income を享受でき、Income だけでは子供たちの Reasonable Care、Support、Maintenance、または Education が不十分なときは信託財産の Principal（元本）の分配もできる。各子供が30歳に到達すれば信託財産の3分の1を、35歳で残りの半分を、40歳で残額全てを受領できる。なお、子供が家を購入する、結婚し子供ができる、ビジネスをスタートさせる等の資金が必要と受託者が判断すれば分配の裁量が与えられている。

⑤ その残額の50%は、母親 Katherine Jackson を受益者とする信託「Katherine Jackson Trust」に分配されて管理する。この信託の定めによると、共同受託者には信託財産の運用・管理・処分・財産の交付に関して広範な権限が与えられ、すなわち完全（絶対的）裁量権（Absolute discretionary powers（vs 一般的裁量権 Mere discretionary powers））を持ち、Katherine Jackson の Care、Support、Maintenance、Comfort または Well Being を満たすように Income 及び Principal が分配される。

⑥ もし、子供たちも母親もいなくなった場合は、親戚の子供たちを受益者とする信託「Michael Jackson Relative Trust」に分配されて管

理する。親戚の子供たちとして 6 人の従兄弟、甥が指名され、また年齢による分配規定は Michael Jackson の子供たちのケースと同様に取り扱う定めをしている。（②〜⑥は 2 条 1、2、3、4 項）

遺産を既にある信託に注ぎ込む！

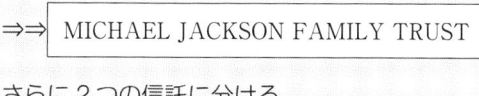

⇒⇒ MICHAEL JACKSON FAMILY TRUST

さらに 2 つの信託に分ける

⇒ MICHAEL JACKSON CHILDREN'S TRUST

⇒ KATHERINE JACKSON TRUST

その後母親、子供がいなくなると 6 人の甥姪のための信託に変わる。

⇒⇒ MICHAEL JACKSON RELATIVES' TRUST

⑦ 信託証書には、Deborah Jeanne Rowe について、彼女との婚姻関係はなく財産の分配の規定は何もない旨が記載され、何も与えないと明言されている（2 条 5 項）。

　日本でも、信託を分割すること（信 155 Ⅲ、159 Ⅲ）ができますので、同様の内容が可能です。なお、マイケルの場合は何故か信託の内容が巷に知れ渡っていますが、プライバシーを侵害することであり、保有する財産を明らかにすることから、世間はもちろん身近な者にも知られてはならないことです。不動産登記の際の信託目録等において、赤裸々にならないように、公正証書の作成、書類の管理、諸手続において慎重に考えましょう。

第6章

民事信託の会計

　民事信託における会計処理は会計帳簿の作成の目的から「受託者会計」、「委託者又は受益者会計」に区分されるため、それぞれ異なる根拠規定に基づき会計処理を行います。

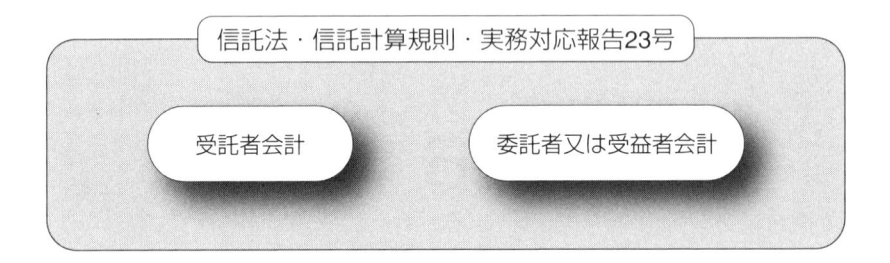

(1) 受託者会計

　受託者が受益者に報告する目的で行う会計を、受託者会計といいます。民事信託は受益者課税のため、受益者に必要な財産の状況と収支の状況を報告する必要があり、「信託法13条」と「信託計算規則」に根拠規定がありますが、実務的には後述する受託者会計の慣行である土地信託に係る会計処理等に準じて会計処理を行います。

(2) 委託者又は受益者会計

　受益者が株主や債権者に報告する場合や税務上の申告を行う場合の会計を、委託者又は受益者会計といい、「実務対応報告23号（信託の会計処理に関する実務上の取扱い）」の規定に従い会計処理を行います。

2 | 受託者会計

受託者会計については、次の信託法と信託計算規則、実務対応報告に根拠規定がありますが、具体的な会計処理までは示されていないため、一般的には受託者の慣行として処理されてきた会計処理を行います。

(1) 信託法

信託法において、信託の会計は「一般に公正妥当と認められる会計の慣行」に従うとされています（信13）。

(2) 信託計算規則

信託計算規則には、信託帳簿及び財産状況開示書類の作成方法、限定責任信託等について必要な事項が規定されていますが、信託計算規則の概要は次のとおりです。

（信託計算規則の概要）

条文番号	内　　容
1条	信託の計算等の目的
2条	用語の定義
3条	会計慣行のしん酌
4条	信託帳簿の作成
5条	会計帳簿作成の信託の特例
6条〜11条	限定責任信託の計算（資産・負債等の評価）
12条〜17条	計算関係書類の作成

条文番号	内　　容
18条〜22条	貸借対照表の区分、損益計算書
23条	信託概況報告
24条	給付可能額の算定方法
25条〜29条	清算中の信託の特例
30条	受益証券発行限定責任信託の会計監査報告の作成
31条〜33条	計算関係書類の会計監査

(3) 実務対応報告 23 号

　受託者会計については、企業会計基準の実務対応報告23号のQ8に次のように示されており、信託会計の慣行に基づいて会計処理を行うことになります。

---

① 　受託者会計は信託契約などの信託行為の定め、あるいは信託行為の定めがない場合は、これまで定着している信託会計の慣行に基づいて行われてきたとされています。
② 　新信託法においては、今後もこれまでと同様に明らかに不合理であると認める場合を除き、信託の会計は、信託行為の定め等に基づいて行うとされています。
③ 　次の信託については、一般に公正妥当と認められる企業会計の基準に準じて会計処理を行うこととされています。
（ア）限定責任信託（信 216）
（イ）受益者が多数となる信託

---

(4) 受託者会計の慣行

　受託者会計で実務的に行われている会計慣行は、土地信託に係る会計処理などに準じた会計処理で、次の特徴があります。

金銭債権・不動産等の価額	金銭を受託するときは、その金額そのものが信託価額となりますが、不動産等を受託するときは時価ではなく、委託者の帳簿価額、額面金額、固定資産税評価額等の客観的価額を計上します。
貸付金・有価証券等	資金の運用等により取得した資産（貸付金・有価証券等）については、原則として、取得原価のままで（原価法）、相場変動があっても価格修正を行いません。
収入・支出	収入、支出は最終的な信託元本と利益の交付額が算出できるよう、原則として厳格な保守主義を採用しています。
損益の計上基準	収益費用の計算上、未収収益、未払費用等は計上しない現金主義を採用しています。

(5) 信託帳簿

受託者は、次に掲げる信託帳簿を作成する必要があります。

定義	信託帳簿とは、信託事務に関する計算や、信託財産に属する資産・負債の状況を明らかにするために作成する帳簿です（信37Ⅰ、信規4Ⅰ）。
目的	信託において受託者は、委託者から委託された財産を管理・運用し、受益者に対し一定の利益を引き渡すことになるため、信託帳簿を作成する必要があります。
記載内容	信託帳簿の作成について、具体的にどのような帳簿を作成するか信託計算規則に定められていません。したがって帳簿の種類、詳細さの程度等は当事者の任意に委ねられています。
保存期間	受託者は信託帳簿を作成した場合には、原則として10年間保存をしなければなりません。

① 信託帳簿と財務状況開示資料（貸借対照表・損益計算書）の法令上の関係

信託帳簿と財産状況開示資料の根拠法令を整理すると次のようになります。

（信託帳簿・財産状況開示資料の法令体系）

信託の種類	書類の種類	根拠条文	条文内容
限定責任信託	信託帳簿・財産状況開示資料	信託計算規則5条	限定責任信託に係る会計帳簿等及び財産状況開示資料の作成
		信託法222条2項	限定責任信託の会計帳簿の作成
		信託法222条3項	限定責任信託の財産状況開示資料の作成
限定責任信託以外の信託	信託帳簿	信託計算規則4条1項	信託帳簿及び財産状況開示資料の作成
		信託計算規則4条2項	他の目的で作成された書類を信託帳簿とすることの容認規定
		信託法37条1項	信託事務に関する計算
		信託法37条1項	信託財産に係る帳簿その他の書類（信託帳簿）の作成
		信託法37条4項	信託帳簿の10年間の保存
	財産状況開示資料（貸借対照表・損益計算書等）	信託法施行規則2条1項4号	財産状況開示資料の定義
		信託計算規則4条	信託帳簿及び財産状況開示資料の作成
		信託法37条2項	財産状況開示資料の作成
		信託法37条3項	財産状況開示資料の受益者に対する報告
		信託法37条6項	財産状況開示資料の信託の清算結了までの保存
共通	その他	信託法36条	信託事務の処理状況の報告
		信託法36条	信託財産責任負担債務の状況の報告
		信託法37条5項	信託財産に属する財産の処分に係る契約書その他の書類の10年間の保存
		信託法38条	受益者の受託者に対する書類の閲覧等の請求

（注）実務上の留意点

・信託法37条5項の契約書等（契約書その他の信託事務の処理に関する書類）の保存は10年としていますが、委託者・受益者の税務申告、相続手続、トラブル等に備えて信託期間の終了まで保存することが望まれます。

・信託法38条6項の利害関係人（委託者及び委託者の相続人等）から閲覧請求される書類は信託帳簿ではなく、財産状況開示資料になりますので、財産状況開示資料は作成しておく必要があります。

・信託計算規則4条2項では、他の目的で作成された書類（税務申告用の帳簿等）を信託帳簿とすることができます。同条3項の規定による財産状況開示資料を作成しない場合は、信託法37条3項の信託行為による別段の定めが必要になります。

　ただし、信託行為による別段の定めがある場合でも、トラブルになる可能性があるため、財産状況開示資料は作成しておくことが望まれます。

② **帳簿体系・会計体系**

　一般的な民事信託での帳簿体系と会計体系は次のようになります。固定資産が複数ある場合や受益者が複数いる場合は、固定資産台帳、賃貸先台帳、信託元本台帳等を作成し、信託財産であることを明らかにするため、また受益者から開示等の要請があったときの説明のために適正な管理を常にしておくことが望まれます。

（帳簿体系）

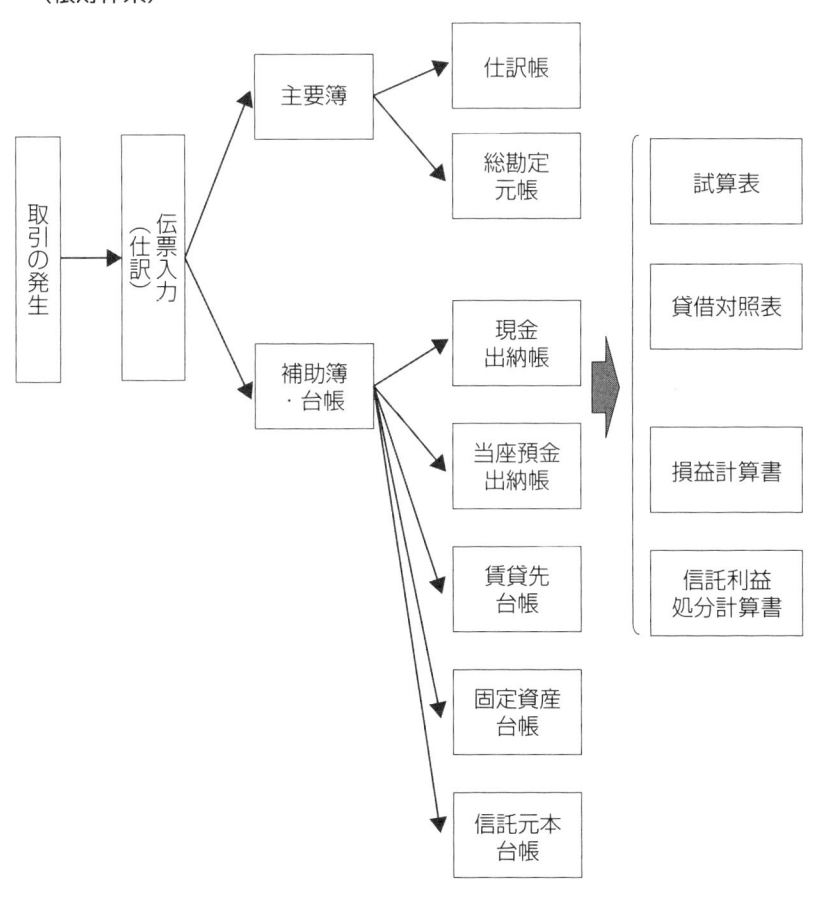

(賃貸先台帳)

ビル名	テナント名	契約形態	用途	場所	面積	月額賃料	敷金	契約開始日	契約期間
○○○	○○商事	賃貸借契約	事務所	2F	××㎡	×××	×××	H○年○月○日	H○年○月 〜 H○年○月
○○○	○○ストア	賃貸借契約	店舗	3F	××㎡	×××	×××	H○年○月○日	H○年○月 〜 H○年○月

(固定資産台帳)

【建物】

物件名称	数量	取得年月	事業供用月	耐用年数	取得価額
○○店舗	1	H○年○月	H○年○月	47 年	×××
○○改修工事	1	H○年○月	H○年○月	47 年	×××

(信託元本台帳)

種類	受益者名	受入日	信託価額	受益権割合
土地	○○○	H○年○月○日	×××	×××
建物	○○○	H○年○月○日	×××	×××

（会計体系）

【貸借対照表】

分類			勘定科目
資産の部	流動資産		現金 普通預金 前払費用 仮払金 その他の流動資産
	固定資産	有形固定資産	土地（又は信託土地） 建物（又は信託建物） 構築物 工具器具備品 建設仮勘定
		投資その他の資産	修繕積立定期預金 有価証券（又は信託有価証券） 金銭債権（又は信託金銭債権） 信託配当金 その他の投資等の資産

分類		勘定科目
負債の部	流動負債	前受収益 仮受金 短期借入金 その他の流動負債
	固定負債	預り敷金 預り保証金 長期借入金

分類	勘定科目
元本の部	信託元本（受託不動産等） 信託元本（金銭債権） 信託元本（修繕積立口） 信託元本（〇〇積立金） 信託元本（返済等積立口） 信託元本（留保口）

【損益計算書】

分類		勘定科目
収益の部	売上・営業収益	賃貸収入 受入共益費 権利金礼金更新料 保証金償却収入
	営業外収益	受入手数料収入 受取利息 受取配当金 雑収入
	特別利益	固定資産売却益 有価証券売却益
費用の部	販売費及び一般管理費	損害保険料 水道光熱費 修繕費 消耗品費 保守管理費 租税公課 支払手数料
	営業外費用	信託報酬 支払利息 雑損失 その他の費用
	特別損失	固定資産売却損 有価証券売却損

③ 信託帳簿作成の留意点

（ア）　事務年度

受益者の多くは、個人の確定申告で必要になるため、信託の事務年度は暦年の 1 月 1 日から 12 月 31 日とすることで、事務処理が少なくなります。

（イ）　帳簿書類等の管理の必要性

受益者等の税務申告のほか、帰属権利者への引渡しに際して、信託財産に係る資料がなければ、適正な手続・税額計算ができないため、信託財産に係る取引履歴等の情報を含めた帳簿の保存管理はトラブル防止になります。

また、受益者に対する税務調査などがあった場合には、取引に係る資料を提示できるように、帳簿書類、領収証などの証憑類を日々管理することが大切です。

民事信託では、適正な会計処理、関係書類の保存のほか、分別管理の適正な処理は分別管理義務の履行につながりますので、受託者には専門家の指導を受けるなどして適正な会計処理と書類保存を行うことの助言が必要です。

(6) 受託者の会計処理

受益者等課税信託には資本金等の概念がないなど、一般企業の会計処理とは異なるものとなりますが、信託設定時から信託の終了時までの会計処理の一例を示すと次のようになります。

なお、会計処理について法令等では特に指定がないため、複数の仕訳や勘定科目が想定されます。

① 信託設定時（引受仕訳）

【仕訳例】

内　　容	借　　方	金額	貸　　方	金額
信託財産（不動産）の受入	信託土地（建物）－資産	××	信託元本（受託不動産等）－資本	××
信託財産（金銭債権）の受入	信託金銭債権－資産	××	信託元本（金銭債権）－資本	××

※信託財産が不動産の場合は、委託者の帳簿価額、固定資産税評価額を、金銭債権の場合は額面金額を計上します。

② 信託期間中（信託事務仕訳）

【仕訳例】

内　　容	借　　方	金額	貸　　方	金額
建物の建設	建物等－資産	××	現金預金－資産	××
資金の借入	現金預金－資産	××	借入金－負債	××
配当金の支払	信託配当金－資産又は繰越利益－資本	××	現金預金－資産	××
信託財産の一部売却	現金預金－資産	××	信託土地（建物）－資産 固定資産売却益－収益	×× ××

③ 受益者変更時

　相続、贈与等により受益者を変更した場合は、会計処理は不要ですが、管理台帳にある受益者の情報を変更する必要があります。

④　信託期間中（決算仕訳）

【仕訳例】

内　　容	借　　方	金額	貸　　方	金額
修繕積立金の積立	修繕積立定期預金－資産	××	信託元本（修繕積立口）－資本	××
家賃の前受計上	賃貸収入－収益	××	前受収益－負債	××
費用の前払計上	前払費用－資産	××	諸費用－費用	××

⑤　信託期間中（翌期首）

【仕訳例】

内　　容	借　　方	金額	貸　　方	金額
信託利益の内部留保	繰越利益－資本	××	信託元本（留保口）－資本	××

⑥　信託期間終了時

【仕訳例】

内　　容	借　　方	金額	貸　　方	金額
残余財産配当	信託元本－資本 信託配当金－資本 又は繰越利益－資本	×× ××	現金預金－資産 土地（建物）－資産 金銭債権－資産	×× ×× ××

⑦　減価償却費

　減価償却費の計上については、受益者ごとに償却方法が異なることがあるため、受託者では計算せず、各受益者が減価償却費を計算します。受託者は受益者に対して、固定資産の内容（取得日、資産名、勘定科目、耐用年数、取得価額等）を記載した明細に契約書等の証憑類を添付して受益者に報告する必要があります。

【当期取得資産明細】

勘定科目	物件名称	数量	耐用年数	取得日	事業供用日	取得価額	備考欄
建物	○○改修工事	1	50年	H○年○月	H○年○月	×××	資本的支出

⑧　消耗品費等

　消耗品費等は少額資産について、取引単位（1個または1組）ごとに10万円未満（中小企業者等の特例を適用する場合には30万円未満）の判定を行いますが、共有の場合には、共有持分を乗じた後の取得価額で判定を行います。

　受益者が複数いる場合には、受益者ごとに資産計上か損金計上かを判断するため、受託者は簡便的に消耗品費等の費用で処理するのが一般的です。

【当期取得資産明細】

勘定科目	物件名称	数量	耐用年数	取得日	事業供用日	取得価額	備考欄
工具器具備品	給湯器	5	6年	H○年○月	H○年○月	×××	少額資産判定

⑨　未収及び未払の計上

　受託者会計の慣行では、未収及び未払を計上しない現金主義を採用しているため、受益者が税務申告用に決算書を作成する場合には、未収及び未払を計上する必要があります。

　受託者は、未収及び未払の内容、金額等の情報を契約書等の証憑類を添付して受益者に報告する必要があります。

【未収計上・未払計上明細】

勘定科目	相手先	内容	支払月	備考欄
未収収益	○○商事	○○家賃○月分	Ｈ○年○月	
未払費用	○○都税事務所	固定資産税（28年度3期分）	Ｈ○年○月	

(7) 貸借対照表・損益計算書（財産状況開示資料）

　受託者が受益者に対して報告する財産状況開示資料の内容は、次のとおりです。

報告義務	財産状況開示資料は、信託帳簿に基づいて作成され、信託契約等の信託行為に特別な定めがある場合を除いて、受託者はその内容については受益者に報告する必要があります（信37Ⅲ、信規4Ⅴ）。
報告時期	受託者は、毎年1回一定の時期に貸借対照表、損益計算書、その他信託計算規則で定める書類（以下「財産状況開示資料」という）を作成する必要があります（信37Ⅱ、信規4Ⅲ）。
作成書類の内容	信託帳簿と同様に具体的な作成書類の内容について、信託計算規則に定められていないため、信託契約などの信託行為の定め等に基づき作成することになります。
閲覧請求	受益者は、受託者に対して、信託帳簿または、信託財産の処分に関する契約書やその他の信託事務の処理に関する書類の閲覧を請求することができます（信38）。

(8) 財産状況開示資料の雛形と留意点

　受託者が報告する財産状況開示資料について、雛形等は特に定められておりませんが、一般的なものを示すと次頁以下のようになりま

す。また、作成する際は次の点について留意する必要があります。

① **貸借対照表（信託財産残高表）**

（ア）受益者が複数いる場合に表示する金額は、信託契約全体の金額になり、各受益者の受益権割合を乗じた後の金額が各受益者に帰属する金額になります。

（イ）固定資産等を取得した場合には、減価償却費の計算に必要なため、別途資料を添付する必要があります。

（ウ）信託元本には、修繕積立金や内部留保した金額を区分して表示します。

② **損益計算書（信託財産収支表）**

（ア）貸借対照表と同様に、信託契約全体の金額を表示します。

（イ）租税公課については、税務申告の計算に必要なため、明細を表示しておりますが、修繕費や消耗品等についても、資本的支出等の判断で必要なため、主要なものについて明細を表示することが望まれます。

③ **信託利益処分計算書**

（ア）信託配当金総額の計算は信託行為の定めに従いますが、一般的に、当期純利益から借入金などの返済原資に充てるものや修繕積立金の内部留保などの金額を差し引いて計算します。

（イ）受益者が複数いる場合は、信託配当総額に各受益者の受益権割合を乗じた後の金額が各受益者に帰属する信託配当金の金額になります。

④ **消費税納税申告資料**

受益者のうち消費税の課税事業者は税務申告の際に消費税を計算しますので、収益・費用について勘定科目ごとの取引の明細を表示する必要があります。

受託者名

第　　期（平成　　年）　　　　　（会計基準）1. 収益の認識：実現ベース
　　　　　　　　　　　　　　　　　　　　　　　2. 未収入金　：計上せず

貸 借 対 照 表（信託財産残高表）
平成　年　月　日現在

（受益権割合）$\dfrac{（分子）……1}{（分母）……1}$

（注）この表の金額は信託契約全体のものです。（単位：円）

科　目	借方 （増加額）	貸方 （減少額）	残高	科　目	借方 （減少額）	貸方 （増加額）	残高
（資産の部）				（負債の部）			
現　　　　金				前　受　収　益			
普 通 預 金				仮　受　　　金			
仮　払　　金				短 期 借 入 金			
前 払 費 用				そ　の　他　の 流　動　資　産			
その他の流動資産				預　り　敷　金			
土　　　　地				預　り　保　証　金			
建　　　物				長 期 借 入 金			
構　築　　物							
工 具 器 具 備 品							
建 設 仮 勘 定							
修繕積立定期預金							
信 託 配 当 金							
その他の投資等の資産				（元本の部）			
				信託元本（受託不動産等）			
				信託元本（金銭）			
				信託元本（修繕積立口）			
				信託元本（返済等積立口）			
				信託元本（留保口）			
繰　越　損　失				繰　越　利　益			
合　　　　計				合　　　　計			

様

第　　期(平成　年)　　　　　　　　　　　　　　　　受託者名

損　益　計　算　書(信託財産収支表)

平成　　　年　　月　　日～平成　　　年　　月　　日

(注) この表の金額は信託契約全体のものです。　　　(単位：円)

科　　目	金　　額	科　　目	金　　額
(費用の部)		(収益の部)	
損 害 保 険 料		賃 貸 収 入	
水 道 光 熱 費		受 入 共 益 費	
修 繕 費		権利金礼金更新料	
消 耗 品 費		保証金償却収入	
保 守 管 理 費		受 取 利 息	
租 税 公 課		雑 収 入	
支 払 手 数 料			
信 託 報 酬			
支 払 利 息			
雑 損 失			
そ の 他 費 用			
当 期 純 利 益			
合 計		合 計	

上記租税公課の明細(固定資産取得価額算入分は除いています)

科　　目	金　　額	科　　目	金　　額
印 紙 税		登 録 免 許 税	
固 定 資 産 税 都 市 計 画 税		不 動 産 取 得 税	
事 業 所 税		利子配当源泉所得税	
そ の 他 税 金			

平成　　　年　　　月　　　日

受託者名

信託利益処分計算書

（注）この表の金額は信託契約全体のものです。　（単位：円）

科　　　目	金	額
前 期 繰 越 利 益 A		
当 期 純 利 益 B		
当 期 欠 損 金 C		
次 期 繰 越 利 益	A+(B又はC)	
当 期 純 利 益	B	
元 本 組 入 金	D	
（内訳） ・ 必要運転資金留保額	（　　　　　　　）	
・ 修繕積立金	（　　　　　　　）	
・ 借入金等返済留保額	（　　　　　　　）	
信 託 配 当 金 総 額 ①	B-D	

〇〇様　信託利益の交付額は次のとおりです。
下記金額を下記指定口座に振込みます。

お振込み期日　平成　　　年　　　月　　　日	円
ご指定口座　お振込み額 （①　×　受益権割合）	

消費税納税申告資料 （　　　　　　　〜　　　　　　　）

受益権割合　(分子) ……1　平成　　年　　月　　日
　　　　　　　(分母) ……1　　　　　受託者名

＿＿＿＿＿＿＿＿＿＿＿ 様

今年度の信託収入と信託支出は下記のとおりです。
消費税の税額を計算をされる際にご利用ください。

＜収益・費用＞

勘定科目	摘　要	取引日	金額	課税 非課税	税率	うち 消費税額	取引先	備考

(9) 限定責任信託と責任財産限定特約

　限定責任信託については、原則として一般に公正妥当と認められる企業会計の基準に準じて会計処理を行うこととされています。

　限定責任信託の場合は会計処理が煩雑になるため、実務上は信託契約の中で責任財産を信託財産に限定する旨の特約を付しているケースが多く見受けられます。

　限定特約を付している場合は、(4)「受託者会計の慣行」の土地信託に係る会計処理等に準じた会計処理を採用することができます。

(10) 自己信託

　自己信託の会計処理は、他者を受託者とした通常の信託と同様になります。自己信託の場合は、債権者や相続人から否認される危険性がありますので、専門家に相談しながら適正に処理するよう委託者に助言します。特に信託財産の日々の異動の会計処理や帳簿管理等を徹底し、受託者固有の財産と分別管理を厳密に行う必要があります。

3　委託者又は受益者会計

(1) 実務対応報告 23 号

　委託者の会計処理については、平成 19 年 8 月 2 日に企業会計基準委員会より実務対応報告 23 号「信託の会計処理に関する実務上の取扱い」が公表されており、委託者会計について次のように規定されています。

① 信託の種類を金銭の信託、金銭以外の信託、事業の信託、目的信託、自己信託に区分して、それぞれの会計処理について、実務対応報告 23 号の Q1 から Q7 までに示されています。
② 実務対応報告 Q1～Q4 までを、信託が金銭の場合と金銭以外の場合とに大別し、それぞれ委託者兼受益者が単数である場合と複数である場合とに区分して、会計処理が示されています。
③ 実務対応報告 Q5～Q7 までを事業の信託、受益者の定めのない信託、自己信託に区分して会計処理が示されています。

（実務対応報告第 23 号における信託の会計処理に関する実務上の取扱い参照一覧）

信託財産の種類	委託者兼受益者の数	信託設定時	受益権売却時	期末時の会計処理
金銭の信託	単数	Q1～Q2		
	複数			
金銭以外の信託	単数	Q3～Q4		
	複数			
事業の信託	単数	Q5～Q7		
	複数			
目的信託	－			
自己信託	単数			

(2) 委託者兼当初受益者が単数である場合の金銭の信託（合同運用を除く）【Q1 参照】

たとえば、特定金銭信託などが該当します。

① 信託設定時

信託財産となる金銭を金銭の信託であることを示す適切な科目に振り替えます。

【仕訳例】

内　容	借　　方	金額	貸　　方	金額
金銭の信託設定時	信託金銭債権－資産	××	現金預金－資産	××

② 期末時

　一般に運用目的と考えられているため、金融商品会計基準及び金融商品実務指針により付すべき時価評価額を合計した額をもって貸借対照表価額とし、その評価差額は当期の損益とします。

【仕訳例】

内　容	借　　方	金額	貸　　方	金額
評価益の場合	信託金銭債権－資産	××	評価益－収益	××
評価損の場合	評価損－費用	××	信託金銭債権－資産	××

（3）委託者兼当初受益者が複数である金銭信託（合同運用信託を含む）【Q2 参照】

　たとえば、合同運用信託、投資信託、商品ファンドなどが該当します。

① 信託設定時

　信託財産となる金銭を有価証券または合同運用の金銭の信託であることを示す適切な科目に振り替えます。

【仕訳例】

内　容	借　　方	金額	貸　　方	金額
金銭の信託設定時	信託有価証券－資産	××	現金預金－資産	××

② **受益権の売却時及び期末時**

　受益者（当初受益者の他から譲り受けた受益者も含む）は有価証券としてまたは有価証券に準じて、会計処理を行います。ただし、預金と同様の性格を有する合同運用の金銭の信託（投資信託を含む）は取得原価をもって貸借対照表価額とします。

【仕訳例】

内　　容	借　　方	金額	貸　　方	金額
売却益の場合	現金預金－資産	××	信託有価証券－資産 有価証券売却益－収益	×× ××
売却損の場合	現金預金－資産 有価証券売却損－費用	×× ××	信託有価証券－資産	××

(4) 委託者兼当初受益者が単数である金銭以外の信託（合同運用信託を除く）【Q3 参照】

　たとえば、証券信託など金融資産の信託、不動産流動化取引における不動産信託等が該当します。

① **信託設定時**

　受益者は、不動産の信託などにおいて信託財産を直接保有するものとして会計処理を行い、信託設定時に損益は計上されません。

【仕訳例】

内　　容	借　　方	金額	貸　　方	金額
信託設定時	信託土地（建物）－資産	××	土地（建物）－資産	××

② **受益権の売却時**

　受益者は信託財産を直接保有していたものとみて消滅の認識（または売却処理）の要否を判断します。

【仕訳例】

内　　　容	借　　　方	金額	貸　　　方	金額
売却益の場合	現金預金－資産	××	信託土地（建物） 固定資産売却益	×× ××
売却損の場合	現金預金－資産 固定資産売却損 －費用	×× ××	信託土地（建物）	××

③　期末時

　原則として信託導管論により、信託財産のうち持分割合に相当する部分を総額法により貸借対照表における資産及び負債として計上し、損益計算書についても同様に持分割合に応じて処理をします。

(5)　委託者兼当初受益者が複数である金銭以外の信託（合同運用信託を除く）【Q4 参照】

　たとえば、共有の不動産を複数の委託者により信託する場合などが該当します。

①　信託設定時

　各委託者兼当初受益者は受託者に対してそれぞれの財産を移転し、受益権を受け取るため、信託設定時に損益は計上されません。

　ただし、信託の設定は共同で現物出資により会社を設立することに類似するものであるため、現物出資による会社の設立における移転元の企業の会計処理（事業分離等に関する会計基準）に準じて委託者兼当初受益者が信託について支配することも重要な影響を及ぼすこともない場合には、その個別財務諸表上、原則として移転損益を認識することが適当とされています。

【仕訳例】

内　　容	借　　方	金額	貸　　方	金額
信託設定時	信託土地（建物）－資産	××	土地（建物）－資産	××

②　受益権の売却時

次の（ア）と（イ）のケースで会計処理が異なります。

（ア）受益権が各委託者兼当初受益者からの財産に対応する経済的効果を実質的に反映し、かつ売却後の受益者が多数とならない場合（たとえば、各委託者兼当初受益者が共有していた財産を信託し、その財産に対応する受益権を受け取る場合）

　受益者が直接保有していたものとして消滅の認識（または売却処理）の要否を判断します。

【仕訳例】

内　　容	借　　方	金額	貸　　方	金額
売却益の場合	現金預金－資産	××	信託土地（建物） 固定資産売却益	×× ××
売却損の場合	現金預金－資産 固定資産売却損－費用	×× ××	信託土地（建物）	××

（イ）（ア）以外のケース

　各委託者兼当初受益者が信託財産を直接保有するものとみなして会計処理を行うことが困難であることから、受益者は受益権を信託に対する有価証券の保有とみなして評価します。

　このような受益権を売却する場合、有価証券の売却とみなして売却処理の要否を判断します。

③ 期末時

（ア）のケース

　原則として信託導管論により、信託財産のうち持分割合に相当する部分を貸借対照表における資産及び負債として計上し、損益計算書についても同様に持分割合に応じて処理をします。なお、個別財務諸表上、総額法により処理します。

（イ）のケース

　個別財務諸表上、受益権を信託に対する有価証券の保有とみなして評価します。

(6) 自己信託【Q7 参照】

　自己信託の会計処理は、他者を受託者として信託した場合と同様に受託者の会計処理を行います。

　また、自己信託の当初受益者として単数の信託にあたるならば、金銭の信託の場合は Q1（前記(2)に記載）に準じて、金銭以外の信託の場合は Q3（前記(4)に記載）に準じて会計処理を行います。

① 信託設定時の会計処理

　委託者兼受託者である自らのみが当初受益者になる自己信託においては、金銭の信託として行われる場合は、信託財産となる金銭を金銭の信託であることを示す適切な科目に振り替える必要があります。

　また、金銭以外の信託として行われる場合には、受益者は、信託財産を直接保有する場合と同様の会計処理を行う必要があります。

　両者とも、単独で信託設定するだけでは損益が計上されることはありません。

【仕訳例】

内　　容	借　　方	金額	貸　　方	金額
金銭の信託設定時	信託金銭債権－資産	××	現金預金－資産	××

【仕訳例】

内　　容	借　　方	金額	貸　　方	金額
金銭以外の信託設定時	信託土地（建物）－資産	××	土地（建物）－資産	××

②　期末時の会計処理

　金銭の信託として行われる場合で、運用を目的とするものであるときは、金融商品会計基準及び金融商品実務指針により付すべき評価額を合計した額をもって貸借対照表価額とし、その評価差額を当期の損益として計上します。

　金銭以外の信託である場合には、信託財産を直接保有する場合と同様に会計処理を行うため、総額法により処理します。

【仕訳例】

内　　容	借　　方	金額	貸　　方	金額
評価益の場合	信託金銭債権－資産	××	評価益－収益	××
評価損の場合	評価損－費用	××	信託金銭債権－資産	××

③　自己信託の信託財産及び受益権の注記

　委託者兼受託者が自己の固有財産として受益権の一部または全部を保有している場合には自己の貸借対照表に計上されることとなる自己信託の信託財産に属する財産について、追加情報としてその貸借対照表計上額及び自らが委託者兼受託者である自己信託の受益権である旨の注記を行うことが適当です。

（7）　総額法と純額法

①　総額法と純額法

　財務状況開示資料（貸借対照表・損益計算書等）の表示上、「信託

土地、信託受益権」など総額法と純額法で会計処理が異なりますが、財産状況開示資料では次のように表示します。

（ア）　総額法

　　受託者から提出された貸借対照表、損益計算書を委託者の本業部分の貸借対照表、損益計算書にそのまま合算して計上する方式です。

　　貸借対照表……信託土地、信託建物等個々の信託財産を記載します。

　　損益計算書……賃料収入、諸経費等の信託財産に係る収益と費用を記載します。

貸借対照表（単位：百万円）

借　　方		貸　　方	
信託土地	2,000	借入金	2,000
信託建物	1,000	当期純利益	50
現　　金	50	資本金	1,000
合　　計	3,050	合　　計	3,050

損益計算書（単位：百万円）

借　　方		貸　　方	
諸費用	100	賃貸料	230
減価償却費	80		
当期純利益	50		
合　　計	230	合　　計	230

（イ）　純額法

　　委託者の貸借対照表には、信託事業による資産と負債の差額を「信託受益権」として表示し、損益計算書には、信託事業の損益を「信託収益」として計上する方法です。

貸借対照表（単位：百万円）

借　　方		貸　　方	
信託受益権	1,000	資本金	1,000
現　金	50	当期純利益	50
合　計	1,050	合　計	1,050

損益計算書（単位：百万円）

借　　方		貸　　方	
減価償却費	80	信託収益	130
当期純利益	50		
合　計	130	合　計	130

② **税務申告上の会計処理**

　税務申告では、法人税法で「信託財産に帰せられる収益及び費用の帰属額の総額法による計算（法基通 14-4-3）」、所得税法は、「信託財産に帰せられる収益及び費用の額の計算（所基通 13-3）」に規定があるため、総額法により会計処理を行います。

次のような事例は第三者に託していることから考えると、昔から（公益）信託的発想があったといわれています。

㋐　9世紀の空海は、庶民が学べる最初の高等教育機関「綜芸種智院」を貴族藤原三守による不動産の提供により創設し運営のための寄附を呼び掛けていた。公益信託の原点と言われている。一般的には学校・財団のように解されるが当時は法人格の認識はない。

㋑　16世紀の信長が段別米として集めた米520石を商人に託し、その貸付でさらに得た年3割の米を京都御所の生活維持のために献上した。

　　16世紀の秀吉は、母の大政所の追善供養のために剃髪寺を建立し、高野山に1万石の土地を寄進しその1割から生ずる年貢をその費用に充てさせた。

　　百万石の加賀藩は、1614（慶長19）年の大坂冬の陣で亡くなった藩士の供養のため、宝円寺に寄進した米100石を年4割の利息で運用し、3割を供養料に1割を手数料とする申渡書を3人の商人に渡す。

㋒　宝暦、天明、天保の3大飢饉の中で東北地方が大きな被害を受けた天保4（1829）年の飢饉において、191人の商人が資金を出し合って救民組織として「秋田感恩講」を管理した。

㋓　明治初期、三根山藩から見舞いの米100俵を送られた財政が苦しい越後長岡藩の指導者小林虎三郎は、分けて一時に無くするより、売って学校「国漢学校」を建てて藩を立ち直らせる庶民人材を育成するための費用に充てた（学校に目的・財産を託すことが信託思想と言える）。

㋔　同志社創立者の新島襄が友人である大和の富豪土倉庄三郎に宛てた1888年の手紙に、妻八重（旧姓山本）の将来を案じて300円を20年後に妻が利用できるように預けた。

　近代になると、法人制度ができて、学校法人等の公益法人等が社会に寄与する役割を担って活動しています。行政では対応できない細やかな

活動を担う第三セクターとして公益法人等（特定非営利活動法人も含みます）が位置付けられ、公益法人等への寄附・遺贈の意義は、社会の潤滑油的な役割を担い、また今日的には慈愛だけでなく社会的問題を解決する社会的投資・共感として考えられています。寄附・遺贈の方法として、ネット、クラウディングファウンデーションを通して、また企業の商品を購入すれば売上げの一部を寄附するなどたくさんの手法が工夫されつつあります。信託では、手軽にできる公益信託、最近では、特定寄付信託がありますが、税制の縛り等々の制約が大きく、柔軟性が少ないことが指摘されます（いずれも信託協会ホームページ等を確認ください）。民事信託を活用して社会に、地域に役立て、またその存在を遺す工夫も可能です。

第 7 章
民事信託の基本的な税務
（所得税・相続税・諸税）

(1) 信託に関する税制上の整備（所得課税）

信託税制では、信託から生じる所得に対する課税を目的として、信託を次表の種類に区分します。

（信託税制における信託の分類）

種　　類	定　　義
受益者等課税信託	集団投資信託、退職年金等信託、法人課税信託以外の信託をいいます。
集団投資信託	合同運用信託、証券投資信託、国内公募投資信託及び特定受益証券発行信託をいいます。
退職年金等信託	厚生年金基金契約、確定給付年金資産管理運用契約、確定給付年金基金資産運用契約、確定拠出年金資産管理契約、勤労者財産形成給付契約もしくは勤労者財産形成基金給付契約、国民年金基金もしくは国民年金基金連合会の締結した国民年金法に規定する契約または適格退職年金契約に係る信託をいいます。
法人課税信託	法人税法2条1項29の2号に規定する次に掲げる信託をいいます（集団投資信託等一定の信託を除きます）。 ① 受益証券を発行する旨の定めのある信託 ② 受益者が存在しない信託 ③ 法人が委託者となる信託で一定のもの ④ 特定投資信託（委託者指図型証券投資信託、国内公募投資信託以外のもの） ⑤ 資産流動化法に定める特定目的信託

(2) 信託の種類別による所得課税の概要

　信託税制では、各信託の所得についての所得課税の方法は、次表のように整理されています。

（信託課税の納税義務者と所得課税の方法）

種　類	納税義務者	所得課税の方法
受益者等課税信託	受益者等	発生時課税 　信託収益の発生時に課税
集団投資信託 退職年金等信託	受益者等	受領時課税 　信託収益を現実に受領した時に課税
法人課税信託	受託者	信託段階法人課税 　受託者に対し法人税を課税

(3) 受益者等課税信託の基本的な考え方

　民事信託で最も多く採用される信託の種類として想定されるのが、受益者等課税信託です。

　信託を設定した場合、その信託財産の所有権は法律的には受託者に移転し、受託者の固有財産とは分別して管理されます。

　しかし租税法上は、その経済的な利益が帰属する受益者等への課税を目的に、信託財産が受益者等に帰属するものと擬制して基本的な整理がされています（所法13①、法法12①、相法9の2）。

① 受益者等課税信託の設定時と終了時の基本的な課税関係

　（ア）　課税関係が生じない場合

　　単独自益信託（委託者兼受益者等）の場合は、租税法上は信託財産の帰属者が移転前後で同一の者とみなすため、信託財産の移転に伴う課税関係は生じません。

（イ）　課税関係が生じる場合

　信託設定時の委託者と受益者等が異なる場合（他益信託）や、信託終了時の受益者等と残余財産受益者等が異なる場合は、信託財産が他の者に移転するものとみなして、次表のような課税関係が生じます（信託の設定時、終了時のいずれにおいても対価の支払いがない場合）。

（他益信託の設定時の基本的な課税関係）

委託者と受益者等の関係	信託設定時に対価の支払いがない場合の課税関係
委託者　：個人A 受益者等：個人B	委託者　：課税関係なし 受益者等：みなし贈与
委託者　：個人 受益者等：法人	委託者　：みなし譲渡 受益者等：受贈益課税
委託者　：法人 受益者等：個人	委託者　：寄附金課税、譲渡損益 受益者等：受贈益課税（一時所得等）
委託者　：法人A 受益者等：法人B	委託者　：寄附金課税、譲渡損益 受益者等：受贈益課税 ≪グループ法人税制の適用≫ 完全支配関係がある法人間の譲渡損益調整資産に係る譲渡損益は繰り延べられます。 また、完全支配関係がある法人間の寄附金または受贈益は、それぞれ損金不算入または益金不算入として処理されます。

（信託の終了時の課税関係〔受益者等とは異なる帰属権利者の指定がある場合〕）

受益者等と残余財産の帰属者の関係	信託終了時に対価の支払いがない場合の課税関係
受益者等　：個人 A 帰属権利者：個人 B	受益者等　　：課税関係なし 帰属権利者：みなし贈与
受益者等　：個人 帰属権利者：法人	受益者等　　：みなし譲渡 帰属権利者：受贈益課税
受益者等　：法人 帰属権利者：個人	受益者等　　：寄附金課税、譲渡損益 帰属権利者：受贈益課税（一時所得等）
受益者等　：法人 A 帰属権利者：法人 B	受益者等　　：寄附金課税、譲渡損益 帰属権利者：受贈益課税 ≪グループ法人税制の適用≫ 完全支配関係がある法人間の譲渡損益調整資産に係る譲渡損益は繰り延べられます。 また、完全支配関係がある法人間の寄附金または受贈益は、それぞれ損金不算入または益金不算入として処理されます。

②　信託期間中の基本的な課税関係

（ア）　通常の場合

　信託財産から生じた所得は受益者等に帰属するものとみなし（所法 13 ①、法法 12 ①）、受益者等に納税義務が課せられます。

（イ）　受益者等の変更があった場合

　信託期間中に受益者等の変更があった場合（対価の支払いがない場合）には、その変更前後の受益者等の関係による課税関係が生じます。この場合の課税関係は前述の「他益信託の設定時の基本的な課税関係」の表中、「委託者」を「前受益者等」に、「受益者等」を「新受益者等」に読み替えて整理することができます。

(4) 受益者等課税信託と法人課税信託の接点（受益者等が現に存在しない場合）

　いわゆる目的信託（受益者の定めのない信託（信 258 Ⅰ））のように受益者等が存在しない信託や、受益者等としての権利を現に有する者（みなし受益者等または特定委託者を含む）が存在しない信託は、法人課税信託となり、受益者等が存在することとなった時点で受益者等課税信託となります。

　なお、受益者等としての権利を現に有する者が存在しない信託としては、一般的には次の類型が考えられます。

（受益者等としての権利を有する者が現に存在しない信託の類型）

①　目的信託
②　停止条件または効力発生の始期が付されている信託
③　未だ存在していない者（将来生まれるであろう孫等）を受益者とする信託
④　受益者の特定されていない信託

　また、受益者等が現に存在しない信託で、将来委託者の親族等が受益者等となる信託については、相続税法上の特例措置が設けられています（相法 9 の 4）。

（受益者等課税信託と受益者等が存在しない信託（法人課税信託）との基本的関係）

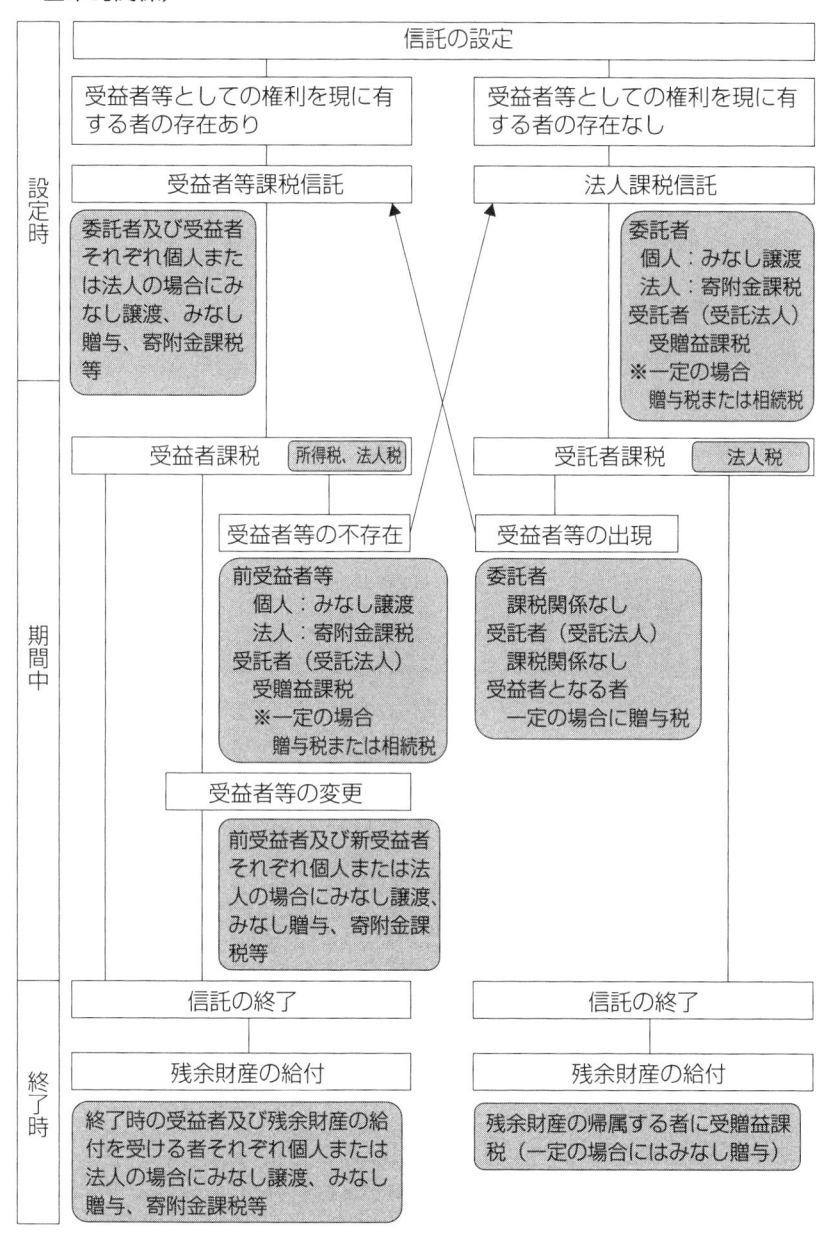

(5) 民事信託の受託者の事務の概要

　民事信託における受託者の税制上の主な手続を整理すると、次のとおりとなります。

①　信託の設定・終了時の主な事務
　（ア）　「信託に関する受益者別（委託者別）調書及びその合計表」の作成・提出（相法59②）

提出期限	提出事由の生じた日の属する月の翌月末日まで
提出先	信託事務を行う受託者の営業所等の所在地の所轄税務署長
提出事由	信託の効力発生・受益者等の変更・信託の終了・権利内容の変更

　提出不要要件については、後述参照。

②　計算書類の作成・報告事務
　（イ）　帳簿の記帳（信37）

提出期限	随時
提出先	受益者等 （受益者の閲覧、謄写の求めがあった場合に必要）

　（ウ）　信託の計算書（所法227）

提出期限	受託者が個人の場合…毎年1月31日まで 受託者が法人(信託会社)の場合…毎事業年度終了後1カ月以内
提出先	信託事務を行う受託者の営業所等の所在地の所轄税務署長

　提出不要要件については、後述参照。

（エ）　信託帳簿（貸借対照表、損益計算書）、「信託の計算書の写し」（※1）

報告時期	受益者等の確定申告の時期（※2）
報告先	受益者等

※1　信託の計算書については、法令上、受益者等への交付までは定められていませんが、受益者等の所得計算のための基礎資料としては、信託帳簿のほかに税務署へ提出した信託の計算書の写しも併せて交付するべきであると考えられます。

　　なお、受益者等の減価償却計算の基礎資料として、信託財産の取得費等に関する資料も併せて提供することが望ましいと考えます。

※2　受託者には、受益者に対し年1回、一定の時期に帳簿等を作成し報告することが義務付けられています（信37Ⅱ）。民事信託において個人である受益者等の税務申告を前提とするならば、毎年1月1日から12月31日までの期間を信託の計算期間とし、信託の計算書の提出時期（翌年1月31日）や所得税の確定申告時期（2月15日から3月15日）に合わせて報告時期を定めるのが合理的です。

2　受益者等課税信託の概要

(1) 受益者等課税信託の概要

項　目	概　要
信託財産に属する資産及び負債ならびに収益及び費用の帰属	受益者等に帰属するものとみなします（所法13①、法法12①）。
受益者等の範囲	受益者としての権利を現に有する者に加え、みなし受益者が含まれます（所法13②、所令52、法法12②、法令15）。
信託財産に帰せられる収益及び費用の帰属時期	各受益者等の所得の計算期間に帰属するものとして計算します（所基通13-2、法基通14-4-2）。
受益者等が複数いる場合	その受益者等の有する権利の内容に応じて、信託財産に属する資産及び負債ならびに収益及び費用がそれぞれの受益者に帰属するものとされます（所令52④、法令15④）。受益者等の有する権利が一部にとどまり、残余の部分の権利を有する者が存在しない場合等には、その受益者等がすべての権利を有する者とみなします（所基通13-1、法基通14-4-1）。
所得の計算	所得計算は総額法により計算し、分配された損益を収益及び費用の額に区分します（所基通13-3、法基通14-4-3）。
資産の移転	自益信託で受益者が単一の場合の資産の移転については、資産の譲渡または取得に該当しません（所基通13-5、法基通14-4-5）。

項　目	概　要
受益権の譲渡	信託の目的となっている信託財産に属する資産及び負債が譲渡または取得（移転）されたものとみなします（所基通 13-6、法基通 14-4-6）。
信託損失	①　受益者等が個人の場合 信託から生じた不動産所得の損失の金額は生じなかったものとし、翌年分以降に繰り越すこともできません（措法 41 の 4 の 2）。 ②　受益者等が法人の場合 一定の場合には、信託から生じる損失の金額について、損金算入に制限が設けられています（措法 67 の 12 ①）
申告書の添付書類	①　受益者等が個人の場合 信託から生じる不動産所得を有する個人は、各信託ごとにその総収入金額及び必要経費の額を記載した内訳書を添付する必要があります（措令 26 の 6 の 2 ⑥、措規 18 の 24 ②）。 ②　受益者等が法人の場合 原則として、法人税の確定申告書に、信託ごとの損失の額等を計算するための別表九（二）「組合事業等による組合等損失額の損金不算入又は組合等損失超過合計額の損金算入に関する明細書」を添付する必要があります（措令 39 の 31 ⑰）

(2) 信託設定時の課税関係

①　自益信託の場合

　単独自益信託（委託者と受益者等がそれぞれ単一であり、かつ、同一の自益信託）の場合には実質的な信託財産の移転はないため、委託者から受託者への信託財産の移転は譲渡等には該当しないこととなります（所基通 13-5、法基通 14-4-5）。

② 他益信託の場合

　受益者等課税信託が他益信託である場合、信託設定時の課税関係は次表のとおりです。なお、本書は民事信託（家族信託）を前提としているため、ここでは、委託者が個人である場合のみを記述します。

（他益信託の設定時の課税関係〔委託者が個人の場合〕）

委託者	受益者等	
	委託者以外の個人	法　人
個人	〔適正な対価の支払いがない場合〕 ◆委託者（個人） 原則として課税関係は生じません。ただし、負担付贈与の課税関係が生じる余地がある場合には注意が必要です（後述参照）。 ◆受益者（個人） 信託財産を贈与または遺贈により取得したものとみなして贈与税または相続税が課税されます（相法9の2①）。 ただし、負担付贈与の課税関係が生じる余地がある場合には注意が必要です（後述参照）。	〔適正な対価の支払いがない場合〕 ◆委託者（個人） 信託財産を時価により譲渡したものとして譲渡所得を計算します（所法67の3③）。 なお、適正な対価とは時価の1/2以上をいいます。 ◆受益者（法人） 時価と対価との差額について、受贈益を計上します（法法22）。
	〔対価の支払いがある場合〕 ◆委託者（個人） 信託財産を譲渡したものとして譲渡所得を計算します（所法33）。	〔対価の支払いがある場合〕 ◆委託者（個人） 信託財産を譲渡したものとして譲渡所得を計算します（所法33）。

	◆受益者（個人）	◆受益者（法人）
	低額譲渡に該当する場合は、受益者（個人）に対し、時価と対価との差額につき贈与があったものとみなします（相法7）。	時価と対価との差額について、受贈益を計上します（法法22）。

（他益信託の設定時の課税関係②〔委託者が法人の場合〕）

委託者	受益者等	
	個　人	委託者以外の法人
法人	◆委託者（法人） 受益者（個人）に対して時価により譲渡したものとして譲渡損益を計上し、時価と対価との差額はその受益者（個人）への贈与（寄附）として処理します。贈与費用は、その受益者(個人)との関係により、給与、寄附金等として処理します。 ◆受益者（個人） 委託者（法人）から時価により収入を受けたものとして各種所得の計算をします。所得区分は委託者（法人）との関係により給与所得、一時所得等として区分します。	◆委託者（法人） 受益者（法人）に対して時価により譲渡したものとして譲渡損益を計上し、時価と対価との差額はその受益者（法人）への贈与（寄附）として処理します。贈与費用は、受益者（法人）との関係により、寄附金、交際費等として処理します。 ◆受益者（法人） 時価により財産の移転を受けたものとして受贈益を計上します。 ≪グループ法人税制の適用≫ グループ法人税制の適用がある場合は、完全支配関係がある法人間の譲渡損益調整資産に係る譲渡損益は繰り延べられます。 また、完全支配関係がある法人間の寄附金または受贈益は、それぞれ損金不算入または益金不算入として処理されます。

③ 受託者の事務

受託者は、信託の効力が発生した日の属する月の翌月末日までに「信託に関する受益者別（委託者別）調書」及び「信託に関する受益者別（委託者別）調書合計表」を信託事務を行う営業所等の所在地の所轄税務署に提出します（相法59②一）。

(3) 信託期間中の基本的な課税関係

① 信託期間中の所得の帰属

信託財産に帰せられる資産及び負債ならびに収益及び費用は、受益者等の所得とみなします（所法13①、所令52、所基通13-2、法法12①、法令15、法基通14-4-2）。

② 受益者等の変更があった場合

前受益者等から新受益者等へ信託財産が移転したものとみなして、課税関係を整理します。前受益者等が個人の場合に、新受益者等との課税関係を整理すると次表のようになります。

（受益者等の変更があった場合の課税関係〔前受益者等が個人の場合〕）

前受益者等	新受益者等	
	前受益者等以外の個人	法　人
個人	〔適正な対価の支払いがない場合〕 ◆前受益者等（個人） 原則として課税関係は生じません。ただし、負担付贈与の課税関係が生じる余地がある場合には注意が必要です（後述参照）。	〔適正な対価の支払いがない場合〕 ◆前受益者等（個人） 信託財産を時価により譲渡したものとして譲渡所得を計算します（所法67の3③）。 なお、適正な対価とは時価の1/2以上をいいます。

| ◆新受益者等（個人）
信託財産を贈与または遺贈により取得したものとみなして贈与税または相続税が課税されます（相法9の2②）。
ただし、負担付贈与の課税関係が生じる余地がある場合には注意が必要です（後述参照）。
〔対価の支払いがある場合〕
◆前受益者（個人）
信託財産を譲渡したものとして譲渡所得を計算します（所法33）。
◆新受益者（個人）
低額譲渡に該当する場合は、新受益者（個人）に対し、時価と対価との差額につき贈与があったものとみなします（相法7）。 | ◆新受益者等（法人）
時価と対価との差額について、受贈益を計上します（法法22）。

〔対価の支払いがある場合〕
◆前受益者（個人）
信託財産を譲渡したものとして譲渡所得を計算します（所法33）。
◆新受益者（法人）
時価と対価との差額について、受贈益を計上します（法法22）。 |

（受益者等の変更があった場合の課税関係②〔前受益者等が法人の場合〕）

前受益者等	新受益者等	
	個　人	前受益者以外の法人
法人	◆前受益者（法人） 新受益者（個人）に対して時価により譲渡したものとして譲渡損益を計上し、時価と対価との差額は新受益者（個人）への贈与（寄附）として処理します。贈与費用は、新受益者（個人）との関係により、給与、寄附金等として処理します。	◆前受益者（法人） 新受益者（法人）に対して時価により譲渡したものとして譲渡損益を計上し、時価と対価との差額は新受益者（法人）への贈与（寄附）として処理します。贈与費用は、新受益者（法人）との関係により、寄附金、交際費等として処理します。

◆新受益者（個人）	◆新受益者（法人）
前受益者から時価により収入を受けたものとして各種所得の計算をします。所得区分は前受益者（法人）との関係により給与所得、一時所得等として区分します。	時価により財産の移転を受けたものとして受贈益を計上します。 **≪グループ法人税制の適用≫** グループ法人税制の適用がある場合は、完全支配関係がある法人間の譲渡損益調整資産に係る譲渡損益は繰り延べられます。 また、完全支配関係がある法人間の寄附金または受贈益は、それぞれ損金不算入または益金不算入として処理されます。

③　受託者の事務

（ア）　信託帳簿等の作成

受託者は、信託の会計に基づく信託帳簿等を作成するとともに、毎年1月31日まで（受託者が信託会社の場合には、その事業年度終了後1カ月以内）に、信託の計算書を受託者の信託事務を行う営業所等の所在地の所轄税務署に提出します（所法227、措法41の4の2③）。

（イ）　受益者等の変更があった場合

受益者等の変更があった場合には、その変更事由が生じた日の属する月の翌月末日までに「信託に関する受益者別（委託者別）調書」「信託に関する受益者別（委託者別）調書合計表」を税務署に提出しなければなりません（相法59②二）。

（ウ）　その他

受益者等の贈与税や相続税の申告の基礎資料とするためにも、その変更前後に分けた受益者等ごとに帳簿やその信託財産の状況を報告する書類を作成し、これを報告する必要があるものと考えます。

(4) 信託終了時の課税関係

① 信託終了時の受益者等と残余財産の帰属者が同じ場合

信託の終了時には、その終了直前の受益者等と残余財産の帰属者との関係により課税関係を整理します。残余財産の給付を受ける者が終了直前の受益者等と同じ場合には、実質的な信託財産の移転はないため、課税関係は生じません。

② 信託終了時の受益者等と残余財産の帰属者が異なる場合

残余財産の給付を受ける者が終了直前の受益者等と異なる場合には、その受益者等から残余財産の帰属者へ信託財産の移転があったものとみなし、次表のように課税関係が整理されます。

（信託終了時の課税関係）

終了直前の受益者	残余財産の給付を受ける者	
	受益者等以外の個人	法　人
個人	〔適正な対価の支払いがない場合〕 ◆信託終了直前の受益者（個人） 原則として課税関係は生じません。ただし、負担付贈与の課税関係が生じる余地がある場合には注意が必要です（後述参照）。 ◆残余財産の給付を受ける者（個人） 信託財産を贈与または遺贈により取得したものとみなして贈与税または相続税が課税されます（相法9の2④）。	〔適正な対価の支払いがない場合〕 ◆信託終了直前の受益者（個人） 信託財産を時価により譲渡したものとして譲渡所得を計算します（所法67の3③）。 なお、適正な対価とは、時価の1/2以上をいいます。 ◆残余財産の給付を受ける者（法人） 時価と対価との差額について、受贈益を計上します（法法22）。

ただし、負担付贈与の課税関係が生じる余地がある場合には注意が必要です（後述参照）。	
〔対価の支払いがある場合〕	〔対価の支払いがある場合〕
◆信託終了直前の受益者（個人）信託財産を譲渡したものとして譲渡所得を計算します（所法33）	◆信託終了直前の受益者（個人）信託財産を譲渡したものとして譲渡所得を計算します（所法33）。
◆残余財産の給付を受ける者（個人）低額譲渡に該当する場合は、新受益者（個人）に対し、時価と対価との差額につき贈与があったものとみなします（相法7）。	◆残余財産の給付を受ける者（法人）時価と対価との差額について、受贈益を計上します（法法22）。

（信託終了時の受益者が法人の場合）

信託終了時の受益者	残余財産の給付を受ける者	
	個　人	受益者等以外の法人
法人	◆信託終了時の受益者（法人）残余財産の給付を受ける者（個人）に対して時価により譲渡したものとして譲渡損益を計上し、時価と対価との差額は個人への贈与（寄附）として処理します。贈与費用は、残余財産の給付を受ける個人との関係により、給与、寄附金等として処理します。 ◆残余財産の給付を受ける者（個人）信託終了時の受益者（法人）から時価により収入を受けたものとし	◆信託終了時の受益者（法人）残余財産の給付を受ける者（法人）に対して時価により譲渡したものとして譲渡損益を計上し、時価と対価との差額は法人への贈与（寄附）として処理します。贈与費用は残余財産の給付を受ける法人との関係により、寄附金、交際費等として処理します。 ◆残余財産の給付を受ける者（法人）時価により財産の移転を受けたものとして受贈益を計上します。

て各種所得の計算をします。所得区分は信託終了時の受益者（法人）との関係により給与所得、一時所得等として区分します。	≪グループ法人税制の適用≫ グループ法人税制の適用がある場合は、完全支配関係がある法人間の譲渡損益調整資産に係る譲渡損益は繰り延べられます。 また、完全支配関係がある法人間の寄附金または受贈益は、それぞれ損金不算入または益金不算入として処理されます。

③ 受託者の事務

　受託者は、信託が終了した日の属する月の翌月末日までに「信託に関する受益者別（委託者別）調書」及び「信託に関する受益者別（委託者別）調書合計表」を税務署に提出します（相法 59 ②一）。

(5) 受益者等の範囲

　信託法上の受益者は受益権を有する者をいいます（信 2 Ⅵ）。他方、租税法上の受益者には、受益者としての権利を現に有する者に加え、受益者と同等の地位を有する者として、「みなし受益者」（相続税法上は「特定受益者」）が含まれることになります（所法 13 ①②、法法 12 ①②、相法 9 の 2 ①⑤）。

（租税法上の受益者）

受益者としての権利を現に有する者 ※1	＋	みなし受益者 ※2、※3

① 受益者としての権利を現に有する者と残余財産受益者等（※ 1）
　信託終了時における残余財産の給付を受けることとされている者に

は、残余財産受益者と帰属権利者があります（信 182）。これらの者と、法令に定める「受益者としての権利を現に有する者」（所法 13②、法法 12②、相法 9 の 2②）との関係は以下のとおりです（所基通 13-7、法基通 14-4-7、相基通 9 の 2-1）。

区　分	租税法上の受益者	説　明
残余財産受益者	該当	信託行為において残余財産の給付を内容とする受益債権を有する受益者をいいます（信 182 Ⅰ①）。したがって、信託行為に別段の定めがある場合を除き、「受益者としての権利を現に有する者」に該当し、租税法上の受益者に含まれます。
帰属権利者	非該当	信託行為において、残余財産の帰属すべき者となるべき者として指定された者をいいます（信 182 Ⅰ②）。したがって、信託が終了するまでは、「受益者としての権利を現に有する者」に該当しないことから、信託の終了事由が発生するまでは、租税法上の受益者には該当しません。
その他	非該当	信託法 90 条 1 項 1 号及び 2 号に掲げる者は、委託者の死亡前の期間は「受益者としての権利を現に有する者」には該当しません。

②　所得課税における「みなし受益者」（※ 2）

次の（ア）及び（イ）に該当する者は受益者とみなされます（みなし受益者）（所法 13②、法法 12②、相法 9 の 2⑤）。

（ア）　信託の変更をする権限を有している者

信託の変更をする権限には、他の者との合意により変更できる権限を含みます（所令 52②、法令 15②、相令 1 の 7②）。なお、軽微な変更をする一定の権限（信託の目的に反しないことが明らかである場合に限りその変更をすることができる権限等）は除かれます（所令 52①、法令 15①、相令 1 の 7①）。

（イ）　信託財産の給付を受けることとされている者

停止条件が付された信託財産の給付を受ける権利を有する者は、信託財産の給付を受けることとされている者に該当しますが（所令52③、法令15③、相基通9の2-2)、受益者としての権利を現に有している者には該当しないことになります。しかし、上記(ア)の条件を満たしている場合には、みなし受益者となります（一般的な民事信託では、信託目的の範囲内でしか変更できない旨を定めるため、みなし受益者が存在するケースは少数であると考えられます)。

③　**受益者とみなされる委託者（資産課税における「特定委託者」）（※3）**

　　特定委託者とは、信託の変更をする権限（信託の目的に反しないことが明らかな場合に限り信託の変更をすることができる権限を除き、他の者との合意により信託の変更をする権限を含む）を現に有し、かつ、信託財産の給付を受けることとされている受益者以外の者をいいます（相法9の2⑤、相令1の7)。

　　具体的には、信託の変更をする権限を現に有している次のような委託者及び停止条件が付された信託財産の給付を受ける権利を有する者をいいます（相令1の12④、相基通9の2-2)。

　（ア）　信託行為により帰属権利者と指定されている場合

　（イ）　信託行為に残余財産受益者もしくは帰属権利者の指定に関する定めがない場合

　（ウ）　信託行為の定めにより残余財産受益者等として指定を受けた者のすべてがその権利を放棄した場合

　　なお、所得税法及び法人税法にも、相続税法上の特定委託者と同様の趣旨の規定が設けられています（所令52③、所基通13-8、法令15③、法基通14-4-8)。

(6)　受益者等が二以上ある場合の信託財産等の帰属

　　受益者等が二以上ある場合において、一部の受益者等が停止条件付等により受益者としての権利を現に有しない場合等、一部の受益者等

が不存在となる場合、租税法上は次の①または②の取扱いが適用されます。信託により意図している法律効果とは異なる所得計算が生じることになるため、留意が必要です。

① **一の受益者等の有する権利がその信託財産に係る受益者等としての権利の一部にとどまる場合で、その余の権利を有する者が存在しない場合または特定しない場合**

その受益者等が、その信託財産に属する資産及び負債の全部を有する者とみなし、かつ、その信託財産に帰せられる収益及び費用の全部が帰せられるものとみなします（所基通 13-1、法基通 14-4-1）。

（一の受益者等の有する権利が一部にとどまる場合のイメージ）

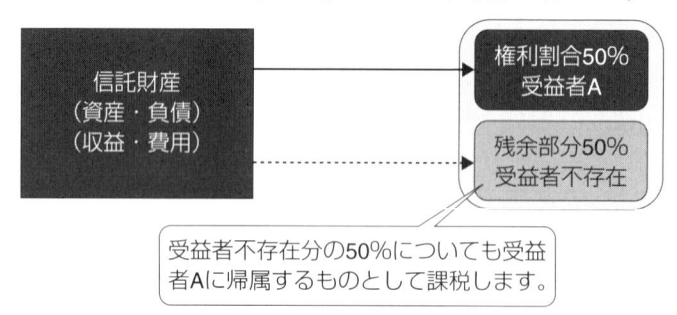

② **受益者等としての権利を現に有する者が二以上ある場合**

信託財産に属する資産及び負債、収益及び費用の全部が、その有する権利の内容に応じて（※）それぞれの受益者等に帰属するものとみなします（所令 52 ④、所基通 13-4、法令 15 ④、法基通 14-4-4）。

（二以上の受益者等の有する権利が一部にとどまる場合のイメージ）

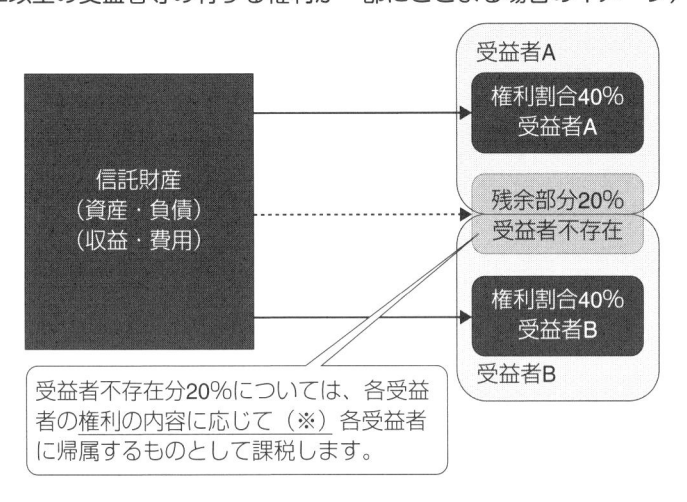

（※）「権利の内容に応じて」の意味

　たとえば、信託財産が、マンション等の独立した共有部分（受益者等独立共有部分）を有する場合においては、各受益者等がそれぞれの有する権利の割合に応じてその受益者等独立共有部分を有しているものとして、信託財産に属する資産及び負債、ならびに、信託財産に帰せられる収益及び費用を有するものと扱われます（所基通 13-4、法基通 14-4-4）。

　一方で、平成 19 年度税制改正の解説では、この「権利の内容に応じて」という意味は、信託行為の実態に応じて各受益権者への帰属を判定するべきものという意味であり、各受益者に質的に均等に帰属することまでを定めたものではなく、形式的に受益者等に該当する者であっても、その権利の内容によっては、その者に帰属させるべき資産及び負債ならびに収益及び費用が限りなくゼロに近い場合もあると考えられ、この場合にはその者を受益者と扱わないことも考えられるとされています。

　「権利の内容に応じて」の解釈についてはこの解説のみでは不十分であり、実務的な計算が難しい場面も十分に想定されます。

たとえば、信託期間中の収益及び費用のうち、一部を受益者Aに分配し、残余の部分を留保したうえで、帰属権利者として定められたBに信託終了時に留保分を給付する信託が設定された場合、帰属権利者Bは信託期間中は租税法上の受益者等と扱われないため、信託期間中の収益及び費用の全額について、一部の権利しかもたない受益者Aに対する課税を行うことになるとの指摘や、信託受益権が複層化されている場合に、固定資産税や減価償却費の帰属をどのように解するべきかという問題に対する指摘もあり、受益権が質的に分割されている場合の扱いを明確にするべきなどといった要望が出ています（平成28年度金融庁税制改正要望）。

(7) 所得の帰属及び計算

① 収益及び費用の帰属

利益の分配時ではなく、受益者等の各年分（法人受益者の場合は各事業年度）の所得の金額として計算します（所基通13-2、法基通14-4-2）。

② 収益及び費用の額の計算

分配された利益金額をそのまま計上する純額法ではなく、受託者からの会計報告に基づき、これを収益及び費用に区分した総額法により計算します（所基通13-3、法基通14-4-3）。

◆具体例

Q. 私（個人）が有する信託受益権（信託財産は賃貸建物）について、平成31年1月末日に利益の分配500万円を受け取りました。この500万円については、平成31年分の所得として不動産所得の総収入金額に500万円として計算すればよろしいでしょうか。なお、受託者から交付を受けた信託の決算書の写しには次のとおり記載があります。

〔信託の決算書の内容〕
計算期間　平成30年1月1日〜平成30年12月31日
賃貸収入　1,000万円
租税公課　　100万円（固定資産税等）
修繕費　　　350万円
修繕積立　　 50万円（資産計上）
―――――――――――――――
差引分配金　500万円

　なお、減価償却費は受託者から提供された資料に基づき、定額法により毎年200万円を計上しています。

A. 平成30年分の不動産所得として350万円（青色申告特別控除前）を計上します。
　信託財産に帰属する資産及び負債ならびに収益及び費用は、その計算期間に応じて受益者等に帰属するものとして所得を計算し、その計算は総額法により計算します（所基通13-2、13-3）。
　したがって、上記決算書の内容からは不動産所得の総収入金額及び必要経費は次のとおり計算し、これを平成30年分の所得として申告する必要があります。

金　　額		計　　算	
(1) 総収入金額	1,000万円	賃貸収入	1,000万円
(2) 必要経費	650万円	租税公課	100万円
		修繕費	350万円
		減価償却費	200万円
(3) 不動産所得の金額 （青色申告特別控除前）	350万円	(1) 1,000万円－(2) 650万円	

※受託者は、建物等に係る書類を大切に保管し、信託の計算書の写しとともに減価償却の計算のための基礎資料を交付することも必要であると考えられます。

（8）不動産所得に係る信託損失の規制

① 不動産所得に係る信託損失の取扱いの概要

　信託から生ずる不動産所得に係る損失の金額がある場合は、その損失の金額は生じなかったものとされ、翌年分への繰越しもできません（措法41の4の2①）。

　この場合、生じなかったものとされる損失の金額は、その信託損失が生じた不動産所得に係る総収入金額の合計額がその信託の不動産所得に係る必要経費の合計額に満たない場合の、その満たない部分の金額に相当する金額です。

　信託を設定するにあたって、修繕費が将来多くかかる老朽化建物の場合、記述の制約に留意して事前の改修等を検討する必要があります。

（信託に係る不動産所得の計算上生じなかったものとされる損失金額）

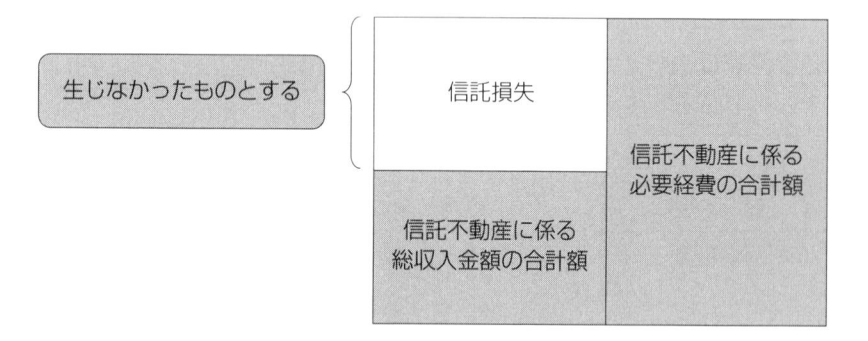

② 明細書の添付

　信託から生じる不動産所得を有する受益者は、受託者が作成し交付した貸借対照表等に基づき、信託ごとにその信託から生じる不動産所得に関する明細書を作成するとともに、「これらの資料を」確定申告書に添付して提出する必要があります（措令26の6の2⑥、措規18の24②）。

3　受益者等が現に存在しない場合の課税関係

(1)　受益者等が現に存在しない場合の法人課税信託の概要

　受益者等が現に存在しない信託の課税関係は、法人課税信託として整理されています（法法2二十九の二）。法人課税信託では、受益者等が現に存しなくなったときに、受託者が個人等であっても法人とみなし、計上される受贈益に対して法人税等が課税されます（法法22）。

　しかし、法人課税信託を利用して、意図的に法人税等と相続税または贈与税との税率差を享受するような財産の移転を防止するため、一定の場合には、信託財産の移転に係る受贈益に対して法人税等が課税される一方で、その受託者（受託法人）を個人とみなして、贈与税または相続税を課税（受贈益に対する法人税等は控除）する特例が相続税法に設けられています（相法9の4）。

(2)　法人課税信託に係る法人税法の適用上のポイント

　ここでは、民事信託に係る受益者等が現に存しない場合の法人課税信託を前提にポイントとなる事項を列挙します。

項　目	課税関係のポイント
法人税法の適用	法人課税信託の受託者（受託法人）は、各法人課税信託の信託資産等及び固有資産等ごとにそれぞれ別の者とみなして、法人税法の規定が適用されます（法法4の6）。したがって、受託者が個人の場合も法人税法が課税されます（法法4④）。
申告書等への併記	法人課税信託の受託者が法令の規定に基づき税務署長等に提出する申告書、申請書、届出書その他の書類には、書類提出者の氏名、住所及び番号の記載等（通法124①）のほか、法人課税信託の名称を併記する必要があります（通規15）。

項　目	課税関係のポイント
納税義務者	法人課税信託の納税義務者は、受託法人となります（法法4の6）。 受託者が二以上ある場合の法人課税信託については、信託事務を主宰するいずれかの受託者が法人税の納税義務者となり（法法4の8①②）、他の受託者は連帯納付の責任を負うことになります（法法152①）。
受託法人の内外判定	信託された営業所、事業所その他これらに準ずるものが国内にある場合には、内国法人、国内にない場合には外国法人となります（法法4の7①一、二）。
受託法人の設立	受託法人は、法人課税信託の効力が生ずる日に設立されたものとされ、一の契約に基づき複数の信託契約が締結されているものである場合には、その最初の契約が締結された日とし、法人課税信託以外の信託が法人課税信託に該当することとなった場合には、その該当することとなった日に設立されたものとされます（法法4の7①七）。 受託法人は、遅滞なく設立の届出によりその法人課税信託の名称、納税地、本店もしくは主たる事務所の所在地等を納税地の所轄税務署長に届け出なければなりません。
法人課税信託の解散	受益者等が存することとなった場合には、これらの法人課税信託に係る受託法人の解散があったものとされます（法法4の7①八）。
事業年度	受託法人の事業年度は信託行為に定められた信託の計算期間となります（法法13①）。
寄附金の損金算入限度	受託法人は資本または出資を有しない法人として寄附金の損金算入限度額を計算するものとします（法令14の10⑥）。
軽減税率	受託法人には、法人税の軽減税率の規定の適用はありません（法法66⑥六）。
留保金課税	受託法人には、資本金または出資金が1億円以下の法人に対する留保金課税の免除規定及び留保控除額の積立金基準の適用はありません（法令14の10⑥）。

項　目	課税関係のポイント
中間申告	受託法人には、仮決算による中間申告の適用はありません（法法 72 ①）。
繰戻還付	受託法人には、中小企業者等以外の法人の欠損金の繰り戻しによる還付制度の適用はありません（措令1の2③、措法 66 の 13 ①一）。
貸倒引当金	受託法人には、法定繰入率による貸倒引当金の設定は認められていません（法令 14 の 10 ⑥、法法 52 ②、措法 57 の 9 ①）。
交際費等の損金不算入額の計算	受託法人には、定額控除の規定の適用はありません（措令1の2③、措法 61 の 4 ②）。

(3) 受益者等としての権利を有する者が現に存在しない信託の課税関係（目的信託ほか）

① 受託者の課税関係

法人税等	受益者等が存在しない信託は法人課税信託となり、受託者（受託法人）には、信託財産に係る受贈益に対し法人税等が課税されます（法法2二十九の二ロ）。 なお、信託期間中に生じた信託財産に帰せられる収益及び費用については、法人税等が課税されます。
贈与税または相続税	信託の効力発生時にその信託の受益者となる者が、委託者の親族等であるとき等は、その信託の受託法人は個人とみなされ、信託の効力発生時において信託財産を贈与または遺贈により取得したものとみなして、贈与税または相続税が課税（受贈益に対する法人税等の税額は控除）されます（相法9の4①）。

② 委託者の課税関係

譲渡所得税 （委託者＝個 人）	受益者等の存在しない信託が設定された場合には、設定時に おいて、委託者から受託法人への時価による信託財産の移転 （譲渡）があったものとみなして譲渡所得の計算をします。 遺言信託による場合には、受託法人が遺贈により信託財産を 取得したものとみなします。
寄附金課税 （委託者＝法 人）	委託者が法人の場合には、受託法人に対する贈与（寄附）が あったものとみなして、信託財産の譲渡損益を計上します（法 法 37）。

（受益者が存在しない信託の課税関係の概要）

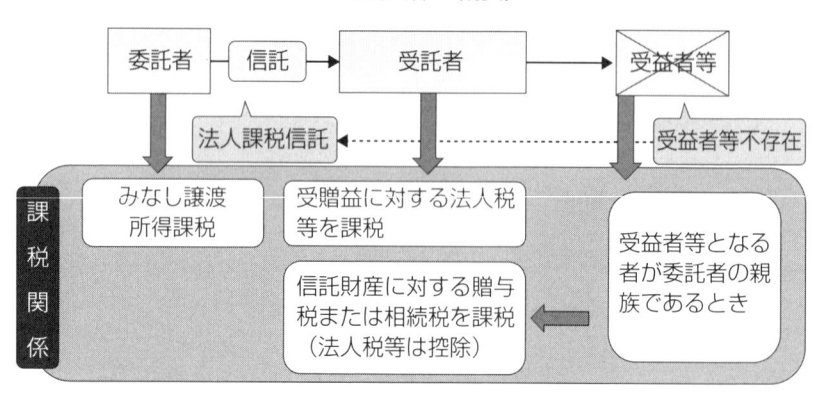

（4）受益者等の存在する信託の受益者等が不存在となった場合の課税関係

① 受託者の課税関係

法人税等	受益者等の存在する信託で、その受益者等が不存在となった 場合には、その信託は法人課税信託となり、受託者（受託法人） には、信託財産に係る受贈益に対し法人税等が課税されます。

贈与税または相続税	将来の受益者等となる者が、信託の効力発生時の委託者または前受益者の親族であるとき等は、その信託の受託法人は、受益者が不存在となった時において相続税または贈与税が課税（受贈益に対する法人税その他は控除）されます（相法9の4②）。

② 前受益者等の課税関係

譲渡所得税（前受益者＝個人）	受益者等の存在する信託で、その受益者等が不存在となった場合には法人課税信託となるため、信託財産が前受益者等から受託法人に贈与により移転したものと考えます。そのため、前受益者等に対して、みなし譲渡所得課税が生じます。
寄附金課税（前受益者＝法人）	前受益者等が法人の場合には、受託法人に対する贈与（寄附）があったものとみなして、信託財産の譲渡損益を計上します（法法37）。

（受益者等が存在する信託の受益者等が不存在となった場合の課税関係の概要）

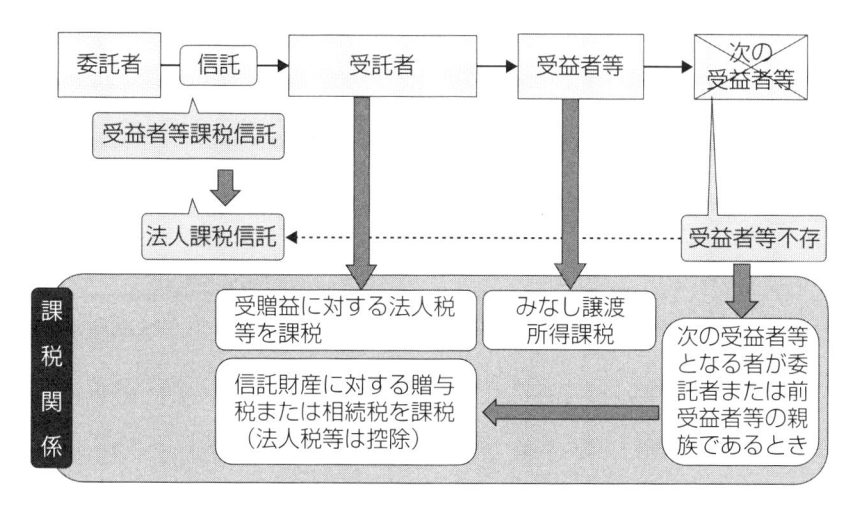

(5) 受益者等が存在することとなった場合の課税関係

① 委託者及び受託者（受託法人）の課税関係

区　分	課税関係	内　容
委託者	なし	信託設定時に課税関係は終了しているため、新受益者等が存在することとなった場合でも課税関係は生じません。
受託者（受託法人）	なし	受託法人の解散があったものとみなしますが(所法6の3五、法法4の7八)、帳簿価額で信託財産を引き継いだものとされるため譲渡損益は計上されません（法法64の3②）。

② 新たに受益者等となる者の課税関係

　受益者等が存在しない信託について、新たに受益者等が存在することとなった場合には、その新たに受益者等となる者が、信託の契約締結時等（契約締結時等の範囲については、相令1の11参照）において、次のいずれに該当するかにより課税関係が異なります。

新受益者等の区分	課税関係	内　容
信託の契約締結時等において存在する者の場合	なし	受託法人の帳簿価額により信託財産の引継ぎをしたものとして、課税関係は生じません（所法67の3①②、法法64の3②）。
信託の契約締結時等において存在しない者の場合で、契約締結時の委託者の親族である場合	贈与税	新たに受益者等となった者が、信託に関する権利を贈与により取得したものとみなし、贈与税が課税されます（相法9の4）。

(6) 受益者等が存在しない信託が終了した場合の課税関係

① 受託法人の課税関係

区　分	課税関係	内　　容
受託法人	法人税等	受託法人は解散したものとみなし、信託財産を残余財産の給付を受ける者に贈与（寄附）したものとみなし譲渡損益を計上します。

② 残余財産の給付を受けることとなる者の課税関係

区　分	課税関係	内　　容
契約締結時において存在しない者で、その時において委託者の親族である場合	贈与税	信託財産を個人から贈与により取得したものとみなします（相法9の5、相基通9の5-1）。
上記以外	所得税	信託財産を時価により引き継いだものとし、所得税（一時所得）を計算します。

※受益者等が存在しない信託が終了した場合には、残余財産の簿価移転の規定（所法67の3①）は適用されません。

◆具体例〔受益者が存在しない信託の課税関係〕

〔信託の目的〕

　地域のボランティア活動に積極的なAは、自分の死後もしばらくは自らの財産をこれらの活動に役立て、その後はまだ幼い孫（長男の子）に財産を承継させたいと考えていますが、その孫が社会人になるまでは引き続き長男に財産の管理をしてもらいたいと考えています。

〔信託の活用〕

　遺言信託によりAの死後10年は、長男が信託財産を地域活動のために管理運用し、目的に沿った給付をします。また、10年間が経過した後には孫（長男の子）が受益者となることとし、孫が社会人となった年に信託が終了するものとします。

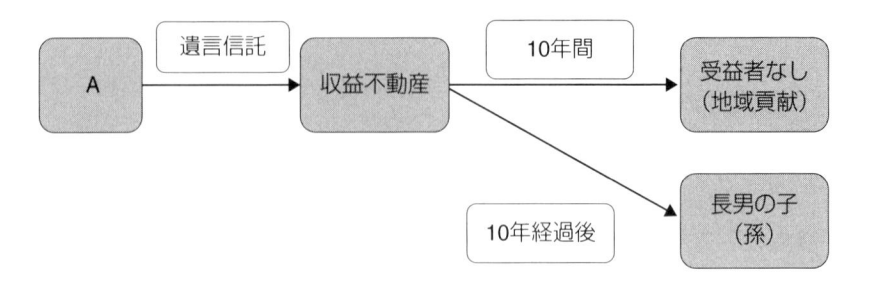

〔信託の内容〕

信託の種類	遺言信託
信託の目的	特定のボランティア活動への助成により、信託財産を地域活動に活用しつつ、孫に財産を移転させること。
信託期間	孫が社会人になる年まで
信託財産	収益不動産
委託者	A
受託者	Aの長男
受益者	10年間　　　　：受益者不存在 10年間経過後：孫（長男の子）（確定期限付きの受益者）
残余財産の帰属	孫（長男の子）

（注）　本例にあてはめるスキームとしては、収益受益者を地域の公益法人等とし元本受益者を孫とするスキーム、その他の合理的な方法も考えられます。なお、目的信託の課税の取扱いについては、信託協会が非課税型一般法人と同様の扱いができるよう毎年税制改正要望をしています。

〔課税関係の整理〕

① 信託の効力発生時（法人課税信託、相続税法の特例）

当事者	税目	税務のポイント	手続等
委託者 (A)	所得税	◆みなし譲渡所得課税 信託の効力発生により、受託法人に対し贈与したものとみなして、みなし譲渡所得課税の対象となります(所法59①)。なお、相続開始年分の譲渡につき、住民税は課税の対象となりません。	◆準確定申告 被相続人の準確定申告が必要となります（所法125)。
	相続税	◆債務控除 譲渡所得税は被相続人の相続税の計算上、債務控除の対象となります(相法14)。	◆相続税の申告書の提出（相法27)
受託者 (受託法人)	法人税	◆受贈益課税 受益者不存在の法人課税信託となるため、受託法人に時価による受贈益が計上され法人税が課税されます(法法22)。	◆受託法人に係る法人設立届等の提出（法法148②)
	相続税	◆受託法人に対する相続税課税 受託法人は信託財産を遺贈により取得した個人とみなされ、相続税の納税義務者となります（相法9の2③)。財産の評価額は、財産評価基本通達の定めにより評価します。なお、受贈益に対する法人税は相続税額から控除されます（相法9の2④)。	◆相続税の申告書の提出（相法27)

② 信託期間中（法人課税信託）

当事者	税目	税務のポイント	手続等
受託者 （受託 法人）	法人税	◆法人税等の課税 信託財産に帰せられる収益及び費用について、法人税等の課税が生じます（法法12①）。なお、法人税法の規定の適用には一定の制限があります。	◆法人税申告書の提出

③ 10年間経過後（法人課税信託⇒受益者等課税信託）

当事者	税目	税務のポイント	手続等
受託者 （受託 法人）	法人税	◆課税関係なし 法人課税信託の信託財産が新受益者である孫（契約締結時における委託者の親族）に対して帳簿価額で引き継がれたものとされるため、譲渡損益の認識はありません（法法64の3②）。 ◆解散 受託法人は解散したものとみなされます。	◆解散の申告・届出等
新受益者 （孫）	所得税	◆課税関係なし 受託法人から信託財産を引き継いだものとされます（所法67の3①）。引き継いだ信託財産の資産及び負債の差額は、収入金額または必要経費の額に算入しないため、課税関係は生じないことになります（所法67の3②）。	

④ 信託終了時

　信託終了時は、帰属権利者である孫（終了直前の受益者）に残余財産は帰属することになるため、課税関係は生じません。

4 複層化信託の信託受益権の評価及び課税関係

(1) 信託受益権の評価方法の概要

① 信託受益権の権利の価額の定め

　受益者連続の信託の権利の評価方法は、受益者連続型信託とそれ以外の信託とで異なります。信託受益権の評価にあたっては、その信託が相続税法上の受益者連続型信託に該当するか否かを信託契約書等により検討しなければなりません。

（信託受益権の評価方法）

信託受益権の区分	評価方法
受益者連続型信託（相令1の8）	相続税法9条の3 相続税法基本通達9の3-1
受益者連続型信託以外の信託	財産評価基本通達202

② 相続税法上の受益者連続型信託の範囲

　相続税法上の受益者連続型信託は、信託法91条に定めるいわゆる後継ぎ遺贈型の信託等に加え、相続税法施行令1条の8に定める次の信託をいいます。

　（ア）　受益者等の死亡その他の事由により、その受益者等の有する信託に関する権利が消滅し、他の者が新たな信託に関する権利（当該信託の信託財産を含む）を取得する旨の定め（受益者等の死亡その他の事由により順次他の者が信託に関する権利を取得する旨の定めを含む）のある信託（信託法91条に規定する信託を除く）。

　（イ）　受益者等の死亡その他の事由により、その受益者等の有する信託に関する権利が他の者に移転する旨の定め（受益者等の死亡

その他の事由により順次他の者に信託に関する権利が移転する旨の定めを含む）のある信託。

（ウ）　信託法 91 条に規定する信託及び同法 89 条 1 項に規定する受益者指定権等を有する者の定めのある信託ならびに(ア)及び(イ)に掲げる信託以外の信託でこれらの信託に類するもの。

（相続税法上の受益者連続型信託）

相続税法施行令 1 条の 8

> 信託法89条 1 項
> 信託法91条

　なお、相続税法基本通達 9-13（信託が合意等により終了した場合）に例示される信託は、収益受益者または元本受益者が変更するあるいは死亡により新受益者等が取得する旨の信託行為の定めがないことから、受益者連続型信託以外の信託になるものと解されます。

　ここで、収益受益者とは収益受益権を有する者で、収益受益権とは、信託に関する権利のうち信託財産の管理及び運用によって生ずる利益を受ける権利をいいます。また、元本受益者とは元本受益権を有する者で、元本受益権とは、信託に関する権利のうち信託財産自体を受ける権利をいいます。このように、受益権が収益受益権と元本受益権に分離された信託を受益権が複層化された信託といいます（相基通 9-13）。

　なお、受益権が複層化された信託の課税関係の留意点については、本章 8(7)を参照してください。

(2)　受益者連続型信託の権利の価額（相法 9 の 3)

　相続税法 9 条の 3（受益者連続型信託の特例）に定める受益者連続

（信託受益権の評価明細書）

信　託　受　益　権　の　評　価　明　細　書	被相続人 氏　　名	

信託財産の所在・種類・数量	
委　託　者　の　住　所　氏　名	
受　託　者　の　住　所　氏　名	

受 託 契 約 締 結 の 年 月 日		受益の時期	元　本	
			収　益	

受　益　者　の　住　所　氏　名	

受　益　財　産　の　区　分	元　本	（　全　部　・　一　部　）	（　金　銭　・　金　銭　以　外　）
	収　益	（　全　部　・　一　部　）	（　金　銭　・　金　銭　以　外　）

1　元本と収益との受益者が同一人である場合又は元本と収益との受益者が元本及び収益の一部を受ける場合

信　託　財　産　の　種　類	① 信託財産の相続税評価額	② 受益者の受益割合	評　　価　　額 （　①　×　②　）
	円	%	円

2　元本と収益との受益者が異なる場合
　イ　元本の受益権

信　託　財　産　の　種　類	A 信託財産の相続税評価額	B 収益の受益権の価額 （Dの価額）	C 元本の受益権の価額 （　A－B　）
	円	円	円

　ロ　収益の受益権

受　益　の　時　期	① 将来受けるべき 利益の価額	② 課税時期から受益の時期 までの期間に応ずる基準 年利率による複利現価率	③ （　①　×　②　）	摘要（「将来受けるべき利益の価額」 の算定根拠等）
第　　　年目	円		円	
第　　　年目				
第　　　年目				
第　　　年目				
第　　　年目				
第　　　年目				
第　　　年目				
第　　　年目				
第　　　年目				
第　　　年目				

D　収益の受益権の価額（③の合計額）円	円

（資4－33－A4統一）

型信託の権利の価額について、相続税法基本通達9の3-1は次のような扱い示しています。

（受益者連続型信託に関する権利の価額（相基通9の3-1））

	区　分	価　額
1	受益者連続型信託に関する権利の全部を適正な対価を負担せず取得した場合。	信託財産の全部の価額
2	「収益受益権」 受益者連続型信託で、かつ、受益権が複層化された信託に関する収益受益権の全部を適正な対価を負担せず取得した場合。	信託財産の全部の価額
3	「元本受益権」 受益権が複層化された受益者連続型信託に関する元本受益権の全部を適正な対価を負担せず取得した場合（その元本受益権に対応する収益受益権を有する者が法人である場合またはその収益受益権の全部もしくは一部の受益者等が存しない場合を除く）。	0

　なお、受益者連続型信託の特例により、受益権が複層化された受益者連続型信託の元本受益権は、価値を有しないとみなされることから、相続税または贈与税の課税関係は生じません。ただし、その信託が終了した場合において、元本受益権を有する者が、その信託の残余財産を取得したときは、相続税法9条の2第4項の規定の適用により贈与税または相続税の課税関係が生じます（相基通9の3-1（注））。

（原則）

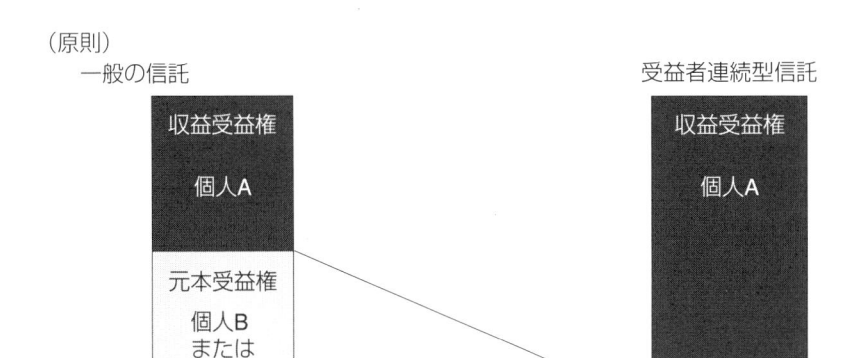

（例外）

出典：国税庁ホームページ「相続税法基本通達（法令解釈通達）一部改正のあらまし（情報）【第９条の３（受益者連続型信託の特例）関係】」

（3）受益者連続型信託以外の信託の場合（評基通202）

　信託受益権の評価は、次に掲げる区分に従い、それぞれ次に掲げるところにより評価します。

（受益者連続型信託以外の信託に関する権利の価額）

区　分	評　価
元本と収益との受益者が同一人である場合	財産評価基本通達に定めるところにより評価した課税時期における信託財産の価額によって評価します。
元本と収益との受益者が元本及び収益の一部を受ける場合	財産評価基本通達に定めるところにより評価した課税時期における信託財産の価額にその受益割合を乗じて計算した価額によって評価します。
元本の受益者と収益の受益者とが異なる場合	①　元本受益権 　　財産評価基本通達に定めるところにより評価した課税時期における信託財産の価額から、②により評価した収益受益者に帰属する信託の利益を受ける権利の価額を控除した価額により評価します。 ②　収益受益権 　　収益を受益する場合は、課税時期の現況において推算した受益者が将来受けるべき利益の価額ごとに課税時期からそれぞれの受益の時期までの期間に応ずる基準年利率による複利現価率を乗じて計算した金額の合計額により評価します。

（4） 複層化信託の評価額及び課税関係の比較

① 受益者連続型信託以外の信託の場合

（ア） 信託設定の内容（計算の前提）

信託の種類	遺言信託
信託の目的	財産承継をスムーズに行うために、本人の死後、収益不動産（土地建物）を元本受益権と収益受益権に転換し、収益受益権を配偶者に取得（承継）させ、配偶者の当面の生活資金を確実に安定させるとともに、元本を維持して最終的には元本受益者である長男に財産を取得（承継）させる。
信託期間	10 年
終了事由	信託期間の満了により終了
信託財産	賃貸借契約の目的となっている不動産
委託者	本人
収益受益者（年間賃料 5,000 千円）	配偶者
元本受益者	長男
終了時の残余財産の給付または帰属	指定なし（元本受益者に交付（引渡し））

　なお、本人の相続開始から 6 年後に配偶者が死亡し、その収益受益権は、次男が遺産分割により相続したものとします。

（イ）　信託財産の評価額

i　収益受益権の評価額（※複利現価率は仮定）

期　間	① 将来受けるべき利益の価額	② 課税時期から受益の時期までの期間に応ずる基準利率年0.01％による複利現価率	①×②
第1年目	賃料 5,000,000 円	1.000	5,000,000 円
第2年目	賃料 5,000,000 円	1.000	5,000,000 円
第3年目	賃料 5,000,000 円	0.999	4,995,000 円
第4年目	賃料 5,000,000 円	0.998	4,990,000 円
第5年目	賃料 5,000,000 円	0.998	4,990,000 円
第6年目	賃料 5,000,000 円	0.997	4,985,000 円
第7年目	賃料 5,000,000 円	0.949	4,745,000 円
第8年目	賃料 5,000,000 円	0.942	4,710,000 円
第9年目	賃料 5,000,000 円	0.935	4,675,000 円
第10年目	賃料 5,000,000 円	0.928	4,640,000 円
合計			48,730,000 円

ii　信託財産の価額

評価時点	信託財産（土地建物）の評価額合計
本人の死亡時	100,000,000 円
配偶者の死亡時（本人の死亡時から6年後）	100,000,000 円
信託終了時（期間満了）	110,000,000 円

（ウ）　課税関係

	収益受益権の評価額	元本受益権の評価額
信託設定時 （相法9の2①） （評基通202）	本人から配偶者への遺贈と みなす。 　収益受益権　48,730千円	本人から長男へ遺贈とみな す。 　元本受益権　51,270千円 （100,000千円−48,730千 円）
信託期間中 （相法9の2②） （評基通202）	配偶者から長男への相続 　収益受益権　19,985千円 （基準利率0.01％と仮定し、 ｲｉの1年目〜4年目までの 合計）	課税関係なし （信託設定時に相続により元 本受益権を取得しているた め、相法9の2の適用はな いものと考えられます）
信託終了時 （相法9の2④） （評基通202）	収益受益権を相続した者の 権利は終了する。 　収益受益権　0円	長男は信託終了により信託 財産を受託者から引き継ぎ ますが、課税関係は生じな いと考えられます（注）。

（注）信託の合意等による終了の場合の課税関係を示した相続税法基本通達9-13は、そ
　　の解説において次の図を参考例としていますが、特に受益者連続型信託以外の信託
　　の信託終了時における元本受益権の課税関係は示されていません。同通達の解説か
　　らも、受益者連続型信託以外の信託については、信託終了時には課税関係がないも
　　のと考えられます。

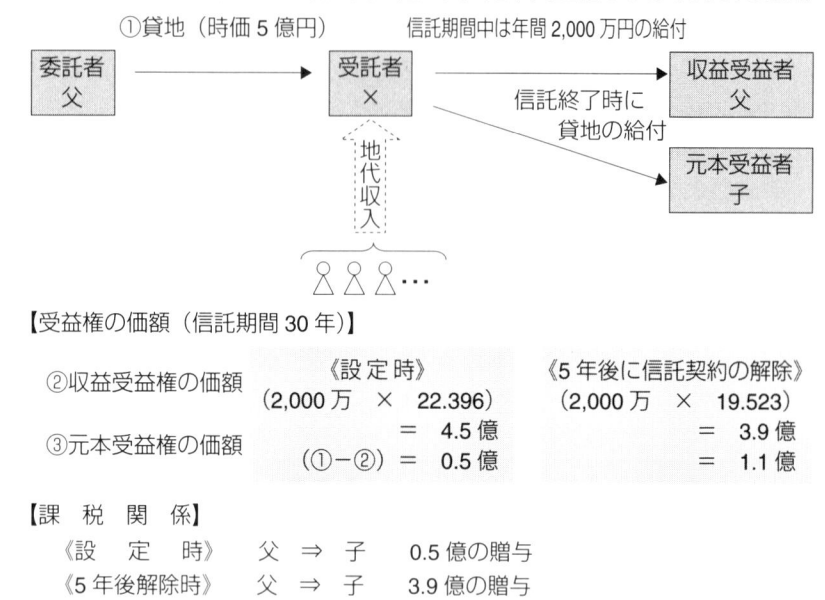

（貸地を 30 年間信託し、収益受益権は父、元本受益権は子が取得した場合）

【受益権の価額（信託期間 30 年）】

②収益受益権の価額 《設定時》 《5 年後に信託契約の解除》
(2,000 万 × 22.396) (2,000 万 × 19.523)
③元本受益権の価額 = 4.5 億 = 3.9 億
(①−②) = 0.5 億 = 1.1 億

【課 税 関 係】
《設 定 時》 父 ⇒ 子 0.5 億の贈与
《5 年後解除時》 父 ⇒ 子 3.9 億の贈与

出典：国税庁ホームページ 「相続税法基本通達」（法令解釈通達）の一部改正のあらまし（情報）【第9条（その他の利益の享受）関係】

　ただし、相続税法基本通達9の2-5では、信託が終了した場合に相続税法9条の2第4項の適用がある者の範囲を示しています。その解説では、受益者連続型信託以外の信託で受益権が複層化された信託の元本受益者が、<u>信託の終了により元本受益権相当部分以外の残余財産の給付を受けた場合</u>にも同項の適用がある扱いを示しています。特に下線部が具体的にどのような場合を指しているのか明確ではありませんが、信託終了時の元本受益権の課税関係についても慎重な判断が必要です。

② 受益者連続型信託の場合

（ア） 信託設定の内容（計算の前提）

信託の種類	遺言代用信託
信託の目的	財産承継をスムーズに行うために、生前に本人を受益者とする信託を設定し、本人の死後、収益不動産（土地建物）を元本受益権と収益受益権に転換します。収益受益権を配偶者に、配偶者の死後は長男に収益受益権を取得させ、最終的には孫（長男の子）に信託財産が帰属することを目的とします。
信託期間	長男の死亡の時まで
終了事由	信託期間の満了により終了
信託財産	賃貸借契約の目的となっている不動産
委託者	本人
収益受益者（年間賃料5,000千円）	配偶者 配偶者の死亡後は長男
元本受益者	孫（長男の子）
終了時の残余財産の給付または帰属	孫（長男の子）（元本受益者に返還）

（イ） 信託財産の評価額

評価時点	信託財産（土地建物）の評価額合計
本人の死亡時	100,000千円
配偶者の死亡時	110,000千円
長男死亡時（信託終了）	120,000千円

（ウ）　課税関係

	収益受益権の評価額	元本受益権評価額
設定時 （相法9の2） （相法9の3）	本人が受益権を取得するので、課税関係は生じません。	本人が受益権を取得するので、課税関係は生じません。
本人の死亡時 （相法9の2②） （相法9の3）	配偶者は、収益受益権のみを取得しますが、課税上は、信託の権利に関するあらゆる制約がないものの遺贈とみなして価額を算定します。 収益受益権の価額 100,000 千円	孫は本人から元本受益権を取得しますが、課税上は元本受益権の権利の価額は0円として扱われます。 元本受益権の価額　0 千円
配偶者の死亡時 （相法9の2②） （相法9の3）	信託上は委託者死亡時に不確定期限付きの受益権（期待権）が長男に付与され、配偶者死亡により実際に取得することになります。課税上は、制約のない信託の権利が、配偶者から長男に対して遺贈されたとみなして課税されます。 収益受益権の価額 110,000 千円	課税関係は生じません。
長男の死亡時 （相法9の2④） （相基通9の3-1（注））	課税関係は生じません。	課税上は長男から子供への残余財産の遺贈とみなして課税されます（注）。 残余財産の価額　120,000 千円

（注）相続税法9条の3の規定の適用により、受益権が複層化された受益者連続型信託の元本受益権は、価値を有しないとみなされることから、相続税または贈与税の課税関係は生じません。ただし、その信託が終了した場合において、元本受益権を有する者がその信託の残余財産を取得したときは、相続税法9条の2第4項の規定の適用により贈与税または相続税の課税関係が生じます（相基通9の3-1（注））。なお、遺留分の算定上は、信託行為の効力が生じた時において、信託法による受益権を各受益者は取得し民法1029条2項により鑑定された価格を取得していることに留意を要します。

5 | 受託者が作成すべき信託の計算書・調書

　信託の受託者は、信託法または税法の規定に基づき、以下に掲げる書類の作成義務があり、また、受益者等の所得計算の基礎となる参考資料の交付が求められますので、留意が必要です。

(1) 信託に関する受益者別（委託者別）調書及び合計表（相法 59）

① 主な内容

項　目	内　　容
提出義務者	信託の受託者で、相続税法の施行地に事務を行う営業所、事務所、居所その他これらに準ずるもの（「営業所等」）を有する者
提出事由	①　信託の効力発生（遺言信託の場合には、遺言信託の引受けがあった場合） ②　受益者変更（受益者が存するに至った場合または存しなくなった場合を含む） ③　信託終了（信託に関する権利の放棄があった場合その他一定の場合を含む） ④　権利内容変更
提出時期	提出事由の生じた日の属する月の翌月末日まで
提出先	受託者の信託事務を行う営業所等の所在地の所轄税務署長
合計表	信託の受託者は、提出事由の異なるごとに、その件数、受益者数、特定委託者数、委託者数及び信託財産の価額を合計した合計表を併せて提出する必要があります。
個人番号等の記載	平成 28 年 1 月 1 日以降に提出するこれらの調書については、委託者、受託者、受益者それぞれについて個人番号または法人番号を記載する必要があります（相規第八号書式）。

② **主な提出不要要件**

（ア）受益者別に相続税法の規定により評価したその信託の信託財産の相続税評価額が 50 万円以下であること（信託財産の相続税評価額を計算することが困難な事情が存する場合を除きます。）（相規 30 ③一）。

（イ）信託の効力発生時の委託者と受益者が同一である場合（相規 30 ③五イ(4)）

（ウ）信託終了直前の受益者と信託財産の帰属者となる者が同一である場合（相規 30 ③ 5 ハ(4)）

（エ）信託終了時において、信託の残余財産がない場合（相規 30 ③五ハ(5)）

（オ）信託に関する権利の変更があった場合において、その信託の受益者等が一の者であること（相規 30 ③五二(1)）

信託に関する受益者別（委託者別）調書

受益者 特定委託者 又は 委託者	住所（居所） 又は 所在地	氏 名 又 は 名 称	
		個人番号又は 法人番号	
		氏 名 又 は 名 称	
		個人番号又は 法人番号	
		氏 名 又 は 名 称	
		個人番号又は 法人番号	

（右側記載欄）○ 個人番号又は法人番号又は法人番号又は個人番号、欄に個人番号（12桁）を記載する場合には、右詰で記載します。

信託財産の種類	信託財産の所在場所	構造・数量等	信託財産の価格

信託に関する権利の内容	信託の期間	提出事由	提出事由の生じた日	記　号　番　号

（摘要）

（平成　　年　　月　　日提出）

受託者	所在地又は 住所(居所)	（電話）
	営業所の 所在地等	（電話）
	名 称 又 は 氏　　　名	
	法人番号又は 個人番号	

備考

一　「特定委託者」の欄には、相続税法第9条の2第5項に規定する特定委託者に関する事項を記載する。ただし、この調書を三3に掲げる場合に該当することにより提出するときには、信託法第182条第1項第2号に規定する帰属権利者（以下「帰属権利者」という。）又は同法第177条に規定する清算受託者に関する事項を記載するものとする。

二　「信託財産の価額」の欄には、信託財産を相続税法第22条から第25条までの規定により評価した価額を記載する。ただし、信託財産について当該規定により評価することを困難とする事由が存する場合は、この限りでない。

三　「提出事由」の欄には、次に掲げる場合の区分に応じ、それぞれ次に定める事由を記載する。

　　1　相続税法第59条第2項第1号に規定する信託の効力が生じた場合　効力発生

　　2　相続税法第59条第2項第2号に規定する受益者等が変更された場合　受益者変更

3　相続税法第59条第2項第3号に規定する信託が終了した場合　信託終了

4　相続税法第59条第2項第4号に規定する信託に関する権利の内容に変更があつた場合　権利内容変更

四　摘要欄には、次に掲げる場合の区分に応じ、それぞれ次に定める事項を記載する。ただし、7の場合において、7に規定する従前信託について信託に関する受益者別（委託者別）調書を提出しているとき、又は当該従前信託以外の信託に関する受益者別（委託者別）調書で摘要欄に当該7に規定する従前信託に係る7イからハまでの事項を記載したものを提出しているときは、この限りでない。

1　受益者又は特定委託者が存しない場合　その存しない理由

2　相続税法第9条の3第1項に規定する受益者連続型信託の場合　その旨、その条件及びその期限並びに新たに信託に関する権利を取得する者又は同項の受益者指定権等を有する者の名称又は氏名及び所在地又は住所若しくは居所

3　法人税法第2条第29号の2に規定する法人課税信託である場合　その旨

4　信託法第182条第1項第1号に規定する残余財産受益者又は帰属権利者の定めがある場合　その旨並びにこれらの者の名称又は氏名及び所在地又は住所若しくは居所

5　この調書を三2又は3に掲げる場合に該当することにより提出するとき　変更前（終了直前）の受益者又は特定委託者の名称又は氏名及び所在地又は住所若しくは居所

6　この調書を三4に掲げる場合に該当することにより提出するとき　「信託財産の種類」、「信託財産の所在場所」、「構造・数量等」、「信託財産の価額」、「信託に関する権利の内容」及び「信託の期間」の欄に係る変更のあつた事項についての変更前の内容

7　その年の1月1日からその信託につき三1から4までに定める事由が生じた日の前日までの間に当該信託と受益者（受益者としての権利を現に有する者の存しない信託にあつては、委託者。）が同一である他の信託（以下「従前信託」という。）について当該事由が生じていた場合で、当該信託の信託財産を相続税法第22条から第25条までの規定により評価した価額と当該従前信託の信託財産を相続税法第22条から第25条までの規定により評価した価額との合計額が50万円を超えることとなること、又は当該信託の信託財産を相続税法第22条から第25条までの規定により評価することを困難とする事情が存することからこの調書を提出することとなつたとき　当該従前信託に係るイからハまでに掲げる事項

イ　委託者及び特定委託者の名称又は氏名及び所在地又は住所若しくは居所（委託者別の調書の場合には、委託者に係る事項を除く。）

ロ　信託財産の種類、信託財産の所在場所、構造・数量等、信託財産の価額、信託に関する権利の内容及び信託の期間（提出事由が三4に定める事由である場合にあつては、信託に関する権利の内容の変更前後のこれらの事項）並びに提出事由、提出事由の生じた日及び記号番号

ハ　1から6までに定める事項

五　受託者の「所在地又は住所（居所）」の欄には受託者の本店若しくは主たる事務所の所在地又は住所若しくは居所を、「営業所の所在地等」の欄には受託者が信託の引受けをした営業所、事務所その他これらに準ずるものの所在地を記載する。

（信託に関する受益者別（委託者別）調書合計表）

平成　年　　月分	信託に関する受益者別（委託者別）調書合計表		処理事項	通信日付印※ ・ ・	検　収※	整理簿登載※	身元確認※	○平成28年1月1日以後提出用

		提出者	住所（居所）又は所在地	電話（　　−　　−　　）	整理番号			
平成　年　　月　日提出			個人番号又は法人番号		調書の提出区分（新規=1、追加=2、訂正=3、無効=4）	提出媒体	本店一括	有・無
			フリガナ氏名又は名称		作成担当者			
税務署長　殿			フリガナ代表者氏名印	⑪	作成税理士署名押印	税理士番号（　　　　）㊞ 電話（　　−　　−　　）		

提出事由	信託財産の種類	提出枚数	受益者数	特定委託者数	委託者数	信託財産の価額
効 力 発 生	□金銭　□有価証券 □金銭債権□不動産 □その他（　　）	枚	人	人	人	円
受益者変更	□金銭　□有価証券 □金銭債権□不動産 □その他（　　）					
信 託 終 了	□金銭　□有価証券 □金銭債権□不動産 □その他（　　）					
権利内容変更	□金銭　□有価証券 □金銭債権□不動産 □その他（　　）					
計						

（摘　要）

○　提出媒体欄には、コードを記載してください。（電子＝14、FD＝15、MO＝16、CD＝17、DVD＝18、書面＝30、その他＝99）

（注）平成27年12月分以前の合計表を作成する場合には、「個人番号又は法人番号」欄に何も記載しないでください。

（用紙　日本工業規格Ａ４）

【信託に関する受益者別（委託者別）調書合計表】

記載要領

1　この合計表は、相続税法59条第2項の規定により提出すべき調書について、提出事由の異なるごとに記載する。

2　信託財産の種類の欄には、該当する信託財産について□枠にチェックをする（複数ある場合には、それぞれチェックする。）。

3　「※」印欄は、提出義務者において記載を要しない。

(2) 信託の計算書及び合計表（所法 227）

① 主な内容

項　目	内　容
提出義務者	受益者等課税信託の受託者
提出時期	信託会社は、毎事業年度終了後 1 月以内 信託会社以外は、毎年 1 月 31 日まで
提出先	受託者の信託事務を行う営業所等の所在地の所轄税務署長
主な記載項目	所得税法 13 条 1 項に規定する受益者別に次の項目を記載。 ①　受益者、委託者、受託者それぞれの住所、氏名等 ②　信託の期間及び目的 ③　次に掲げる日における信託に係る資産及び負債の内訳 　　信託会社が受託者の場合…信託会社の各事業年度末日 　　信託会社以外が受託者の場合…前年 12 月 31 日 ④　次に掲げる期間の収益及び費用 　　信託会社が受託者の場合…信託会社の各事業年度中 　　信託会社以外が受託者の場合…前年 1 月 1 日から 12 月 31 日
合計表	受託者は、信託の計算書を信託財産の種類別に、その件数、収益の額、費用の額、資産の額及び負債の額の合計をした信託の計算書合計表を併せて提出する必要があります。

② 提出不要要件

　各人別の信託財産に帰せられる収益の額の合計額が 3 万円（その基礎となる計算期間が 1 年未満の場合には 1 万 5 千円）以下であるときは、その提出は不要となります（所規 96 ②）。したがって、自宅などの非収益物件が信託財産の場合には、通常、提出を要しないものと考えられますが、これを売却等して収入が生じた場合には提出が必要になるものと考えられます。なお、その信託が特定寄付信託である場合や収益の額に確定申告を要しない配当等が含まれる場合には、信託の計算書の提出不要要件は適用されません（所規 96 ③）。

(信託の計算書)

信託の計算書

(自　　年　月　日至　　年　月　日)

信託財産に帰せられる収益及び費用の受益者等	住所(居所)又は所在地			
	氏名又は名称		番号	
元本たる信託財産の受益者等	住所(居所)又は所在地			
	氏名又は名称		番号	
委託者	住所(居所)又は所在地			
	氏名又は名称		番号	
受託者	住所(居所)又は所在地			
	氏名又は名称	(電話)		
	計算書の作成年月日	年　月　日	番号	

○「番号」欄に個人番号(12桁)を記載する場合には、右詰で記載します。

信託の期間	自　年　月　日 至　年　月　日		受益者等の異動	原因
信託の目的				時期
受益者等に交付した利益の内容	種類		受託者の受けるべき報酬の額等	報酬の額又はその計算方法
	数量			支払義務者
	時期			支払時期
	損益分配割合			補てん又は補足の割合

収益及び費用の明細

	収益の内訳	収益の額		費用の内訳	費用の額
収益		千　円	費用		千　円
	合計			合計	

資産及び負債の明細

	資産及び負債の内訳	資産の額及び負債の額	所在地	数量	備考
資産		千　円			
	合計		(摘要)		
負債					
	合計				
資産の合計－負債の合計					

整理欄	①	②

357

【信託の計算書】
備　考
1　この計算書は、法第 227 条に規定する信託について使用すること。
2　この計算書の記載の要領は、次による。
　(1)　「住所（居所）又は所在地」の欄には、計算書を作成する日の現況による住所若しくは居所（国内に居所を有しない者にあつては、国外におけるその住所。(9) イにおいて同じ。）又は本店若しくは主たる事務所の所在地を記載すること。
　(2)　「収益及び費用の明細」の「収益の内訳」及び「費用の内訳」並びに「収益の額」及び「費用の額」の項は、各種所得の基因たる信託財産の異なるごとに収益及び費用の内訳並びに当該収益及び費用の額を記載すること。
　(3)　信託財産の処分により生じた損益は、他の収益及び費用と区分して記載すること。
　(4)　「資産及び負債の明細」の「資産及び負債の内訳」及び「資産及び負債の額」の項には、各種所得の基因たる信託財産の異なるごとに区分してその信託財産に属する資産及び負債の内訳並びに資産及び負債の額を記載し、「資産及び負債の明細」の「所在地」の項には、各種所得の基因たる信託財産に属する資産の異なるごとに区分してその所在地を記載すること。
　(5)　信託会社（法第 227 条に規定する信託会社をいう。以下この表において同じ。）の事業年度中（受託者が信託会社以外の者である場合又は当該信託が特定寄附信託（租税特別措置法第 4 条の 5 第 1 項に規定する特定寄附信託をいう。以下の表において同じ。）である場合には、その年中）に信託財産の全部又は一部を処分した場合には、その処分年月日を、新たに信託行為により受け入れた信託財産がある場合には、その受入年月日を、それぞれ「備考」の項に記載すること。
　(6)　「受益者等に交付した利益の内容」の「損益分配割合」の欄には、信託財産に帰せられる収益及び費用の受益者等が 2 人以上あり、かつ、それぞれの受益者等が受ける損益の割合が異なる場合に限り、記載すること。
　(7)　「受益者の異動」の「原因」の項には、信託契約の締結、受益者の指定、受益者の変更、受益権の放棄、信託の終了のように記載すること。
　(8)　「受託者の受けるべき報酬の額等」の「補てん又は補足の割合」の欄には、金融機関の信託業務の兼営等に関する法律（昭和 18 年法律第 43 号）第 6 条の規定による補てん又は補足の割合その他これに関する事項を記載すること。
　(9)　次に掲げる場合には、「摘要」の欄にそれぞれ次に掲げる事項を記載すること。
　　イ　当該信託が信託法（平成 18 年法律第 108 号）第 89 条第 1 項に規定する受益者指定権等を有する者、同法第 182 条第 1 項第 2 号に規定する帰属権利者として指定された者その他これらに類する者の定めのある信託である場合　その者の氏名又は名称及び住所（国内に居所を有しない者にあつては、国外におけるその住所。）若しくは居所又は本店若しくは主たる事務所
　　ロ　信託会社の事業年度（受託者が信託会社以外の者である場合又は当該信託が特定寄附信託である場合には、その年）の中途において当該受託者の損益分配割合に変更が生じた場合　その旨、その変更があつた日及びその変更事由
　　ハ　受益者等又は委託者の納税管理人が明らかな場合　当該納税管理人の氏名及び住所又は居所
　　ニ　受益者等が非居住者又は外国法人である場合（非）
　　ホ　当該信託が相続税法第 21 条の 4 第 1 項の規定の適用に係るものである場合　その旨
　　ヘ　当該信託が特定寄附信託である場合　その旨及び次に掲げる事項
　　　(i)　当該特定寄附信託契約（租税特別措置法第 4 条の 5 第 2 項に規定する特定寄附信託をいう。以下この表において同じ。）締結時の信託の元本の額
　　　(ii)　前年中に当該信託の信託財産から支出した寄附金の額及び当該信託財産に帰せられる租税特別措置法第 4 条の 5 第 1 項の規定の適用を受けた同項に規定する利子等の金額のうち前年中に寄附金として支出した金額並びにこれらの寄附金を支出した年月日
　　　(iii)　(ii) の寄附金を受領した法人又は法第 78 条第 3 項に規定する特定公益信託の受託者の名称及び所在地並びに当該特定公益信託の名称
　　　(iv)　特定寄附信託契約又はその履行につき、租税特別措置法施行令第 2 条の 36 第 8 項各号に掲げる事実が生じた場合には、当該事実及びその事実が生じた日
3　合計表をこの様式に準じて作成し添付すること。
4　所轄税務署長の承認を受けた場合には、この様式と異なる様式により調製することができる。

（信託の計算書合計表）

自 平成　年　月　日 至 平成　年　月　日	信託の計算書合計表	処理事項	通信日付印 ※ ・　・	検　取 ※	整理簿登載 ※	身元確認 ※	○平成28年1月1日以後提出用

（表：信託の計算書合計表）

信託財産の種類	件数	収益の額	費用の額	資産の額	負債の額
	件	円	円	円	円
金　　　銭					
有 価 証 券					
不　動　産					
そ の 他					
計					

（摘　要）

○ 提出媒体欄には、コードを記載してください。（電子＝14、FD＝15、MO＝16、CD＝17、DVD＝18、書面＝30、その他＝99）

(注) 平成27年12月31日以前に開始する事業年度に係る合計表を作成する場合（信託会社以外の受託者にあっては、平成28年12月31日以前にこの合計表を提出する場合）には、「個人番号又は法人番号」欄に何も記載しないでください。

（用紙　日本工業規格Ａ４）

【信託の計算書合計表】

記載要領

1　この合計表は、信託の計算書を信託財産の種類別に合計したものにより記載する。

2　「件数」欄の「計」欄には、この合計表とともに提出する計算書の枚数（実件数）を記載する。

3　「※」印欄は、提出義務者において記載を要しない。

(注) この合計表を信託会社が信託法（平成18年法律第108号）の施行の日（以下「信託法施行日」という。）前に開始する事業年度に係る計算書（信託会社以外の受託者にあっては、平成21年1月1日前に提出するもの）に添付する場合には、「収益の額」とあるのは「収入金額」と、「費用の額」とあるのは「支出の額」と、「資産の額」とあるのは「信託財産の価額」と読み替えて使用する。

なお、この場合において「負債の額」については記載を要しない。

| 6 | その他諸税（登録免許税・不動産取得税・印紙税・消費税等・固定資産税等） |

（1）登録免許税

　登録免許税は、信託の設定時の委託者から受託者への信託財産である不動産の所有権移転は非課税となり、登録免許税の負担は信託の登記（本則0.4％。平成31年3月31日までの土地の信託登記については0.3％）のみとなります。したがって、信託の設定時における登録免許税の負担は、通常の売買や贈与または遺贈による所有権の移転（本則2.0％。平成31年3月31日までの土地の売買については1.5％）よりも有利な税率となっています。

　一方で、信託の終了時には、受託者から帰属者への信託財産である不動産の移転には、原則として信託登記（不動産1件1,000円）と所有権移転に伴う登録免許税の負担（本則2.0％）が生じます。

　不動産を信託する場合にはスキーム全体での登録免許税の負担も考慮に入れておく必要があります。

	登記の種類	登録免許税の税率
信託設定時	信託の登記	（登法9別表第一. 1（十）イ） 土地　0.4% （ただし、平成31年3月31日までは0.3%（措法72①二）） 建物　0.4%
	所有権移転登記	非課税（登法7①一）
受益権売買時	信託目録の変更	（登法9別表第一.（十四）） 不動産1件　1,000円
受託者の変更		非課税（登法7①二）

	登記の種類	登録免許税の税率
信託終了時	所有権移転登記	（登法９別表第一.１（二）ハ） 土地　2.0% 建物　2.0%
	相続登記の場合（※1）	（登法９別表第一.１（二）イ） 土地　0.4% 建物　0.4%
	自益信託の場合（※2）	非課税（登法７①二）
	信託登記抹消	（登法９別表第一.１（十四）） 不動産１件　1,000円

（※1）信託財産を受託者から受益者に移す場合で、その信託の効力発生時から引き続き委託者のみが信託財産の元本の受益者である場合において、その受益者が信託効力発生時における委託者の相続人であるときは、その信託による財産権の移転の登記は相続を原因とした登記と同様に扱われます（登法７②）。

（※2）信託の効力発生時から引き続き委託者のみが信託財産の元本の受益者である信託で、信託財産を受託者からその委託者兼受益者に移す場合（すなわち、信託の効力発生時からその終了時まで単独自益信託である信託が終了する場合）には、登録免許税は非課税となります（登法７①二）。

(2) 不動産取得税

　信託の設定時における委託者から受託者への信託財産である不動産の取得について、不動産取得税は非課税となります（地法73の7三）。

　一方で、信託終了時において、帰属者が受託者から信託財産である不動産を取得した場合には、不動産取得税（本則4％。ただし、平成33年3月31日までの土地の取得については3％。相続人の相続による取得は非課税。）の負担が生じます。

　登録免許税の負担も含めると、信託終了時に信託財産の帰属者に課される諸税の負担が大きくなる可能性があります。民事信託の設計にあたってはこれらの税負担も十分に考慮したうえでスキームを検討する必要があります。

	不動産取得税の税率
信託設定時	非課税（地法 73 の 7 三）
受益権売買	課税なし（所有権は受託者から移転しないため）
信託終了時（※）	土地　4%（地法 73 の 15） 　（ただし、平成 33 年 3 月 31 日までは 3%（課税標準は宅地評価額の 1/2）（地法附 11 の 2 ①、11 の 5 ①）） 家屋　4%（地法 73 の 15）

（※）信託終了時において、信託の効力発生時から引き続き委託者のみが信託財産の元本の受益者である信託により受託者から、次に掲げる受益者に信託財産を移転する場合には、不動産取得税は非課税となります（地法 73 の 7）。
　①信託効力発生時から引き続き委託者である者
　②信託効力発生時における委託者から相続により不動産を取得する相続人

（3）印紙税

課税文書	文書の帰属	印紙税額
信託行為に関する契約書	第 12 号文書 （信託行為に関する契約書）	1 通　200 円 （ただし、信託法 3 条 2 号の遺言信託を設定するための遺言書及び同条 3 号の自己信託を設定するための公正証書その他の書面は、12 号文書には該当しない）
受益権の売買に関する契約書等	第 15 号文書 （債権譲渡または債務引受けに関する契約書）	1 通　200 円 （ただし、譲渡金額が 1 万円未満の契約書については非課税）

　なお、信託行為に関する契約書で次に掲げる重要な事項に関する契約内容の変更（既に存在している契約の同一性を失わせないで、その内容を変更すること）に係る変更契約書は、第 12 号文書に該当します。

(4) 消費税法の取扱い

　消費税法上、信託の受益者等は、その信託財産に属する資産を有するものとみなされ、かつ、信託財産に係る資産の譲渡等、課税仕入れ及び課税貨物の保税地域からの引取り（以下、「資産等取引」）は、その受益者の資産等取引とみなされることから（消法14①）、信託財産に係る取引についての消費税及び地方消費税の申告・納税は受益者等が行うことになります。そのための資料を受託者は作成し受益者等に交付します。

　なお、他の税法と同様のみなし受益者の規定があり（消法14②、消令26①②③）、消費税法上も、受益者にはみなし受益者が含まれることになります。また、受益者等が二以上ある場合には、それぞれの受益者が権利の内容に応じて、信託財産の全部ならびに資産等取引の全部をそれぞれ有するものとされる（消令26④）ことも、他の税法と同様の考え方となります。

(5) 固定資産税・都市計画税

①　固定資産税及び都市計画税の納税義務者

　固定資産税及び都市計画税（以下「固定資産税等」という）の納税義務者は、固定資産の所有者として賦課期日（毎年1月1日（地法359））において、登記簿または土地補充課税台帳もしくは家屋補充課税台帳に所有者として登記または登録されている者となり、信託され

ている不動産は、受託者がその納税義務者となります（地法343）。

② **実務上の取扱い**

　信託されている不動産の固定資産税等は、受託者がその納税義務者となります。実務上は、信託財産に関する費用として信託財産の中から受託者が支払いますが、実質的には受益者が固定資産税等を負担していることになります。

　なお、同一市内に受託者固有の不動産があると、一通の納税通知書の中で合計されているので、分けて納税額を算出します。

7　各民事信託の設定方法による課税

（1）生前信託

　自身の認知症による判断能力の低下に備えるなど、成年後見人制度に代替または併用する方法として最も利用が期待される信託（自益信託）を取り上げて、信託課税の基本的な流れを整理します。

①　活用例

〔信託の目的〕

　両親が交通事故により障害を負い、父は、自身が所有する不動産の管理を今までのようにすることが困難になりました。そこで、父はこれらの不動産の管理を長男である私に次の内容で信託しました。

〔信託の活用〕

　委託者である父が自らの財産の管理・運用を保全するために、自益信託によりその受託者を長男とした信託を設定します。父の死亡により信託は終了します。なお、信託の終了時の帰属権利者の指定はありません。

〔信託の内容〕

信託の種類	受益者等課税信託（自益信託）
信託の目的	父が所有する財産の管理・運用
信託期間	父の死亡まで
信託財産	不動産（自宅及び収益不動産）
委託者	父
受託者	長男
受益者	父
残余財産の帰属	指定なし

② 信託の効力発生時の課税関係

当事者	税目	税務のポイント	手続等
委託者（兼受益者）＝父	譲渡所得税	課税関係なし（所基通13-5）	
	登録免許税	信託の登記に係る登録免許税の課税(本則0.4%。土地については軽減措置あり)	
受託者＝長男	―	課税関係なし	◆信託に関する受益者別（委託者別）の調書及び合計表の所轄税務署長への提出は、自益信託のため不要（相規30③五(4)）
	不動産取得税	不動産取得税は非課税（地法73の7③）	

委託者（兼受益者）

　信託財産に属する資産及び負債ならびに収益及び費用は、受益者に帰属するものとして課税関係を整理します（所法13①）。自益信託の場合、信託の効力発生時は、委託者兼受益者（いずれも父）となり、信託財産は実質的に移転していませんので設定時の課税関係は生じません。

　不動産を信託した場合には、第三者への対抗のため信託の登記が必要となります。登録免許税は本則0.4%ですが、土地の信託の登記については平成31年3月31日までは0.3%となります（措法72①二）。

　支払った登録免許税のうち、収益不動産に関するものは不動産所得の計算上必要経費に算入することが可能であると考えますが、信託の目的等を総合的に勘案して判断する必要があります。

受託者：長男

　自益信託の場合は、信託に関する受益者別（委託者別）の調書及び合計表の提出は不要です（相規 30 ③五(4)）。

　委託者から移転を受けた信託財産の取得については、不動産取得税は非課税となります（地法 73 の 7 ③）。

③　信託の期間中の課税関係

当事者	税目	税務のポイント	手続等
受託者 ＝長男	—	課税関係なし	◆信託帳簿（貸借対照表、損益計算書）の作成と受益者への報告（信 37） ◆信託の計算書を翌年 1 月 31 日までに所轄税務署長に提出（所法 227）
	固定資産税等	固定資産税等は信託財産の所有名義人である受託者に対して課税（信託口口座を振替納付口座とするなどして信託財産から納付し、費用として精算する）（地法 343）	
受益者 ＝父	所得税	信託財産から生じる所得を受益者（父）の所得として計算	◆所得税の確定申告書の提出（所法 120）

受益者：父（兼委託者）

　信託財産から生じる所得は、受益者等に帰属するものとみなし、受益者等に対し所得税が課税されます（所法 13 ①）。所得区分については、受託者から報告される信託帳簿を精査して判断します。信託財産

である不動産から生じる所得は不動産所得となりますが、預金利息があれば利子所得となります。

　受益者は、信託から生じる不動産所得を有する場合には、信託ごとに、総収入金額（賃貸料その他の収入別）や必要経費（減価償却費、貸倒金、借入金利子及びその他の経費の別）の金額その他参考となるべき事項を記載した明細書を、所得税の確定申告書に添付する必要があります（措令26の6の2⑥、措規18の24①）。受託者は受益者の申告のために、貸借対照表、損益計算書を作成し受益者に交付します。

　なお、受託者が信託財産の中から納付した固定資産税等については、受益者等の費用として精算され、収益不動産に関するものは不動産所得の計算上必要経費として計上します。

受託者：長男

　固定資産税等は、賦課期日における登記簿等に記載された所有名義人である受託者に課税されるため、信託口口座を固定資産税等の振替納付口座とするなどして納付し、受益者等に対し費用として精算することになります。

　なお、受託者は、信託法及び信託行為に基づき、毎年1回、一定の時期に信託財産に係る帳簿（貸借対照表、損益計算書その他の書類）または電磁的記録を作成し、これを受益者に報告しなければなりません（信37ⅠⅡ）。また、受託者は、信託の計算書を税務署に提出しなければなりません（所法227）。なお、受益者等の確定申告の基礎資料とするためにも、信託の計算書の写しを受益者等に交付することが考えられます。

④　信託の終了時の課税関係

当事者	税目	税務のポイント	手続等
受託者 ＝長男	－	課税関係なし	◆信託帳簿（貸借対照表、損益計算書）の作成と受益者の相続人への報告（信37）

			◆信託の計算書を所轄税務署長に提出（所法227） ◆信託に関する受益者別（委託者別）の調書及び合計表を所轄税務署長に提出（事由が生じた翌月末日まで）（相法59②三）
受益者 ＝父	所得税	死亡時までの信託財産から生じる所得を受益者（父）の所得として計算（所法13①）	◆所得税の準確定申告書の提出（付表の添付）（所法125） ◆廃業届（所法229）の提出など
帰属者 ＝委託者の 相続人	相続税	委託者の相続人が信託財産の帰属者となり、被相続人から遺贈により信託財産を取得したものとみなして相続税が課税されます（相法9の2④）。	◆相続税の申告書の提出（相法27）
	所得税	信託財産の帰属者となるため、父の相続開始後、信託財産であった財産から生じる所得について、所得税が課税されます（所法13）。 なお、相続開始後から帰属者が決まるまでの期間に係る所得は、法定相続人に法定相続分により帰属するものと考えられます。	◆開業届（所法229）、青色申告承認申請書等の提出（所法44）など ◆所得税の確定申告書の提出（所法120）

登録免許税	委託者の相続人に信託財産が帰属する場合は、相続による所有権移転登記のための登録免許税（土地 0.4 ％、建物 2.0 ％）が課税されます。	
不動産取得税	信託の効力発生時の委託者から相続により信託財産を取得する委託者の相続人については、不動産取得税は非課税となります(地法 73 の 7 ①四ロ)。	

受益者：父（被相続人）

　相続開始の日までの所得について、所得税の納税義務があるため、相続人は相続開始から 4 カ月以内に準確定申告書を所轄税務署長に提出します（所法 125）。準確定申告書には、信託ごとの不動産所得の明細（措規 18 の 24 ①）のほかに、死亡した者に係る所得税及び復興特別所得税の確定申告書付表を添付します（所令 263、所規 49）。

受託者：長男

　受益者（父）の相続開始により信託は終了し、帰属者が委託者の相続人となるため、信託に関する受益者別（委託者別）の調書及び合計表を所轄税務署長に提出します（相法 59 ②三）。
　また、受益者（父）の相続人に対し、信託帳簿により死亡時までの報告をするとともに、信託の計算書を翌年 1 月末までに所轄税務署長に提出しなければなりません（所法 227、所規 96）。

帰属者：委託者の相続人

　遺産分割協議等により信託財産の帰属者となった者は、遺贈により

財産を取得したものとみなして、相続税の納税義務が生じます（相法9の2④）。

　信託終了時に係る信託の登記について、委託者の相続人がその帰属者である場合、土地0.4％、建物2.0％の登録免許税が課税されます。

清算受託者：長男（帰属者が定まらない場合）

　信託が終了した時以後の受託者は清算受託者となり、現務の終了、信託財産に属する債権債務の弁済、残余財産の給付といった職務を行うことになります（信177）。

　信託行為に帰属権利者の指定がない場合には委託者または委託者の相続人が帰属権利者と指定されていたものとみなして（信182Ⅱ）信託財産が帰属しますが、相続人が放棄するなどして帰属者が定まらない場合は、清算受託者の固有財産に帰属するもの（租税法上は、遺贈により財産を取得したものとみなす）とされています（信182Ⅲ）。

（2）自己信託

　自己信託（信託宣言）は、信託法の改正に伴い、委託者自らが受託者となり信託財産を分別管理する手法として導入されました。以下では自己信託の基本的な活用例による一連の課税関係を示しますが、自己信託はその特性から濫用が懸念される制度でもあります。自己信託の活用により予期せぬトラブル（たとえば、詐害信託）の発生のないように細心の注意が求められます。

① 活用例

　〔信託の目的〕

　私は個人事業を営んでいます。現在のところ事業は順調で私が引き続き管理・運用することで問題はありませんが、事業用不動産を担保にした借入も多額にあり、万が一の時には自宅（担保には供していない）にも影響が及ぶのではないかと心配しています。少なくとも現在の借入の返済期間30年程度は、妻の生活の保全を図りたいと考えて

います。なお、妻との婚姻期間は 20 年を超え、居住用不動産の評価額は 2,000 万円以下です。

〔信託の活用〕

自宅（居住用不動産）を信託財産する自己信託を設定し、妻を受益者とすることで居住用不動産の分別管理を行います。

〔信託の内容〕

信託の種類	受益者等課税信託（自己信託）
信託の目的	自宅の信託による分別管理
信託期間	30 年間または受益者の死亡の日まで
信託財産	居住用不動産（土地・建物）
委託者	本人
受託者	本人
受益者	妻
残余財産の帰属	受益者

② 信託の効力発生時の課税関係

当事者	税目	税務のポイント	手続等
委託者（兼受託者）＝本人	－	課税関係なし	◆信託に関する受益者別（委託者別）の調書及び合計表を所轄税務署長に提出（事由が生じた翌月末日まで）（相法 59 ②二）
受益者＝妻	贈与税	居住用不動産（土地・建物）を贈与により取得したものとみなして贈与税課税（相法 9 の 2 ①）。贈与税の配偶者控除の適用あり（相法 21 の 6、	◆贈与税の申告書の提出（申告書に添付すべき居住用不動産の登記事項証明書については、その土地等または家屋に係る信託目録が

		相基通 21 の 6-9）	含まれたものが必要 （相基通 21-6-9))
	登録免許税	信託の登記に係る登録免許税の課税(本則 0.4%。土地については軽減措置あり)	
	不動産取得税	不動産取得税は非課税（地法 73 の 7 ③）	

委託者（兼受託者）：本人

委託者兼受託者の自己信託となり、信託の設定時において委託者に課税関係は生じません。

なお、受託者として信託に関する受益者別（委託者別）の調書及び合計表を信託効力発生時の属する月の翌月末日までに、受託者の営業所等の所在する所轄税務署長に提出しなければなりません（相法 59 ②二）。

受益者：妻

委託者から贈与により財産（信託財産である土地・建物）を取得したものとみなし、贈与税が課税されます（相法 9 の 2 ①）。なお信託財産は居住用不動産であることから、贈与税の配偶者控除の適用があります（相基通 21 の 6-9）。

③ 信託の期間中の課税関係

当事者	税目	税務のポイント	手続等
受託者 ＝本人	－	課税関係なし ただし、固定資産税等は受託者に課税されます。	◆信託の計算書は提出不要（収益 3 万円未満）
受益者 ＝妻	－	課税関係なし	

受託者：本人

信託財産である自宅の固定資産税等は、受託者に課税されます。また、受託者の責任として信託帳簿の作成と、受益者への報告義務、さらには信託の計算書の提出義務があります。

しかしながら、信託の計算書は、各人別の信託財産から生じる収益の額が3万円（信託の計算期間が1年未満の場合は、1万5千円）未満の場合には、提出の必要はないとされていますので、居住用不動産の信託による信託の計算書の提出は、通常は不要であると考えられます。

受益者：妻

居住用不動産につき、特に課税関係は生じません。

④　信託の終了時の課税関係

妻の死亡により終了し、委託者兼受託者（本人）が生存している場合	課税上は、委託者を含む受益者の相続人等が遺贈により取得したものとみなします。
妻の死亡により終了し、委託者兼前受託者（本人）が死亡している場合	課税上は受益者の相続人が遺贈により取得したものとみなします。

この設例では、信託が終了した場合の残余財産の帰属権利者を妻と指定としていますので、受益者である妻の死亡が信託の終了事由である場合は、その相続人が遺産分割等により残余財産を取得することになります（信182Ⅰ）。

自己信託を活用して財産を贈与する利点は、倒産隔離のほかには贈与時の諸経費（登録免許税・不動産取得税）の負担が通常の贈与に比べて少ないことがあります。

ただし、信託の終了時に帰属者の名義にする場合の諸経費の負担は高くなります。また、信託財産となる居住用不動産の評価額によっては、相続税と贈与税の負担比較も必要となると考えられます。信託期

間の途中で住み替えるなどにより諸経費の負担も異なることから、終了までの税負担や費用等を確認してスキームを検討する必要があります。

(3) 遺言代用信託

① 活用例

　信託法改正により、いわゆる後継ぎ遺贈型の受益者連続信託が認められました（信91）。委託者の希望に沿った2世代以上の財産の承継人を指定することができ、遺言では実現できない財産承継の実現のために利用される信託の一つとして、遺言代用信託があります。

　〔信託の目的〕

　私が所有している賃貸不動産については、私の死亡後は妻が、妻の死亡後は長男が相続をしてほしいと考えていますが単純な遺言ではそのような記載をしても法的な効力はないことから、信託を活用したいと考えています。

　〔信託の活用〕

　遺言代用信託を活用し、委託者の希望する財産の移転を実現することができます。

　〔信託の内容〕

信託の種類	受益者等課税信託（自益信託⇒他益信託）
信託の目的	受益者の連続的な指定による財産の承継
信託期間	妻の死亡まで
信託財産	賃貸不動産
委託者	本人
受託者	長男
受益者	当初受益者：本人 本人死亡後：妻
残余財産の帰属	長男

② 信託の効力発生時の課税関係

当事者	税目	税務のポイント	手続等
委託者（兼受益者）＝本人	－	課税関係なし（委託者兼受益者）	
	登録免許税	信託の登記に係る登録免許税の課税（本則0.4%。土地については軽減措置あり）	
受託者＝長男	－	課税関係なし	◆信託に関する受益者別（委託者別）の調書及び合計表は提出不要（相規30③五イ(4)）
	不動産取得税	不動産取得税は非課税（地法73の7③）	

委託者（兼受益者）：本人

　委託者兼受益者の信託効力発生時の課税関係は、(1)生前信託②信託の効力発生時の課税関係と同様です。

受託者：長男

　受託者の信託効力発生時の課税関係は、(1)生前信託②信託の効力発生時の課税関係と同様です。

③ 信託の期間中の課税関係 (1) 当初受益者の生存中

当事者	税目	税務のポイント	手続等
受託者＝長男	－	課税関係なし	◆信託帳簿（貸借対照表、損益計算書）の作成と受益者への報告（信37）

			◆信託の計算書を所轄税務署長に提出（所法 227）
	固定資産税等	固定資産税等は信託財産の所有名義人である受託者に対して課税（信託口口座を振替納付口座とするなどして信託財産から納付し、費用として精算する）（地法 343）	
当初受益者（兼委託者）＝本人	所得税	信託財産から生じる所得を受益者（本人）の所得として計算。	◆所得税の確定申告書の提出（所法 120）

当初受益者：本人

　当初受益者の信託期間中の課税関係は、(1)生前信託③信託の期間中の課税関係と同様です。

受託者：長男

　受託者の信託期間中の課税関係は、(1)生前信託③信託の期間中の課税関係と同様です。

④　信託の期間中の課税関係（2）当初受益者死亡後

当事者	税目	税務のポイント	手続等
受託者＝長男	－	課税関係なし	◆信託帳簿（貸借対照表、損益計算書）の作成と受益者の相続人への報告（信 37） ◆信託の計算書を翌年 1 月 31 日までに所轄税務

			署長に提出（所法227） ◆信託に関する受益者別（委託者別）の調書及び合計表を所轄税務署長に提出（事由が生じた翌月末日まで）（相法59②二）
	固定資産税等	固定資産税等は信託財産の所有名義人である受託者に対して課税（信託口口座を振替納付口座とするなどして信託財産から納付し、費用として精算する）（地法343）	
前受益者 ＝本人	所得税	死亡時までの信託財産から生じる所得を受益者（本人）の所得として計算（所法13①）	◆所得税の準確定申告書の提出（付表の添付）（所法125） ◆廃業届（所法229）等
次の受益者 ＝妻	相続税	当初受益者（本人）の死亡により、次の受益者（妻）が信託財産を遺贈により取得したものとみなします（相法9の2②）	◆相続税の申告書の提出（相法27）
	所得税	相続開始後の信託財産から生じる所得を次の受益者（妻）の所得として計算（所法13①）	◆開業届（所法229）、青色申告承認申請書等の提出（所法44）など ◆所得税の確定申告書の提出（所法120）

前受益者：本人

　相続開始の日までの所得について、所得税の納税義務があるため、

相続人は相続開始から4カ月以内に準確定申告書を所轄税務署長に提出します（所法125）。準確定申告書には、信託ごとの不動産所得の明細（措規18の24①）のほかに、死亡した者に係る所得税及び復興特別所得税の確定申告書付表を添付します（所令263、所規49）。

次の受益者：妻

　信託財産は、当初受益者（本人）の死亡後、次の受益者（妻）に遺贈により移転したものとみなします（相法9の2②）。したがって、当初受益者の死亡により受益権が移転する場合には、次の受益者となる妻には、相続税の課税関係が生じます。

　また、信託財産から生じる所得は、受益者に帰属するものとみなすため、次の受益者である妻が相続開始の日以後の所得について確定申告をすることになります（所法13①）。

　なお、所得区分については、受託者から報告される信託帳簿を精査して判断します。信託財産である不動産から生じる所得は不動産所得となりますが、預金利息があれば利子所得となります。

受託者：長男

　受託者は、信託法及び信託行為の規定に基づき、毎年1回、一定の時期に信託財産に係る帳簿（貸借対照表、損益計算書その他の書類）または電磁的記録を作成し、これを受益者に報告しなければなりません（信37ⅠⅡ）。また、受託者は、信託の計算書（受益者別）を翌年1月31日までに税務署に提出しなければなりません（所法227）。

　前受益者の死亡があった場合には、その受益者の準確定申告（相続開始の日から4カ月以内に申告）の基礎資料とするための帳簿等を、前受益者の相続人に提供する必要があるものと思料します。

　なお、委託者の相続開始により受益者の変更があった場合、受託者は信託に関する受益者別（委託者別）の調書及び合計表を信託効力発生日の属する月の翌月末日までに、営業所等の所在する所轄税務署長に提出しなければなりません（相法59②）。

⑤ 信託の終了時の課税関係

当事者	税目	税務のポイント	手続等
受託者 ＝長男	―	課税関係なし	◆信託帳簿（貸借対照表、損益計算書）の作成と受益者の相続人への報告（信37） ◆信託の計算書を翌年1月31日までに所轄税務署長に提出（所法227） ◆信託に関する受益者別（委託者別）の調書及び合計表を所轄税務署長に提出（事由が生じた翌月末日まで）（相法59②三）。
受益者 ＝妻	所得税	死亡時までの信託財産から生じる所得を受益者（妻）の所得として計算（所法13①）	◆所得税の準確定申告書の提出（付表の添付）（所法125） ◆廃業届（所法229）等の提出
帰属権利者 ＝長男	相続税	信託財産の帰属する者となり、被相続人から遺贈により財産を取得したものとみなして相続税の課税（相法9の2④）	◆相続税の申告書の提出（相法27）
	所得税	信託財産の帰属者となるため、受益者（妻）の相続開始後、信託財産であった財産から生じる所得について、所得税の課税（所法13①）	◆開業届（所法229）、青色申告承認申請書等の提出（所法44）など ◆所得税の確定申告書の提出（所法120）

受益者：妻（被相続人）

相続開始の日までの所得について、所得税の納税義務があるため、相続人は相続開始から4カ月以内に準確定申告書を所轄税務署長に提出します（所法125）。準確定申告書には、死亡した者に係る所得税及び復興特別所得税の確定申告書付表を添付します（所令263、所規49）。

受託者：長男

受益者（妻）の相続開始により信託は終了するため、信託に関する受益者別（委託者別）の調書及び合計表を所轄税務署長に提出します（相法59②）。

また、受益者（妻）の相続人に対し、信託帳簿により死亡時までの報告をするとともに、信託の計算書を翌年1月末までに所轄税務署長に提出しなければなりません（所法227、所規96）。受託者として、併せて清算手続に係る損益計算書等の書類を作成します。

受益者の死亡があった場合には、その受益者の準確定申告（相続開始の日から4カ月以内に申告）の基礎資料とするための帳簿等を、受益者の相続人に提供する必要があるものと思料します。

帰属権利者：長男

帰属権利者に指定されている長男は、信託の終了時において、被相続人である受益者（妻）から残余財産を遺贈により取得したものとみなされ、相続税の課税関係が生じます（相法9の2④）。

(4) 遺言信託

遺言により開始する信託を遺言信託といいます。特に、生前信託を必要としないとしても、自身の相続後の財産の管理・処分についてはその意思を確実に反映させたい場合の利用などが想定されますが、受託者はこれを引き受ける義務はないため、受託者と予定している者に対しては生前にある程度、自身の意思を伝えておくことが肝要です。

〔信託の目的〕

　私はいくつかの不動産を所有しています。妻の相続（二次相続）までの納税を考えた場合に子供たち３人の納税資金に不安があります。

　そこで駐車場である土地Ａについては、私が死亡した時には妻に相続してもらい、引き続き駐車場として使用するとともに、妻が死亡した時には、子供たちに３分の１ずつ相続（共有）させ、これを長男が取りまとめて売却して納税資金に充当するような計画を立てていますが、信託によりこれを確実に実行したいと考えています。

〔信託の活用〕

　遺言信託により、相続開始時に駐車場の土地Ａを受益権化しこれを妻に相続させ、二次相続の際に、子供３人がこれを等分に相続したうえで、直ちに売却して信託を終了させます。

〔信託の内容〕

信託の種類	受益者等課税信託（遺言信託かつ受益者連続型信託）
信託の目的	土地Ａについて、私の相続では妻に相続させ、妻の相続の際に子供たちがそれぞれ３分の１ずつ相続したうえでこれを処分し、納税資金に充当することとする。
信託期間	妻の死亡後、土地Ａの処分が終わるまで
信託財産	土地Ａ（駐車場）
委託者	私
受託者	長男
受益者	委託者相続時：妻 妻相続時　　：子供３名（各３分の１ずつ）
残余財産の帰属	子供３名

② 信託の効力発生時の課税関係

当事者	税目	税務のポイント	手続等
委託者 ＝本人	所得税	死亡時までの信託財産から生じる所得を受益者（本人）の所得として計算（所法13①）	◆所得税の準確定申告書の提出（付表の添付）（所法125）
	登録免許税	信託の登記に係る登録免許税の課税(本則0.4%。土地については軽減措置あり)	
受託者 ＝長男	－	課税関係なし	◆信託に関する受益者別（委託者別）の調書及び合計表を所轄税務署長に提出（相法59②一）
	不動産取得税	不動産取得税は非課税（地法73の7③）	
受益者 ＝妻	相続税	土地Aを遺贈により取得したものとみなして相続税課税（相法9の2④）	◆相続税の申告書の提出（相法27）
	所得税	本人の相続開始後、信託財産であった財産から生じる所得について、所得税課税（所法13）	◆開業届（所法229）、青色申告承認申請書等の提出（所法44）など ◆所得税の確定申告書の提出（所法120）

受託者：長男

　課税関係は生じません。なお、受託者として信託に関する受益者別（委託者別）の調書及び合計表は、委託者と受益者等が異なるため提出する必要があります。

受益者：妻

　土地Aを遺贈により取得したものとみなして相続税の課税関係が生じます（相法9の2①）。信託財産の評価額は受益者連続型信託に該当するので、信託財産の全部の価額により評価します（相基通9の3-1）。

　なお、信託財産である土地Aは駐車場として活用しているため、小規模宅地等の特例を選択できる状況にあれば、限度面積の範囲内でその評価額の50％の減額ができるものと解されます（信託財産に係る小規模宅地等の特例については後述参照）。

③　信託期間中の課税関係（1）妻の生存中

当事者	税目	税務のポイント	手続等
受益者 ＝妻	所得税	土地Aから生じる所得について不動産所得として所得を計算（所法13①）	◆所得税の確定申告書の提出（所法120）
受託者 ＝長男	固定資産税等	固定資産税等は信託財産の所有名義人である受託者に対して課税（信託口口座を振替納付口座とするなどして信託財産から納付し、費用として精算する）（地法343）	◆信託帳簿（貸借対照表、損益計算書）の作成と受益者への報告（信37） ◆信託の計算書を翌年1月31日までに所轄税務署長に提出（所法227）

受益者：妻

　信託財産から生じる所得は、受益者に帰属するものとみなされるため、受益者に対し所得税が課税されます（所法13①）。所得区分については、受託者から報告される信託帳簿を精査して判断します。信託財産である不動産から生じる所得は不動産所得となりますが、預金利息があれば利子所得となります。

　受益者は、信託から生じる不動産所得を有する場合には、信託ごと

に、総収入金額（賃貸料その他の収入別）や必要経費（減価償却費、貸倒金、借入金利子及びその他の経費の別）の金額その他参考となるべき事項を記載した明細書を、所得税の確定申告書に添付する必要があります（措令26の6の2⑥、措規18の24①）。受託者は受益者の申告のために、貸借対照表、損益計算書を作成し受益者に交付します。

受託者：長男

受託者は、信託法及び信託行為の規定に基づき、毎年1回、一定の時期に信託財産に係る帳簿（貸借対照表、損益計算書その他の書類）または電磁的記録を作成し、これを受益者に報告しなければなりません（信37ⅠⅡ）。また、受託者は、信託の計算書（受益者別）を翌年1月31日までに税務署に提出しなければなりません（所法227）。

委託者（本人）の死亡があった場合には、その受益者の準確定申告（相続開始の日から4カ月以内に申告）の基礎資料とするための帳簿等を、前受益者の相続人に提供する必要があるものと思料します。

なお、委託者の相続開始により受益者の変更があった場合は、信託に関する受益者別（委託者別）の調書及び合計表を信託効力発生日の属する月の翌月末日までに、営業所等の所在する所轄税務署長に提出しなければなりません（相法59）。

④　信託期間中の課税関係（2）妻の相続以後

当事者	税目	税務のポイント	手続等
前受益者 ＝妻	所得税	相続開始時までの土地Aから生じる所得について不動産所得として所得を計算	◆所得税の準確定申告書の提出（付表の添付）（所法125）
次の受益者 ＝子供3人	相続税	土地Aをそれぞれ3分の1ずつ遺贈により取得したものとみなして相続税課税	◆相続税の申告書の提出（相法27）

		土地Aから生じた不動産所得及びその売却により生じた譲渡所得について所得税を計算	◆開業届（所法229）等 ◆所得税の確定申告書の提出（所法120）
受託者 ＝長男	ー		◆信託帳簿（貸借対照表、損益計算書）の作成と受益者への報告（妻の相続時及び子供3人の確定申告時） ◆信託の計算書を翌年1月31日までに所轄税務署長に提出（所法227） ◆信託に関する受益者別（委託者別）の調書及び合計表を所轄税務署長に提出（事由が生じた翌月末日まで）（相法59②三）

受益者：妻

　信託財産から生じる所得は、受益者に帰属するものとみなされるため、前受益者である妻に対し、死亡時までの所得について所得税が課税されます（所法13①）。

次の受益者：子供3人

　信託財産は、前受益者（妻）から次の受益者（子供3人）に各3分の1ずつが遺贈により移転したものとみなします（相法9の2②）。したがって、次の受益者となる子供3人に対し相続税の課税関係が生じます。

　また、その後直ちに信託財産である土地Aが売却されることとなりますので、譲渡所得が生じます。譲渡所得については、権利の内容

に応じて（各3分の1ずつ）それぞれの受益者に帰属します。

　譲渡所得を計算する際の土地Aの取得費は、委託者の取得時期と取得費を引き継いでいるものとして（取得費が不明な場合は、概算取得費（譲渡収入×5％）により）計算します。

　なお、相続開始の日の翌日から相続税の申告期限の翌日以後3年以内の譲渡であれば、相続税の取得費加算の特例（措法39）の適用が可能です。

※売買にあたって信託解除が必要な場合

　信託財産である土地Aの売却にともなう所有権の移転にあたって、信託解除が必要となった場合には、土地Aの所有権を受託者から相続人3名にするための費用として、登録免許税（2.0％＋信託登記抹消1,000円）及び不動産取得税（4％（軽減措置あり））の負担が生じます。

受託者：長男

　前受益者（妻）の相続開始（死亡）により、相続開始の日の属する月の翌月末日までに信託に関する受益者別（委託者別）の調書及び合計表を所轄税務署長に提出します（相法59②）。

　また、受益者（妻）の相続人に対し、信託帳簿により死亡時までの貸借対照表・損益計算書等の報告をするとともに、準確定申告の基礎資料を提供する必要があるものと思料します。なお、信託の計算書を翌年1月末までに所轄税務署長に提出しなければなりません（所法227、所規96）。

　さらに、受益者（妻）の死亡後、子供3人の信託帳簿を作成し、駐車場の収益及び費用ならびに土地Aの譲渡による収益及び費用について信託帳簿を記帳します。また、信託帳簿に基づく信託の計算書を翌年1月末日までに所轄税務署長に提出します。

⑤ 信託の終了時

当事者	税目	税務のポイント	手続等
帰属権利者 ＝子供3 人	－	課税関係なし	
受託者 ＝長男	－		◆信託に関する受益者別 （委託者別）の調書及び 合計表を所轄税務署長に 提出（事由が生じた翌月 末日まで）

帰属権利者：子供3人

　課税関係は生じません。

受託者：長男

　信託に関する受益者別（委託者別）の調書及び合計表を営業所等の所在する所轄税務署長に、終了日（信託行為に売買契約の締結日か決済日かその他明確にしておく必要があります）の属する月の翌月末日までに提出します。

8 民事信託課税上の論点・留意点

(1) 民事信託に係る所得税の特例、相続税の特例の適用

① 所得税法について

　所得税法に規定されている特例だけでなく租税特別措置法に規定されている特例も、特段のスキームでない限り、信託スキームにも適用できると解されます。

　各種の特例について、受益者等課税信託の信託受益権についても適用される旨の法令解釈通達が発出されています（措通 31・32 共 -1 の 3、37 の 10-9 の 2、所基通 33-1 の 7、67 の 3-1 など）。

② 相続税法について

　相続税法の特例の一つとして、「贈与税の配偶者控除」（相法 21 の 6）の規定があります。信託財産が居住用不動産の場合については、相続税法基本通達 21 の 6-9 において、本特例が適用される旨の法令解釈があります。しかし、租税特別措置法の「小規模宅地等についての課税価格の計算の特例」については、同施行令 40 条の 2 第 20 項において、「相続税法 9 条の 2 第 6 項の規定を準用する」旨の定めがあり、法律ではなく政令により適用されることを明確にしています（小規模宅地等の特例については、法令解釈も示されています（措通 69 の 4-2））。

(2) 贈与税の配偶者控除、小規模宅地等の特例と収益受益権の関係

　租税法上、信託財産に属する資産及び負債ならびに収益及び費用は、受益者等に帰属するものとみなします（所法 13 ①、相法 9 の 2 ⑥ほか）。すなわち、信託受益権を取得または承継した者が、信託財産である資産及び負債を取得または承継したものとして考えます。

贈与税の配偶者控除や小規模宅地等の特例（以下、「相続税法の特例」）は、財産の取得者に対する適用が前提となりますが、この場合、受益権が複層化された信託について、収益受益権及び元本受益権に対する相続税法または租税特別措置法の特例の適用関係、具体的には、収益受益権の取得者に対してこれらの特例の適用が可能なのか否かが問題となります（居住権が付与されていない元本受益者は、すなわち居住の用に供する権利を取得していないことからこれらの特例を適用できないのではないかと解されます）。また、受益者連続型信託の場合には、その権利の価額についての特例（相法9の3）があり、これらの疑問点がさらに複雑化します。

① **贈与税の配偶者控除について**

　相続税法基本通達21の6-9では、贈与税の配偶者控除は、信託財産に属する資産が居住用不動産である場合に適用がある旨を示しており、またその情報では、「信託財産に居住用不動産が含まれる信託に関する権利」との記述があり、信託財産に係る収益受益権のような制約のある受益権も適用の対象となるようにも解せます。しかし、居住用不動産の複層化自体が単に想定されていないとも解されます。

　受益者連続型信託の場合は、相続税法9条の3の定めにより、収益受益者が有する受益権の価額は信託財産に係る権利の制約がないものとするため、居住用不動産そのものを取得していると解せば、同特例の適用があるとの解釈もあるものと考えられます。制度の趣旨を鑑みても、収益受益権に係る評価は制約された分だけ低下するだけで居住用として活用できることから、その価額の範囲では本特例が適用される余地もあるのではないかとも考えられます（居住用不動産に係る処分による権利まで受贈・取得していないものは制度の趣旨を潜脱するものとは思えません）。

　他方で、租税法上、信託財産に属する資産及び負債ならびに収益及び費用は、受益者に帰属するものとされており（相法9の2⑥）、信託受益権を取得または承継した者が信託財産である資産及び負債を取得または承継したものとして考えます。

この視座から信託財産に属する資産が居住用不動産である場合に贈与税の配偶者控除の適用がある旨を示している相続税法基本通達21の6-9を検討すると、同通達は収益受益権は対象にしていないとも解されます。ただし、この場合には、所得税法13条1項との規定との整合性（収益受益者に収益及び費用が帰属し、元本受益者に資産及び負債が帰属するのか否か）という論点も惹起するのではないかと思料します。

　居住用不動産に係る収益受益権の合理的な評価額算定という問題も含め、複層化された信託に関する特例の適用関係ついては不明確といわざるを得ないため、慎重に信託スキームを検討する必要があります。

　なお、信託受益権を構成する居住用不動産の範囲について、国税庁ホームページに掲載されている質疑応答事例（「贈与を受けた土地の上に他人が建物を建築し、その建物に当該土地の受贈者が居住した場合の贈与税の配偶者控除」）も参考になると思われます。

② **小規模宅地等の特例について**

　小規模宅地等の特例（措法69の4）については、法令解釈通達（措通69の4-2）においても、「特例対象宅地等に信託財産に属する宅地等が、相続開始の直前において、被相続人等の事業の用又は居住の用に供されていた宅地等であるものが含まれることに留意する」と記述されているのみとなっています。

　受益者連続型信託の場合は相続税法9条の3の適用があることから、小規模宅地等の特例が適用される不動産そのものを取得したとみなされるとの解釈も可能であり、同特例の適用の余地があると解されますが、上述の贈与税の配偶者控除と同様に不明確な部分が残ります。

　また、小規模宅地等の特例では、たとえば、貸付事業用宅地等であれば、事業継続要件と保有継続要件を満たさなければいけないことになりますが、この場合、事業継続要件は収益受益者が、保有継続要件は元本受益者がそれぞれ満たす必要があるのかという疑問も生じます。

　一方で、受益者連続型信託以外の信託に係る収益受益権について検

討すると、取得者の生活等の維持に必要な範囲で特例を適用させるという制度の趣旨から、完璧な所有権でなければ認められないとの趣旨ではなく、またいたずらに適用範囲を拡大しているわけではないとするならば、収益受益権としての価額の範囲内で同特例を適用する合理性はあると考えますが、やはり、明確になっていないので慎重に信託スキームを検討する必要があります。

(3) 民事信託に係る信託報酬の必要経費性

民事信託においても受託者に対して信託報酬を支払うことは可能です。税務上問題となるのは、支払報酬の必要経費の算入の可否あるいは報酬を受ける受託者側（個人）の所得区分をどのように考えるべきかという点にあると思われます。

① 民事信託に係る信託報酬の必要経費該当性について

まず、成年後見人制度における成年後見報酬について、たとえば、賃貸不動産（事業的規模か否かに留意が必要です）により不動産所得を得ていた者が被後見人になり、後見人に成年後見報酬が付与された場合、その後見報酬は原則として家事関連費（所法45、所令96）となり、事業に係る費用として合理的に区分できないと所得計算上の必要経費に算入することはできず、また、合理的に区分できたとしても、後見人が同一生計親族であれば、結果として必要経費に算入することはできないと考えられます（所法56）。

これは、成年後見報酬付与審判額、すなわち、成年後見報酬は、主に財産管理に対するものではあるものの、身上監護その他の報酬もその算定上考慮されていると考えられるためです。ただし、成年後見報酬付与に際して賃貸不動産の管理に係る部分を明示して審判してもらうことができるのであれば、必要経費に該当する余地もあるものと考えられます。

民事信託でも、成年後見人と同様の財産管理効果を生じさせる信託設定が可能です。成年後見人報酬の考え方に準じるのであれば、同一

生計親族への信託報酬は、必要経費とすることはできないと考えるのが妥当です（所法56）。

　また、別生計の親族に支払う信託報酬については、必要経費に該当する余地もあると考えます。この場合には、信託設定の背景等（たとえば、親の認知症や病気療養上の監護）や受託者の実際の事務処理の内容等を総合的に勘案した合理的な算定根拠に基づき明確にその報酬が区分され、課税当局に対しても十分な説明ができるものでなければなりません。これは、受託者が法人であった場合でも同様です。

　なお、国税庁ホームページには参考になる質疑応答事例（「業務用信託財産を取得するための借入金の利子等」）が掲載されています。

② **受託者における信託報酬（収入）の所得区分**

　受託者である個人が受け取る信託報酬の所得区分は、雑所得（司法書士など、業務として行う場合には事業所得）に該当するものと考えられます。この場合、家内労働者等の事業所得等の所得計算の特例（措法27、措令18の2）の適用の余地も検討する必要があります。

　なお、同一生計親族である受益者から受け取る信託報酬は、所得計算上、総収入金額に算入しないことになります（所法56）。

(4) 民事信託の信託財産の所在

　信託を設定した場合、租税法上の財産の所在をどのように判定すべきかという課題が生じます。すなわち、信託財産は原則として受益者に帰属するものとみなす租税法上の擬制（所法13①、法法12①、相法9の2⑥）と相続税法に規定する財産の所在判定、あるいは、国外財産調書に記載すべき財産の所在判定（国外送金調書法規則12③四）による差異の問題となりますが、これらの規定を整理すると、その判定方法は次のようになるものと考えられます。

（信託財産の所在の考え方と判定方法の相違）

考え方	根拠法	判定方法
実物（信託財産そのもの）の所在によって判定	相法9の2⑥ 相法10①	相続税法10条1項各号の定めによる。 （不動産であれば、不動産の所在）
信託に関する権利（受益権）の所在によって判定	相法10③	受益者であった被相続人または贈与者の所在
	国外送金調書法規則12③四	信託の引受けをした営業所、事業所その他これらに準ずるものの所在

　相続税法9条の2第6項の規定は、信託財産の帰属先を租税法上で受益者等と擬制する規定であり、その所在までを擬制するものではないことから、その信託の受益権を構成する実物財産の所在により判定すべきと考える場合、相続税法10条1項各号の規定により判断することになります。

　これに対し、民事信託の信託受益権は「信託に関する権利」としてその所在を判定すべきと考える場合には、相続税法10条3項の規定により、受益権を有する者の所在地等で判定することになります。

　他方、国外財産調書の記載では、「信託に関する権利」の所在は、引受けを受けた者の営業所等の所在地により判定するものとされています。

　たとえば、信託財産が不動産である場合に、受益者または受託者の居住者・非居住者の区分別に、それぞれの判定方法で財産の所在を判定するとしたならば、次のようなパターンになるものと考えられます。

（信託財産が不動産である場合の租税法上の財産の所在の判定パターン）

信託財産（不動産）	受益者	受託者	判 定		
			相法10① 一	相法10③	国外送金調書法
国内財産	居住者	居住者	国内	国内	国内
国内財産	非居住者	居住者	国内	国外	国内
国内財産	居住者	非居住者	国内	国内	国外
国内財産	非居住者	非居住者	国内	国外	国外
国外財産	居住者	居住者	国外	国内	国内
国外財産	非居住者	居住者	国外	国外	国内
国外財産	居住者	非居住者	国外	国内	国外
国外財産	非居住者	非居住者	国外	国外	国外

　信託財産が国外の生命保険契約と国外債で構成された信託受益権の所在が争点に挙げられた名古屋高裁平成25年4月3日判決（税資263-68（順号12192））では、課税当局は、財産の所在を受益者の所在（国内）で判定すべき（根拠法は相法10③）と主張しました。これに対し、納税者側は実物財産の所在（国外）で判定すべき（根拠法は相法9の2⑥、相法10①5）と主張しました。

　同判決及びその下級審（名古屋地裁平成23年3月24日判決（税資261-64（順号11654）））では、この争点に関する判断は示されていませんが、受益権を承継する者が制限納税義務者となる場合には非常に重要な論点となります。

　信託の組成にあたっては、租税法上の財産の所在に関する判定に不明確な点があることも十分に考慮しなければなりません。

(5) 共有不動産の合同信託

　たとえば、A・B・Cの3名が共有する不動産の管理方法を一元化

するために、Bを受託者として信託設定した場合に、登記簿上は次のような登記がされます。

A・Cの持分相当	Bを受託者としてA・B・Cが各持分に応じた受益者となります。
Bの持分相当	Bの持分相当については自己信託となり、A・B・Cが各持分に応じた受益者となります。

　共有不動産の共有者を受託者として共同委託する場合、登記は各持分はさらに他の共有の持分に細分化され、あたかも譲渡があったように記載されるため、各個人に対して譲渡所得税の課税の影響を検討する必要があります。

　財務省ホームページに公表されている平成19年度の税制改正の解説（294頁）では、単独自益信託により金銭以外の資産を信託した場合には、譲渡損益等は計上されないことが明確にされています。これは、委託者が受益者等となる信託の場合は、租税法上はその実質に着目し、信託財産に属する資産及び負債が委託者から移転していないものとみなすためです。

　また、受益者等が複数ある場合には、その信託財産に属する資産及び負債の帰属はそれぞれの受益者等が有する権利の内容に応じて帰属するものとされています（ただし、必ずしも質的に均等に帰属するということではなく、信託行為の実態に応じて帰属を判定することになります）。

　したがって、共有不動産をその共有者が合同信託し、信託前の持分割合に応じて質的に均等な受益権を取得する場合には、信託前後の状況に変動がないとみなせることから、登記上の表示にかかわらず譲渡所得の課税はないものと考えます。ただし、そのような信託の内容が信託契約に明確に規定されるなどし、登記簿の記載内容について課税当局への説明が必要な場合に備えておく必要があります。

　なお、同解説では、「受益者等が複数ある場合には、原則として他の受益者等が有することとなる部分について、譲渡損益が計上される

ものと考えられます。」との記述がありますが、これはそれぞれ単独所有の財産を合同信託により受益権化した場合を想定しているものと考えられます。

　一方で、同解説では、「ある受益者は信託財産に属する土地の底地権を有し、他の受益者は当該土地の借地権を有するものとみなされる場合もある」とありますが、土地の底地権と借地権の合同信託など、質的に均等でない資産を受益権化した場合の権利関係や課税関係をどのように整理するかは具体的ではありません。共有財産の受益権化には、譲渡所得の課税関係などについても慎重な検討が必要です。

(6) 信託財産の各移転時における負担付贈与の課税関係

① 受贈者の課税価格計算

　受贈者に一定の債務を負担させることを条件にした財産の贈与を負担付贈与といい、個人から負担付贈与を受けた場合は贈与財産の価額から負担額を控除した価額に課税されることになります（相基通 9-11）。

　この場合、贈与された財産の種類により、課税価格の計算は次のとおりになります（相基通 21 の 2-4）。

（負担付贈与または負担付遺贈による課税価格の計算）

贈与財産の種類	課税価格の計算
土地等または家屋等	その財産の通常の取引価額に相当する金額－負担額（いわゆる負担付贈与通達（平成元年 3 月 29 日付直評 5・直資 2-204））
上記以外の財産である場合	その財産の相続税評価額－負担額

② 贈与者の譲渡所得計算

　贈与者に対しては、債務の額を譲渡収入とする有償譲渡の課税関係（譲渡所得税）が生じます。この時、所得税法 59 条 2 項の適用がある場合には、譲渡損の金額はなかったものとみなされます。

③　信託受益権への適用

　受益者等課税信託の受益権の譲渡または取得があった場合には、信託財産の目的となっている資産及び負債が譲渡または取得されたものとして扱われます（所基通13-6）。したがって、信託受益権の各移転（設定・受益者変更・終了）時にもこの負担付贈与に係る課税関係が生じるものと考えます（もっとも、負担付遺贈は負担付贈与とは受益者が異なることから同様の取扱いにはならないとの考え方もできます）。信託財産が賃貸不動産等で、敷金等の債務がある場合には注意が必要です。この場合には債務額相当の金銭の信託も同時に行うなどの回避策の検討も必要になると考えられます。

(7)　複層化された信託の課税関係について

　わが国の信託法では、残余財産受益者または帰属権利者（「残余財産等受益者等」）についての定めはありますが（信182）、「収益受益権」「元本受益権」について特に定義規定を設けていません。元本受益者は、残余財産受益者に近い概念として理解されるのが一般的ですが、明確な定義規定はありません。

　租税法上は、相続税法基本通達9-13において、「収益受益権」を「信託財産の管理及び運用によって生ずる利益を受ける権利」、「元本受益権」を「信託財産を自体を受ける権利」とするものの、信託法と同様、法令上の定義は設けられていません。

（収益受益者・元本受益者に関する定義規定の整理）

	受益者	元本受益者	収益受益者	残余財産受益者等
信託法	信2 VI VII	－ （規定なし）	－ （規定なし）	信182 I II
相続税法	相法9の2① 相基通9の2-1	相基通9-13 財評通202(三)イ	相基通9-13 財評通202(三)ロ	相法9の2① 相基通9の2-1

元本受益権と収益受益権の定義規定を整理すると上記のようになりますが、受益権が複層化された信託の所得税、相続税等の租税法上の扱いは、通達の解説等で触れられることはあるものの、必ずしも明確に整理されていないといえます。たとえば、収益不動産を信託財産とした場合において、収益受益権と元本受益権が分離された場合の減価償却費や固定資産税等の帰属の問題についての指摘があります（佐藤英明「他益信託と課税－平成 19 年改正後の信託課税」税務事例研究 109 号（2009 年）33 頁）。

　平成 28 年度の金融庁の税制改正要望には、複層化された信託の課税関係、すなわち、優先劣後構造や元本収益構造のように受益権が質的に分割された信託の権利の内容に応じた課税関係の明確化が盛り込まれていましたが、改正には至っていません。

　また、財産評価基本通達 202 に基づく収益受益権の評価方法は、その基礎となる将来収益の合理的な評価（同通達では「推算」と表現）と現実との乖離が生じる可能性があり、その乖離の程度によっては争いが生じるリスクもあるといえます。

　実務では、残余財産受益者ではなく元本受益者を定める場合には、受託者にはその元本を維持する義務も課せられるものと解されます。信託法にも定めがなく、税法や通達またはその情報にも詳細な記述がないことから、特に複層化された信託の課税関係は不明確な点が多いのが実情で、信託法あるいは税制の改正や実務事例の蓄積が望まれるところです。信託行為のトラブルとならないよう、実務上の提案については慎重にする必要があります。

　なお、一部地域では実際に受益権が複層化された信託を活用したスキーム（相基通 9-13 方式）の事案もあると聞きます。そして、具体的な根拠は不明ですが、収益受益者が所得申告をしているとの情報もあるようです。信託税制の解釈として、収益受益者が所得申告することの是非については議論のあるところかと思われますが、受益権が複層化された信託の活用には大きな関心が寄せられているのは事実です。このような信託を実際に活用するにあたっては、税務当局に課税

関係の確認を行うなど慎重な対応が必要です。

(8) 信託損失（受益者等が法人の場合の規制）

① 組合等損失超過額の取扱い

　法人が受益者等である場合において、信託に係る損失が生じた場合には、次に掲げる金額は各事業年度の所得の計算上、損金の額に算入されません（組合等損失超過額）（措法 67 の 12 ①）。

（組合等損失超過額の計算）

区　分	組合等損失超過額の計算
信託につきその債務を弁済する責任の限度が実質的に信託財産の価額とされている場合その他一定の場合	信託された財産の調整出資金額（※）を超える損失の金額
実質的に信託から生じる損益が欠損にならないと見込まれる場合	信託から生じる損失の全額

※調整出資金額とは、信託財産の帳簿価額を基礎として一定の金額を加減算した金額をいいます（措令 39 の 31 ⑤）。

② 組合等損失超過額の損金算入

　法人が、各事業年度において組合等損失超過額を有している場合に、その組合等損失超過額のうちその事業年度の信託による利益の額として一定の金額に達するまでの金額は、その事業年度の所得の計算上、損金の額に算入します（措法 67 の 12 ②）。

③ 明細書の添付

　上記②の規定の適用を受ける法人は、適用を受ける事業年度の確定申告書に、損金算入される組合損失等超過額の計算に関する明細書を添付する必要があります（措令 39 の 31 ⑯）。

④ 信託協会の要望

　法人が受益者等の場合の信託損失の規制は、受益者等が個人の場合と異なり損金算入や翌事業年度への繰越しが可能です。単なる財産管

理目的の信託についても適用があることから、信託協会は毎年税制改正要望を出しています。

(9) 名義預金と信託の活用の留意点

① 受益者に知らせずに受益権を贈与できるか（名義預金を回避するために信託が活用できるか）

　いくつかの民事信託の本では、信託の注目される活用方法として、相続税の調査等で指摘されることの多い名義預金の認定を回避する方法が紹介され、注目されています。

　たとえば、子供に贈与した財産の管理を引き続き親が行いつつ、税務調査での名義預金に認定リスク回避を図る方法です。

　具体的には、委託者である親や祖父母が、自らが受託者となり、受益者に子供や孫を指定するものの、教育上の理由等から受益者に知られないうちに受託者名義で分別管理された口座に送金する方法により、毎年贈与を行います。

　租税法上は、信託財産は受益者に帰属するものとされますので、この手法を活用することで贈与された財産（信託財産）は、受託者である親や祖父母の管理のもと、受益者である子供や孫の財産として認められるという考え方に基づくものです。

② 名義預金の認定基準

　東京地裁平成 20 年 10 月 17 日判決（TAINS コード：Z258-11053）では、財産の帰属の判定基準について、次のような基準を総合的に考慮するものとしています。

　（ア）その財産またはその購入原資の出捐者

　（イ）その財産の管理及び運用の状況

　（ウ）その財産から生じる利益の帰属者

　（エ）被相続人と当該財産の名義人ならびにその財産の管理及び運用をする者との関係

　（オ）その財産の名義人がその名義を有することとなった経緯等

もちろん、これらの認定要素に併せて、贈与税の申告が受贈者により行われていることも大事な要素となるといえます。

③　民事信託の活用のトラブルリスク

　相続税の税務調査の場面で多く指摘される名義預金の問題について、①で述べたような信託の手法を活用することで、上述の認定基準（特に管理・運用の状況）をクリアできるといわれています。しかしながら、以下の点のトラブルリスクがある点には十分な注意が必要であると思われます。

　まず、贈与が成立するそもそもの前提は、民法549条に基づく諾成契約にあることを考えると、このような手法で名義預金としての認定リスクがなくなるとまでは言い切れないように思われます。

　受益者は信託契約の当事者ではありませんので、受益者に対しては、受益者となった旨の通知をする（受贈するかの意思確認をする）ことが原則ですが、信託行為により、受益者となったことを知らせないことも可能です（信88Ⅱ）。したがって、受益者の知らないところで信託を活用して贈与を実行することも手法としては可能です。

　しかし一方で、受益者となった旨の通知をしないでおくことの合理的な信託目的とは何か、合理的な信託スキームはどうするのか、有効な信託行為であるのかどうかといったトラブルが起こる可能性もあります。また、信託行為でも制約することのできない受益者の権利（信92）があることも忘れてはならず、その権利保護についても十分な配慮が必要となることは言うまでもありません。さらに、受益者は、受託者に対し受益権を放棄する旨の意思表示をすることができ、その場合には、当初から受益権を有していなかったものとみなすこととされています（信99）。

　これらの点を踏まえると、税務の観点からは、少なくとも受益者の受益の意思表示は早い段階で明確にしておくべきであると思われ、その意思表示の確認がない場合には、民事信託を活用したとしても名義預金と認定される可能性も十分にあり得ると考えられます。

　すなわち、民事信託の手法を活用したとしても、信託財産の管理・

運用が受託者である親や祖父母に委ねられ、受益者である子や孫が自らの受益の状況について何も知らないのであれば、上記の認定基準からは、むしろ信託財産の実質的な所有者が受益者ではないという認定につながる可能性も十分にあるのではないかと思料され、その合理的な目的・スキームには十分な注意が必要であると思われます。

9 非課税信託と信託銀行等が提供する信託商品の概要

(1) 教育資金の一括贈与と結婚・子育て資金の一括贈与の比較

① 制度の比較

（教育資金の一括贈与と結婚・子育て資金の一括贈与の比較）

	教育資金の一括贈与 （措法 70 の 2 の 2）	結婚・子育て資金の一括贈与 （措法 70 の 2 の 3）
適用期間	平成 25 年 4 月 1 日から平成 31 年 3 月 31 日までの贈与	平成 27 年 4 月 1 日から平成 31 年 3 月 31 日までの贈与
贈与者の要件	受贈者の直系尊属	同左
受贈者の要件	教育資金管理契約を締結する日において 30 歳未満である者	結婚・子育て資金管理契約を締結する日において 20 歳以上 50 歳未満の者
受贈者の非課税限度	受贈者 1 人につき 1,500 万円（うち、学校等以外に支払う金銭は 500 万円）	受贈者 1 人につき 1,000 万円（うち、結婚に関して支払う金銭は 300 万円）
資金の範囲	① 学校等に直接支払われる入学金、授業料その他の金銭で一定のもの ② 学校等以外の者に教育に関する役務の提供として直接支払われる金銭その他の教育を受けるために直接支払われる金銭で一定のもの	① 結婚に際して支出する挙式費用、衣装代等の婚礼費用（婚姻の日の 1 年前の日以後に支払われるもの）または家賃、敷金等の新居費用・転居費用で一定期間内に支払われるもの） ② 妊娠・出産及び育児に要する一定の金銭

取扱い 金融機関	① 信託銀行 （教育資金管理契約に基づき 信託の受益権を取得） ② 銀行等 （書面による贈与により取得 した金銭を教育資金管理契 約に基づき銀行等の預金も しくは貯金として預入） ③ 証券会社 （教育資金管理契約に基づき 書面による贈与により取得 した金銭で、証券会社の営 業所等において有価証券を 購入）	① 信託銀行 （結婚・子育て資金管理契約 に基づき信託の受益権を取 得） ② 銀行等 （書面による贈与により取得 した金銭を結婚・子育て資 金管理契約に基づき銀行等 の預金もしくは貯金として 預入） ③ 証券会社 （結婚・子育て資金管理契約 に基づき書面による贈与に より取得した金銭で、証券 会社の営業所等において有 価証券を購入）
手続	① 教育資金管理契約を締結 ② 教育資金非課税申告書 （注）を金融機関を経由して 税務署に提出	① 結婚・子育て資金管理契 約を締結 ② 結婚・子育て資金非課税 申告書（注）を金融機関を 経由して税務署に提出
金融機関 等の管理	① 受贈者は、払い出した金 銭に係る領収書等を一定期 間内に金融機関等に提出す る ② 金融機関等は、領収書等 の確認及び記録を行う	同左

終了事由	①　受贈者が30歳に達した場合 ②　受贈者が死亡した場合 ③　金銭・信託財産等の残高が零となったことにより契約の終了の合意があった場合	①　受贈者が50歳に達した場合 ②　同左 ③　同左
終了時の残額の取扱い	契約終了時の残高について贈与税の課税対象となる（契約終了事由が受贈者の死亡の場合には贈与税は課税しない）。	同左
贈与者死亡時	課税関係なし	死亡した贈与者に係る資金残額は相続または遺贈により取得したものとみなされ、贈与者の死亡に係る相続税の課税対象
相続税の2割加算の適用	― （贈与者死亡時の課税関係なし）	適用なし（措法70の2の3⑩四）
生前贈与加算	― （贈与者死亡時の課税関係なし）	資金残額以外に相続税の課税対象となる取得財産がない場合には、相続税法19条（相続開始前3年以内に贈与があった場合の贈与加算）適用なし
参照情報	文部科学省ホームページ http://www.mext.go.jp/a_menu/kaikei/zeisei/1332772.htm	内閣府ホームページ http://www8.cao.go.jp/shoushi/budget/zouyozei.html

（国税庁ホームページ　タックスアンサー№4512「直系尊属から教育資金及び結婚・子育て資金の一括贈与を受けた場合の非課税制度の主な相違点」を参考に作成）

（注）平成28年1月1日以降に提出する教育資金非課税申告書または結婚・子育て資金非課税申告書には受贈者のマイナンバーの記載が必要になります。

② 扶養義務者相互間の贈与との対比

相続税法では、扶養義務者相互間において、生活費または教育費に充てるためにした贈与により取得した財産のうち、通常必要と認められるものは贈与税の課税対象とはなりません（相法21の3①二）。

扶養義務者相互間とは、民法877条の規定により、直系血族及び兄弟姉妹、家庭裁判所の審判を受けて扶養義務者となった三親等内の親族、三親等内の親族で生計を一にする者が該当すると解されます。配偶者については、民法752条に夫婦相互の扶助が義務付けられており、同じく扶養義務者相互間の範囲に含まれるものと解されます。

生活費とは、その者の通常の日常生活を営むのに必要な費用（教育費を除く）をいい、教育費とは、被扶養者の教育上、通常必要と認められる学資、教材費、文具等をいい義務養育費に限りません（相基通21の3-3、21の3-4）。また、相続税法の規定により非課税とされるのは、生活費または教育費として必要な都度直接これらの用に充てるために贈与によって取得した財産をいうものとされています（相基通21の3-5）。

また、子（新郎新婦）の結婚式等の費用をその親（両家）が負担する場合でも、その結婚式の内容や地域の慣習などの事情を考慮して、負担すべき者が負担しているのであれば、そもそも贈与税の課税対象とはならないという解釈も示されています（国税庁平成25年12月「扶養義務者（父母や祖父母）から「生活費」または「教育費」の贈与を受けた場合の贈与税に関するQ＆A」Q2-2参照）。

したがって、前述の制度を活用しなくても、通常の贈与により、学費や結婚費用を、その都度、通常必要な範囲で父母や祖父母が負担する場合には、贈与税の課税関係は生じないものと考えられます。

③ 通常の贈与との比較検討

教育資金の一括贈与（措法70の2の2）あるいは結婚・子育て資金の一括贈与（措法70の2の3）は、たとえ贈与者が死亡した場合でも、その信託の機能により贈与した金銭等の本来の目的を果たすことができます（上記の2つの一括非課税信託において、国税庁が示す

生活費または教育費は民法の通常必要と認められるものに比して制限的と考えます）。

　しかしながら、贈与した金銭等の使途を拘束することにもなりますので、生前の生活費等の扶養義務のみを目的としている場合には、贈与税の非課税規定に基づく通常の贈与の活用も選択肢となると考えられます。信託銀行での手続や信託報酬、各制度の対比を踏まえた検討が求められます。

④　扶養義務の履行の範囲と非課税規定

（ア）　所得税法の規定

　所得税法では、「学資に充てるために給付される金品（給与その他対価の性質を有するものを除く。）及び扶養義務者相互間において扶養義務を履行するため給付される金品」を非課税と規定しています（所法9①十五）。学資とは、一般に、学術または技芸を習得するための資金として父兄その他の者から受けるもので、かつ、その目的に使用されるものをいうとされています（国税庁ホームページ・所得税質疑応答事例集「外国の研究機関等に派遣される日本人研究員に対して支給される奨学金」参照。）。

　しかしながら、父兄から受ける金品が所得の対象となるという点が具体的にどのような金品を指すのか、不明確であると思われます。

（イ）　相続税法の規定

　相続税法の規定では、扶養義務者相互間において生活費または教育費に充てるためにした贈与により取得した財産のうち通常必要と認められるものは贈与税の課税価格に算入しない（相法21の3①二）としているのは、既述のとおりです。

（ウ）　教育費について非課税規定の対象とされる者

　たとえば、教育費について、所得税法あるいは相続税法が非課税の対象としている者は、原則的には、その教育を直接受ける者であ

ると解されます。

　しかしながら、子供等の教育費は、通常、その扶養義務者（一般的には、両親等）が負担するべきものとすると、その子供が贈与により取得するのは、学校教育を受けることのできる利益となります。仮に、親が子供の大学入学金として多額の金銭を大学に支払った場合に、子供が受けた学校教育を受けることのできる利益を合理的に評価し、贈与税を課税するのは不適当であるとの指摘があります（TAINS 相談事例 000901）。この視座からは、そもそも扶養義務者による教育費負担（すなわち、その子供が取得した学校教育を受けることのできる利益）自体が、所得税や相続税の課税の対象ではないということができると考えられます。

　このように考えると、扶養義務者相互間の教育費の負担に関して、所得税法や相続税法の規定が非課税の対象としている者は、すでに独立した生計を営む子や孫を想定しているようにも考えられますが、そのような場合に、仮に、祖父母が、未成年の孫の教育費の支払いに不安のある子（孫の両親等）に対して、その教育費相当を支援する目的で金銭の贈与をした場合、贈与を受けた孫の両親等（祖父母の子）の課税をどのように考えるべきか、という疑問も生じるところです（同旨の論点を指摘するものとして、小林栢弘「教育資金の負担は誰に対する贈与か」税経通信（2015.11）2頁）。

（エ）　信託での検討
　これを踏まえて、信託により、未成年者である孫の教育費負担を目的に、次のような2種類の信託契約があった場合を考えてみます。

	委託者	受託者	受益者	目 的
①	祖父	家族または信託銀行等	孫	受益者である孫（未成年）の教育費に充てるために、信託財産から必要な都度、必要な金額の給付をすること
②	祖父	家族または信託銀行等	孫の父親	受益者を孫の父親（子の教育費を負担すべき者）とし、その教育費負担を支援するために、教育費の支払いの必要が生じた場合にのみ、信託財産から、必要な金額の給付をすること

i ①の信託の場合

　現在の租税法上の規定からは、受益者である孫は、直接教育を受ける者に該当し、必要な都度、学資に充てる目的で給付される金銭は非課税として扱われます。教育資金の一括贈与（措法 70 の 2 の 2）の制度を活用することで、信託設定段階で 1,500 万円（学校等以外の場合は 500 万円まで）の金銭を非課税で信託することも可能です。

ii ②の信託の場合

　信託の本来の目的は①の場合と同じですので、信託財産から給付された金銭が孫の教育費に直接充てられることを前提に、贈与税は非課税と考える余地もあるかもしれません。

　しかしながら、原則的には、受益者である孫の父親に対して、贈与税が課税されるものと考えます。また、必要な都度、直接、教育費の用に充てられるものが非課税となるという取扱いは、被扶養者の需要と扶養者の資力その他一切の事情を勘案して社会通念上適当と認められる範囲において認められます（相基通 21 の 3-6）。この考え方からは、信託の設定にあたって、数年分の教育費相当の金銭を一括で信託した場合でも、たとえば、残余財産の帰属権利者に父親が指定されているなど、教育費に直接充てられるといえないものがある場合には、

信託した金銭のすべてが信託設定した年の贈与として、父親に対し贈与税が課税される可能性もあるものと考えます（相基通21の3-5）。

（オ）扶養義務者相互間の贈与と相続税法・所得税法の非課税規定

　既述のとおり、扶養義務者相互間における教育資金の贈与については、相続税法（相法21の3、措法70の2の2）が課税の対象としている者は誰なのか（直接教育を受ける孫等なのか、教育費を負担すべき親なのか）という点は必ずしも明確ではないように思われます。

　同じように、所得税法の非課税規定の中には、「扶養義務者相互間において扶養義務を履行するため給付される金品」（所法9①十五）とあります。また、同法9条1項16号の「相続、遺贈又は個人からの贈与により取得するもの」に対する所得税の非課税規定も考慮すると、所得税の課税対象となる「扶養義務者相互間において扶養義務を履行するため給付される金品」以外の金品（すなわち、扶養義務の履行のため以外の目的で給付される金品で、贈与でないもの）とは具体的にどのような所得を指すのかというのも、決して明確ではありません。

(2) 信託銀行等が提供する信託商品

① 暦年贈与信託

概　　要	暦年贈与の基礎控除（110万円）を活用した親族への生前贈与を確実に実行するため、信託銀行に設けた口座から贈与契約書等で指定した金額を受贈者の口座に送金する信託商品です。
信託銀行（受託者）の主なサービス	①　年1回の所定の時期に暦年贈与に関する案内の送付 ②　贈与契約書の作成 ③　贈与の履歴等を記載した報告書の作成

税制上の注意点	① 暦年贈与による贈与税の基礎控除（110万円）を超える場合には贈与税の課税対象となります。 ② 贈与契約書等の確実な作成と適切な贈与税の申告により名義預金として認定されるリスクが低減されると考えられます※。

※各社の取扱いスキーム・内容は異なりますので、具体的な信託内容は各社の商品案内をよくご確認ください。また信託スキームを使わない商品も提供されています。
※なお、民事信託を活用すれば、受益者に通知することなくみなし贈与の取扱いとなるので名義預金にならないと記述された書籍がありますが、信託目的との整合性に注意が必要と考えます。

② 特定贈与信託

概　要	特定障害者に対する贈与税の非課税制度（相法21の4）に基づき信託銀行等が提供する信託商品です。特定障害者である受益者が取得した信託受益権の価額が6千万円（特別障害者以外の特定障害者の場合は3千万円）が非課税となります。
信託銀行(受託者)の主なサービス	特定障害者である親族などから信託された金銭等の管理・運用を行い、指定された方法により定期的に交付します。
税制上の注意点	① 特定障害者とは、精神上の障害により事理を弁識する能力を欠く状況にある者その他の精神に障害があるものとして一定の者をいいます（相法19の4②、相令4の4②、所令10①②）。 ② 特別障害者以外の特定障害者とは、精神に障害のある者で一定の者をいいます（相令4の8） ③ 主な税制上の要件 （ア）受託者となる信託会社等と特定障害者を受益者とする特定障害者扶養信託契約 （イ）特定障害者扶養信託契約は、個人が受託者と締結した金銭、有価証券その他の財産で政令で定めるものの信託に関する契約で、1人の特定障害者を信託の利益の全部についての受益者とするもののうち、

	信託が特定障害者の死亡の日に終了することとされていること等の要件を具備していること （ウ）その信託の際、「障害者非課税信託申告書」を納税地の所轄税務署長に提出すること

※残余財産の帰属権利者を委託者が指名することができます。

なお、国税庁ホームページには参考となる質疑応答事例（「特定障害者扶養信託契約の「特定障害者の居住の用に供する不動産」の範囲」等）が掲載されています。

③　遺言代用信託

概　要	相続発生後の被相続人の口座凍結に備え、葬儀代への充当や相続人の生活のため、信託契約により指定した相続人（受益者）への金銭給付を速やかに（確実に）行う信託商品です。一時金型と年金型があります。
信託銀行(受託者）の主なサービス	①　信託の目的、期間、支払方法等を一定の範囲のイージーオーダーで設計できます。 ②　信託銀行ごとに信託金額の設定範囲が設けられています。 ③　遺言信託（遺言執行業務）との組合せにより相続開始時からの金銭の運用・管理を行うサービスもあります。 ④　信託金額については遺留分の侵害に配慮した相談を行う場合もあり、また減殺請求時の各社の対応が異なります。
税制上の注意点	年金型の場合は定期金に関する権利の遺贈を受けたものとして扱うと考え、相続時の信託受益権の評価については、定期金に関する権利として評価するものと考えられます（信託契約が、信託期間中、毎年固定された一定額を贈与するとした内容の場合には、信託契約した年に定期金に関する権利の贈与を受けたものと認定されます（国税庁タックスアンサーNo.4402参照））。

※各社の取扱い内容は異なりますので、具体的な信託内容は各社の商品案内をよくご確認ください。
※いつこの商品を購入し、家族（委託者死亡後受益者）にいつ知らせ通帳を渡すかのタイミングが難しいです。

1. 民事信託が載っている小説

　英米の小説には多数の民事信託の話が載り、また話のタネにもなっています。それだけ良くも悪くも普及しているのです。

　次のようなものがありますので、興味のある方は読んでみてください。

㋐　『ケインとアベル（上）（下）』 J・アーチャー著、永井淳訳（新潮文庫、1981 年）

　　　未成年者ウイリアム・ケインのための名づけ親の共同受託者の民事信託の意思決定の機微、アベル・ロスノフスキのために秘密に投資するケインの個人信託の意思決定など、英国での民事信託の利用の様子が面白いです（まず上巻をじっくり読んでください）。

㋑　『真鍮の評決 リンカーン弁護士（上）（下）』マイクル・コナリー著、古沢嘉通訳（講談社文庫、2012 年）

　　　「依頼人から受け取った金は信託口座に入る。個々の依頼人への仕事が進むと、信託口座に請求し、金が営業口座に振り替えられる。」（93 頁）、「信託金は 1 ドル残らず、どの依頼人のため信託されているのかつまびらかにされていなければならない。どんなときでも、弁護人は、依頼人の前払い金がどれほど営業資金に移されて、使用されたのか、またどれほど信託口座に残されているのか、確認できねばならない。」（95 頁）

㋒　『ヴェニスの商人』第 4 幕第一場

　　　アントーニオー「公爵、…。他の半分は私がしばらくお預りしておいて、老人の死後、ある男に、…先ごろ老人から娘を奪った男の手に譲りたいと考えております。…。それから、今、この法廷で、財産譲渡の証書を書くこと、すなわち、死後の財産はすべて婿のロレンゾーと娘の所有に帰すべしと一札いれることであります。」

㋓　『遺言執行』シェルビー・ヤストロウ著、森詠訳（集英社文庫、1995 年、31 頁）

㋔　『パリンドローム』スチュアート・ウッズ著、矢野浩三郎訳（文藝春

秋、2002年、382頁）

㋙　『雪蛍』大沢在昌著（講談社、1996年、145頁）

㋛　「五十年後の遺志」『贈る証言』収録作品夏木静子著（徳間文庫、
2010年、189頁・214頁）

2. 平成28年度税制改正の動向

　平成27年11月13日の政府税制調査会にて「経済社会の構造変化を
踏まえた税制のあり方に関する論点整理」が取りまとめられています。資
産課税については、相続税に関して「老後扶養の社会化」の相当程度の進
展を踏まえた、生涯の給付の清算という観点からの相続税の対象の範囲の
あり方、及び家族のみで承継せず一部「遺産の社会還元」による世代内の
公平から、また贈与税に関して「老老相続」の増加を踏まえて、相続税と
の関係を含め資産移転の時期の選択により中立的な制度の構築を目指し
て、丁寧な国民的議論を経て中期答申に向けて幅広い検討が深められま
す。つまり、民事信託の信託期間は長いので、大きな税制改正の可能性に
も配慮して信託を組み立てておかねばならないということです。

　また、信託税制が信託法の改正に伴い抜本的に平成19年に改正されま
した。しかし、その後実務から種々の問題があるとの実情と改正の要望
を信託協会が毎年してきました。そのうち、改正税法があいまいなまま
で利用できない状況のあった、複層化信託の課税の取扱いについてその
経済的、社会的効用の重要性が理解され、金融庁が28年度税制改正要望
事項として取り上げ、主税局と検討されているものと思われます。

（金融庁の税制改正要望）

> 信託受益権が質的に分割（元本収益構造等）されている場合の課税関
> 係を明確化すること。なお、税制上の措置の内容については、信託の
> 利用促進が図られ、受益者等の関係者が対応可能な実効性の高いもの
> とすること。

なお、信託協会では、毎年「信託の活用に資する税制措置」の改正要望の一つに上記の「信託受益権が質的に分割された受益者等課税信託の課税関係を明確化する観点から、所要の税制上の措置を講じること。なお、税制上の措置の内容については、信託の利用促進が図られ、受益者等の関係者が対応可能な実効性の高いものとすること」をあげています。

（学識者の指摘）

⑦　岡村忠生教授「多様な信託利用のための税制の提言」信託研究奨励金論集 31 号（2010.11）75 頁〜

「2007 年改正後は、資産からの所得はその資産の所有者に帰属するという原則（これも、古くから所得課税に存在する原則である）から、信託「財産」の所有者をも、受益者とみなすこととなったと考えられる（この点は、受益権の取得または移転をこれに対応する信託財産の移転として扱う所得税法 67 条の 3 にも現れている。）。」（76 頁）

「受益者が信託財産や信託所得を所有支配してはいないし、そのような権利を持っていないのであるから、課税上、受益者が元本の全部を取得したとみなすことや、実際には受益していない信託所得にまで課税をすることには、無理があると思われる。」（81 頁）、「こうした多様性は、公正市場価値による評価を困難にし、場合によっては不可能にしている。」（82 頁）

「納税義務者個人の経済的事実（豊かさ、担税力）を反映した税負担を算出すべきである。課税が納税義務者の経済的事実を反映すべきことは、信託税制を考える上で、制約として重要である。信託は、誰の所有でもない財産を作り出す手段といわれていることがある。信託行為により信託された財産に生じた所得（収益および元本増加益）を、その時点では、誰も取得することができず、将来において誰が取得できるかを確定できないのであれば、少なくとも信託の関係者（委託者、受託者、受益者）に対して課税することは、適当ではないことになろう。ましてや、受益者連続型信託について、収益に対する受益権のみを与

えられ、元本は取得しないことが最初から明らかである中間受益者に対して、信託の元本全部を取得したとみなして課税することは、事実としての所得の帰属（信託財産の法的な所有または事実上の支配のいずれとしても）から著しく乖離しており、課税上の便宜によって正当化できるかどうか疑問である。」（83頁）

㋑　渕圭吾教授「民事信託と課税」信託法研究 37 号（2012）73 頁～

「二つの点で改善の余地があることを指摘します。それは第 1 に相続税・贈与税課税のタイミングであり、第 2 に納税義務者である「受益者等」の範囲です。」（74 頁）

「信託を導管とみなす現行の課税ルールは、基本的には合理的です。例えば信託財産の所有権が形式的には受託者にあるが、実質的には受益者の所有する財産の管理を受託者が行っているのと同じであると評価でき、信託の設定と同時に受益者に対する給付を開始するような場合、信託の効力が生じた時に贈与が行われたとみなして贈与税の課税を行うのは適切に思われます。」、「しかし、民事信託のあらゆる場面において、信託財産を構成する個々の資産を受益者に実質的に帰属させることは果たして合理的でしょうか、第 1 に信託の効力が生じた時を、この受益者にとっての相続税あるいは贈与税の課税のタイミングとすることは適切でしょうか。第 2 にそもそも信託法との関係で受益者とされる者のすべてを、相続税法との関係でも「受益者等」と考えるべきなのでしょうか。」（77 頁）

「民事信託において、委託者が形式的にはともかく、実質的にも信託財産を構成する資産との関係を全く失ってしまうという想定は、現実的でしょうか。委託者の多くの場合、信託の効力発生後も、信託財産を構成する土地や株式の価値を高めるような行動に従事することができますし、またそのようにするでしょう。そして、このような信託の外部における委託者による将来の役務提供の約束は、贈与税の課税対象として適切に評価されない可能性があります。」、「民事信託の場合には、原則として委託者について相続が開始するまで、信託財産を構成する個々の資産が委託者に帰属するとみなして、課税関係を考え

ます。そうすると、委託者が健在である期間の受益者に対する給付は
その都度、委託者から受益者に対する贈与（あるいは扶養義務の履行）
として構成されます。」（79頁）

　「所得税法も相続税法も「受益者等」の範囲について、信託法上の
受益者の範囲を基礎として定めています。ところが前述のように、税
法では信託法と異なり、信託財産を構成する資産が受益者に直接帰属
すると擬制しています。そうすると、このようなフィクションを及ぼ
すことが必ずしも適切でないような受益者等が存在するかもしれない
と思われます。例えば、一定の期間、一定の額の金銭の支払いを受け
るようなタイプの受益者は、相続税法との関係で「受益者等」と扱う
べきなのでしょうか。また、比較的少額の支払いしか受けない受益者
は、相続税法との関係で受益者等と扱うべきなのでしょうか。」、「信
託法との関係で複数の受益者が存在する場合に、税法との関係では受
益権の複層化が行われたと認識しない可能性があるということです。」
（79頁）

　「信託の多様な役割を踏まえるならば、信託という名前がついてい
る仕組みに対して、機械的に一定のルールを適用するのではなくて、
むしろ多様な実態に合わせて細やかなルールを作っていくべきではな
いかと考えています。」（81頁）。

第 8 章

受託者となる
一般社団法人の設立

1　受託者として法人の活用の検討

　民事信託においては、日頃から支えあっている誰よりも信頼できる家族を受託者として託するのが、成年後見制度の趣旨と同様に、委託者の意向を一番知る者として相応しいと考えます。オーダーメイドのような委託者の意向を受けて受益者のためにきめ細やかな注意をもって信託事務を処理するためには、信託会社ではなく、一人またはごく少数の個人で受託したほうが、委託者等の関係者との意思疎通がはかりやすいでしょう。しかしながら、日本においては近年約2割の世帯が65歳以上の世帯員のいる単独または夫婦のみ世帯となり、受託者の役目を担う身近な家族が少ないのも現状です。

　また、受益者が連続する等信託期間が長いと想定されている場合、個人である受託者には大きな負担がかかります。受託者の意思にかかわらず病気や転居等で信託事務を処理することが困難になった場合、後任の受託者を探して、信託事務の内容とともに、信託財産を引き継ぐ（所有権を移転する）ことは容易ではありません。

　このような事情から、誰を受託者にするかについては、信託銀行等、信託会社の利用も比較検討しながらも、親族や専門家により受託者を組織化する方法もまた、選択肢の一つになります。

（受託者として法人の利用を検討したほうがよい場合）

- ・信頼でき、受託者の事務を託することができる家族がいない
- ・身近に受託者の事務を託する家族がいない
- ・受託者を補助したり監督したりする専門家をスキームに仕組んでも、受託者自身の専門能力不足の懸念があり、リスクが大きい
- ・信託期間が長くなるため、後任の受託者をあらかじめ決められない、手続負担がある
- ・信託財産の特性（多様な財産、慎重に扱うべき財産、大規模な財産等）上、管理運用処分に際して専門知識かつ総合的検討が必要

- 受益権の特性（複数・多様な受益者、多様な受益権）上、専門的また全体的に対応できる組織が必要
- 信託報酬等、専門性、柔軟性及び運営体制の面から信託銀行等、信託会社の取扱いの対象外になる
- その他の個別の事情

そこで、将来、順次受託者となることを承諾している複数の親族や友人等の間で、業務を円滑に引き継ぐためには、それらの方々が個人として受託するより、それらの方々により構成される一般社団法人や一般財団法人等の法人組織として受託したほうが運営・引継ぎがスムーズに行われると考えられます。また、既に同族会社があれば、その会社が受託者になることで同じような効果が期待できます。

なお、当該法人が一つの信託事務だけを受託するのであれば反復継続とはいえませんから、当該法人の受託は信託業法に抵触しないため、内閣総理大臣の認可は不要と考えられます。また、一般社団法人や一般財団法人であれば、少人数で設立でき、一つの信託事務を処理することを目的として設立することで、簡単ではない信託事務を一つの目標に向かって取り組むチームのように長期間活動することができます。もちろん、一部の構成員が無責任になる等法人であることのリスクや法令上の義務もありますので、注意が必要です。

さらに、信託事務の内容に応じて法律や税に精通した専門家を法人の役員または社員等として関与させることにより、適正な運営及び不測の事態にあっても速やかに対処することができるようになります。

この場合の専門家の関わり方ですが、社員は法人の最終意思決定者になりますので、親族や友人等がよりふさわしく、専門家は役員の一翼を担い専門能力を発揮することがよいと考えられます。

（法人設立の長所・短所）

・長期的運営ができる（後任引継ぎの手続、費用、タイムラグがない）
・1家族の受託なら信託業法違反にはならない
・機動性を考慮して少人数でも運営できる
・複数人で信託事務を共同受託する "共同受託方式" に比べて、専門家等の第三者を活用しやすい
・チーム・組織として知恵を出しあい、協議して信託事務を行うことができる
・協議機関やチェック体制がないと、一人に実質的に託してしまうことになり、無責任な一人受託者と同様に、独善的な運営・濫用の可能性が生じる。このため、理事会を設置するか、相互に報告・連絡・相談する態勢を確立しておく必要がある

　なお、受託者となるための法人を新設しなくても、複数人で信託事務を共同受託する方法（共同受託方式）もあります。この場合、法人特有の事業報告や納税等の手続が省略できる一方で、法人のルールに則らないものの、複数人で情報を共有し、意思決定や会計処理をする方法を受託者間で別途定めることになるでしょう。信託財産の所有権も合有となること、受託者が入れ替われば所有権を移す等の手続を行う等、複数人で役割分担することの煩わしさ・意思疎通の難しさもあります。

　信託契約締結前に、どのような受託者体制にすれば適正な信託事務を遂行でき費用・リスクが軽減できるかについて、信託財産の性質や信託契約の内容に応じて、法人を新設して受託するか、信託監督人等の関係人を設けて一人または複数人で受託するか、委託者とともに比較検討して方針を決めます。

2　一般社団法人の設立・運営

　ここでは、設立に際して許認可を必要とせず拠出金も不要な比較的設立しやすい一般社団法人が民事信託の事務を受託することを想定し、各種手続や注意すべき点について記載します。

　委託者及びその家族は、専門家から一般社団法人の仕組み、役員等の責務、年間の組織運営について、また設立のための準備、定款の概要についての説明を受け、誰を役員等にするか、費用や報酬のための財源をどうするか、また社員構成をどうするかについて検討し、設立・運営の手続を進めます。

(1) 設立の手続

　設立の手続は、概ね以下のとおりです。提出する書類を準備し、設立手続がスムーズに進めば、2週間以内に設立できることもあります。

① 2名以上が設立時社員として、定款を作成する（法人 10 ）

　　・誰を社員とするかを決める

② 設立時理事や設立時代表理事の選任等を行い、当該理事が設立手続の調査を行う（法人 20、21）

　　・誰を理事等とするか、また代表理事を選定するかを決める
　　・定款認証に必要な添付書類を作成する
　　・設立後の運営費用とその資金調達方法を確認する
　　・その他、定款に定める事項を検討して明確化する

③ 主たる事務所の所在地の都道府県内に設置している公証役場にて、公証人による定款の認証を受ける（法人 13）

　　・登記に必要な添付書類を作成・準備し、登記に係る費用を確認する

④ 主たる事務所の所在地を管轄する法務局の出張所等で登記申請を行う（法人 22）

　　・登記事項証明書の交付を受ける
　　・銀行口座の開設等運営のための届出等の体制を整備する

（2）設立の際の留意点

　一般社団法人の理事会や総会等を定期的に開催し、理事会を設けないときは内規で協議会のような集会の場を設けて受託者や理事としての行動について協議することで、受託者としての業務の進捗を確認し、計算書類の内容の適正性を承認します。このため、誰が役員になり法人の運営を担うのかを決めたうえで、それぞれの役割と信託の受託者事務の進め方を、あらかじめ詳細に計画し、関係者間で確認しなければなりません。

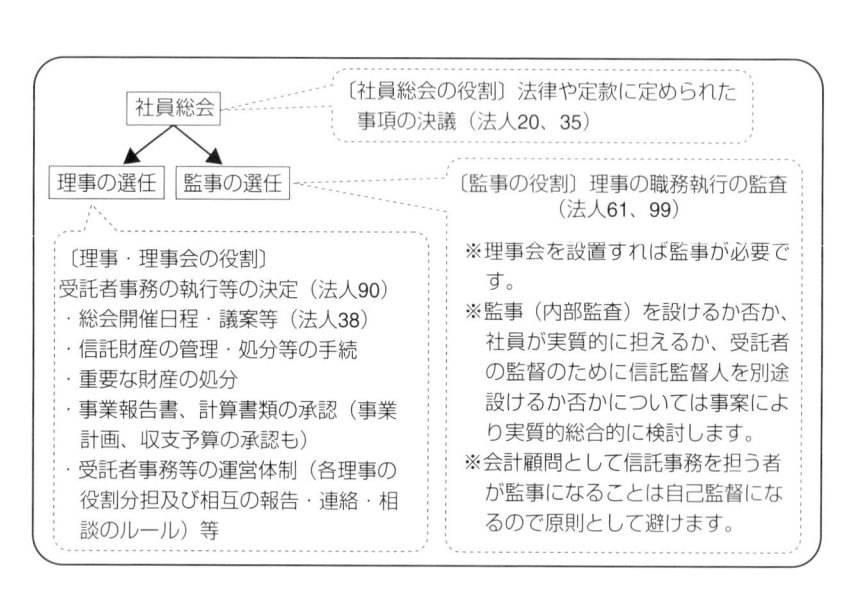

（3）理事の職務や責任

①　理事・理事会の職務等

　（ア）　理事会が設置されていれば理事会の職務、理事会が設置されていなければ理事の職務となるもの

i 重要な財産の処分等の受託者事務執行の決定（法人90、76）

ii 代表理事、業務執行理事の職務の執行の監督（法人90）（代表理事等を選定する場合）

iii 代表理事、業務執行理事の選定・解職等（法人90、91）（代表理事等を選定する場合）

iv 事業計画書、事業報告、予算、決算等の承認（任意。しかし、税務申告が必要な場合は必要）

（イ）理事会設置の有無にかかわらず、理事の職務等となるもの

i 理事の監督、理事の役割分担・意思疎通形成（理事会を設置すれば理事会出席）

ii 書面等による社員総会の招集（法人39）。ただし、社員全員が理事であれば、改めて総会開催手続をする必要がない

iii 他の理事等を監視する等の善管注意義務や忠実義務に違反し、法人に損害を与えた場合、法人に対して損害賠償責任を負う（法人85等、111）

iv 悪意または重大な過失により、第三者に損害を与えた場合、第三者に対して損害賠償責任を負う（法人117）

※代表理事や業務執行理事の定めをすると、それ以外の理事には業務執行権はなくなります。（法人76）

（ウ）代表理事等を選定していれば代表理事及び業務執行理事の職務等に、代表理事等を選定していなければ理事の職務等になるもの

i 民事信託の受託者の事務の執行（法人77）

ii 受託者事務執行状況についての理事会への報告（法人91）

iii 業務の執行を適切に行ううえでの善管注意義務や忠実義務に違反し、法人に損害を与えた場合、法人に対して損害賠償責任を負う（法人85等、111）

iv 悪意または重大な過失により、第三者に損害を与えた場合、第三者に対して損害賠償責任を負う（法人117）

なお、一般社団法人が民事信託を受託し、その法人が行った法令または信託行為の定めに違反する行為につき理事または準ずる者（実質的に当該行為を行った者）に悪意または重大な過失があるとき、一般社団法人の理事等には、受益者に対して法人と連帯してその損失のてん補責任・原状回復の義務があります（信40、41）。

② **理事以外の社員の役割等**
　（ア）　社員総会への出席及び議決権の行使（法人35、41、48）
　（イ）　社員総会の招集の請求や議案の提出（法人37、43、44）

※　一般社団法人の総会・理事（集）会、理事の役割等についての委託者等への説明は、法務省のホームページや内閣府・公益認定等委員会のホームページ（公益法人等インフォメーション）等が参考になります。

(4) 社員及び理事等の構成の検討

　一般社団法人の理事（代表理事等が選定されていれば代表理事等）は受託者として予定された日常の管理業務を行い、臨時・不測の事態に際して理事（または代表理事等）が速やかな判断と対応を行い、重要な事項については理事を招集して業務執行に関する決議を行い、決議に則って対応します。このため、民事信託を理解・賛同し信託事務を見守ることができる親族や友人が社員になり、その社員の中から、それぞれの関わり方に応じて、（必要なときは社員以外の専門家からも）一般社団法人の役職である理事や代表理事等を選任する必要があります。
　それぞれ一般社団法人のどの役職を充てていくのか、たとえば、以下のようないくつかの役割分担のパターンがありますので、上記 **(2)** 及び**(3)**を参考にしながら、受益者保護、適正な信託事務の観点から

受託者事務の役割分担を親族や知人、場合によっては専門家を交えて十分に話し合って決めます。

① 理事を少数にして、他の社員は年に一度の総会で理事の業務執行を監視する

② 理事を複数選任し、定期的に開催する理事集会（または理事会）の場で、理事同士で議論する（理事の専横を防止し監督するため）

③ 代表理事を選任し、理事会の場で、他の理事が代表理事の業務を監視する

④ 専門家を理事にして、専門能力を活用して事務の執行の一翼を担ってもらう

（受託者が個人であり信託事務の負担が大きい場合には、専門家に信託事務を委託する、または専門家が信託監督人に就任する方法等があります。しかし、受託者となる一般社団法人を設立する場合には、以下の⑤⑥よりも、専門家（1〜2名）が理事としてその専門性を発揮して分掌職務を担うことが相応しいと考えます。もっとも、家族が役員として冷静に協議できる環境が整備されているならば、専門家は支援または監督する立場（以下の⑤⑥）が相応しいと考えます。）

⑤ 専門家に事務の一部を委託して、信託の事務を行ってもらう

⑥ 専門家を顧問として種々の専門的なアドバイスを受ける

※ 専門家の活用

　上記のように、社員となる親族や知人をさまざまに支える専門家が一般社団法人の理事または社員として加わることにより、信託事務を確実に実施する体制が強化されます。このため、受託事務の内容に応じて、たとえば会計・税務が煩雑になりそうであれば税理士等を、推定相続人等と利害が対立する可能性がある場合は弁護士や司法書士等の専門家を適宜加えることも検討します。

　また、理事が行うべき議事録や各種文書作成、会計処理等の煩雑な事務を担う者も重要です。たとえば、責任の所在を明確にするた

めに、当該事務を専門家に委託するよりも専門家を理事として選任し、当該専門家が理事の立場で事務を担うほうが望ましいと考えます。

　専門家に何をどの程度担ってもらうかは、委託者のリスクと費用負担の意思・交渉次第ですが、委託費や理事報酬を支払うなら、その費用を信託報酬として確保し、あるいは社員より会費を徴収して確保する必要が生じます。（いずれも、委託費や手数料等を含めた総合的な検討が必要です。）

(5) 信託契約に基づく信託事務や信託関係者の構成の簡素化

　信託契約締結前の検討段階では、委託者は信託契約に大きな期待を寄せ、一方受託者はそれに充分に応えようとさまざまに検討した結果、信託事務が複雑化したり、それを信託事務として実行する側の役割分担が複雑になったりしがちです。長期間、複数の者の連携により信託事務を確実に執行するためには、信託関係者を最小限にしたり、役割分担を単純にしたりする等、スキームは可能な限りシンプルにするように仕組み、そのメリットとデメリットを関係者にわかりやすくします。

(6) 一般社団法人の目的（定款作成の際の留意点）

　受託者となる法人は、一つの信託事務だけを受託し、他の信託事務を受託しないことから、当該法人の定款の設立目的を、受託する信託契約の目的と整合させます。

　また、他の信託を受託しない姿勢を対外的に示すため、目的には委託者の氏名等の具体的な記載を取り入れます。

　ただし、プライバシーの観点から委託者以外の氏名や信託財産の内容等の記載を避けるという判断もありうることから、関係者の意向を確認し、公にしたくない場合は、たとえば氏名や信託財産の内容その

ものの記載を避けて「……の指定する者」「……信託財産である不動産」と記載する等工夫します。

(7) 年間スケジュール（概要）

　年間の活動内容（12月決算及び理事会開催を年2回にする場合）は、概ね以下のようになります。実際には、信託財産の特性や信託事務の内容等に合わせて、回数を増やしたり、時期を調整したりします。

　　2月頃　監事監査
　　3月頃　理事会…昨年度事業報告等の承認、代表理事及び業務執行理事等の業務執行状況の報告
　　3月頃　定時社員総会…昨年度の事業報告等の承認、（理事等の選任（改選がある場合））
　　12月　　理事会…代表理事及び業務執行理事等の業務執行状況の報告、翌年度の事業計画等の承認
　（12月　　社員総会…翌年度の事業計画書等の承認（定款で定めている場合））

(8) （参考）一般社団法人と一般財団法人等の比較

　一般社団法人は、信託の受託者として比較的運営しやすいとされていますが、一般社団法人のほかに、一般財団法人や、複数者による共同受託方式もあります。以下に示すそれぞれの特性を踏まえて、法人を設立するのか否か、設立するとすればどの法人制度等を利用するのかを検討します。

一般社団法人	一般財団法人	共同受託方式
・設立に当たっては、2人以上の社員が必要。設立後に社員が1人だけになっても、その一般社団法人は解散しないが、社員が居なくなった場合には、解散することになる ・財産の拠出に関する規制はないが、資金を募るために基金制度を利用することができる ・社員総会を開催し、理事は1人以上置かなければならない （後述の非営利型法人の場合は理事3人以上） ・理事会、監事を設ける必要はないが、定款で任意に設置できる	・機関ごとに必要な人数は以下のとおり（重複不可） 評議員（評議員会設置）…3名以上 理事（理事会設置）…3名以上 監事…1名以上 ・設立に際して設立者（設立者が2人以上あるときは、各設立者）が財産を拠出しなければならず、その年度末の純資産の額が300万円を下回ってはならない	概ね以下の内容を予め決める ・受託事務の役割分担 ・重要な業務執行の決定方法 ・定期的な進捗報告の方法 ・信託事務に関する報告書のとりまとめ及び情報共有の方法 ・会計処理及び納税等 ・相互に監督する方法や責任分担 ・後任者を定める方法
・定款の認証手数料は5万円 ・設立の登記に必要な登録免許税は6万円（依頼すれば別途手数料）		（設立経費は不要）

（注）一般社団法人の理事及び監事（以下「役員」という）が任期の満了または辞任により退任する場合、当該満了等により法律や定款で定めた役員の数が欠けるときには、新たに選任された役員が就任するまで退任する役員の権利義務は継続すると扱われます（法人75）。このため、これ以外の理由で理事が欠ける際には、上記人数を満たしているか否かに注意し、満たしてない場合には速やかに補充する必要があります。

3　毎年の法人税等の経費負担への備え

　一般社団法人の運営には、収入の有無にかかわらず、毎年の税負担（通称「均等割額」（※2）を含む）や変更登記その他の運営経費が発生します。これらは、信託のための法人運営に係る負担であっても信託財産責任負担債務にはなりませんので、一般社団法人が信託報酬として得た資金または社員の会費等から得た資金を充当することになります。さらに、受託者として信託報酬を得る場合、その報酬額は基本的には信託財産の取り崩しまたはその運用益を充てることになります。

(1)　法人税法上の非営利型法人の扱い

　公益認定を受けていない一般社団法人・一般財団法人においては、非営利型法人の要件に該当するか否かで、適用される法人税が異なります。

　一般社団法人及び一般財団法人は、"法人税法上の非営利型法人"として扱われると、公益社団法人や公益財団法人と同様、法人税法上の収益事業以外から生じた所得に対して原則課税されなくなります。しかしながら、受託者になり信託報酬を受け取る行為は税法上の収益事業の中の請負業に当たるので信託報酬に対して課税されます（法法23、法令5①）。

　ところが、信託報酬等の収益が実費弁償であると所轄税務署長による確認を受けることができれば収益事業として扱われません。信託報酬に対する課税を避けるためには、その旨を定款及び信託行為に定める必要があります（法基通15-1-28）。

　信託報酬を受け取る行為が収益事業にならないならば、税は均等割額（※2）だけの負担になります。さらに、均等割額も主たる事務所を置く自治体の条例等によっては免除されることがある（地法52①、53⑲、312①、312の8⑲）ので、各自治体に確認し、その取扱

非営利型法人の要件に該当しない→普通法人と同じ、全所得課税の扱いを受ける
〃　　　　　　　　該当する　→収益事業課税の扱いを受ける
（手続負担はあるが簡便）

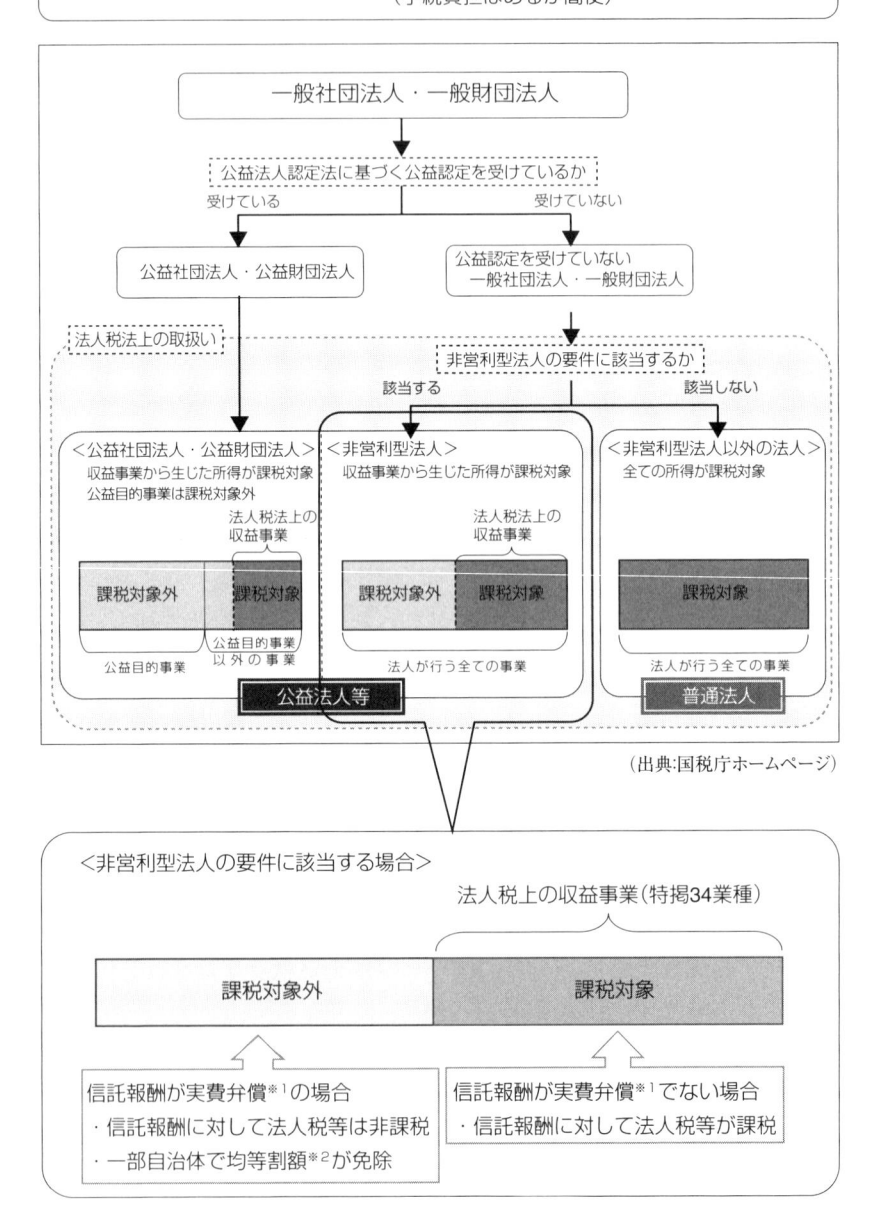

（出典:国税庁ホームページ）

いに注意します。

　ついては、一般社団法人の運営上の費用「受託者の事務のために必要な費用」について具体的な額を算定し、それをもとに税の専門家と非営利型がよいか、課税負担も含めて検討し、信託報酬額の確保と経費の調達方法を考えます。

※1　実費弁償について
　　通常、事務処理の受託等の請負業は法人税法上の収益事業とみなされ、そこから生じた所得は課税対象となります。しかし、一般社団法人・一般財団法人が事務処理の受託の性質を有する業務を行う場合において、「当該業務に関する規則、規約若しくは契約に基づき実費弁償（その委託により委託者から受ける金額が当該業務のために必要な費用の額を超えないことをいう）」（法基通 15-1-28）に該当する場合、実費弁償にあたると所轄の税務署長の確認をあらかじめ受けたときは、5 年間当該業務は収益事業とは扱われません。この確認を「一般社団法人・一般財団法人が収益事業を行っていないことの判定」といいます（法基通 15-1-28）。
　　「収益事業を行っていないことの判定」……法人税法基本通達 1-1-11 及び法人税基本通達等の一部改正（平成 21 年 12 月 28 日課法 2-5、経過的取扱い（2））に説明があります。
　　これを一般社団法人が受託する民事信託事務にあてはめると、一般社団法人の定款の規定や信託契約の条項の定めから "受領する信託報酬≦業務に必要な費用"（実費弁償）であるとあらかじめ確認を受けることができれば受託者としての事務処理は収益事業と扱われないことになります。

※2　均等割額について
　　「法人住民税」といわれ、市町村民税部分と都道府県民税部分からなり、法人が収益事業を行わなくても均等割額は原則課税されます。しかし、法人が収益事業を行っていないとみなされれば（実費弁償の確認が得られれば）、一部の自治体（たとえばさいたま市）においては、均等割額が 4 月 30 日までの免除申請により免除されます。

　なお、設立登記をすれば、その後、法人番号カードが送られてくるので、法人番号を理事等に報告し、今後の税務署・市町村等への提出書類に適宜記載することになります。

(2) 非営利型法人の要件

　非営利型法人には 2 種類あります。次の①または②に該当すれば、

特段の手続を踏むことなく非営利型法人として扱われます。（法法２九の二、法令３）なお、②には会費要件があり、また会員のための共益型であるため、私益的な民事信託の場合は法令の趣旨にあまり馴染まないと思われます。

（２つの非営利型法人の要件の違い）

①　非営利性が徹底された法人（法法２九の二イ、通称「非営利徹底型法人」）	②　共益的活動を目的とする法人（法法２九の二ロ）
ⅰ　余剰金の<u>分配を行わない</u>ことを<u>定款に定めて</u>いること。 ⅱ　解散したときは、<u>残余財産を国・地方公共団体</u>や<u>一定の公益的な団体に贈与すること</u>を<u>定款に定めて</u>いること。 ⅲ　上記ⅰ及びⅱの定款の定めに違反する行為（上記ⅰ、ⅱ及び下記ⅳの要件に該当していた期間において、特定の個人または団体に特別の利益を与えること※を含みます。）を行うことを決定し、または行ったことがないこと。 ⅳ　各理事について、理事とその理事の親族等である理事の合計数が、理事の総数の３分の１以下であること※。	ⅰ　会員に共通する利益を図る活動を行うことを目的としていること。 ⅱ　<u>定款等に会費の定め</u>があること。 ⅲ　主たる事業※として収益事業を行っていないこと。 ⅳ　定款に特定の個人または団体に<u>余剰金の分配を行うこと</u>を定めていないこと。 ⅴ　解散したときは、残余財産を特定の個人または団体に帰属させることを<u>定款に定めて</u>いないこと。 ⅵ　上記ⅰからⅴまで及び下記ⅶの要件に該当していた期間において、特定の個人又は団体に特別の利益を与えること※を決定し、または与えたことがないこと。 ⅶ　各理事について、理事とその理事の親族等である理事の合計数が、理事の総数の３分の１以下であること※。

※「特別の利益を与えること」……法人税法基本通達１-１-８に例示があります。なお、ここでは収益事業に限らないことに留意します。

　「特別の利益に係る要件を欠くこととなった場合」については、法人税法基本通達１-１-９に、「主たる事業の判定」については、法人税法基本通達１-１-１０に、「理事の親族等の割合に係る要件の判定」については、法人税法基本通達１-１-１１及び『「法人税基本通達等の一部改正について」（法令解釈通達）の趣旨説明について』にそれぞれ説明があります。

　なお、法令解釈通達１-１-１１の解説において、「一般社団法人にあっては、少なくとも３人以上の理事が置かれていなければ非営利法人にはなり得ないということになる」との記述があります。

　また、下線は筆者がつけたもので、定款の記載に留意することです。

（非営利型法人及び非営利型法人でない（普通法人並みの）法人の法人税等の違い）

非営利型の一般社団法人・一般財団法人 （収益事業課税）	非営利型でない一般社団法人・一般財団法人 （全所得課税（普通法人と同様））
【法人税】 　一般社団法人・一般財団法人の行う<u>法人税法上の収益事業</u>から生じた所得が課税対象になる。（法人税率25.5%、ただし所得金額のうち、年800万円以下の部分は15%） 【均等割額】 　収益事業が無くても原則課税されるが、<u>一部の自治体では法人に収益事業が無い場合、納付義務がなくなる</u>	【法人税】 　一般社団法人・一般財団法人の行う<u>すべての事業</u>から生じた所得が課税対象になる。（法人税率25.5%、ただし所得金額のうち、年800万円以下の部分は15%） 【均等割額】 　収益事業が無くても課税される。

4 一般社団法人の定款のサンプル及び注意すべき点

　下記の定款は、一般社団法人のうち法人税法上の非営利徹底型法人のサンプルです。

定款のサンプル	注意すべき点
一般社団法人Ａ（ファミリートラスト）　定款 第1章　総則 （名称） 第1条　当法人は、一般社団法人Ａ（ファミリートラスト）と称する。 （事務所） 第2条　当法人は、主たる事務所を○○県○○市に置く。 （目的） 第3条　当法人は、□□□□（委託者氏名）と締結する信託契約書に定める受益者の生涯にわたる安定的な生活を確保するとともに、同信託契約書に定める帰属権利者に残余財産を交付するために、次の事務を行いその受託者としての職務を適正に遂行することを目的とする。 　(1)　□□□□との信託契約に定める受託者としての信託事務 　(2)　その他前号に掲げる事務に附帯又は関連する事務 （公告の方法） 第4条　当法人の公告は、当法人の主たる事務所の公衆の見えやすい場所に掲示する方法により行う。	※一般社団法人という名称を使用しなければならない。 ※理事や代表理事の自宅等になる。 ※448頁の2(6)「一般社団法人の目的」を参照 ※登記に記載されるのでプライバシーを含め慎重に検討する。 ※毎年の貸借対照表を公告する義務があることに留意する。

第2章　社員

（入社）

第5条　<u>当法人の社員となるべき資格を有する者は、□□□□、受益者又はその親族と関係者のうち、第3条の目的に賛同し、これを相当の注意と誠意をもって公正かつ的確に遂行することに協力する者とする。</u>

　2　社員となるには、当法人所定の様式による申込みをし、社員総会の承認を得るものとする。

（経費等の負担）

第6条　<u>当法人の目的を達成するための経費は、当法人が信託契約の定めにより得ることができる実費相当の信託報酬をもって充当するものとする。</u>

　2　<u>社員は、当法人に対し、経費その他一切の金銭の負担をなす義務を負う。但し、前項により充足される場合はその限りでない。</u>

（退社）

第7条　社員は、退社しようとする日の1ヶ月以上前に、<u>後継者候補を指名し、その者から書面による承諾を得た上で、当法人に対して書面をもってあらかじめその予告をした場合に限り、退社すること</u>ができる。但し、やむを得ない事由があるときは、社員はいつでも退社することができる。

（除名）

第8条　省略

（社員の資格喪失）

第9条　省略

（社員名簿）

第10条　省略

※一般社団法人Ａが、受託者として信託事務履行義務、善管注意義務や忠実義務等が課されていること（信29、30等）を理解しかつ協力する者のみが社員となることを明確にする。さらに入社の条件を追加することも可能である。

※税務上、収益事業でないと取り扱われるために、法人税基本通達15-1-28に示された規則に従い、信託契約に実費相当超の報酬を受けることがないように規定するとともに、定款においても左記のように規定する。

※最少人数の非営利型法人として、少なくとも社員は2名必要。理事が3名を下回ると非営利型法人の要件を満たさなくなり、税負担増となるので、理事になる社員が退社する等の場合は後任理事を速やかに決定し、退社時にも切れ目なく後継者に入社してもらうためのルールを左記のように規定する。

第3章　社員総会

（構成）
第11条　社員総会は、すべての社員をもって構
　　成する。
（権限）
第12条　社員総会は、次の事項について決議する。
　（1）社員の除名
　（2）理事（及び監事）の選任又は解任
　（3）理事（及び監事）の報酬等の額
　（4）貸借対照表及び損益計算書（正味財産増
　　　減計算書）並びにこれらの附属明細書の承
　　　認
　（5）定款の変更
　（6）解散及び残余財産の処分
　（7）その他社員総会で決議するものとして法
　　　令又はこの定款で定める事項

（社員総会）
第13条　省略

（招集）
第14条　社員総会は、法令に別段の定めがある
　　場合を除き、理事の過半数の決定により代表
　　理事がこれを招集する。代表理事に事故もし
　　くは支障があるときは、あらかじめ代表理事
　　が指定した他の理事がこれを招集する。
　2　社員総会を招集するには、会日より1週間
　　前までに、社員に対して招集通知を発するも
　　のとする。但し、招集通知は、書面又は電磁
　　的方法によって行う。

（招集手続の省略）
第15条　省略

※理事会を設置すると理
　事会の決議を経て招集
　する（法人38）。
※社員は、少数で構成さ
　れることから、社員総
　会の招集においては、
　電磁的方法（電子メー
　ル等）を可能とし効率
　化を図る。

（議長） 第16条　省略 （議決権） 第17条　社員総会における議決権は、社員1名につき1個とする。 （決議） 第18条　社員総会の決議は、総社員の議決権の過半数を有する社員が出席し、出席した当該社員の議決権の過半数をもって行う。 　2　前項の規定にかかわらず、一般法人法<u>第49条第2項</u>の決議は、総社員の半数以上であって、総社員の議決権の3分の2以上に当たる多数をもって行う。 （議決権の代理行使） 第19条　省略 （議事録） 第20条　省略	※法人49条2項 　社員除名、監事解任、定款変更、解散等
第4章　役員 （役員） 第21条　当法人に、<u>理事3名以上〇名以内の役員を置く。</u> （役員の選任） 第22条　理事は、社員総会の決議によって社員の中から選任する。ただし、必要があるときは、社員以外の者で社員が推薦する専門職から選任することを妨げない。 　2　<u>理事を選任する場合は、次のイからへまでに該当する理事の合計数が理事の総数の3分の1を超えないものとする。</u> 　　イ　当該理事及びその配偶者又は三親等内の親族	※非営利型法人として税制優遇を受けるために、理事は3名以上が必要になる。これは非営利型法人の要件「一定の特殊の関係にある理事が理事総数の3分の1以下」を満たすための課税庁の取扱いである。 ※22条2項は非営利型法人の要件の一つであるが、定款に定めるか否かは任意である。

ロ　当該理事と婚姻届をしていないが事実上婚姻関係と同様の事情にある者

　　ハ　当該理事の使用人

　　ニ　ロ又はハに掲げる者以外の者であって、当該理事から受ける金銭その他の財産によって生計を維持している者

　　ホ　ハ又はニに掲げる者の配偶者

　　ヘ　ロからニに掲げる者の三親等内の親族であって、これらの者と生計を同一にする者

　3　理事の互選によって代表理事1名を選定するものとする。

（理事の職務及び権限）

第23条　省略

（役員の任期）

第24条　理事の任期は、選任後2年以内に終了する事業年度のうち最終のものに関する定時社員総会の終結の時までとする。

　2　任期満了前に退任した理事の補欠として選任された理事の任期は、前任者の任期の満了する時までとする。

　3　理事が欠けた場合、任期の満了又は辞任により退任した理事は、新たに選任された者が就任するまで、なお理事としての権利義務を有する。

（補欠理事の予選）

第25条　定款に定める理事の員数を欠くことになる場合に備え、定時社員総会において補欠理事を選任することができる。

　2　補欠理事の選任決議の定足数は、第18条第1項の規定を準用する。

　3　第1項により選任された補欠理事が理事に就任した場合の任期は、前任者の残任期間とする。

※受託者事務に従事する者として代表理事を選んだ場合、理事の間で連絡を密に行い代表理事の受託者事務を監視する態勢が不可欠である。

　理事会を設置するか、理事集会を実施して牽制するか、信託監督人よりも監事を置くか等を検討する（法人38、61）。

※補欠理事を予選する予定がある場合に設ける規定

※死亡等により理事が欠ける場合に備えて、予め、定時または臨時社員総会に補欠として特定者の者を選任することを明示する。しかし、

4　補欠理事の選任の効力は、選任された事業年度の最終のものに関する定時社員総会の開始の時までとする。	実際には規定があっても予選をする法人は少なく、その選任は難しいようである。
（役員の解任） 第26条　理事は、社員総会の決議によって解任することができる。	
（役員の報酬等） 第27条　理事の報酬、賞与その他の職務執行の対価として当法人から受ける財産上の利益は、社員総会の決議によって定める。	※信託報酬に係る信託契約の条項（実費相当の額の請求や報酬額等の変更条項の定め方）に注意する。
第5章　計算	
（事業年度） 第28条　当法人の事業年度は、毎年1月1日から同年12月末日までの年1期とする。但し、最初の年度は設立登記された日から同年12月末日までとする。	※会計年度は受益者個人の確定申告に合わせるのが合理的と考える。
（事業計画及び収支予算） 第29条　当法人の事業計画及び収支予算並びに信託事務に係る資金計画等は、毎事業年度開始日の前日までに代表理事又は理事が作成し理事（理事会）の承認を得て、直後の定時社員総会に報告するものとする。 　2　前項の書類については、主たる事務所に5年間備え置く。	※収支予算等において信託事務に係る必要資金の見積もり、法人経費及び役員報酬等の実費相当額を算定し理事たちが承認し、社員総会に報告する。 　なお、この条項は任意であるが、実務上、適正な信託事務及び法人運営のために予算を立てることが望ましい。

（事業報告及び決算）

第30条　当法人の事業報告及び決算については、毎事業年度終了後、代表理事又は理事が次の書類を作成し、定時社員総会に提出し、第1号及び第2号の書類については、その内容を報告し、第3号から第5号までの書類については、承認を受けなければならない。

(1) 事業報告

(2) 事業報告の附属明細書

(3) 貸借対照表

(4) 損益計算書（正味財産増減計算書）

(5) 貸借対照表及び損益計算書（正味財産増減計算書）の附属明細書

2　前項の書類を主たる事務所に、定時社員総会の日の1週間前の日から5年間備え置くとともに、定款及び社員名簿を主たる事務所に備え置く。

（剰余金の不分配）

第31条　当法人は、<u>剰余金の分配を行わない。</u>

※非営利型法人の要件を満たすために必要な規定である。

| 第6章　定款の変更、解散及び清算等 |

（定款の変更）

第32条　この定款は、社員総会における、総社員の半数以上であって、総社員の議決権の3分の2以上に当たる多数の決議によって変更することができる。

2　前項の規定に関わらず、<u>□□□□との信託契約に定める受託者としての職務を適正に遂行することができなくなる定款の変更は無効とする。</u>

※この定款の変更は、2項を含めとても重要なので、条項の定めは慎重に扱う。

（解散） 第33条　当法人は、□□□□との信託契約に定める終了事由が生じたとき、又は社員総会における総社員の半数以上であって、総社員の議決権の3分の2以上に当たる多数の決議その他法令に定める事由によって解散する。	※解散事由について、信託契約の定めとの整合性に注意する。
（残余財産の帰属） 第34条　解散に伴い債務を完済した後に当法人に残余財産があるときは、社員総会の決議を経て、<u>公益社団法人及び公益財団法人の認定等に関する法律第5条第17号に掲げる法人又は地方公共団体に贈与するものとする。</u>	※非営利型法人の要件を満たすために必要な規定である。
附則 （最初の事業年度） 第1項　当法人の最初の事業年度は、当法人成立の日から平成○○年12月31日までとする。 （設立時の役員） 第2項　当法人の設立時理事、設立時代表理事は、次のとおりとする。 　　　　　設立時代表理事　○○○○ 　　　　　住所 　　　　　設立時理事　○○○○ 　　　　　住所 　　　　　設立時理事　○○○○ 　　　　　住所 （設立時社員の氏名又は名称及び住所） 第3項　設立時社員の氏名又は名称及び住所は、次のとおりである。 　　　　　設立時社員　○○○○ 　　　　　住所 　　　　　設立時社員　○○○○ 　　　　　住所 　　　　　設立時社員　○○○○	

　　　　住所

(法令の準拠)
第4項　本定款に定めのない事項は、すべて一般
　　　法人法その他の法令に従う。

　以上、一般社団法人Ａ（ファミリートラスト）
設立のため、設立時社員〇〇外2名の定款作成代
理人である司法書士〇〇〇〇は、電磁的記録であ
る本定款を作成し、これに電子署名する。

平成〇〇年〇月〇日
　　　　代表理事　　〇〇〇〇
　　　　設立時社員　〇〇〇〇
　　　　設立時社員　〇〇〇〇
　　　　設立時社員　〇〇〇〇
　　　　定款作成代理人　住所〇〇〇〇〇〇〇〇
　　　　　　　　　　　　氏名〇〇〇〇

なお、下線は筆者が付したもので、留意したい規定です。

（一般社団法人設立登記申請書（サンプル））

法務省のサイトに電子ファイルの各種様式や記載例（説明付き）が掲載されていますので、活用してください。(http://www.mof.go.jp/ONLINE/COMMERCE/11-1.html)

理事会及び監事を設置しない一般社団法人の設立（登記すべき事項をCD-R に記録して提出する場合）

受付番号票添付欄

---

1. 名称　　　　　　　　一般社団法人 A（ファミリートラスト）
1. 主たる事務所　　　　○県○市○町○丁目○番○号
1. 登記の事由　　　　　平成○○年○○月○○日設立の手続終了
1. 登記すべき事項　　　別添 CD-R のとおり
　　　（注）登記すべき事項は、CD-R を提出するだけではなく、オンラインにより、予め提出することもできます。詳細は「登記・供託オンライン申請システムによる登記事項の提出について」をご覧ください。
　　　　（http://www.moj.go.jp/MINJI/minji06_00051.html）
1. 登録免許税金　　　　60,000 円
　　　（注）収入印紙又は領収証書で納付します（→収入印紙貼付台紙へ貼付）。
1. 添付書類（以下の添付書面は一例です。）
　　定款　　　　　　　　　　　　　1 通
　　設立時社員の決議書　　　　　　1 通
　　　（注）以下の場合に添付する必要があります。
　　　　a　設立時社員が設立時理事を選任した場合
　　　　b　設立時社員が設立時の主たる事務所又は従たる事務所の所在場所等を定めた場合
　　設立時代理事の互選に関する書面　1 通
　　　（注）設立時理事が設立時代表理事を互選した場合に必要です。
　　設立時理事及び設立時代表理事の就任承諾書　　　○通
　　　（注）設立時理事等が選任された会議の席上で被選任者が就任を承諾した場合には、「就任承諾書は、設立時社員の決議書（又は設立時代表理事の互選に関する書面）の記載を援用する。」と記載してください。
　　設立時理事の印鑑証明書　　　　　　○通
　　　（注）設立時理事が就任承諾書に押印した印鑑につき発行後 3 か月以内の市区町村長が作成した印鑑証明書を添付します。なお、印鑑証明書に記載のある住所が就任承諾書等に記載する最新の住所と異なる場合は、就任承諾書等に記載する住所と一致する住民票を併せて添付します。

委任状1通
　（注）代理人に申請を委任した場合のみ必要です。

　上記のとおり、登記の申請をします。
　　　平成○○年○○月○○日

　　　　　　○県○市○町○丁目○番○号
　　　　　　申請人　一般社団法人A（ファミリートラスト）

　　　　　　○県○市○町○丁目○番○号
　　　　　　代表理事　　○○ ○○ ㊞

　　　　　　連絡先の電話番号　　○○−○○○○−○○○○

　　○○法務局　　○○支局　御中

　（注1）登記の申請書に押印すべき者（法人を代表する者）は、予め、又は本申
　　　　　請と同時に、法務局に対して「印鑑届書」により印鑑を提出します。用紙は、
　　　　　法務局にて又は法務省ホームページから入手できます。
　　　　　【法務省ホームページ記載例】・8-5 印鑑届書（一般社団法人・記載例）
　　　　　PDF（http://www.moj.go.jp/content/000076222.pdf）
　（注2）登記すべき事項をオンラインにより予め提出すると、登記すべき事項の
　　　　　提出の際に作成した情報を利用して、申請書を簡単に作成することもで
　　　　　きますし、手続の状況をオンラインで確認することもできます。

＜以下、登記すべき事項を磁気ディスクに記録して提出する場合の入力例＞

「名称」一般社団法人A（ファミリートラスト）
「主たる事務所」○県○市○町○丁目○番○号
「法人の公告方法」当法人の主たる事務所の公衆の見えやすい場所に
掲示する。
「目的等」
目的
当法人は、□□□□（委託者氏名）と締結する信託契約書に定める
受益者の生涯にわたる安定的な生活を確保するとともに、同信託契
約書に定める帰属権利者に残余財産を交付するために、次の事務を
行いその受託者としての職務を適正に遂行することを目的とする。

(1) □□□□との信託契約に定める受託者としての信託事務
(2) その他前号に掲げる事務に附帯又は関連する事務
「役員に関する事項」
「資格」代表理事
「住所」○県○市○町○丁目○番○号
「氏名」○○○○
「役員に関する事項」
「資格」理事
「氏名」○○○○
「役員に関する事項」
「資格」理事
「氏名」○○○○
「従たる事務所番号」1
「従たる事務所の所在地」○県○市○町○丁目○番○号
「従たる事務所番号」2
「従たる事務所の所在地」○県○市○町○丁目○番○号
「従たる事務所番号」3
「従たる事務所の所在地」○県○市○町○丁目○番○号
「存続期間」法人成立の日から満 10 年
「登記記録に関する事項」設立

・・

設立時代表理事選定書（例）

　平成○○年○○月○○日、一般社団法人 A（ファミリートラスト）の事務所において、設立時理事全員が出席し、その全員の一致の決議により、設立時代表理事を選定した。
　なお、被選定者は、即時その就任を承諾した。

　　　　設立時代表理事　　○○ ○○

　上記決定事項を証するため、設立時理事の全員（又は出席した設立時理事）は、次のとおり記名押印する。

平成○○年○○月○○日
　　　　　　　　　　　　一般社団法人 A（ファミリートラスト）
　　　　　　　　　　　　設立時理事　　○○ ○○ ㊞

設立時理事　〇〇　〇〇　㊞
設立時理事　〇〇　〇〇　㊞

（注）席上で設立時代表理事が就任を承諾し、選定書にその旨の記載がある場合には、申請書に別途設立時代表理事の就任承諾書を添付することを要しません。この場合、申請書には、「就任承諾書は、設立時代表理事選定書の記載を援用する。」等と記載します。

．．

就任承諾書（例）

　私は、平成〇〇年〇〇月〇〇日、貴法人の設立時理事に選任されたので、その就任を承諾します。
　平成〇〇年〇〇月〇〇日
〇県〇市〇町〇丁目〇番〇号
〇〇　〇〇　㊞

一般社団法人Ａ（ファミリートラスト）御中

（注）理事会を設置しない法人の場合、設立時代表理事の就任承諾書に押す印鑑は認印でも差し支えありませんが、設立時理事の就任承諾書には、市区町村長の作成した印鑑証明書と同一の印鑑を押し、その印鑑証明書を提出する必要があります。なお、印鑑証明書に記載のある住所が就任承諾書に記載する最新の住所と異なる場合は、就任承諾書に記載する住所と一致する住民票を併せて添付します。

．．

委任状（例）

〇県〇市〇町〇丁目〇番〇号
〇〇　〇〇

　私は、上記の者を代理人に定め、下記の権限を委任する。

記

1　当法人の設立登記を申請する一切の件
1　原本還付の請求及び受領の件（※1）
　平成〇〇年〇〇月〇〇日
〇県〇市〇町〇丁目〇番〇号
一般社団法人Ａ（ファミリートラスト）
設立時代表理事　〇〇　〇〇　㊞（※2）

（※1）原本の還付を請求する場合に記載します。
（※2）当該代表理事が法務局に提出する印鑑を押します。

（税に関する各種届出）

国税庁のサイトに各種様式が次のように掲載されていますので、活用します。
(http://www.nta.go.jp/tetsuzuki/shinsei/index.htm)

各種届出関係

　収益事業を新たに開始したときや行政庁から公益認定を受けたときなど、法律で定められた届出の要件となる事実等が生じたときは、各種届出書を納税地の所轄税務署長に対し、その提出期限までに提出してください。

届出事由	届出書名
一般社団法人・一般財団法人を設立したとき（設立時に非営利型法人の要件に該当していないときに限ります。）	法人設立届出書
従業員等に対する給与等の支払を開始するとき	給与支払事務所等の開設届出書
収益事業を開始したとき	収益事業開始届出書
収益事業を廃止したとき	収益事業廃止届出書
行政庁から公益法人認定法の公益認定を受けたとき又は公益認定を取り消されたとき	異動届出書
非営利型法人以外の法人が非営利型法人となったとき	異動届出書
非営利型法人で収益事業を行っているものが非営利型法人以外の法人となったとき	異動届出書
公益社団法人・公益財団法人で収益事業を行っていないもの又は非営利型法人で収益事業を行っていないものが非営利型法人以外の法人となったとき	普通法人又は協同組合等となった旨の届出書

（法人設立届出書の様式）

　法人の設立日以後2月以内に納税地（主たる事務所の所在地）の所轄の税務署長に届けます。

　なお、設立時に非営利型法人の要件を満たしていれば、届出は不要です。

（http://www.nta.go.jp/tetsuzuki/shinsei/annai/hojin/annai/1554_2.htm）

法人設立届出書（様式）

コラム8　民事信託における遺留分減殺請求の対応

1.　たくさんある遺留分に関わる最判

　すべてを記載できないので気になる最近のものを挙げています。

●最判昭41・7・14民集20・6・1183

　（減殺請求権は形成権であって、その権利行使は受遺者に対する意思表示により足り、一旦なされた以上、減殺の効力を生ずるもの）

●最判昭51・3・18民集30・2・111

　（生計の資本としての金銭の贈与の価額は、贈与時の金額を相続開始の時の貨幣価値に換算した価額をもって評価すべきもの）

●最判昭51・8・30民集30・7・768

　（遺贈・贈与は遺留分を侵害する限度において失効し、遺留分権利者に帰属する）

●最判平3・4・19民集45・4・477

　（「相続させる」趣旨は被相続人の死亡の時に直ちに相続により承継する）

●最判平8・1・26民集50・1・132

　（遺産全部の包括遺贈に対する減殺請求権を行使した場合、遺留分権利者に帰属する権利は遺産分割の対象となる相続財産としての性質を有しない）

●最判平8・11・26民集50・10・2747

　（遺留分権利者の遺留分の額はその権利者の特別受益財産の価額を控除し、侵害額は遺留分の額から相続により得た財産を控除し負担すべき債務を加算して算定する）

●最判平10・2・26民集52・1・274

　（受遺者が相続人である場合の減殺割合は受遺者の遺留分額を超える部分である）

●最判平10・3・24民集52・2・433

　（受贈者が相続人である場合、遺留分算定の基礎となる財産について

1030 条にかかわらず原則として時期的な制限を設けない）

●最判平 13・11・22 民集 55・6・1033

（遺留分を侵害する遺言について、被相続人の財産処分の自由を尊重しその意思どおりの効果を一旦生じさせたうえで、侵害された遺留分を回復するかどうかを、専ら遺留分権利者の自律的決定にゆだねたものをいう）

●最判平 21・3・24 民集 63・3・427

（相続人のうちの一人に財産全部を相続させる旨の遺言は、特段の事情のない限り、当該相続人が相続債務もすべて承継したと解され、遺留分の侵害額の算定に当たり、遺留分権利者の法定相続分に応じた相続債務の額を加算することは許されない）

●最判平 21・12・18 裁時 1498・15

（遺留分権利者から物件返還等請求がなくても、受遺者等から弁済すべき額の確定を求める訴訟を提起できる）

●最判平 24・1・26 集民 239・635

（相続分の指定が遺留分を侵害する場合、遺留分割合を超える部分に応じて修正され、特別受益の持戻し免除の意思表示も侵害する限度で失効し遺留分権利者の相続分に加算され、贈与を受けた相続人の相続分から控除すると解するのが相当である（侵害する特別受益を限度に具体的相続分を算定すると遺留分権利者の財産を確保し得ない））

2. 民事信託に係る遺留分の学説

　改正された信託法の新たな定めをどのように解釈するか、また相続法との関係をどのように整理するかは今後の課題であり、慎重に信託条項を定める必要があります。

　たとえば、遺言信託に係る遺留分の減殺について 2 つの説がありますが、遺言信託の場合だけでなく、相続開始 1 年以内または 1 年超前に設定した他益（民 1044 の特別受益、または侵害することを知っての）信

託、遺言代用の信託等の取扱いの違いについて議論が十分になされていません。また、受益権を取得した相続人が放棄（信99）した場合、第三者を害することができないので、少なくとも当人の遺留分は減額されると解されますが明らかではありません。
（西希代子「民法の空洞化？財産承継方法としての信託と相続法」信託法研究36号99頁）

	受益権説	信託財産説
遺留分算定の基礎財産	受益権の価額（の総額）	信託財産の価額
遺留分を侵害する行為	受益権の恵与	信託の設定 信託財産の移転
遺留分減殺の対象	受益権	信託の設定行為 信託財産
遺留分減殺請求の相手方	受益者	受託者（＋受益者）
遺留分減殺の効果	受益権の共有	信託の（一部）効力否定　信託財産の共有

　信託法の解釈が定まらない現在では、できるだけ受益権の内容を信託条項を工夫（また相続人が受益権を放棄した取扱い、遺留分の減殺方法を指定するような受益権の内容など）して定め、具体的に対応できるようにすることが賢明と考えられます。

　なお、新たな信託法は、「私法秩序」特に「相続法の公序」との衝突が指摘されています。具体的には、同時存在の原則、遺言事項、遺留分の3つの項目を挙げ考察されています（沖野眞己「信託法と相続法」『特集2　現代相続法の課題』季刊ジュリ2014夏№10・132頁）。

　遺留分については、能見善久・道垣内弘人編『信託法セミナー（3）受益者等・委託者』（有斐閣、2015年）の65頁以下及び99頁以下における2つの説の議論が減殺請求の対応方法の検討において大変参考になります。

　しかし、信託に係る遺留分の取扱いは、信託法が89条〜91条等の創設の趣旨から、委託者の信託の設定の意思を尊重して信託法理により対

処すべきであり、またできるものです。

　信託の設定は受益権の付与まで一体の行為として、その受益権は物権的と解されているので、形式的な移転を財産の処分として捉えることは信託の社会的意義を失わせます。また私見ですが、㋐遺産分割においての受益権としての取扱いとの整合性、㋑善意の受益者がいる等の詐害信託の受託者等への執行（信11但書）、すなわち信託または信託受益権に係る遺留分の減殺請求に対して、詐害信託の考え方（悪意の受益者である場合を除き信託行為を取り消すことができない）から、委託者の債権者であっても詐害信託に該当しない限り信託財産を差押えできないとの信託法の規律であるから、相続人である遺留分権利者なら可能とすることは債権者よりも形成権が強くなり整合性を逸している（さらに債務を承継する遺留分権利者が信託財産を取得すれば債権者が差し押さえることができる）、㋒自己信託の信託財産への執行（信23Ⅱ）の信託法の取扱いの趣旨、㋓受益権取得請求権（信103Ⅰ）の適用から、受益権の額を踏まえて解釈して取り扱うことが合理的と解されます。

3.　遺留分対策を考慮した民事信託を作成する

　各信託銀行の約款等において、遺留分減殺請求がなされた場合の受託者の対応（各行により異なります）が示されています。たとえば、特約付き金銭信託（いわゆる遺言代用信託）の特約条項において、「この信託の第2受益者に対する受益権の付与につき当社に対し遺留分減殺請求がなされた場合、当社は、当該遺留分減殺請求に基づき信託財産の全部または一部が当該指定受益者以外の遺留分権利者に帰属することおよび信託財産のうち当該権利者に帰属すべき具体的な金額（以下「遺留分相当額」といいます）が明示されている確定判決、和解調書または当該指定受益者と遺留分権利者間の合意書等（以下本条において「確定判決等」といいます）が当社に提示されるまで、第2受益者に対する信託財産の交付を行わないことができます。」との記載があります。信託の法的効力

があいまいで、また商品概要説明書にはこのような記載がありません。

　減殺請求への備えとして、まず相続対策全体のプランを踏まえて、信託による特別受益分の算定・遺留分の順序、信託行為による影響を試算して対応策を検討します。財産等の状況を踏まえて、委託者の真意を尊重した信託の定め方を工夫することが大切です。また、受益権の評価（受益債権の内容を算定可能なように定めないと相続分等が算定できず無効になる余地があります）が難しいと言われていますが、民法 1029 条 2 項により鑑定人の評価に従うことになると思われます。なお、信託法、遺言者の特別な意思を尊重する趣旨から 1032 条による残額の受遺者への給付は適用されないものと解されます。また、**コラム 3** の「法制審議会の民法（相続関係）改正の要綱案の検討」の動向に注視します。

4.　信託に係る遺留分についての参考文献

能見善久・道垣内弘人編『信託法セミナー（3）受益者等・委託者』65 頁以下及び 99 頁以下（有斐閣、2015 年）

横山亘『信託に関する登記（第 2 版）』（テイハン、2013 年）

伊庭潔「信託行為と遺留分制度（契約信託・遺言代用信託の場合）」お茶の水民事信託研究会報告（2014・11・15）

小林徹「家族信託の発展に向けての一考察」信託 252 号（2012 年）

横山美夏「信託から、所有について考える」信託法研究 36 号 75 頁、質疑応答 129 頁（2011 年）

西希代子「民法の空洞化？－財産承継方法としての信託と相続法」信託法研究 36 号 99 頁（2011 年）、「遺言代用信託の理論的検討－民法と信託法からのアプローチ」信託フォーラム 2 号（2014 年）

三枝健治早稲田大学教授 第二個別報告「遺言信託における遺留分減殺請求」公証法学第 40 号（2010.12.20）41〜58 頁、「遺言信託における遺留分減殺請求」早法 87 巻 1 号 37 頁（2011 年）

加藤祐司弁護士「後継ぎ遺贈型の受益者連続信託と遺産分割及び遺留分減殺請求」判夕 1327 号 18〜27 頁（2010 年）

川淳一「受益者死亡を理由とする受益者連続型遺贈・補論」野村豊弘・床谷文雄編著『遺言自由の原則と遺言の解釈』28 頁、145 頁以下（商事法務、2008 年）

道垣内弘人「誰が殺したクックロビン」法学教室 339 号 82 頁（2008
年）、「信託設定と遺留分減殺請求」能見善久編『信託の実務と理論』
58 頁〜65 頁（有斐閣、2009 年）

星田寛「遺言代用信託」道垣内弘人・小野傑・福井修編『新しい信託法
の理論と実務』金商 1261 号 179 頁（2007 年）、「財産承継のための
信託」能見善久編『信託の実務と理論』58 頁〜65 頁、47 頁〜57 頁
（有斐閣、2009 年）、「信託と後見」新井誠・赤沼康弘・大貫正男編『成
年後見制度』512 頁〜（有斐閣、2014 年）

水野紀子「信託と相続法の相克」東北信託法研究会編『変革期における
信託法（トラスト 60 研究叢書）』123 頁（トラスト 60、2006 年）

新井誠『信託法［第 4 版］』513 頁（有斐閣、2014 年（初版 2002 年））

四宮和夫『信託法［新版］』160 頁（有斐閣、1989 年）

飯田富雄「遺言信託に関する考察」信託 91 号 11 頁、20 号 16 頁（1954
年）

近藤英吉『判例遺言法』221 頁（有斐閣、1938 年）

第9章
事例別の信託条項と注意点

1 親なき後支援信託の信託条項と解説

(1) 親なき後支援信託(不動産・金融資産)の設定上の留意点

① 依頼人(委託者)の思いと信託行為の選択

　本信託は、いわゆる「親なき後支援信託」です。知的障がい、精神障がいを持つ我が子の財産管理等のすべてを担ってきた親が、この役目を果たせなくなった後に備えて、親に代わってこれらの事務を担う親族を受託者、そして障がいを持つ子を受益者として設定する信託です。

　信託には信託契約、自己信託、遺言信託という手法がありますが、親なき後支援信託の場合、その多くは遺言信託が中心になります。しかし、「親」が存命でも認知症を患うケース等において「親」をも信託で支援する必要がある時代を迎えているので、今後は、任意後見契約とリンクした信託契約を選択することも有用となってくるでしょう。ますます、高齢化社会を進むとこのような信託契約が多く選択さ

親なき後支援信託(遺言信託)

遺言信託

委託者(遺言者)S　　受託者T
(信託給付)

(後見契約C)

受益者B　受益者代理人E
(信託の終了)

帰属権利者TC

れるかもしれません。

　選択の基準は、あくまでも依頼者の具体的な要望によりますが、信託創造者としてはさまざまなスキームを提案説明し、依頼者に選択してもらうことになります。

②　信託設定の方法

　この種の事例で私書証書を用いて設定されている例もあるやに聞いています。しかし、信託にあっては、信託財産である金銭等金融資産の公示方法がとりわけ重要です。この公示を施さないまま管理すれば、信託財産の倒産隔離機能が失われてしまいます。私書証書では、その多くの金融機関が、信託口口座の開設に応じてくれない現状においては受託者の責任を全うすることは困難であり、大きな問題が残ります。

　また、遺言信託を選択した場合、信託の設定は、公正証書遺言のみならず、自筆証書遺言でも信託は可能です。しかし、親なき後支援信託のような福祉型信託の場合、多くは遺言の効力発生後すみやかに財産の管理（信託財産の確保）と受益者の支援が必要になります。したがって、受託者は委託者（遺言者）死亡後直ちに、受益者保護に当たらなければならないので、信託の設定を迅速にしかも的確に手続する必要があります。自筆証書遺言の場合は家庭裁判所に相続人が同時に出頭して行う検認手続が必要になり、またしばしば真正に作成されたかについて争いになることもあり、信託が実質的に機能し始めるまで長い期間を要することとなり得ます。公正証書遺言が信託を起動させるうえで優れていることは明らかと思われます。

③　信託の目的

　信託の目的は、受託者が何をなすべきかの「事務処理の基準」を表わすものです。したがって、その内容は具体的で、しかも受託者に対する「命令的な行動の指針」でなければなりません[1]。不十分な表現はトラブルのもとになります。常に、受益者のための信託でありなが

1）遠藤英嗣『新版　新しい家族信託』（日本加除出版、2016 年）90 頁。

ら、その目的、行動指針を受益者自身と共有することはできないという現実を踏まえ、受託者が信託事務を遂行しやすいよう、わかりやすく、しかも設定者の意図に反する解釈の余地のないように表現を選ぶ必要があります。

④　信託行為の信託財産

　信託では、信託行為で信託財産が確定されていることが求められます。信託法16条の後段に掲げられている財産（信託財産に属する財産の管理、処分、滅失、損傷その他贈与などにより受託者が得た財産及びその他信託財産に属することとなった財産）は、信託行為に掲げる信託財産にはなりません。遺言者の家財道具も何もかも信託財産に含めようとする人もいますが、筆者は賛成できません。家具等換価性の低く分別が難しい動産を信託に付して、受託者の管理下におく意味はなく、遺言で子供さんに相続させればよいと思います。本文例もそのようにしてあります（遺言公正証書第2条参照）。

⑤　親なき後支援信託の受託者

　この種の相談事案では、受託者の適任者がいない場合が多くあります。受託者については、「営利の目的」をもって「反復継続」して行うことが禁じられています（信業3、2ⅠⅡ）。委託者となるべき親が長年にわたり子供の監護に追われ広い社会関係を有していないケースも多く、そのような場合、受託者を見出すのに苦労します。また、家族信託は、本件のように長期にわたるものであり、受託者の交代は当然考えなければなりません。信託の設定にあたっては、必ず後継受託者について考え、定めを設ける必要がありますが、これもさらに難しい課題です。

　受託者として法人を考えることで解決を図ることも視野に入れるべきでしょう。

⑥　信託事務処理代行者の選任

　上記のとおり、受託者が見出しがたいこの種の事案では、とりあえず受益者の世話等をしている団体等に受託者を依頼することもあります。その場合、受託者の能力の問題もあるうえ、利益相反も考えられ

るので、専門職の信託事務処理代行者を併せて選ぶことになります。

なお、受託者が病気等で一時期できないときに期限付きで選任することもあり得ます。

⑦　**受益権の譲渡禁止**

受益権の譲渡は自由ですが、その性質がこれを許さないときは、この限りでないとされています（信93）。もちろん、本件のように、信託行為に別段の定めをすることはできますが、その定めは、善意の第三者に対抗することができません。しかし、親なき後支援信託の受益権は、受益権の譲渡等を性質が許さない場合に該当すると考えるべきでしょう。

⑧　**親なき後支援信託と信託金銭の給付**

福祉型信託の運営においては、信託給付は、必要不可欠なものです。しかし、上述のとおり信託の目的を完全には共有できない受益者に対し、その要求どおり給付できない事態を生じることはある程度避けられないと思われます。

⑨　**信託財産である金銭の管理**

金融資産は、家族信託ではすべて元本が保証された預貯金として管理すべきか、あるいは金融商品はどうか、という問題がありますが、この種の信託はリスクを最小化した運用に限定すべきでしょう。したがって、委託者である遺言者が「有価証券等の金融商品として運用ができる」としてリスクの少ない金融資産を信託財産としている場合は、継続することには問題はないと思われます。

⑩　**費用等の負担**

信託行為において、受託者が受益者から費用の補償を受けることができるとの条項の定めはできないとされています。ただし、自益信託の場合、受益者兼委託者に対して費用等の補償を請求することは可能です。

⑪　**受益者保護関係人の選任**

親なき後支援信託では、受益者保護関係人の選任が必要です。受益者自身が的確に意思表示できない状況を踏まえ、受益者代理人を選任

すべきであると考えます。特に、受益者の知的障がいの程度がひどく受益者自身意思表示できないような事案では、受益者保護関係人の選任がなされない信託の設定は、信託創造者としてはやるべきではないと思っています。信託財産が多い場合などは、信託監督人をも選任する必要もでてきます。

⑫　信託の合意等により終了

　信託は、委託者の企図した目的を達成するためのものであり、その目的達成を望まない関係者の思惑による信託の終了は避けなければなりません。信託の相談の中に、信託の目的に関係なく、特定の関係者（受託者、信託監督人など）が自由に信託を終了させることができる条項を加えようとする例がありますが、信託はあくまでも、信託の目的の達成に向かって進むものです。

⑬　信託の終了と帰属権利者

　家族信託において、信託が終了したときは、信託行為で定めた「残余財産受益者」または「帰属権利者」に引き渡されることになります。ただし、信託が途中で終了した場合、多くはその時の受益者に帰属することになります。

　なお、信託終了時などに銀行ローンが残っているときは、多くの場合帰属権利者等に債務を引き受けてもらうことになります。

　（考え方ですが、債務超過で破産手続にするのは、好ましくないので、残余財産の受益者や帰属権利者は、ローン債務を引き受けてもらうことになる、と考えています。

　残余財産の利益を受けない受託者（清算受託者）に負担させることは、できないと考えますので、ローンが残ることが確実な場合は、信託条項（帰属権利者等は負担するものとするということ）に盛り込むことになるかと思います。）

⑭　信託の変更

　この種の信託は、受益者の一生涯を支援するものもあり、その目的達成のため長期にわたり事務処理がなされるものです。その間に信託当事者の交代だけでなく、事情変更により、信託行為の信託条項が機

能不全に陥ることがあり得ます。信託は、長期間に設定時の仕組みや信託内容では目的達成ができなくなる事態を想定することが不可欠であり、その意味で、信託の変更の条項は法律の定めはあるものの重要です。

(2) 参考文例（遺言による「親なき後支援信託」）

下記の参考文例は、遺言信託のひな型ですが、遺言本文と遺言信託条項の要素となる内容を掲載したものです。

本例は、一つのひな型にすぎません。本ひな型を参考にしつつ、あくまでも委託者の個別具体的な必要、要望に沿えるよう受益者の支援等が確実にしかも長期にわたって達成される仕組みを念頭におき、かつ信託制度の本旨を損なうことのないよう、注意深く各条項の内容や表現を吟味してゆくことが求められます。

なお、本例は、受益者である子にはいまだ成年後見人等の選任がなされていないことを前提にしています。また、信託財産の詳細は省略しています。

遺言公正証書

本公証人は、遺言者Ｓの嘱託により、平成〇〇年〇月〇〇日、証人〇〇〇〇、証人〇〇〇〇の立会いをもって次の遺言の趣旨の口授を筆記し、この証書を作成する。

遺言の趣旨

第1条　遺言者は、遺言者の所有する別紙2「信託財産目録」記載の財産を、別紙1「遺言信託」記載のとおり信託する。

第2条　遺言者は、遺言者の有する前条記載の財産を除くその余の金融資産及び手許現金、家財道具をも含む一切の財産を、遺言者の長子〇〇〇〇（昭和〇〇年〇月〇〇日生。以下「長子

B」という。）に相続させる。

第3条　次の費用等は、前条記載の金融資産からこれを支払うものとする。

(1) 遺言者の未払い租税公課、未払入院費用、日常家事債務等の債務

(2) 葬儀・納骨・法要関係の費用

(3) 本遺言の執行に要する報酬を含む一切の費用

第4条　遺言者は、この遺言の遺言執行者として、次の者を指定する。

　　　　　住　　所　　東京都〇〇区〇〇丁目〇〇番〇〇号

　　　　　職　　業　　弁護士

　　　　　氏　　名　　甲

　　　　　生年月日　　昭和〇〇年〇月〇〇日生

2　遺言執行者は、第1条記載の信託の設定手続（不動産の信託設定登記手続、金融資産である預貯金等の換価換金及び換金等した金銭の受託者への引渡し等）をはじめ、遺言者が借用中の貸金庫の開庫、貸金庫契約の解約、預貯金債権その他の金融資産の名義変更、払戻し、解約等のほか、医療費、公租公課その他の債務の支払いなど本遺言執行に必要な一切の行為をする権限を有する。

3　遺言執行者は、必要と認めるときは第三者にその事務を委任することができる。

4　遺言者は、遺言執行者が所属する法律事務所が定める報酬規定による報酬を支払うものとする。

（別紙1）

遺　言　信　託

　本遺言公正証書第1条に定める信託の内容は、次のとおりである。

（信託の目的）

第1条　本信託は、第2条記載の財産を信託財産として管理運用及び処分その他本信託目的の達成のために必要な行為を行い、受益者の安定した生活の支援と福祉の確保を目的とする。ただし、特に必要な場合を除き、一時的な多額の給付は行わないものとする。

（信託財産）

第2条　本信託の信託財産は、別紙2「信託財産目録」第1及び第2記載の不動産（以下「信託不動産」という。）ならびに同目録・第3及び第4記載の金銭等金融資産（以下「信託金融資産」という。）とする。

2　受益者は、受託者に対する書面による通知により金銭及び有価証券を追加信託することができる。

（後見人は16条2項の処分行為の定めから、成年後見人の場合は追加できませんが、そうでない場合もあります。）

（受託者）

第3条　当初受託者は、次の者とする。

　　　　　住所　　○○県○○市○○丁目○○番○○号

　　　　　職業　（親族）

　　　　　受託者氏名　T

　　　　　生年月日　昭和○○年○月○○日生

2　当初受託者Tが死亡しその他信託事務を行えないときは、当初受託者があらかじめ公証人の認証を受けた書面により指名した者1名を後継受託者に指定する。

（信託の期間）

第4条　本信託の信託期間は、次の事由により終了する。

　（1）受益者長子Bの死亡のとき

　（2）信託財産が消滅したとき

（受益者及び受益権）

第5条　本信託の受益者は次のとおりとする。

　　　　　続柄　遺言者の長子

　　　　　氏名　Ｂ

　　　　　生年月日　昭和○○年○月○○日生

2　受益者は、信託目的の性質から受益権を譲渡又は質入、担保
　設定その他の処分をすることができない。

(信託事務の委託)

第6条　受託者は、自らの責任において、信託事務の一部を第三
　者に委託することができる。

(受益者代理人)

第7条　次の者を受益者代理人として指定する。

　　　　　住　　所　　○○県○○市○○丁目○○番○○号

　　　　　職　　業　　(専門職)

　　　　　氏　　名　　Ｅ

　　　　　生年月日　昭和○○年○月○○日生

2　上記の者が受益者代理人に就任しないなど欠けたときは、次
　の者を指定する。(表記省略)

3　受益者代理人は、常に受益者及び受益者の成年後見人等(任
　意後見人、保佐人を含む。以下同じ。)に対し本信託の目的等を
　よく説明するとともに、受益者の意思を確認し、信託の本旨及
　び本信託の目的に反しない限り、これを信託事務に反映させる
　ように努めるものとする。

(受託者の注意義務)

第8条　受託者は、信託目的に沿って信託財産を善良なる管理者
　の注意をもって信託財産を管理処分するものとする。

2　受託者は、信託事務遂行に当たり、信託財産を受託者の固有
　財産とは分別して管理し、両財産を混同してはならない。

(不動産の引渡しなど)

第9条　受託者は、本信託の効力発生後すみやかに遺言執行者
　(相続人)から信託不動産の引き渡しを受け、受益者の自宅及
　び賃貸用不動産としてその裁量で管理を開始するものとする。

2　公租公課の起算日は本信託効力発生日とし、信託不動産に係

る収益、費用その他通常の不動産譲渡において精算すべき全ての項目に関しては、本信託効力発生日をもって区分して精算するものとする。

3　受託者は、別に定める場合のほか、本信託において、受託者が相当と認める方法等により不動産の管理運用及び処分（換価処分のほか建物の取壊し及び新築等を含む。）を行う。この場合、受託者は、受益者自らが使用しない信託不動産につき、継続的に相当の対価を得て他人に使用させて安定的な収益を計ることができるものとする。

4　受託者は、本信託設定日を付保開始日として、信託不動産に関する損害保険を付保するものとし、信託期間中これを維持するものとする。

（保険をかけなさいという義務を課すだけで、それ以上は受託者に任せるのだと思います。共有の場合などは、共有者名義で保険をかけるので、そこまでは条文化はしないのが、運用しやすいと思います。）

（契約者＝被保険者の場合）

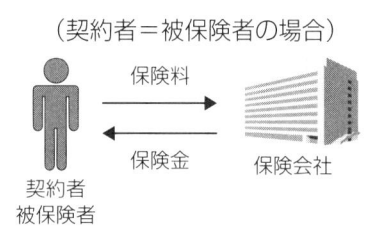

（契約者≠被保険者の場合）

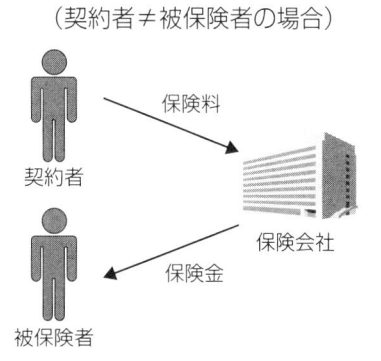

（登記及び信託の公示）

第 10 条　受託者は、信託不動産について、本信託効力発生後直ちに信託による所有権移転登記及び信託の登記を行う。

2　受託者は、信託不動産以外の信託財産については、登録又は信託の表示を要請し、もしくは「信託口」等の信託財産であることの記載または記録等を受けるものとする。

（信託財産の給付）

第 11 条　受託者は、その判断により、信託された金銭及び不動産の賃料収入等を、公租公課、信託不動産の修繕、保存、改良その他信託事務の処理に必要な支出に充当することができる。また、受託者は、受益者代理人と協議のうえ、受託者が相当と認める生活費、医療費等を受益者に対し手渡し又は銀行等の振込みにより給付する。

（信託事務処理に必要な費用等）

第 12 条　本信託にかかる公租公課その他信託事務処理に必要な費用及び信託報酬は、受益者への通知等をしないで信託財産から支払うことができる。

（信託の計算）

第 13 条　本信託にかかる計算期間は、毎年 1 月 1 日から同年 12 月 31 日とし、計算期間の末日を計算期日（以下、単に「信託計算期日」という。）とする。ただし、最初の計算期間は、本信託効力発生日からその年の 12 月 31 日までとし、最終の計算期間は、直前の計算期日の翌日から信託終了日までとする。

2　受託者は、本件信託開始と同時に、①信託帳簿　②財産状況開示資料　③事務引継があった場合の関係書類を作成するとともに、本信託計算期日に信託の計算を行い、その後 1 か月以内に信託財産の状況に関する報告書及び信託計算書を作成し、これを受益者または成年後見人等及び受益者代理人へ報告するものとする。

3　受託者は、毎年、法の定める信託計算書を作成し所定の手続

を行うものとする。

（信託の終了）

第14条　本信託は、次のいずれかの事由が生じた場合に、終了するものとする。

　(1)　第4条の期間の満了のとき

　(2)　その他信託法に定める終了事由が生じたとき

（信託終了時の清算手続）

第15条　受託者は、信託終了時の清算受託者として、現務を終了して清算事務を行い、残余の信託財産を次条記載の帰属権利者に引き渡し、かつ名義変更等の手続を行う。

2　前項において、清算受託者は、最終計算について、受益者又は受益者代理人の承認を求めるものとする。

（信託終了時の信託財産の帰属等）

第16条　残余の信託財産は、現状有姿のまま信託終了時の受益者に引き渡すものとする。

2　前項にもかかわらず、第14条第1号の場合は、受託者T及びTの妻○○○○に均分の割合で帰属させる。なお、この場合、一方が死亡していた場合は生存している者が全部を取得する。

（信託報酬等）

第17条　受託者の報酬は、月額金○万円とし、受益者代理人の報酬はその半額とする。ただし、清算受託者の報酬は、金○○万円とし、清算手続の承認手続が終了した時点で支払う。

（残余財産の受益（複数の場合は特に）とは別に、14条1号のときも報酬を支払うことができるように定めています。）

（信託の変更等）

第18条　本信託は、本信託の目的に反しない限り、受託者と受益者代理人との合意により公正証書または公証人の認証を受けた書面により変更することができる。

2　本信託契約書に定めのない事項は、信託法その他法令に従う。

（別紙2）

信託財産目録

第1　自宅不動産

第2　賃貸用不動産（貸地、共同住宅、店舗等の不動産）

第3　金銭（○○銀行○○支店における遺言者名義の預金全額及び
利息相当額）

第4　投資信託（○○証券○○支店扱いのもの）

以上

(1) 相談者の当初の相談内容

　相談者の兄弟姉妹は、長男、長女、次女の3人です。相談者はその次女で、その内容は、平成27年3月に亡くなった父親が残した賃貸用の借地権付マンション、預貯金等の相続に関してどのように分割協議をまとめたらよいのかという相続手続の話でした。

(2) 相談者の状況等の背景、家族等の動向等

① 相続の背景

　そこで、さらに詳しく事情を聞いてみたところ、次のような事情がわかりました。父親Aは借地上に昭和62年新築した築28年の自宅兼賃貸マンション1棟を所有され、昨年亡くなられました。遺産であるマンションは区分建物の登記ではなく、1棟の所有権保存登記がなされています。新築時に銀行より借入れをしていて、所有するマンションに根抵当権が設定されています。借入債務は約3,500万円残っており、月々の返済額は約145万円です。賃貸部屋は23部屋あり、現在16部屋が賃貸中で月額239万1,000円の収入があります。

　父親Aは3カ月前に病気で亡くなっています。母親は既に亡くなっており、相続人は長男B、長女C、次女Dの3名です。

　長男Bには妻Eと子L、M2名いますが、長男Bは長期入院中なので、父親Aの看病は妻Eがみていました。長女Cは独身で、精神病を患っています。次女Dは夫Fと子1人Gがいます。

② 子供たち、兄弟姉妹の家族関係

（ア） 長男Bの立場

　長男B（67歳）は長期入退院を繰り返し、医療費に多額の出費

を余儀なくされていますが、本人は先行き長く生きることはかなわないと感じています。2人の子L（32歳）、M（30歳）はそれぞれ独立しているので、長男Bが所有している自宅は妻E（60歳）に相続させたい希望があります。しかし生活費に不安を抱いているので、遺産を売却するより、賃貸マンションの賃料の一部を残される妻のために自宅と生活費の一部に充てたいと希望しています。

（イ）　長女Cの立場

　長女C（64歳）は近県での賃貸マンションに居住し、独身で精神病（うつ病）を患っていて、社会福祉法人に勤務していますが収入は安定していないため、父親からの援助を受けて生活をしていました。独身のため将来の生活について不安を抱いています。万一、自分が亡くなったときは、次女Dの子Gに自分の遺産を相続させたいと思っています。また、仮に賃貸マンションを売却したとしても、その取得する売却代金の管理が困難であると感じています。

（ウ）　次女Dの立場

　次女D（60歳）は、不動産会社を数年前退職し、夫F（65歳）も上場企業を定年退職し、現在は地域のボランティア活動をしていて、金銭的には困っていません。次女Dは父親が体調を崩して以

（家族関係）

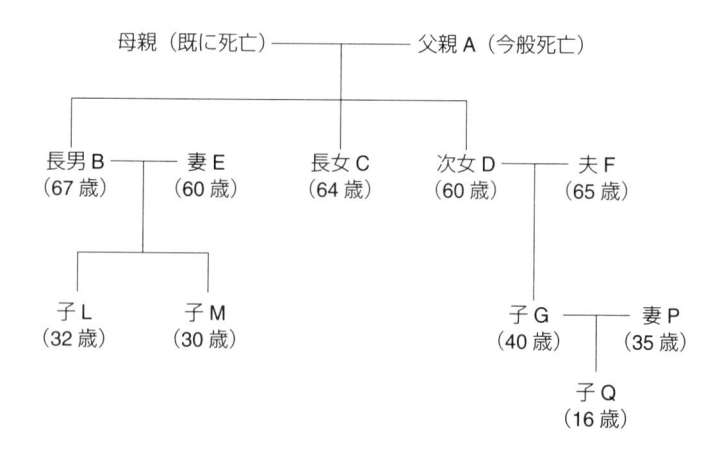

来、父親の入院付添いやマンションの管理業務を引き受けて、賃借人との連絡業務や入金確認業務を行っています。

(3) 遺産目録の調整

分割協議するに際して、本件賃貸マンションを売却して相続人3名で均等に分割すべきか、または売却せずに3名で共有持分名義にして賃貸業を継続していくべきかの相談を受けました。

その前提として、遺産について目録作成のために調査した結果、下記のような財産状況であることが判明しました。

① **賃貸マンションの概要について**

（ア）位置

東京近郊に所在し、駅より徒歩10分のところで人の往来も多く、路線価は1㎡当たり11万円です。全面道路は片側1車線で歩道も設置されています。賃借人は、会社関係及び会社の社宅として居住しています。

（イ）登記事項情報

① 建物の登記事項情報

所在	○○市○○区三丁目20番地4
家屋番号	20番4
種類	共同住宅・店舗
構造	鉄筋コンクリート造陸屋根7階建

1階	333.45㎡
2階	338.45㎡
3階	338.45㎡
4階	338.45㎡
5階	338.45㎡
6階	338.45㎡
7階	278.63㎡
総床面積	2304.33㎡

甲区の情報

登記名義人　　A

乙区の情報

根抵当権設定	設定日	昭和62年8月20日
	債権額	金4億5千万円
	根抵当権者	X銀行（○○支店）
	債務者	亡父A

② 借地権の情報

所在　　○○市○○区三丁目

地番　20番4

地目　宅地

地積　470.65㎡

（ウ）　収益状況

全賃貸部屋	23部屋
稼働賃貸中の部屋	16部屋

各部屋の賃料		賃料	敷金
1階	A室（店舗）	355,000円	3,550,000円
1階	B室（店舗）	265,000円	2,650,000円
1階	C室（事務所使用）	200,000円	2,000,000円
2階	1号室（居宅）	155,000円	320,000円
2階	2号室（事務所使用）	160,000円	1,550,000円
2階	3号室（居宅）	空室（予測賃料136,000円）	
2階	4号室（居宅）	空室（予測賃料136,000円）	
3階	1号室（居宅）	136,000円	272,000円
3階	2号室（居宅）	140,000円	280,000円
3階	3号室（居宅）	空室（予測賃料136,000円）	
3階	4号室（居宅）	140,000円	280,000円
4階	1号室（居宅）	空室（予測賃料136,000円）	

4 階	2 号室（居宅）	140,000 円	280,000 円
4 階	3 号室（居宅）	140,000 円	280,000 円
4 階	4 号室（居宅）	140,000 円	280,000 円
5 階	1 号室（居宅）	140,000 円	280,000 円
5 階	2 号室（居宅）	140,000 円	280,000 円
5 階	3 号室（居宅）	140,000 円	280,000 円
5 階	4 号室（居宅）	140,000 円	280,000 円
6 階	1 号室（居宅）	160,000 円	320,000 円
6 階	2 号室（居宅）	空室（予測賃料 150,000 円）	
6 階	3 号室（居宅）	空室（予測賃料 150,000 円）	
6 階	4 号室（居宅）	空室（予測賃料 150,000 円）	
7 階	A の自宅として使用していました。		
合計		2,691,000 円	13,182,000 円

② **建物及び借地権の相続税評価額について**

相続税評価額を求めたところ、下記のように算定されました。

（ア）建物の評価額

平成 27 年度固定資産税評価額　　　　1 億 3,836 万 2,000 円

相続税評価額＝固定資産税評価額×（1 － 借家権割合（0.3）

×賃貸割合）

賃借割合＝ 2052.70㎡（賃貸部分）/2304.33㎡（全床面積）

138,362,000 ×（1 － 0.3 × 2052.7/2304.33）≒ 101,386,000 円

（イ）借地権評価

借地　470.65㎡

路線価　1㎡当たり、110,000 円

借地権評価　470.65㎡× 110,000 円× 70% ≒ 36,240,000 円

　借地権についても、小規模宅地特例が適用されますが（租税特別措置 69 条の 4 第 1 項「土地又は土地の上に存する権利をいう」に該当）、要件である「相続開始直前において、被相続人又は被相続

人と生計を一にしていた被相続人の親族の事業用もしくは居住用に供されていた宅地等」に該当しますが、どのように適用するかは、税理士の知見を得て協議が必要です。

③ **預貯金について**

調査したところ下記の預貯金が判明しました。

預貯金

  X 銀行　　30,000,000 円（賃料・修繕積立金を運用する目的で利用）

  Y 銀行　　13,182,000 円（預り敷金として利用）

  Z 銀行　　20,000,000 円（定期預金等として利用）

  以上合計　63,182,000 円

④ **総資産額について**

以上から総資産額は下記のようになりました。

（ア）資産

  建物評価額　　　　　　　　　　101,386,000 円

  借地権価額　　　　　　　　　　 36,240,000 円

  預貯金　　　　　　　　　　　　 63,182,000 円

  合計金　　　　　　　　　　　　200,808,000 円

（イ）負債額

  銀行ローン残債務　　　　　△ 35,000,000 円

  預り敷金　　　　　　　　　△ 13,182,000 円

  未払入院費葬儀費用　　　　△ 4,500,000 円

  合計金　　　　　　　　　　△ 52,682,000 円

  以上遺産総額合計

  資産総額（200,808,000 円）－負債額（52,682,000 円）

  　　　　　　　　　　　　　　　　　　　　＝ 148,126,000 円

⑤ **相続税額について**

税理士が、相続税納付すべき額を試算しました。

　小規模宅地等の特例の適用その他の事情を考慮しないで計算したところ、約 23,100,000 円になりました。

(4) 売却か賃貸業存続かの判断

① 売却処分のための収支計算

　建物は築 28 年で、15 年前に 1 回、小規模修繕をしたが、その後壁面等劣化が目立つようになってきているため、近隣の不動産会社に時価相場を聞いたところ、借地権価額を含めて 137,000,000 円前後（敷金別）ではないかと言われました。この時価を売値とするなら、下記の銀行ローン残債等（負債 52,682,000 円 + 相続税 23,100,000 円 + 不動産媒介手数料 4,170,000 円 + 地主の承諾料 3,619,000 円 = 83,571,000 円）を差し引くと、おおよそ 53,429,000 円にしかなりません。この金額に預金 50,000,000 円を足すと 103,429,000 円で、3 人に均等にすれば、1 人当たり約 34,476,000 円（所得税等未考慮）が手元に残ります。

② 賃貸業継続のための収支計算

　一方、売却せずに賃貸業を継続していくとすると、現在の賃料合計は 16 部屋分の合計 2,691,000 円であり、月々の支払額は下記のとおり合計 2,180,000 円となり、月額収益は約 50 万円程度と予想されます。

　　修繕積立金　　　　　約 230,000 円／月（1 部屋平均 10,000 円の

　　　　　　　　　　　　　　　　　　　　23 部屋分）

　　管理業務委託料　　約 300,000 円／月

　　銀行ローン返済金　約 1,450,000 円／月（あと 2 年で完済）

　　公租公課等　　　　約 200,000 円／月

　大規模修繕にどの程度必要になるか、将来の賃貸事情等の見通し等を専門家に確認して精緻に試算しました。さらに、地主への更新・承諾料を考慮します。その結果、銀行ローンはあと 2 年で完済でき、その後はローン返済金 1,450,000 円については手元に残り修繕等に備えられること、この賃貸マンションの法定耐用年数は 47 年（事務所用は 50 年・もっとも現実はそこまでもつかは別問題です）であり、残存 19 年間の収益を上げられること、空き部屋（7 部屋）についてもリホームすること、また父親が居住していた部屋も賃貸することによ

り収益を上げられる可能性があること、相続人全員が一時金の必要性がないこと、むしろ継続的な生活費を確保できる資金が定期的に手に入ること等から、保有維持する方法を選択されました。ただし、2年間の収益は長女Cへの援助金の一部に充て、2年後からは、配当金として全員に分配することにしました。

(5) 賃貸マンションの登記名義人の検討

　上記の結果、賃貸マンションを売却せず継続して運営していくことにまとまり、賃貸による利益を均等にすることを決めました。次に、登記名義人を単独名義にするのか（負担付遺産分割）、共有名義にするのかについて協議しました。たとえば、次女Dの単独名義にして、賃料収益金を均等に配分する方式とすることについて、長男B、長女Cは一抹の不安を抱いています。3名共同名義にする案については、相続人各自に新たに相続が開始すればまた共有者が増え続け、権利関係が複雑になる可能性の不安が出ました。そこで、司法書士から、一旦3人の共有名義にしてのち、長男B、長女C及び次女Dを委託者として、次女Dを受託者とし、受益者を長男B、長女C及び次女Dとする民事信託契約を締結してはどうかとの提案がありました。次女Dの単独にするか、信託にするかについて比較検討をします。

① **仮に単独名義（負担付遺産分割）にした場合**

　（メリット）

　　単独名義にすれば、次女Dが、賃貸管理業に専念できる。

　（デメリット）

　　㋐　仮に次女Dの単独名義にした場合、このような例は珍しいので遺産分割協議書の記載及び相続税申告を慎重にする必要がある。

　　㋑　次女Dの長男B、長女Cに対する収益の配分について、事前の取り決めどおりに賃貸事業ができない場合の権利調整が難しい。

㋒　長男 B、長女 C の次女 D への監視が行き届かなくなるおそ
　　　れがある。

　　㋓　長男 B、次女 D の次世代への承継が均等でなくなる。

②　**共有登記名義人にした場合**

（メリット）

　遺産である賃貸マンションを均等に取得することになり、公平で
ある。

（デメリット）

　　㋐　共有者が複数になり、民法の共有の規定（民 249〜264）に
　　　従うことになるため、賃貸管理が合議制になり管理運用に関し
　　　て迅速な決断に欠けることになる。

　　㋑　共有者に新たな相続が開始すれば、その共有者が増大する可
　　　能性があり増々権利関係及びその管理が複雑になる。万一売却
　　　となるとその調整が困難になる。

③　**民事信託を利用した場合**

（メリット）

　　㋐　共有者 B、C、D の登記名義人としても、その後に信託を原
　　　因として、次女 D が受託者として単独所有者となれるため、
　　　信託設定後の相続による登記名義人の分散化を防止すること が
　　　できる。

　　㋑　万一、信託財産を売却する際には、売主が受託者一人であ
　　　り、信託抹消及び所有権移転登記が簡便な手続になる。

　　㋒　委託者が信託契約時に行為能力を持っていれば、その後、制
　　　限行為能力者となったりまたは死亡したとしても、受託者にお
　　　いて処分権限を有する限り管理運用または売却処分することが
　　　可能である。

　　㋓　相続人各自が均等持分の受益権割合をもって受益者になるた
　　　め、遺産相続分と受益権割合との間に相違が生じない。

（デメリット）

　　㋐　信託法が一般に浸透していないため、容易に理解できない。

④ 日本では、信託の理解がないとともに一般的に所有権に対する執着心が強いため、信託による所有権が第三者に移転することへの抵抗が強い傾向がある。

⑤ 本件の場合、共有者がその共有者の一人に信託による所有権移転及び信託の登記手続をするので、登記手続上1つの申請による登記申請ができず、登記手続が複雑で登記費用が嵩張ることになる。

④ 信託契約書は1通作成するのみであるが、信託登記手続は、B、Cの持分については「共有者B、C持分全部移転及び信託」という移転登記を、Dの持分については、自己信託として「信託財産となった旨の登記及び信託」変更登記という2つの申請になり、いずれの登記にも添付する「信託目録に記録すべき情報」の受益者欄が、当初の登記がB、Cが委託者で、受益者がB、C、Dと表示され、外観からすると、Dについては「他益信託」となり、また、自己信託についても、受益者がB、C、Dとなり、B、Cについては「他益信託」の外観になってしまい実態にそぐわなくなり誤解が生じる。

(6) 民事信託スキーム

　相続人3人が集まって、信託の手法を採用することを決めました。その前提として、遺産分割協議及び信託契約の内容が次のように整いました。

① 遺産について、遺産の預貯金から相続税を支払う。原資については、一部修繕積立金から流用することになるが、近い将来、優先的に賃料収益から充当していくことにする。

② 残余の預貯金は相続人が均等に相続し、かつ信託財産とする。

③ 賃貸マンションについては、相続人3人の割合を均等とする相続人全員のための相続登記手続をなし、その後、共有者全員が委託者となり、受託者は共有者の一人である次女Dを受託者とする信託

契約書を締結する。

④　委託者全員が、それぞれ共有持分権割合を受益権割合とする受益者となる。

⑤　信託目的は、信託財産を受益者のための生活維持及び一族の家産承継を目的とすることとする。

⑥　銀行債務については、受託者である次女Ｄが債務引受けをなし、銀行との交渉にあたる。銀行側から連帯保証人を求められたときは、長男Ｂ、長女Ｃが連帯保証人になることをあらかじめ承諾する。

⑦　受託者Ｄは、預金を解約のうえ、改めて、「受託者Ｄ信託口」名義またはこれに類似する銀行口座を開設する。また、徴収した収益賃貸料は、同口座において管理し、信託事務に係る経費は同口座より支出する。

⑧　委託者Ｂ、Ｃ、Ｄは、受託者Ｄとの間において、賃貸マンションの登記名義を受託者Ｄ名義とする「所有権移転及び信託」登記手続を申請する。登記費用等は信託財産から支出する。

⑨　受託者Ｄは、契約締結後、新賃貸人として、賃借に各自宛て賃貸人の地位を承継した旨、かつ賃借料を「受託者Ｄ信託口」名義またはこれに類似する銀行口座に振り込むよう通知し、以後そのように管理する。

⑩　受託者Ｄは、亡父が付保していた建物に関する火災保険等について、Ｄ名義の保険契約に変更しまた必要な保険契約を締結する。

⑪　受託者Ｄは、管理会社に対して地位承継した旨を通知し、また新たな建物管理業務委託契約書を締結する。

⑫　後任受託者として、長男Ｂの子Ｌ及びＭを受託者に指名する。

⑬　受益者Ｂ、Ｃ、Ｄの受益者代理人として、法的専門知識を有する司法書士○○を指名する。

⑭　地主に対して、相続が開始され遺産分割協議により相続人間において民事信託（信託的譲渡）により借地利用を継続していく旨の報告と承諾をもらう交渉をする。

(7) 遺産分割協議書

B、C、D 間において、遺産である不動産、預貯金、借入金及び敷金を信託財産とする民事信託契約を条件とする旨の遺産分割協議を作成します。その主たる内容は、次のとおりです。

① 遺産である賃貸物件及び借地権について、各々相続人持分3分の1宛て相続すること。

② 遺産である預貯金について、各々相続人持分3分の1宛て相続することとすること。

③ 負債である X 銀行○○○支店に対する借入金残金 35,000,000 円及び預り敷金 13,182,000 円は、各々相続人持分3分の1宛て相続すること。

④ 動産類一切について、各々相続人持分3分の1宛て相続すること。

⑤ 賃貸物件及び借地権について、相続人B、C及びDを委託者兼受益者とし、相続人Dを受託者として、受益者のための生活維持及び一族の家産承継を目的とする民事信託契約を別途締結すること。

⑥ 預貯金より相続人全員の相続税支払い原資とし、残余については上記(6)において締結する民事信託契約の信託財産とすること。

⑦ 相続人B及びCは、預貯金の解約手続に関して相続人Dに委任する。相続人Dは、信託契約締結後直ちに、前記預貯金について解約手続をなし、新たに「受託者D信託口」またはこれに類する銀行口座を開設すること。

⑧ 銀行との根抵当権設定契約における債務者は、相続人Dが引き受ける。また、銀行債務 3,500 万円は③により一旦相続人が承継するが、受託者となる相続人Dが受託者として債務を引き受けることを銀行と交渉する。銀行側から連帯保証人を求められたときは、相続人B及びCは、当該債務について連帯保証人になることをあ

らかじめ承諾すること。

⑨　被相続人の遺産に関し、本協議書に記載なき遺産（負債を含む）で、後日発覚したものについては、相続人B、C及びDは、各相続人3分の1宛て相続することを相互に確認すること。

(8) 融資銀行との交渉

①　交渉

　相続人Dは、遺産分割協議書が整ったところで、融資銀行先であるX銀行の担当者と会談を持った。Dは、担当者に対して、遺産である賃貸マンションについては、相続人間で合意した民事信託に基づき、Dが受託者として所有登記名義人になる旨、また融資残高3,500万円をDが引き受けをし今後も取引を継続したい旨を申し出ました。その際には、相続人であるB及びCも連帯保証人になることの了承を得ている旨も申し添えました。銀行担当者との話し合いの結果、次のようにまとまりました。

（ア）　X銀行は、融資残高3,500万円について、これまでの良好な返済状況及び残債支払期限があと2年となったこと、賃借人の入居状況により返済原資を充分賄っていること等を勘案した結果、債務者を受託者のDとし、連帯保証人をB、Cとすること、信託に基づく所有権移転をすることを了承しました。

（イ）　X銀行は、Dに対し、根抵当権については相続登記後に変更登記手続をさせて、その後に信託による移転登記することを了承しました。

②　登記手続及び書面

（ア）相続登記

　　収集した戸籍謄本（被相続人の出生（出生まで遡れないときは12〜3歳まで）から死亡まで連綿とつながる除籍、原戸籍、現在戸籍及び登記名義人の住所と最後の住所が一致していることを証する住民票（または除かれた住民票もしくは戸籍附票）及び相続

人が生存していることを証する現在戸籍、遺産分割協議書ならびに添付された相続人の印鑑証明書等（これらが下記登記申請の際の添付書面である登記原因証明情報となる）、登記名義人となる者の住民票を添付して、相続人から相続による所有権移転登記申請を遺産たる不動産を管轄する法務局または出張所へ提出します。

（イ）根抵当権変更

元本の確定前の根抵当権の債務者が死亡し相続が開始した場合に、債務者の特定の相続人を債務者として根抵当権取引を継続しようとするときは、民法 398 条 2 項の規定により、根抵当権者と根抵当権設定者との間で根抵当権の債務者となる相続人を指定する合意が必要です。この合意の登記を相続開始後 6 カ月内にされたときは、その指定された相続人が当該根抵当権の債務者となり、相続開始後の根抵当権者のその指定相続人に対して取得する債務の範囲に属する債権が当該根抵当権によって担保されることになり、その相続人との根抵当取引が継続され根抵当権が存続することになります。

元本確定前の根抵当権の債務者の死亡による根抵当権の債務者を指定する合意の登記を申請する場合には、その前提として、相続による根抵当権の債務者の変更の登記を申請して、その登記がされていなければなりません（不登 92）。

（9）土地賃貸人（地主）との交渉

相続人 D は、近くに住む地主 O 氏のもとに、先代の A が亡くなった旨の報告と、相続人 B、C、D が本件建物及び借地を相続した旨の報告をした。そのうえで、相続人間で民事信託を利用して、従前からの賃貸マンションの継続をしていきたいので了承してもらいたい旨を申し出ました。地主 O 氏はしばらく考え込み、返事は後日にすることになりました。後日、地主 O 氏より連絡があり、「相続では借地の

承諾料の徴収ができないのは致し方ないが、信託でも処分であるので、承諾料を提供してほしい。ただし、あと2年で賃貸借更新時期でもあり、更新料を含めて借地権価額の10%を承諾料としてもらいたい。」旨の回答でした。

そもそも、相続に関して承諾料はあり得ず、遺産分割の結果を相続人の一人が受託者になり信託による形式的移転にすぎないものと考え（登録免許税と同じ考え）ていましたが（相続が開始すれば相続法によるもので、さらに信託をするのは、遺言信託（遺贈に準じた解釈）以外は別問題と考えますので、受益者は相続人全員がなるため実質的には相続に該当すると考えていたのであったが）、賃借権信託は処分行為であり地主の承諾を要求していること[2]、また、今回は更新料を含んでの承諾料とのことであること、将来、受益権移転の際に改めて承諾料の問題が発生しないかとの疑念[3]や、「裁判にみる金銭算定事例集（1）」（第一法規出版）から見ても承諾料として借地権価額の10%を認めている借地非訟事件でも事例が多く掲載されていること等を考慮して、その支払いに応じることにしました。

借地権の信託的譲渡の地主への承諾料支払額

36,195,000円（借地権価額）× 10% ≒ 3,619,000円

借地承諾料3,619,000円は、相続人等が取得する銀行預金から支出することに相続人間で協議しました。

そこで、信託を原因とする所有権移転登記完了後に、受託者Dと地主との間において、改めて普通借地契約を締結しました。

(10) 信託契約書の締結

B、C、D（以下「委託者」という）と、D（以下「受託者」という）

---

2) 大澤正男「土地信託の法的構造と問題点」早法61巻3・4号（1986年）334頁。

3) 受益権は、相続人のみが取得することを念頭に入れているが、万一、遺贈の形になったときに地主の承諾の問題が浮上する懸念がある。

との間で、信託契約を締結することになりますが、この際委託者D と受託者Dは、登記手続上自己信託（信3③）になってしまうため、本契約書は公正証書または公証人による認証手続を踏んだ信託契約書 でもって作成します。

　また、登記手続上、登記原因が異なるので2つの登記申請書（「共 有者BC持分全部移転及び信託」と「信託財産となった旨の登記及び 信託」）となることに注意します[4]。

　以下、必要な契約条項の例とその留意点を記載します。

---

(1) 信託の成立及び目的の定め
1. 委託者は、信託財産として別紙1の本件不動産目録記載の借地権付建物 （以下「信託建物」という）ならびにこれらに付随する一切の権利（以下、 信託建物ならびにこれらに付随する一切の権利を「信託不動産」と称する） 及び別紙2の金融資産目録記載の現金（以下信託金と称する）を、受託 者に信託し、受託者はこれを引き受けた（以下、かかる信託を「本信託」 という）。
2. 委託者は、昭和62年○月○日X銀行及び亡父Aとの間において締結し た金銭消費貸借契約の亡父AのX銀行に対する残債務につき平成○○年 ○○月○○日相続により委託者が承継した信託建物を担保とする債務に ついて、受託者との間において受託者として引き受けて信託財産責任負 担債務とすることを合意した。
3. 本信託の目的は、委託者の安定した生活・介護・療養の資金及び費用の 調達のためならびに委託者の親族である次世代に安全かつ円滑に承継す ることを目的として、受託者が信託不動産及びその他の信託財産（信託 不動産を含む本契約に従い本信託に帰属するすべての資産及び負債をい う。以下同じ）の管理・運用・処分等の信託事務を処理する。

---

4) 仮に、委託者B、C、D、受託者をB、Dとした場合、受託者の権利関係は合有とな る。その際の登記手続は、「共有者全員持分全部移転及び信託」のみでよいのか。ま たは、「C持分全部移転及び信託」申請書1通とB、Dの各持分について、各々「信 託財産となった旨の登記及び信託」申請書2通の合計3通を作成しなければならない のか、通達先例がない。

　　※　目的は、受託者への指針であり、かつ、不動産登記法 97 条 1 項 8 号の登記事項であるため明確に規定しなければならない。

(2) 受益者及び受益者代理人の定め

1. 本信託の元本及び収益の当初受益者は、委託者とする。

2. 各受益者の受益権割合は均等とする。

3. 次条の信託期間満了前に各受益者が死亡した場合は、当該受益権は各受益者の法定相続人に法定相続分に応じて取得する。

4. 受益者代理人として、下記の者を指定する。

　　　住所：　東京都○○区○○三丁目 2 番 4 号

　　　氏名：　○○○○

　　　※　委託者らは高齢化が進んでいるため、受益者代理人をあらかじめ選任することにした。また、不動産登記法上、受益者代理人を選任していれば、受益者の住所氏名の記載は不要となる (不登 97 Ⅱ)[5]。

　　　※　第 3 項については、各受益者が遺言書を作成する場合には、その内容との整合性に注意する。

(3) 信託期間の定め（本件では借地契約満了期間に合わせた）

　　本契約の信託期間は、平成○○年○月○○日から平成○○年○月末日の 30 年間（以下「信託期間満了日」という）までとする。

　　　※　終了事由発生をもって信託期間としている事例もあるが、その場合には信託期間をあえて記載する必要はないものと思われる。信託期間の定めあるときは、不動産登記法 97 条 1 項 11 号その他の信託の条項として信託目録に記載するほうがよい。

(4) 所有権移転及び信託の登記の手続の定め

1. 委託者は、本契約の締結とともに、別紙 2 記載の賃貸借契約（以下「既存賃貸借契約」という）を除き、信託不動産について一切の担保権その他第三者の権利に服さない完全な所有権を受託者に対し移転するものとし、委託者及び受託者は、信託不動産について本契約締結後直ちに信託

---

[5] 平成 19 年 9 月 28 日民二第 2048 号「信託法等の施行に伴う不動産登記事務の取扱について」8 頁では、「受益者が現に存在し、その氏名等を特定することができる場合には、それらの各号に定められた事項を登記するとともに、受益者等の氏名等を合せて登記しても差し支えない」旨記載されている。

を原因とする所有権移転の登記及び信託の登記を行う。

2. 前項の登記に係る公租公課その他の費用は、信託財産より支出する。

　　　※　登記費用は、委託者の負担とするとの規定もあるが、信託財産より支出する旨の規定とした。

(5) 本件物件は賃貸マンションのため、賃貸借契約の承継の定め

1. 受託者は、委託者より、本契約締結日に別紙2記載の既存賃貸借契約の賃借人（以下「既存賃借人」という）に係る既存賃貸借契約上の貸主の地位を承継した。

2. 委託者は、既存賃借人に係る敷金保証金相当の金銭は、これを受託者に交付する。

3. 受託者は、前項の敷金保証金相当の金銭、各賃借人より各月の賃借料及び追加金銭信託を受け入れるために、「受託者D信託口」名義またはこれに類似する名義の銀行口座を開設しなければならない。

　　　※　第3項については、金融機関の対応によっては、前例がないとの理由で拒否されるケースが散見される。都市部においては理解してくれる金融機関が多くなっているが、地方部においては口座開設が難航している旨の報告が（一社）民事信託推進センターに寄せられている。

(6) 賃料、公租公課等の精算の定め

　　信託不動産に係る賃料等の収益及び費用の帰属については、本契約締結日をもって区分して精算するものとし、本契約締結日の前日までの期間に対応する賃料等の収益及び費用は委託者に、本契約締結日以降の期間に対応する賃料等の収益及び費用は、信託財産にそれぞれ帰属するものとする。

(7) 信託不動産の管理・運用についての定め

1. 信託不動産の賃貸運用、管理（清掃・警備、修繕・保守・改良、その他各種法令上不動産の所有者としてなすべき事項、火災保険等保険契約の締結その他の管理運用事務ならびに信託建物に係る外壁、構造または躯体の変更、外壁、屋上等への看板設置及び主要設備、造作等の新設、改修等の現状を変更する工事を含む）については、本契約に特段の定めがある場合を除き、受益者代理人との協議のうえ受託者が行うものとする。

2. 受託者は、別紙3記載の管理業務委託契約書に基づき、信託不動産の管理する株式会社〇〇〇〇（以下、「管理会社」という）に委託する。
3. 前二項の規定にかかわらず、受託者は、本件賃貸借契約に定める軽微な信託不動産の修繕・保守・改良については、受託者が相当と認める方法・時期及び範囲において、自らの裁量でこれを行うことができる。
4. 受託者は、既存貸借契約以外の新規賃貸借契約を、管理会社を通じて締結することができる。受託者は、係る契約を締結した場合には、既に受益者代理人においてその内容を了知している場合を除き、速やかに受益者代理人に対しその内容を通知するものとする。
5. 受託者は、委託者の協力の下に、自らを被保険者、本契約締結日を付保開始日として、信託不動産に関する必要な損害保険（賠償責任保険を含む）を、受託者が合理的に設定する基準と同等またはそれ以上の内容にて付保するものとする。受託者は、本信託期間中、自らを被保険者として、受託者が合理的に設定する基準と同等またはそれ以上の付保内容を維持するものとする。
6. 受託者は、信託不動産の管理事務を遂行するために合理的に必要があるときは、信託不動産の一部を無償で使用することができる。また、受託者は管理会社をして信託不動産の一部を無償にて使用させることができる。
　　　※　本条項は、不動産登記法97条1項9号の登記事項である。どのような管理方法をとるのかを規定しなければならない。本件賃貸マンションは貸室が多いので管理会社を必要とするため、信託法28条を根拠に、その旨の規定を置いている。また、民事信託の場合に往々にして、火災保険を委託者のままにしているケースが見られるため、念のために受託者による火災保険を締結する旨を記載している。また、本ケースでは受益者が多数いるため、受託者が受益者との意見調整のために、受託者が高齢になっていることを考慮して専門家の受益者代理人を選任し、管理行為については受益者代理人の承認を求めることにしている。

(8) 借入れ等の制限及び預り金の受入れの定め
1. 受託者は、受益者及び受益者代理人との協議のうえ金銭の借入れまたは信託財産に対する担保設定を行うことができる。

2. 受託者は、各賃貸借契約に基づき賃借人が受託者に対して負う賃料債務等の支払いの担保として、敷金保証金等の預り金を受け入れることができるものとする。当該預り金の返還債務は、信託財産の負担とする。また、受託者はその一部または全部を、第23条第2項に準じて、次条で定める信託事務処理に必要な費用に充当することができる。

> ※ 現在の根抵当権の範囲内での借入れをなす可能性を否定できないため、借入れ規定を置いて受託者の裁量権行使を可能とする一方、受益者代理人の協議をさせることにより、受託者の裁量権行使を監督させる機能を持たせた。また、処分権能を不動産登記法97条11号のその他の信託の条項として信託目録に記載すべきである。

(9) 信託事務処理に必要な費用の定め

1. 信託財産に関して支払われる公租公課、敷金保証金等預り金の返還金、本件賃貸借契約に基づく管理費用・管理手数料その他の信託不動産の管理に要する費用、損害保険料、信託不動産の大修繕等・売却に要する費用、前条第1項による借入金等の利息及び弁済金、その他信託事務の処理に必要な諸費用（これらを総称して以下「信託事務処理に必要な費用」という）は信託財産または受益者の負担とする。受託者は、信託事務処理に必要な費用を信託財産から支弁するものとし、信託財産からの支弁で不足する場合には、受益者に支払いの都度もしくは予め請求することができる。受託者が信託事務を処理するために過失なくして受けた損害の補償についても同様とする。

2. 受託者は、前項の信託事務処理に必要な費用の支払いに関して信託財産から支弁することができない場合で、受益者が費用償還せず立替払いを行ったときは、当該立替金及びこれに対する年5%（年365日の日割計算）の割合で計算した損害金を信託財産から受け入れまたは受益者に請求することができる。受託者が信託事務を処理するために過失なくして受けた損害の補償について、信託財産から支弁することができない場合も、当該請求額につき同様とする。

> ※ 信託財産に必要な費用の支出根拠を具体的に明確にしておく必要がある。また、第2項については、親族間であるので損害金の規定は不要かもしれないが、あえて規定している。

(10) 信託不動産の処分のための定め（可能性があるとき）
1. 受託者は、信託不動産の売却に係る受益者及び受益者代理人との協議のうえ、信託不動産を売却処分することができる。
2. 信託不動産の売却処分の協議は、信託期間満了日の相当の期間前までに行うものとし、受益者及び受益者代理人は、売却処分の方法については受託者と十分に協議するものとする。
3. 受託者は、受益者及び受益者代理人との協議及び善管注意義務に従って信託不動産の処分を行うものとする。
　　　※　信託財産の処分については、受益者代理人のみの協議だけではなく、より慎重にするため受益者も協議当事者とした。登記手続上、受益者代理人との協議を必要とするときに、その受益者代理人の協議した旨の書面が要求されるかというと、受託者作成の登記原因証明情報の中に協議した旨の記載があれば、協議書の添付は不要のように思われる（『信託登記の実務［第3版］』429頁・日本加除出版、2016年）。しかしながら、受益者代理人の協議書または同意書の添付が必要ではないかとの疑問も呈されている。

(11) 信託不動産に関する瑕疵担保責任の定め
　規定を定めることが多いが、親族間の自益信託では掲載しなかった。

(12) 受託者の善管注意義務等の定め
　善管注意義務の規定及び善管注意義務を果たす限り免責する条項もありうる。

(13) 追加信託の定め
1. 受益者は、受託者が信託事務を行うにあたり合理的に必要があると認めるときは、受託者との協議に基づき、金銭の追加信託を行うものとする。
2. 前項により受託者が受領した金銭は、第8条第1項の不足資金に充当し、信託事務処理に必要な費用の支払いに充当し、または積立金等に充当し、その他当該金銭の追加信託の事由に沿って処理するものとする。
3. 受益者は、信託建物に係る外壁、構造または躯体の変更、外壁、屋上等への看板設置及び主要設備、造作等の新設、改修等の現状を変更する工事等により信託不動産に附合しないものであって、受益者がその費用を支出した場合は受託者の承諾を得て、追加信託を行うものとする。

※　第1項は、不動産登記法97条11号のその他の信託の条項として信託目録に記載しなくてよいと思われる。

(14) 受益権の表示の定め（必要）

1.　受益者は、本契約の定めるところに従って信託の配当金を請求することができる。

2.　受益者は、本契約が終了したときは、本契約の定めるところに従って信託元本の交付を請求することができる。

3.　本信託の受益権は、これを分割し、または放棄することができない。

4.　受託者は、本信託の受益権を証するための受益権証書は作成しない。

(15) 受益権の譲渡・承継・質入の定め

1.　受益者は、受益権を譲渡または質入することができない。

2.　第2条第3項により受益者に変動があった場合は、受益者変更の手続に要する費用は、受益権の新たな取得者が負担する。

3.　第2条第3項により受益権を取得した者は、本契約上の受益者としての権利、債務、義務ならびに地位を承継するものとする。

※　(14)、(15) は1つの条項としてまとめてもかまわない。また、不動産登記法97条11号のその他の信託の条項として簡略化して信託目録に記載してもよい。

(16) 収益性ある賃貸物件の場合、信託の元本と収益とを区別する意味で、信託の元本としての定め

本契約においては、次の各号に掲げるものを信託の元本とする。

①　信託不動産

②　信託不動産の賃貸に関して受け入れた敷金保証金等の返還債務相当の金銭

③　受託者が信託財産として受け入れた金銭（ただし、信託の費用の支払いに充当するため、受益者より受け入れた金銭を信託の収益として処理されたものを除く）または信託不動産の附合物

④　信託不動産に関して取得した保険金その他信託不動産の代償として取得した財産（ただし、ガラスの破損等に伴い取得する保険金等軽微なものについてはこの限りではない）

⑤　第 20 条第 2 項により元本に組み入れられた額の累計額

⑥　信託不動産の処分によって受け入れた金銭

⑦　その他前各号に準ずる資産

(17) 信託の収益の内容の定め

1. 本契約の計算においては、次の各号に掲げるものを信託の収益とする。

① 信託不動産の賃貸から生ずる賃料

② 信託財産に属する金銭の運用から生ずる収益

③ 前条第 4 号かっこ書に定める財産

④ その他前各号に準ずるもの

2. 信託の費用の支払いに充当するために受益者より受け入れた金銭は、これを信託の収益に計上することができる。

(18) 信託の費用の定め

本契約の計算においては、次の各号を信託の費用とする。

① 信託事務処理に必要な費用に係る支出から、信託不動産に係る資本的支出、敷金保証金等の返還金及び借入金等の弁済金を控除したもの

② 信託報酬

(19) 信託の計算期間と計算期日の定め

信託財産に関する計算期間は、本契約日または毎年 4 月 1 日から同年 12 月末日または信託終了日までとする。当該計算期間の末日を計算期日とし、受託者は収支計算書を作成して、各計算期日から 30 日以内に受益者に報告する。ただし、第 1 期の計算期間は本契約日から平成○○年○○月末日までとする。

(20) 配当金の交付の定め

1. 第 17 条記載の信託の収益から、第 18 条記載の信託の費用を差し引いた金額をもって純収益または純損失とする。

2. 受託者は、純収益（前計算期間からの繰越損失があるときは、それを填補した後の純収益）から、その範囲内において次の各号に掲げる金額の合計額を計算期日の翌日に元本に組み入れる。

① 信託不動産に係る当期の資本的支出額（ただし、修繕積立金取崩額及び借入金等によって賄われた部分を除く）

② 修繕積立金への当期繰入額

③　預り金返還準備金への当期繰入額

④　必要運転資金留保金への当期繰入額

3.　純収益から前項の元本組入額を控除した額を配当金とし、各計算期日から 30 日以内に、受益者に交付する。

4.　純損失は、繰越損失として翌計算期間に繰り越すことができる。繰越損失は、翌期以降の純収益をもって填補する。

---

(21)　修繕積立金の定め

1.　受託者は、受益者代理人との協議により、翌計算期間以降における信託不動産の前条 2 項記載の修繕費用等に充当するための金銭を、信託の純収益をもって計算期日の翌日に、または受益者から追加信託された金銭をもって随時、修繕積立金として元本に組み入れることができる。

2.　受託者は、受益者代理人との協議により、前項の修繕積立金から現実に発生する信託不動産の修繕費用相当額を取り崩し、当該費用の支払いに充当することができる。

---

(22)　預り金返還準備金の定め

1.　受託者は、敷金保証金等の預り金の返還に充当するため、信託の純収益をもって計算期日の翌日に、または受益者から追加信託された金銭をもって随時、預り金返還準備金として元本に組み入れることができる。

2.　受託者は、前項の預り金返還準備金を取崩し、敷金保証金等の預り金の返還に充当することができる。その他信託事務処理に必要な費用の支払いにあたり、次条に定める必要運転資金留保金から必要運転資金を取り崩しでもなお支払いに不足するため、受託者が必要と認めた場合にも同様とする。

---

(23)　必要運転資金留保金の定め

1.　受託者は、受益者代理人との協議により、翌計算期間以降の運転資金に充当するため、信託の純収益をもって計算期日の翌日に、または受益者から追加信託された金銭をもって随時、必要運転資金留保金として元本に組み入れることができる。

2.　受託者は、信託事務処理に必要な費用の支払いが発生する場合には、前項の必要運転資金留保金から必要運転資金を取り崩し、諸費用の支払いに充当することができる。

3. 受託者は、固定資産税及び都市計画税、保険料並びに信託報酬等の支払いに充当するため積み立てる準備金を、本契約締結日において、受益者から信託された金銭をもって、必要運転資金留保金として元本に組み入れる。

(24) 信託報酬の定め

　受託者は、この契約に定める信託事務の対価として、別途定める信託報酬に関する覚書により合意した次の各号の信託報酬を計算期日に収受することができる。

① 定例管理報酬として、毎月定額

② 特別追加報酬として、大規模修繕など特別に労力を要する事案を処理したときに、その労力負担を考慮した額。ただし、受益者代理人との事前の協議を要するものとする。

(25) 本契約の解約の定め

1. この信託契約は、契約期間中は解約できない。

2. 委託者または受託者の責めに帰すことができない事由または経済情勢の変化、信託財産の全部または主要部分の滅失、損壊、その他やむを得ない事由により、信託目的の達成が不可能または著しく困難になったときは、受託者は受益者及び受益者代理人に通知をなすことによりこの信託契約を解約できる。

3. やむを得ない事情により委託者全員が信託契約の解約を申し出て、受託者がこれを承諾した場合には、この信託契約を解約することができる。

　　※　不動産登記法 97 条 1 項 10 号で信託終了事由は登記事項のため、信託目録に記載する。

(26) 信託の終了及び信託財産の交付等の定め

1. 本信託は、信託期間満了のとき、本契約の定めるところに従い本契約が解約されたとき、または受託者が信託不動産の全部を売却処分したときに終了する。

2. 信託が終了したときは、受託者は、清算受託者として、受益者代理人との協議のうえ、本件信託不動産を売却処分する。売却処分後に、最終計算を行い、受益者代理人の承認を求める。この場合、最終計算期間より前の収支計算は記載を省略することができる。なお、受益者代理人が、

最終計算書類及び交付された信託財産の全部を受領し、それらの受領後 5日以内に何らの異議を留めないときは、当該計算を承認したものとみなす。

3. 受託者は、信託終了日の翌日以降、次の方法をもって信託財産を受益者に交付する。

① 受託者は、信託不動産の売却代金及び信託不動産以外の資産は、受託者がその全部を合理的な金額で換価した金銭をもって交付することができる。

② 本信託が終了したときに、本信託に係る預り金債務、納税債務その他の債務が受託者に残存するときは、債務の期限の如何にかかわらず、その債務の返済に充当するための資金として、受託者は信託財産に属する金銭よりその資金を留保し、さらに不足あるときは、受益者がその資金を受託者に預託する。ただし、債権者の同意を得て、受益者が借入金債務その他の債務を承継し、受託者が免責されることを妨げない。なお、受託者の信託事務処理に必要な費用についての立替金が残存する場合には、その清算についても同様とする。

4. 信託終了に関する費用及び信託終了後に支払いを要する費用はすべて信託財産または受益者の負担とし、受託者は受益者に請求しまたは信託財産から支弁することができる。

　　※ 不登法97条10号で信託終了事由は登記事項のため、信託目録に記載する。また、清算事務について、売却処分をなすことになっているため登記手続が必要となるため、信託目録に記載しておくことになる。

(27) 後任受託者の定め

　受託者につき、死亡その他信託法上の任務終了事由に該当する場合または受託者の任務を遂行することが著しく困難となった場合には、受託者の任務を終了させ、新たな受託者として下記の者を指名し、新たな受託者として下記の者は予めその就任を承諾した。

　住所：○○市○○区○○4丁目15番10号

　氏名： L

　住所：○○市○○区○○8丁目10番11号

　氏名： M

※　信託期間が長いので、予め後任受託者を指名する規定を置いて
ある。不登法 97 条 11 号のその他の信託の条項として、信託目録
に記載する。個人情報の観点より記載しない方法もあるが、受託
者の変更は登記事項であり、登記手続を円滑に行うために記載事
項としたほうがよいかと思われる。

(28) 信託の変更等の定め

1. 本信託は本信託の目的に反しない限り、受託者は受益者及び受益者代理
   人との合意により変更することができる。
2. 本信託契約条項に定めのない事項は、信託法その他の法令に従う。

　　以上の契約が成立したことを証して、委託者及び受託者が日付と共に
署名押印することになる。また、一部自己信託となるため、公正証書ま
たはその他の認証手続等をもって作成されなければならないことを注意
したい。

　　また、別紙として、次の一覧を添付していたほうがよいかと思われる。

別紙 1　本件不動産及び金融資産目録

別紙 2　賃貸借目録一覧表

別紙 3　管理業務委託契約書

別紙 4　借地契約書

(1) 事例の概要

この事例は、後継者が育ちつつある途上で、経営者の健康上から意思の低下に備えて信託を設定するものです。

① **相談者A（代表取締役73歳）の状況等**

㋐ ㈱甲は、代表取締役Aが一代で築いた会社であり、親族も従業員として雇っています。カリスマ性があり、Aの意向が会社の意向とされる状況にあります。

㋑ 代表取締役Aは配送管理及び、経理を担当する従業員として勤務している長女Y（45歳）に経営者としての資質があると判断し、後継者としたいと考えていますが、遺言を残すなどの対応がなされていないまま今日に至っています。

㋒ 長女Yが経営者の後継者として一人前になるには時間がかかるだろうと懸念し、副社長B（60歳）と専務C（59歳）を頼りにしていますが、後継者育成の社内体制整備が進んでいません。

㋓ 代表取締役Aは、1～2年前から体調が不安定になり始め、出社しないことが多くなっていますが、重要事項については、副社長BがA宅を訪問してAの意向を確認するようにしています。なお、現時点では判断能力に問題はありません。

㋔ 副社長Bに一時期会社を任せ、長女が後継者となる環境が整った時点で、長女Yにバトンタッチするということも考えていますが、代表取締役Aが万一のときに、Bがこの希望を叶えてもらえるか一抹の不安があります。

㋕ 長女Yには、目先の利益にとらわれず今の業務をさらに発展させ、古参役員や従業員を大切にした経営をしてもらいたいと考えています。

㋖　本社の不動産は㈱甲名義ですが、その他の複数カ所に倉庫とし
　　て使用している不動産の一部は代表取締役 A 個人名義であり、
　　㈱甲と賃貸借契約を締結しています。

㋗　配偶者 X が、長女 Y のことを案じていることはわかっています
　　が、公私混同になることは極力避けたいので、会社のことに口を
　　出してほしくないと考えています。これが理由というわけではあり
　　ませんが、代表取締役 A 死後の X の生活を考慮して、個人名義
　　資産についてはできる限り配偶者に相続させたいと考えています。

㋘　代表取締役 A の個人資産は、自社株式のほかに自宅不動産（時
　　価約 7,000 万円）と倉庫不動産（時価約 1 億 3,000 万円）そのほ
　　か、預金約 1 億円です。

②　会社概要

商号	株式会社　甲	
発行済株式の総数	普通株　1000 株	
業務内容	倉庫業・運送業	
資本金の額	金 1000 万円	
1 株時価	100,000 円	
役員	代表取締役　A	
	取締役（副社長）　B	
	取締役（専務）　　C	
	監査役　D	
株主	A	600 株
	A の長女 Y	120 株
	A の次女 Z	20 株
	B	70 株
	C	70 株
	顧問税理士	60 株

	Aの親族従業員1　　20株
	Aの親族従業員2　　20株
	Aの親族従業員3　　20株
株式の譲渡制限に関する規定	当会社の株式を譲渡により取得するには、取締役会の承認を受けなければならない。
会社成立	昭和60年

(2) 代表取締役Aの家族状況及び社内重要人物とその考え

① 代表取締役Aの配偶者X（70歳）

・配偶者Xは株主・取締役の立場にありませんが、Aの体調が不安定になった頃から会社に顔を出し、帰宅後に会社の様子をAに伝えてましたが、次第に副社長Bや専務Cに対して運営について意見をするようになっています。

・長女Yに会社を継いでほしいと思っていますが、承継する実力がまだ備わっていないのではないかと心配し、また、Aが万一のときにBやCに会社を乗っ取られてしまうのではないかと心配もしています。

② 長女Yとその家族状況

・5年前より㈱甲で経理担当として勤務しています。別会社で経理として10年の経験があります。離婚し、20歳の長男がいます。

・会社を継ぐ意思はありますが、Aと同じような手段で経営していけるとは考えておらず、BやCの意見も尊重していきたいと考えています。

③ 次女Z（40歳）とその家族状況

・貿易会社に勤務しています。海外勤務も経験しているためか、社交的で物怖じしない性格です。配偶者や子はいません。

・Yが㈱甲を継ぐことについて異論もないのですが、権利意識はしっかり持っているので、Aが死亡した場合には、当然、法律

に従って遺産を配分されるべきだと考えています。

④ **副社長 B**

・15 年前に取引先で働いていた B の営業力と行動力を A が見初め、㈱甲に招きました。6 年前に副社長として役員に就任しました。

・Y が後継者になることに異論はありません。しかし、将来 A が死亡したときに、会社株式が X や Z にも相続されることによる混乱を懸念しています。

⑤ **専務 C**

・A とは縁故関係にあり、20 年前から甲会社に勤務しています。10 年前から役員に就任しています。

・C は、人柄も良く、面倒見も良いので、従業員の信頼も厚く、Y の教育者として適任ですが、B に押され気味のところがあります。

(3) 遺言代用信託スキーム案の一例

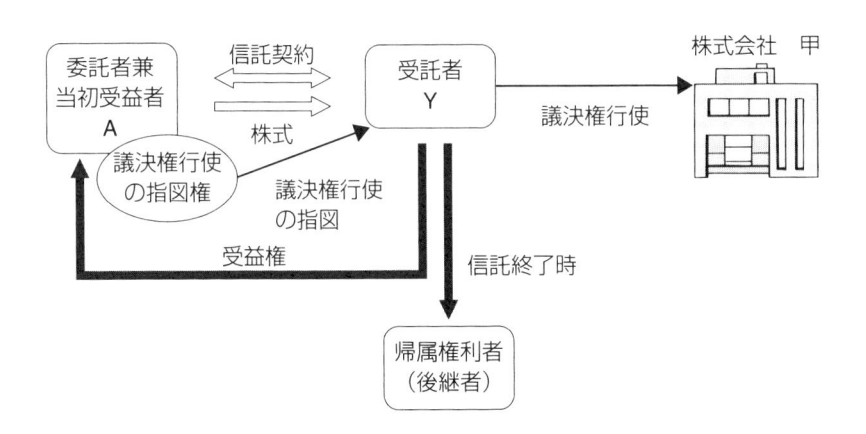

（4） 信託契約の概要の例

　自社株式の管理、議決権行使の指図等にかかわる事項について、委託者 A と協議しその意思を確認した、信託設定の概要の例は次のとおりです。

（信託設定の概要）

信託の目的	①　後継者への円滑な事業承継による株式会社甲の安定した経営の確保・発展のため ②　資産確保及び株主としての地位確保のため
信託財産等	①　自社株 ②　倉庫 ③　金銭 ④　倉庫の賃貸借契約における賃貸人の地位承継に伴い、委託者と賃借人との賃貸借契約に基づく敷金返還債務を委託者から引き受ける
受託者・後任受託者	受託者：長女 Y
議決権行使の指図権者	代表取締役・委託者 A A の後見・保佐開始・任意後見監督人選任審判のときは Y・副社長 B・専務 C の合意
受益者	当初受益者：A
受益権の譲渡	信託目的に反しない範囲で、受託者及び議決権行使指図権者の同意により可能とする。
信託の終了事由 　いずれかの事由によるとき	①　A の死亡 ②　信託契約から 7 年が経過したとき ③　受益者または Y・B・C 及び受託者の合意
帰属権利者	①　Y ②　信託終了事由の②または③の場合は、終了時の受益者

その他	受託者は、信託目的から逸れるような議決権行使の指図があった場合に拒める。

　なお、次のような点について慎重に検討する必要があります。

① 　事業承継を目的とする信託設定の場合には、信託期間や終了事由を定めるにあたり、後継者育成期間や贈与税や相続税の課税などを検討することが必要となります。後継候補者を決めている場合には、後継者育成体制を整え、一定期間で信託を終了させることも考えられます。

② 　たとえば、後継者をＡの孫としたい場合など、信託期間が長期になることが予想される場合や受託者の専断を阻止するためには、一般的に受託者を法人または共同受託（副社長Ｂ・長女Ｙ・専務Ｃ等による）とすることも考えられます。本事例では、その選択はしませんでした。

③ 　本事例では、受託者をＢとすることも考えられます。Ｂとする場合には、後継者としての育成教育等の進捗状況を勘案し、また、受託者の権限の調整も検討する必要があると考えられます。

(5)　自社株式に係る信託条項の例（抜粋）

　信託財産のうち自社株式について、その管理、議決権行使の指図等にかかわる検討すべき条項を記載します。

第○条（信託の元本及び収益）
　1　信託された株式、株式分割による分割後の株式、信託された不動産及びその付合物、その他これらに準ずるものは、元本とする。
　2　信託株式より生ずる金銭による配当金、その他これに準ずるもの及び信託財産たる金銭の運用により生ずる利益は、収益とする。
　3　元本又は収益のいずれに属するか不分明なものは、受託者の判断に従うものとする。

第〇条（信託財産の管理方法等）

1　受託者は、本信託の目的に従って忠実に信託事務の処理その他の行為を行い、かつ善良なる管理者の注意をもって信託事務を処理する。

2　受託者は、信託株式につき、委託者とともに株式会社甲に対して株主名簿書換え請求をし、信託財産に属する旨を記載又は記録する。

3　委託者及び受託者は、信託財産のうち不動産については信託による所有権移転及び信託の登記手続きを行う。

4　受託者は、信託された不動産を株式会社甲に賃借その他使用させることができる。なお、賃貸借契約における賃貸人の地位を承継することに伴い、委託者と賃借人との賃貸借契約に基づく敷金返還債務を委託者から引き受け信託財産責任負担債務とする。

5　受託者は、信託された金銭は、「信託口」等の信託財産である旨の預金口座を開設し、受託者の固有財産と区別して管理する。

第〇条（議決権の行使）

1　信託財産に属する株式にかかる議決権の行使は、第〇条に定める議決権の行使の指図を行う者（以下「議決権行使指図権者」という）の指図により受託者が行使する。

2　議決権行使指図権者は、受託者に対して、信託財産に属する株式会社甲から送付された株主総会に関連する書類を議決権行使指図権者に届けるよう要請することができる。

3　議決権行使指図権者の受託者に対する指図は、指図書または指図書であることを確認できる電磁的方法により、受託者が別途定める期間内に、別途指定する住所等宛に行う。

4　受託者は、指図書に従い議決権を行使した場合には、生じた損害についてその責任を負わない。

5　受託者は、議決権行使指図権者の指図が法令又は信託行為の定めに違反する行為である場合、悪意又は重大な過失がある場合、又はこれらの行為をするおそれがある場合で、信託財産に著しい損害が生じるおそれがあるときは、議決権行使指図権者の指図に従わず信託目的に沿って判断して議決権を行使することができる。この場合、生じた損害についてその責任は負わない。

第○条（議決権の行使の指図を行う者）

  1 議決権の行使の指図を行う者は、委託者とする。

  2 委託者が後見・保佐・補助の審判若しくは任意後見監督人選任の審判がなされた場合、その他指図権を行使できない事由が生じた場合はその任務を終了し、次の者の合意によりこれを行う。

   （1）Y （2）B （3）C

第○条（増資新株式等の引受申込み）

  1 信託財産たる株式に有償で増資新株式が割り当てられる場合は、受託者は、受益者から株式の申込み又は引受に要する払込金その他の費用を受領したときは、受託者はこれを申込みまたは引受ける。

  2 無償で割り当てられた株式は信託財産の元本とし、他の信託元本とともに受託者が管理する。

※この事例の株式会社甲は非公開会社で株券不発行会社です。

※自社株式以外の財産についての管理方法等、及び注意すべき事項の委託者の地位、受託者の解任等についても省略します。

※有償無償を問わず、株式が増加した場合に、信託財産の元本とするか否かについて明確に定めます。株式による配当も基本的には収益と認識されますから、相当額の金銭を受益者に支払う定めをするか、元本とする旨の特段の明確な定めが必要となります。

（「議決権等行使の指図」「受託者の任務」等の検討すべき条項の例）

  以下は、本事例を前提としたものではありません。なお、議決権を指図する者として、信託業法に定める「指図権者」とは異なるため「指図者」と表します。

第○条（信託の登記・登録の留保等）

第○条（信託の元本及び収益）

第○条（受益者及びその権利等）

1 受益者は、次の者とする。委託者は、議決権指図者の同意及び受託者の事前の書面による承諾がなければ、本信託の受益者を変更することができない。

    受益者の住所及び氏名

2 委託者は、本信託契約に定めるものを除き、本信託に関して何ら権利を有しない。

3 受益者は、信託法 58 条 4 項の定めにより行う場合を除き、受託者を解任することができない。

4 本信託契約に定める委託者の地位及び権利は、委託者に一身専属し相続されない。

第○条（受益権の譲渡・移転・質入）

1 受益者は、委託者、議決権指図者の同意及び受託者の事前の書面による承諾がなければ、受益権について第三者に譲渡、移転、質入れその他の処分ができない。

2 委託者、議決権指図者及び受託者がやむを得ないと認めて譲渡又は質入れを承諾する場合には受託者所定の書式により行う。この場合、受益権の譲受人又は質権者等が本信託契約の内容に同意することを条件とする。

第○条（信託財産の管理）

第○条（収益の支払方法）

銀行名	支店名	科目	口座番号							口座名義
		普通預金								

第○条（信託財産に属する金銭の運用）

第○条（競合行為）

第○条（信託の計算及び受益者等への報告事項等）

第○条（議決権等の行使等にかかる指図権者）

第○条（議決権の行使）（例のその 1（受託者責任に留意する例））

1 信託財産に属する株式に係る議決権の行使は、本信託契約に定める議決権の行使の指図を行う者（以下「議決権指図者」という）の指図により受託者が行使する。

2 受託者は、前項に定める議決権の行使について、前項の議決権指図者を代理人（本信託において「常任代理人」という）に選任し、前項に定める議決権の指図の行使について、その常任代理人としてこれを行わせる（これでよいのか検討をする）。

3 常任代理人は、議決権の行使以外の株主の権利義務に関する通知を受けた場合、受託者に通知する。通知がないときは、そのために生じた損害について受託者は責任を負わない（このような行使者を定める方法もあるが、慎重に検討する）。

第〇条（議決権行使に関する指図）（例のその2）

1　第〇条の議決権行使に関する議決権指図者の受託者に対する指図は、第〇条により届出た印鑑を捺印した指図書を（指図がなされてから7日以内に確認できる方法として）郵送等若しくはファクシミリにより、又は指図者であることを確認できる電磁的方法により、受託者が別途定める期間内に、別途指定する住所等宛に行う。

2　前項の指図が受託者の定める範囲内に到達又は確認できない状況下にある場合、受託者は議決権行使に当たり、白紙委任状を提出する。

3　受託者が、前項による白紙委任状を提出した場合、又は議決権指図書に従い議決権を行使した場合には、そのために生じた損害について受託者はその責任を負わない。

第〇条（議決権の行使）（例のその3（その2の代案（委託者を甲、受託者を乙、指図者として甲及び後任を丙とします）））

1　甲が指図者として丙との協議の上で受託者乙に指図する。ただし、協議が調わない場合は甲において指図する。

　　ただし、甲が死亡した場合、後見・保佐・補助の審判若しくは任意後見監督人選任の審判がなされた場合、または行方不明その他により指図ができない事由が生じ、その指図を得べき期限が到来したと受託者乙が認めた日（その後事由が解消された場合を除く。以下同じ）には、丙が指図者となる。

2　丙が前項但書のいずれかの事由に該当していた場合には、甲は丙との協議を要せずに指図する。

3　甲と丙のいずれかが第1項但書の事由に該当した場合には、次の指図者として指名した者を受託者乙に書面にて届け出るものとする。

第〇条（指図者の権限等）（例のその4）

　　受託者乙は、信託株式の議決権等の株主権の行使に際しては、指図者の指図に従うものとする。指図者は、受託者の求めに応じて受益者の生活費等に充当できる資金を確保するための配当が得られるよう、（企業の中長期の企業価値の向上を考慮して）、受託者の議決権等を行使するに当たり指図しなければならない。

第○条（受託者の職務）

1　受託者乙は、本信託の定めに従い、善良なる管理者の注意をもって受益者に対して忠実に信託事務を遂行するものとし、善管注意義務を履行する限りにおいてその責任を負わないものとする。

2　乙は、議決権等株主権を行使するにあたり甲の指図が法令又は信託行為の定めに違反する行為である場合、悪意又は重大な過失がある場合、又はこれらの行為をするおそれがある場合で、信託財産に著しい損害が生じるおそれがあるときは、乙は甲に対してその指図が法令等に違反するものであること等について通知することにより、指図者の指図に従わずに信託目的に沿って判断して議決権を行使する又は指図どおりに行使しないことができ、その責任を負わないものとする。

第○条（租税・事務費用）

第○条（信託報酬等）

1　委託者は信託契約締結時において、信託契約に係る報酬として、○○円の報酬額及びその消費税等相当額を受託者に支払う。

2　受託者は、収益収受の都度又は各計算期日及び信託終了又は受託者辞任の日において、管理信託報酬として、○○円の報酬額及びその消費税等相当額を、委託者若しくは受益者又は信託財産のいずれかにより申し受ける。ただし、受託者は、消費者物価指数の変動等を指標として値上げした報酬額を申し受けることができる。

3　前項の計算において、前回計算日の翌日から当該計算日までの期間が1年間に満たない場合は、月割りで算定し、1月に満たないときは切り上げて計算する。

第○条（信託契約の期限前終了）

第○条（委託者・受益者による信託終了、変更）

1　本信託契約は、委託者又は受益者が単独で終了又は変更することができず、やむを得ない事情により委託者及び受益者が合意のうえ、終了又は変更の申し出をした（又は、その申し出につき受託者が合理的と認めかつ請求する信託報酬を支払う）場合には、終了又は変更をすることができる。

2　委託者若しくは受益者は（又は両者により、信託法58条4項に規定する場合を除き）、受託者を解任することはできない。

第○条（受託者による信託の終了）

第○条（受託者の辞任等）

第○条（信託の最終計算及び信託財産の交付）

第○条（信託条項の変更等）

1　受託者は、委託者兼議決権指図者及び受益者の承諾を得て本信託契約を変更できる。また、委託者兼議決権指図者及び受益者は、受託者の報酬・費用を考慮して本信託契約を変更できる。

2　委託者の死亡後においては、受益者は受託者の承諾を得て本信託契約を変更することができる。

第○条（印鑑届出）

第○条（届出事項）

第○条（成年後見人等の届出）

第○条（協議）

　　本信託契約に定めがない事項の取扱いについては、委託者、受益者、議決権指図者及び受託者が誠意をもって協議する。

第○条（管轄裁判所）

第○条（契約書等の保管）

　　本信託契約は、正本2通を作成し、委託者兼議決権指図者及び受託者が各々1通を保管する。

以上

平成○○年○月○日

　　　　　　　　委託者（兼議決権指図者）
　　　　　　　　住所
　　　　　　　　氏名　　　　　　　　実印

　　　　　　　　受託者
　　　　　　　　住所
　　　　　　　　氏名　　　　　　　　実印

※なお、他益信託の場合には、受益者の意思と受益内容の理解の確認のために、上記契約を確認した旨を記載して署名する方法もあります。

（管理台帳等の例）

信託財産目録

銘柄	数量	単価	信託価額	備考

印鑑届　（受託者届出用・本人控用）

【委託者（議決権指図者）】

　委託者（議決権指図者）は、以下の印鑑を、受託者に届け出ます。

委託者 議決権指図者	住所　〒 氏名 TEL・FAX	届出印

【受益者】（及び受益者代理人）

　受益者は、以下の印鑑を、受託者に届け出ます。

受益者 受益者代理人	住所　〒 氏名 TEL・FAX	届出印

以上

（受託者使用欄）

契約効力発生日	株主名簿	口座	確認印	日付	備考

（受託者の諸手続の記録）

変更日	変更内容	確認印
	株主名簿記載	
	銀行口座開設（契約書写交付したか否か）	
	議決権行使書・参考書類交付	
	同上の指図書受領	
	配当○年度分○円口座入金	

第10章

民事信託を活用する場合に
留意すべき事項

1 　信託法、民法等からの留意すべき事項

（1）家族のための民事信託と成年後見制度

① 家族信託は成年後見制度を知らないで制作はできないこと

筆者は、常に、「家族信託は成年後見制度と税法を知らないで制作はできない」と説明しています。

家族信託は、機能上、成年後見制度の多くの部分を代替し得る制度です。この制度は、大事な財産を信頼できる人（受託者）に託してしっかり管理し、本人（委託者兼受益者）や家族（受益者）のために活用し、かつこの財産を本人の希望どおりの譲受人に確実に承継（遺贈）させる仕組みです。信託は、信託財産を「守る（管理）」「活かす（活用）」そして「遺す（遺贈承継）」ことを一つの法制度で達成できる制度です。

一方、成年後見制度は、財産の管理と身上監護にかかわる「本人を護る」制度であって、信託でいう「財産を守る（管理）」制度と、民事信託には含められない「身上監護」の事務を担う制度です。なお、

家族信託の基礎知識

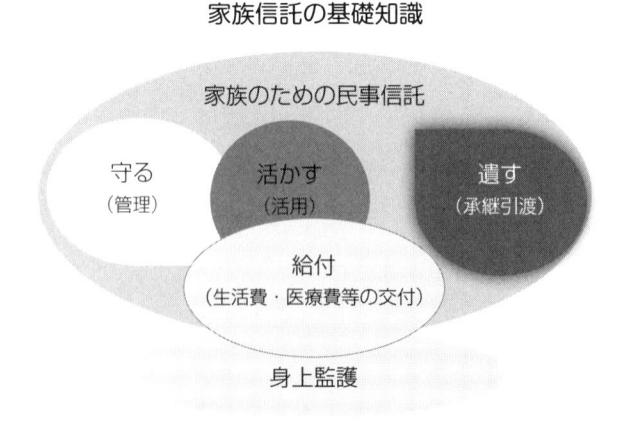

両制度に共通する「本人への生活費・医療費等の給付」（財産の給付・処分）は、ある意味で本人の身上監護にかかわりますが、信託制度では原則として身上監護事務（医療関係、介護関係、施設・住居に関すること、生活・教育に関することなど）には深入りすることはできません。信託制作者は、このことをしっかり頭に叩き込んでおく必要があります。

この身上監護に深くかかわる信託の設定はできないのですが、実務を見ると、専門職の相談の中にはこれらの事務を入れようとする例が散見され、注意を要します[1]。

② 両制度の併用

家族型民事信託と成年後見制度とは、それぞれ独立した制度ですが、信託は、成年後見制度を一部代替してあるいはリンク（併用）させて利用できます。したがって、超高齢社会においては、老後の安心設計を組み立てる中で幅広くこれら2つの制度が活用できるのであり、しかも信託のみでは本人を保護できない分野があるので、高齢者の場合は、この併用が必要です。

このため、実務では、成年後見制度の中でも、任意後見契約と信託契約を併用し、本人と本人の財産を守る仕組みが多く活用されています[2]。

③ 家族信託は本人と家族を護るための信託

信託は、財産管理の事務に限定されるものの（身上監護に関してはこれにかかわる金銭の管理はできるが、介護・医療契約はできない）、成年後見制度や民法では達成できないさまざまな仕組みが活用できる「隙間を埋める制度」となっています。

成年後見制度に携わっている方は、ご存知と思いますが、現行の制度では「贅沢な生活」や「ハイクラスの老人ホームでの生活」を被後

---

1) 遠藤英嗣「（第4回相談室）家族信託への招待『何でもありの民事信託の活用』の相談に答える」信託フォーラム no4・119頁参照。
2) 遠藤英嗣『新版 新しい家族信託』（日本加除出版、2016年）442頁参照。

後見と信託、それに遺言相続

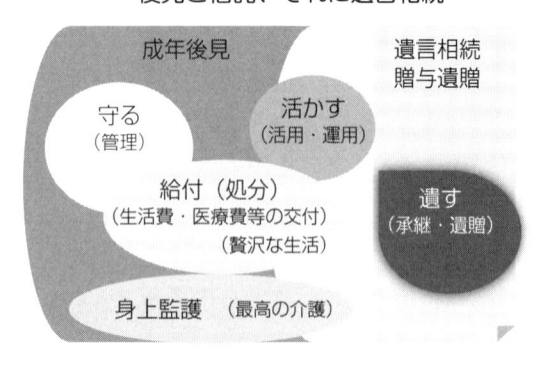

見人本人が望んだとしても、ほとんど実現できないのが現実です。さらに、成年後見制度はあくまでも本人のための制度であり、「認知症の妻」や「知的障がいを持つ子」などの家族の支援などはたとえ、かつての本人にとって最優先事項であったとしても制度の対象外です。カバーできるのは、せいぜい扶養義務の範囲内といったところでしょう。

それに、本人の老後のためにと貯めた預金を少しでも増やそうとしての金融商品の購入など、財産の運用や活用は一切認められていません。これらの成年後見制度ではできない「隙間」を埋めるのが家族信託なのです。

本人の財産で認知症の妻や知的障がいを持つ子の支援を金に糸目を付けぬ形でやりたいというのであれば、家族信託は現状において最も重要な手段といえそうです。しかし、万能に見える信託でも、実はその限度（あくまでもその制度の本旨に沿わない限界）を超えると信託制度が瓦解しかねない危険性を含んでいることに注意すべきです。それは、信託の目的に縛られた、しかも信認関係を基礎とした、あくまでも本人の財産管理制度だからです。

これを成年後見人の目から見た場合、成年後見制度を否定するあるまじき行為としか、映らないかもしれません。こうして、成年後見人が受益者の有する単独受益者権（監督権）を駆使して信託契約を攻撃し終了に持ち込むことも考えられます。

このことから、筆者は、常に成年後見人等を信託制度の中に取り込み、その理解を得て、信託事務を処理することが大事であると考えています。成年後見人は、受託者の味方をすることはあり得ないことを肝に銘じておく必要があろうと思います。

(2)　受益者保護に欠ける家族信託の設定

① 　民事信託にあっては、これを法が許容する枠組み（基本ルール）を守り、しかもそれが目的に従って機能するよう創造すること（「企画」と「制作」すること）が最も重要であり、最初に、信託を考え信託行為という形にすることに最大の力を傾注すべきです。これを怠れば、信託は頓挫してしまいます。

　民事信託は、信託商品という箱にクライアントの要望を詰め込めばよいというものではありません。一つ一つ品定めをして組み立てを行い、それを世に出すのです。もちろん、税務等の点検確認が必要な信託も少なくありません。

② 　家族型の信託は、先にも申し上げたとおり、判断能力が不十分な人を支援する後見制度を補完し、あるいは一部これに替わる仕組みです。それは、「自ら財産管理ができない本人やその家族の安定した生活と福祉を確保するため財産を守る（管理する）仕組み」と「財産を活かす（活用する）」ための「後見的な財産管理制度」であることを忘れてはなりません。

　そのためには、当然、受益者を守る制度が確立されていることが必要です。筆者は、常に、「信託にあっては、受益者を守ることが重要であり、受益者の存在が無視され受益者保護が全くなされていない信託は、民事信託と呼ぶべきではない。信託は、あくまでも受益者のための法制度である。」と言い続けています。法も、受益者の権利を確実に保護するため、受益者による受託者に対する監督権をはじめ、受益者の権利義務に関する明確な規定を設けており、これらの権利は奪うことはできないとしているのです（信92）。

③　実務では、受益者保護関係人を積極的に活用すべきです。

　受益者の権利の実効性を確保する制度として、信託管理人、信託監督人、受益者代理人の制度があります。これらの受益者保護関係人を信託の中に登場させることにより、受託者の権限濫用や任務懈怠を防止し、受益者を守ることができます。

（3）　家族のための民事信託設定の留意事項

①　受託者選任が難しく、しかも重要であること

　受託者は、信託当事者、その他信託関係人の中にあって、最も活動的で中心的役割を果たす人物です。この者に財産を託す以上信頼できる、堅実でしかも信託の知識を有する人を選任することが求められます。

　しかし、信託業法の規制があり、誰でも選任できるわけではありません。信託の引受けを業として行う者は、「免許を受けた信託会社」でなければならず、「営業として行う」限り例外はありません（信業

3、2 I Ⅱ）。

受益者は受託者にはなれますが、いま一人の受益者が必要となります。もちろん、名目だけの受益者は認められません。そこで、考えられているのが、信託受託者法人（一般社団法人・株式会社）による信託業法に抵触しない信託の受託です。

② **信託財産が受託者に移転し、財産が誰のものでもなくなること**

信託財産は、受託者名義にはなりますが、受託者の固有財産になるわけではなく、受託者の財産から別個独立した特殊な法律関係にある誰のものでもない財産になります。このようにクライアントに説明しても、理解してもらえないことが多く、そこは図を用いて説明することもしばしばです[3]。

信託財産は、信託の設定によって形式上確かに受託者の所有名義にはなりますが、その実は、①信託財産は受託者と光ケーブルでつながれた状態で、宙に浮き誰のものでもない財産となること、②受託者はそのケーブルを利用して信託財産を管理運用するなど必要な信託事務処理を行うこと、また③信託財産には受益者の数だけ導管が付いていて受益者がその管から手をのばせば必要な給付を受けられる仕組みになっていることを説明し、疑念を払しょくしてもらう必要があります。

信託と信託財産

信託財産

（給付）　信託事務処理

受益者　受託者

3）遠藤・前掲注2）36頁参照。

③ 信託には金融資産が必要なこと

　相談の中に、「信託財産は、自宅不動産だけで、金融資産はない」という説明を多く受けます。この点は、本書で詳細に論じられている、信託の財務の問題です。

　信託設定に必要な不動産に関する所有権移転登記や信託登記費用、さらには公租公課などの諸費用（信託報酬）は、誰が負担するのか、この金銭なくして信託は始まりません。信託創造者としては、信託に必要な金銭、金融資産は忘れてはなりません。

　信託には、さまざまな費用がかかります。その都度、委託者から追加信託を受けたり、受益者と個別的に交渉し費用の償還を受けていたのでは、適切な信託事務は遂行できないばかりでなく、入り口でつまずいてしまいます。受益者は負担しないのが原則だからです（信託行為で、受益者が負担しろとは定めることはできない—[4]）。

④ 信託関係人の予備的定めが必要であること

　民事信託、中でも福祉型の信託は、信託期間が長期にわたります。受益者が連続する場合はもとより、若年の知的障がい者などを受益者とする信託は、30年、いや50年を超えるものもあるでしょう。

　その間、受益者以外の信託関係人は、死亡しあるいは信託関係事務を処理することができない状態になることもあります。そこで必要なのが、予備的信託関係人の定めです。

①　受託者と後継受託者
②　当初受益者と第2次受益者
③　第1次受益者保護関係人と予備的保護関係人
④　受益者指定等権限者や指図人

⑤ 信託当事者の地位の承継（相続）について注意すること

　委託者について、まず、遺言信託では特段の定めがない限り、委託者の地位は相続により承継しないとされていますが、信託契約にあっては、この定めがありませんので、原則委託者の地位は相続することにな

4）遠藤・前掲注2）277頁。

ります。しかし、実務は、信託が開始すれば委託者はかやの外、これが契約でも貫かれることが多いです。これは、委託者に船頭の一人として残られては船の進み方は蛇行することが目に見えているからです。

受託者が死亡した場合は、受託者の任務が終了し（信56 Ⅰ①）、受託者の地位の承継の問題は生じません。受益者は、受益権を保有し、この受益権は相続されます。しかし、実務では、この受益権が相続人に分散されることによって多数の受益者が登場し、信託事務に支障が生じないように、受益権を特定の者に承継（取得）させるように信託条項が定められることがほとんどです。

⑥　信託においても遺留分の問題が生じること

この遺留分の問題は、信託設定者にとって大きな悩みです。

遺留分制度は、被相続人が有していた相続財産について、その一定の割合を一定の相続人（遺留分権利者）に対して保証する制度です。被相続人の兄弟姉妹にはこの権利はありませんが、被相続人の兄弟姉妹以外の相続人には、相続開始とともに相続財産の一定割合を取得し得るという権利が認められています。（民1028）。

この権利は、「遺留分権」とよばれ、被相続人による自由な処分（遺贈や贈与だけでなく、考え方としては「信託の設定による給付」も含む）によって遺留分が侵害された場合には、その処分を減殺して法定の遺留分を回復する権利です（なお、相続法の改正により、遺留分侵害額請求に変わることになっています）。

信託財産は、本人の手から離れ相続財産には含まれませんが、立法担当者は、信託は遺贈の規定が類推適用されるとして、遺留分の問題が生じるとしています[5]。

家族のための信託の場合、この遺留分に関する権利を誰（受益者か、受託者か）に対して行使するのか、減殺する対象（信託設定行為か、給付行為かなど）は何かで争いがあり、確立された判例はありま

5）寺本昌弘『逐条解説 新しい信託法』（商事法務、2007年）42頁。

せん[6]。

ところで、家族信託を利用すれば、遺留分の問題はすべて解決（回避）できるとして、遺留分を潜脱する目的で信託を設定している実務の例があります。

これは、相続債務を同じような考えで潜脱するために、すべての相続財産を家族信託の信託財産に組み入れて、債務は一切引き受けしないという手法と同じで、民法第90条に抵触する違法な行為であると考えています。

＜「家族信託と遺留分」　その解決のためのアドバイス＞

① 　家族のための民事信託では、遺留分の問題が生起することを考えたうえで、信託の設定をすることが最も大事です。

　遺言のように、その時対応を考え、対策を講じればよいという安易な手法は通じません。

② 　信託を心よく思っていない相続人は、極力受益者にはしないようにします。代償金の仕組みを利用できるのであればこれを活用するのです。

③ 　仮に受益者として受益権を取得させる場合、受益者代理人を活用し、可能な限り信託事務処理に支障が生じないようにします。

④ 　上記③の場合、受益権の複層化型信託を活用し、遺留分権者が納得できる仕組みを考えることも一手法です。

6）遠藤・前掲注2）86頁参照。

(1) 民事信託の税制上の課題

　第7章で既にいくつか触れたように、信託税制はいまだに多くの課題を内包しているといえます。本章では特に複層化された信託についての課題について触れておきたいと思います。

　信託受益権が、収益受益権と元本受益権に質的に複層化された信託については、我が国租税法においては、具体的な取扱いが法令等で整備されているものはありません。わずかに、通達やその解説で触れられるものがある程度です。

① 所得計算上の課題

　相続税法では、複層化された信託については、受益者連続型信託以外の信託（一般の信託）と受益者連続型信託の2つの類型に区分して課税が整理されています（相基通9の3-1）。しかしながら、受益権が質的に複層化された場合の所得計算については、必ずしも明確な規定等が整備されているわけではありません。仮に、賃貸不動産が信託財産とされ、受益権が複層化された信託についての所得計算を考えた場合、現在の所得税法の規定のみでは、収益受益者・元本受益者のそれぞれの所得計算をどのようにすべきかという課題が生じます。

　平成19年度税制改正の解説では、受益者等が二以上ある場合には、信託財産に属する資産及び負債のすべてが、それぞれの受益者に、その有する権利の内容に応じて帰せられるものとされ、これについては、各受益者に質的に均等に帰属することを定めたものではなく、信託行為の実態に応じてそれぞれの帰属を判定するものと考えられるとされ、仮に信託がないものとした場合に同様の権利関係を作り出そうとすれば、どのような権利関係になるかが参考になると考えられるとされています（平成19年度税制改正の解説294頁）。

しかしながら、このような解説のみでは、複層化された信託の所得計算を整理するのは難しいといえ、条文上は不明確であるといえます。信託財産である賃貸不動産に係る経費（清掃等の管理費、火災保険料、修繕費、固定資産税等や信託報酬等）は、賃貸収益を得るための必要経費でもあり、元本たる信託財産に係る経費でもあります。これらの帰属を収益受益者とすべきか元本受益者とすべきかは、信託目的や税法規定を慎重に勘案して契約内容を定める必要があるでしょう。現行の信託税制における所得課税では、信託が意図している経済効果と異なる課税関係が生じ得る可能性があることを十分に考慮に入れるべきです。

② 相続税の計算上の課題（負担付遺贈との比較）

（ア）受益者連続型信託の場合

仮に、次のようなケースの信託を設定すると想定した場合の相続税の計算を検討してみます。

a 信託の設定

信託の方法	遺言信託
信託の目的	余命宣告を受けた父が、自身の死亡後、妻の当面（自身の死亡後 30 年間）の生活の安定を図るため、所有する貸地を信託財産として収益受益権を妻に付与し、妻の死亡により信託は終了する。
委託者	父
受益者	①収益受益者 　父の死亡時：後妻 　妻の死亡時：先妻との子（後妻との養子縁組はしていない） ②元本受益者（収益受益者死亡時に信託財産を取得できる元本受益権（遺言効力発生時には元本に係る受益権を取得している）） 　父の死亡時：先妻との子（後妻との養子縁組はしていない）
信託財産	貸地（時価 5 億円、年間収入 2,000 万円）

b　父死亡時の相続税の計算

父死亡時の相続税の計算は次のとおりとなると想定されます。なお、相続財産は、信託受益権のみと仮定します。

	合計	後妻	先妻との子
課税価格	5億円	収益受益権 5億円	元本受益権 0円
遺産に係る基礎控除	4,200万円		
相続税の総額（※1）	1億5,210万円	（7,605万円）	（7,605万円）
各人が負担する相続税額	1億5,210万円	1億5,210万円	
配偶者の税額軽減	▲7,605万円	▲7,605万円	
納付する相続税額	7,605万円	7,605万円	

（※1）相続税の総額の計算
　　　法定相続分に応じた取得価額
　　　　（5億円−4,200万円）×1/2（法定相続分）＝2億2,900万円
　　　　2億2,900万円×45%−2,700万円＝7,605万円
　　　相続税の額
　　　　7,605万円×2名＝1億5,210万円

c　妻死亡時の相続税の計算

	先妻との子
課税価格	信託財産 5億円
遺産に係る基礎控除	3,600万円
相続税の総額（※1）	1億9,000万円
各人が負担する相続税額	1億9,000万円
2割加算	3,800万円
納付する相続税額	2億2,800万円

（※1）相続税の総額の計算
　　　（5億円−3,600万円）×50%−4,200万円＝1億9,000万円

（イ）負担付遺贈の場合

　　上記(ア)の財産を、信託によらずに、先妻との子に貸地から生ずる地代を後妻に交付することを負担として、その貸地を遺贈する負担付遺贈することを遺言により行った場合、相続税の計算は次のようになると想定されます。なお、後妻の平均余命は15年と仮定します。

a　父死亡時の相続税の計算

	合計	後妻	先妻との子
課税価格	5億円	負担の利益 （※1） 2億8,834万円	貸地の評価額 （負担を控除） 2億1,166万円
遺産に係る基礎控除	4,200万円		
相続税の総額	1億5,210万円	（7,605万円）	（7,605万円）
各人が負担する相続税額	1億5,210万円	8,771万円 （※2）	6,439万円 （※3）
配偶者の税額軽減	▲7,605万円	▲7,605万円	
納付する相続税額	7,605万円	1,166万円	6,439万円

（※1）ここでは、後妻の平均余命から、後妻が受ける先妻との子の負担の利益を次のように計算し、貸地の評価額を算出するものと仮定します（相基通11の2-7）。
　　　　＜後妻が受ける先妻との子の負担の利益＞
　　　　　2,000万円×14.417（基準利率年0.5％、15年間の複利年金現価率）
　　　　　　＝2億8,834万円
（※2）相続税の総額1億5,210万円×2億8,834万円／5億円
（※3）相続税の総額1億5,210万円×2億1,166万円／5億円

（ウ）相続税の計算と負担付遺贈との比較と相続税計算上の課題

a　相続税の比較

■信託の場合

	合計	後妻	先妻との子
父の死亡時	7,605 万円	7,605 万円	
後妻の死亡時	2 億 2,800 万円		2 億 2,800 万円
合計	3 億 405 万円	7,605 万円	2 億 2,800 万円

■負担付遺贈の場合

	合計	後妻	先妻との子
父の死亡時	8,771 万円		8,771 万円

b　相続税計算上の課題

　上記の受益者連続信託と負担付遺贈による場合の相続税の計算の比較からは、受益者連続型信託における税負担が高く、負担付遺贈を検討するほうが税負担としては有利となります。

　信託協会は、受益者連続型信託に係る課税問題として、先行受益者と後続受益者にそれぞれ相続税が課税される（2 回の相続課税）のに対して、負担付遺贈であれば 1 回の相続税負担ですむことから、毎年、税制改正要望として受益者連続型信託の課税の適用対象の見直しを提言しています。

　受益者連続（型）信託と負担付遺贈では、そもそもの法的効果が異なる（たとえば、信託法 89 条及び 91 条に定める複数の受益権と負担付遺贈による受遺・受益の内容が異なり、負担付遺贈の場合には負担の利益が確実とは言えない、また、受益権の取得と不動産の取得の違いなどがある）ため、両者を単純な税負担の比較だけで判断することは合理的ではないかもしれませんが、経済的効果が同じところに異なる税負担が生じるという点については、税制の在り方として考慮すべき点があるように思われます。

受益者連続型信託の相続税法の扱いが信託法の法的効果と整合しないこと、受益者連続型でない複層化信託の所得課税があいまいなこと、その他、第7章で指摘した小規模宅地等の特例が適用される受益権の範囲、信託財産の所在等、現在の信託税制は具体的な事例に即した整理がされていない課題が多くあり、担税力のないところに課税関係が生じる可能性があるなど、民事信託の活発な活用を妨げている要因となっているものと考えられます。

　もちろん、信託の課題は税制だけに止まりませんが、専門家が事案ごとに問題点を浮き彫りにし、民事信託がより現在の社会に役立つよう改善に向けて協力し合うことも必要であると思われます。

(2) 信託税制に係る専門家のスタンス

　平成19年度の税制改正で整備された信託税制は、信託財産である資産及び負債ならびに収益及び費用の租税法上の帰属者が受益者とみなすことを明確にしました。これにより、信託財産から生じる所得は受益者に帰属するものとして、さらには、信託財産が信託の経済的効果の帰属する者（すなわち受益者や帰属権利者）に移転するものと考えて、信託に係る基本的な課税関係を整理することになり、たとえば、信託の設定時の委託者と受益者、あるいは、信託終了時の受益者と信託財産の帰属者の関係や、受益者が存在するか否かという点に着目することで、おおよその課税関係は整理することができます。

　しかしながら、既述のように、実務的な論点を掘り下げていくと不明確な論点が多々生じるというのが信託税制の本質ではないかと考えます。そしてその本質は、信託税制（特に受益者等課税信託）が実質所得者課税の原則について、現在の租税法の基本的理解である法律的帰属説の例外として、所得の経済上の帰属に基づいた受益者に対する課税をその趣旨としている点にあるものと思料します。その証左が、信託税制に関する多くの条文が採用する「みなし規定」の存在です。

　法律的帰属説は、ある所得の帰属について、その財産の法律的な帰

属に対する所得課税を趣旨とします。この理解から信託税制を構築する場合、その課税関係は信託財産の法律的な所有者となる受託者を中心に展開されることになります。これに対し、信託税制では、ある所得の帰属について、その法律上の帰属を無視し、これを実質的に享受する者（経済的な効果の帰属者）に対する課税をその趣旨とするため、課税関係は受益者を中心に展開されることになります。

　法律的帰属説による租税法の体系の中で、「みなし規定」を設けて受益者等課税信託のように所得の経済的な帰属に基づいた課税関係を生じさせているのが信託税制です。そのために、現在の租税法では明確に整理できないさまざまな論点が生じる可能性があることを常に意識して実務に取り組むべきであると考えます。

　表面的な課税関係の整理のみでの安易な提案では、あとになって重大な課税問題を引き起こす可能性があります。特に、所得税法、法人税法や相続税の課税関係が複雑に交錯する民事信託については、信託の設定時から終了時までの長期間の課税関係について、十分な検討と説明を加えなければ、専門家としての責任が問われる事態にもなりかねません。

　信託の組成にあたっては、まず、その目的を明確にすることが肝要です。そして、租税法上の適用関係以外にも民法や信託法など、信託を取り巻く法制を総合的に熟慮し、定期的な見直しができる体制や、時には信託以外の方法による目的達成の方法も検討するなどして、納税者の正確な理解を得ながら取り組むという心構えこそが、税理士をはじめとした専門家に求められるスタンスであると考えます。

さいごに

　本書は、民事信託を創造する専門家に活用していただけるよう、編著者である星田寛先生の「適正な民事信託の実務が広まるよう、多岐にわたる信託実務が辞書のようにわかり、実務で使える類書のない書籍をめざす」という熱い思いを、著者の皆さんが実現せんがために、異常ともいえる長い猛暑日が続いた平成27年の夏から汗を流した結晶です。

　家族のための民事信託は、何でもできると思われているようですが、皆が言うほど「華やかなもの」ではありません。そこには、桜の花の優雅さも、梅の花の香りが漂うこともないのです。信託創造者が知恵を出し何度も検証した①信託要件事実が満たされ、②成年後見制度など他の法制度との整合性を持ち、しかも③課税問題をもクリアーした「真っ直ぐ伸びた榧の木」があるだけです。

　しかし、榧の木は毎年沢山の実をつけ、受益者に貴重な食物を与えてくれます。しかも、ご存知の方も多いと思いますが、この木は大木になれば恐ろしいほどの高値で取引される山の宝石となるのです。

　家族信託は、親なき後支援信託に代表されるように、この木が保護を要する受益者を助けるのです。そのためにも、地に根を下ろして大木となるまで枯らしてはならないのです。これが達成できなければ、信託創造者の責任が問われます。世話している人が手抜きしたとは言えないのです。

　今日、家族のための民事信託が脚光を浴び始めています。しかし、これを必要としている方の話を聞くと、ホームページで民事信託の遺言信託や契約書を作成しますと宣伝している先生方に、信託の設定をお願いしても依頼者の考えや願いを十分にかなえてくれる内容になっていない場合もあると苦情を申し立てられている人も少なくありませ

ん。そこで、司法書士や弁護士が中心となり「信託制度が正しく幅広く活用されること」を目的として法人（一般社団法人民事信託推進センター）を設立し、筆者を含め本書の著者の多くの方がこの法人のセミナーやシンポジウムに携わり、正しい民事信託の活用に向けて活動しています。本書は、上記民事信託推進センターの協力を得て完成に至ったものです。一層の民事信託推進センターの活躍が期待されています。

　家族のための民事信託は、本人や家族の方を護る制度です。信託は設定すればそれで目的は十分達成したことになるとか、あるいは民事信託は広く身上監護も担うことができるという、誤った考え方をされている方もいます。このように説明して民事信託が夢のような制度であると宣伝している専門家と称する人もいると聞きます。しかし、家族のための民事信託は、信託の設定がスタート地点であり、そこから大事な財産の管理と受益者の保護が始まるのです。それに、家族のための民事信託は、あくまでも財産管理制度であり、受益者の身上監護まですべて担うことはできる法制度にはなっていません。高齢の受益者等の身上監護は、あくまでも成年後見制度の分野の仕事です。

　筆者は、これからの高齢化社会では、大事な財産の管理は家族信託で、身上監護は任意後見制度を活用し、自分や配偶者、障がいを持つ子を護るとともに、いわゆる家産や事業用財産の承継（資産承継や事業承継）はこの2つの制度をしっかり組み合わせて、確実な財産管理を経て円滑な承継を目指すべきであると考えています。成年後見制度、中でも法定後見制度の実務を見た場合、本人の財産を確実に守る制度にはなっていないことをしっかり認識すべきです。今は、本人の大切な財産、家産や事業用財産は成年後見制度によって失われないように家族信託を選択してこれを守り、その後継者に確実に承継（帰属）させる必要があるのです。

　家族のための民事信託は、このように後見的な財産管理のためと家産や事業承継のためにますます重要性を増しています。

家族のための民事信託を極めるには、4つの法制度を知る必要があります。「信託法制」「遺言相続法制」「成年後見制度」及び「信託会計と税制度」です。筆者担当の部分は別ですが、本書では、経験を積んだそれぞれの著者が分担して、これらのうち重要な項目につき信託実務が辞書のようにわかりやすくという考えのもと解説しています。特に、信託会計と税制については、最近この種の解説書は少ないうえ、それぞれの先生方が担当した実務マニュアルについても、編著者の星田先生が目指した類書のないものとなっていると考えています。大いに本書を活用していただきたいと思います。

　最後に、家族のための民事信託は、日々動いています。編者や著者はこれに満足しているわけではありません。時代時代に合わせて、新たな内容の民事信託を紹介できるよう、また時代の流れにあった信託の実務を説明し助言できるよう、研鑽を積み、改訂ができる日を願い、あとがきとさせていただきます。

平成 28 年 6 月

遠藤英嗣

関係法令条文

（平成 28 年 4 月 1 日現在）

信託法

（平成 18 年 12 月 15 日法律第 108 号）

（趣旨）
第1条　信託の要件、効力等については、他の法令に定めるもののほか、この法律の定めるところによる。

（定義）
第2条　この法律において「信託」とは、次条各号に掲げる方法のいずれかにより、特定の者が一定の目的（専らその者の利益を図る目的を除く。同条において同じ。）に従い財産の管理又は処分及びその他の当該目的の達成のために必要な行為をすべきものとすることをいう。

2　この法律において「信託行為」とは、次の各号に掲げる信託の区分に応じ、当該各号に定めるものをいう。
　一　次条第1号に掲げる方法による信託　同号の信託契約
　二　次条第2号に掲げる方法による信託　同号の遺言
　三　次条第3号に掲げる方法による信託　同号の書面又は電磁的記録（同号に規定する電磁的記録をいう。）によってする意思表示

3　この法律において「信託財産」とは、受託者に属する財産であって、信託により管理又は処分をすべき一切の財産をいう。

4　この法律において「委託者」とは、次条各号に掲げる方法により信託をする者をいう。

5　この法律において「受託者」とは、信託行為の定めに従い、信託財産に属する財産の管理又は処分及びその他の信託の目的の達成のために必要な行為をすべき義務を負う者をいう。

6　この法律において「受益者」とは、受益権を有する者をいう。

7　この法律において「受益権」とは、信託行為に基づいて受託者が受益者に対し負う債務であって信託財産に属する財産の引渡しその他の信託財産に係る給付をすべきものに係る債権（以下「受益債権」という。）及びこれを確保するためにこの法律の規定に基づいて受託者その他の者に対し一定の行為を求めることができる権利をいう。

8　この法律において「固有財産」とは、受託者に属する財産であって、信託財産に属する財産でない一切の財産をいう。

9　この法律において「信託財産責任負担債務」とは、受託者が信託財産に属する財産をもって履行する責任を負う債務をいう。

10　この法律において「信託の併合」とは、受託者を同一とする二以上の信託の信託財産の全部を一の新たな信託の信託財産とすることをいう。

11　この法律において「吸収信託分割」とは、ある信託の信託財産の一部を受託者を同一とする他の信託の信託財産として移転することをいい、「新規信託分割」とは、ある信託の信託財産の一部を受託者を同一とする新たな信託の信託財産として移転することをいい、「信託の分割」とは、吸収信託分割又は新規信託分割をいう。

12　この法律において「限定責任信託」とは、受託者が当該信託のすべての信託財産責任負担債務について信託財産に属する財産のみをもってその履行の責任を負う信託をいう。

（信託の方法）
第3条　信託は、次に掲げる方法のいずれかによってする。
　一　特定の者との間で、当該特定の者に対し財産の譲渡、担保権の設定その他の財産の処分をする旨並びに当該特定の者が一定の目的に従い財産の管理又は処分及びその他の当該目的の達成のために必要な行為をすべき旨の契約（以下「信託契約」という。）を締結する方法
　二　特定の者に対し財産の譲渡、担保権の設定その他の財産の処分をする旨並びに当該特定の者が一定の目的に従い財産の管理又は処分及びその他の当該目的の達成のために必要な行為をすべき旨の遺言をする方法
　三　特定の者が一定の目的に従い自己の有する一定の財産の管理又は処分及びその他の当該目的の達成のために必要な行為を自らすべき旨の意思表示を公正証書その他の書面又は電磁的記録（電子的方式、磁気的方式その他人の知覚によっては認識することができない方式で作られる記録であって、電子計算機による情報処理の用に供されるものとして法務省令で定めるものをいう。以下同じ。）で当該目的、当該財産の特定に必要な事項その他の法務省令で定める事項を記載し又は記録したものによってする方法

（信託の効力の発生）
第4条　前条第1号に掲げる方法によってされる信託は、委託者となるべき者と受託者となるべき者との間の信託契約の締結によってその効力を生ずる。

2　前条第2号に掲げる方法によってされる信託は、当該遺言の効力の発生によってその効力を生ずる。

3　前条第3号に掲げる方法によってされる信託は、次の各号に掲げる場合の区分に応じ、当該各号に定めるものによってその効力を生ずる。

一　公正証書又は公証人の認証を受けた書面若しくは電磁的記録（以下この号及び次号において「公正証書等」と総称する。）によってされる場合　当該公正証書等の作成

二　公正証書等以外の書面又は電磁的記録によってされる場合　受益者となるべき者として指定された第三者（当該第三者が２人以上ある場合にあっては、その１人）に対する確定日付のある証書による当該信託がされた旨及びその内容の通知

4　前三項の規定にかかわらず、信託は、信託行為に停止条件又は始期が付されているときは、当該停止条件の成就又は当該始期の到来によってその効力を生ずる。

（遺言信託における信託の引受けの催告）

第5条　第３条第２号に掲げる方法によって信託がされた場合において、当該遺言に受託者となるべき者を指定する定めがあるときは、利害関係人は、受託者となるべき者として指定された者に対し、相当の期間を定めて、その期間内に信託の引受けをするかどうかを確答すべき旨を催告することができる。ただし、当該定めに停止条件又は始期が付されているときは、当該停止条件が成就し、又は当該始期が到来した後に限る。

2　前項の規定による催告があった場合において、受託者となるべき者として指定された者は、同項の期間内に委託者の相続人に対し確答をしないときは、信託の引受けをしなかったものとみなす。

3　委託者の相続人が現に存しない場合における前項の規定の適用については、同項中「委託者の相続人」とあるのは、「受益者（２人以上の受益者が現に存する場合にあってはその１人、信託管理人が現に存する場合にあっては信託管理人）」とする。

（遺言信託における裁判所による受託者の選任）

第6条　第３条第２号に掲げる方法によって信託がされた場合において、当該遺言に受託者の指定に関する定めがないとき、又は受託者となるべき者として指定された者が信託の引受けをせず、若しくはこれをすることができないときは、裁判所は、利害関係人の申立てにより、受託者を選任することができる。

2　前項の申立てについての裁判には、理由を付さなければならない。

3　第１項の規定による受託者の選任の裁判に対しては、受益者又は既に存する受託者に限り、即時抗告をすることができる。

4　前項の即時抗告は、執行停止の効力を有する。

（受託者の資格）

第7条　信託は、未成年者又は成年被後見人若しくは被保佐人を受託者としてすることができない。

（受託者の利益享受の禁止）

第8条　受託者は、受益者として信託の利益を享受する場合を除き、何人の名義をもってするかを問わず、信託の利益を享受することができない。

（脱法信託の禁止）

第9条　法令によりある財産権を享有することができない者は、その権利を有するのと同一の利益を受益者として享受することができない。

（訴訟信託の禁止）

第10条　信託は、訴訟行為をさせることを主たる目的としてすることができない。

（詐害信託の取消し等）

第11条　委託者がその債権者を害することを知って信託をした場合には、受託者が債権者を害すべき事実を知っていたか否かにかかわらず、債権者は、受託者を被告として、民法（明治29年法律第89号）第424条第１項の規定による取消しを裁判所に請求することができる。ただし、受益者が現に存する場合において、その受益者の全部又は一部が、受益者としての指定（信託行為の定めにより又は第89条第１項に規定する受益者指定権等の行使により受託者又は変更後の受益者として指定されることをいう。以下同じ。）を受けたことを知った時又は受益権を譲り受けた時において債権者を害すべき事実を知らなかったときは、この限りでない。

2　前項の規定による請求を認容する判決が確定した場合において、信託財産責任負担債務に係る債権を有する債権者（委託者であるものを除く。）が当該債権を取得した時において債権者を害すべき事実を知らなかったときは、委託者は、当該債権を有する債権者に対し、当該信託財産責任負担債務について弁済の責任を負う。ただし、同項の規定による取消しにより受託者から委託者に移転する財産の価額を限度とする。

3　前項の規定の適用については、第49条第１項（第53条第２項及び第54条第４項において準用する場合を含む。）の規定により受託者が有する権利は、金銭債権とみなす。

4　委託者がその債権者を害することを知って信託をした場合において、受益者が受託者から信託財産に属する財産の給付を受けたときは、債権者は、受益者を被告として、民法第424条第１項の規定による取消しを裁判所に請求することができる。ただし、当該受益者が、受益者としての指定を受けたことを知った時又は受益権を譲り受けた時において債権者を害すべき事実を知らなかったときは、この限りでない。

5　委託者がその債権者を害することを知って信託をした場合には、債権者は、受益者を被告とし

て、その受益権を委託者に譲り渡すことを訴えをもって請求することができる。この場合において
は、前項ただし書の規定を準用する。
6　民法第 426 条の規定は、前項の規定による請求権について準用する。
7　受益者の指定又は受益権の譲渡に当たっては、第 1 項本文、第 4 項本文又は第 5 項前段の規定の
適用を不当に免れる目的で、債権者を害すべき事実を知らない者（以下この項において「善意者」
という。）を無償（無償と同視すべき有償を含む。以下この項において同じ。）で受益者として指定
し、又は善意者に対し無償で受益権を譲り渡してはならない。
8　前項の規定に違反する受益者の指定又は受益権の譲渡により受益者となった者については、第 1
項ただし書及び第 4 項ただし書（第 5 項後段において準用する場合を含む。）の規定は、適用しな
い。

（詐害信託の否認等）
第 12 条　破産者が委託者としてした信託における破産法（平成 16 年法律第 75 号）第 160 条第 1 項
の規定の適用については、同項各号中「これによって利益を受けた者」とあるのは、「これによっ
て利益を受けた受益者の全部又は一部」とする。
2　破産者が破産債権者を害することを知って委託者として信託をした場合には、破産管財人は、受
益者を被告として、その受益権を破産財団に返還することを訴えをもって請求することができる。
この場合においては、前条第 4 項ただし書の規定を準用する。
3　再生債務者が委託者としてした信託における民事再生法（平成 11 年法律第 225 号）第 127 条第
1 項の規定の適用については、同項各号中「これによって利益を受けた者」とあるのは、「これに
よって利益を受けた受益者の全部又は一部」とする。
4　再生債務者が再生債権者を害することを知って委託者として信託をした場合には、否認権限を有
する監督委員又は管財人は、受益者を被告として、その受益権を再生債務者財産（民事再生法第
12 条第 1 項第 1 号に規定する再生債務者財産をいう。第 25 条第 4 項において同じ。）に返還する
ことを訴えをもって請求することができる。この場合においては、前条第 4 項ただし書の規定を準
用する。
5　前二項の規定は、更生会社（会社更生法（平成 14 年法律第 154 号）第 2 条第 7 項に規定する更
生会社又は金融機関等の更生手続の特例等に関する法律（平成 8 年法律第 95 号）第 169 条第 7 項
に規定する更生会社をいう。）又は更生協同組織金融機関（同法第 4 条第 7 項に規定する更生協同
組織金融機関をいう。）について準用する。この場合において、第 3 項中「民事再生法（平成 11 年
法律第 225 号）第 127 条第 1 項」とあるのは「会社更生法（平成 14 年法律第 154 号）第 86 条第 1
項並びに金融機関等の更生手続の特例等に関する法律（平成 8 年法律第 95 号）第 57 条第 1 項及び
第 223 条第 1 項」と、「同項各号」とあるのは「これらの規定」と、前項中「再生債権者」とある
のは「更生債権者又は更生担保権者」と、「否認権限を有する監督委員又は管財人」とあるのは
「管財人」と、「再生債務者財産（民事再生法第 12 条第 1 項第 1 号に規定する再生債務者財産をい
う。第 25 条第 4 項において同じ。）」とあるのは「更生会社財産（会社更生法第 2 条第 14 項に規定
する更生会社財産又は金融機関等の更生手続の特例等に関する法律第 169 条第 14 項に規定する更
生会社財産をいう。）又は更生協同組織金融機関財産（同法第 4 条第 14 項に規定する更生協同組織
金融機関財産をいう。）」と読み替えるものとする。

（会計の原則）
第 13 条　信託の会計は、一般に公正妥当と認められる会計の慣行に従うものとする。

第 2 章　信託財産等

（信託財産に属する財産の対抗要件）
第 14 条　登記又は登録をしなければ権利の得喪及び変更を第三者に対抗することができない財産に
ついては、信託の登記又は登録をしなければ、当該財産が信託財産に属することを第三者に対抗す
ることができない。
（信託財産に属する財産の占有の瑕疵の承継）
第 15 条　受託者は、信託財産に属する財産の占有について、委託者の占有の瑕疵を承継する。
（信託財産の範囲）
第 16 条　信託行為において信託財産に属すべきものと定められた財産のほか、次に掲げる財産は、
信託財産に属する。
　一　信託財産に属する財産の管理、処分、滅失、損傷その他の事由により受託者が得た財産
　二　次条、第 18 条、第 19 条（第 84 条の規定により読み替えて適用する場合を含む。以下この号
　　において同じ。）、第 226 条第 3 項、第 228 条第 3 項及び第 254 条第 2 項の規定により信託財産に
　　属することとなった財産（第 18 条第 1 項（同条第 3 項において準用する場合を含む。）の規定に
　　より信託財産に属するものとみなされた共有持分及び第 19 条の規定による分割によって信託財
　　産に属することとされた財産を含む。）
（信託財産に属する財産の付合等）

第17条　信託財産に属する財産と固有財産若しくは他の信託の信託財産に属する財産との付合若しくは混和又はこれらの財産を材料とする加工があった場合には、各信託の信託財産及び固有財産に属する財産は各別の所有者に属するものとみなして、民法第242条から第248条までの規定を適用する。

第18条　信託財産に属する財産と固有財産に属する財産とを識別することができなくなった場合（前条に規定する場合を除く。）には、各財産の共有持分が信託財産と固有財産とに属するものとみなす。この場合において、その共有持分の割合は、その識別することができなくなった当時における各財産の価格の割合に応ずる。

2　前項の共有持分は、相等しいものと推定する。

3　前二項の規定は、ある信託の受託者が他の信託の受託者を兼ねる場合において、各信託の信託財産に属する財産を識別することができなくなったとき（前条に規定する場合を除く。）について準用する。この場合において、第1項中「信託財産と固有財産と」とあるのは、「各信託の信託財産」と読み替えるものとする。

（信託財産と固有財産等とに属する共有物の分割）

第19条　受託者に属する特定の財産について、その共有持分が信託財産と固有財産とに属する場合には、次に掲げる方法により、当該財産の分割をすることができる。

一　信託行為において定めた方法

二　受託者と受益者（信託管理人が現に存する場合にあっては、信託管理人）との協議による方法

三　分割をすることが信託の目的の達成のために合理的に必要と認められる場合であって、受益者の利益を害しないときが明らかであるとき、又は当該分割の信託財産に与える影響、当該分割の目的及び態様、受託者の受益者との実質的な利害関係の状況その他の事情に照らして正当な理由があるときは、受託者が決する方法

2　前項に規定する場合において、同項第2号の協議が調わないときその他同項各号に掲げる方法による分割をすることができないときは、受託者又は受益者（信託管理人が現に存する場合にあっては、信託管理人）は、裁判所に対し、同項の共有物の分割を請求することができる。

3　受託者に属する特定の財産について、その共有持分が信託財産と他の信託の信託財産とに属する場合には、次に掲げる方法により、当該財産の分割をすることができる。

一　各信託の信託行為において定めた方法

二　各信託の受益者（信託管理人が現に存する場合にあっては、信託管理人）の協議による方法

三　各信託について、分割をすることが信託の目的の達成のために合理的に必要と認められる場合であって、受益者の利益を害しないときが明らかであるとき、又は当該分割の信託財産に与える影響、当該分割の目的及び態様、受託者の受益者との実質的な利害関係の状況その他の事情に照らして正当な理由があるときは、各信託の受託者が決する方法

4　前項に規定する場合において、同項第2号の協議が調わないときその他同項各号に掲げる方法による分割をすることができないときは、各信託の受益者（信託管理人が現に存する場合にあっては、信託管理人）は、裁判所に対し、同項の共有物の分割を請求することができる。

（信託財産に属する財産についての混同の特例）

第20条　同一物について所有権及び他の物権が信託財産と固有財産又は他の信託の信託財産とにそれぞれ帰属した場合には、民法第179条第1項本文の規定にかかわらず、当該他の物権は、消滅しない。

2　所有権以外の物権及びこれを目的とする他の権利が信託財産と固有財産又は他の信託の信託財産とにそれぞれ帰属した場合には、民法第179条第2項前段の規定にかかわらず、当該他の権利は、消滅しない。

3　次に掲げる場合には、民法第520条本文の規定にかかわらず、当該債権は、消滅しない。

一　信託財産に属する債権に係る債務が受託者に帰属した場合（信託財産責任負担債務となった場合を除く。）

二　信託財産責任負担債務に係る債権が受託者に帰属した場合（当該債権が信託財産に属することとなった場合を除く。）

三　固有財産又は他の信託の信託財産に属する債権に係る債務が受託者に帰属した場合（信託財産責任負担債務となった場合に限る。）

四　受託者の債務（信託財産責任負担債務を除く。）に係る債権が受託者に帰属した場合（当該債権が信託財産に属することとなった場合に限る。）

（信託財産責任負担債務の範囲）

第21条　次に掲げる権利に係る債務は、信託財産責任負担債務となる。

一　受益債権

二　信託財産に属する財産について信託前の原因によって生じた権利

三　信託前に生じた委託者に対する債権であって、当該債権に係る債務を信託財産責任負担債務とする旨の信託行為の定めがあるもの

四　第103条第1項又は第2項の規定による受益権取得請求権
五　信託財産のためにした行為であって受託者の権限に属するものによって生じた権利
六　信託財産のためにした行為であって受託者の権限に属しないもののうち、次に掲げるものによって生じた権利
　　イ　第27条第1項又は第2項（これらの規定を第75条第4項において準用する場合を含む。ロにおいて同じ。）の規定により取り消すことができない行為（当該行為の相手方が、当該行為の当時、当該行為が信託財産のためにされたものであることを知らなかったもの（信託財産に属する財産について権利を設定し又は移転する行為を除く。）を除く。）
　　ロ　第27条第1項又は第2項の規定により取り消すことができる行為であって取り消されていないもの
七　第31条第6項に規定する処分その他の行為又は同条第7項に規定する行為のうち、これらの規定により取り消すことができない行為又はこれらの規定により取り消すことができる行為であって取り消されていないものによって生じた権利
八　受託者が信託事務を処理するについてした不法行為によって生じた権利
九　第5号から前号までに掲げるもののほか、信託事務の処理について生じた権利
2　信託財産責任負担債務のうち次に掲げる権利に係る債務について、受託者は、信託財産に属する財産のみをもってその履行の責任を負う。
　　一　受益債権
　　二　信託行為に第216条第1項の定めがあり、かつ、第232条の定めるところにより登記がされた場合における信託債権（信託財産責任負担債務に係る債権であって、受益債権でないものをいう。以下同じ。）
　　三　前二号に掲げる場合のほか、この法律の規定により信託財産に属する財産のみをもってその履行の責任を負うものとされる場合における信託債権
　　四　信託債権を有する者（以下「信託債権者」という。）との間で信託財産に属する財産のみをもってその履行の責任を負う旨の合意がある場合における信託債権

（信託財産に属する債権等についての相殺の制限）
第22条　受託者が固有財産又は他の信託の信託財産（第1号において「固有財産等」という。）に属する財産のみをもって履行する責任を負う債務（第1号及び第2号において「固有財産等責任負担債務」という。）に係る債権を有する者は、当該債権をもって信託財産に属する債権に係る債務と相殺をすることができない。ただし、次に掲げる場合は、この限りでない。
　　一　当該固有財産等責任負担債務に係る債権を有する者が、当該債権を取得した時又は当該信託財産に属する債権に係る債務を負担した時のいずれか遅い時において、当該信託財産に属する債権が固有財産等に属するものでないことを知らず、かつ、知らなかったことにつき過失がなかった場合
　　二　当該固有財産等責任負担債務に係る債権を有する者が、当該債権を取得した時又は当該信託財産に属する債権に係る債務を負担した時のいずれか遅い時において、当該固有財産等責任負担債務が信託財産責任負担債務でないことを知らず、かつ、知らなかったことにつき過失がなかった場合
2　前項本文の規定は、第31条第2項各号に掲げる場合において、受託者が前項の相殺を承認したときは、適用しない。
3　信託財産責任負担債務（信託財産に属する財産のみをもってその履行の責任を負うものに限る。）に係る債権を有する者は、当該債権をもって固有財産に属する債権に係る債務と相殺をすることができない。ただし、当該信託財産責任負担債務に係る債権を有する者が、当該債権を取得した時又は当該固有財産に属する債権に係る債務を負担した時のいずれか遅い時において、当該固有財産に属する債権が信託財産に属するものでないことを知らず、かつ、知らなかったことにつき過失がなかった場合は、この限りでない。
4　前項本文の規定は、受託者が同項の相殺を承認したときは、適用しない。

（信託財産に属する財産に対する強制執行等の制限等）
第23条　信託財産責任負担債務に係る債権（信託財産に属する財産について生じた権利を含む。次項において同じ。）に基づく場合を除き、信託財産に属する財産に対しては、強制執行、仮差押え、仮処分若しくは担保権の実行若しくは競売（担保権の実行としてのものを除く。以下同じ。）又は国税滞納処分（その例による処分を含む。以下同じ。）をすることができない。
2　第3条第3号に掲げる方法によって信託がされた場合において、委託者がその債権者を害することを知って当該信託をしたときは、前項の規定にかかわらず、信託財産責任負担債務に係る債権を有する債権者のほか、当該委託者（受託者であるものに限る。）に対する債権で信託前に生じたものを有する者は、信託財産に属する財産に対し、強制執行、仮差押え、仮処分若しくは担保権の実行若しくは競売又は国税滞納処分をすることができる。ただし、受益者が現に存する場合において、その受益者の全部又は一部が、受益者としての指定を受けたことを知った時又は受益権を譲り

受けた時において債権者を害すべき事実を知らなかったときは、この限りでない。

3　第11条第7項及び第8項の規定は、前項の規定の適用について準用する。

4　前二項の規定は、第2項の信託がされた時から2年間を経過したときは、適用しない。

5　第1項又は第2項の規定に違反してされた強制執行、仮差押え、仮処分又は担保権の実行若しくは競売に対しては、受託者又は受益者は、異議を主張することができる。この場合においては、民事執行法（昭和54年法律第4号）第38条及び民事保全法（平成元年法律第91号）第45条の規定を準用する。

6　第1項又は第2項の規定に違反してされた国税滞納処分に対しては、受託者又は受益者は、異議を主張することができる。この場合においては、当該異議の主張は、当該国税滞納処分について不服の申立てをする方法でする。

（費用又は報酬の支弁等）

第24条　前条第5項又は第6項の規定による異議に係る訴えを提起した受益者が勝訴（一部勝訴を含む。）した場合において、当該訴えに係る訴訟に関し、必要な費用（訴訟費用を除く。）を支出したとき又は弁護士、弁護士法人、司法書士若しくは司法書士法人に報酬を支払うべきときは、その費用又は報酬は、その額の範囲内で相当と認められる額を限度として、信託財産から支弁する。

2　前項の訴えを提起した受益者が敗訴した場合であっても、悪意があったときを除き、当該受益者は、受託者に対し、これによって生じた損害を賠償する義務を負わない。

（信託財産と受託者の破産手続等との関係等）

第25条　受託者が破産手続開始の決定を受けた場合であっても、信託財産に属する財産は、破産財団に属しない。

2　前項の場合には、受益債権は、破産債権とならない。信託債権であって受託者が信託財産に属する財産のみをもってその履行の責任を負うものも、同様とする。

3　第1項の場合には、破産法第252条第1項の免責許可の決定による信託債権（前項に規定する信託債権を除く。）に係る債務の免責は、信託財産との関係においては、その効力を主張することができない。

4　受託者が再生手続開始の決定を受けた場合であっても、信託財産に属する財産は、再生債務者財産に属しない。

5　前項の場合には、受益債権は、再生債権とならない。信託債権であって受託者が信託財産に属する財産のみをもってその履行の責任を負うものも、同様とする。

6　第4項の場合には、再生計画、再生計画認可の決定又は民事再生法第235条第1項の免責の決定による信託債権（前項に規定する信託債権を除く。）に係る債務の免責又は変更は、信託財産との関係においては、その効力を主張することができない。

7　前三項の規定は、受託者が更生手続開始の決定を受けた場合について準用する。この場合において、第4項中「再生債務者財産」とあるのは「更生会社財産（会社更生法第2条第14項に規定する更生会社財産又は金融機関等の更生手続の特例等に関する法律第169条第14項に規定する更生会社財産をいう。）（同法第4条第14項に規定する更生協同組織金融機関財産をいう。）」と、第5項中「再生債権」とあるのは「更生債権又は更生担保権」と、前項中「再生計画、再生計画認可の決定又は民事再生法第235条第1項の免責の決定」とあるのは「更生計画又は更生計画認可の決定」と読み替えるものとする。

第3章　受託者等

第1節　受託者の権限

（受託者の権限の範囲）

第26条　受託者は、信託財産に属する財産の管理又は処分及びその他の信託の目的の達成のために必要な行為をする権限を有する。ただし、信託行為によりその権限に制限を加えることを妨げない。

（受託者の権限違反行為の取消し）

第27条　受託者が信託財産のためにした行為がその権限に属しない場合において、次のいずれにも該当するときは、受益者は、当該行為を取り消すことができる。

一　当該行為の相手方が、当該行為の当時、当該行為が信託財産のためにされたものであることを知っていたこと。

二　当該行為の相手方が、当該行為の当時、当該行為が受託者の権限に属しないことを知っていたこと又は知らなかったことにつき重大な過失があったこと。

2　前項の規定にかかわらず、受託者が信託財産に属する財産（第14条の信託の登記又は登録をすることができるものに限る。）について権利を設定し又は移転した行為がその権限に属しない場合には、次のいずれにも該当するときに限り、受益者は、当該行為を取り消すことができる。

一　当該行為の当時、当該信託財産に属する財産について第14条の信託の登記又は登録がされて

　　　　いたこと。
　　二　当該行為の相手方が、当該行為の当時、当該行為が受託者の権限に属しないことを知っていた
　　　こと又は知らなかったことにつき重大な過失があったこと。
3　2人以上の受益者のうちの1人が前二項の規定による取消権を行使したときは、その取消しは、
　他の受益者のためにも、その効力を生ずる。
4　第1項又は第2項の規定による取消権は、受益者（信託管理人が現に存する場合にあっては、信
　託管理人）が取消しの原因があることを知った時から3箇月間行使しないときは、時効によって消
　滅する。行為の時から1年を経過したときも、同様とする。
（信託事務の処理の第三者への委託）
第28条　受託者は、次に掲げる場合には、信託事務の処理を第三者に委託することができる。
　　一　信託行為に信託事務の処理を第三者に委託する旨又は委託することができる旨の定めがあると
　　　き。
　　二　信託行為に信託事務の処理の第三者への委託に関する定めがない場合において、信託事務の処
　　　理を第三者に委託することが信託の目的に照らして相当であると認められるとき。
　　三　信託行為に信託事務の処理を第三者に委託してはならない旨の定めがある場合において、信託
　　　事務の処理を第三者に委託することにつき信託の目的に照らしてやむを得ない事由があると認め
　　　られるとき。

　　　　　第2節　受託者の義務等

（受託者の注意義務）
第29条　受託者は、信託の本旨に従い、信託事務を処理しなければならない。
2　受託者は、信託事務を処理するに当たっては、善良な管理者の注意をもって、これをしなければ
　ならない。ただし、信託行為に別段の定めがあるときは、その定めるところによる注意をもって、
　これをするものとする。
（忠実義務）
第30条　受託者は、受益者のため忠実に信託事務の処理その他の行為をしなければならない。
（利益相反行為の制限）
第31条　受託者は、次に掲げる行為をしてはならない。
　　一　信託財産に属する財産（当該財産に係る権利を含む。）を固有財産に帰属させ、又は固有財産
　　　に属する財産（当該財産に係る権利を含む。）を信託財産に帰属させること。
　　二　信託財産に属する財産（当該財産に係る権利を含む。）を他の信託の信託財産に帰属させるこ
　　　と。
　　三　第三者との間において信託財産のためにする行為であって、自己が当該第三者の代理人となっ
　　　て行うもの
　　四　信託財産に属する財産につき固有財産に属する財産のみをもって履行する責任を負う債務に係
　　　る債権を被担保債権とする担保権を設定することその他信託財産と固有財産との間において信託
　　　財産のためにする行為であって受託者又はその利害関係人と受益者との利益が相反することとな
　　　るもの
2　前項の規定にかかわらず、次のいずれかに該当するときは、同項各号に掲げる行為をすることが
　できる。ただし、第2号に掲げる事由にあっては、同号に該当する場合でも当該行為をすることが
　できない旨の信託行為の定めがあるときは、この限りでない。
　　一　信託行為に当該行為をすることを許容する旨の定めがあるとき。
　　二　受託者が当該行為について重要な事実を開示して受益者の承認を得たとき。
　　三　相続その他の包括承継により信託財産に属する財産に係る権利が固有財産に帰属したとき。
　　四　受託者が当該行為をすることが信託の目的の達成のために合理的に必要と認められる場合で
　　　あって、受益者の利益を害しないことが明らかであるとき、又は当該行為の信託財産に与える影
　　　響、当該行為の目的及び態様、受託者の受益者との実質的な利害関係の状況その他の事情に照ら
　　　して正当な理由があるとき。
3　受託者は、第1項各号に掲げる行為をしたときは、受益者に対し、当該行為についての重要な事
　実を通知しなければならない。ただし、信託行為に別段の定めがあるときは、その定めるところに
　よる。
4　第1項及び第2項の規定に違反して第1項第1号又は第2号に掲げる行為がされた場合には、こ
　れらの行為は、無効とする。
5　前項の行為は、受益者の追認により、当該行為の時にさかのぼってその効力を生ずる。
6　第4項に規定する場合において、受託者が第三者との間において第1項第1号又は第2号の財産
　について処分その他の行為をしたときは、当該第三者が同項及び第2項の規定に違反して第1項第
　1号又は第2号に掲げる行為がされたことを知っていたとき又は知らなかったことにつき重大な過
　失があったときに限り、受益者は、当該処分その他の行為を取り消すことができる。この場合にお
　いては、第27条第3項及び第4項の規定を準用する。

7　第1項及び第2項の規定に違反して第1項第3号又は第4号に掲げる行為がされた場合には、当該第三者がこれを知っていたとき又は知らなかったことにつき重大な過失があったときに限り、受益者は、当該行為を取り消すことができる。この場合においては、第27条第3項及び第4項の規定を準用する。

第32条　受託者は、受託者として有する権限に基づいて信託事務の処理としてすることができる行為であってこれをしないことが受益者の利益に反するものについては、これを固有財産又は受託者の利害関係人の計算でしてはならない。

2　前項の規定にかかわらず、次のいずれかに該当するときは、同項に規定する行為を固有財産又は受託者の利害関係人の計算ですることができる。ただし、第2号に掲げる事由にあっては、同号に該当する場合でも当該行為を固有財産又は受託者の利害関係人の計算ですることができない旨の信託行為の定めがあるときは、この限りでない。

一　信託行為に当該行為を固有財産又は受託者の利害関係人の計算ですることを許容する旨の定めがあるとき。

二　受託者が当該行為を固有財産又は受託者の利害関係人の計算ですることについて重要な事実を開示して受益者の承認を得たとき。

3　受託者は、第1項に規定する行為を固有財産又は受託者の利害関係人の計算でした場合には、受益者に対し、当該行為についての重要な事実を通知しなければならない。ただし、信託行為に別段の定めがあるときは、その定めるところによる。

4　第1項及び第2項の規定に違反して受託者が第1項に規定する行為をした場合には、受益者は、当該行為は信託財産のためにされたものとみなすことができる。ただし、第三者の権利を害することはできない。

5　前項の規定による権利は、当該行為の時から1年を経過したときは、消滅する。

（公平義務）

第33条　受益者が2人以上ある信託においては、受託者は、受益者のために公平にその職務を行わなければならない。

（分別管理義務）

第34条　受託者は、信託財産に属する財産と固有財産及び他の信託の信託財産に属する財産とを、次の各号に掲げる財産の区分に応じ、当該各号に定める方法により、分別して管理しなければならない。ただし、分別して管理する方法について、信託行為に別段の定めがあるときは、その定めるところによる。

一　第14条の信託の登記又は登録をすることができる財産（第3号に掲げるものを除く。）当該信託の登記又は登録

二　第14条の信託の登記又は登録をすることができない財産（次号に掲げるものを除く。）次のイ又はロに掲げる財産の区分に応じ、当該イ又はロに定める方法

イ　動産（金銭を除く。）信託財産に属する財産と固有財産及び他の信託の信託財産に属する財産とを外形上区別することができる状態で保管する方法

ロ　金銭その他のイに掲げる財産以外の財産　その計算を明らかにする方法

三　法務省令で定める財産　当該財産を適切に分別して管理する方法として法務省令で定めるもの

2　前項ただし書の規定にかかわらず、同項第1号に掲げる財産について第14条の信託の登記又は登録をする義務は、これを免除することができない。

（信託事務の処理の委託における第三者の選任及び監督に関する義務）

第35条　第28条の規定により信託事務の処理を第三者に委託するときは、受託者は、信託の目的に照らして適切な者に委託しなければならない。

2　第28条の規定により信託事務の処理を第三者に委託したときは、受託者は、当該第三者に対し、信託の目的の達成のために必要かつ適切な監督を行わなければならない。

3　受託者が信託事務の処理を第三者に委託したときは、前二項の規定は、適用しない。ただし、受託者は、当該第三者が不適任若しくは不誠実であること又は当該第三者による事務の処理が不適切であることを知ったときは、その旨の受益者に対する通知、当該第三者への委託の解除その他の必要な措置をとらなければならない。

一　信託行為において指名された第三者

二　信託行為において受託者が委託者又は受益者の指名に従い信託事務の処理を第三者に委託する旨の定めがある場合において、当該定めに従い指名された第三者

4　前項ただし書の規定にかかわらず、信託行為に別段の定めがあるときは、その定めるところによる。

（信託事務の処理の状況についての報告義務）

第36条　委託者又は受益者は、受託者に対し、信託事務の処理の状況並びに信託財産に属する財産及び信託財産責任負担債務の状況について報告を求めることができる。

（帳簿等の作成等、報告及び保存の義務）

第37条 受託者は、信託事務に関する計算並びに信託財産に属する財産及び信託財産責任負担債務の状況を明らかにするため、法務省令で定めるところにより、信託財産に係る帳簿その他の書類又は電磁的記録を作成しなければならない。

2　受託者は、毎年1回、一定の時期に、法務省令で定めるところにより、貸借対照表、損益計算書その他の法務省令で定める書類又は電磁的記録を作成しなければならない。

3　受託者は、前項の書類又は電磁的記録を作成したときは、その内容について受益者（信託管理人が現に存する場合にあっては、信託管理人）に報告しなければならない。ただし、信託行為に別段の定めがあるときは、その定めるところによる。

4　受託者は、第1項の書類又は電磁的記録を作成した場合には、その作成の日から10年間（当該期間内に信託の清算の結了があったときは、その日までの間。次項において同じ。）、当該書類（当該書類に代えて電磁的記録を法務省令で定める方法により作成した場合にあっては、当該電磁的記録）又は電磁的記録（当該電磁的記録に代えて書面を作成した場合にあっては、当該書面）を保存しなければならない。ただし、受益者（2人以上の受益者が現に存する場合にあってはそのすべての受益者、信託管理人が現に存する場合にあっては信託管理人。第6項ただし書において同じ。）に対し、当該書類若しくはその写しを交付し、又は当該電磁的記録に記録された事項を法務省令で定める方法により提供したときは、この限りでない。

5　受託者は、信託財産に属する財産の処分に係る契約書その他の信託事務の処理に関する書類又は電磁的記録を作成し、又は取得した場合には、その作成又は取得の日から10年間、当該書類（当該書類に代えて電磁的記録を法務省令で定める方法により作成した場合にあっては、当該電磁的記録）又は電磁的記録（当該電磁的記録に代えて書面を作成した場合にあっては、当該書面）を保存しなければならない。この場合においては、前項ただし書の規定を準用する。

6　受託者は、第2項の書類又は電磁的記録を作成した場合には、信託の清算の結了の日までの間、当該書類（当該書類に代えて電磁的記録を法務省令で定める方法により作成した場合にあっては、当該電磁的記録）又は電磁的記録（当該電磁的記録に代えて書面を作成した場合にあっては、当該書面）を保存しなければならない。ただし、その作成の日から10年間を経過した後において、受益者に対し、当該書類若しくはその写しを交付し、又は当該電磁的記録に記録された事項を法務省令で定める方法により提供したときは、この限りでない。

（帳簿等の閲覧等の請求）

第38条 受益者は、受託者に対し、次に掲げる請求をすることができる。この場合においては、当該請求の理由を明らかにしてしなければならない。

一　前条第1項又は第5項の書類の閲覧又は謄写の請求

二　前条第1項又は第5項の電磁的記録に記録された事項を法務省令で定める方法により表示したものの閲覧又は謄写の請求

2　前項の請求があったときは、受託者は、次のいずれかに該当すると認められる場合を除き、これを拒むことができない。

一　当該請求を行う者（以下この項において「請求者」という。）がその権利の確保又は行使に関する調査以外の目的で請求を行ったとき。

二　請求者が不適当な時に請求を行ったとき。

三　請求者が信託事務の処理を妨げ、又は受益者の共同の利益を害する目的で請求を行ったとき。

四　請求者が当該信託に係る業務と実質的に競争関係にある事業を営み、又はこれに従事するものであるとき。

五　請求者が前項の規定による閲覧又は謄写によって知り得た事実を利益を得て第三者に通報するため請求したとき。

六　請求者が、過去2年以内において、前項の規定による閲覧又は謄写によって知り得た事実を利益を得て第三者に通報したことがあるものであるとき。

3　前項（第1号及び第2号を除く。）の規定は、受益者が2人以上ある信託のすべての受益者から第1項の請求があったとき、又は受益者が1人である信託の当該受益者から同項の請求があったときは、適用しない。

4　信託行為において、次に掲げる情報以外の情報について、受益者が同意をしたときは第1項の規定による閲覧又は謄写の請求をすることができない旨の定めがある場合には、当該同意をした受益者（その承継人を含む。以下この条において同じ。）は、その同意を撤回することができない。

一　前条第2項の書類又は電磁的記録の作成に欠くことのできない情報その他の信託に関する重要な情報

二　当該受益者以外の者の利益を害するおそれのない情報

5　受託者は、前項の同意をした受益者から第1項の規定による閲覧又は謄写の請求があったときは、前項各号に掲げる情報に該当する部分を除き、これを拒むことができる。

6　利害関係人は、受託者に対し、次に掲げる請求をすることができる。

一　前条第2項の書類の閲覧又は謄写の請求

二　前条第2項の電磁的記録に記録された事項を法務省令で定める方法により表示したものの閲覧又は謄写の請求

（他の受益者の氏名等の開示の請求）
第39条　受益者が2人以上ある信託においては、受益者は、受託者に対し、次に掲げる事項を相当な方法により開示することを請求することができる。この場合においては、当該請求の理由を明らかにしてしなければならない。
一　他の受益者の氏名又は名称及び住所
二　他の受益者が有する受益権の内容
2　前項の請求があったときは、受託者は、次のいずれかに該当すると認められる場合を除き、これを拒むことができない。
一　当該請求を行う者（以下この項において「請求者」という。）がその権利の確保又は行使に関する調査以外の目的で請求を行ったとき。
二　請求者が不適当な時に請求を行ったとき。
三　請求者が信託事務の処理を妨げ、又は受益者の共同の利益を害する目的で請求を行ったとき。
四　請求者が前項の規定による開示によって知り得た事実を利益を得て第三者に通報するため請求を行ったとき。
五　請求者が、過去2年以内において、前項の規定による開示によって知り得た事実を利益を得て第三者に通報したことがあるものであるとき。
3　前二項の規定にかかわらず、信託行為に別段の定めがあるときは、その定めるところによる。

第3節　受託者の責任等

（受託者の損失てん補責任等）
第40条　受託者がその任務を怠ったことによって次の各号に掲げる場合に該当するに至ったときは、受益者は、当該受託者に対し、当該各号に定める措置を請求することができる。ただし、第2号に定める措置にあっては、原状の回復が著しく困難であるとき、原状の回復をするのに過分の費用を要するとき、その他受託者に原状の回復をさせることを不適当とする特別の事情があるときは、この限りでない。
一　信託財産に損失が生じた場合　当該損失のてん補
二　信託財産に変更が生じた場合　原状の回復
2　受託者が第28条の規定に違反して信託事務の処理を第三者に委託した場合において、信託財産に損失又は変更を生じたときは、受託者は、第三者に委託をしなかったとしても損失又は変更が生じたことを証明しなければ、前項の責任を免れることができない。
3　受託者が第30条、第31条第1項及び第2項又は第32条第1項及び第2項の規定に違反する行為をした場合には、受託者は、当該行為によって受託者又はその利害関係人が得た利益の額と同額の損失を信託財産に生じさせたものと推定する。
4　受託者が第34条の規定に違反して信託財産に属する財産を管理した場合において、信託財産に損失又は変更を生じたときは、受託者は、同条の規定に従い分別して管理をしたとしても損失又は変更が生じたことを証明しなければ、第1項の責任を免れることができない。

（法人である受託者の役員の連帯責任）
第41条　法人である受託者の理事、取締役若しくは執行役又はこれらに準ずる者は、当該法人が前条の規定による責任を負う場合において、当該法人が行った法令又は信託行為の定めに違反する行為につき悪意又は重大な過失があるときは、受益者に対し、当該法人と連帯して、損失のてん補又は原状の回復をする責任を負う。

（損失てん補責任等の免除）
第42条　受益者は、次に掲げる責任を免除することができる。
一　第40条の規定による責任
二　前条の規定による責任

（損失てん補責任等に係る債権の期間の制限）
第43条　第40条の規定による責任に係る債権の消滅時効は、債務の不履行によって生じた責任に係る債権の消滅時効の例による。
2　第41条の規定による責任に係る債権は、10年間行使しないときは、時効によって消滅する。
3　第40条又は第41条の規定による責任に係る受益者の債権の消滅時効は、受益者が受益者としての指定を受けたことを知るに至るまでの間（受益者が現に存しない場合にあっては、信託管理人が選任されるまでの間）は、進行しない。
4　前項に規定する債権は、受託者がその任務を怠ったことによって信託財産に損失又は変更が生じた時から20年を経過したときは、消滅する。

（受益者による受託者の行為の差止め）
第44条　受託者が法令若しくは信託行為の定めに違反する行為をし、又はこれらの行為をするおそ

れがある場合において、当該行為によって信託財産に著しい損害が生ずるおそれがあるときは、受益者は、当該受託者に対し、当該行為をやめることを請求することができる。

2 受託者が第33条の規定に違反する行為をし、又はこれをするおそれがある場合において、当該行為によって一部の受益者に著しい損害が生ずるおそれがあるときは、当該受益者は、当該受託者に対し、当該行為をやめることを請求することができる。

（費用又は報酬の支弁等）

第45条 第40条、第41条又は前条の規定による請求に係る訴えを提起した受益者が勝訴（一部勝訴を含む。）した場合において、当該訴えに係る訴訟に関し、必要な費用（訴訟費用を除く。）を支出したとき又は弁護士、弁護士法人、司法書士若しくは司法書士法人に報酬を支払うべきときは、その費用又は報酬は、その額の範囲内で相当と認められる額を限度として、信託財産から支弁する。

2 前項の訴えを提起した受益者が敗訴した場合であっても、悪意があったときを除き、当該受益者は、受託者に対し、これによって生じた損害を賠償する義務を負わない。

（検査役の選任）

第46条 受託者の信託事務の処理に関し、不正の行為又は法令若しくは信託行為の定めに違反する重大な事実があることを疑うに足りる事由があるときは、受益者は、信託事務の処理の状況並びに信託財産に属する財産及び信託財産責任負担債務の状況を調査させるため、裁判所に対し、検査役の選任の申立てをすることができる。

2 前項の申立てがあった場合には、裁判所は、これを不適法として却下する場合を除き、検査役を選任しなければならない。

3 第1項の申立てを却下する裁判には、理由を付さなければならない。

4 第1項の規定による検査役の選任の裁判に対しては、不服を申し立てることができない。

5 第2項の検査役は、信託財産から裁判所が定める報酬を受けることができる。

6 前項の規定による検査役の報酬を定める裁判をする場合には、受託者及び第2項の検査役の陳述を聴かなければならない。

7 第5項の規定による検査役の報酬を定める裁判に対しては、受託者及び第2項の検査役に限り、即時抗告をすることができる。

第47条 前条第2項の検査役は、その職務を行うため必要があるときは、受託者に対し、信託事務の処理の状況並びに信託財産に属する財産及び信託財産責任負担債務の状況について報告を求め、又は当該信託に係る帳簿、書類その他の物件を調査することができる。

2 前条第2項の検査役は、必要な調査を行い、当該調査の結果を記載し、又は記録した書面又は電磁的記録（法務省令で定めるものに限る。）を裁判所に提供して報告をしなければならない。

3 裁判所は、前項の報告について、その内容を明瞭にし、又はその根拠を確認するため必要があると認めるときは、前条第2項の検査役に対し、更に前項の報告を求めることができる。

4 前条第2項の検査役は、第2項の報告をしたときは、受託者及び同条第1項の申立てをした受益者に対し、第2項の書面の写しを交付し、又は同項の電磁的記録に記録された事項を法務省令で定める方法により提供しなければならない。

5 受託者は、前項の規定による書面の写しの交付又は電磁的記録に記録された事項の法務省令で定める方法による提供があったときは、直ちに、その旨を受益者（前条第1項の申立てをしたものを除く。次項において同じ。）に通知しなければならない。ただし、信託行為に別段の定めがあるときは、その定めるところによる。

6 裁判所は、第2項の報告があった場合において、必要があると認めるときは、受託者に対し、同項の調査の結果を受益者に通知することその他の当該報告の内容を周知するための適切な措置をとるべきことを命じなければならない。

第4節　受託者の費用等及び信託報酬等

（信託財産からの費用等の償還等）

第48条 受託者は、信託事務を処理するのに必要と認められる費用を固有財産から支出した場合には、信託財産から当該費用及び支出の日以後におけるその利息（以下「費用等」という。）の償還を受けることができる。ただし、信託行為に別段の定めがあるときは、その定めるところによる。

2 受託者は、信託事務を処理するについて費用を要するときは、信託財産からその前払を受けることができる。ただし、信託行為に別段の定めがあるときは、その定めるところによる。

3 受託者は、前項本文の規定により信託財産から費用の前払を受けるには、受益者に対し、前払を受ける額及びその算定根拠を通知しなければならない。ただし、信託行為に別段の定めがあるときは、その定めるところによる。

4 第1項又は第2項の規定にかかわらず、費用等の償還又は費用の前払は、受託者が第40条の規定による責任を負う場合には、これを履行した後でなければ、受けることができない。ただし、信託行為に別段の定めがあるときは、その定めるところによる。

5 　第1項又は第2項の場合には、受託者が受益者との間の合意に基づいて当該受益者から費用等の償還又は費用の前払を受けることを妨げない。

（費用等の償還等の方法）
第49条 　受託者は、前条第1項又は第2項の規定により信託財産から費用等の償還又は費用の前払を受けることができる場合には、その額の限度で、信託財産に属する金銭を固有財産に帰属させることができる。
2 　前項に規定する場合において、必要があるときは、受託者は、信託財産に属する財産（当該財産を処分することにより信託の目的を達成することができないこととなるものを除く。）を処分することができる。ただし、信託行為に別段の定めがあるときは、その定めるところによる。
3 　第1項に規定する場合において、第31条第2項各号のいずれかに該当するときは、受託者は、第1項の規定により有する権利の行使に代えて、信託財産に属する財産で金銭以外のものを固有財産に帰属させることができる。ただし、信託行為に別段の定めがあるときは、その定めるところによる。
4 　第1項の規定により受託者が有する権利は、信託財産に属する財産に対し強制執行又は担保権の実行の手続が開始したときは、これらの手続との関係においては、金銭債権とみなす。
5 　前項の場合には、同項に規定する権利の存在を証する文書により当該権利を有することを証明した受託者も、同項の強制執行又は担保権の実行の手続において、配当要求をすることができる。
6 　各債権者（信託財産責任負担債務に係る債権を有する債権者に限る。以下この項及び次項において同じ。）の共同の利益のためにされた信託財産に属する財産の保存、清算又は配当に関する費用等について第1項の規定により受託者が有する権利は、第4項の強制執行又は担保権の実行の手続において、他の債権者（当該費用等がすべての債権者に有益でなかった場合にあっては、当該費用等によって利益を受けていないものを除く。）の権利に優先する。この場合においては、その順位は、民法第307条第1項に規定する先取特権と同順位とする。
7 　次の各号に該当する費用等について第1項の規定により受託者が有する権利は、当該各号に掲げる区分に応じ、当該各号の財産に係る第4項の強制執行又は担保権の実行の手続において、当該各号に定める金額について、他の債権者の権利に優先する。
　一 　信託財産に属する財産の保存のために支出した金額その他の当該財産の価値の維持のために必要であると認められるもの　その金額
　二 　信託財産に属する財産の改良のために支出した金額その他の当該財産の価値の増加に有益であると認められるもの　その金額又は現に存する増価額のいずれか低い金額

（信託財産責任負担債務の弁済による受託者の代位）
第50条 　受託者は、信託財産責任負担債務を固有財産をもって弁済した場合において、これにより前条第1項の規定による権利を有することとなったときは、当該信託財産責任負担債務に係る債権を有する債権者に代位する。この場合においては、同項の規定により受託者が有する権利は、その代位との関係においては、金銭債権とみなす。
2 　前項の規定により受託者が同項の債権者に代位するときは、受託者は、遅滞なく、当該債権者の有する債権が信託財産責任負担債務に係る債権である旨及びこれを固有財産をもって弁済した旨を当該債権者に通知しなければならない。

（費用等の償還等と同時履行）
第51条 　受託者は、第49条第1項の規定により受託者が有する権利が消滅するまでは、受益者又は第182条第1項第2号に規定する帰属権利者に対する信託財産に係る給付をすべき債務の履行を拒むことができる。ただし、信託行為に別段の定めがあるときは、その定めるところによる。

（信託財産が費用等の償還等に不足している場合の措置）
第52条 　受託者は、第48条第1項又は第2項の規定により信託財産から費用等の償還又は費用の前払を受けるのに信託財産（第49条第2項の規定により処分することができないものを除く。第1号及び第4項において同じ。）が不足している場合において、委託者及び受益者に対し次に掲げる事項を通知し、第2号の相当の期間を経過しても委託者又は受益者から費用等の償還又は費用の前払を受けなかったときは、信託を終了させることができる。
　一 　信託財産が不足しているため費用等の償還又は費用の前払を受けることができない旨
　二 　受託者の定める相当の期間内に委託者又は受益者から費用等の償還又は費用の前払を受けないときは、信託を終了させる旨
2 　委託者が現に存しない場合における前項の規定の適用については、同項中「委託者及び受益者」とあり、及び「委託者又は受益者」とあるのは、「受益者」とする。
3 　受益者が現に存しない場合における第1項の規定の適用については、同項中「委託者及び受益者」とあり、及び「委託者又は受益者」とあるのは、「委託者」とする。
4 　第48条第1項又は第2項の規定により信託財産から費用等の償還又は費用の前払を受けるのに信託財産が不足している場合において、委託者及び受益者が現に存しないときは、受託者は、信託を終了させることができる。

（信託財産からの損害の賠償）

第53条 受託者は、次の各号に掲げる場合には、当該各号に定める損害の額について、信託財産からその賠償を受けることができる。ただし、信託行為に別段の定めがあるときは、その定めるところによる。

　一　受託者が信託事務を処理するため自己に過失なく損害を受けた場合　当該損害の額

　二　受託者が信託事務を処理するため第三者の故意又は過失によって損害を受けた場合（前号に掲げる場合を除く。）　当該第三者に対し賠償を請求することができる額

2　第48条第4項及び第5項、第49条（第6項及び第7項を除く。）並びに前二条の規定は、前項の規定による信託財産からの損害の賠償について準用する。

（受託者の信託報酬）

第54条 受託者は、信託の引受けについて商法（明治32年法律第48号）第512条の規定の適用がある場合のほか、信託行為に受託者が信託財産から信託報酬（信託事務の処理の対価として受託者の受ける財産上の利益をいう。以下同じ。）を受ける旨の定めがある場合に限り、信託財産から信託報酬を受けることができる。

2　前項の場合には、信託報酬の額は、信託行為に信託報酬の額又は算定方法に関する定めがあるときはその定めるところにより、その定めがないときは相当の額とする。

3　前項の定めがないときは、受託者は、信託財産から信託報酬を受けるには、受益者に対し、信託報酬の額及びその算定の根拠を通知しなければならない。

4　第48条第4項及び第5項、第49条（第6項及び第7項を除く。）、第51条並びに第52条並びに民法第648条第2項及び第3項の規定は、受託者の信託報酬について準用する。

（受託者による担保権の実行）

第55条 担保権が信託財産である信託において、信託行為において受益者が当該担保権によって担保される債権に係る債権者とされている場合には、担保権者である受託者は、信託事務として、当該担保権の実行の申立てをし、売却代金の配当又は弁済金の交付を受けることができる。

第5節　受託者の変更等

第1款　受託者の任務の終了

（受託者の任務の終了事由）

第56条 受託者の任務は、信託の清算が結了した場合のほか、次に掲げる事由によって終了する。ただし、第3号に掲げる事由による場合にあっては、信託行為に別段の定めがあるときは、その定めるところによる。

　一　受託者である個人の死亡

　二　受託者である個人が後見開始又は保佐開始の審判を受けたこと。

　三　受託者（破産手続開始の決定により解散するものを除く。）が破産手続開始の決定を受けたこと。

　四　受託者である法人が合併以外の理由により解散したこと。

　五　次条の規定による受託者の辞任

　六　第58条の規定による受託者の解任

　七　信託行為において定めた事由

2　受託者である法人が合併をした場合における合併後存続する法人又は合併により設立する法人は、受託者の任務を引き継ぐものとする。受託者である法人が分割をした場合における分割により受託者としての権利義務を承継する法人も、同様とする。

3　前項の規定にかかわらず、信託行為に別段の定めがあるときは、その定めるところによる。

4　第1項第3号に掲げる事由が生じた場合において、同項ただし書の定めにより受託者の任務が終了しないときは、受託者の職務は、破産者が行う。

5　受託者の任務は、受託者が再生手続開始の決定を受けたことによっては、終了しない。ただし、信託行為に別段の定めがあるときは、その定めるところによる。

6　前項本文に規定する場合において、管財人があるときは、受託者の職務の遂行並びに信託財産に属する財産の管理及び処分をする権利は、管財人に専属する。保全管理人があるときも、同様とする。

7　前二項の規定は、受託者が更生手続開始の決定を受けた場合について準用する。この場合において、前項中「管財人があるとき」とあるのは、「管財人があるとき（会社更生法第74条第2項（金融機関等の更生手続の特例等に関する法律第47条及び第213条において準用する場合を含む。）の期間を除く。）」と読み替えるものとする。

（受託者の辞任）

第57条 受託者は、委託者及び受益者の同意を得て、辞任することができる。ただし、信託行為に別段の定めがあるときは、その定めるところによる。

2 受託者は、やむを得ない事由があるときは、裁判所の許可を得て、辞任することができる。
3 受託者は、前項の許可の申立てをする場合には、その原因となる事実を疎明しなければならない。
4 第2項の許可の申立てを却下する裁判には、理由を付さなければならない。
5 第2項の規定による辞任の許可の裁判に対しては、不服を申し立てることができない。
6 委託者が現に存しない場合には、第1項本文の規定は、適用しない。

（受託者の解任）
第58条 委託者及び受益者は、いつでも、その合意により、受託者を解任することができる。
2 委託者及び受益者が受託者に不利な時期に受託者を解任したときは、委託者及び受益者は、受託者の損害を賠償しなければならない。ただし、やむを得ない事由があったときは、この限りでない。
3 前二項の規定にかかわらず、信託行為に別段の定めがあるときは、その定めるところによる。
4 受託者がその任務に違反して信託財産に著しい損害を与えたことその他重要な事由があるときは、裁判所は、委託者又は受益者の申立てにより、受託者を解任することができる。
5 裁判所は、前項の規定により受託者を解任する場合には、受託者の陳述を聴かなければならない。
6 第4項の申立てについての裁判には、理由を付さなければならない。
7 第4項の規定による解任の裁判に対しては、委託者、受託者又は受益者に限り、即時抗告をすることができる。
8 委託者が現に存しない場合には、第1項及び第2項の規定は、適用しない。

第2款 前受託者の義務等

（前受託者の通知及び保管の義務等）
第59条 第56条第1項第3号から第7号までに掲げる事由により受託者の任務が終了した場合には、受託者であった者（以下「前受託者」という。）は、受益者に対し、その旨を通知しなければならない。ただし、信託行為に別段の定めがあるときは、その定めるところによる。
2 第56条第1項第3号に掲げる事由により受託者の任務が終了した場合には、前受託者は、破産管財人に対し、信託財産に属する財産の内容及び所在、信託財産責任負担債務の内容その他の法務省令で定める事項を通知しなければならない。
3 第56条第1項第4号から第7号までに掲げる事由により受託者の任務が終了した場合には、前受託者は、新たな受託者（第64条第1項の規定により信託財産管理者が選任された場合にあっては、信託財産管理者。以下この節において「新受託者等」という。）が信託事務の処理をすることができるに至るまで、引き続き信託財産に属する財産の保管をし、かつ、信託事務の引継ぎに必要な行為をしなければならない。ただし、信託行為に別段の定めがあるときは、その義務を加重することができる。
4 前項の規定にかかわらず、第56条第1項第5号に掲げる事由（第57条第1項の規定によるものに限る。）により受託者の任務が終了した場合には、前受託者は、新受託者等が信託事務の処理をすることができるに至るまで、引き続き受託者としての権利義務を有する。ただし、信託行為に別段の定めがあるときは、この限りでない。
5 第3項の場合（前項本文に規定する場合を除く。）において、前受託者が信託財産に属する財産の処分をしようとするときは、受益者は、前受託者に対し、当該財産の処分をやめることを請求することができる。ただし、新受託者等が信託事務の処理をすることができるに至った後は、この限りでない。

（前受託者の相続人等の通知及び保管の義務等）
第60条 第56条第1項第1号又は第2号に掲げる事由により受託者の任務が終了した場合において、前受託者の相続人（法定代理人が現に存する場合にあっては、その法定代理人）又は成年後見人若しくは保佐人（以下この節において「前受託者の相続人等」と総称する。）がその事実を知っているときは、前受託者の相続人等は、知れている受益者に対し、これを通知しなければならない。ただし、信託行為に別段の定めがあるときは、その定めるところによる。
2 第56条第1項第1号又は第2号に掲げる事由により受託者の任務が終了した場合には、前受託者の相続人等は、新受託者等又は信託財産法人管理人が信託事務の処理をすることができるに至るまで、信託財産に属する財産の保管をし、かつ、信託事務の引継ぎに必要な行為をしなければならない。
3 前項の場合において、前受託者の相続人等が信託財産に属する財産の処分をしようとするときは、受益者は、これらの者に対し、当該財産の処分をやめることを請求することができる。ただし、新受託者等又は信託財産法人管理人が信託事務の処理をすることができるに至った後は、この限りでない。
4 第56条第1項第3号に掲げる事由により受託者の任務が終了した場合には、破産管財人は、新

受託者等が信託事務を処理することができるに至るまで、信託財産に属する財産の保管をし、か
つ、信託事務の引継ぎに必要な行為をしなければならない。
5 前項の場合において、破産管財人が信託財産に属する財産の処分をしようとするときは、受益者
は、破産管財人に対し、当該財産の処分をやめることを請求することができる。ただし、新受託者
等が信託事務の処理をすることができるに至った後は、この限りでない。
6 前受託者の相続人等又は破産管財人は、新受託者等又は信託財産法人管理人に対し、第1項、第
2項又は第4項の規定による行為をするために支出した費用及び支出の日以後におけるその利息の
償還を請求することができる。
7 第49条第6項及び第7項の規定は、前項の規定により前受託者の相続人等又は破産管財人が有
する権利について準用する。

（費用又は報酬の支弁等）
第61条 第59条第5項又は前条第3項若しくは第5項の規定による請求に係る訴えを提起した受
益者が勝訴（一部勝訴を含む。）した場合において、当該訴えに係る訴訟に関し、必要な費用（訴
訟費用を除く。）を支出したとき又は弁護士、弁護士法人、司法書士若しくは司法書士法人に報酬
を支払うべきときは、その費用又は報酬は、その額の範囲内で相当と認められる額を限度として、
信託財産から支弁する。
2 前項の訴えを提起した受益者が敗訴した場合であっても、悪意があったときを除き、当該受益者
は、受託者に対し、これによって生じた損害を賠償する義務を負わない。

第3款 新受託者の選任

第62条 第56条第1項各号に掲げる事由により受託者の任務が終了した場合において、信託行為
に新たな受託者（以下「新受託者」という。）に関する定めがないとき、又は信託行為の定めによ
り新受託者となるべき者として指定された者が信託の引受けをせず、若しくはこれをすることがで
きないときは、委託者及び受益者は、その合意により、新受託者を選任することができる。
2 第56条第1項各号に掲げる事由により受託者の任務が終了した場合において、信託行為に新受
託者となるべき者を指定する定めがあるときは、利害関係人は、新受託者となるべき者として指定
された者に対し、相当の期間を定めて、その期間内に就任の承諾をするかどうかを確答すべき旨を
催告することができる。ただし、当該定めに停止条件又は始期が付されているときは、当該停止条
件が成就し、又は当該始期が到来した後に限る。
3 前項の規定による催告があった場合において、新受託者となるべき者として指定された者は、同
項の期間内に委託者及び受益者（2人以上の受益者が現に存する場合にあってはその1人、信託管
理人が現に存する場合にあっては信託管理人）に対し確答をしないときは、就任の承諾をしなかっ
たものとみなす。
4 第1項の場合において、同項の合意に係る協議の状況その他の事情に照らして必要があると認め
るときは、裁判所は、利害関係人の申立てにより、新受託者を選任することができる。
5 前項の申立てについての裁判には、理由を付さなければならない。
6 第4項の規定による新受託者の選任の裁判に対しては、委託者若しくは受益者又は現に存する受
託者に限り、即時抗告をすることができる。
7 前項の即時抗告は、執行停止の効力を有する。
8 委託者が現に存しない場合における前各項の規定の適用については、第1項中「委託者及び受益
者は、その合意により」とあるのは「受益者は」と、第3項中「委託者及び受益者」とあるのは
「受益者」と、第4項中「同項の合意に係る協議の状況」とあるのは「受益者の状況」とする。

第4款 信託財産管理者等

（信託財産管理命令）
第63条 第56条第1項各号に掲げる事由により受託者の任務が終了した場合において、新受託者
が選任されておらず、かつ、必要があると認めるときは、新受託者が選任されるまでの間、裁判所
は、利害関係人の申立てにより、信託財産管理者による管理を命ずる処分（以下この款において
「信託財産管理命令」という。）をすることができる。
2 前項の申立てを却下する裁判には、理由を付さなければならない。
3 裁判所は、信託財産管理命令を変更し、又は取り消すことができる。
4 信託財産管理命令及び前項の規定による決定に対しては、利害関係人に限り、即時抗告をするこ
とができる。

（信託財産管理者の選任等）
第64条 裁判所は、信託財産管理命令をする場合には、当該信託財産管理命令において、信託財産
管理者を選任しなければならない。
2 前項の規定による信託財産管理者の選任の裁判に対しては、不服を申し立てることができない。
3 裁判所は、第1項の規定による信託財産管理者の選任の裁判をしたときは、直ちに、次に掲げる

事項を公告しなければならない。
　一　信託財産管理者を選任した旨
　二　信託財産管理者の氏名又は名称
4　前項第2号の規定は、同号に掲げる事項に変更を生じた場合について準用する。
5　信託財産管理命令があった場合において、信託財産に属する権利で登記又は登録がされたものがあることを知ったときは、裁判所書記官は、職権で、遅滞なく、信託財産管理命令の登記又は登録を嘱託しなければならない。
6　信託財産管理命令を取り消す裁判があったとき、又は信託財産管理命令があった後に新受託者が選任された場合において当該新受託者が信託財産管理命令の登記若しくは登録の抹消の嘱託の申立てをしたときは、裁判所書記官は、職権で、遅滞なく、信託財産管理命令の登記又は登録の抹消を嘱託しなければならない。

（前受託者がした法律行為の効力）

第65条　前受託者が前条第1項の規定による信託財産管理者の選任の裁判があった後に信託財産に属する財産に関してした法律行為は、信託財産との関係においては、その効力を主張することができない。
2　前受託者が前条第1項の規定による信託財産管理者の選任の裁判があった日にした法律行為は、当該裁判があった後にしたものと推定する。

（信託財産管理者の権限）

第66条　第64条第1項の規定により信託財産管理者が選任された場合には、受託者の職務の遂行並びに信託財産に属する財産の管理及び処分をする権利は、信託財産管理者に専属する。
2　2人以上の信託財産管理者があるときは、これらの者が共同してその権限に属する行為をしなければならない。ただし、裁判所の許可を得て、それぞれ単独にその職務を行い、又は職務を分掌することができる。
3　2人以上の信託財産管理者があるときは、第三者の意思表示は、その1人に対してすれば足りる。
4　信託財産管理者が次に掲げる行為の範囲を超える行為をするには、裁判所の許可を得なければならない。
　一　保存行為
　二　信託財産に属する財産の性質を変えない範囲内において、その利用又は改良を目的とする行為
5　前項の規定に違反して行った信託財産管理者の行為は、無効とする。ただし、信託財産管理者は、これをもって善意の第三者に対抗することができない。
6　信託財産管理者は、第2項ただし書又は第4項の許可の申立てをする場合には、その原因となる事実を疎明しなければならない。
7　第2項ただし書又は第4項の許可の申立てを却下する裁判には、理由を付さなければならない。
8　第2項ただし書又は第4項の規定による許可の裁判に対しては、不服を申し立てることができない。

（信託財産に属する財産の管理）

第67条　信託財産管理者は、就職の後直ちに信託財産に属する財産の管理に着手しなければならない。

（当事者適格）

第68条　信託財産に関する訴えについては、信託財産管理者を原告又は被告とする。

（信託財産管理者の義務等）

第69条　信託財産管理者は、その職務を行うに当たっては、受託者と同一の義務及び責任を負う。

（信託財産管理者の辞任及び解任）

第70条　第57条第2項から第5項までの規定は信託財産管理者の辞任について、第58条第4項から第7項までの規定は信託財産管理者の解任について、それぞれ準用する。この場合において、第57条第2項中「やむを得ない事由」とあるのは、「正当な事由」と読み替えるものとする。

（信託財産管理者の報酬等）

第71条　信託財産管理者は、信託財産から裁判所が定める額の費用の前払及び報酬を受けることができる。
2　前項の規定による費用又は報酬の額を定める裁判をする場合には、信託財産管理者の陳述を聴かなければならない。
3　第1項の規定による費用又は報酬の額を定める裁判に対しては、信託財産管理者に限り、即時抗告をすることができる。

（信託財産管理者による新受託者への信託事務の引継ぎ等）

第72条　第77条の規定は、信託財産管理者の選任後に新受託者が就任した場合について準用する。この場合において、同条第1項中「受益者（2人以上の受益者が現に存する場合にあってはそのすべての受益者、信託管理人が現に存する場合にあっては信託管理人）」とあり、同条第2項中「受益者（信託管理人が現に存する場合にあっては、信託管理人。次項において同じ。）」とあり、及び

同条第3項中「受益者」とあるのは「新受託者」と、同条第2項中「当該受益者」とあるのは「当該新受託者」と読み替えるものとする。

（受託者の職務を代行する者の権限）
第73条 第66条の規定は、受託者の職務を代行する者を選任する仮処分命令により選任された受託者の職務を代行する者について準用する。

（受託者の死亡により任務が終了した場合の信託財産の帰属等）
第74条 第56条第1項第1号に掲げる事由により受託者の任務が終了した場合には、信託財産は、法人とする。
2　前項に規定する場合において、必要があると認めるときは、裁判所は、利害関係人の申立てにより、信託財産法人管理人による管理を命ずる処分（第6項において「信託財産法人管理命令」という。）をすることができる。
3　第63条第2項から第4項までの規定は、前項の申立てに係る事件について準用する。
4　新受託者が就任したときは、第1項の法人は、成立しなかったものとみなす。ただし、信託財産法人管理人がその権限内でした行為の効力を妨げない。
5　信託財産法人管理人の代理権は、新受託者が信託事務の処理をすることができるに至った時に消滅する。
6　第64条の規定は信託財産法人管理命令をする場合について、第66条から第72条までの規定は信託財産法人管理人について、それぞれ準用する。

第5款　受託者の変更に伴う権利義務の承継等

（信託に関する権利義務の承継等）
第75条 第56条第1項各号に掲げる事由により受託者の任務が終了した場合において、新受託者が就任したときは、新受託者は、前受託者の任務が終了した時に、その時に存する信託に関する権利義務を前受託者から承継したものとみなす。
2　前項の規定にかかわらず、第56条第1項第5号に掲げる事由（第57条第1項の規定によるものに限る。）により受託者の任務が終了した場合（第59条第4項ただし書の場合を除く。）には、新受託者は、新受託者等が就任した時に、その時に存する信託に関する権利義務を前受託者から承継したものとみなす。
3　前二項の規定は、新受託者が就任するに至るまでの間に前受託者、信託財産管理者又は信託財産法人管理人がその権限内でした行為の効力を妨げない。
4　第27条の規定は、新受託者等が就任するに至るまでの間に前受託者がその権限に属しない行為をした場合について準用する。
5　前受託者（その相続人を含む。以下この条において同じ。）が第40条の規定による責任を負う場合又は法人である前受託者の理事、取締役若しくは執行役若しくはこれらに準ずる者（以下この項において「理事等」と総称する。）が第41条の規定による責任を負う場合には、新受託者等又は信託財産法人管理人は、前受託者又は理事等に対し、第40条又は第41条の規定による請求をすることができる。
6　前受託者が信託財産から費用等の償還若しくは損害の賠償を受けることができ、又は信託報酬を受けることができる場合には、前受託者は、新受託者等又は信託財産法人管理人に対し、費用等の償還若しくは損害の賠償又は信託報酬の支払を請求することができる。ただし、新受託者等又は信託財産法人管理人は、信託財産に属する財産のみをもってこれを履行する責任を負う。
7　第48条第4項並びに第49条第6項及び第7項の規定は、前項の規定により前受託者が有する権利について準用する。
8　新受託者が就任するに至るまでの間に信託財産に属する財産に対し既にされている強制執行、仮差押え若しくは仮処分の執行又は担保権の実行若しくは競売の手続は、新受託者に対し続行することができる。
9　前受託者は、第6項の規定による請求に係る債権の弁済を受けるまで、信託財産に属する財産を留置することができる。

（承継された債務に関する前受託者及び新受託者の責任）
第76条 前条第1項又は第2項の規定により信託債権に係る債務が新受託者に承継された場合にも、前受託者は、自己の固有財産をもって、その承継された債務を履行する責任を負う。ただし、信託財産に属する財産のみをもって当該債務を履行する責任を負うときは、この限りでない。
2　新受託者は、前項本文に規定する債務を承継した場合には、信託財産に属する財産のみをもってこれを履行する責任を負う。

（前受託者による新受託者等への信託事務の引継ぎ等）
第77条 新受託者等が就任した場合には、前受託者は、遅滞なく、信託事務に関する計算を行い、受益者（2人以上の受益者が現に存する場合にあってはそのすべての受益者、信託管理人が現に存する場合にあっては信託管理人）に対しその承認を求めるとともに、新受託者等が信託事務の処理

を行うのに必要な信託事務の引継ぎをしなければならない。

2　受益者（信託管理人が現に存する場合にあっては、信託管理人。次項において同じ。）が前項の計算を承認した場合には、同項の規定による当該受益者に対する信託事務の引継ぎに関する責任は、免除されたものとみなす。ただし、前受託者の職務の執行に不正の行為があったときは、この限りでない。

3　受益者が前受託者から第1項の計算の承認を求められた時から1箇月以内に異議を述べなかった場合には、当該受益者は、同項の計算を承認したものとみなす。

（前受託者の相続人等又は破産管財人による新受託者等への信託事務の引継ぎ等）
第78条　前条の規定は、第56条第1項第1号又は第2号に掲げる事由により受託者の任務が終了した場合における前受託者の相続人等及び同項第3号に掲げる事由により受託者の任務が終了した場合における破産管財人について準用する。

第6節　受託者が2人以上ある信託の特例

（信託財産の合有）
第79条　受託者が2人以上ある信託においては、信託財産は、その合有とする。

（信託事務の処理の方法）
第80条　受託者が2人以上ある信託においては、信託事務の処理については、受託者の過半数をもって決する。

2　前項の規定にかかわらず、保存行為については、各受託者が単独で決することができる。

3　前二項の規定により信託事務の処理について決定がされた場合には、各受託者は、当該決定に基づいて信託事務を執行することができる。

4　前三項の規定にかかわらず、信託行為に受託者の職務の分掌に関する定めがある場合には、各受託者は、その定めに従い、信託事務の処理について決し、これを執行する。

5　前二項の規定による信託事務の処理についての決定に基づく信託財産のためにする行為については、各受託者は、他の受託者を代理する権限を有する。

6　前各項の規定にかかわらず、信託行為に別段の定めがあるときは、その定めるところによる。

7　受託者が2人以上ある信託においては、第三者の意思表示は、その1人に対してすれば足りる。ただし、受益者の意思表示については、信託行為に別段の定めがあるときは、その定めるところによる。

（職務分掌者の当事者適格）
第81条　前条第4項に規定する場合には、信託財産に関する訴えについて、各受託者は、自己の分掌する職務に関し、他の受託者のために原告又は被告となる。

（信託事務の処理についての決定の他の受託者への委託）
第82条　受託者が2人以上ある信託においては、各受託者は、信託行為に別段の定めがある場合又はやむを得ない事由がある場合を除き、他の受託者に対し、信託事務（常務に属するものを除く。）の処理についての決定を委託することができない。

（信託事務の処理に係る債務の負担関係）
第83条　受託者が2人以上ある信託において、信託事務を処理するに当たって各受託者が第三者に対し債務を負担した場合には、各受託者は、連帯債務者とする。

2　前項の規定にかかわらず、信託行為に受託者の職務の分掌に関する定めがある場合において、ある受託者がその定めに従い信託事務を処理して第三者に対し債務を負担したときは、他の受託者は、信託財産に属する財産のみをもってこれを履行する責任を負う。ただし、当該第三者が、その債務の負担の原因である行為の当時、当該行為が信託事務の処理としてされたこと及び受託者が2人以上ある信託であることを知っていた場合であって、信託行為に受託者の職務の分掌に関する定めがあることを知らず、かつ、知らなかったことにつき過失がなかったときは、当該他の受託者は、これをもって当該第三者に対抗することができない。

（信託財産と固有財産等とに属する共有物の分割の特例）
第84条　受託者が2人以上ある信託における第19条の規定の適用については、同条第1項中「場合には」とあるのは「場合において、当該信託財産に係る信託に受託者が2人以上あるときは」と、同項第2号中「受託者」とあるのは「固有財産に共有持分が属する受託者」と、同項第3号中「受託者の」とあるのは「固有財産に共有持分が属する受託者の」と、同条第2項中「受託者」とあるのは「固有財産に共有持分が属する受託者」と、同条第3項中「場合には」とあるのは「場合において、当該信託財産に係る信託又は他の信託財産に係る信託に受託者が2人以上あるときは」と、同項第3号中「受託者の」とあるのは「各信託財産の共有持分が属する受託者の」と、「受託者が決する」とあるのは「受託者の協議による」と、同条第4項中「第2号」とあるのは「第2号又は第3号」とする。

（受託者の責任等の特例）
第85条　受託者が2人以上ある信託において、2人以上の受託者がその任務に違反する行為をした

ことにより第40条の規定による責任を負う場合には、当該行為をした各受託者は、連帯債務者とする。

2　受託者が2人以上ある信託における第40条第1項及び第41条の規定の適用については、これらの規定中「受益者」とあるのは「受益者又は他の受託者」とする。

3　受託者が2人以上ある信託において第42条の規定により第40条又は第41条の規定による責任が免除されたときは、他の受託者は、これらの規定によれば当該責任を負うべき者に対し、当該責任の追及に係る請求をすることができない。ただし、信託行為に別段の定めがあるときは、その定めるところによる。

4　受託者が2人以上ある信託における第44条の規定の適用については、同条第1項中「受益者」とあるのは「受益者又は他の受託者」と、同条第2項中「当該受益者」とあるのは「当該受益者又は他の受託者」とする。

（受託者の変更等の特例）

第86条　受託者が2人以上ある信託における第59条の規定の適用については、同条第1項中「受益者」とあるのは「受益者及び他の受託者」と、同条第3項及び第4項中「受託者の任務」とあるのは「すべての受託者の任務」とする。

2　受託者が2人以上ある信託における第60条の規定の適用については、同条第1項中「受益者」とあるのは「受益者及び他の受託者」と、同条第2項及び第4項中「受託者の任務」とあるのは「すべての受託者の任務」とする。

3　受託者が2人以上ある信託における第74条第1項の規定の適用については、同項中「受託者の任務」とあるのは、「すべての受託者の任務」とする。

4　受託者が2人以上ある信託においては、第75条第1項及び第2項の規定にかかわらず、その1人の任務が第56条第1項各号に掲げる事由により終了した場合には、その任務が終了した時に存する信託に関する権利義務は他の受託者が当然に承継し、その任務は他の受託者が行う。ただし、信託行為に別段の定めがあるときは、その定めるところによる。

（信託の終了の特例）

第87条　受託者が2人以上ある信託における第163条第3号の規定の適用については、同号中「受託者が欠けた場合」とあるのは、「すべての受託者が欠けた場合」とする。

2　受託者が2人以上ある信託においては、受託者の一部が欠けた場合であって、前条第4項ただし書の規定によりその任務が他の受託者によって行われず、かつ、新受託者が就任しない状態が1年間継続したときも、信託は、終了する。

第4章　受益者等

第1節　受益者の権利の取得及び行使

（受益権の取得）

第88条　信託行為の定めにより受益者となるべき者として指定された者（次条第1項に規定する受益者指定権等の行使により受益者又は変更後の受益者として指定された者を含む。）は、当然に受益権を取得する。ただし、信託行為に別段の定めがあるときは、その定めるところによる。

2　受託者は、前項に規定する受益者となるべき者として指定された者が同項の規定により受益権を取得したことを知らないときは、その者に対し、遅滞なく、その旨を通知しなければならない。ただし、信託行為に別段の定めがあるときは、その定めるところによる。

（受益者指定権等）

第89条　受益者を指定し、又はこれを変更する権利（以下この条において「受益者指定権等」という。）を有する者の定めのある信託においては、受益者指定権等は、受託者に対する意思表示によって行使する。

2　前項の規定にかかわらず、受益者指定権等は、遺言によって行使することができる。

3　前項の規定により遺言によって受益者指定権等が行使された場合において、受託者がこれを知らないときは、これにより受益者となったことをもって当該受託者に対抗することができない。

4　受託者は、受益者を変更する権利が行使されたことにより受益者であった者がその受益権を失ったときは、その者に対し、遅滞なく、その旨を通知しなければならない。ただし、信託行為に別段の定めがあるときは、その定めるところによる。

5　受益者指定権等は、相続によって承継されない。ただし、信託行為に別段の定めがあるときは、その定めるところによる。

6　受益者指定権等を有する者が受託者である場合における第1項の規定の適用については、同項中「受託者」とあるのは、「受益者となるべき者」とする。

（委託者の死亡の時に受益権を取得する旨の定めのある信託等の特例）

第90条　次の各号に掲げる信託においては、当該各号の委託者は、受益者を変更する権利を有する。ただし、信託行為に別段の定めがあるときは、その定めるところによる。

一　委託者の死亡の時に受益者となるべき者として指定された者が受益権を取得する旨の定めのある信託
　二　委託者の死亡の時以後に受益者が信託財産に係る給付を受ける旨の定めのある信託
2　前項第2号の受益者は、同号の委託者が死亡するまでは、受益者としての権利を有しない。ただし、信託行為に別段の定めがあるときは、その定めるところによる。

（受益者の死亡により他の者が新たに受益権を取得する旨の定めのある信託の特例）
第91条　受益者の死亡により、当該受益者の有する受益権が消滅し、他の者が新たな受益権を取得する旨の定め（受益者の死亡により順次他の者が受益権を取得する旨の定めを含む。）のある信託は、当該信託がされた時から30年を経過した時以後に現に存する受益者が当該定めにより受益権を取得した場合であって当該受益者が死亡するまで又は当該受益権が消滅するまでの間、その効力を有する。

（信託行為の定めによる受益者の権利行使の制限の禁止）
第92条　受益者による次に掲げる権利の行使は、信託行為の定めにより制限することができない。
　一　この法律の規定による裁判所に対する申立権
　二　第5条第1項の規定による催告権
　三　第23条第5項又は第6項の規定による異議を主張する権利
　四　第24条第1項の規定による支払の請求権
　五　第27条第1項又は第2項（これらの規定を第75条第4項において準用する場合を含む。）の規定による取消権
　六　第31条第6項又は第7項の規定による取消権
　七　第36条の規定による報告を求める権利
　八　第38条第1項又は第6項の規定による閲覧又は謄写の請求権
　九　第40条の規定による損失のてん補又は原状の回復の請求権
　十　第41条の規定による損失のてん補又は原状の回復の請求権
　十一　第44条の規定による差止めの請求権
　十二　第45条第1項の規定による支払の請求権
　十三　第59条第5項の規定による差止めの請求権
　十四　第60条第3項又は第5項の規定による差止めの請求権
　十五　第61条第1項の規定による支払の請求権
　十六　第62条第2項の規定による催告権
　十七　第99条第1項の規定による受益権を放棄する権利
　十八　第103条第1項又は第2項の規定による受益権取得請求権
　十九　第131条第2項の規定による催告権
　二十　第138条第2項の規定による催告権
　二十一　第187条第1項の規定による交付又は提供の請求権
　二十二　第190条第2項の規定による閲覧又は謄写の請求権
　二十三　第198条第1項の規定による記載又は記録の請求権
　二十四　第226条第1項の規定による金銭のてん補又は支払の請求権
　二十五　第228条第1項の規定による金銭のてん補又は支払の請求権
　二十六　第254条第1項の規定による損失のてん補の請求権

第2節　受益権等

第1款　受益権の譲渡等

（受益権の譲渡性）
第93条　受益者は、その有する受益権を譲り渡すことができる。ただし、その性質がこれを許さないときは、この限りでない。
2　前項の規定は、信託行為に別段の定めがあるときは、適用しない。ただし、その定めは、善意の第三者に対抗することができない。

（受益権の譲渡の対抗要件）
第94条　受益権の譲渡は、譲渡人が受託者に通知をし、又は受託者が承諾をしなければ、受託者その他の第三者に対抗することができない。
2　前項の通知及び承諾は、確定日付のある証書によってしなければ、受託者以外の第三者に対抗することができない。

（受益権の譲渡における受託者の抗弁）
第95条　受託者は、前条第1項の通知又は承諾がされるまでに譲渡人に対し生じた事由をもって譲受人に対抗することができる。

（受益権の質入れ）

第96条　受益者は、その有する受益権に質権を設定することができる。ただし、その性質がこれを許さないときは、この限りでない。
2　前項の規定は、信託行為に別段の定めがあるときは、適用しない。ただし、その定めは、善意の第三者に対抗することができない。

（受益権の質入れの効果）
第97条　受益権を目的とする質権は、次に掲げる金銭等（金銭その他の財産をいう。以下この条及び次条において同じ。）について存在する。
　一　当該受益権を有する受益者が受託者から信託財産に係る給付として受けた金銭等
　二　第103条第6項に規定する受益権取得請求によって当該受益権を有する受益者が受ける金銭等
　三　信託の変更による受益権の併合又は分割によって当該受益権を有する受益者が受ける金銭等
　四　信託の併合又は分割（信託の併合又は信託の分割をいう。以下同じ。）によって当該受益権を有する受益者が受ける金銭等
　五　前各号に掲げるもののほか、当該受益権を有する受益者が当該受益権に代わるものとして受ける金銭等
第98条　受益権の質権者は、前条の金銭等（金銭に限る。）を受領し、他の債権者に先立って自己の債権の弁済に充てることができる。
2　前項の債権の弁済期が到来していないときは、受益権の質権者は、受託者に同項に規定する金銭等に相当する金額を供託させることができる。この場合において、質権は、その供託金について存在する。

第2款　受益権の放棄

第99条　受益者は、受託者に対し、受益権を放棄する旨の意思表示をすることができる。ただし、受益者が信託行為の当事者である場合は、この限りでない。
2　受益者は、前項の規定による意思表示をしたときは、当初から受益権を有していなかったものとみなす。ただし、第三者の権利を害することはできない。

第3款　受益債権

（受益債権に係る受託者の責任）
第100条　受益債権に係る債務については、受託者は、信託財産に属する財産のみをもってこれを履行する責任を負う。

（受益債権と信託債権との関係）
第101条　受益債権は、信託債権に後れる。

（受益債権の期間の制限）
第102条　受益債権の消滅時効は、次項及び第3項に定める事項を除き、債権の消滅時効の例による。
2　受益債権の消滅時効は、受益者が受益者としての指定を受けたことを知るに至るまでの間（受益者が現に存しない場合にあっては、信託管理人が選任されるまでの間）は、進行しない。
3　受益債権の消滅時効は、次に掲げる場合に限り、援用することができる。
　一　受託者が、消滅時効の期間の経過後、遅滞なく、受益者に対し受益債権の存在及びその内容を相当の期間を定めて通知し、かつ、受益者からその期間内に履行の請求を受けなかったとき。
　二　消滅時効の期間の経過時において受益者の所在が不明であるときその他信託行為の定め、受益者の状況、関係資料の滅失その他の事情に照らして、受益者に対し前号の規定による通知をしないことについて正当な理由があるとき。
4　受益債権は、これを行使することができる時から20年を経過したときは、消滅する。

第4款　受益権取得請求権

（受益権取得請求）
第103条　次に掲げる事項に係る信託の変更（第3項において「重要な信託の変更」という。）がされる場合には、これにより損害を受けるおそれのある受益者は、受託者に対し、自己の有する受益権を公正な価格で取得することを請求することができる。ただし、第1号又は第2号に掲げる事項に係る信託の変更がされる場合にあっては、これにより損害を受けるおそれのあることを要しない。
　一　信託の目的の変更
　二　受益権の譲渡の制限
　三　受託者の義務の全部又は一部の減免（当該減免について、その範囲及びその意思決定の方法につき信託行為に定めがある場合を除く。）
　四　受益債権の内容の変更（当該内容の変更について、その範囲及びその意思決定の方法につき信託行為に定めがある場合を除く。）

五　信託行為において定めた事項
2　信託の併合又は分割がされる場合には、これらにより損害を受けるおそれのある受益者は、受託者に対し、自己の有する受益権を公正な価格で取得することを請求することができる。ただし、前項第1号又は第2号に掲げる事項に係る変更を伴う信託の併合又は分割がされる場合にあっては、これらにより損害を受けるおそれのあることを要しない。
3　前二項の受益者が、重要な信託の変更又は信託の併合若しくは信託の分割（以下この章において「重要な信託の変更等」という。）の意思決定に関与し、その際に当該重要な信託の変更等に賛成する旨の意思を表示したときは、前二項の規定は、当該受益者については、適用しない。
4　受託者は、重要な信託の変更等の意思決定の日から20日以内に、受益者に対し、次に掲げる事項を通知しなければならない。
　　一　重要な信託の変更等をする旨
　　二　重要な信託の変更等がその効力を生ずる日（次条第1項において「効力発生日」という。）
　　三　重要な信託の変更等の中止に関する条件を定めたときは、その条件
5　前項の規定による通知は、官報による公告をもって代えることができる。
6　第1項又は第2項の規定による請求（以下この款において「受益権取得請求」という。）は、第4項の規定による通知又は前項の規定による公告の日から20日以内に、その受益権取得請求に係る受益権の内容を明らかにしてしなければならない。
7　受益権取得請求をした受益者は、受託者の承諾を得た場合に限り、その受益権取得請求を撤回することができる。
8　重要な信託の変更等が中止されたときは、受益権取得請求は、その効力を失う。
（受益権の価格の決定等）
第104条　受益権取得請求があった場合において、受益権の価格の決定について、受託者と受益者との間に協議が調ったときは、受託者は、受益権取得請求の日から60日を経過する日（その日までに効力発生日が到来していない場合にあっては、効力発生日）までにその支払をしなければならない。
2　受益権の価格の決定について、受益権取得請求の日から30日以内に協議が調わないときは、受託者又は受益者は、その期間の満了の日後30日以内に、裁判所に対し、価格の決定の申立てをすることができる。
3　裁判所は、前項の規定により価格の決定をする場合には、同項の申立てをすることができる者の陳述を聴かなければならない。
4　第2項の申立てについての裁判には、理由を付さなければならない。
5　第2項の規定による価格の決定の裁判に対しては、申立人及び同項の申立てをすることができる者に限り、即時抗告をすることができる。
6　前項の即時抗告は、執行停止の効力を有する。
7　前条第7項の規定にかかわらず、第2項に規定する場合において、受益権取得請求の日から60日以内に同項の申立てがないときは、その期間の満了後は、受益者は、いつでも、受益権取得請求を撤回することができる。
8　第1項の受託者は、裁判所の決定した価格に対する同項の期間の満了の日後の利息をも支払わなければならない。
9　受託者は、受益権の価格の決定があるまでは、受益者に対し、当該受益者が公正な価格と認める額を支払うことができる。
10　受益権取得請求に係る受託者による受益権の取得は、当該受益権の価格に相当する金銭の支払の時に、その効力を生ずる。
11　受益証券（第185条第1項に規定する受益証券をいう。以下この章において同じ。）が発行されている受益権について受益権取得請求があったときは、当該受益証券と引換えに、その受益権取得請求に係る受益権の価格に相当する金銭を支払わなければならない。
12　受益権取得請求に係る債務については、受託者は、信託財産に属する財産のみをもってこれを履行する責任を負う。ただし、信託行為又は当該重要な信託の変更等の意思決定において別段の定めがされたときは、その定めるところによる。
13　前条第1項又は第2項の規定により受託者が受益権を取得したときは、その受益権は、消滅する。ただし、信託行為又は当該重要な信託の変更等の意思決定において別段の定めがされたときは、その定めるところによる。

第3節　2人以上の受益者による意思決定の方法の特例

第1款　総則

第105条　受益者が2人以上ある信託における受益者の意思決定（第92条各号に掲げる権利の行使に係るものを除く。）は、すべての受益者の一致によってこれを決する。ただし、信託行為に別段

の定めがあるときは、その定めるところによる。

2　前項ただし書の場合において、信託行為に受益者集会における多数決による旨の定めがあるときは、次款の定めるところによる。ただし、信託行為に別段の定めがあるときは、その定めるところによる。

3　第1項ただし書又は前項の規定にかかわらず、第42条の規定による責任の免除に係る意思決定の方法についての信託行為の定めは、次款の定めるところによる受益者集会における多数決による旨の定めに限り、その効力を有する。

4　第1項ただし書及び前二項の規定は、次に掲げる責任の免除については、適用しない。

一　第42条の規定による責任の全部の免除

二　第42条第1号の規定による責任（受託者がその任務を行うにつき悪意又は重大な過失があった場合に生じたものに限る。）の一部の免除

三　第42条第2号の規定による責任の一部の免除

第2款　受益者集会

（受益者集会の招集）

第106条　受益者集会は、必要がある場合には、いつでも、招集することができる。

2　受益者集会は、受託者（信託監督人が現に存する場合にあっては、受託者又は信託監督人）が招集する。

（受益者による招集の請求）

第107条　受益者は、受託者（信託監督人が現に存する場合にあっては、受託者又は信託監督人）に対し、受益者集会の目的である事項及び招集の理由を示して、受益者集会の招集を請求することができる。

2　次に掲げる場合において、信託財産に著しい損害を生ずるおそれがあるときは、前項の規定による請求をした受益者は、受益者集会を招集することができる。

一　前項の規定による請求の後遅滞なく招集の手続が行われない場合

二　前項の規定による請求があった日から8週間以内の日を受益者集会の日とする受益者集会の招集の通知が発せられない場合

（受益者集会の招集の決定）

第108条　受益者集会を招集する者（以下この款において「招集者」という。）は、受益者集会を招集する場合には、次に掲げる事項を定めなければならない。

一　受益者集会の日時及び場所

二　受益者集会の目的である事項があるときは、当該事項

三　受益者集会に出席しない受益者が電磁的方法（電子情報処理組織を使用する方法その他の情報通信の技術を利用する方法であって法務省令で定めるものをいう。以下この款において同じ。）によって議決権を行使することができることとするときは、その旨

四　前三号に掲げるもののほか、法務省令で定める事項

（受益者集会の招集の通知）

第109条　受益者集会を招集するには、招集者は、受益者集会の日の2週間前までに、知れている受益者及び受託者（信託監督人が現に存する場合にあっては、知れている受益者、受託者及び信託監督人）に対し、書面をもってその通知を発しなければならない。

2　招集者は、前項の書面による通知の発出に代えて、政令で定めるところにより、同項の通知を受ける者の承諾を得て、電磁的方法により通知を発することができる。この場合において、当該招集者は、同項の書面による通知を発したものとみなす。

3　前二項の通知には、前条各号に掲げる事項を記載し、又は記録しなければならない。

4　無記名式の受益証券が発行されている場合において、受益者集会を招集するには、招集者は、受益者集会の日の3週間前までに、受益者集会を招集する旨及び前条各号に掲げる事項を官報により公告しなければならない。

（受益者集会参考書類及び議決権行使書面の交付等）

第110条　招集者は、前条第1項の通知に際しては、法務省令で定めるところにより、知れている受益者に対し、議決権の行使について参考となるべき事項を記載した書類（以下この条において「受益者集会参考書類」という。）及び受益者が議決権を行使するための書面（以下この款において「議決権行使書面」という。）を交付しなければならない。

2　招集者は、前条第2項の承諾をした受益者に対し同項の電磁的方法による通知を発するときは、前項の規定による受益者集会参考書類及び議決権行使書面の交付に代えて、これらの書類に記載すべき事項を電磁的方法により提供することができる。ただし、受益者の請求があったときは、これらの書類を当該受益者に交付しなければならない。

3　招集者は、前条第4項の規定による公告をした場合において、受益者集会の日の1週間前までに無記名受益権（無記名式の受益証券が発行されている受益権をいう。第8章において同じ。）の受

益者の請求があったときは、直ちに、受益者集会参考書類及び議決権行使書面を当該受益者に交付しなければならない。

4　招集者は、前項の規定による受益者集会参考書類及び議決権行使書面の交付に代えて、政令で定めるところにより、受益者の承諾を得て、これらの書類に記載すべき事項を電磁的方法により提供することができる。この場合において、当該招集者は、同項の規定によるこれらの書類の交付をしたものとみなす。

第111条　招集者は、第108条第3号に掲げる事項を定めた場合には、第109条第2項の承諾をした受益者に対する電磁的方法による通知に際して、法務省令で定めるところにより、受益者に対し、議決権行使書面に記載すべき事項を当該電磁的方法により提供しなければならない。

2　招集者は、第108条第3号に掲げる事項を定めた場合において、第109条第2項の承諾をしていない受益者から受益者集会の日の1週間前までに議決権行使書面に記載すべき事項の電磁的方法による提供の請求があったときは、法務省令で定めるところにより、直ちに、当該受益者に対し、当該事項を電磁的方法により提供しなければならない。

（受益者の議決権）

第112条　受益者は、受益者集会において、次の各号に掲げる区分に従い、当該各号に定めるものに応じて、議決権を有する。

　一　各受益権の内容が均等である場合　受益権の個数

　二　前号に掲げる場合以外の場合　受益者集会の招集の決定の時における受益権の価格

2　前項の規定にかかわらず、受益権が当該受益権に係る信託の信託財産に属するときは、受託者は、当該受益権については、議決権を有しない。

（受益者集会の決議）

第113条　受益者集会の決議は、議決権を行使することができる受益者の議決権の過半数を有する受益者が出席し、出席した当該受益者の議決権の過半数をもって行う。

2　前項の規定にかかわらず、次に掲げる事項に係る受益者集会の決議は、当該受益者集会において議決権を行使することができる受益者の議決権の過半数を有する受益者が出席し、出席した当該受益者の議決権の3分の2以上に当たる多数をもって行わなければならない。

　一　第42条の規定による責任の免除（第105条第4項各号に掲げるものを除く。）

　二　第136条第1項第1号に規定する合意

　三　第143条第1項第1号に規定する合意

　四　第149条第1項若しくは第2項第1号に規定する合意又は同条第3項に規定する意思表示

　五　第151条第1項又は第2項第1号に規定する合意

　六　第155条第1項又は第2項第1号に規定する合意

　七　第159条第1項又は第2項第1号に規定する合意

　八　第164条第1項に規定する合意

3　前二項の規定にかかわらず、第103条第1項第2号から第4号までに掲げる事項（同号に掲げる事項にあっては、受益者間の権衡に変更を及ぼすものを除く。）に係る重要な信託の変更等に係る受益者集会の決議は、当該受益者集会において議決権を行使することができる受益者の半数以上であって、当該受益者の議決権の3分の2以上に当たる多数をもって行わなければならない。

4　前三項の規定にかかわらず、第103条第1項第1号又は第4号に掲げる事項（同号に掲げる事項にあっては、受益者間の権衡に変更を及ぼすものに限る。）に係る重要な信託の変更等に係る受益者集会の決議は、総受益者の半数以上であって、総受益者の議決権の4分の3以上に当たる多数をもって行わなければならない。

5　受益者集会は、第108条第2号に掲げる事項以外の事項については、決議をすることができない。

（議決権の代理行使）

第114条　受益者は、代理人によってその議決権を行使することができる。この場合においては、当該受益者又は代理人は、代理権を証明する書面を招集者に提出しなければならない。

2　前項の代理権の授与は、受益者集会ごとにしなければならない。

3　第1項の受益者又は代理人は、代理権を証明する書面の提出に代えて、政令で定めるところにより、招集者の承諾を得て、当該書面に記載すべき事項を電磁的方法により提供することができる。この場合において、当該受益者又は代理人は、当該書面を提出したものとみなす。

4　受益者が第109条第2項の承諾をした者である場合には、招集者は、正当な理由がなければ、前項の承諾をすることを拒んではならない。

（書面による議決権の行使）

第115条　受益者集会に出席しない受益者は、書面によって議決権を行使することができる。

2　書面による議決権の行使は、議決権行使書面に必要な事項を記載し、法務省令で定める時までに当該記載をした議決権行使書面を招集者に提出して行う。

3　前項の規定により書面によって行使した議決権は、出席した議決権者の行使した議決権とみな

す。
（電磁的方法による議決権の行使）
第116条　電磁的方法による議決権の行使は、政令で定めるところにより、招集者の承諾を得て、法務省令で定める時までに議決権行使書面に記載すべき事項を、電磁的方法により当該招集者に提供して行う。
2　受益者が第109条第2項の承諾をした者である場合には、招集者は、正当な理由がなければ、前項の承諾をすることを拒んではならない。
3　第1項の規定により電磁的方法によって行使した議決権は、出席した議決権者の行使した議決権とみなす。
（議決権の不統一行使）
第117条　受益者は、その有する議決権を統一しないで行使することができる。この場合においては、受益者集会の日の3日前までに、招集者に対しその旨及びその理由を通知しなければならない。
2　招集者は、前項の受益者が他人のために受益権を有する者でないときは、当該受益者が同項の規定により有する議決権を統一しないで行使することを拒むことができる。
（受託者の出席等）
第118条　受託者（法人である受託者にあっては、その代表者又は代理人。次項において同じ。）は、受益者集会に出席し、又は書面により意見を述べることができる。
2　受益者集会又は招集者は、必要があると認めるときは、受託者に対し、その出席を求めることができる。この場合において、受益者集会にあっては、これをする旨の決議を経なければならない。
（延期又は続行の決議）
第119条　受益者集会においてその延期又は続行について決議があった場合には、第108条及び第109条の規定は、適用しない。
（議事録）
第120条　受益者集会の議事については、招集者は、法務省令で定めるところにより、議事録を作成しなければならない。
（受益者集会の決議の効力）
第121条　受益者集会の決議は、当該信託のすべての受益者に対してその効力を有する。
（受益者集会の費用の負担）
第122条　受益者集会に関する必要な費用を支出した者は、受託者に対し、その償還を請求することができる。
2　前項の規定による請求に係る債務については、受託者は、信託財産に属する財産のみをもってこれを履行する責任を負う。

第4節　信託管理人等

第1款　信託管理人

（信託管理人の選任）
第123条　信託行為においては、受益者が現に存しない場合に信託管理人となるべき者を指定する定めを設けることができる。
2　信託行為に信託管理人となるべき者を指定する定めがあるときは、利害関係人は、信託管理人となるべき者として指定された者に対し、相当の期間を定めて、その期間内に就任の承諾をするかどうかを確答すべき旨を催告することができる。ただし、当該定めに停止条件又は始期が付されているときは、当該停止条件が成就し、又は当該始期が到来した後に限る。
3　前項の規定による催告があった場合において、信託管理人となるべき者として指定された者は、同項の期間内に委託者（委託者が現に存しない場合にあっては、受託者）に対し確答をしないときは、就任の承諾をしなかったものとみなす。
4　受益者が現に存しない場合において、信託行為に信託管理人に関する定めがないとき、又は信託行為の定めにより信託管理人となるべき者として指定された者が就任の承諾をせず、若しくはこれをすることができないときは、裁判所は、利害関係人の申立てにより、信託管理人を選任することができる。
5　前項の規定による信託管理人の選任の裁判があったときは、当該信託管理人について信託行為に第1項の定めが設けられたものとみなす。
6　第4項の申立てについての裁判には、理由を付さなければならない。
7　第4項の規定による信託管理人の選任の裁判に対しては、委託者若しくは受託者又は既に存する信託管理人に限り、即時抗告をすることができる。
8　前項の即時抗告は、執行停止の効力を有する。
（信託管理人の資格）

第124条　次に掲げる者は、信託管理人となることができない。
　一　未成年者又は成年被後見人若しくは被保佐人
　二　当該信託の受託者である者
（信託管理人の権限）
第125条　信託管理人は、受益者のために自己の名をもって受益者の権利に関する一切の裁判上又は裁判外の行為をする権限を有する。ただし、信託行為に別段の定めがあるときは、その定めるところによる。
2　2人以上の信託管理人があるときは、これらの者が共同してその権限に属する行為をしなければならない。ただし、信託行為に別段の定めがあるときは、その定めるところによる。
3　この法律の規定により受益者に対してすべき通知は、信託管理人があるときは、信託管理人に対してしなければならない。
（信託管理人の義務）
第126条　信託管理人は、善良な管理者の注意をもって、前条第1項の権限を行使しなければならない。
2　信託管理人は、受益者のために、誠実かつ公平に前条第1項の権限を行使しなければならない。
（信託管理人の費用等及び報酬）
第127条　信託管理人は、その事務を処理するのに必要と認められる費用及び支出の日以後におけるその利息を受託者に請求することができる。
2　信託管理人は、次の各号に掲げる場合には、当該各号に定める損害の額について、受託者にその賠償を請求することができる。
　一　信託管理人がその事務を処理するため自己に過失なく損害を受けた場合　当該損害の額
　二　信託管理人がその事務を処理するため第三者の故意又は過失によって損害を受けた場合（前号に掲げる場合を除く。）　当該第三者に対し賠償を請求することができる額
3　信託管理人は、商法第512条の規定の適用がある場合のほか、信託行為に信託管理人が報酬を受ける旨の定めがある場合に限り、受託者に報酬を請求することができる。
4　前三項の規定による請求に係る債務については、受託者は、信託財産に属する財産のみをもってこれを履行する責任を負う。
5　第3項の場合には、報酬の額は、信託行為に報酬の額又は算定方法に関する定めがあるときはその定めるところにより、その定めがないときは相当の額とする。
6　裁判所は、第123条第4項の規定により信託管理人を選任した場合には、信託管理人の報酬を定めることができる。
7　前項の規定による信託管理人の報酬の裁判があったときは、当該信託管理人について信託行為に第3項の定め及び第5項の報酬の額に関する定めがあったものとみなす。
8　第6項の規定による信託管理人の報酬の裁判をする場合には、受託者及び信託管理人の陳述を聴かなければならない。
9　第6項の規定による信託管理人の報酬の裁判に対しては、受託者及び信託管理人に限り、即時抗告をすることができる。
（信託管理人の任務の終了）
第128条　第56条の規定は、信託管理人の任務の終了について準用する。この場合において、同条第1項第5号中「次条」とあるのは「第128条第2項において準用する次条」と、同項第6号中「第58条」とあるのは「第128条第2項において準用する第58条」と読み替えるものとする。
2　第57条の規定は信託管理人の辞任について、第58条の規定は信託管理人の解任について、それぞれ準用する。
（新信託管理人の選任等）
第129条　第62条の規定は、前条第1項において準用する第56条第1項各号の規定により信託管理人の任務が終了した場合における新たな信託管理人（次項において「新信託管理人」という。）の選任について準用する。
2　新信託管理人が就任した場合には、信託管理人であった者は、遅滞なく、新信託管理人がその事務の処理を行うのに必要な事務の引継ぎをしなければならない。
3　前項の信託管理人であった者は、受益者が存するに至った後においてその受益者となった者を知ったときは、遅滞なく、当該受益者となった者に対しその事務の経過及び結果を報告しなければならない。
（信託管理人による事務の処理の終了等）
第130条　信託管理人による事務の処理は、次に掲げる事由により終了する。ただし、第2号に掲げる事由による場合にあっては、信託行為に別段の定めがあるときは、その定めるところによる。
　一　受益者が存するに至ったこと。
　二　委託者が信託管理人に対し事務の処理を終了する旨の意思表示をしたこと。
　三　信託行為において定めた事由

2 前項の規定により信託管理人による事務の処理が終了した場合には、信託管理人であった者は、遅滞なく、受益者に対しその事務の経過及び結果を報告しなければならない。ただし、受益者が存するに至った後においてその受益者となった者を知った場合に限る。

第2款　信託監督人

（信託監督人の選任）
第131条　信託行為においては、受益者が現に存する場合に信託監督人となるべき者を指定する定めを設けることができる。
2　信託行為に信託監督人となるべき者を指定する定めがあるときは、利害関係人は、信託監督人となるべき者として指定された者に対し、相当の期間を定めて、その期間内に就任の承諾をするかどうかを確答すべき旨を催告することができる。ただし、当該定めに停止条件又は始期が付されているときは、当該停止条件が成就し、又は当該始期が到来した後に限る。
3　前項の規定による催告があった場合において、信託監督人となるべき者として指定された者は、同項の期間内に委託者（委託者が現に存しない場合にあっては、受託者）に対し確答をしないときは、就任の承諾をしなかったものとみなす。
4　受益者が受託者の監督を適切に行うことができない特別の事情がある場合において、信託行為に信託監督人に関する定めがないとき、又は信託行為の定めにより信託監督人となるべき者として指定された者が就任の承諾をせず、若しくはこれをすることができないときは、裁判所は、利害関係人の申立てにより、信託監督人を選任することができる。
5　前項の規定による信託監督人の選任の裁判があったときは、当該信託監督人について信託行為に第1項の定めが設けられたものとみなす。
6　第4項の申立てについての裁判には、理由を付さなければならない。
7　第4項の規定による信託監督人の選任の裁判に対しては、委託者、受託者若しくは受益者又は既に存する信託監督人に限り、即時抗告をすることができる。
8　前項の即時抗告は、執行停止の効力を有する。

（信託監督人の権限）
第132条　信託監督人は、受益者のために自己の名をもって第92条各号（第17号、第18号、第21号及び第23号を除く。）に掲げる権利に関する一切の裁判上又は裁判外の行為をする権限を有する。ただし、信託行為に別段の定めがあるときは、その定めるところによる。
2　2人以上の信託監督人があるときは、これらの者が共同してその権限に属する行為をしなければならない。ただし、信託行為に別段の定めがあるときは、その定めるところによる。

（信託監督人の義務）
第133条　信託監督人は、善良な管理者の注意をもって、前条第1項の権限を行使しなければならない。
2　信託監督人は、受益者のために、誠実かつ公平に前条第1項の権限を行使しなければならない。

（信託監督人の任務の終了）
第134条　第56条の規定は、信託監督人の任務の終了について準用する。この場合において、同条第1項第5号中「次条」とあるのは「第134条第2項において準用する次条」と、同項第6号中「第58条」とあるのは「第134条第2項において準用する第58条」と読み替えるものとする。
2　第57条の規定は信託監督人の辞任について、第58条の規定は信託監督人の解任について、それぞれ準用する。

（新信託監督人の選任等）
第135条　第62条の規定は、前条第1項において準用する第56条第1項各号の規定により信託監督人の任務が終了した場合における新たな信託監督人（次項において「新信託監督人」という。）の選任について準用する。
2　新信託監督人が就任した場合には、信託監督人であった者は、遅滞なく、受益者に対しその事務の経過及び結果を報告し、新信託監督人がその事務の処理を行うのに必要な事務の引継ぎをしなければならない。

（信託監督人による事務の処理の終了等）
第136条　信託監督人による事務の処理は、信託の清算の結了のほか、次に掲げる事由により終了する。ただし、第1号に掲げる事由による場合にあっては、信託行為に別段の定めがあるときは、その定めるところによる。
　一　委託者及び受益者が信託監督人による事務の処理を終了する旨の合意をしたこと。
　二　信託行為において定めた事由
2　前項の規定により信託監督人による事務の処理が終了した場合には、信託監督人であった者は、遅滞なく、受益者に対しその事務の経過及び結果を報告しなければならない。
3　委託者が現に存しない場合には、第1項第1号の規定は、適用しない。

（信託管理人に関する規定の準用）

第137条　第124条及び第127条の規定は、信託監督人について準用する。この場合において、同条第6項中「第123条第4項」とあるのは、「第131条第4項」と読み替えるものとする。

第3款　受益者代理人

(受益者代理人の選任)
第138条　信託行為においては、その代理する受益者を定めて、受益者代理人となるべき者を指定する定めを設けることができる。
2　信託行為に受益者代理人となるべき者を指定する定めがあるときは、利害関係人は、受益者代理人となるべき者として指定された者に対し、相当の期間を定めて、その期間内に就任の承諾をするかどうかを確答すべき旨を催告することができる。ただし、当該定めに停止条件又は始期が付されているときは、当該停止条件が成就し、又は当該始期が到来した後に限る。
3　前項の規定による催告があった場合において、受益者代理人となるべき者として指定された者は、同項の期間内に委託者（委託者が現に存しない場合にあっては、受託者）に対し確答をしないときは、就任の承諾をしなかったものとみなす。

(受益者代理人の権限等)
第139条　受益者代理人は、その代理する受益者のために当該受益者の権利（第42条の規定による責任の免除に係るものを除く。）に関する一切の裁判上又は裁判外の行為をする権限を有する。ただし、信託行為に別段の定めがあるときは、その定めるところによる。
2　受益者代理人がその代理する受益者のために裁判上又は裁判外の行為をするときは、その代理する受益者の範囲を示せば足りる。
3　1人の受益者につき2人以上の受益者代理人があるときは、これらの者が共同してその権限に属する行為をしなければならない。ただし、信託行為に別段の定めがあるときは、その定めるところによる。
4　受益者代理人があるときは、当該受益者代理人に代理される受益者は、第92条各号に掲げる権利及び信託行為において定めた権利を除き、その権利を行使することができない。

(受益者代理人の義務)
第140条　受益者代理人は、善良な管理者の注意をもって、前条第1項の権限を行使しなければならない。
2　受益者代理人は、その代理する受益者のために、誠実かつ公平に前条第1項の権限を行使しなければならない。

(受益者代理人の任務の終了)
第141条　第56条の規定は、受益者代理人の任務の終了について準用する。この場合において、同条第1項第5号中「次条」とあるのは「第141条第2項において準用する次条」と、同項第6号中「第58条」とあるのは「第141条第2項において準用する第58条」と読み替えるものとする。
2　第57条の規定は受益者代理人の辞任について、第58条の規定は受益者代理人の解任について、それぞれ準用する。

(新受益者代理人の選任等)
第142条　第62条の規定は、前条第1項において準用する第56条第1項各号の規定により受益者代理人の任務が終了した場合における新たな受益者代理人（次項において「新受益者代理人」という。）の選任について準用する。この場合において、第62条第2項及び第4項中「利害関係人」とあるのは、「委託者又は受益者代理人に代理される受益者」と読み替えるものとする。
2　新受益者代理人が就任した場合には、受益者代理人であった者は、遅滞なく、その代理する受益者に対しその事務の経過及び結果を報告し、新受益者代理人がその事務の処理を行うのに必要な事務の引継ぎをしなければならない。

(受益者代理人による事務の処理の終了等)
第143条　受益者代理人による事務の処理は、信託の清算の結了のほか、次に掲げる事由により終了する。ただし、第1号に掲げる事由による場合にあっては、信託行為に別段の定めがあるときは、その定めるところによる。
　一　委託者及び受益者代理人に代理される受益者が受益者代理人による事務の処理を終了する旨の合意をしたこと。
　二　信託行為において定めた事由
2　前項の規定により受益者代理人による事務の処理が終了した場合には、受益者代理人であった者は、遅滞なく、その代理した受益者に対しその事務の経過及び結果を報告しなければならない。
3　委託者が現に存しない場合には、第1項第1号の規定は、適用しない。

(信託管理人に関する規定の準用)
第144条　第124条及び第127条第1項から第5項までの規定は、受益者代理人について準用する。

第5章 委託者

(委託者の権利等)
第145条 信託行為においては、委託者がこの法律の規定によるその権利の全部又は一部を有しない旨を定めることができる。
2 信託行為においては、委託者も次に掲げる権利の全部又は一部を有する旨を定めることができる。
  一 第23条第5項又は第6項の規定による異議を主張する権利
  二 第27条第1項又は第2項（これらの規定を第75条第4項において準用する場合を含む。）の規定による取消権
  三 第31条第6項又は第7項の規定による取消権
  四 第32条第4項の規定による権利
  五 第38条第1項の規定による閲覧又は謄写の請求権
  六 第39条第1項の規定による開示の請求権
  七 第40条の規定による損失のてん補又は原状の回復の請求権
  八 第41条の規定による損失のてん補又は原状の回復の請求権
  九 第44条の規定による差止めの請求権
  十 第46条第1項の規定による検査役の選任の申立権
  十一 第59条第5項の規定による差止めの請求権
  十二 第60条第3項又は第5項の規定による差止めの請求権
  十三 第226条第1項の規定による金銭のてん補又は支払の請求権
  十四 第228条第1項の規定による金銭のてん補又は支払の請求権
  十五 第254条第1項の規定による損失のてん補の請求権
3 前項第1号、第7号から第9号まで又は第11号から第15号までに掲げる権利について同項の信託行為がされた場合における第24条、第45条（第226条第6項、第228条第6項及び第254条第3項において準用する場合を含む。）又は第61条の規定の適用については、これらの規定中「受益者」とあるのは、「委託者又は受益者」とする。
4 信託行為においては、受託者が次に掲げる義務を負う旨を定めることができる。
  一 この法律の規定により受託者が受益者（信託管理人が現に存する場合にあっては、信託管理人。次号において同じ。）に対し通知すべき事項を委託者に対しても通知する義務
  二 この法律の規定により受託者が受益者に対し報告すべき事項を委託者に対しても報告する義務
  三 第77条第1項又は第184条第1項の規定により受託者がする計算の承認を委託者に対しても求める義務
5 委託者が2人以上ある信託における第1項、第2項及び前項の規定の適用については、これらの規定中「委託者」とあるのは、「委託者の全部又は一部」とする。

(委託者の地位の移転)
第146条 委託者の地位は、受託者及び受益者の同意を得て、又は信託行為において定めた方法に従い、第三者に移転することができる。
2 委託者が2人以上ある信託における前項の規定の適用については、同項中「受託者及び受益者」とあるのは、「他の委託者、受託者及び受益者」とする。

(遺言信託における委託者の相続人)
第147条 第3条第2号に掲げる方法によって信託がされた場合には、委託者の相続人は、委託者の地位を相続により承継しない。ただし、信託行為に別段の定めがあるときは、その定めるところによる。

(委託者の死亡の時に受益権を取得する旨の定めのある信託等の特例)
第148条 第90条第1項各号に掲げる信託において、その信託の受益者が現に存せず、又は同条第2項の規定により受益者としての権利を有しないときは、委託者が第145条第2項各号に掲げる権利を有し、受託者が同条第4項各号に掲げる義務を負う。ただし、信託行為に別段の定めがあるときは、その定めるところによる。

第6章 信託の変更、併合及び分割

第1節 信託の変更

(関係当事者の合意等)
第149条 信託の変更は、委託者、受託者及び受益者の合意によってすることができる。この場合においては、変更後の信託行為の内容を明らかにしてしなければならない。
2 前項の規定にかかわらず、信託の変更は、次の各号に掲げる場合には、当該各号に定めるものによりすることができる。この場合において、受託者は、第1号に掲げるときは委託者に対し、第2

号に掲げるときは委託者及び受益者に対し、遅滞なく、変更後の信託行為の内容を通知しなければならない。
一　信託の目的に反しないことが明らかであるとき　受託者及び受益者の合意
二　信託の目的に反しないこと及び受益者の利益に適合することが明らかであるとき　受託者の書面又は電磁的記録によってする意思表示

3　前二項の規定にかかわらず、信託の変更は、次の各号に掲げる場合には、当該各号に定める者による受託者に対する意思表示によってすることができる。この場合において、第2号に掲げるときは、受託者は、委託者に対し、遅滞なく、変更後の信託行為の内容を通知しなければならない。
一　受託者の利益を害しないことが明らかであるとき　委託者及び受益者
二　信託の目的に反しないこと及び受託者の利益を害しないことが明らかであるとき　受益者

4　前三項の規定にかかわらず、信託行為に別段の定めがあるときは、その定めるところによる。

5　委託者が現に存しない場合においては、第1項及び第3項第1号の規定は適用せず、第2項中「第1号に掲げるときは委託者に対し、第2号に掲げるときは委託者及び受益者に対し」とあるのは、「第2号に掲げるときは、受益者に対し」とする。

（特別の事情による信託の変更を命ずる裁判）

第150条　信託行為の当時予見することのできなかった特別の事情により、信託事務の処理の方法に係る信託行為の定めが信託の目的及び信託財産の状況その他の事情に照らして受益者の利益に適合しなくなるに至ったときは、裁判所は、委託者、受託者又は受益者の申立てにより、信託の変更を命ずることができる。

2　前項の申立ては、当該申立てに係る変更後の信託行為の定めを明らかにしてしなければならない。

3　裁判所は、第1項の申立てについての裁判をする場合には、受託者の陳述を聴かなければならない。ただし、不適法又は理由がないことが明らかであるとして申立てを却下する裁判をするときは、この限りでない。

4　第1項の申立てについての裁判には、理由の要旨を付さなければならない。

5　第1項の申立てについての裁判に対しては、委託者、受託者又は受益者に限り、即時抗告をすることができる。

6　前項の即時抗告は、執行停止の効力を有する。

第2節　信託の併合

（関係当事者の合意等）

第151条　信託の併合は、従前の各信託の委託者、受託者及び受益者の合意によってすることができる。この場合においては、次に掲げる事項を明らかにしてしなければならない。
一　信託の併合後の信託行為の内容
二　信託行為において定める受益権の内容に変更があるときは、その内容及び変更の理由
三　信託の併合に際して受益者に対し金銭その他の財産を交付するときは、当該財産の内容及びその価額
四　信託の併合がその効力を生ずる日
五　その他法務省令で定める事項

2　前項の規定にかかわらず、信託の併合は、次の各号に掲げる場合には、当該各号に定めるものによってすることができる。この場合において、受託者は、第1号に掲げるときは委託者に対し、第2号に掲げるときは委託者及び受益者に対し、遅滞なく、同項各号に掲げる事項を通知しなければならない。
一　信託の目的に反しないことが明らかであるとき　受託者及び受益者の合意
二　信託の目的に反しないこと及び受益者の利益に適合することが明らかであるとき　受託者の書面又は電磁的記録によってする意思表示

3　前二項の規定にかかわらず、各信託行為に別段の定めがあるときは、その定めるところによる。

4　委託者が現に存しない場合においては、第1項の規定は適用せず、第2項中「第1号に掲げるときは委託者に対し、第2号に掲げるときは委託者及び受益者に対し」とあるのは、「第2号に掲げるときは、受益者に対し」とする。

（債権者の異議）

第152条　信託の併合をする場合には、従前の信託の信託財産責任負担債務に係る債権を有する債権者は、受託者に対し、信託の併合について異議を述べることができる。ただし、信託の併合をしても当該債権者を害するおそれのないことが明らかであるときは、この限りでない。

2　前項の規定により同項の債権者の全部又は一部が異議を述べることができる場合には、受託者は、次に掲げる事項を官報に公告し、かつ、同項の債権者で知れているものには、各別にこれを催告しなければならない。ただし、第2号の期間は、1箇月を下ることができない。
一　信託の併合をする旨

二　前項の債権者が一定の期間内に異議を述べることができる旨
三　その他法務省令で定める事項
3　前項の規定にかかわらず、法人である受託者は、公告（次に掲げる方法によるものに限る。）をもって同項の規定による各別の催告に代えることができる。
一　時事に関する事項を掲載する日刊新聞紙に掲載する方法
二　電子公告（公告の方法のうち、電磁的方法（会社法（平成17年法律第86号）第2条第34号に規定する電磁的方法をいう。）により不特定多数の者が公告すべき内容である情報の提供を受けることができる状態に置く措置であって同号に規定するものをとる方法をいう。次節において同じ。）
4　第1項の債権者が第2項第2号の期間内に異議を述べなかったときは、当該債権者は、当該信託の併合について承認をしたものとみなす。
5　第1項の債権者が第2項第2号の期間内に異議を述べたときは、受託者は、当該債権者に対し、弁済し、若しくは相当の担保を提供し、又は当該債権者に弁済を受けさせることを目的として信託会社等（信託会社及び信託業務を営む金融機関（金融機関の信託業務の兼営等に関する法律（昭和18年法律第43号）第1条第1項の認可を受けた金融機関をいう。）をいう。次節において同じ。）に相当の財産を信託しなければならない。ただし、当該信託の併合をしても当該債権者を害するおそれがないときは、この限りでない。

（信託の併合後の信託の信託財産責任負担債務の範囲等）
第153条　信託の併合がされた場合において、従前の信託の信託財産責任負担債務であった債務は、信託の併合後の信託の信託財産責任負担債務となる。
第154条　信託の併合がされた場合において、前条に規定する従前の信託の信託財産責任負担債務のうち信託財産限定責任負担債務（受託者が信託財産に属する財産のみをもって履行する責任を負う信託財産責任負担債務をいう。以下この章において同じ。）であるものは、信託の併合後の信託の信託財産限定責任負担債務となる。

第3節　信託の分割

第1款　吸収信託分割

（関係当事者の合意等）
第155条　吸収信託分割は、委託者、受託者及び受益者の合意によってすることができる。この場合においては、次に掲げる事項を明らかにしてしなければならない。
一　吸収信託分割後の信託行為の内容
二　信託行為において定める受益権の内容に変更があるときは、その内容及び変更の理由
三　吸収信託分割に際して受益者に対し金銭その他の財産を交付するときは、当該財産の内容及びその価額
四　吸収信託分割がその効力を生ずる日
五　移転する財産の内容
六　吸収信託分割によりその信託財産の一部を他の信託に移転する信託（以下この款において「分割信託」という。）の信託財産責任負担債務でなくなり、分割信託からその信託財産の一部の移転を受ける信託（以下「承継信託」という。）の信託財産責任負担債務となる債務があるときは、当該債務に係る事項
七　その他法務省令で定める事項
2　前項の規定にかかわらず、吸収信託分割は、次の各号に掲げる場合には、当該各号に定めるものによってすることができる。この場合において、受託者は、第1号に掲げるときは委託者に対し、第2号に掲げるときは委託者及び受益者に対し、遅滞なく、同項各号に掲げる事項を通知しなければならない。
一　信託の目的に反しないことが明らかであるとき　受託者及び受益者の合意
二　信託の目的に反しないこと及び受益者の利益に適合することが明らかであるとき　受託者の書面又は電磁的記録によってする意思表示
3　前二項の規定にかかわらず、各信託行為に別段の定めがあるときは、その定めるところによる。
4　委託者が現に存しない場合においては、第1項の規定は適用せず、第2項中「第1号に掲げるときは委託者に対し、第2号に掲げるときは委託者及び受益者に対し」とあるのは、「第2号に掲げるときは、受益者に対し」とする。

（債権者の異議）
第156条　吸収信託分割をする場合には、分割信託又は承継信託の信託財産責任負担債務に係る債権を有する債権者は、受託者に対し、吸収信託分割について異議を述べることができる。ただし、吸収信託分割をしても当該債権者を害するおそれのないことが明らかであるときは、この限りでない。

2　前項の規定により同項の債権者の全部又は一部が異議を述べることができる場合には、受託者は、次に掲げる事項を官報に公告し、かつ、同項の債権者で知れているものには、各別にこれを催告しなければならない。ただし、第2号の期間は、1箇月を下ることができない。
　一　吸収信託分割をする旨
　二　前項の債権者が一定の期間内に異議を述べることができる旨
　三　その他法務省令で定める事項
3　前項の規定にかかわらず、法人である受託者は、公告（次に掲げる方法によるものに限る。）をもって同項の規定による各別の催告に代えることができる。
　一　時事に関する事項を掲載する日刊新聞紙に掲載する方法
　二　電子公告
4　第1項の債権者が第2項第2号の期間内に異議を述べなかったときは、当該債権者は、当該吸収信託分割について承認をしたものとみなす。
5　第1項の債権者が第2項第2号の期間内に異議を述べたときは、受託者は、当該債権者に対し、弁済し、若しくは相当の担保を提供し、又は当該債権者に弁済を受けさせることを目的として信託会社等に相当の財産を信託しなければならない。ただし、当該吸収信託分割をしても当該債権者を害するおそれがないときは、この限りでない。

（吸収信託分割後の分割信託及び承継信託の信託財産責任負担債務の範囲等）
第157条　吸収信託分割がされた場合において、第155条第1項第6号の債務は、吸収信託分割後の分割信託の信託財産責任負担債務でなくなり、吸収信託分割後の承継信託の信託財産責任負担債務となる。この場合において、分割信託の信託財産限定責任負担債務であった債務は、承継信託の信託財産限定責任負担債務となる。
第158条　第156条第1項の規定により異議を述べることができる債権者（同条第2項の規定により各別の催告をしなければならないものに限る。）は、同条第2項の催告を受けなかった場合には、吸収信託分割前から有する次の各号に掲げる債権に基づき、受託者に対し、当該各号に定める財産をもって当該債権に係る債務を履行することを請求することもできる。ただし、第1号に定める財産に対しては吸収信託分割がその効力を生ずる日における承継信託の移転を受ける財産の価額を、第2号に定める財産に対しては当該日における分割信託の信託財産の価額を限度とする。
　一　分割信託の信託財産責任負担債務に係る債権（第155条第1項第6号の債務に係る債権を除く。）吸収信託分割後の承継信託の信託財産に属する財産
　二　承継信託の信託財産責任負担債務に係る債権（第155条第1項第6号の債務に係る債権に限る。）吸収信託分割後の分割信託の信託財産に属する財産

第2款　新規信託分割

（関係当事者の合意等）
第159条　新規信託分割は、委託者、受託者及び受益者の合意によってすることができる。この場合においては、次に掲げる事項を明らかにしてしなければならない。
　一　新規信託分割後の信託行為の内容
　二　信託行為において定める受益権の内容に変更があるときは、その内容及び変更の理由
　三　新規信託分割に際して受益者に対し金銭その他の財産を交付するときは、当該財産の内容及びその価額
　四　新規信託分割がその効力を生ずる日
　五　移転する財産の内容
　六　新規信託分割により従前の信託の信託財産責任負担債務でなくなり、新たな信託の信託財産責任負担債務となる債務があるときは、当該債務に係る事項
　七　その他法務省令で定める事項
2　前項の規定にかかわらず、新規信託分割は、次の各号に掲げる場合には、当該各号に定めるものによってすることができる。この場合において、受託者は、第1号に掲げるときは委託者に対し、第2号に掲げるときは委託者及び受益者に対し、遅滞なく、同項各号に掲げる事項を通知しなければならない。
　一　信託の目的に反しないことが明らかであるとき　受託者及び受益者の合意
　二　信託の目的に反しないこと及び受益者の利益に適合することが明らかであるとき　受託者の書面又は電磁的記録によってする意思表示
3　前二項の規定にかかわらず、各信託行為に別段の定めがあるときは、その定めるところによる。
4　委託者が現に存しない場合においては、第1項の規定は適用せず、第2項中「第1号に掲げるときは委託者に対し、第2号に掲げるときは委託者及び受益者に対し」とあるのは、「第2号に掲げるときは、受益者に対し」とする。

（債権者の異議）
第160条　新規信託分割をする場合には、従前の信託の信託財産責任負担債務に係る債権を有する

債権者は、受託者に対し、新規信託分割について異議を述べることができる。ただし、新規信託分割をしても当該債権者を害するおそれのないことが明らかであるときは、この限りでない。

2　前項の規定により同項の債権者の全部又は一部が異議を述べることができる場合には、受託者は、次に掲げる事項を官報に公告し、かつ、同項の債権者で知れているものには、別に催告しなければならない。ただし、第2号の期間は、1箇月を下ることができない。

一　新規信託分割をする旨

二　前項の債権者が一定の期間内に異議を述べることができる旨

三　その他法務省令で定める事項

3　前項の規定にかかわらず、法人である受託者は、公告（次に掲げる方法によるものに限る。）をもって同項の規定による各別の催告に代えることができる。

一　時事に関する事項を掲載する日刊新聞紙に掲載する方法

二　電子公告

4　第1項の債権者が第2項第2号の期間内に異議を述べなかったときは、当該債権者は、当該新規信託分割について承認をしたものとみなす。

5　第1項の債権者が第2項第2号の期間内に異議を述べたときは、受託者は、当該債権者に対し、弁済し、若しくは相当の担保を提供し、又は当該債権者に弁済を受けさせることを目的として信託会社等に相当の財産を信託しなければならない。ただし、当該新規信託分割をしても当該債権者を害するおそれがないときは、この限りでない。

（新規信託分割後の従前の信託及び新たな信託の信託財産責任負担債務の範囲等）

第161条　新規信託分割がされた場合において、第159条第1項第6号の債務は、新規信託分割後の従前の信託の信託財産責任負担債務でなくなり、新規信託分割後の新たな信託の信託財産責任負担債務となる。この場合において、従前の信託の信託財産限定責任負担債務であった債務は、新たな信託の信託財産限定責任負担債務となる。

第162条　第160条第1項の規定により異議を述べることができる債権者（同条第2項の規定により各別の催告をしなければならないものに限る。）は、同条第2項の催告を受けなかった場合には、新規信託分割前から有する次の各号に掲げる債権に基づき、受託者に対し、当該各号に定める財産をもって当該債権に係る債務を履行することを請求することもできる。ただし、第1号に定める財産に対しては新規信託分割がその効力を生ずる日における新たな信託の信託財産の価額を、第2号に定める財産に対しては当該日における従前の信託の信託財産の価額を限度とする。

一　従前の信託の信託財産責任負担債務に係る債権（第159条第1項第6号の債務に係る債権を除く。）新規信託分割後の新たな信託の信託財産に属する財産

二　新たな信託の信託財産責任負担債務に係る債権となった債権（第159条第1項第6号の債務に係る債権に限る。）新規信託分割後の従前の信託の信託財産に属する財産

第7章　信託の終了及び清算

第1節　信託の終了

（信託の終了事由）

第163条　信託は、次条の規定によるほか、次に掲げる場合に終了する。

一　信託の目的を達成したとき、又は信託の目的を達成することができなくなったとき。

二　受託者が受益権の全部を固有財産で有する状態が1年間継続したとき。

三　受託者が欠けた場合であって、新受託者が就任しない状態が1年間継続したとき。

四　受託者が第52条（第53条第2項及び第54条第4項において準用する場合を含む。）の規定により信託を終了させたとき。

五　信託の併合がされたとき。

六　第165条又は第166条の規定により信託の終了を命ずる裁判があったとき。

七　信託財産についての破産手続開始の決定があったとき。

八　委託者が破産手続開始の決定、再生手続開始の決定又は更生手続開始の決定を受けた場合において、破産法第53条第1項、民事再生法第49条第1項又は会社更生法第61条第1項（金融機関等の更生手続の特例等に関する法律第41条第1項及び第206条第1項において準用する場合を含む。）の規定による信託契約の解除がされたとき。

九　信託行為において定めた事由が生じたとき。

（委託者及び受益者の合意等による信託の終了）

第164条　委託者及び受益者は、いつでも、その合意により、信託を終了することができる。

2　委託者及び受益者が受託者に不利な時期に信託を終了したときは、委託者及び受益者は、受託者の損害を賠償しなければならない。ただし、やむを得ない事由があったときは、この限りでない。

3　前二項の規定にかかわらず、信託行為に別段の定めがあるときは、その定めるところによる。

4　委託者が現に存しない場合には、第1項及び第2項の規定は、適用しない。

（特別の事情による信託の終了を命ずる裁判）

第165条　信託行為の当時予見することのできなかった特別の事情により、信託を終了することが信託の目的及び信託財産の状況その他の事情に照らして受益者の利益に適合するに至ったことが明らかであるときは、裁判所は、委託者、受託者又は受益者の申立てにより、信託の終了を命ずることができる。

2　裁判所は、前項の申立てについての裁判をする場合には、受託者の陳述を聴かなければならない。ただし、不適法又は理由がないことが明らかであるとして申立てを却下する裁判をするときは、この限りでない。

3　第1項の申立てについての裁判には、理由を付さなければならない。

4　第1項の申立てについての裁判に対しては、委託者、受託者又は受益者に限り、即時抗告をすることができる。

5　前項の即時抗告は、執行停止の効力を有する。

（公益の確保のための信託の終了を命ずる裁判）

第166条　裁判所は、次に掲げる場合において、公益を確保するため信託の存立を許すことができないと認めるときは、法務大臣又は委託者、受託者、受益者、信託債権者その他の利害関係人の申立てにより、信託の終了を命ずることができる。

一　不法な目的に基づいて信託がされたとき。

二　受託者が、法令若しくは信託行為で定めるその権限を逸脱し若しくは濫用する行為又は刑罰法令に触れる行為をした場合において、法務大臣から書面による警告を受けたにもかかわらず、なお継続的に又は反覆して当該行為をしたとき。

2　裁判所は、前項の申立てについての裁判をする場合には、受託者の陳述を聴かなければならない。ただし、不適法又は理由がないことが明らかであるとして申立てを却下する裁判をするときは、この限りでない。

3　第1項の申立てについての裁判には、理由を付さなければならない。

4　第1項の申立てについての裁判に対しては、同項の申立てをした者又は委託者、受託者若しくは受益者に限り、即時抗告をすることができる。

5　前項の即時抗告は、執行停止の効力を有する。

6　委託者、受益者、信託債権者その他の利害関係人が第1項の申立てをしたときは、裁判所は、受託者の申立てにより、同項の申立てをした者に対し、相当の担保を立てるべきことを命ずることができる。

7　受託者は、前項の規定による申立てをするには、第1項の申立てが悪意によるものであることを疎明しなければならない。

8　民事訴訟法（平成8年法律第109号）第75条第5項及び第7項並びに第76条から第80条までの規定は、第6項の規定により第1項の申立てについて立てるべき担保について準用する。

（官庁等の法務大臣に対する通知義務）

第167条　裁判所その他の官庁、検察官又は吏員は、その職務上前条第1項の申立て又は同項第2号の警告をすべき事由があることを知ったときは、法務大臣にその旨を通知しなければならない。

（法務大臣の関与）

第168条　裁判所は、第166条第1項の申立てについての裁判をする場合には、法務大臣に対し、意見を求めなければならない。

2　法務大臣は、裁判所が前項の申立てに係る事件について審問をするときは、当該審問に立ち会うことができる。

3　裁判所は、法務大臣に対し、第1項の申立てに係る事件が係属したこと及び前項の審問の期日を通知しなければならない。

4　第1項の申立てを却下する裁判に対しては、第166条第4項に規定する者のほか、法務大臣も、即時抗告をすることができる。

（信託財産に関する保全処分）

第169条　裁判所は、第166条第1項の申立てがあった場合には、法務大臣若しくは委託者、受益者、信託債権者その他の利害関係人の申立てにより又は職権で、同項の申立てにつき決定があるまでの間、信託財産に関し、管理人による管理を命ずる処分（次条において「管理命令」という。）その他の必要な保全処分を命ずることができる。

2　裁判所は、前項の規定による保全処分を変更し、又は取り消すことができる。

3　第1項の規定による保全処分及び前項の規定による決定に対しては、利害関係人に限り、即時抗告をすることができる。

第170条　裁判所は、管理命令をする場合には、当該管理命令において、管理人を選任しなければならない。

2　前項の管理人は、裁判所が監督する。

3　裁判所は、第1項の管理人に対し、信託財産に属する財産及び信託財産責任負担債務の状況の報

告をし、かつ、その管理の計算をすることを命ずることができる。

4 第64条から第72条までの規定は、第1項の管理人について準用する。この場合において、第65条中「前受託者」とあるのは、「受託者」と読み替えるものとする。

5 信託財産に属する権利で登記又は登録がされたものに関し前条第1項の規定による保全処分（管理命令を除く。）があったときは、裁判所書記官は、職権で、遅滞なく、当該保全処分の登記又は登録を嘱託しなければならない。

6 前項の規定は、同項に規定する保全処分の変更若しくは取消しがあった場合又は当該保全処分が効力を失った場合について準用する。

(保全処分に関する費用の負担)
第171条 裁判所が第169条第1項の規定による保全処分をした場合には、非訟事件の手続の費用は、受託者の負担とする。当該保全処分について必要な費用も、同様とする。

2 前項の保全処分又は第169条第1項の申立てを却下する裁判に対して即時抗告があった場合において、抗告裁判所が当該即時抗告を理由があると認めて原裁判を取り消したときは、その抗告審における手続に要する裁判費用及び抗告人が負担した前審における手続に要する裁判費用は、受託者の負担とする。

(保全処分に関する資料の閲覧等)
第172条 利害関係人は、裁判所書記官に対し、第170条第3項の報告又は計算に関する資料の閲覧を請求することができる。

2 利害関係人は、裁判所書記官に対し、前項の資料の謄写又はその正本、謄本若しくは抄本の交付を請求することができる。

3 前項の規定は、第1項の資料のうち録音テープ又はビデオテープ（これらに準ずる方法により一定の事項を記録した物を含む。）に関しては、適用しない。この場合において、これらの物について利害関係人の請求があるときは、裁判所書記官は、その複製を許さなければならない。

4 法務大臣は、裁判所書記官に対し、第1項の資料の閲覧を請求することができる。

5 民事訴訟法第91条第5項の規定は、第1項の資料について準用する。

(新受託者の選任)
第173条 裁判所は、第166条第1項の規定により信託の終了を命じた場合には、法務大臣若しくは委託者、受益者、信託債権者その他の利害関係人の申立てにより又は職権で、当該信託の清算のために新受託者を選任しなければならない。

2 前項の規定による新受託者の選任の裁判に対しては、不服を申し立てることができない。

3 第1項の規定により新受託者が選任されたときは、前受託者の任務は、終了する。

4 第1項の新受託者は、信託財産から裁判所が定める額の費用の前払及び報酬を受けることができる。

5 前項の規定による費用又は報酬の額を定める裁判をする場合には、第1項の新受託者の陳述を聴かなければならない。

6 第4項の規定による費用又は報酬の額を定める裁判に対しては、第1項の新受託者に限り、即時抗告をすることができる。

(終了した信託に係る吸収信託分割の制限)
第174条 信託が終了した場合には、当該信託を承継信託とする吸収信託分割は、することができない。

第2節 信託の清算

(清算の開始原因)
第175条 信託は、当該信託が終了した場合（第163条第5号に掲げる事由によって終了した場合及び信託財産についての破産手続開始の決定により終了した場合であって当該破産手続が終了していない場合を除く。）には、この節の定めるところにより、清算をしなければならない。

(信託の存続の擬制)
第176条 信託は、当該信託が終了した場合においても、清算が結了するまではなお存続するものとみなす。

(清算受託者の職務)
第177条 信託が終了した時以後の受託者（以下「清算受託者」という。）は、次に掲げる職務を行う。
　一　現務の結了
　二　信託財産に属する債権の取立て及び信託債権に係る債務の弁済
　三　受益債権（残余財産の給付を内容とするものを除く。）に係る債務の弁済
　四　残余財産の給付

(清算受託者の権限等)
第178条 清算受託者は、信託の清算のために必要な一切の行為をする権限を有する。ただし、信

託行為に別段の定めがあるときは、その定めるところによる。

2 清算受託者は、次に掲げる場合には、信託財産に属する財産を競売に付することができる。

一 受益者又は第182条第1項第2号に規定する帰属権利者（以下この条において「受益者等」と総称する。）が信託財産に属する財産を受領することを拒み、又はこれを受領することができない場合において、相当の期間を定めてその受領の催告をしたとき。

二 受益者等の所在が不明である場合

3 前項第1号の規定により信託財産に属する財産を競売に付したときは、遅滞なく、受益者等に対しその旨の通知を発しなければならない。

4 損傷その他の事由による価格の低落のおそれがある物は、第2項第1号の催告をしないで競売に付することができる。

（清算中の信託財産についての破産手続の開始）

第179条 清算中の信託において、信託財産に属する財産がその債務を完済するのに足りないことが明らかになったときは、清算受託者は、直ちに信託財産についての破産手続開始の申立てをしなければならない。

2 信託財産についての破産手続開始の決定がされた場合において、清算受託者が既に信託財産責任負担債務に係る債権を有する債権者に支払ったものがあるときは、破産管財人は、これを取り戻すことができる。

（条件付債権等に係る債務の弁済）

第180条 清算受託者は、条件付債権、存続期間が不確定な債権その他その額が不確定な債権に係る債務を弁済することができる。この場合においては、これらの債権を評価させるため、裁判所に対し、鑑定人の選任の申立てをしなければならない。

2 前項の場合には、清算受託者は、同項の鑑定人の評価に従い同項の債権に係る債務を弁済しなければならない。

3 第1項の鑑定人の選任の手続に関する費用は、清算受託者の負担とする。当該鑑定人による鑑定のための呼出し及び質問に関する費用についても、同様とする。

4 第1項の申立てを却下する裁判には、理由を付さなければならない。

5 第1項の規定による鑑定人の選任の裁判に対しては、不服を申し立てることができない。

6 前各項の規定は、清算受託者、受益者、信託債権者及び第182条第1項第2号に規定する帰属権利者の間に別段の合意がある場合には、適用しない。

（債務の弁済前における残余財産の給付の制限）

第181条 清算受託者は、第177条第2号及び第3号の債務を弁済した後でなければ、信託財産に属する財産を次条第2項に規定する残余財産受益者等に給付することができない。ただし、当該債務についてその弁済をするために必要と認められる財産を留保した場合は、この限りでない。

（残余財産の帰属）

第182条 残余財産は、次に掲げる者に帰属する。

一 信託行為において残余財産の給付を内容とする受益債権に係る受益者（次項において「残余財産受益者」という。）となるべき者として指定された者

二 信託行為において残余財産の帰属すべき者（以下この節において「帰属権利者」という。）となるべき者として指定された者

2 信託行為に残余財産受益者若しくは帰属権利者（以下この項において「残余財産受益者等」と総称する。）の指定に関する定めがない場合又は信託行為の定めにより残余財産受益者等として指定を受けた者のすべてがその権利を放棄した場合には、信託行為に委託者又はその相続人その他の一般承継人を帰属権利者として指定する旨の定めがあったものとみなす。

3 前二項の規定により残余財産の帰属が定まらないときは、残余財産は、清算受託者に帰属する。

（帰属権利者）

第183条 信託行為の定めにより帰属権利者となるべき者として指定された者は、当然に残余財産の給付をすべき債務に係る債権を取得する。ただし、信託行為に別段の定めがあるときは、その定めるところによる。

2 第88条第2項の規定は、前項に規定する帰属権利者となるべき者として指定された者について準用する。

3 信託行為の定めにより帰属権利者となった者は、受託者に対し、その権利を放棄する旨の意思表示をすることができる。ただし、信託行為の定めにより帰属権利者となった者が信託行為の当事者である場合は、この限りでない。

4 前項本文に規定する帰属権利者となった者は、同項の規定による意思表示をしたときは、当初から帰属権利者としての権利を取得していなかったものとみなす。ただし、第三者の権利を害することはできない。

5 第100条及び第102条の規定は、帰属権利者が有する債権で残余財産の給付をすべき債務に係るものについて準用する。

6 帰属権利者は、信託の清算中は、受益者とみなす。

（清算受託者の職務の終了等）
第184条 清算受託者は、その職務を終了したときは、遅滞なく、信託事務に関する最終の計算を行い、信託が終了した時における受益者（信託管理人が現に存する場合にあっては、信託管理人）及び帰属権利者（以下この条において「受益者等」と総称する。）のすべてに対し、その承認を求めなければならない。
2 受益者等が前項の計算を承認した場合には、当該受益者等に対する清算受託者の責任は、免除されたものとみなす。ただし、清算受託者の職務の執行に不正の行為があったときは、この限りでない。
3 受益者等が清算受託者から第1項の計算の承認を求められた時から1箇月以内に異議を述べなかった場合には、当該受益者等は、同項の計算を承認したものとみなす。

第8章 受益証券発行信託の特例　　省略

第9章 限定責任信託の特例

第1節 総則

（限定責任信託の要件）
第216条 限定責任信託は、信託行為においてそのすべての信託財産責任負担債務について受託者が信託財産に属する財産のみをもってその履行の責任を負う旨の定めをし、第232条の定めるところにより登記をすることによって、限定責任信託としての効力を生ずる。
2 前項の信託行為においては、次に掲げる事項を定めなければならない。
　一 限定責任信託の目的
　二 限定責任信託の名称
　三 委託者及び受託者の氏名又は名称及び住所
　四 限定責任信託の主たる信託事務の処理を行うべき場所（第3節において「事務処理地」という。）
　五 信託財産に属する財産の管理又は処分の方法
　六 その他法務省令で定める事項

（固有財産に属する財産に対する強制執行等の制限）
第217条 限定責任信託においては、信託財産責任負担債務（第21条第1項第8号に掲げる権利に係る債務を除く。）に係る債権に基づいて固有財産に属する財産に対し強制執行、仮差押え、仮処分若しくは担保権の実行若しくは競売又は国税滞納処分をすることはできない。
2 前項の規定に違反してされた強制執行、仮差押え、仮処分又は担保権の実行若しくは競売に対しては、受託者は、異議を主張することができる。この場合においては、民事執行法第38条及び民事保全法第45条の規定を準用する。
3 第1項の規定に違反してされた国税滞納処分に対しては、受託者は、異議を主張することができる。この場合においては、当該異議の主張は、当該国税滞納処分について不服の申立てをする方法でする。

（限定責任信託の名称等）
第218条 限定責任信託には、その名称中に限定責任信託という文字を用いなければならない。
2 何人も、限定責任信託でないものについて、その名称又は商号中に、限定責任信託であると誤認されるおそれのある文字を用いてはならない。
3 何人も、不正の目的をもって、他の限定責任信託であると誤認されるおそれのある名称又は商号を使用してはならない。
4 前項の規定に違反する名称又は商号の使用によって事業に係る利益を侵害され、又は侵害されるおそれがある限定責任信託の受託者は、その利益を侵害する者又は侵害するおそれがある者に対し、その侵害の停止又は予防を請求することができる。

（取引の相手方に対する明示義務）
第219条 受託者は、限定責任信託の受託者として取引をするに当たっては、その旨を取引の相手方に示さなければ、これを当該取引の相手方に対し主張することができない。

（登記の効力）
第220条 この章の規定により登記すべき事項は、登記の後でなければ、これをもって善意の第三者に対抗することができない。登記の後であっても、第三者が正当な事由によってその登記があることを知らなかったときは、同様とする。
2 この章の規定により登記すべき事項につき故意又は過失によって不実の事項を登記した者は、その事項が不実であることをもって善意の第三者に対抗することができない。

（限定責任信託の定めを廃止する旨の信託の変更）

第221条　第216条第1項の定めを廃止する旨の信託の変更がされ、第235条の終了の登記がされたときは、その変更後の信託については、この章の規定は、適用しない。

第2節　計算等の特例

（帳簿等の作成等、報告及び保存の義務等の特例）

第222条　限定責任信託における帳簿その他の書類又は電磁的記録の作成、内容の報告及び保存並びに閲覧及び謄写については、第37条及び第38条の規定にかかわらず、次項から第9項までに定めるところによる。

2　受託者は、法務省令で定めるところにより、限定責任信託の会計帳簿を作成しなければならない。

3　受託者は、限定責任信託の効力が生じた後速やかに、法務省令で定めるところにより、その効力が生じた日における限定責任信託の貸借対照表を作成しなければならない。

4　受託者は、毎年、法務省令で定める一定の時期において、法務省令で定めるところにより、限定責任信託の貸借対照表及び損益計算書並びにこれらの附属明細書その他の法務省令で定める書類又は電磁的記録を作成しなければならない。

5　受託者は、前項の書類又は電磁的記録を作成したときは、その内容について受益者（信託管理人が現に存する場合にあっては、信託管理人）に報告しなければならない。ただし、信託行為に別段の定めがあるときは、その定めるところによる。

6　受託者は、第2項の会計帳簿を作成した場合には、その作成の日から10年間（当該期間内に信託の清算の結了があったときは、その日までの間。次項において同じ。）、当該会計帳簿（書面に代えて電磁的記録を法務省令で定める方法により作成した場合にあっては当該電磁的記録、電磁的記録に代えて書面を作成した場合にあっては当該書面）を保存しなければならない。ただし、受益者（2人以上の受益者が現に存する場合にあってはそのすべての受益者、信託管理人が現に存する場合にあっては信託管理人。第8項において同じ。）に対し、当該書類若しくはその写しを交付し、又は当該電磁的記録に記録された事項を法務省令で定める方法により提供したときは、この限りでない。

7　受託者は、信託財産に属する財産の処分に係る契約書その他の信託事務の処理に関する書類又は電磁的記録を作成し、又は取得した場合には、その作成又は取得の日から10年間、当該書類又は電磁的記録（書類に代えて電磁的記録を法務省令で定める方法により作成した場合にあっては当該電磁的記録、電磁的記録に代えて書面を作成した場合にあっては当該書面）を保存しなければならない。この場合においては、前項ただし書の規定を準用する。

8　受託者は、第3項の貸借対照表及び第4項の書類又は電磁的記録（以下この項及び第224条第2項第1号において「貸借対照表等」という。）を作成した場合には、信託の清算の結了の日までの間、当該貸借対照表等（書類に代えて電磁的記録を法務省令で定める方法により作成した場合にあっては当該電磁的記録、電磁的記録に代えて書面を作成した場合にあっては当該書面）を保存しなければならない。ただし、その作成の日から10年間を経過した後において、当該書類若しくはその写しを交付し、又は当該電磁的記録に記録された事項を法務省令で定める方法により提供したときは、この限りでない。

9　限定責任信託における第38条の規定の適用については、同条第1項各号中「前条第1項又は第5項」とあるのは「第222条第2項又は第7項」と、同条第4項第1号及び第6項各号中「前条第2項」とあるのは「第222条第3項又は第4項」とする。

（裁判所による提出命令）

第223条　裁判所は、申立てにより又は職権で、訴訟の当事者に対し、前条第2項から第4項までの書類の全部又は一部の提出を命ずることができる。

（受託者の第三者に対する責任）

第224条　限定責任信託において、受託者が信託事務を行うについて悪意又は重大な過失があったときは、当該受託者は、これによって第三者に生じた損害を賠償する責任を負う。

2　限定責任信託の受託者が、次に掲げる行為をしたときも、前項と同様とする。ただし、受託者が当該行為をすることについて注意を怠らなかったことを証明したときは、この限りでない。

一　貸借対照表等に記載し、又は記録すべき重要な事項についての虚偽の記載又は記録
二　虚偽の登記
三　虚偽の公告

3　前二項の場合において、当該損害を賠償する責任を負う他の受託者があるときは、これらの者は、連帯債務者とする。

（受益者に対する信託財産に係る給付の制限）

第225条　限定責任信託においては、受益者に対する信託財産に係る給付は、その給付可能額（受益者に対し給付をすることができる額として純資産額の範囲内において法務省令で定める方法により算定される額をいう。以下この節において同じ。）を超えてすることはできない。

（受益者に対する信託財産に係る給付に関する責任）

第226条 受託者が前条の規定に違反して受益者に対する信託財産に係る給付をした場合には、次の各号に掲げる者は、連帯して（第2号に掲げる受益者にあっては、現に受けた個別の給付額の限度で連帯して）、当該各号に定める義務を負う。ただし、受託者がその職務を行うについて注意を怠らなかったことを証明した場合は、この限りでない。

　一　受託者　当該給付の帳簿価額（以下この節において「給付額」という。）に相当する金銭の信託財産に対するてん補の義務

　二　当該給付を受けた受益者　現に受けた個別の給付額に相当する金銭の受託者に対する支払の義務

2　受託者が前項第1号に定める義務の全部又は一部を履行した場合には、同項第2号に掲げる受益者は、当該履行された金額に同号の給付額の同項第1号の給付額に対する割合を乗じて得た金額の限度で同項第2号に定める義務を免れ、受益者が同号に定める義務の全部又は一部を履行した場合には、受託者は、当該履行された金額の限度で同項第1号に定める義務を免れる。

3　第1項（第2号に係る部分に限る。）の規定により受益者から受託者に対し支払われた金銭は、信託財産に帰属する。

4　第1項に規定する義務は、免除することができない。ただし、当該給付をした日における給付可能額を限度として当該義務を免除することについて総受益者の同意がある場合は、この限りでない。

5　第1項本文に規定する場合において、同項第1号の義務を負う他の受託者があるときは、これらの者は、連帯債務者とする。

6　第45条の規定は、第1項の規定による請求に係る訴えについて準用する。

（受益者に対する求償権の制限等）

第227条 前条第1項本文に規定する場合において、当該給付を受けた受益者は、給付額が当該給付をした日における給付可能額を超えることにつき善意であるときは、当該給付額について、受託者からの求償の請求に応ずる義務を負わない。

2　前条第1項本文に規定する場合には、信託債権者は、当該給付を受けた受益者に対し、給付額（当該給付額が当該信託債権者の債権額を超える場合にあっては、当該債権額）に相当する金銭を支払わせることができる。

（欠損が生じた場合の責任）

第228条 受託者が受益者に対する信託財産に係る給付をした場合において、当該給付をした日後最初に到来する第222条第4項の時期に欠損額（貸借対照表上の負債の額が資産の額を上回る場合において、当該負債の額から当該資産の額を控除して得た額をいう。以下この項において同じ。）が生じたときは、次の各号に掲げる者は、連帯して（第2号に掲げる受益者にあっては、現に受けた個別の給付額の限度で連帯して）、当該各号に定める義務を負う。ただし、受託者がその職務を行うについて注意を怠らなかったことを証明した場合は、この限りでない。

　一　受託者　その欠損額（当該欠損額が給付額を超える場合にあっては、当該給付額）に相当する金銭の信託財産に対するてん補の義務

　二　当該給付を受けた受益者　欠損額（当該欠損額が現に受けた個別の給付額を超える場合にあっては、当該給付額）に相当する金銭の受託者に対する支払の義務

2　受託者が前項第1号に定める義務の全部又は一部を履行した場合には、同項第2号に掲げる受益者は、当該履行された金額に同号の給付額の同項第1号の給付額に対する割合を乗じて得た金額の限度で同項第2号に定める義務を免れ、受益者が同号に定める義務の全部又は一部を履行した場合には、受託者は、当該履行された金額の限度で同項第1号に定める義務を免れる。

3　第1項（第2号に係る部分に限る。）の規定により受益者から受託者に対し支払われた金銭は、信託財産に帰属する。

4　第1項に規定する義務は、総受益者の同意がなければ、免除することができない。

5　第1項本文に規定する場合において、同項第1号の義務を負う他の受託者があるときは、これらの者は、連帯債務者とする。

6　第45条の規定は、第1項の規定による請求に係る訴えについて準用する。

（債権者に対する公告）

第229条 限定責任信託の清算受託者は、その就任後遅滞なく、信託債権者に対し、一定の期間内にその債権を申し出るべき旨を官報に公告し、かつ、知れている信託債権者には、各別にこれを催告しなければならない。ただし、当該期間は、2箇月を下ることができない。

2　前項の規定による公告には、当該信託債権者が当該期間内に申出をしないときは清算から除斥される旨を付記しなければならない。

（債務の弁済の制限）

第230条 限定責任信託の清算受託者は、前条第1項の期間内は、清算中の限定責任信託の債務の弁済をすることができない。この場合において、清算受託者は、その債務の不履行によって生じた

責任を免れることができない。

2 　前項の規定にかかわらず、清算受託者は、前条第1項の期間内であっても、裁判所の許可を得て、少額の債権、清算中の限定責任信託の信託財産に属する財産につき存する担保権によって担保される債権その他これを弁済しても他の債権者を害するおそれがない債権に係る債務について、その弁済をすることができる。この場合において、当該許可の申立ては、清算受託者が2人以上あるときは、その全員の同意によってしなければならない。

3 　清算受託者は、前項の許可の申立てをする場合には、その原因となる事実を疎明しなければならない。

4 　第2項の許可の申立てを却下する裁判には、理由を付さなければならない。

5 　第2項の規定による弁済の許可の裁判に対しては、不服を申し立てることができない。

（清算からの除斥）

第231条 　清算中の限定責任信託の信託債権者（知れているものを除く。）であって第229条第1項の期間内にその債権の申出をしなかったものは、清算から除斥される。

2 　前項の規定により清算から除斥された信託債権者は、給付がされていない残余財産に対してのみ、弁済を請求することができる。

3 　2人以上の受益者がある場合において、清算中の限定責任信託の残余財産の給付を受益者の一部に対してしたときは、当該受益者の受けた給付と同一の割合の給付を当該受益者以外の受益者に対してするために必要な財産は、前項の残余財産から控除する。

第3節　限定責任信託の登記

（限定責任信託の定めの登記）

第232条 　信託行為において第216条第1項の定めがされたときは、限定責任信託の定めの登記は、2週間以内に、次に掲げる事項を登記してしなければならない。

一　限定責任信託の目的
二　限定責任信託の名称
三　受託者の氏名又は名称及び住所
四　限定責任信託の事務処理地
五　第64条第1項（第74条第6項において準用する場合を含む。）の規定により信託財産管理者又は信託財産法人管理人が選任されたときは、その氏名又は名称及び住所
六　第163条第9号の規定による信託の終了についての信託行為の定めがあるときは、その定め
七　会計監査人設置信託（第248条第3項に規定する会計監査人設置信託をいう。第240条第3号において同じ。）であるときは、その旨及び会計監査人の氏名又は名称

（変更の登記）

第233条 　限定責任信託の事務処理地に変更があったときは、2週間以内に、旧事務処理地においてはその変更の登記をし、新事務処理地においては前条各号に掲げる事項を登記しなければならない。

2 　同一の登記所の管轄区域内において限定責任信託の事務処理地に変更があったときは、その変更の登記をすれば足りる。

3 　前条各号（第4号を除く。）に掲げる事項に変更があったときは、2週間以内に、その変更の登記をしなければならない。

（職務執行停止の仮処分命令等の登記）

第234条 　限定責任信託の受託者の職務の執行を停止し、若しくはその職務を代行する者を選任する仮処分命令又はその仮処分命令を変更し、若しくは取り消す決定がされたときは、その事務処理地において、その登記をしなければならない。

（終了の登記）

第235条 　第163条（第6号及び第7号に係る部分を除く。）若しくは第164条第1項若しくは第3項の規定により限定責任信託が終了したとき、又は第216条第1項の定めを廃止する旨の信託の変更がされたときは、2週間以内に、終了の登記をしなければならない。

（清算受託者の登記）

第236条 　限定責任信託が終了した場合において、限定責任信託が終了した時における受託者が清算受託者となるときは、終了の日から、2週間以内に、清算受託者の氏名又は名称及び住所を登記しなければならない。

2 　信託行為の定め又は第62条第1項若しくは第4項若しくは第173条第1項の規定により清算受託者が選任されたときも、前項と同様とする。

3 　第233条第3項の規定は、前二項の規定による登記について準用する。

（清算結了の登記）

第237条 　限定責任信託の清算が結了したときは、第184条第1項の計算の承認の日から、2週間以内に、清算結了の登記をしなければならない。

（管轄登記所及び登記簿）
第238条 限定責任信託の登記に関する事務は、限定責任信託の事務処理地を管轄する法務局若しくは地方法務局若しくはこれらの支局又はこれらの出張所が管轄登記所としてつかさどる。
2 登記所に、限定責任信託登記簿を備える。
（登記の申請）
第239条 第232条及び第233条の規定による登記は受託者の申請によって、第235条から第237条までの規定による登記は清算受託者の申請によってする。
2 前項の規定にかかわらず、信託財産管理者又は信託財産法人管理人が選任されている場合には、第232条及び第233条の規定による登記（第246条の規定によるものを除く。）は、信託財産管理者又は信託財産法人管理人の申請によってする。
（限定責任信託の定めの登記の添付書面）
第240条 限定責任信託の定めの登記の申請書には、次に掲げる書面を添付しなければならない。
 一 限定責任信託の信託行為を証する書面
 二 受託者が法人であるときは、当該法人の登記事項証明書。ただし、当該登記所の管轄区域内に当該法人の本店又は主たる事務所がある場合を除く。
 三 会計監査人設置信託においては、次に掲げる書面
  イ 就任を承諾したことを証する書面
  ロ 会計監査人が法人であるときは、当該法人の登記事項証明書。ただし、当該登記所の管轄区域内に当該法人の主たる事務所がある場合を除く。
  ハ 会計監査人が法人でないときは、第249条第1項に規定する者であることを証する書面
（変更の添付書面）
第241条 事務処理地の変更又は第232条各号（第4号を除く。）に掲げる事項の変更の登記の申請書には、事務処理地の変更又は登記事項の変更を証する書面を添付しなければならない。
2 法人である新受託者の就任による変更の登記の申請書には、前条第2号に掲げる書面を添付しなければならない。
3 会計監査人の就任による変更の登記の申請書には、前条第3号ロ又はハに掲げる書面を添付しなければならない。
（終了の登記の添付書面）
第242条 限定責任信託の終了の登記の申請書には、その事由の発生を証する書面を添付しなければならない。
（清算受託者の登記の添付書面）
第243条 次の各号に掲げる者が清算受託者となった場合の清算受託者の登記の申請書には、当該各号に定める書面を添付しなければならない。
 一 信託行為の定めにより選任された者　次に掲げる書面
  イ 当該信託行為の定めがあることを証する書面
  ロ 選任された者が就任を承諾したことを証する書面
 二 第62条第1項の規定により選任された者　次に掲げる書面
  イ 第62条第1項の合意があったことを証する書面
  ロ 前号ロに掲げる書面
 三 第62条第4項又は第173条第1項の規定により裁判所が選任した者　その選任を証する書面
2 第240条（第2号に係る部分に限る。）の規定は、清算受託者が法人である場合の清算受託者の登記について準用する。
（清算受託者に関する変更の登記の添付書面）
第244条 清算受託者の退任による変更の登記の申請書には、退任を証する書面を添付しなければならない。
2 第236条第1項に規定する事項の変更の登記の申請書には、登記事項の変更を証する書面を添付しなければならない。
3 第241条第2項の規定は、法人である清算受託者の就任による変更の登記について準用する。
（清算結了の登記の添付書面）
第245条 清算結了の登記の申請書には、第184条第1項の計算の承認があったことを証する書面を添付しなければならない。
（裁判による登記の嘱託）
第246条 次に掲げる場合には、裁判所書記官は、職権で、遅滞なく、限定責任信託の事務処理地を管轄する登記所にその登記を嘱託しなければならない。
 一 次に掲げる裁判があったとき。
  イ 第58条第4項（第70条（第74条第6項において準用する場合を含む。）において準用する場合を含む。）の規定による受託者又は信託財産管理者若しくは信託財産法人管理人の解任の裁判

ロ　第 64 条第 1 項（第 74 条第 6 項において準用する場合を含む。）の規定による信託財産管理
　　　者又は信託財産法人管理人の選任の裁判
　二　次に掲げる裁判が確定したとき。
　　イ　前号イに掲げる裁判を取り消す裁判
　　ロ　第 165 条又は第 166 条の規定による信託の終了を命ずる裁判
（商業登記法及び民事保全法の準用）
第 247 条　限定責任信託の登記については、商業登記法（昭和 38 年法律第 125 号）第 2 条から第 5
　条まで、第 7 条から第 15 条まで、第 17 条（第 3 項を除く。）、第 18 条から第 19 条の 3 まで、第
　20 条第 1 項及び第 2 項、第 21 条から第 24 条まで、第 26 条、第 27 条、第 51 条から第 53 条まで、
　第 71 条第 1 項、第 132 条から第 137 条まで並びに第 139 条から第 148 条まで並びに民事保全法第
　56 条の規定を準用する。この場合において、商業登記法第 51 条第 1 項中「本店」とあるのは「事
　務処理地（信託法（平成 18 年法律第 108 号）第 216 条第 2 項第 4 号に規定する事務処理地をい
　う。以下同じ。）」と、「移転した」とあるのは「変更した」と、同項並びに同法第 52 条第 2 項、第
　3 項及び第 5 項中「新所在地」とあるのは「新事務処理地」と、同法第 51 条第 1 項及び第 2 項並
　びに第 52 条中「旧所在地」とあるのは「旧事務処理地」と、同法第 71 条第 1 項中「解散」とある
　のは「限定責任信託の終了」と、民事保全法第 56 条中「法人を代表する者その他法人の役員」と
　あるのは「限定責任信託の受託者又は清算受託者」と、「法人の本店又は主たる事務所の所在地
　（外国法人にあっては、各事務所）の所在地」とあるのは「限定責任信託の事務処理地（信託法
　（平成 18 年法律第 108 号）第 216 条第 2 項第 4 号に規定する事務処理地をいう。）」と読み替えるも
　のとする。

第 10 章　受益証券発行限定責任信託の特例　　　省略

第 11 章　受益者の定めのない信託の特例

（受益者の定めのない信託の要件）
第 258 条　受益者の定め（受益者を定める方法の定めを含む。以下同じ。）のない信託は、第 3 条第
　1 号又は第 2 号に掲げる方法によってすることができる。
2　受益者の定めのない信託においては、信託の変更によって受益者の定めを設けることはできな
　い。
3　受益者の定めのある信託においては、信託の変更によって受益者の定めを廃止することはできな
　い。
4　第 3 条第 2 号に掲げる方法によって受益者の定めのない信託をするときは、信託管理人を指定す
　る定めを設けなければならない。この場合においては、信託管理人の権限のうち第 145 条第 2 項各
　号（第 6 号を除く。）に掲げるものを行使する権限を制限する定めを設けることはできない。
5　第 3 条第 2 号に掲げる方法によってされた受益者の定めのない信託において信託管理人を指定す
　る定めがない場合において、遺言執行者の定めがあるときは、当該遺言執行者は、信託管理人を選
　任しなければならない。この場合において、当該遺言執行者が信託管理人を選任したときは、当該
　信託管理人について信託行為に前項前段の定めが設けられたものとみなす。
6　第 3 条第 2 号に掲げる方法によってされた受益者の定めのない信託において信託管理人を指定す
　る定めがない場合において、遺言執行者の定めがないとき、又は遺言執行者となるべき者として指
　定された者が信託管理人の選任をせず、若しくはこれをすることができないときは、裁判所は、利
　害関係人の申立てにより、信託管理人を選任することができる。この場合において、信託管理人の
　選任の裁判があったときは、当該信託管理人について信託行為に第 4 項前段の定めが設けられたも
　のとみなす。
7　第 123 条第 6 項から第 8 項までの規定は、前項の申立てについての裁判について準用する。
8　第 3 条第 2 号に掲げる方法によってされた受益者の定めのない信託において、信託管理人が欠け
　た場合であって、信託管理人が就任しない状態が 1 年間継続したときは、当該信託は、終了する。
（受益者の定めのない信託の存続期間）
第 259 条　受益者の定めのない信託の存続期間は、20 年を超えることができない。
（受益者の定めのない信託における委託者の権利）
第 260 条　第 3 条第 1 号に掲げる方法によってされた受益者の定めのない信託においては、委託者
　（委託者が 2 人以上ある場合にあっては、そのすべての委託者）が第 145 条第 2 項各号（第 6 号を
　除く。）に掲げる権利を有する旨及び受託者が同条第 4 項各号に掲げる義務を負う旨の定めが設け
　られたものとみなす。この場合においては、信託の変更によってこれを変更することはできない。
2　第 3 条第 2 号に掲げる方法によってされた受益者の定めのない信託であって、第 258 条第 5 項後
　段又は第 6 項後段の規定により同条第 4 項前段の定めが設けられたものとみなされるものにおいて
　は、信託の変更によって信託管理人の権限のうち第 145 条第 2 項各号（第 6 号を除く。）に掲げる
　ものを行使する権限を制限することはできない。

第261条　受益者の定めのない信託に関する次の表の上欄に掲げるこの法律の規定の適用については、これらの規定中同表の中欄に掲げる字句は、同表の下欄に掲げる字句とする。

第19条 第1項 第3号及び第3項第3号	受益者の利益を害しない	信託の目的の達成の支障とならない
	受益者との	信託の目的に関して有する
第19条第3項第2号	各信託の受益者（信託管理人が現に存する場合にあっては、信託管理人）の協議	受益者の定めのない信託の信託管理人と他の信託の受益者（信託管理人が現に存する場合にあっては、信託管理人）との協議又は受益者の定めのない各信託の信託管理人の協議
第30条	受益者	信託の目的の達成
第31条第1項第4号	受託者又はその利害関係人と受益者との利益が相反する	受託者又はその利害関係人の利益となり、かつ、信託の目的の達成の支障となる
第31条第2項第4号	受益者の利益を害しない	信託の目的の達成の支障とならない
	受益者との	信託の目的に関して有する
第32条第1項	受益者の利益に反する	信託の目的の達成の支障となる
第37条第4項ただし書	受益者	委託者
	信託管理人。	信託管理人又は委託者。
第37条第6項ただし書	受益者	委託者
第38条第2項第3号	受益者の共同の利益を害する	信託の目的の達成を妨げる
第57条第1項	委託者及び受益者	委託者（信託管理人が現に存する場合にあっては、委託者及び信託管理人）
第58条第1項	委託者及び受益者は、いつでも、その合意により	委託者は、いつでも（信託管理人が現に存する場合にあっては、委託者及び信託管理人は、いつでも、その合意により）
第58条第2項	委託者及び受益者が	委託者（信託管理人が現に存する場合にあっては、委託者及び信託管理人）が
	委託者及び受益者は	委託者は
第62条第1項	委託者及び受益者は、その合意により	委託者は（信託管理人が現に存する場合にあっては、委託者及び信託管理人は、その合意により）
第62条第3項	委託者及び受益者（2人以上の受益者が現に存する場合にあってはその1人、信託管理人が現に存する場合にあっては信託管理人）	委託者（信託管理人が現に存する場合にあっては、委託者及び信託管理人）
第62条第4項	同項の合意に係る協議の状況	委託者の状況（信託管理人が現に存する場合にあっては、同項の合意に係る協議の状況）
第62条第8項	「受益者は」	「信託管理人は」
	「受益者」	「信託管理人」
	「受益者の状況」	「信託管理人の状況」

第125条第1項	受益者のために	信託の目的の達成のために
第126条第2項	受益者	信託の目的の達成
第146条第1項	受託者及び受益者	受託者
第146条第2項	他の委託者、受託者及び受益者	他の委託者及び受託者
第149条第1項	委託者、受託者及び受益者	委託者及び受託者(信託管理人が現に存する場合にあっては、委託者、受託者及び信託管理人)
第149条第2項(第1号を除く。)	委託者及び受益者	委託者(信託管理人が現に存する場合にあっては、委託者及び信託管理人)
	信託の目的に反しないこと及び受益者の利益に適合すること	信託の目的の達成のために必要であること
第149条第3項第1号	委託者及び受益者	委託者(信託管理人が現に存する場合にあっては、委託者及び信託管理人)
第149条第5項	、受益者に対し	、信託管理人に対し
第150条第1項	受益者の利益に適合しなくなる	信託の目的の達成の支障となる
第151条第1項	委託者、受託者及び受益者	委託者及び受託者(信託管理人が現に存する場合にあっては、委託者、受託者及び信託管理人)
第151条第2項(第1号を除く。)	委託者及び受益者	委託者(信託管理人が現に存する場合にあっては、委託者及び信託管理人)
	信託の目的に反しないこと及び受益者の利益に適合すること	信託の目的の達成のために必要であること
第151条第4項	、受益者に対し	、信託管理人に対し
第155条第1項	委託者、受託者及び受益者	委託者及び受託者(信託管理人が現に存する場合にあっては、委託者、受託者及び信託管理人)
第155条第2項(第1号を除く。)	委託者及び受益者	委託者(信託管理人が現に存する場合にあっては、委託者及び信託管理人)
	信託の目的に反しないこと及び受益者の利益に適合すること	信託の目的の達成のために必要であること
第155条第4項	、受益者に対し	、信託管理人に対し
第159条第1項	委託者、受託者及び受益者	委託者及び受託者(信託管理人が現に存する場合にあっては、委託者、受託者及び信託管理人)
第159条第2項(第1号を除く。)	委託者及び受益者	委託者(信託管理人が現に存する場合にあっては、委託者及び信託管理人)
	信託の目的に反しないこと及び受益者の利益に適合すること	信託の目的の達成のために必要であること
第159条第4項	、受益者に対し	、信託管理人に対し

第164条第1項	委託者及び受益者は、いつでも、その合意により	委託者は、いつでも（信託管理人が現に存する場合にあっては、委託者及び信託管理人は、いつでも、その合意により）
第164条第2項	委託者及び受益者が	委託者（信託管理人が現に存する場合にあっては、委託者及び信託管理人）が
	委託者及び受益者は	委託者は
第165条第1項	受益者の利益に適合する	相当となる
第222条第6項ただし書	受益者	委託者
	信託管理人。	信託管理人又は委託者。
第222条第8項ただし書	受益者	委託者
第243条第1項第2号イ	合意	委託者の意思表示（信託管理人が現に存する場合にあっては、委託者及び信託管理人の合意）

2　受益者の定めのない信託に係る受託者の費用等、損害の賠償及び信託報酬については、第48条第5項（第53条第2項及び第54条第4項において準用する場合を含む。）の規定は、適用しない。
3　受益者の定めのない信託に係る信託の変更については、第149条第2項第1号及び第3項第2号の規定は、適用しない。
4　受益者の定めのない信託に係る信託の併合については、第151条第2項第1号の規定は、適用しない。
5　受益者の定めのない信託に係る信託の分割については、第155条第2項第1号及び第159条第2項第1号の規定は、適用しない。

第12章　雑則

第1節　非訟

（信託に関する非訟事件の管轄）
第262条　この法律の規定による非訟事件は、この条に特別の定めがある場合を除き、受託者の住所地を管轄する地方裁判所の管轄に属する。
2　受託者が2人以上ある場合における前項の規定の適用については、同項中「住所地」とあるのは、「いずれかの住所地」とする。
3　受託者の任務の終了後新受託者の就任前におけるこの法律の規定による裁判所に対する申立てに係る事件は、前受託者の住所地を管轄する地方裁判所の管轄に属する。
4　受託者が2人以上ある場合における前項の規定の適用については、同項中「受託者の任務」とあるのは、「すべての受託者の任務」とし、前受託者が2人以上ある場合における同項の規定の適用については、同項中「住所地」とあるのは、「いずれかの住所地」とする。
5　第6条第1項又は第258条第6項の申立てに係る事件は、遺言者の最後の住所地を管轄する地方裁判所の管轄に属する。
（信託に関する非訟事件の手続の特例）
第263条　この法律の規定による非訟事件については、非訟事件手続法第40条及び第57条第2項第2号の規定は、適用しない。
（最高裁判所規則）
第264条　この法律に定めるもののほか、この法律の規定による非訟事件の手続に関し必要な事項は、最高裁判所規則で定める。

第2節　公告等

（法人である受託者についての公告の方法）
第265条　この法律の規定（第152条第2項、第156条第2項、第160条第2項及び第229条第1項を除く。）による公告は、受託者（受託者の任務の終了後新受託者の就任前にあっては、前受託者）が法人である場合には、当該法人における公告の方法（公告の期間を含む。）によりしなければならない。
（法人である受託者の合併等についての公告の手続等の特例）
第266条　会社法その他の法律の規定によりある法人が組織変更、合併その他の行為をするときは

当該法人の債権者が当該行為について公告、催告その他の手続を経て異議を述べることができることとされている場合において、法人である受託者が当該行為をしようとするときは、受託者が信託財産に属する財産のみをもって履行する責任を負う信託財産責任負担債務に係る債権を有する債権者は、当該行為についてこれらの手続を経て異議を述べることができる債権者に含まれないものとする。

2　会社法その他の法律の規定による法人の事業の譲渡に関する規定の適用については、第3条第3号に掲げる方法によってする信託は、その適用の対象となる行為に含まれるものとする。ただし、当該法律に別段の定めがあるときは、この限りでない。

第13章　罰則

（受益証券発行限定責任信託の受託者等の贈収賄罪）

第267条　次に掲げる者が、その職務に関して、賄賂を収受し、又はその要求若しくは約束をしたときは、3年以下の懲役又は300万円以下の罰金に処する。これによって不正の行為をし、又は相当の行為をしないときは、5年以下の懲役又は500万円以下の罰金に処する。

一　受益証券発行限定責任信託の受託者（前受託者又は清算受託者を含む。以下同じ。）
二　受益証券発行限定責任信託の信託財産管理者
三　受益証券発行限定責任信託の民事保全法第56条に規定する仮処分命令により選任された受託者の職務を代行する者
四　受益証券発行限定責任信託の信託財産法人管理人
五　受益証券発行限定責任信託の信託管理人
六　受益証券発行限定責任信託の信託監督人
七　受益証券発行限定責任信託の受益者代理人
八　受益証券発行限定責任信託の検査役
九　会計監査人

2　前項に規定する賄賂を供与し、又はその申込み若しくは約束をした者は、3年以下の懲役又は300万円以下の罰金に処する。

3　第1項の場合において、犯人の収受した賄賂は、没収する。その全部又は一部を没収することができないときは、その価額を追徴する。

（国外犯）

第268条　前条第1項の罪は、日本国外においてこれらの罪を犯した者にも適用する。

2　前条第2項の罪は、刑法（明治40年法律第45号）第2条の例に従う。

（法人における罰則の適用）

第269条　第267条第1項に規定する者が法人であるときは、同項の規定は、その行為をした取締役、執行役その他業務を執行する役員又は支配人に対してそれぞれ適用する。

（過料に処すべき行為）

第270条　受託者、第60条第1項に規定する前受託者の相続人等、信託財産管理者、民事保全法第56条に規定する仮処分命令により選任された受託者の職務を代行する者、信託財産法人管理人、信託管理人、信託監督人、受益者代理人又は検査役は、次のいずれかに該当する場合には、100万円以下の過料に処する。ただし、その行為について刑を科すべきときは、この限りでない。

一　この法律の規定による公告若しくは通知をすることを怠ったとき、又は不正の公告若しくは通知をしたとき。
二　この法律の規定による開示をすることを怠ったとき。
三　この法律の規定に違反して、正当な理由がないのに、書類又は電磁的記録に記録された事項を法務省令で定める方法により表示したものの閲覧又は謄写を拒んだとき。
四　この法律の規定による報告をせず、又は虚偽の報告をしたとき。
五　この法律の規定による調査を妨げたとき。
六　第37条第1項、第2項若しくは第5項の書類若しくは電磁的記録又は第120条の議事録（信託行為に第4章第3節第2款の定めるところによる受益者集会における多数決による旨の定めがある場合に限る。）を作成せず、若しくは保存せず、又はこれらに記載し、若しくは記録すべき事項を記載せず、若しくは記録せず、若しくは虚偽の記載若しくは記録をしたとき。
七　第152条第2項若しくは第5項、第156条第2項若しくは第5項又は第160条第2項若しくは第5項の規定に違反して、信託の併合又は分割をしたとき。
八　第179条第1項の規定に違反して、破産手続開始の申立てをすることを怠ったとき。
九　第181条の規定に違反して、清算中の信託財産に属する財産の給付をしたとき。

2　受益証券発行信託の受託者、信託財産管理者、民事保全法第56条に規定する仮処分命令により選任された受託者の職務を代行する者、信託財産法人管理人、信託監督人又は受益権原簿管理人は、次のいずれかに該当する場合には、100万円以下の過料に処する。ただし、その行為について刑を科すべきときは、この限りでない。

一　第120条の議事録（信託行為に第214条の別段の定めがない場合に限る。）又は第186条の受益権原簿を作成せず、若しくは保存せず、又はこれらに記載し、若しくは記録すべき事項を記載せず、若しくは記録せず、若しくは虚偽の記載若しくは記録をしたとき。

二　第187条第1項又は第202条第1項の規定に違反して、書面の交付又は電磁的記録の提供を拒んだとき。

三　第190条第1項の規定に違反して、第186条の受益権原簿を備え置かなかったとき。

四　第207条の規定に違反して、遅滞なく、受益証券を発行しなかったとき。

五　第209条の規定に違反して、受益証券に記載すべき事項を記載せず、又は虚偽の記載をしたとき。

3　限定責任信託の受託者、信託財産管理者、民事保全法第56条に規定する仮処分命令により選任された受託者の職務を代行する者又は信託財産法人管理人は、次のいずれかに該当する場合には、100万円以下の過料に処する。ただし、その行為について刑を科すべきときは、この限りでない。

一　第9章第3節の規定による登記をすることを怠ったとき。

二　第222条第2項の会計帳簿、同条第3項の貸借対照表又は同条第4項若しくは第7項の書類若しくは電磁的記録を作成せず、若しくは保存せず、又はこれらに記載し、若しくは記録すべき事項を記載せず、若しくは記録せず、若しくは虚偽の記載若しくは記録をしたとき。

三　清算の結了を遅延させる目的で、第229条第1項の期間を不当に定めたとき。

四　第230条第1項の規定に違反して、債務の弁済をしたとき。

4　会計監査人設置信託の受託者、信託財産管理者、民事保全法第56条に規定する仮処分命令により選任された受託者の職務を代行する者、信託財産法人管理人又は信託監督人は、第250条第3項の規定に違反して、会計監査人の選任の手続をすることを怠ったときは、100万円以下の過料に処する。ただし、その行為について刑を科すべきときは、この限りでない。

第271条　次のいずれかに該当する者は、100万円以下の過料に処する。

一　第218条第1項の規定に違反して、限定責任信託の名称中に限定責任信託という文字を用いなかった者

二　第218条第2項の規定に違反して、限定責任信託であると誤認されるおそれのある文字をその名称又は商号中に使用した者

三　第218条第3項の規定に違反して、他の限定責任信託であると誤認されるおそれのある名称又は商号を使用した者

　附　則

（施行期日）

1　この法律は、公布の日から起算して1年6月を超えない範囲内において政令で定める日から施行する。

（自己信託に関する経過措置）

2　第3条第3号の規定は、この法律の施行の日から起算して1年を経過する日までの間は、適用しない。

（受益者の定めのない信託に関する経過措置）

3　受益者の定めのない信託（学術、技芸、慈善、祭祀、宗教その他公益を目的とするものを除く。）は、別に法律で定める日までの間、当該信託に関する信託事務を適正に処理するに足りる財産的基礎及び人的構成を有する者として政令で定める法人以外の者を受託者としてすることができない。

4　前項の別に法律で定める日については、受益者の定めのない信託のうち学術、技芸、慈善、祭祀、宗教その他公益を目的とする信託に係る見直しの状況その他の事情を踏まえて検討するものとし、その結果に基づいて定めるものとする。

　附　則（平成23年5月25日法律第53号）

この法律は、新非訟事件手続法の施行の日から施行する。

　附　則（平成25年5月31日法律第28号）抄

この法律は、番号利用法の施行の日から施行する。

　附　則（平成26年6月27日法律第91号）抄

この法律は、会社法の一部を改正する法律の施行の日から施行する。

内閣は、信託法（平成 18 年法律第 108 号）第 109 条第 2 項、第 110 条第 4 項、第 114 条第 3 項、第 116 条第 1 項及び附則第 3 項の規定に基づき、この政令を制定する。

（電磁的方法による通知の承諾等）
第 1 条 信託法第 109 条第 2 項の規定により電磁的方法（同法第 108 条第 3 号に規定する電磁的方法をいう。以下同じ。）により通知を発しようとする者（次項において「通知発出者」という。）は、法務省令で定めるところにより、あらかじめ、当該通知の相手方に対し、その用いる電磁的方法の種類及び内容を示し、書面又は電磁的方法による承諾を得なければならない。
2 　前項の規定による承諾を得た通知発出者は、同項の相手方から書面又は電磁的方法により電磁的方法による通知を受けない旨の申出があったときは、当該相手方に対し、当該通知を電磁的方法によって発してはならない。ただし、当該相手方が再び同項の規定による承諾をした場合は、この限りでない。
（書面に記載すべき事項等の電磁的方法による提供の承諾等）
第 2 条 次に掲げる規定に規定する事項を電磁的方法により提供しようとする者（次項において「提供者」という。）は、法務省令で定めるところにより、あらかじめ、当該事項の提供の相手方に対し、その用いる電磁的方法の種類及び内容を示し、書面又は電磁的方法による承諾を得なければならない。
　一　信託法第 110 条第 4 項
　二　信託法第 114 条第 3 項
　三　信託法第 116 条第 1 項
2 　前項の規定による承諾を得た提供者は、同項の相手方から書面又は電磁的方法により電磁的方法による事項の提供を受けない旨の申出があったときは、当該相手方に対し、当該事項の提供を電磁的方法によってしてはならない。ただし、当該相手方が再び同項の規定による承諾をした場合は、この限りでない。
（受益者の定めのない信託の受託者となることができる法人）
第 3 条 信託法附則第 3 項の政令で定める法人は、国、地方公共団体及び次に掲げる要件のいずれにも該当する法人とする。
　一　最も遅い事業年度の終了の日（次のイ又はロに掲げる法人にあっては、当該イ又はロに定める日）における純資産の額（貸借対照表上の資産の額から負債の額を控除して得た額をいう。）が 5000 万円を超えること。この場合において、当該貸借対照表は、公認会計士（公認会計士法（昭和 23 年法律第 103 号）第 16 条の 2 第 5 項に規定する外国公認会計士を含む。）又は監査法人の監査（以下この号において「監査」という。）により、虚偽、錯誤及び脱漏のないものである旨の証明を受けたものでなければならない。
　　イ　最初の事業年度の終了の日から 3 箇月以内において、当該日における貸借対照表の監査が終了していない法人　当該法人の成立の日
　　ロ　最も遅い事業年度の終了の日から 3 箇月以内において、当該日における貸借対照表の監査が終了していない法人（イに掲げる法人を除く。）　当該事業年度の前事業年度の終了の日
　二　業務を執行する社員、理事若しくは取締役、執行役、会計参与若しくはその職務を行うべき社員又は監事若しくは監査役（いかなる名称を有する者であるかを問わず、当該法人に対しこれらの者と同等以上の支配力を有するものと認められる者を含む。）のうちに、次のいずれかに該当する者がないこと。
　　イ　禁錮以上の刑に処せられ、その刑の執行を終わり、又は刑の執行を受けることがなくなった日から 5 年を経過しない者
　　ロ　信託法、担保付社債信託法（明治 38 年法律第 52 号）若しくは金融機関の信託業務の兼営等に関する法律（昭和 18 年法律第 43 号）の規定、投資信託及び投資法人に関する法律（昭和 26 年法律第 198 号）の規定（同法第 3 編に規定する投資法人制度に係るものを除く。）、資産の流動化に関する法律（平成 10 年法律第 105 号）の規定（同法第 2 編に規定する特定目的会社制度に係るものを除く。）、著作権等管理事業法（平成 12 年法律第 131 号）の規定（同法第 2 条第 1 項第 2 号に規定する委任契約に係るものを除く。）若しくは信託業法（平成 16 年法律第 154 号）の規定に違反したことにより、又は刑法（明治 40 年法律第 45 号）第 204 条、第 206 条、第 208 条、第 208 条の 2 第 1 項、第 222 条若しくは第 247 条の罪、暴力行為等処罰に関する法律（大正 15 年法律第 60 号）第 1 条、第 2 条若しくは第 3 条の罪若しくは暴力団員による不当な行為の防止等に関する法律（平成 3 年法律第 77 号）第 46 条から第 49 条まで、第 50 条第 1 号若しくは第 51 条の罪を犯したことにより、罰金の刑に処せられ、その執行を終わ

り、又は執行を受けることがなくなった日から5年を経過しない者
　　ハ　暴力団員による不当な行為の防止等に関する法律第2条第6号に規定する暴力団員（以下こ
　　　の号において「暴力団員」という。）又は暴力団員でなくなった日から5年を経過しない者

信託法施行規則

（平成19年7月4日法務省令第41号）

　信託法（平成18年法律第108号）及び信託法施行令（平成19年政令第199号）の規定に基づき、
信託法施行規則を次のように定める。

第1章　総則

第1節　通則

（目的）
第1条　この省令は、信託法（平成18年法律第108号。以下「法」という。）の委任に基づく事項
　その他法の施行に必要な事項を定めることを目的とする。
（定義）
第2条　この省令において使用する用語は、法において使用する用語の例によるほか、次の各号に
　掲げる用語の意義は、それぞれ当該各号に定めるところによる。
　一　自己信託　法第3条第3号に掲げる方法によってされる信託をいう。
　二　電磁的記録　法第3条第3号に規定する電磁的記録をいう。
　三　電磁的方法　法第108条第3号に規定する電磁的方法をいう。
　四　財産状況開示資料等　次のイ又はロに掲げる信託の区分に応じ、当該イ又はロに定めるものを
　　いう。
　　イ　限定責任信託以外の信託　法第37条第2項の規定により作成する同項の書類又は電磁的記

録
　　ロ　限定責任信託　法第222条第4項の規定により作成する同項の書類又は電磁的記録（法第252条第4項において読み替えて適用する法第222条第4項の規定の適用がある場合にあっては、法第252条第1項の会計監査報告を含む。）

第2節　自己信託に係る公正証書等の記載事項等

第3条　法第3条第3号に規定する法務省令で定める事項は、次に掲げるものとする。
一　信託の目的
二　信託をする財産を特定するために必要な事項
三　自己信託をする者の氏名又は名称及び住所
四　受益者の定め（受益者を定める方法の定めを含む。）
五　信託財産に属する財産の管理又は処分の方法
六　信託行為に条件又は期限を付すときは、条件又は期限に関する定め
七　法第163条第9号の事由（当該事由を定めない場合にあっては、その旨）
八　前各号に掲げるもののほか、信託の条項

第2章　受託者等

（分別管理の方法）
第4条　法第34条第1項第3号に規定する法務省令で定める財産は、法第206条第1項その他の法令の規定により、当該財産が信託財産に属する旨の記載又は記録をしなければ、当該財産が信託財産に属することを第三者に対抗することができないとされているもの（法第14条の信託の登記又は登録をすることができる財産を除く。）とする。
2　法第34条第1項第3号に規定する法務省令で定めるものは、法第206条第1項その他の法令の規定に従い信託財産に属する旨の記載又は記録をするとともに、その計算を明らかにする方法とする。
（前受託者が破産管財人に通知すべき事項）
第5条　法第59条第2項に規定する法務省令で定める事項は、次に掲げるものとする。
一　信託財産に属する財産の内容及び所在
二　信託財産責任負担債務の内容
三　知れている受益者及び法第182条第1項第2号に規定する帰属権利者の氏名又は名称及び住所
四　信託行為の内容

第3章　受益者集会

（受益者集会の招集の場合における決定事項）
第6条　法第108条第4号に規定する法務省令で定める事項は、次に掲げるものとする。
一　次条の規定により受益者集会参考書類（法第110条第1項に規定する受益者集会参考書類をいう。次条において同じ。）に記載すべき事項
二　書面による議決権の行使の期限（受益者集会の日時以前の時であって、法第109条第1項の規定による通知を発した日から2週間を経過した日以後の時に限る。）
三　一の受益者が同一の議案につき法第115条第1項（法第108条第3号に掲げる事項を定めた場合にあっては、法第115条第1項又は第116条第1項）の規定により重複して議決権を行使した場合において、当該同一の議案に対する議決権の行使の内容が異なるものであるときにおける当該受益者の議決権の行使の取扱いに関する事項を定めるときは、その事項
四　第8条第1項第1号の欄に記載がない議決権行使書面（法第110条第1項に規定する議決権行使書面をいう。以下この条及び第8条において同じ。）が招集者（法第108条に規定する招集者をいう。以下この条及び第8条において同じ。）に提出され、又は法第116条第1項の規定により電磁的方法により招集者に提供された事項のうちに当該欄に記載すべきものがない場合における各議案についての賛成、反対又は棄権のいずれかの意思の表示があったものとする取扱いを定めるときは、その取扱いの内容
五　法第108条第3号に掲げる事項を定めたときは、次に掲げる事項
　　イ　電磁的方法による議決権の行使の期限（受益者集会の日時以前の時であって、法第109条第1項の規定による通知を発した日から2週間を経過した日以後の時に限る。）
　　ロ　法第109条第2項の承諾をした受益者に対しては、当該受益者の第8条第2項の請求があった時に法第110条第1項の規定による議決権行使書面の交付（当該交付に代えて行う同条第2項の規定による電磁的方法による提供を含む。）をすることとするときは、その旨
六　法第117条第1項の規定による通知の方法を定めるときは、その方法
（受益者集会参考書類）
第7条　受益者集会参考書類には、議案及び次の各号に掲げる議案の区分に応じ、当該各号に定め

る事項を記載しなければならない。

一　新たな受託者（以下この号において「新受託者」という。）の選任に関する議案　次に掲げる事項
　　イ　新受託者となるべき者の氏名又は名称
　　ロ　新受託者となるべき者の略歴又は沿革
　　ハ　新受託者となるべき者を受託者に選任すべきものとした理由
二　信託監督人又は受益者代理人の選任に関する議案　次に掲げる事項
　　イ　信託監督人又は受益者代理人となるべき者の氏名又は名称
　　ロ　信託監督人又は受益者代理人となるべき者の略歴又は沿革
　　ハ　信託監督人又は受益者代理人となるべき者が受託者と特別の利害関係があるときは、その事実の概要
三　受託者、信託監督人又は受益者代理人の解任に関する議案　次に掲げる事項
　　イ　解任すべき受託者、信託監督人又は受益者代理人の氏名又は名称
　　ロ　解任の理由
四　信託の変更に関する議案　次に掲げる事項
　　イ　信託の変更後の信託行為の内容
　　ロ　信託行為で定められた受益権の内容に変更を加え、又は受益権の価値に重大な影響を与えるおそれがあるときは、その変更又は影響の内容及び相当性に関する事項
　　ハ　信託の変更がその効力を生ずる日
　　ニ　信託の変更をする理由
五　信託の併合に関する議案　法第 151 条第 1 項各号に掲げる事項
六　吸収信託分割に関する議案　法第 155 条第 1 項各号に掲げる事項
七　新規信託分割に関する議案　法第 159 条第 1 項各号に掲げる事項
八　前各号に掲げる議案以外の議案　当該議案を提案した理由

2　受益者集会参考書類には、前項各号に定めるもののほか、受益者の議決権の行使について参考となると認める事項を記載することができる。

3　同一の受益者集会に関して受益者に対して提供する受益者集会参考書類に記載すべき事項のうち、他の書面に記載している事項又は電磁的方法により提供している事項がある場合には、これらの事項は、受益者集会参考書類に記載することを要しない。

4　同一の受益者集会に関して受益者に対して提供する招集通知（法第 109 条第 1 項又は第 2 項の規定による通知をいう。以下この条及び次条において同じ。）の内容とすべき事項のうち、受益者集会参考書類に記載している事項又は受益者集会参考書類の交付に代えて電磁的方法により提供している事項がある場合には、当該事項は、招集通知の内容とすることを要しない。

（議決権行使書面）
第 8 条　法第 110 条第 1 項の規定により交付すべき議決権行使書面に記載すべき事項又は法第 111 条第 1 項若しくは第 2 項の規定により電磁的方法により提供すべき議決権行使書面に記載すべき事項は、次に掲げる事項とする。
一　各議案についての賛否（棄権の欄を設ける場合にあっては、棄権を含む。）を記載する欄
二　第 6 条第 3 号に掲げる事項を定めたときは、当該事項
三　第 6 条第 4 号に掲げる事項を定めたときは、同号の取扱いの内容
四　議決権の行使の期限
五　議決権を行使すべき受益者の氏名又は名称及び当該受益者が行使することができる議決権の数又は割合

2　法第 108 条第 3 号に掲げる事項を定めた場合において、第 6 条第 5 号ロに掲げる事項を定めたときは、招集者は、法第 109 条第 2 項の承諾をした受益者が請求をした時に、当該受益者に対して、法第 110 条第 1 項の規定による議決権行使書面の交付（当該交付に代えて行う同条第 2 項の規定による電磁的方法による提供を含む。）をしなければならない。

3　同一の受益者集会に関して受益者に対して提供する議決権行使書面に記載すべき事項（第 1 項第 2 号から第 4 号までに掲げる事項に限る。）のうち、招集通知の内容としている事項がある場合には、当該事項は、受益者に対して提供する議決権行使書面に記載することを要しない。

4　同一の受益者集会に関して受益者に対して提供する招集通知の内容とすべき事項のうち、議決権行使書面に記載している事項又は議決権行使書面の交付に代えて電磁的方法により提供している事項がある場合には、当該事項は、受益者に対して提供する招集通知の内容とすることを要しない。

（書面による議決権行使の期限）
第 9 条　法第 115 条第 2 項に規定する法務省令で定める時は、第 6 条第 2 号の行使の期限とする。
（電磁的方法による議決権行使の期限）
第 10 条　法第 116 条第 1 項に規定する法務省令で定める時は、第 6 条第 5 号イの行使の期限とする。
（受益者集会の議事録）

第11条 法第120条の規定による受益者集会の議事録の作成については、この条の定めるところによる。

2 受益者集会の議事録は、書面又は電磁的記録をもって作成しなければならない。

3 受益者集会の議事録は、次に掲げる事項を内容とするものでなければならない。

　一　受益者集会が開催された日時及び場所

　二　受益者集会の議事の経過の要領及びその結果

　三　法第118条第1項の規定により受益者集会において述べられた意見があるときは、その意見の内容の概要

　四　受益者集会に出席した受託者（法人である受託者にあっては、その代表者又は代理人）又は信託監督人の氏名又は名称

　五　受益者集会の議長が存するときは、議長の氏名

　六　議事録の作成に係る職務を行った者の氏名又は名称

第4章　信託の併合及び分割

第1節　信託の併合

（信託の併合に当たり明らかにすべき事項）

第12条 法第151条第1項第5号に規定する法務省令で定める事項は、次のとおりとする。

　一　信託の併合をする他の信託についての次に掲げる事項その他の当該他の信託を特定するために必要な事項

　　イ　委託者及び受託者の氏名又は名称及び住所

　　ロ　信託の年月日

　　ハ　限定責任信託であるときは、その名称及び事務処理地（法第216条第2項第4号に規定する事務処理地をいう。以下同じ。）

　二　信託の併合をする他の信託の信託行為の内容

　三　法第151条第1項第3号に規定する場合には、同号に掲げる事項の定めの相当性に関する事項

　四　前号に規定する場合には、受益者に対して交付する金銭その他の財産の割当てに関する事項及び当該事項の定めの相当性に関する事項

　五　信託の併合をする各信託において直前に作成された財産状況開示資料等の内容（財産状況開示資料等を作成すべき時期が到来していないときは、次のイ又はロに掲げる書類又は電磁的記録の区分に応じ、当該イ又はロに定める事項）

　　イ　第2条第4号イに定める書類又は電磁的記録　当該書類又は電磁的記録を作成すべき時期が到来していない旨

　　ロ　第2条第4号ロに定める書類又は電磁的記録　法第222条第3項の規定により作成された貸借対照表の内容

　六　信託の併合をする各信託について、財産状況開示資料等を作成した後（財産状況開示資料等を作成すべき時期が到来していない場合にあっては、信託がされた後）に、重要な信託財産に属する財産の処分、重大な信託財産責任負担債務の負担その他の信託財産の状況に重要な影響を与える事象が生じたときは、その内容

　七　信託の併合をする理由

（債権者の異議に関する公告事項）

第13条 法第152条第2項第3号に規定する法務省令で定める事項は、次のとおりとする。

　一　信託の併合をする各信託についての次に掲げる事項その他の当該信託の併合をする各信託を特定するために必要な事項

　　イ　委託者及び受託者の氏名又は名称及び住所

　　ロ　信託の年月日

　　ハ　限定責任信託であるときは、その名称及び事務処理地

　二　前条第5号に掲げる事項（法第152条第1項の債権者が当該事項を知ることができるようにするための適切な措置を受託者が講ずる場合にあっては、当該措置に基づいて当該債権者が当該事項を知るための方法）

　三　前条第6号に掲げる事項（法第152条第1項の債権者が当該事項を知ることができるようにするための適切な措置を受託者が講ずる場合にあっては、当該措置に基づいて当該債権者が当該事項を知るための方法）

　四　信託の併合が効力を生ずる日以後における信託の併合後の信託の信託財産責任負担債務（信託の併合をする他の信託の信託財産責任負担債務であったものを除く。）の履行の見込みに関する事項（法第152条第1項の債権者が当該事項を知ることができるようにするための適切な措置を受託者が講ずる場合にあっては、当該措置に基づいて当該債権者が当該事項を知るための方法）

第2節　信託の分割

第1款　吸収信託分割

（吸収信託分割に当たり明らかにすべき事項）

第14条　法第155条第1項第7号に規定する法務省令で定める事項は、次のとおりとする。

一　吸収信託分割をする他の信託についての次に掲げる事項その他の当該吸収信託分割をする各信託を特定するために必要な事項

イ　委託者及び受託者の氏名又は名称及び住所

ロ　信託の年月日

ハ　限定責任信託であるときは、その名称及び事務処理地

二　吸収信託分割をする他の信託の信託行為の内容

三　法第155条第1項第3号に規定する場合には、同号に掲げる事項の定めの相当性に関する事項

四　前号に規定する場合には、分割信託（法第155条第1項第6号に規定する分割信託をいう。以下この条及び次条において同じ。）の受益者に対する金銭その他の財産の割当てに関する事項及び当該事項の定めの相当性に関する事項

五　吸収信託分割に際して、承継信託（法第155条第1項第6号に規定する承継信託をいう。以下この条及び次条において同じ。）に属する財産（承継信託の受益権を含む。）を分割信託の信託財産に帰属させることとするときは、当該財産の種類及び数若しくは額又はこれらの算定方法

六　前号に規定する場合には、同号に掲げる事項の定めの相当性に関する事項

七　吸収信託分割をする各信託において直前に作成された財産状況開示資料等の内容（財産状況開示資料等を作成すべき時期が到来していないときは、次のイ又はロに掲げる書類又は電磁的記録の区分に応じ、当該イ又はロに定める事項）

イ　第2条第4号イに定める書類又は電磁的記録　当該書類又は電磁的記録を作成すべき時期が到来していない旨

ロ　第2条第4号ロに定める書類又は電磁的記録　法第222条第3項の規定により作成された貸借対照表の内容

八　吸収信託分割をする各信託について、財産状況開示資料等を作成した後（財産状況開示資料等を作成すべき時期が到来していない場合にあっては、信託がされた後）に、重要な信託財産に属する財産の処分、重大な信託財産責任負担債務の負担その他の信託財産の状況に重要な影響を与える事象が生じたときは、その内容

九　吸収信託分割をする理由

（債権者の異議に関する公告事項）

第15条　法第156条第2項第3号に規定する法務省令で定める事項は、次のとおりとする。

一　吸収信託分割をする各信託についての次に掲げる事項その他の当該吸収信託分割をする各信託を特定するために必要な事項

イ　委託者及び受託者の氏名又は名称及び住所

ロ　信託の年月日

ハ　限定責任信託であるときは、その名称及び事務処理地

二　前条第7号に掲げる事項（法第156条第1項の債権者が当該事項を知ることができるようにするための適切な措置を受託者が講ずる場合にあっては、当該措置に基づいて当該債権者が当該事項を知るための方法）

三　前条第8号に掲げる事項（法第156条第1項の債権者が当該事項を知ることができるようにするための適切な措置を受託者が講ずる場合にあっては、当該措置に基づいて当該債権者が当該事項を知るための方法）

四　当該信託が分割信託である場合には、吸収信託分割が効力を生ずる日以後における分割信託の信託財産責任負担債務及び承継信託の信託財産責任負担債務（吸収信託分割により承継信託の信託財産責任負担債務となるものに限る。）の履行の見込みに関する事項（法第156条第1項の債権者が当該事項を知ることができるようにするための適切な措置を受託者が講ずる場合にあっては、当該措置に基づいて当該債権者が当該事項を知るための方法）

五　当該信託が承継信託である場合には、吸収信託分割が効力を生ずる日以後における承継信託の信託財産責任負担債務（法第156条第1項の規定により吸収信託分割に異議を述べることができる債権者に対して負担するものに限る。）の履行の見込みに関する事項（同項の債権者が当該事項を知ることができるようにするための適切な措置を受託者が講ずる場合にあっては、当該措置に基づいて当該債権者が当該事項を知るための方法）

第2款　新規信託分割

（新規信託分割に当たり明らかにすべき事項）

第16条 法第159条第1項第7号に規定する法務省令で定める事項は、次のとおりとする。
　一　二以上の信託により新規信託分割が行われるときは、当該新規信託分割をする他の信託についての次に掲げる事項その他の当該他の信託を特定するために必要な事項
　　イ　委託者及び受託者の氏名又は名称及び住所
　　ロ　信託の年月日
　　ハ　限定責任信託であるときは、その名称及び事務処理地
　二　前号に規定する場合には、当該新規信託分割をする他の信託の信託行為の内容
　三　法第159条第1項第3号に規定する場合には、同号に掲げる事項の定めの相当性に関する事項
　四　前号に規定する場合には、従前の信託（新規信託分割をする他の信託がある場合にあっては、従前の信託及び当該他の信託。以下この条及び次条第1号において同じ。）の受益者に対する金銭その他の財産の割当てに関する事項及び当該事項の定めの相当性に関する事項
　五　新規信託分割に際して、新たな信託の受益権を従前の信託の信託財産に帰属させることとするときは、当該受益権の内容及び数若しくは額又はこれらの算定方法
　六　前号に規定する場合には、同号に掲げる事項の定めの相当性に関する事項
　七　従前の信託において直前に作成された財産状況開示資料等の内容（財産状況開示資料等を作成すべき時期が到来していないときは、次のイ又はロに掲げる書類又は電磁的記録の区分に応じ、当該イ又はロに定める事項）
　　イ　第2条第4号イに定める書類又は電磁的記録　当該書類又は電磁的記録を作成すべき時期が到来していない旨
　　ロ　第2条第4号ロに定める書類又は電磁的記録　法第222条第3項の規定により作成された貸借対照表の内容
　八　従前の信託について、財産状況開示資料等を作成した後（財産状況開示資料等を作成すべき時期が到来していない場合にあっては、信託がされた後）に、重要な信託財産に属する財産の処分、重大な信託財産責任負担債務の負担その他の信託財産の状況に重要な影響を与える事象が生じたときは、その内容
　九　新規信託分割をする理由
（債権者の異議に関する公告事項）
第17条 法第160条第2項第3号に規定する法務省令で定める事項は、次のとおりとする。
　一　従前の信託についての次に掲げる事項その他の当該従前の信託を特定するために必要な事項
　　イ　委託者及び受託者の氏名又は名称及び住所
　　ロ　信託の年月日
　　ハ　限定責任信託であるときは、その名称及び事務処理地
　二　前条第7号に掲げる事項（法第160条第1項の債権者が当該事項を知ることができるようにするための適切な措置を受託者が講ずる場合にあっては、当該措置に基づいて当該債権者が当該事項を知るための方法）
　三　前条第8号に掲げる事項（法第160条第1項の債権者が当該事項を知ることができるようにするための適切な措置を受託者が講ずる場合にあっては、当該措置に基づいて当該債権者が当該事項を知るための方法）
　四　新規信託分割が効力を生ずる日以後における当該従前の信託の信託財産責任負担債務及び新たな信託の信託財産責任負担債務（当該従前の信託の信託財産責任負担債務のうち、新規信託分割により新たな信託の信託財産責任負担債務となったものに限る。）の履行の見込みに関する事項（法第160条第1項の債権者が当該事項を知ることができるようにするための適切な措置を受託者が講ずる場合にあっては、当該措置に基づいて当該債権者が当該事項を知るための方法）

第5章　受益証券発行信託の特例　　省略

第6章　限定責任信託の特例

第24条 法第216条第2項第6号に規定する法務省令で定める事項は、信託事務年度とする。

第7章　電磁的記録等

（電磁的記録）
第25条 法第3条第3号に規定する法務省令で定めるものは、磁気ディスクその他これに準ずる方法により一定の情報を確実に記録しておくことができる物をもって調製するファイルに情報を記録したものとする。
（電磁的記録の作成）
第26条 法第37条第4項本文、第5項若しくは第6項本文又は第222条第6項本文、第7項若しくは第8項本文に規定する法務省令で定める方法は、書面に記載されている事項をスキャナ（これに準ずる画像読取装置を含む。）により読み取る方法とする。

（電磁的記録に記録された事項の提供の方法）
第27条 法第37条第4項ただし書（同条第5項後段において準用する場合を含む。）若しくは第6項ただし書又は第222条第6項ただし書（同条第7項後段において準用する場合を含む。）若しくは第8項ただし書（第2号においてこれらの規定を「提供規定」と総称する。）に規定する法務省令で定める方法は、電磁的方法のうち、次に掲げる方法のいずれかとする。
　一　信託行為に定めた方法
　二　提供規定により電磁的記録に記録された事項の提供を受ける者が定めた方法
（電磁的記録に記録された事項を表示する方法）
第28条 次に掲げる規定に規定する法務省令で定める方法は、次に掲げる規定の電磁的記録に記録された事項を紙面又は映像面に表示する方法とする。
　一　法第38条第1項第2号
　二　法第38条第6項第2号
　三　法第190条第2項第2号
　四　法第252条第2項第2号
（検査役が提供する電磁的記録等）
第29条 法第47条第2項に規定する法務省令で定めるものは、商業登記規則（昭和39年法務省令第23号）第36条第1項に規定する電磁的記録媒体（電磁的記録に限る。）及び法第47条第2項の規定により電磁的記録の提供を受ける者が定める電磁的記録とする。
２　法第47条第4項に規定する法務省令で定める方法は、電磁的方法のうち、同項の規定により電磁的記録に記録された事項の提供を受ける者が定めるものとする。
（電磁的方法）
第30条 法第108条第3号に規定する電子情報処理組織を使用する方法その他の情報通信の技術を利用する方法であって法務省令で定めるものは、次に掲げる方法とする。
　一　電子情報処理組織を使用する方法のうちイ又はロに掲げるもの
　　イ　送信者の使用に係る電子計算機と受信者の使用に係る電子計算機とを接続する電気通信回線を通じて送信し、受信者の使用に係る電子計算機に備えられたファイルに記録する方法
　　ロ　送信者の使用に係る電子計算機に備えられたファイルに記録された情報の内容を電気通信回線を通じて情報の提供を受ける者の閲覧に供し、当該情報の提供を受ける者の使用に係る電子計算機に備えられたファイルに当該情報を記録する方法
　二　磁気ディスクその他これに準ずる方法により一定の情報を確実に記録しておくことができる物をもって調製するファイルに情報を記録したものを交付する方法
２　前項各号に掲げる方法は、受信者がファイルへの記録を出力することにより書面を作成することができるものでなければならない。
（電子署名）
第31条 次に掲げる規定に規定する法務省令で定める署名又は記名押印に代わる措置は、電子署名とする。
　一　法第187条第3項
　二　法第202条第3項
２　前項に規定する「電子署名」とは、電磁的記録に記録することができる情報について行われる措置であって、次の要件のいずれにも該当するものをいう。
　一　当該情報が当該措置を行った者の作成に係るものであることを示すためのものであること。
　二　当該情報について改変が行われていないかどうかを確認することができるものであること。
（信託法施行令に係る電磁的方法）
第32条 信託法施行令（平成19年政令第199号）第1条第1項又は第2条第1項の規定により示すべき電磁的方法の種類及び内容は、次に掲げるものとする。
　一　次に掲げる方法のうち、送信者が使用するもの
　　イ　電子情報処理組織を使用する方法のうち次に掲げるもの
　　　(1)　送信者の使用に係る電子計算機と受信者の使用に係る電子計算機とを接続する電気通信回線を通じて送信し、受信者の使用に係る電子計算機に備えられたファイルに記録する方法
　　　(2)　送信者の使用に係る電子計算機に備えられたファイルに記録された情報の内容を電気通信回線を通じて情報の提供を受ける者の閲覧に供し、当該情報の提供を受ける者の使用に係る電子計算機に備えられたファイルに当該情報を記録する方法
　　ロ　磁気ディスクその他これに準ずる方法により一定の情報を確実に記録しておくことができる物をもって調製するファイルに情報を記録したものを交付する方法
　二　ファイルへの記録の方式

第8章　計算

第33条 次に掲げる規定に規定する法務省令で定めるべき事項は、信託計算規則の定めるところに

よる。
一　法第 37 条第 1 項及び第 2 項
二　法第 222 条第 2 項、第 3 項及び第 4 項
三　法第 225 条
四　法第 252 条第 1 項

附　則

この省令は、法の施行の日から施行する。

附　則（平成 21 年 3 月 16 日法務省令第 5 号）

この省令は、公布の日から施行する。

附　則（平成 27 年 12 月 28 日法務省令第 61 号）抄

（施行期日）
第 1 条　この省令は、平成 28 年 3 月 1 日から施行する。

信託計算規則

（平成 19 年 7 月 4 日法務省令第 42 号）

信託法（平成 18 年法律第 108 号）の規定に基づき、信託計算規則を次のように定める。

第 1 章　総則

（目的）
第 1 条　この省令は、信託法（平成 18 年法律第 108 号。以下「法」という。）の規定により委任された信託の計算に関する事項その他の事項について、必要な事項を定めることを目的とする。
（定義）
第 2 条　この省令において使用する用語は、法において使用する用語の例による。
2　この省令において「電磁的記録」とは、法第 3 条第 3 号に規定する電磁的記録をいう。
（会計慣行のしん酌）
第 3 条　この省令の用語の解釈及び規定の適用に関しては、一般に公正妥当と認められる会計の基準その他の会計の慣行をしん酌しなければならない。

第 2 章　信託帳簿及び財産状況開示資料の作成

（信託帳簿等の作成）
第 4 条　法第 37 条第 1 項の規定による信託財産に係る帳簿その他の書類又は電磁的記録（以下この条及び次条において「信託帳簿」という。）の作成及び法第 37 条第 2 項の規定による同項の書類又は電磁的記録の作成については、この条に定めるところによる。
2　信託帳簿は、一の書面その他の資料として作成することを要せず、他の目的で作成された書類又

は電磁的記録をもって信託帳簿とすることができる。

3 法第37条第2項に規定する法務省令で定める書類又は電磁的記録は、この条の規定により作成される財産状況開示資料とする。

4 財産状況開示資料は、信託財産に属する財産及び信託財産責任負担債務の概況を明らかにするものでなければならない。

5 財産状況開示資料は、信託帳簿に基づいて作成しなければならない。

6 信託帳簿又は財産状況開示資料の作成に当たっては、信託行為の趣旨をしん酌しなければならない。

（会計帳簿等を作成すべき信託の特例）

第5条 前条の規定にかかわらず、次の各号に掲げる要件のいずれにも該当する信託については、法第222条第2項の会計帳簿を受託者が作成すべき信託帳簿とし、同条第4項の規定により作成すべき書類又は電磁的記録を受託者が作成すべき財産状況開示資料とする。

一 当該信託の受益権（二以上の受益権がある場合にあっては、そのすべての受益権）について法第93条第1項ただし書の規定の適用がなく、かつ、当該受益権について譲渡の制限がないこと。

二 第三者の同意又は承諾を得ることなく信託財産に属する財産のうち主要なものの売却若しくは信託財産に属する財産の全部若しくは大部分の売却又はこれらに準ずる行為を行う権限を当該信託の受託者が信託行為によって有していること。

2 前条の規定にかかわらず、前項に規定する信託においては、信託帳簿及び財産状況開示資料の作成は、次章（第20条及び第3節を除く。）の規定に従って行わなければならない。

第3章 限定責任信託の計算

第1節 会計帳簿

第1款 総則

第6条 法第222条第2項の規定による会計帳簿の作成については、他の法令に別段の定めがある場合を除き、この節に定めるところによる。

2 会計帳簿の作成は、書面又は電磁的記録をもってしなければならない。

第2款 資産及び負債

（資産の評価）

第7条 資産については、この省令に別段の定めがある場合を除き、会計帳簿にその取得価額を付さなければならない。

2 償却すべき資産については、信託事務年度の末日（信託事務年度の末日以外の日において評価すべき場合にあっては、その日。以下この条及び次条において同じ。）において、相当の償却をしなければならない。

3 次の各号に掲げる資産については、信託事務年度の末日において当該各号に定める価格を付すべき場合には、当該各号に定める価格を付さなければならない。

一 信託事務年度の末日における時価がその時の取得原価より著しく低い資産（当該資産の時価がその時の取得原価まで回復すると認められるものを除く。） 信託事務年度の末日における時価

二 信託事務年度の末日において予測することができない減損が生じた資産又は減損損失を認識すべき資産 その時の取得原価から相当の減額をした額

4 取立不能のおそれのある債権については、信託事務年度の末日においてその時に取り立てることができないと見込まれる額を控除しなければならない。

5 債権については、その取得価額が債権金額と異なる場合その他相当の理由がある場合には、適正な価格を付すことができる。

6 次に掲げる資産については、信託事務年度の末日においてその時の時価又は適正な価格を付すことができる。

一 信託事務年度の末日における時価がその時の取得原価より低い資産

二 前号に掲げる資産のほか、信託事務年度の末日においてその時の時価又は適正な価格を付すことが適当な資産

（負債の評価）

第8条 負債については、この省令に別段の定めがある場合を除き、会計帳簿に債務額を付さなければならない。

2 次に掲げる負債については、信託事務年度の末日においてその時の時価又は適正な価格を付すことができる。

一 将来の費用又は損失（収益の控除を含む。以下この号において同じ。）の発生に備えて、その合理的な見積額のうち当該信託事務年度の負担に属する金額を費用又は損失として繰り入れるこ

とにより計上すべき引当金

二　前号に掲げる負債のほか、信託事務年度の末日においてその時の時価又は適正な価格を付すことが適当な負債

（のれんの評価）

第9条　のれんは、次に掲げる場合に限り、資産又は負債として計上することができる。

一　有償で譲り受けた場合

二　信託の併合又は信託の分割により取得した場合

三　前二号に掲げる場合のほか、のれんを計上しなければならない正当な理由がある場合において、適正なのれんを計上するとき。

第3款　金銭以外の当初拠出財産等の評価

（当初拠出財産の評価）

第10条　金銭以外の当初拠出財産（信託行為において信託財産に属すべきものと定められた財産をいう。以下この条において同じ。）については、委託者における信託の直前の適正な帳簿価額を付さなければならない。

2　前項の規定にかかわらず、当該当初拠出財産の取得原価を当該当初拠出財産の市場価格（市場価格がない場合にあっては、一般に合理的と認められる評価慣行により算定された価額。以下この項において同じ。）をもって測定することとすべき場合には、当該市場価格を付さなければならない。

（金銭以外の信託財産に属する財産を受益者に給付する場合の評価）

第11条　金銭以外の信託財産に属する財産を受益者に給付するときは、当該財産については、次の各号に掲げる財産の区分に応じ、当該各号に定める価額を付さなければならない。

一　市場価格のある財産　市場価格

二　市場価格がない場合であって一般に合理的と認められる評価慣行が確立されている財産　当該評価慣行により算定された価額

三　市場価格がない財産であって一般に合理的と認められる評価慣行が確立されていない財産　給付の直前における当該財産の適正な帳簿価額

2　前項の規定にかかわらず、給付の直前における当該財産の適正な帳簿価額を付すべき場合には、当該帳簿価額を付さなければならない。

第2節　計算関係書類等

第1款　総則

（計算関係書類等）

第12条　法第222条第3項及び第4項の規定により作成すべきものについては、他の法令に別段の定めがある場合を除き、この節に定めるところによる。

2　法第222条第4項に規定する法務省令で定める書類又は電磁的記録は、貸借対照表、損益計算書（損益計算書を電磁的記録をもって作成した場合における当該電磁的記録を含む。以下同じ。）及び信託概況報告並びにこれらの附属明細書（附属明細書を電磁的記録をもって作成した場合における当該電磁的記録を含む。以下同じ。）とする。

3　前項に規定する書類又は電磁的記録は、信託事務年度の経過後、3月以内に作成しなければならない。

4　会計監査人設置信託（法第248条第3項に規定する会計監査人設置信託をいう。）における前項の規定の適用については、同項中「作成しなければ」とあるのは、「作成し、法第252条第1項の会計監査を受けなければ」とする。

（表示の原則）

第13条　法第222条第3項及び第4項の規定により作成すべきもの（信託概況報告及びその附属明細書を除く。）に係る事項の金額は、一円単位、千円単位又は百万円単位をもって表示するものとする。

（重要な会計方針に係る事項に関する注記）

第14条　貸借対照表又は損益計算書（以下「計算書類」という。）には、計算書類の作成のために採用している会計処理の原則及び手続並びに表示方法その他計算書類作成のための基本となる事項（次項において「会計方針」という。）であって、次に掲げる事項（重要性の乏しいものを除く。）を注記しなければならない。

一　資産の評価基準及び評価方法

二　固定資産の減価償却の方法

三　引当金の計上基準

四　収益及び費用の計上基準

五　その他計算書類の作成のための基本となる重要な事項

2 会計方針を変更した場合には、次に掲げる事項（重要性の乏しいものを除く。）をも注記しなければならない。
  一 会計処理の原則又は手続を変更したときは、その旨、変更の理由及び当該変更が計算書類に与えている影響の内容
  二 表示方法を変更したときは、その内容

（追加情報の注記）
第15条 この節に定めるもののほか、信託に係る財産及び損益の状態を正確に判断するために必要な事項は、計算書類に注記しなければならない。

（効力発生日の貸借対照表）
第16条 法第222条第3項の規定により作成すべき貸借対照表は、限定責任信託の効力が生じた日における会計帳簿に基づき作成しなければならない。

（各信託事務年度に係る計算書類）
第17条 各信託事務年度に係る計算書類及びその附属明細書の作成に係る期間は、当該信託事務年度の前信託事務年度の末日の翌日（当該信託事務年度の前信託事務年度がない場合にあっては、限定責任信託の効力が生じた日）から当該信託事務年度の末日までの期間とする。この場合において、当該期間は、1年を超えることができない。
2 各信託事務年度に係る計算書類及びその附属明細書は、当該信託事務年度に係る会計帳簿に基づき作成しなければならない。

第2款 計算書類等

（貸借対照表の区分）
第18条 貸借対照表は、次に掲げる部に区分して表示しなければならない。
  一 資産
  二 負債
  三 純資産
2 資産の部は、流動資産、固定資産その他の適当な項目に細分することができる。
3 負債の部は、流動負債、固定負債その他の適当な項目に細分することができる。
4 純資産の部は、信託拠出金、剰余金その他の適当な項目に細分することができる。

（受益債権に係る債務の額の計上の禁止）
第19条 受益債権に係る債務の額は、貸借対照表の負債の部に計上することができない。

（給付可能額の注記）
第20条 貸借対照表には、給付可能額（法第225条に規定する給付可能額をいう。以下この章において同じ。）を注記しなければならない。

（損益計算書）
第21条 損益計算書は、収益若しくは費用又は利益若しくは損失について、適切な部又は項目に分けて表示しなければならない。

（附属明細書）
第22条 各信託事務年度に係る計算書類の附属明細書には、計算書類の内容を補足する重要な事項を表示しなければならない。

第3款 信託概況報告

第23条 信託概況報告は、当該限定責任信託の状況に関する重要な事項（計算書類及びその附属明細書の内容となる事項を除く。）をその内容としなければならない。
2 信託概況報告の附属明細書は、信託概況報告の内容を補足する重要な事項をその内容としなければならない。

第3節 給付可能額の算定方法

第24条 法第225条に規定する法務省令で定める方法は、信託財産に係る給付（当該信託の受益権を当該信託の信託財産に帰属させることに代えて当該受益権を有する者に信託財産に属する財産を交付する行為を含む。以下この項において同じ。）の日の属する信託事務年度の前信託事務年度の末日における純資産額から次の各号に掲げる額の合計額を控除する方法とする。
  一 100万円（信託行為において、信託留保金の額を定め、又はこれを算定する方法を定めた場合において、当該信託留保金の額又は当該方法により算定された信託留保金の額が100万円を超えるときにあっては、当該信託留保金の額）
  二 信託財産に係る給付の日の属する信託事務年度の前信託事務年度の末日後に信託財産に係る給付をした場合における給付をした信託財産に属する財産の帳簿価額の総額
2 前項の純資産額の計算上、自己受益権（受益権が当該受益債権に係る信託の信託財産に属する場合における当該受益権をいう。）は、資産として計上されていないものとする。

3 限定責任信託においては、第1項の信託行為において定めた給付可能額又は給付可能額を算定する方法は、信託の変更によって変更することができない。

第4節 清算中の信託の特例

（総則）
第25条 第12条第1項の規定にかかわらず、法第222条第4項の規定により清算受託者（法第177条に規定する清算受託者をいう。以下この節において同じ。）が作成すべきものについては、この節に定めるところによる。

（財産目録）
第26条 清算受託者は、信託の清算が開始したときは、遅滞なく、法第175条に規定する場合に該当することとなった日（以下この節において「清算開始の日」という。）における財産目録を作成しなければならない。
2　前項の財産目録に計上すべき財産については、その処分価格を付すことが困難な場合を除き、清算開始の日における処分価格を付さなければならない。この場合において、清算中の信託の会計帳簿については、財産目録に付された価格を取得価額とみなす。
3　第1項の財産目録は、次に掲げる部に区分して表示しなければならない。この場合において、第1号及び第2号に掲げる部は、その内容を示す適当な名称を付した項目に細分することができる。
一　資産
二　負債
三　正味資産

（清算開始時の貸借対照表）
第27条 清算受託者は、信託の清算が開始したときは、遅滞なく、清算開始の日における貸借対照表を、財産目録に基づき作成しなければならない。
2　前項の貸借対照表は、次に掲げる部に区分して表示しなければならない。この場合において、第1号及び第2号に掲げる部は、その内容を示す適当な名称を付した項目に細分することができる。
一　資産
二　負債
三　純資産
3　処分価格を付すことが困難な資産がある場合には、第1項の貸借対照表には、当該資産に係る財産評価の方針を注記しなければならない。

（各清算事務年度に係る貸借対照表）
第28条 清算受託者は、各清算事務年度（清算開始の日の翌日又はその後毎年その日に応当する日（応当する日がない場合にあっては、その前日）から始まる各1年の期間をいう。以下この節において同じ。）に係る貸借対照表を、会計帳簿に基づき作成しなければならない。
2　前条第2項の規定は、前項の貸借対照表について準用する。
3　清算受託者は、各清算事務年度に係る貸借対照表の附属明細書を作成しなければならない。
4　前項の附属明細書は、貸借対照表の内容を補足する重要な事項をその内容としなければならない。

（各清算事務年度に係る事務報告）
第29条 清算受託者は、各清算事務年度に係る事務報告及びその附属明細書を作成しなければならない。
2　前項の事務報告は、清算に関する事務の執行の状況に係る重要な事項をその内容としなければならない。
3　第1項の附属明細書は、同項の事務報告の内容を補足する重要な事項をその内容としなければならない。

第4章　受益証券発行限定責任信託の会計監査　　省略

附　則

この省令は、法の施行の日から施行する。

（平成 16 年 6 月 18 日法律第 123 号）

（登記することができる権利等）
第 3 条　登記は、不動産の表示又は不動産についての次に掲げる権利の保存等（保存、設定、移転、変更、処分の制限又は消滅をいう。次条第 2 項及び第 105 条第 1 号において同じ。）についてする。
　一　所有権
　二　地上権
　三　永小作権
　四　地役権
　五　先取特権
　六　質権
　七　抵当権
　八　賃借権
　九　採石権（採石法（昭和 25 年法律第 291 号）に規定する採石権をいう。第 50 条及び第 82 条において同じ。）

（権利に関する登記の登記事項）
第 59 条　権利に関する登記の登記事項は、次のとおりとする。
　一　登記の目的
　二　申請の受付の年月日及び受付番号
　三　登記原因及びその日付
　四　登記に係る権利の権利者の氏名又は名称及び住所並びに登記名義人が 2 人以上であるときは当該権利の登記名義人ごとの持分
　五　登記の目的である権利の消滅に関する定めがあるときは、その定め
　六　共有物分割禁止の定め（共有物若しくは所有権以外の財産権について民法（明治 29 年法律第 89 号）第 256 条第 1 項ただし書（同法第 264 条において準用する場合を含む。）の規定により分割をしない旨の契約をした場合若しくは同法第 908 条の規定により被相続人が遺言で共有物若しくは所有権以外の財産権について分割を禁止した場合における共有物若しくは所有権以外の財産権の分割を禁止する定め又は同法第 907 条第 3 項の規定により家庭裁判所が遺産である共有物若しくは所有権以外の財産権についてした分割を禁止する審判をいう。第 65 条において同じ。）があるときは、その定め
　七　民法第 423 条その他の法令の規定により他人に代わって登記を申請した者（以下「代位者」という。）があるときは、当該代位者の氏名又は名称及び住所並びに代位原因
　八　第 2 号に掲げるもののほか、権利の順位を明らかにするために必要な事項として法務省令で定めるもの

（根抵当権当事者の相続に関する合意の登記の制限）
第 92 条　民法第 398 条の 8 第 1 項又は第 2 項の合意の登記は、当該相続による根抵当権の移転又は債務者の変更の登記をした後でなければ、することができない。

（信託の登記の登記事項）
第 97 条　信託の登記の登記事項は、第 59 条各号に掲げるもののほか、次のとおりとする。
　一　委託者、受託者及び受益者の氏名又は名称及び住所
　二　受益者の指定に関する条件又は受益者を定める方法の定めがあるときは、その定め
　三　信託管理人があるときは、その氏名又は名称及び住所
　四　受益者代理人があるときは、その氏名又は名称及び住所
　五　信託法（平成 18 年法律第 108 号）第 185 条第 3 項に規定する受益証券発行信託であるときは、その旨
　六　信託法第 258 条第 1 項に規定する受益者の定めのない信託であるときは、その旨
　七　公益信託ニ関スル法律（大正 11 年法律第 62 号）第 1 条に規定する公益信託であるときは、その旨
　八　信託の目的
　九　信託財産の管理方法
　十　信託の終了の事由
　十一　その他の信託の条項
2　前項第 2 号から第 6 号までに掲げる事項のいずれかを登記したときは、同項第 1 号の受益者（同項第 4 号に掲げる事項を登記した場合にあっては、当該受益者代理人が代理する受益者に限る。）の氏名又は名称及び住所を登記することを要しない。
3　登記官は、第 1 項各号に掲げる事項を明らかにするため、法務省令で定めるところにより、信託

目録を作成することができる。

(信託の登記の申請方法等)
第98条 信託の登記の申請は、当該信託に係る権利の保存、設定、移転又は変更の登記の申請と同時にしなければならない。
2 信託の登記は、受託者が単独で申請することができる。
3 信託法第3条第3号に掲げる方法によってされた信託による権利の変更の登記は、受託者が単独で申請することができる。

(代位による信託の登記の申請)
第99条 受益者又は委託者は、受託者に代わって信託の登記を申請することができる。

(受託者の変更による登記等)
第100条 受託者の任務が死亡、後見開始若しくは保佐開始の審判、破産手続開始の決定、法人の合併以外の理由による解散又は裁判所若しくは主務官庁（その権限の委任を受けた国に所属する行政庁及びその権限に属する事務を処理する都道府県の執行機関を含む。第102条第2項において同じ。）の解任命令により終了し、新たに受託者が選任されたときは、信託財産に属する不動産についてする受託者の変更による権利の移転の登記は、第60条の規定にかかわらず、新たに選任された当該受託者が単独で申請することができる。
2 受託者が2人以上ある場合において、そのうち少なくとも1人の受託者の任務が前項に規定する事由により終了したときは、信託財産に属する不動産についてする当該受託者の任務の終了による権利の変更の登記は、第60条の規定にかかわらず、他の受託者が単独で申請することができる。

(職権による信託の変更の登記)
第101条 登記官は、信託財産に属する不動産について次に掲げる登記をするときは、職権で、信託の変更の登記をしなければならない。
一 信託法第75条第1項又は第2項の規定による権利の移転の登記
二 信託法第86条本文の規定による権利の変更の登記
三 受託者である登記名義人の氏名若しくは名称又は住所についての変更の登記又は更正の登記

(嘱託による信託の変更の登記)
第102条 裁判所書記官は、受託者の解任の裁判があったとき、信託管理人若しくは受益者代理人の選任若しくは解任の裁判があったとき、又は信託の変更を命ずる裁判があったときは、職権で、遅滞なく、信託の変更の登記を登記所に嘱託しなければならない。
2 主務官庁は、受託者を解任したとき、信託管理人若しくは受益者代理人を選任し、若しくは解任したとき、又は信託の変更を命じたときは、遅滞なく、信託の変更の登記を登記所に嘱託しなければならない。

(信託の変更の登記の申請)
第103条 前二条に規定するもののほか、第97条第1項各号に掲げる登記事項について変更があったときは、受託者は、遅滞なく、信託の変更の登記を申請しなければならない。
2 第99条の規定は、前項の信託の変更の登記の申請について準用する。

(信託の登記の抹消)
第104条 信託財産に属する不動産に関する権利が移転、変更又は消滅により信託財産に属しないこととなった場合における信託の登記の抹消の申請は、当該権利の移転の登記若しくは変更の登記又は当該権利の登記の抹消の申請と同時にしなければならない。
2 信託の登記の抹消は、受託者が単独で申請することができる。

(権利の変更の登記等の特則)
第104条の2 信託の併合又は分割により不動産に関する権利が一の信託の信託財産に属する財産から他の信託の信託財産に属する財産となった場合における当該権利に係る当該一の信託についての信託の登記の抹消及び当該他の信託についての信託の登記の申請は、信託の併合又は分割による権利の変更の登記の申請と同時にしなければならない。信託の併合又は分割以外の事由により不動産に関する権利が一の信託の信託財産に属する財産から受託者を同一とする他の信託の信託財産に属する財産となった場合も、同様とする。
2 信託財産に属する不動産についてする次の表の上欄に掲げる場合における権利の変更の登記（第98条第3項の登記を除く。）については、同表の中欄に掲げる者を登記権利者とし、同表の下欄に掲げる者を登記義務者とする。この場合において、受益者（信託管理人がある場合にあっては、信託管理人。以下この項において同じ。）については、第22条本文の規定は、適用しない。

一 不動産に関する権利が固有財産に属する財産から信託財産に属する財産となった場合	受益者	受託者

二　不動産に関する権利が信託財産に属する財産から固有財産に属する財産となった場合	受託者	受益者
三　不動産に関する権利が一の信託の信託財産に属する財産から他の信託の信託財産に属する財産となった場合	当該他の信託の受益者及び受託者	当該一の信託の受益者及び受託者

不動産登記令 （抜粋）

（平成 16 年 12 月 1 日政令第 379 号）

（一の申請情報による登記の申請）
第 5 条　合体による登記等の申請は、一の申請情報によってしなければならない。この場合において、法第 49 条第 1 項後段の規定により併せて所有権の登記の申請をするときは、これと当該合体による登記等の申請とは、一の申請情報によってしなければならない。
2　信託の登記の申請と当該信託に係る権利の保存、設定、移転又は変更の登記の申請とは、一の申請情報によってしなければならない。
3　法第 104 条第 1 項の規定による信託の登記の抹消の申請と信託財産に属する不動産に関する権利の移転の登記若しくは変更の登記又は当該権利の登記の抹消の申請とは、一の申請情報によってしなければならない。
4　法第 104 条の 2 第 1 項の規定による信託の登記の抹消及び信託の登記の申請と権利の変更の登記の申請とは、一の申請情報によってしなければならない。
（登記名義人が登記識別情報を提供しなければならない登記等）
第 8 条　法第 22 条の政令で定める登記は、次のとおりとする。ただし、確定判決による登記を除く。
　一　所有権の登記がある土地の合筆の登記
　二　所有権の登記がある建物の合体による登記等
　三　所有権の登記がある建物の合併の登記
　四　共有物分割禁止の定めに係る権利の変更の登記
　五　所有権の移転の登記がない場合における所有権の登記の抹消
　六　質権又は抵当権の順位の変更の登記
　七　民法第 398 条の 14 第 1 項ただし書（同法第 361 条において準用する場合を含む。）の定めの登記
　八　信託法（平成 18 年法律第 108 号）第 3 条第 3 号に掲げる方法によってされた信託による権利の変更の登記
　九　仮登記の登記名義人が単独で申請する仮登記の抹消
2　前項の登記のうち次の各号に掲げるものの申請については、当該各号に定める登記識別情報を提供すれば足りる。
　一　所有権の登記がある土地の合筆の登記　当該合筆に係る土地のうちいずれか一筆の土地の所有権の登記名義人の登記識別情報
　二　登記名義人が同一である所有権の登記がある建物の合体による登記等　当該合体に係る建物のうちいずれか 1 個の建物の所有権の登記名義人の登記識別情報
　三　所有権の登記がある建物の合併の登記　当該合併に係る建物のうちいずれか 1 個の建物の所有権の登記名義人の登記識別情報

不動産登記規則 （抜粋）

（平成 17 年 2 月 18 日法務省令第 18 号）

（信託に関する登記）
第 175 条　登記官は、法第 98 条第 1 項の規定による登記の申請があった場合において、当該申請に基づく権利の保存、設定、移転又は変更の登記及び信託の登記をするときは、権利部の相当区に一の順位番号を用いて記録しなければならない。
2　登記官は、法第 104 条第 1 項の規定による登記の申請があった場合において、当該申請に基づく権利の移転の登記若しくは変更の登記又は権利の抹消の登記及び信託の抹消の登記をするときは、権利部の相当区に一の順位番号を用いて記録しなければならない。
3　登記官は、前二項の規定にかかわらず、法第 104 条の 2 第 1 項の規定による登記の申請があった

場合において、当該申請に基づく権利の変更の登記及び信託の登記又は信託の抹消の登記をするときは、権利部の相当区に一の順位番号を用いて記録しなければならない。

(信託目録)

第176条 登記官は、信託の登記をするときは、法第97条第1項各号に掲げる登記事項を記録した信託目録を作成し、当該目録に目録番号を付した上、当該信託の登記の末尾に信託目録の目録番号を記録しなければならない。

2 第102条第1項後段の規定は、信託の登記がある不動産について分筆の登記又は建物の分割の登記若しくは建物の区分の登記をする場合の信託目録について準用する。この場合には、登記官は、分筆後又は分割後若しくは区分後の信託目録の目録番号を変更しなければならない。

3 登記官は、信託の変更の登記をするときは、信託目録の記録を変更しなければならない。

（受託法人等に関するこの法律の適用）

第6条の3 受託法人（法人課税信託の受託者である法人（その受託者が個人である場合にあつては、当該受託者である個人）について、前条の規定により、当該法人課税信託に係る信託資産等が帰属する者としてこの法律の規定を適用する場合における当該受託者である法人をいう。以下この条において同じ。）又は法人課税信託の委託者若しくは受益者についてこの法律の規定を適用する場合には、次に定めるところによる。

　一　法人課税信託の信託された営業所、事務所その他これらに準ずるもの（次号において「営業所」という。）が国内にある場合には、当該法人課税信託に係る受託法人は、内国法人とする。

　二　法人課税信託の信託された営業所が国内にない場合には、当該法人課税信託に係る受託法人は、外国法人とする。

　三　受託法人（会社でないものに限る。）は、会社とみなす。

　四　法人課税信託の受益権（公募公社債等運用投資信託以外の公社債等運用投資信託の受益権及び社債的受益権（資産の流動化に関する法律第230条第1項第2号（特定目的信託契約）に規定する社債的受益権をいう。第14条第1項（無記名公社債の利子等の帰属）、第24条第1項（配当所得）、第176条第1項及び第2項（信託財産に係る利子等の課税の特例）、第224条の3（株式等の譲渡の対価の受領者等の告知）並びに第225条第1項（支払調書）において同じ。）を除く。）は株式又は出資とみなし、法人課税信託の受益者は株主等に含まれるものとする。この場合において、その法人課税信託の受託者である法人の株式又は出資は当該法人課税信託に係る受託法人の株式又は出資でないものとみなし、当該受託者である法人の株主等は当該受託法人の株主等でないものとする。

　五　法人課税信託について信託の終了があつた場合又は法人課税信託（法人税法第2条第29号の2ロ（定義）に掲げる信託に限る。）に第13条第1項（信託財産に属する資産及び負債並びに信託財産に帰せられる収益及び費用の帰属）に規定する受益者（同条第2項の規定により同条第1項に規定する受益者とみなされる者を含む。次号及び第7号において「受益者等」という。）が存することとなつた場合（同法第2条第29号の2イ又はハに掲げる信託に該当する場合を除く。）には、これらの法人課税信託に係る受託法人の解散があつたものとする。

　六　法人課税信託（法人税法第2条第29号の2ロに掲げる信託を除く。以下この号において同じ。）の委託者がその有する資産の信託をした場合又は第13条第1項の規定により受益者等がその信託財産に属する資産及び負債を有するものとみなされる信託が法人課税信託に該当することとなつた場合には、これらの法人課税信託に係る受託法人に対する出資があつたものとみなす。

　七　法人課税信託（法人税法第2条第29号の2ロに掲げる信託に限る。以下この号において同じ。）の委託者がその有する資産の信託をした場合又は第13条第1項の規定により受益者等がその信託財産に属する資産及び負債を有するものとみなされる信託が法人課税信託に該当することとなつた場合には、これらの法人課税信託に係る受託法人に対する贈与により当該資産の移転があつたものとみなす。

　八　法人課税信託の収益の分配は資本剰余金の減少に伴わない剰余金の配当と、法人課税信託の元本の払戻しは資本剰余金の減少に伴う剰余金の配当とみなす。

　九　前各号に定めるもののほか、受託法人又は法人課税信託の委託者若しくは受益者についてのこの法律の規定の適用に関し必要な事項は、政令で定める。

（非課税所得）

第9条 次に掲げる所得については、所得税を課さない。

　一～十四　省略

　十五　学資に充てるため給付される金品（給与その他対価の性質を有するものを除く。）及び扶養義務者相互間において扶養義務を履行するため給付される金品

　十六～十八　省略

2　省略

（信託財産に属する資産及び負債並びに信託財産に帰せられる収益及び費用の帰属）

第13条 信託の受益者（受益者としての権利を現に有するものに限る。）は当該信託の信託財産に属する資産及び負債を有するものとみなし、かつ、当該信託財産に帰せられる収益及び費用は当該受益者の収益及び費用とみなして、この法律の規定を適用する。ただし、集団投資信託、退職年金等信託又は法人課税信託の信託財産に属する資産及び負債並びに当該信託財産に帰せられる収益及び費用については、この限りでない。

2　信託の変更をする権限（軽微な変更をする権限として政令で定めるものを除く。）を現に有し、かつ、当該信託の信託財産の給付を受けることとされている者（受益者を除く。）は、前項に規定

する受益者とみなして、同項の規定を適用する。

3　第1項において、次の各号に掲げる用語の意義は、当該各号に定めるところによる。
　一　集団投資信託　合同運用信託、投資信託（法人税法第2条第29号ロ（定義）に掲げる信託に限る。）及び特定受益証券発行信託をいう。
　二　退職年金等信託　法人税法第84条第1項（退職年金等積立金の額の計算）に規定する確定給付年金資産管理運用契約、確定給付年金基金資産運用契約、確定拠出年金資産管理契約、勤労者財産形成給付契約若しくは勤労者財産形成基金給付契約、国民年金基金若しくは国民年金基金連合会の締結した国民年金法第128条第3項（基金の業務）若しくは第137条の15第4項（連合会の業務）に規定する契約又はこれらに類する退職年金に関する契約で政令で定めるものに係る信託をいう。

4　受益者が二以上ある場合における第1項の規定の適用、第2項に規定する信託財産の給付を受けることとされている者に該当するかどうかの判定その他第1項及び第2項の規定の適用に関し必要な事項は、政令で定める。

（譲渡所得）

第33条　譲渡所得とは、資産の譲渡（建物又は構築物の所有を目的とする地上権又は賃借権の設定その他契約により他人に土地を長期間使用させる行為で政令で定めるものを含む。以下この条において同じ。）による所得をいう。

2　次に掲げる所得は、譲渡所得に含まれないものとする。
　一　たな卸資産（これに準ずる資産として政令で定めるものを含む。）の譲渡その他営利を目的として継続的に行なわれる資産の譲渡による所得
　二　前号に該当するもののほか、山林の伐採又は譲渡による所得

3　譲渡所得の金額は、次の各号に掲げる所得につき、それぞれその年中の当該所得に係る総収入金額から当該所得の基因となつた資産の取得費及びその資産の譲渡に要した費用の額の合計額を控除し、その残額の合計額（当該各号のうちいずれかの号に掲げる所得に係る総収入金額が当該所得の基因となつた資産の取得費及びその資産の譲渡に要した費用の額の合計額に満たない場合には、その不足額に相当する金額を他の号に掲げる所得に係る残額から控除した金額。以下この条において「譲渡益」という。）から譲渡所得の特別控除額を控除した金額とする。
　一　資産の譲渡（前項の規定に該当するものを除く。次号において同じ。）でその資産の取得の日以後5年以内にされたものによる所得（政令で定めるものを除く。）
　二　資産の譲渡による所得で前号に掲げる所得以外のもの

4　前項に規定する譲渡所得の特別控除額は、50万円（譲渡益が50万円に満たない場合には、当該譲渡益）とする。

5　第3項の規定により譲渡益から同項に規定する譲渡所得の特別控除額を控除する場合には、まず、当該譲渡益のうち同項第1号に掲げる所得に係る部分の金額から控除するものとする。

（移転等の支出に充てるための交付金の総収入金額不算入）

第44条　居住者が、国若しくは地方公共団体からその行政目的の遂行のために必要なその者の資産の移転、移築若しくは除却その他これらに類する行為（固定資産の改良その他政令で定める行為を除く。以下この項において「資産の移転等」という。）の費用に充てるため補助金の交付を受け、又は土地収用法（昭和26年法律第219号）の規定による収用その他政令で定めるやむを得ない事由の発生に伴いその者の資産の移転等の費用に充てるための金額の交付を受けた場合において、その交付を受けた金額をその交付の目的に従つて資産の移転等の費用に充てたときは、その費用に充てた金額は、その者の各種所得の金額の計算上、総収入金額に算入しない。ただし、その費用に充てた金額のうち各種所得の金額の計算上必要経費に算入され又は譲渡に要した費用とされる部分の金額に相当する金額については、この限りでない。

（家事関連費等の必要経費不算入等）

第45条　居住者が支出し又は納付する次に掲げるものの額は、その者の不動産所得の金額、事業所得の金額、山林所得の金額又は雑所得の金額の計算上、必要経費に算入しない。
　一　家事上の経費及びこれに関連する経費で政令で定めるもの
　二　所得税（不動産所得、事業所得又は山林所得を生ずべき事業を行う居住者が納付する第131条第3項（確定申告額の延納に係る利子税）、第136条（延払条件付譲渡に係る所得税額の延納に係る利子税）、第137条の2第12項（国外転出をする場合の譲渡所得等の特例の適用がある場合の納税猶予に係る利子税）又は第137条の3第14項（贈与等により非居住者に資産が移転した場合の譲渡所得等の特例の適用がある場合の納税猶予に係る利子税）の規定による利子税で、その事業についてのこれらの所得に係る所得税の額に対応するものとして政令で定めるものを除く。）
　三　所得税以外の国税に係る延滞税、過少申告加算税、無申告加算税、不納付加算税及び重加算税並びに印紙税法（昭和42年法律第23号）の規定による過怠税
　四　地方税法（昭和25年法律第226号）の規定による道府県民税及び市町村民税（都民税及び特

別区民税を含む。）

五　地方税法の規定による延滞金、過少申告加算金、不申告加算金及び重加算金

六　罰金及び科料（通告処分による罰金又は科料に相当するもの及び外国又はその地方公共団体が課する罰金又は科料に相当するものを含む。）並びに過料

七　損害賠償金（これに類するものを含む。）で政令で定めるもの

八　国民生活安定緊急措置法（昭和 48 年法律第 121 号）の規定による課徴金及び延滞金

九　私的独占の禁止及び公正取引の確保に関する法律（昭和 22 年法律第 54 号）の規定による課徴金及び延滞金（外国若しくはその地方公共団体又は国際機関が納付を命ずるこれらに類するものを含む。）

十　金融商品取引法第 6 章の 2（課徴金）の規定による課徴金及び延滞金

十一　公認会計士法（昭和 23 年法律第 103 号）の規定による課徴金及び延滞金

2　居住者が供与をする刑法（明治 40 年法律第 45 号）第 198 条（贈賄）に規定する賄賂又は不正競争防止法（平成 5 年法律第 47 号）第 18 条第 1 項（外国公務員等に対する不正の利益の供与等の禁止）に規定する金銭その他の利益に当たるべき金銭の額及び金銭以外の物又は権利その他経済的な利益の価額（その供与に要する費用の額がある場合には、その費用の額を加算した金額）は、その者の不動産所得の金額、事業所得の金額、山林所得の金額又は雑所得の金額の計算上、必要経費に算入しない。

3　第 1 項第 2 号から第 7 号までに掲げるものの額又は前項に規定する金銭の額及び金銭以外の物若しくは権利その他経済的な利益の価額は、第 1 項又は前項の居住者の一時所得の金額の計算上、支出した金額に算入しない。

（事業から対価を受ける親族がある場合の必要経費の特例）

第 56 条　居住者と生計を一にする配偶者その他の親族がその居住者の営む不動産所得、事業所得又は山林所得を生ずべき事業に従事したことその他の事由により当該事業から対価の支払を受ける場合には、その対価に相当する金額は、その居住者の当該事業に係る不動産所得の金額、事業所得の金額又は山林所得の金額の計算上、必要経費に算入しないものとし、かつ、その親族のその対価に係る各種所得の金額の計算上必要経費に算入されるべき金額は、その居住者の当該事業に係る不動産所得の金額、事業所得の金額又は山林所得の金額の計算上、必要経費に算入する。この場合において、その親族が支払を受けた対価の額及びその親族のその対価に係る各種所得の金額の計算上必要経費に算入されるべき金額は、当該各種所得の金額の計算上ないものとみなす。

（贈与等の場合の譲渡所得等の特例）

第 59 条　次に掲げる事由により居住者の有する山林（事業所得の基因となるものを除く。）又は譲渡所得の基因となる資産の移転があつた場合には、その者の山林所得の金額、譲渡所得の金額又は雑所得の金額の計算については、その事由が生じた時に、その時における価額に相当する金額により、これらの資産の譲渡があつたものとみなす。

一　贈与（法人に対するものに限る。）又は相続（限定承認に係るものに限る。）若しくは遺贈（法人に対するもの及び個人に対する包括遺贈のうち限定承認に係るものに限る。）

二　著しく低い価額の対価として政令で定める額による譲渡（法人に対するものに限る。）

2　居住者が前項に規定する資産を個人に対し同項第 2 号に規定する対価の額により譲渡した場合において、当該対価の額が当該資産の譲渡に係る山林所得の金額、譲渡所得の金額又は雑所得の金額の計算上控除する必要経費又は取得費及び譲渡に要した費用の額の合計額に満たないときは、その不足額は、その山林所得の金額、譲渡所得の金額又は雑所得の金額の計算上、なかつたものとみなす。

（贈与等により取得した資産の取得費等）

第 60 条　居住者が次に掲げる事由により取得した前条第 1 項に規定する資産を譲渡した場合における事業所得の金額、山林所得の金額、譲渡所得の金額又は雑所得の金額の計算については、その者が引き続きこれを所有していたものとみなす。

一　贈与、相続（限定承認に係るものを除く。）又は遺贈（包括遺贈のうち限定承認に係るものを除く。）

二　前条第 2 項の規定に該当する譲渡

2　居住者が前条第 1 項第 1 号に掲げる相続又は遺贈により取得した資産を譲渡した場合における事業所得の金額、山林所得の金額、譲渡所得の金額又は雑所得の金額の計算については、その者が当該資産をその取得の時における価額に相当する金額により取得したものとみなす。

（第 9 款　信託に係る所得の金額の計算）

第 67 条の 3　居住者が法人課税信託（法人税法第 2 条第 29 号の 2 ロ（定義）に掲げる信託に限る。）の第 13 条第 1 項（信託財産に属する資産及び負債並びに信託財産に帰せられる収益及び費用の帰属）に規定する受益者（同条第 2 項の規定により同条第 1 項に規定する受益者とみなされる者を含むものとし、清算中における受益者を除く。）となつたことにより当該法人課税信託が同号ロに掲げる信託に該当しないこととなつた場合（同号イ又はハに掲げる信託に該当する場合を除く。）に

は、その受託法人（第6条の3（受託法人等に関するこの法律の適用）に規定する受託法人をいう。）からその信託財産に属する資産及び負債をその該当しないこととなつた時の直前の帳簿価額を基礎として政令で定める金額により引継ぎを受けたものとして、当該居住者の各年分の各種所得の金額を計算するものとする。

2　前項の居住者が同項の規定により資産及び負債の引継ぎを受けたものとされた場合におけるその引継ぎにより生じた収益の額は、当該居住者のその引継ぎを受けた日の属する年分の各種所得の金額の計算上、総収入金額に算入しない。

3　信託（第13条第1項ただし書に規定する集団投資信託、退職年金等信託又は法人課税信託を除く。以下この条において同じ。）の委託者（居住者に限る。以下この項において同じ。）がその有する資産を信託した場合において、当該信託の受益者等となる者（法人に限る。以下この項において同じ。）が適正な対価を負担せずに受益者等となる者であるときは、当該資産を信託した時において、当該信託の委託者から当該信託の受益者等となる者に対して贈与（当該受益者等となる者が対価を負担している場合には、当該対価の額による譲渡）により当該信託に関する権利に係る資産の移転が行われたものとして、当該信託の委託者の各年分の各種所得の金額を計算するものとする。

4　信託に新たに受益者等が存するに至つた場合（前項及び第6項の規定の適用がある場合を除く。）において、当該信託の新たな受益者等となる者（法人に限る。以下この項において同じ。）が適正な対価を負担せずに受益者等となる者であり、かつ、当該信託の受益者等であつた者が居住者であるときは、当該新たに受益者等が存するに至つた時において、当該信託の受益者等であつた者から当該新たな受益者等となる者に対して贈与（当該受益者等となる者が対価を負担している場合には、当該対価の額による譲渡）により当該信託に関する権利に係る資産の移転が行われたものとして、当該信託の受益者等であつた者の各年分の各種所得の金額を計算するものとする。

5　信託の一部の受益者等が存しなくなつた場合において、既に当該信託の受益者等である者（法人に限る。以下この項において同じ。）が適正な対価を負担せずに当該信託に関する権利について新たに利益を受ける者となる者であり、かつ、当該信託の一部の受益者等であつた者が居住者であるときは、当該信託の一部の受益者等が存しなくなつた時において、当該信託の一部の受益者等であつた者から当該利益を受ける者となる者に対して贈与（当該利益を受ける者となる者が対価を負担している場合には、当該対価の額による譲渡）により当該信託に関する権利に係る資産の移転が行われたものとして、当該信託の一部の受益者等であつた者の各年分の各種所得の金額を計算するものとする。

6　信託が終了した場合において、当該信託の残余財産の給付を受けるべき、又は帰属すべき者となる者（法人に限る。以下この項において同じ。）が適正な対価を負担せずに当該給付を受けるべき、又は帰属すべき者となる者であり、かつ、当該信託の終了の直前において受益者等であつた者が居住者であるときは、当該給付を受けるべき、又は帰属すべき者となつた時において、当該受益者等であつた者から当該給付を受けるべき、又は帰属すべき者となる者に対して贈与（当該給付を受けるべき、又は帰属すべき者となる者が対価を負担している場合には、当該対価の額による譲渡）により当該信託の残余財産（当該信託の終了の直前においてその者が当該信託の受益者等であつた場合には、当該受益者等として有していた当該信託に関する権利に相当するものを除く。）の移転が行われたものとして、当該受益者等であつた者の各年分の各種所得の金額を計算するものとする。

7　第3項から前項までに規定する受益者等とは、第13条第1項に規定する受益者（同条第2項の規定により同条第1項に規定する受益者とみなされる者を含む。）をいう。

8　第1項の規定による引継ぎにより生じた損失の額がある場合の所得の金額の計算、第3項に規定する信託に関する権利が当該信託に関する権利の全部でない場合における同項の規定の適用その他第1項から第6項までの規定の適用に関し必要な事項は、政令で定める。

（確定所得申告）

第120条　居住者は、その年分の総所得金額、退職所得金額及び山林所得金額の合計額が第2章第4節（所得控除）の規定による雑損控除その他の控除の額の合計額を超える場合において、当該総所得金額、退職所得金額又は山林所得金額からこれらの控除の額を第87条第2項（所得控除の順序）の規定に準じて控除した後の金額をそれぞれ課税総所得金額、課税退職所得金額又は課税山林所得金額とみなして第89条（税率）の規定を適用して計算した場合の所得税の額の合計額が配当控除の額を超えるときは、第123条第1項（確定損失申告）の規定による申告書を提出する場合を除き、第3期（その年の翌年2月16日から3月15日までの期間をいう。以下この節において同じ。）において、税務署長に対し、次に掲げる事項を記載した申告書を提出しなければならない。

一　その年分の総所得金額、退職所得金額及び山林所得金額並びに第2章第4節の規定による雑損控除その他の控除の額並びに課税総所得金額、課税退職所得金額及び課税山林所得金額又は純損失の金額

二　第90条第1項（変動所得及び臨時所得の平均課税）の規定の適用を受ける場合には、その年分の変動所得の金額及び臨時所得の金額並びに同条第3項に規定する平均課税対象金額

三　第1号に掲げる課税総所得金額、課税退職所得金額及び課税山林所得金額につき第3章（税額の計算）の規定を適用して計算した所得税の額

四　前号に掲げる所得税の額の計算上控除しきれなかつた外国税額控除の額がある場合には、その控除しきれなかつた金額

五　第1号に掲げる総所得金額若しくは退職所得金額又は純損失の金額の計算の基礎となつた各種所得につき源泉徴収をされた又はされるべき所得税の額（当該所得税の額のうちに、第127条第1項から第3項まで（年の中途で出国をする場合の確定申告）の規定による申告書を提出したことにより、又は当該申告書に係る所得税につき更正若しくは決定を受けたことにより還付される金額その他政令で定める金額がある場合には、当該金額を控除した金額。以下この項において「源泉徴収税額」という。）がある場合には、第3号に掲げる所得税の額からその源泉徴収税額を控除した金額

六　前号に掲げる金額の計算上控除しきれなかつた源泉徴収税額がある場合には、その控除しきれなかつた金額

七　その年分の予納税額がある場合には、第3号に掲げる所得税の額（源泉徴収税額がある場合には、第5号に掲げる金額）から当該予納税額を控除した金額

八　前号に掲げる金額の計算上控除しきれなかつた予納税額がある場合には、その控除しきれなかつた金額

九　第1号に掲げる総所得金額の計算の基礎となつた各種所得の金額のうちに譲渡所得の金額、一時所得の金額、雑所得の金額、雑所得に該当しない変動所得の金額又は雑所得に該当しない臨時所得の金額がある場合には、これらの金額及び一時所得、雑所得又は雑所得に該当しない臨時所得について源泉徴収をされた又はされるべき所得税の額

十　その年において特別農業所得者である場合には、その旨

十一　第1号から第9号までに掲げる金額の計算の基礎その他財務省令で定める事項

2　前項第7号及び第8号に規定する予納税額とは、次に掲げる税額の合計額（当該税額のうちに、第127条第1項から第3項までの規定による申告書を提出したことにより、又は当該申告書に係る所得税につき更正若しくは決定を受けたことにより還付される金額がある場合には、当該金額を控除した金額）をいう。

一　予定納税額

二　その年において第127条第1項の規定に該当して、第130条（出国の場合の確定申告による納付）又は国税通則法第35条第2項（期限後申告等による納付）の規定により納付した又は納付すべき所得税の額

3　次の各号に掲げる居住者が第1項の規定による申告書を提出する場合には、政令で定めるところにより、当該各号に定める書類を当該申告書に添付し、又は当該申告書の提出の際提示しなければならない。

一　第1項の規定による申告書に雑損控除、医療費控除、社会保険料控除（第74条第2項第5号（社会保険料控除）に掲げる社会保険料に係るものに限る。）、小規模企業共済等掛金控除、生命保険料控除、地震保険料控除又は寄附金控除に関する事項の記載をする居住者　これらの控除を受ける金額の計算の基礎となる金額その他の事項を証する書類

二　第1項の規定による申告書に、第85条第2項又は第3項（扶養親族等の判定の時期等）の規定による判定をする時の現況において非居住者である親族に係る障害者控除、配偶者控除、配偶者特別控除又は扶養控除に関する事項の記載をする居住者　これらの控除に係る非居住者である親族が当該居住者の親族に該当する旨を証する書類及び当該非居住者である親族が当該居住者と生計を一にすることを明らかにする書類

三　第1項の規定による申告書に、第2条第1項第32号ロ又はハ（定義）に掲げる者に係る勤労学生控除に関する事項の記載をする居住者　これらの者に該当する旨を証する書類

四　その年において第4編第2章（給与所得に係る源泉徴収）、第3章（退職所得に係る源泉徴収）又は第3章の2（公的年金等に係る源泉徴収）の規定により源泉徴収をされる給与所得、退職所得又は第35条第3項（公的年金等の定義）に規定する公的年金等に係る雑所得を有する居住者　第226条第1項から第3項まで及び第4項ただし書（源泉徴収票）の規定により交付される源泉徴収票

4　その年において不動産所得、事業所得又は山林所得を生ずべき業務を行う居住者が第1項の規定による申告書を提出する場合（当該申告書が青色申告書である場合を除く。）には、財務省令で定めるところにより、これらの所得に係るその年中の総収入金額及び必要経費の内容を記載した書類を当該申告書に添付しなければならない。

5　その年において非永住者であつた期間を有する居住者が第1項の規定による申告書を提出する場合には、その者の国籍、国内に住所又は居所を有していた期間その他の財務省令で定める事項を記載した書類を当該申告書に添付しなければならない。

6　第1項の規定により提出する申告書が第138条第1項（源泉徴収税額等の還付）又は第139条第

1項若しくは第2項（予納税額の還付）の規定による還付を受けるためのものである場合における第1項の規定の適用については、同項中「翌年2月16日」とあるのは、「翌年1月1日」とする。

(年の中途で死亡した場合の確定申告)
第125条　居住者が年の中途において死亡した場合において、その者のその年分の所得税について第120条第1項（確定所得申告）の規定による申告書を提出しなければならない場合に該当するときは、その相続人は、第3項の規定による申告書を提出する場合を除き、政令で定めるところにより、その相続の開始があつたことを知つた日の翌日から4月を経過した日の前日（同日前に当該相続人が出国をする場合には、その出国の時。以下この条において同じ。）までに、税務署長に対し、当該所得税について第120条第1項各号に掲げる事項その他の事項を記載した申告書を提出しなければならない。
2　居住者が年の中途において死亡した場合において、その者のその年分の所得税について第122条第1項又は第2項（還付等を受けるための申告）の規定による申告書を提出することができる場合に該当するときは、その相続人は、前項の規定による申告書を提出すべき場合及び次項の規定による申告書を提出することができる場合を除き、政令で定めるところにより、税務署長に対し、当該所得税について第120条第1項各号に掲げる事項その他の事項を記載した申告書を提出することができる。
3　居住者が年の中途において死亡した場合において、その者のその年分の所得税について第123条第1項（確定損失申告）の規定による申告書を提出することができる場合に該当するときは、その相続人は、政令で定めるところにより、その相続の開始があつたことを知つた日の翌日から4月を経過した日の前日までに、当該所得税について同条第2項各号に掲げる事項その他の事項を記載した申告書を提出することができる。
4　第120条第3項から第5項までの規定は、前三項の規定による申告書の提出について準用する。
5　前条第1項又は第2項の規定は、第1項の規定による申告書を提出すべき者又は第3項の規定による申告書を提出することができる者がこれらの申告書の提出期限前にこれらの申告書を提出しないで死亡した場合についてそれぞれ準用する。

(信託の計算書)
第227条　信託（第13条第1項ただし書（信託財産に属する資産及び負債並びに信託財産に帰せられる収益及び費用の帰属）に規定する集団投資信託、退職年金等信託又は法人課税信託を除く。）の受託者は、財務省令で定めるところにより、その信託の計算書を、信託会社（金融機関の信託業務の兼営等に関する法律により同法第1条第1項（兼営の認可）に規定する信託業務を営む同項に規定する金融機関を含む。以下この条において同じ。）については毎事業年度終了後1月以内に、信託会社以外の受託者については毎年1月31日までに、税務署長に提出しなければならない。

(開業等の届出)
第229条　居住者又は非居住者は、国内において新たに不動産所得、事業所得又は山林所得を生ずべき事業を開始し、又は当該事業に係る事務所、事業所その他これらに準ずるものを設け、若しくはこれらを移転し若しくは廃止した場合には、財務省令で定めるところにより、その旨その他必要な事項を記載した届出書を、その事実があつた日から1月以内に、税務署長に提出しなければならない。

所得税法施行令（抜粋）

（昭和40年3月31日政令第96号）

(障害者及び特別障害者の範囲)
第10条　法第2条第1項第28号（障害者の意義）に規定する政令で定める者は、次に掲げる者とする。
一　精神上の障害により事理を弁識する能力を欠く常況にある者又は児童相談所、知的障害者更生相談所（知的障害者福祉法（昭和35年法律第37号）第9条第6項（更生援護の実施者）に規定する知的障害者更生相談所をいう。次項第1号及び第31条の2第14号（障害者等の範囲）において同じ。）、精神保健福祉センター（精神保健及び精神障害者福祉に関する法律（昭和25年法律第123号）第6条第1項（精神保健福祉センター）に規定する精神保健福祉センターをいう。次項第1号において同じ。）若しくは精神保健指定医の判定により知的障害者とされた者
二　前号に掲げる者のほか、精神保健及び精神障害者福祉に関する法律第45条第2項（精神障害者保健福祉手帳の交付）の規定により精神障害者保健福祉手帳の交付を受けている者
三　身体障害者福祉法（昭和24年法律第283号）第15条第4項（身体障害者手帳の交付）の規定により交付を受けた身体障害者手帳に身体上の障害がある者として記載されている者
四　前三号に掲げる者のほか、戦傷病者特別援護法（昭和38年法律第168号）第4条（戦傷病者手帳の交付）の規定により戦傷病者手帳の交付を受けている者

五　前二号に掲げる者のほか、原子爆弾被爆者に対する援護に関する法律（平成6年法律第117号）第11条第1項（認定）の規定による厚生労働大臣の認定を受けている者

六　前各号に掲げる者のほか、常に就床を要し、複雑な介護を要する者

七　前各号に掲げる者のほか、精神又は身体に障害のある年齢65歳以上の者で、その障害の程度が第1号又は第3号に掲げる者に準ずるものとして市町村長又は特別区の区長（社会福祉法（昭和26年法律第45号）に定める福祉に関する事務所が老人福祉法（昭和38年法律第133号）第5条の4第2項各号（福祉の措置の実施者）に掲げる業務を行っている場合には、当該福祉に関する事務所の長。次項第6号において「市町村長等」という。）の認定を受けている者

2　法第2条第1項第29号に規定する政令で定める者は、次に掲げる者とする。

一　前項第1号に掲げる者のうち、精神上の障害により事理を弁識する能力を欠く常況にある者又は児童相談所、知的障害者更生相談所、精神保健福祉センター若しくは精神保健指定医の判定により重度の知的障害者とされた者

二　前項第2号に掲げる者のうち、同号の精神障害者保健福祉手帳に精神保健及び精神障害者福祉に関する法律施行令（昭和25年政令第155号）第6条第3項（精神障害の状態）に規定する障害等級が1級である者として記載されている者

三　前項第3号に掲げる者のうち、同号の身体障害者手帳に身体上の障害の程度が1級又は2級である者として記載されている者

四　前項第4号に掲げる者のうち、同号の戦傷病者手帳に精神上又は身体上の障害の程度が恩給法（大正12年法律第48号）別表第1号表ノ2の特別項症から第3項症までである者として記載されている者

五　前項第5号又は第6号に掲げる者

六　前項第7号に掲げる者のうち、その障害の程度が第1号又は第3号に掲げる者に準ずるものとして市町村長等の認定を受けている者

（信託財産に属する資産及び負債並びに信託財産に帰せられる収益及び費用の帰属）

第52条　法第13条第2項（信託財産に属する資産及び負債並びに信託財産に帰せられる収益及び費用の帰属）に規定する政令で定める権限は、信託の目的に反しないことが明らかである場合に限り信託の変更をすることができる権限とする。

2　法第13条第2項に規定する信託の変更をする権限には、他の者との合意により信託の変更をすることができる権限を含むものとする。

3　停止条件が付された信託財産の給付を受ける権利を有する者は、法第13条第2項に規定する信託財産の給付を受けることとされている者に該当するものとする。

4　法第13条第1項に規定する受益者（同条第2項の規定により同条第1項に規定する受益者とみなされる者を含む。以下この項において同じ。）が二以上ある場合における同条第1項の規定の適用については、同項の信託の信託財産に属する資産及び負債の全部をそれぞれの受益者がその有する権利の内容に応じて有するものとし、当該信託財産に帰せられる収益及び費用の全部がそれぞれの受益者にその有する権利の内容に応じて帰せられるものとする。

5　法第13条第3項第2号に規定する退職年金に関する契約で政令で定めるものは、次に掲げる契約とする。

一　法人税法施行令第156条の2第10号（用語の意義）に規定する厚生年金基金契約

二　国家公務員共済組合法第21条第2項第2号（設立及び業務）に掲げる業務に係る国家公務員共済組合法施行令（昭和33年政令第207号）第9条の4第1号（厚生年金保険給付積立金等及び退職等年金給付積立金等の管理及び運用に関する契約）に規定する契約

三　地方公務員等共済組合法第3条の2第1項第3号（組合の業務）に規定する退職等年金給付組合積立金の積立ての業務に係る地方公務員等共済組合法施行令（昭和37年政令第352号）第16条の3第1号（資金の運用に関する契約）（同令第20条（準用規定）において準用する場合を含む。）に掲げる契約

四　地方公務員等共済組合法第38条の2第2項第4号（地方公務員共済組合連合会）に規定する退職等年金給付調整積立金の管理及び運用に関する事務に係る業務に係る地方公務員等共済組合法施行令第21条の3（準用規定）において準用する同令第16条の3第1号に掲げる契約

五　日本私立学校振興・共済事業団法（平成9年法律第48号）第23条第1項第8号（業務）に掲げる業務に係る信託の契約

（家事関連費）

第96条　法第45条第1項第1号（必要経費とされない家事関連費）に規定する政令で定める経費は、次に掲げる経費以外の経費とする。

一　家事上の経費に関連する経費の主たる部分が不動産所得、事業所得、山林所得又は雑所得を生ずべき業務の遂行上必要であり、かつ、その必要である部分を明らかに区分することができる場合における当該部分に相当する経費

二　前号に掲げるもののほか、青色申告書を提出することにつき税務署長の承認を受けている居住

者に係る家事上の経費に関連する経費のうち、取引の記録等に基づいて、不動産所得、事業所得又は山林所得を生ずべき業務の遂行上直接必要であつたことが明らかにされる部分の金額に相当する経費

（減価償却資産の取得価額）

第126条 減価償却資産の第120条から第122条まで（減価償却資産の償却の方法）に規定する取得価額は、別段の定めがあるものを除き、次の各号に掲げる資産の区分に応じ当該各号に掲げる金額とする。
一　購入した減価償却資産　次に掲げる金額の合計額
　　イ　当該資産の購入の代価（引取運賃、荷役費、運送保険料、購入手数料、関税（関税法第2条第1項第4号の2（定義）に規定する附帯税を除く。）その他当該資産の購入のために要した費用がある場合には、その費用の額を加算した金額）
　　ロ　当該資産を業務の用に供するために直接要した費用の額
二　自己の建設、製作又は製造（以下この条において「建設等」という。）に係る減価償却資産　次に掲げる金額の合計額
　　イ　当該資産の建設等のために要した原材料費、労務費及び経費の額
　　ロ　当該資産を業務の用に供するために直接要した費用の額
三　自己が成育させた第6条第9号イ（生物）に掲げる生物（以下この号において「牛馬等」という。）次に掲げる金額の合計額
　　イ　成育させるために取得した牛馬等に係る第1号イ若しくは第5号イに掲げる金額又は種付費及び出産費の額並びに当該取得した牛馬等の成育のために要した飼料費、労務費及び経費の額
　　ロ　成育させた牛馬等を業務の用に供するために直接要した費用の額
四　自己が成熟させた第6条第9号ロ及びハに掲げる生物（以下この号において「果樹等」という。）次に掲げる金額の合計額
　　イ　成熟させるために取得した果樹等に係る第1号イ若しくは次号イに掲げる金額又は種苗費の額並びに当該取得した果樹等の成熟のために要した肥料費、労務費及び経費の額
　　ロ　成熟させた果樹等を業務の用に供するために直接要した費用の額
五　前各号に規定する方法以外の方法により取得した減価償却資産　次に掲げる金額の合計額
　　イ　その取得の時における当該資産の取得のために通常要する価額
　　ロ　当該資産を業務の用に供するために直接要した費用の額
2　法第60条第1項各号（贈与等により取得した資産の取得費等）に掲げる事由により取得した減価償却資産（法第40条第1項（たな卸資産の贈与等の場合の総収入金額算入）の規定の適用があつたものを除く。）の前項に規定する取得価額は、当該減価償却資産を取得した者が引き続き所有していたものとみなした場合における当該減価償却資産のこの条及び次条第2項の規定による取得価額に相当する金額とする。

（死亡の場合の確定申告の特例）

第263条 法第124条第1項若しくは第2項（確定申告書を提出すべき者等が死亡した場合の確定申告）又は第125条第1項から第3項まで（年の中途で死亡した場合の確定申告）の規定による申告書には、法第120条第1項各号（確定申告書の記載事項）に掲げる事項のほか、財務省令で定める事項をあわせて記載しなければならない。
2　前項の申告書を提出する場合において、相続人が2人以上あるときは、当該申告書は、各相続人が連署による一の書面で提出しなければならない。ただし、他の相続人の氏名を附記して各別に提出することを妨げない。
3　前項ただし書の方法により同項に規定する申告書を提出した相続人は、遅滞なく、他の相続人に対し、当該申告書に記載した事項の要領を通知しなければならない。

所得税法施行規則（抜粋）

（昭和40年3月31日大蔵省令第11号）

（死亡の場合の確定申告書の記載事項）

第49条 令第263条第1項（死亡の場合の確定申告の特例）に規定する財務省令で定める事項は、次に掲げる事項とする。
一　各相続人の氏名、住所（国内に住所がない場合には、居所。以下この号において同じ。）及び個人番号（個人番号を有しない者にあつては、氏名及び住所）、被相続人との続柄、民法（明治29年法律第89号）第900条から第902条まで（法定相続分・代襲相続人の相続分・遺言による相続分の指定）の規定によるその相続分並びに相続又は遺贈によつて得た財産の価額
二　相続人が限定承認をした場合には、その旨
三　相続人が2人以上ある場合には、法第120条第1項第3号（確定所得申告）に掲げる所得税の

額（同項第5号に規定する源泉徴収税額があり、かつ、同項第7号に規定する予納税額がない場合には、同項第5号に掲げる金額とし、同項第7号に規定する予納税額がある場合には、同号に掲げる金額とする。）を第1号の各相続人の相続分によりあん分して計算した額に相当する所得税の額

2　令第263条第2項ただし書の方法により同項に規定する申告書を提出する場合には、当該申告書には、前項第1号に掲げる事項のうち同条第2項ただし書の規定により氏名を付記する他の相続人の個人番号は、記載することを要しない。

（信託の計算書）

第96条　法第227条（信託の計算書）に規定する信託の受託者は、同条の規定により、その信託に係る法第13条第1項（信託財産に属する資産及び負債並びに信託財産に帰せられる収益及び費用の帰属）に規定する受益者（同条第2項の規定により同条第1項に規定する受益者とみなされる者を含む。以下この項及び第3項において「受益者等」という。）別に、次に掲げる事項を記載した計算書を、その受託者の事務所、事業所その他これらに準ずるものでその信託に関する事務を取り扱うものの所在地の所轄税務署長に提出しなければならない。

一　委託者及び受益者等の氏名又は名称、住所若しくは居所（国内に居所を有しない者にあつては、国外におけるその住所。以下この号において同じ。）又は本店若しくは主たる事務所の所在地及び個人番号又は法人番号（個人番号及び法人番号を有しない者にあつては、氏名又は名称及び住所若しくは居所又は本店若しくは主たる事務所の所在地）

二　その信託の期間及び目的

三　信託会社（法第227条に規定する信託会社をいう。以下この項において同じ。）が受託者である信託（租税特別措置法第4条の5第1項（特定寄附信託の利子所得の非課税）に規定する特定寄附信託（以下この項及び第3項において「特定寄附信託」という。）を除く。次号において同じ。）にあつては当該信託会社の各事業年度末、信託会社以外の者が受託者である信託又は特定寄附信託にあつては前年12月31日におけるその信託に係る資産及び負債の内訳並びに資産及び負債の額

四　信託会社が受託者である信託にあつては各事業年度中、信託会社以外の者が受託者である信託又は特定寄附信託にあつては前年中におけるその信託に係る資産の異動並びに信託財産に帰せられる収益及び費用の額

五　受益者等に交付した信託の利益の内容、受益者等の異動及び受託者の受けるべき報酬等に関する事項

六　委託者又は受益者等が国税通則法第117条第2項（納税管理人）の規定により届け出た納税管理人が明らかな場合には、その氏名及び住所又は居所

七　その信託が特定寄附信託である場合には、その旨及び次に掲げる事項

イ　当該特定寄附信託に係る特定寄附信託契約（租税特別措置法第4条の5第2項に規定する特定寄附信託契約をいう。）締結時の信託の元本の額

ロ　前年中に当該特定寄附信託の信託財産から支出した寄附金の額及び当該信託財産に帰せられる租税特別措置法第4条の5第1項の規定の適用を受けた同項に規定する利子等の金額のうち前年中に寄附金として支出した金額並びにこれらの寄附金を支出した年月日

ハ　ロの寄附金を受領した法人又は法第78条第3項（寄附金控除）に規定する特定公益信託の受託者の名称及び所在地並びに当該特定公益信託の名称

八　その他参考となるべき事項

2　前項の場合において、各人別の同項第4号に掲げる信託財産に帰せられる収益の額の合計額が3万円（当該合計額の計算の基礎となつた期間が1年未満である場合には、1万5000円）以下であるときは、その信託に係る同項の計算書は、提出することを要しない。

3　その信託が次に掲げる場合に該当する場合には、その信託（その受益者等が居住者又は国内に恒久的施設を有する非居住者であるものに限る。）に係る第1項の計算書については、前項の規定は、適用しない。

一　特定寄附信託である場合

二　前項に規定する収益の額に租税特別措置法第8条の5第1項第2号から第7号まで（確定申告を要しない配当所得等）に掲げる利子等若しくは配当等又は同法第41条の12の2第3項（割引債の差益金額に係る源泉徴収等の特例）に規定する特定割引債の同項の償還金若しくは同条第1項第2号に規定する国外割引債の償還金で同法第37条の11第2項（上場株式等に係る譲渡所得等の課税の特例）に規定する上場株式等に該当する同法第41条の12の2第6項第1号に規定する割引債に係るものが含まれる場合

4　第1項の計算書の書式は、別表第7（1）による。

（昭和40年3月31日法律第34号）

（定義）

第2条 この法律において、次の各号に掲げる用語の意義は、当該各号に定めるところによる。

一〜九 省略

九の二 非営利型法人 一般社団法人又は一般財団法人（公益社団法人又は公益財団法人を除く。）のうち、次に掲げるものをいう。

イ その行う事業により利益を得ること又はその得た利益を分配することを目的としない法人であつてその事業を運営するための組織が適正であるものとして政令で定めるもの

ロ その会員から受け入れる会費により当該会員に共通する利益を図るための事業を行う法人であつてその事業を運営するための組織が適正であるものとして政令で定めるもの

十〜二十九 省略

二十九の二 法人課税信託 次に掲げる信託（集団投資信託並びに第12条第4項第1号（信託財産に属する資産及び負債並びに信託財産に帰せられる収益及び費用の帰属）に規定する退職年金等信託及び同項第2号に規定する特定公益信託等を除く。）をいう。

イ 受益権を表示する証券を発行する旨の定めのある信託

ロ 第12条第1項に規定する受益者（同条第2項の規定により同条第1項に規定する受益者とみなされる者を含む。）が存しない信託

ハ 法人（公共法人及び公益法人等を除く。）が委託者となる信託（信託財産に属する資産のみを信託するものを除く。）で、次に掲げる要件のいずれかに該当するもの

(1) 当該法人の事業の全部又は重要な一部（その譲渡につき当該法人の会社法（平成17年法律第86号）第467条第1項（第1号又は第2号に係る部分に限る。）（事業譲渡等の承認等）の株主総会の決議（これに準ずるものを含む。）を要するものに限る。）を信託し、かつ、その信託の効力が生じた時において、当該法人の株主等が取得する受益権の当該信託に係る全ての受益権に対する割合が100分の50を超えるものとして政令で定めるものに該当することが見込まれていたこと（その信託財産に属する金銭以外の資産の種類がおおむね同一である場合として政令で定める場合を除く。）。

(2) その信託の効力が生じた時又はその存続期間（その信託行為において定められた存続期間をいう。(2)において同じ。）の定めの変更の効力が生じた時（(2)において「効力発生時等」という。）において当該法人又は当該法人との間に政令で定める特殊の関係のある者（(2)及び(3)において「特殊関係者」という。）が受託者であり、かつ、当該効力発生時等において当該効力発生時等以後のその存続期間が20年を超えるものとされていたこと（当該法人又は当該法人の特殊関係者のいずれもがその受託者でなかつた場合において当該法人又は当該法人の特殊関係者がその受託者に就任することとなり、かつ、その就任の時においてその時以後のその存続期間が20年を超えるものとされていたときを含むものとし、その信託財産の性質上その信託財産の管理又は処分に長期間を要する場合として政令で定める場合を除く。）。

(3) その信託の効力が生じた時において当該法人又は当該法人の特殊関係者をその受託者と、当該法人の特殊関係者をその受益者とし、かつ、その時において当該特殊関係者に対する収益の分配の割合が可能である場合として政令で定める場合に該当したこと。

ニ 投資信託及び投資法人に関する法律第2条第3項に規定する投資信託

ホ 資産の流動化に関する法律第2条第13項に規定する特定目的信託

三十一〜四十四 省略

（第2章 納税義務者）

第4条 内国法人は、この法律により、法人税を納める義務がある。ただし、公益法人等又は人格のない社団等については、収益事業を行う場合、法人課税信託の引受けを行う場合又は第84条第1項（退職年金等積立金の額の計算）に規定する退職年金業務等を行う場合に限る。

2 公共法人は、前項の規定にかかわらず、法人税を納める義務がない。

3 外国法人は、第138条（国内源泉所得）に規定する国内源泉所得を有するとき（人格のない社団等については、当該国内源泉所得で収益事業から生ずるものを有するときに限る。）、法人課税信託の引受けを行うとき又は第145条の3（外国法人に係る退職年金等積立金の額の計算）に規定する退職年金業務等を行うときは、この法律により、法人税を納める義務がある。

4 個人は、法人課税信託の引受けを行うときは、この法律により、法人税を納める義務がある。

（法人課税信託の受託者に関するこの法律の適用）

第4条の6 法人課税信託の受託者は、各法人課税信託の信託資産等（信託財産に属する資産及び負債並びに当該信託財産に帰せられる収益及び費用をいう。以下この章において同じ。）及び固有資

産等（法人課税信託の信託資産等以外の資産及び負債並びに収益及び費用をいう。次項において同じ。）ごとに、それぞれ別の者とみなして、この法律（第2条第29号の2（定義）、第4条（納税義務者）及び第12条（信託財産に属する資産及び負債並びに信託財産に帰せられる収益及び費用の帰属）並びに第6章（納税地）並びに第5編（罰則）を除く。以下この章において同じ。）の規定を適用する。

2　前項の場合において、各法人課税信託の信託資産等及び固有資産等は、同項の規定によりみなされた各別の者にそれぞれ帰属するものとする。

（受託法人等に関するこの法律の適用）

第4条の7　受託法人（法人課税信託の受託者である法人（その受託者が個人である場合にあつては、当該受託者である個人）について、前条の規定により、当該法人課税信託に係る信託資産等が帰属する者としてこの法律の規定を適用する場合における当該受託者である法人をいう。以下この条において同じ。）又は法人課税信託の受益者についてこの法律の規定を適用する場合には、次に定めるところによる。

一　法人課税信託の信託された営業所、事務所その他これらに準ずるもの（次号において「営業所」という。）が国内にある場合には、当該法人課税信託に係る受託法人は、内国法人とする。

二　法人課税信託の信託された営業所が国内にない場合には、当該法人課税信託に係る受託法人は、外国法人とする。

三　受託法人（会社でないものに限る。）は、会社とみなす。

四　信託の併合は合併とみなし、信託の併合に係る従前の信託である法人課税信託に係る受託法人は被合併法人に含まれるものと、信託の併合に係る新たな信託である法人課税信託に係る受託法人は合併法人に含まれるものとする。

五　信託の分割は分割型分割に含まれるものとし、信託の分割によりその信託財産の一部を受託者を同一とする他の信託又は新たな信託の信託財産として移転する法人課税信託に係る受託法人は分割法人に含まれるものと、信託の分割により受託者を同一とする他の信託からその信託財産の一部の移転を受ける法人課税信託に係る受託法人は分割承継法人に含まれるものとする。

六　法人課税信託の受益権は株式又は出資とみなし、法人課税信託の受益者は株主等に含まれるものとする。この場合において、その法人課税信託の受託者である法人の株式又は出資は当該法人課税信託に係る受託法人の株式又は出資でないものとみなし、当該受託者である法人の株主等は当該受託法人の株主等でないものとする。

七　受託法人は、当該受託法人に係る法人課税信託の効力が生ずる日（一の約款に基づき複数の信託契約が締結されるものである場合にはその最初の契約が締結された日とし、法人課税信託以外の信託が法人課税信託に該当することとなつた場合にはその該当することとなつた日とする。）に設立されたものとする。

八　法人課税信託について信託の終了があつた場合又は法人課税信託（第2条第29号の2ロ（定義）に掲げる信託に限る。）に第12条第1項（信託財産に属する資産及び負債並びに信託財産に帰せられる収益及び費用の帰属）に規定する受益者（同条第2項の規定により同条第1項に規定する受益者とみなされる者を含む。次号において「受益者等」という。）が存することとなつた場合（第2条第29号の2イ又はハに掲げる信託に該当する場合を除く。）には、これらの法人課税信託に係る受託法人の解散があつたものとする。

九　法人課税信託（第2条第29号の2ロに掲げる信託を除く。以下この号において同じ。）の委託者がその有する資産の信託をした場合又は第12条第1項の規定により受益者等がその信託財産に属する資産及び負債を有するものとみなされる信託が法人課税信託に該当することとなつた場合には、これらの法人課税信託に係る受託法人に対する出資があつたものとみなす。

十　法人課税信託の収益の分配は資本剰余金の減少に伴わない剰余金の配当と、法人課税信託の元本の払戻しは資本剰余金の減少に伴う剰余金の配当とみなす。

十一　前各号に定めるもののほか、受託法人又は法人課税信託の受益者についてのこの法律の規定の適用に関し必要な事項は、政令で定める。

（受託者が二以上ある法人課税信託）

第4条の8　一の法人課税信託の受託者が二以上ある場合には、各受託者の当該法人課税信託に係る信託資産等は、一の者の信託資産等とみなして、この法律の規定を適用する。

2　前項に規定する場合には、同項の各受託者は、同項の法人課税信託の信託事務を主宰する受託者を納税義務者として当該法人課税信託に係る法人税を納めるものとする。

（信託財産に属する資産及び負債並びに信託財産に帰せられる収益及び費用の帰属）

第12条　信託の受益者（受益者としての権利を現に有するものに限る。）は当該信託の信託財産に属する資産及び負債を有するものとみなし、かつ、当該信託財産に帰せられる収益及び費用は当該受益者の収益及び費用とみなして、この法律の規定を適用する。ただし、集団投資信託、退職年金等信託、特定公益信託等又は法人課税信託の信託財産に属する資産及び負債並びに当該信託財産に帰せられる収益及び費用については、この限りでない。

2 信託の変更をする権限（軽微な変更をする権限として政令で定めるものを除く。）を現に有し、かつ、当該信託の信託財産の給付を受けることとされている者（受益者を除く。）は、前項に規定する受益者とみなして、同項の規定を適用する。

3 法人が受託者となる集団投資信託、退職年金等信託又は特定公益信託等の信託財産に属する資産及び負債並びに当該信託財産に帰せられる収益及び費用は、当該法人の各事業年度の所得の金額及び各連結事業年度の連結所得の金額の計算上、当該法人の資産及び負債並びに収益及び費用でないものとみなして、この法律の規定を適用する。

4 この条において、次の各号に掲げる用語の意義は、当該各号に定めるところによる。
　一　退職年金等信託　第84条第1項（退職年金等積立金の額の計算）に規定する確定給付年金資産管理運用契約、確定給付年金基金資産運用契約、確定拠出年金資産管理契約、勤労者財産形成給付契約若しくは勤労者財産形成基金給付契約、国民年金基金若しくは国民年金基金連合会の締結した国民年金法（昭和34年法律第141号）第128条第3項（基金の業務）若しくは第137条の15第4項（連合会の業務）に規定する契約又はこれらに類する退職年金に関する契約で政令で定めるものに係る信託をいう。
　二　特定公益信託等　第37条第6項（寄附金の損金不算入）に規定する特定公益信託及び社債、株式等の振替に関する法律（平成13年法律第75号）第2条第11項（定義）に規定する加入者保護信託をいう。

5 受益者が二以上ある場合における第1項の規定の適用、第2項に規定する信託財産の給付を受けることとされている者に該当するかどうかの判定その他第1項から第3項までの規定の適用に関し必要な事項は、政令で定める。

（事業年度の意義）
第13条　この法律において「事業年度」とは、法人の財産及び損益の計算の単位となる期間（以下この章において「会計期間」という。）で、法令で定めるもの又は法人の定款、寄附行為、規則、規約その他これらに準ずるもの（以下この章において「定款等」という。）に定めるものをいい、法令又は定款等に会計期間の定めがない場合には、次項の規定により納税地の所轄税務署長に届け出た会計期間又は第3項の規定により納税地の所轄税務署長が指定した会計期間若しくは第4項に規定する期間をいう。ただし、これらの期間が1年を超える場合は、当該期間をその開始の日以後1年ごとに区分した各期間（最後に1年未満の期間を生じたときは、その1年未満の期間）をいう。

2 法令及び定款等に会計期間の定めがない法人は、次の各号に掲げる法人の区分に応じ当該各号に定める日以後2月以内に、会計期間を定めてこれを納税地の所轄税務署長に届け出なければならない。
　一　内国法人　設立の日（公益法人等又は人格のない社団等については収益事業を開始した日とし、公益法人等（収益事業を行つていないものに限る。）に該当していた普通法人又は協同組合等については当該普通法人又は協同組合等に該当することとなつた日とする。）
　二　外国法人　第141条第1号から第3号まで（外国法人に係る法人税の課税標準）に掲げる外国法人のいずれかに該当することとなつた日又は当該外国法人に該当しないで第138条第2号（人的役務の提供事業に係る対価）に規定する事業を国内において開始し、若しくは第141条第4号に掲げる国内源泉所得で第138条第2号に掲げる対価以外のものを有することとなつた日（人格のない社団等については、第141条各号に掲げる外国法人の区分に応じ当該各号に掲げる国内源泉所得のうち収益事業から生ずるものを有することとなつた日）

3 前項の規定による届出をすべき法人（人格のない社団等を除く。）がその届出をしない場合には、納税地の所轄税務署長は、その会計期間を指定し、当該法人に対し、書面によりその旨を通知する。

4 第2項の規定による届出をすべき人格のない社団等がその届出をしない場合には、その人格のない社団等の会計期間は、その年の1月1日（同項第1号に規定する収益事業を開始した日又は同項第2号に規定する国内源泉所得のうち収益事業から生ずるものを有することとなつた日の属する年については、これらの日）から12月31日までの期間とする。

（各事業年度の所得の金額の計算）
第22条　内国法人の各事業年度の所得の金額は、当該事業年度の益金の額から当該事業年度の損金の額を控除した金額とする。

2 内国法人の各事業年度の所得の金額の計算上当該事業年度の益金の額に算入すべき金額は、別段の定めがあるものを除き、資産の販売、有償又は無償による資産の譲渡又は役務の提供、無償による資産の譲受けその他の取引で資本等取引以外のものに係る当該事業年度の収益の額とする。

3 内国法人の各事業年度の所得の金額の計算上当該事業年度の損金の額に算入すべき金額は、別段の定めがあるものを除き、次に掲げる額とする。
　一　当該事業年度の収益に係る売上原価、完成工事原価その他これらに準ずる原価の額
　二　前号に掲げるもののほか、当該事業年度の販売費、一般管理費その他の費用（償却費以外の費用で当該事業年度終了の日までに債務の確定しないものを除く。）の額

三　当該事業年度の損失の額で資本等取引以外の取引に係るもの

4　第2項に規定する当該事業年度の収益の額及び前項各号に掲げる額は、一般に公正妥当と認められる会計処理の基準に従つて計算されるものとする。

5　第2項又は第3項に規定する資本等取引とは、法人の資本金等の額の増加又は減少を生ずる取引並びに法人が行う利益又は剰余金の分配（資産の流動化に関する法律第115条第1項（中間配当）に規定する金銭の分配を含む。）及び残余財産の分配又は引渡しをいう。

（受取配当等の益金不算入）

第23条　内国法人が次に掲げる金額（第1号に掲げる金額にあつては、外国法人若しくは公益法人等又は人格のない社団等から受けるもの及び適格現物分配に係るものを除く。以下この条において「配当等の額」という。）を受けるときは、その配当等の額（完全子法人株式等、関連法人株式等及び非支配目的株式等のいずれにも該当しない株式等（株式又は出資をいう。以下この条において同じ。）に係る配当等の額にあつては当該配当等の額の100分の50に相当する金額とし、非支配目的株式等に係る配当等の額にあつては当該配当等の額の100分の20に相当する金額とする。）は、その内国法人の各事業年度の所得の金額の計算上、益金の額に算入しない。

一　剰余金の配当（株式等に係るものに限るものとし、資本剰余金の額の減少に伴うもの及び分割型分割によるものを除く。）若しくは利益の配当（分割型分割によるものを除く。）又は剰余金の分配（出資に係るものに限る。）の額

二　投資信託及び投資法人に関する法律第137条（金銭の分配）の金銭の分配（出資総額等の減少に伴う金銭の分配として財務省令で定めるもの（第24条第1項第3号（配当等の額とみなす金額）において「出資等減少分配」という。）を除く。）の額

三　資産の流動化に関する法律第115条第1項（中間配当）に規定する金銭の分配の額

2　前項の規定は、内国法人がその受ける配当等の額（第24条第1項の規定により、その内国法人が受ける配当等の額とみなされる金額を除く。以下この項において同じ。）の元本である株式等をその配当等の額の支払に係る基準日以前1月以内に取得し、かつ、当該株式等は当該株式等と銘柄を同じくする株式等を当該基準日後2月以内に譲渡した場合における当該譲渡した株式等のうち政令で定めるものの配当等の額については、適用しない。

3　第1項の規定は、内国法人がその受ける配当等の額（第24条第1項（第4号に係る部分に限る。）の規定により、その内国法人が受ける配当等の額とみなされる金額に限る。以下この項において同じ。）の元本である株式等でその配当等の額の生ずる基因となる同号に掲げる事由が生ずることが予定されているものの取得（適格合併又は適格分割型分割による引継ぎを含む。）をした場合におけるその取得をした株式等に係る配当等の額（その予定されていた事由（第61条の2第16項（有価証券の譲渡益又は譲渡損の益金又は損金算入）の規定の適用があるものを除く。）に基因するものとして政令で定めるものに限る。）については、適用しない。

4　第1項の場合において、同項の内国法人が当該事業年度において支払う負債の利子（これに準ずるものとして政令で定めるものを含むものとし、当該内国法人との間に連結完全支配関係がある連結法人に支払うものを除く。）があるときは、当該内国法人が受ける関連法人株式等に係る配当等の額について同項の規定により当該事業年度の所得の金額の計算上益金の額に算入しない金額は、同項の規定にかかわらず、その保有する関連法人株式等につき当該事業年度において受ける配当等の額の合計額から当該負債の利子の額のうち当該関連法人株式等に係る部分の金額として政令で定めるところにより計算した金額を控除した金額とする。

5　第1項に規定する完全子法人株式等とは、配当等の額の計算期間を通じて内国法人との間に完全支配関係があつた他の内国法人（公益法人等及び人格のない社団等を除く。）の株式等として政令で定めるものをいう。

6　第1項及び第4項に規定する関連法人株式等とは、内国法人が他の内国法人（公益法人等及び人格のない社団等を除く。）の発行済株式又は出資（当該他の内国法人が有する自己の株式等を除く。）の総数又は総額の3分の1を超える数又は金額の株式等を有する場合として政令で定める場合における当該他の内国法人の株式等（前項に規定する完全子法人株式等を除く。）をいう。

7　第1項に規定する非支配目的株式等とは、内国法人が他の内国法人（公益法人等及び人格のない社団等を除く。）の発行済株式又は出資（当該他の内国法人が有する自己の株式等を除く。）の総数又は総額の100分の5以下に相当する数又は金額の株式等を有する場合として政令で定める場合における当該他の内国法人の株式等（第5項に規定する完全子法人株式等を除く。）をいう。

8　第1項の規定は、確定申告書、修正申告書又は更正請求書に益金の額に算入されない配当等の額及びその計算に関する明細を記載した書類の添付がある場合に限り、適用する。この場合において、同項の規定により益金の額に算入されない金額は、当該金額として記載された金額を限度とする。

9　適格合併、適格分割、適格現物出資又は適格現物分配により株式等の移転が行われた場合における第1項及び第2項の規定の適用その他第1項から第7項までの規定の適用に関し必要な事項は、政令で定める。

第37条 内国法人が各事業年度において支出した寄附金の額（次項の規定の適用を受ける寄附金の額を除く。）の合計額のうち、その内国法人の当該事業年度終了の時の資本金等の額又は当該事業年度の所得の金額を基礎として政令で定めるところにより計算した金額を超える部分の金額は、当該内国法人の各事業年度の所得の金額の計算上、損金の額に算入しない。

2　内国法人が各事業年度において当該内国法人との間に完全支配関係（法人による完全支配関係に限る。）がある他の内国法人に対して支出した寄附金の額（第25条の2（受贈益の益金不算入）又は第81条の3第1項（第25条の2に係る部分に限る。）の規定を適用しないとした場合に当該他の内国法人の各事業年度の所得の金額又は各連結事業年度の連結所得の金額の計算上益金の額に算入される第25条の2第2項に規定する受贈益の額に対応するものに限る。）は、当該内国法人の各事業年度の所得の金額の計算上、損金の額に算入しない。

3　第1項の場合において、同項に規定する寄附金の額のうちに次の各号に掲げる寄附金の額があるときは、当該各号に掲げる寄附金の額の合計額は、同項に規定する寄附金の額の合計額に算入しない。

　一　国又は地方公共団体（港湾法（昭和25年法律第218号）の規定による港務局を含む。）に対する寄附金（その寄附をした者がその寄附によつて設けられた設備を専属的に利用することその他特別の利益がその寄附をした者に及ぶと認められるものを除く。）の額

　二　公益社団法人、公益財団法人その他公益を目的とする事業を行う法人又は団体に対する寄附金（当該法人の設立のためにされる寄附金その他の当該法人の設立前においてされる寄附金で政令で定めるものを含む。）のうち、次に掲げる要件を満たすと認められるものとして政令で定めるところにより財務大臣が指定したものの額

　　イ　広く一般に募集されること。

　　ロ　教育又は科学の振興、文化の向上、社会福祉への貢献その他公益の増進に寄与するための支出で緊急を要するものに充てられることが確実であること。

4　第1項の場合において、同項に規定する寄附金の額のうちに、公共法人、公益法人等（別表第2に掲げる一般社団法人及び一般財団法人を除く。以下この項及び次項において同じ。）その他特別の法律により設立された法人のうち、教育又は科学の振興、文化の向上、社会福祉への貢献その他公益の増進に著しく寄与するものとして政令で定めるものに対する当該法人の主たる目的である業務に関連する寄附金（前項各号に規定する寄附金に該当するものを除く。）の額があるときは、当該寄附金の額の合計額（当該合計額が当該事業年度終了の時の資本金等の額又は当該事業年度の所得の金額を基礎として政令で定めるところにより計算した金額を超える場合には、当該計算した金額に相当する金額）は、第1項に規定する寄附金の額の合計額に算入しない。ただし、公益法人等が支出した寄附金の額については、この限りでない。

5　公益法人等がその収益事業に属する資産のうちからその収益事業以外の事業のために支出した金額（公益社団法人又は公益財団法人にあつては、その収益事業に属する資産のうちからその収益事業以外の事業で公益に関する事業として政令で定める事業に該当するもののために支出した金額）は、その収益事業に係る寄附金の額とみなして、第1項の規定を適用する。

6　内国法人が特定公益信託（公益信託ニ関スル法律（大正11年法律第62号）第1条（公益信託）に規定する公益信託で信託の終了の時における信託財産がその委託者に帰属しないこと及びその信託事務の実施につき政令で定める要件を満たすものであることについて政令で定めるところにより証明がされたものをいう。）の信託財産とするために支出した金銭の額は、寄附金の額とみなして第1項、第4項、第9項及び第10項の規定を適用する。この場合において、第4項中「ロ」の額」とあるのは、「ロ」の額（第6項に規定する特定公益信託のうち、その目的が教育又は科学の振興、文化の向上、社会福祉への貢献その他公益の増進に著しく寄与するものとして政令で定めるものの信託財産とするために支出した金銭の額を含む。）」とするほか、この項の規定の適用を受けるための手続に関し必要な事項は、政令で定める。

7　前各項に規定する寄附金の額は、寄附金、拠出金、見舞金その他いずれの名義をもつてするかを問わず、内国法人が金銭その他の資産又は経済的な利益の贈与又は無償の供与（広告宣伝及び見本品の費用その他これらに類する費用並びに交際費、接待費及び福利厚生費とされるべきものを除く。次項において同じ。）をした場合における当該金銭の額若しくは金銭以外の資産のその贈与の時における価額又は当該経済的な利益のその供与の時における価額によるものとする。

8　内国法人が資産の譲渡又は経済的な利益の供与をした場合において、その譲渡又は供与の対価の額が当該資産のその譲渡の時における価額又は当該経済的な利益のその供与の時における価額に比して低いときは、当該対価の額と当該価額との差額のうち実質的に贈与又は無償の供与をしたと認められる金額は、前項の寄附金の額に含まれるものとする。

9　第3項の規定は、確定申告書、修正申告書又は更正請求書に第1項に規定する寄附金の額の合計額に算入されない第3項各号に掲げる寄附金の額及び当該寄附金の明細を記載した書類の添付があ

る場合に限り、第4項の規定は、確定申告書、修正申告書又は更正請求書に第1項に規定する寄附金の額の合計額に算入されない第4項に規定する寄附金の額及び当該寄附金の明細を記載した書類の添付があり、かつ、当該書類に記載された寄附金が同項に規定する寄附金に該当することを証する書類として財務省令で定める書類を保存している場合に限り、適用する。この場合において、第3項又は第4項の規定により第1項に規定する寄附金の額の合計額に算入されない金額は、当該金額として記載された金額を限度とする。

10 税務署長は、第4項の規定により第1項に規定する寄附金の額の合計額に算入されないこととなる金額の全部又は一部につき前項に規定する財務省令で定める書類の保存がない場合においても、その書類の保存がなかつたことについてやむを得ない事情があると認めるときは、その書類の保存がなかつた金額につき第4項の規定を適用することができる。

11 財務大臣は、第3項第2号の指定をしたときは、これを告示する。

12 第5項から前項までに定めるもののほか、第1項から第4項までの規定の適用に関し必要な事項は、政令で定める。

（貸倒引当金）

第52条 次に掲げる内国法人が、その有する金銭債権のうち、更生計画認可の決定に基づいて弁済を猶予され、又は賦払により弁済されることその他の政令で定める事実が生じていることによりその一部につき貸倒れその他これに類する事由による損失が見込まれるもの（当該金銭債権に係る債務者に対する他の金銭債権がある場合には、当該他の金銭債権を含む。以下この条において「個別評価金銭債権」という。）のその損失の見込額として、各事業年度（被合併法人の適格合併に該当しない合併の日の前日の属する事業年度及び残余財産の確定（その残余財産の分配が適格現物分配に該当しないものに限る。次項において同じ。）の日の属する事業年度を除く。）において損金経理により貸倒引当金勘定に繰り入れた金額については、当該繰り入れた金額のうち、当該事業年度終了の時において当該個別評価金銭債権の取立て又は弁済の見込みがないと認められる部分の金額を基礎として政令で定めるところにより計算した金額（第5項において「個別貸倒引当金繰入限度額」という。）に達するまでの金額は、当該事業年度の所得の金額の計算上、損金の額に算入する。

一 当該事業年度終了の時において次に掲げる法人に該当する内国法人（当該内国法人が連結子法人である場合には、当該事業年度終了の時において当該内国法人に係る連結親法人が次に掲げる法人に該当する場合における当該内国法人に限る。）

　イ 普通法人（投資法人及び特定目的会社を除く。）のうち、資本金の額若しくは出資金の額が1億円以下であるもの（第66条第6項第2号又は第3号（各事業年度の所得に対する法人税の税率）に掲げる法人に該当するものを除く。）又は資本若しくは出資を有しないもの

　ロ 公益法人等又は協同組合等

　ハ 人格のない社団等

二 次に掲げる内国法人

　イ 銀行法（昭和56年法律第59号）第2条第1項（定義等）に規定する銀行

　ロ 保険業法（平成7年法律第105号）第2条第2項（定義）に規定する保険会社

　ハ イ又はロに掲げるものに準ずるものとして政令で定める内国法人

三 第64条の2第1項（リース取引に係る所得の金額の計算）の規定により売買があつたものとされる同項に規定するリース資産の対価の額に係る金銭債権を有する内国法人その他の金融に関する取引に係る金銭債権を有する内国法人として政令で定める内国法人（前二号に掲げる内国法人を除く。）

2 前項各号に掲げる内国法人が、その有する売掛金、貸付金その他これらに準ずる金銭債権（個別評価金銭債権を除く。以下この条において「一括評価金銭債権」という。）の貸倒れによる損失の見込額として、各事業年度（被合併法人の適格合併に該当しない合併の日の前日の属する事業年度及び残余財産の確定の日の属する事業年度を除く。）において損金経理により貸倒引当金勘定に繰り入れた金額については、当該繰り入れた金額のうち、当該事業年度終了の時において有する一括評価金銭債権の額及び最近における売掛金、貸付金その他これらに準ずる金銭債権の貸倒れによる損失の額を基礎として政令で定めるところにより計算した金額（第6項において「一括貸倒引当金繰入限度額」という。）に達するまでの金額は、当該事業年度の所得の金額の計算上、損金の額に算入する。

3〜13 省略

（第9款 法人課税信託に係る所得の金額の計算）

第64条の3 第2条第29号ハ（定義）に規定する特定受益証券発行信託が法人課税信託に該当することとなつた場合には、その該当することとなつた時の直前の未分配利益の額に相当する金額として政令で定める金額は、当該法人課税信託に係る受託法人（第4条の7（受託法人等に関するこの法律の適用）に規定する受託法人をいう。以下この条において同じ。）のその該当することとなつた日の属する事業年度の所得の金額の計算上、益金の額に算入する。

2 法人課税信託（第2条第29号の2ロに掲げる信託に限る。）に第12条第1項（信託財産に属す

る資産及び負債並びに信託財産に帰せられる収益及び費用の帰属）に規定する受益者（同条第2項の規定により同条第1項に規定する受益者とみなされる者を含むものとし、清算中における受益者を除く。）が存することとなつたことにより当該法人課税信託が同号ロに掲げる信託に該当しないこととなつた場合（同号イ又はハに掲げる信託に該当する場合を除く。）には、当該法人課税信託に係る受託法人は当該受益者に対しその信託財産に属する資産及び負債のその該当しないこととなつた時の直前の帳簿価額による引継ぎをしたものとして、当該受託法人の各事業年度の所得の金額を計算する。

3　前項の場合において、同項の受益者が内国法人であるときは、当該受益者である内国法人は、同項の資産及び負債の同項に規定する帳簿価額による引継ぎを受けたものとして、各事業年度の所得の金額を計算する。

4　法人課税信託に係る受託法人が当該法人課税信託の受託者の変更により当該法人課税信託に係る資産及び負債の移転をしたときは、当該変更後の受託者に当該移転をした資産及び負債の当該変更の直前の帳簿価額による引継ぎをしたものとして、当該受託法人の各事業年度の所得の金額を計算する。

5　前項の規定により同項の変更後の受託者が引継ぎを受ける資産及び負債の価額その他受託法人又はその受益者の各事業年度の所得の金額の計算に関し必要な事項は、政令で定める。

（各事業年度の所得に対する法人税の税率）

第66条　内国法人である普通法人、一般社団法人等（別表第2に掲げる一般社団法人及び一般財団法人並びに公益社団法人及び公益財団法人をいう。次項及び第3項において同じ。）又は人格のない社団等に対して課する各事業年度の所得に対する法人税の額は、各事業年度の所得の金額に100分の23.9の税率を乗じて計算した金額とする。

2　前項の場合において、普通法人のうち各事業年度終了の時において資本金の額若しくは出資金の額が1億円以下であるもの若しくは資本若しくは出資を有しないもの、一般社団法人等又は人格のない社団等の各事業年度の所得の金額のうち年800万円以下の金額については、同項の規定にかかわらず、100分の19の税率による。

3　公益法人等（一般社団法人等を除く。）又は協同組合等に対して課する各事業年度の所得に対する法人税の額は、各事業年度の所得の金額に100分の19の税率を乗じて計算した金額とする。

4　事業年度が1年に満たない法人に対する第2項の規定の適用については、同項中「年800万円」とあるのは、「800万円を12で除し、これに当該事業年度の月数を乗じて計算した金額」とする。

5　前項の月数は、暦に従つて計算し、1月に満たない端数を生じたときは、これを1月とする。

6　内国法人である普通法人のうち各事業年度終了の時において次に掲げる法人に該当するものについては、第2項の規定は、適用しない。

一　保険業法に規定する相互会社（次号ロにおいて「相互会社」という。）

二　大法人（次に掲げる法人をいう。以下この号及び次号において同じ。）との間に当該大法人による完全支配関係がある普通法人

イ　資本金の額又は出資金の額が5億円以上である法人

ロ　相互会社（これに準ずるものとして政令で定めるものを含む。）

ハ　第4条の7（受託法人等に関するこの法律の適用）に規定する受託法人（第6号において「受託法人」という。）

三　普通法人との間に完全支配関係がある全ての大法人が有する株式及び出資の全部を当該全ての大法人のうちいずれか一の法人が有するものとみなした場合において当該いずれか一の法人と当該普通法人との間に当該いずれか一の法人による完全支配関係があることとなるときの当該普通法人（前号に掲げる法人を除く。）

四　投資法人

五　特定目的会社

六　受託法人

（仮決算をした場合の中間申告書の記載事項等）

第72条　内国法人である普通法人（第4条の7（受託法人等に関するこの法律の適用）に規定する受託法人を除く。）が当該事業年度開始の日以後6月の期間を一事業年度とみなして当該期間に係る課税標準である所得の金額又は欠損金額を計算した場合には、その普通法人は、前条第1項各号に掲げる事項に代えて、次に掲げる事項を記載した中間申告書を提出することができる。ただし、同項ただし書の規定により中間申告書を提出することを要しない場合又は第2号に掲げる金額が同条の規定により計算した同項第1号に掲げる金額を超える場合は、この限りでない。

一　当該所得の金額又は欠損金額

二　当該期間を一事業年度とみなして前号に掲げる所得の金額につき前節（税額の計算）（第67条（特定同族会社の特別税率）及び第70条（仮装経理に基づく過大申告の場合の更正に伴う法人税額の控除）を除く。）の規定を適用するものとした場合に計算される法人税の額

三　前二号に掲げる金額の計算の基礎その他財務省令で定める事項

2　前項に規定する事項を記載した中間申告書には、同項に規定する期間の末日における貸借対照表、当該期間の損益計算書その他の財務省令で定める書類を添付しなければならない。

3　第1項に規定する期間に係る課税標準である所得の金額又は欠損金額及び同項第2号に掲げる法人税の額の計算については、第2条第25号（定義）中「確定した決算」とあるのは「決算」と、第1節第3款、第4款、第7款及び第10款（課税標準の計算）（第57条第2項、第7項及び第10項（青色申告書を提出した事業年度の欠損金の繰越しの要件）並びに第58条第2項及び第5項（青色申告書を提出しなかつた事業年度の災害による損失金の繰越しの要件）を除く。）中「確定申告書」とあるのは「中間申告書」と、「確定した決算」とあるのは「決算」と、第68条第3項（所得税額の控除）及び第69条第10項（外国税額の控除）中「確定申告書」とあるのは「中間申告書」と、同条第11項中「確定申告書、修正申告書又は更正請求書にこれら」とあるのは「中間申告書、修正申告書又は更正請求書にこれら」とする。

4　前項に定めるもののほか、第1項に規定する期間に係る課税標準である所得の金額又は欠損金額及び同項第2号に掲げる法人税の額の計算に関し必要な事項は、政令で定める。

（内国普通法人等の設立の届出）
第148条　新たに設立された内国法人である普通法人又は協同組合等は、その設立の日以後2月以内に、次に掲げる事項を記載した届出書にその設立の時における貸借対照表その他の財務省令で定める書類を添付し、これを納税地（連結子法人にあつては、その本店又は主たる事務所の所在地。第1号において同じ。）の所轄税務署長に提出しなければならない。
一　その納税地
二　その事業の目的
三　その設立の日

2　第4条の7（受託法人等に関するこの法律の適用）に規定する受託法人に係る前項の規定の適用については、同項中「協同組合等」とあるのは「協同組合等（法人課税信託の受託者が二以上ある場合には、その法人課税信託の信託事務を主宰する受託者（以下この項において「主宰受託者」という。）以外の受託者を除く。）」と、「次に掲げる事項」とあるのは「次に掲げる事項及びその法人課税信託の名称（その法人課税信託の受託者が二以上ある場合には、主宰受託者以外の受託者の名称又は氏名及び納税地又は本店若しくは主たる事務所の所在地若しくは住所若しくは居所を含む。）」とする。

（受託者の連帯納付の責任）
第152条　第4条の8第2項（受託者が二以上ある法人課税信託に係る納税義務）の規定により同項の法人課税信託の信託事務を主宰する受託者（以下この条において「主宰受託者」という。）が納めるものとされる法人税については、当該法人課税信託の主宰受託者以外の受託者は、その法人税について、連帯納付の責めに任ずる。

2　前項に規定する法人税を主宰受託者以外の受託者から徴収する場合における国税通則法第43条第1項（国税の徴収の所轄庁）の規定の適用については、同項中「国税の徴収」とあるのは「法人税法第2条第29号の2（定義）に規定する法人課税信託の同法第152条第1項（受託者の連帯納付の責任）に規定する主宰受託者（以下この項において「主宰受託者」という。）以外の受託者（以下この項において「連帯受託者」という。）の同条第1項に規定する連帯納付の責任に係る法人税の徴収」と、「その国税の納税地」とあるのは「当該法人税の納税地又は当該連帯受託者が当該法人課税信託の主宰受託者であつたとした場合における当該法人税の納税地」とする。

法人税法施行令（抜粋）

（昭和40年3月31日政令第97号）

（非営利型法人の範囲）
第3条　法第2条第9号の2イ（定義）に規定する政令で定める法人は、次の各号に掲げる要件の全てに該当する一般社団法人又は一般財団法人（清算中に当該各号に掲げる要件の全てに該当することとなつたものを除く。）とする。
一　その定款に剰余金の分配を行わない旨の定めがあること。
二　その解散したときはその残余財産が国若しくは地方公共団体又は次に掲げる法人に帰属する旨の定めがあること。
　イ　公益社団法人又は公益財団法人
　ロ　公益社団法人及び公益財団法人の認定等に関する法律（平成18年法律第49号）第5条第17号イからトまで（公益認定の基準）に掲げる法人
三　前二号の定款の定めに反する行為（前二号及び次号に掲げる要件の全てに該当していた期間において、剰余金の分配又は残余財産の分配若しくは引渡し以外の方法（合併による資産の移転を含む。）により特定の個人又は団体に特別の利益を与えることを含む。）を行うことを決定し、又

は行つたことがないこと。
四　各理事（清算人を含む。以下この号及び次項第7号において同じ。）について、当該理事及び当該理事の配偶者又は三親等以内の親族その他の当該理事と財務省令で定める特殊の関係のある者である理事の合計数の理事の総数のうちに占める割合が、3分の1以下であること。
2　法第2条第9号の2のロに規定する政令で定める法人は、次の各号に掲げる要件の全てに該当する一般社団法人又は一般財団法人（清算中に当該各号に掲げる要件の全てに該当することとなつたものを除く。）とする。
一　その会員の相互の支援、交流、連絡その他の当該会員に共通する利益を図る活動を行うことをその主たる目的としていること。
二　その定款（定款に基づく約款その他これに準ずるものを含む。）に、その会員が会費として負担すべき金銭の額の定め又は当該金銭の額を社員総会若しくは評議員会の決議により定める旨の定めがあること。
三　その主たる事業として収益事業を行つていないこと。
四　その定款に特定の個人又は団体に剰余金の分配を受ける権利を与える旨の定めがないこと。
五　その定款に解散したときはその残余財産が特定の個人又は団体（国若しくは地方公共団体、前項第2号イ若しくはロに掲げる法人又はその目的と類似の目的を有する他の一般社団法人若しくは一般財団法人を除く。）に帰属する旨の定めがないこと。
六　前各号及び次号に掲げる要件の全てに該当していた期間において、特定の個人又は団体に剰余金の分配その他の方法（合併による資産の移転を含む。）により特別の利益を与えることを決定し、又は与えたことがないこと。
七　各理事について、当該理事及び当該理事の配偶者又は三親等以内の親族その他の当該理事と財務省令で定める特殊の関係のある者である理事の合計数の理事の総数のうちに占める割合が、3分の1以下であること。
3　前二項の一般社団法人又は一般財団法人の使用人（職制上使用人としての地位のみを有する者に限る。）以外の者で当該一般社団法人又は一般財団法人の経営に従事しているものは、当該一般社団法人又は一般財団法人の理事とみなして、前二項の規定を適用する。
4　第2項第3号の収益事業は、次の表の上欄に掲げる第5条（収益事業の範囲）の規定中同表の中欄に掲げる字句を同表の下欄に掲げる字句に読み替えた場合における収益事業とする。

第1項第2号イ(1)	公益社団法人又は法別表第2に掲げる一般社団法人	一般社団法人
第1項第2号イ(2)	公益財団法人又は法別表第2に掲げる一般財団法人	一般財団法人
第1項第2号イ(3)	(1)又は(2)に掲げる法人	特定社団法人（その社員総会における議決権の総数の2分の1以上の数が当該地方公共団体により保有されている公益社団法人又は法別表第2に掲げる一般社団法人をいう。(4)において同じ。）又は特定財団法人（その拠出をされた金額の2分の1以上の金額が当該地方公共団体により拠出をされている公益財団法人又は同表に掲げる一般財団法人をいう。(4)において同じ。）
	公益社団法人又は法別表第2に掲げる一般社団法人	一般社団法人
第1項第2号イ(4)	(1)又は(2)に掲げる法人	特定社団法人又は特定財団法人
	公益財団法人又は法別表第2に掲げる一般財団法人	一般財団法人

第1項第29号リ	公益社団法人若しくは公益財団法人又は法別表第2に掲げる一般社団法人若しくは一般財団法人（以下この号において「公益社団法人等」	一般社団法人又は一般財団法人（以下この項及び次項第2号において「一般社団法人等」
第1項第29号ヌ	公益社団法人等	一般社団法人等
第1項第29号ル	法別表第2に掲げる一般社団法人若しくは一般財団法人	一般社団法人等（公益社団法人又は公益財団法人を除く。）
第1項第29号ヲ	公益社団法人又は法別表第2に掲げる一般社団法人	一般社団法人
第1項第29号カ	公益社団法人等	一般社団法人等
第1項第29号ヨ及び第33号ハ並びに第2項第2号	公益法人等	一般社団法人等

5　前各項の規定の適用に関し必要な事項は、財務省令で定める。
（収益事業の範囲）
第5条　法第2条第13号（収益事業の意義）に規定する政令で定める事業は、次に掲げる事業（その性質上その事業に付随して行われる行為を含む。）とする。
　一～九　省略
　十　請負業（事務処理の委託を受ける業を含む。）のうち次に掲げるもの以外のもの
　　イ　法令の規定に基づき国又は地方公共団体の事務処理を委託された法人の行うその委託に係るもので、その委託の対価がその事務処理のために必要な費用を超えないことが法令の規定により明らかなことその他の財務省令で定める要件に該当するもの
　　ロ　土地改良事業団体連合会が会員又は国若しくは都道府県に対し土地改良法第111条の9に掲げる事業として行う請負業
　　ハ　特定法人が農業者団体等に対し農業者団体等の行う農業又は林業の目的に供される土地の造成及び改良並びに耕うん整地その他の農作業のために行う請負業
　　ニ　私立学校法（昭和24年法律第270号）第3条（定義）に規定する学校法人がその設置している大学に対する他の者の委託を受けて行う研究に係るもの（当該研究に係る実施期間が3月以上のもの並びにその委託に係る契約又は協定において当該研究の成果の帰属及び公表に関する事項が定められているものに限る。）
　十一～三十四　省略
　2　省略
（法人課税信託の併合又は分割等）
第14条の10　1～5　省略
6　受託法人に対する法及びこの政令の規定の適用については、次の表の上欄に掲げる規定中同表の中欄に掲げる字句は、同表の下欄に掲げる字句とする。

法第52条第1項第1号イ（貸倒引当金）	及び特定目的会社	、特定目的会社及び第4条の7（受託法人等に関するこの法律の適用）に規定する受託法人
法第67条第1項（特定同族会社の特別税率）	となるもの（資本金の額又は出資金の額が1億円以下であるものにあつては、前条第6項第2号から第5号までに掲げるものに限る。）	となるもの

法第67条第5項	次に	第1号又は第2号に
法第81条の13第4項（連結特定同族会社の特別税率）	次に掲げる金額	次に掲げる金額（連結親法人が第4条の7（受託法人等に関するこの法律の適用）に規定する受託法人である場合には、第1号又は第2号に掲げる金額）
第73条第1項第2号（一般寄附金の損金算入限度額）及び第77条の2第1項第2号（特定公益増進法人に対する寄附金の特別損金算入限度額）	有しないもの	有しないもの（法人課税信託（法第2条第29号の2ロ（定義）に掲げる信託に限る。）に係る法第4条の7（受託法人等に関するこの法律の適用）に規定する受託法人を含む。）
第155条の13第1項（一般寄附金の連結損金算入限度額）及び第155条の13の2第1項（特定公益増進法人に対する寄附金の連結特別損金算入限度額）	有しない法人	有しない法人（法人課税信託のうち法第2条第29号の2ロ（定義）に掲げるものに係る法第4条の7（受託法人等に関するこの法律の適用）に規定する受託法人を含む。）
第155条の43第4項第3号（連結留保税額の個別帰属額の計算）	である場合	である場合（連結親法人が法第4条の7（受託法人等に関するこの法律の適用）に規定する受託法人である場合を除く。）

7〜12　省略

（信託財産に属する資産及び負債並びに信託財産に帰せられる収益及び費用の帰属）

第15条　法第12条第2項（信託財産に属する資産及び負債並びに信託財産に帰せられる収益及び費用の帰属）に規定する政令で定める権限は、信託の目的に反しないことが明らかである場合に限り信託の変更をすることができる権限とする。

2　法第12条第2項に規定する信託の変更をする権限には、他の者との合意により信託の変更をすることができる権限を含むものとする。

3　停止条件が付された信託財産の給付を受ける権利を有する者は、法第12条第2項に規定する信託財産の給付を受けることとされている者に該当するものとする。

4　法第12条第1項に規定する受益者（同条第2項の規定により同条第1項に規定する受益者とみなされる者を含む。以下この項において同じ。）が二以上ある場合における同条第1項の規定の適用については、同項の信託の信託財産に属する資産及び負債の全部をそれぞれの受益者がその有する権利の内容に応じて有するものとし、当該信託財産に帰せられる収益及び費用の全部がそれぞれの受益者にその有する権利の内容に応じて帰せられるものとする。

5　法第12条第4項第1号に規定する退職年金に関する契約で政令で定めるものは、次に掲げる契約とする。

一　第156条の2第1項第10号（用語の意義）に規定する厚生年金基金契約

二　国家公務員共済組合法（昭和33年法律第128号）第21条第2項（設立及び業務）に掲げる業務に係る国家公務員共済組合法施行令（昭和33年政令第207号）第9条の4第1号（厚生年金保険給付積立金等及び退職等年金給付積立金等の管理及び運用に関する契約）に掲げる契約

三　地方公務員等共済組合法（昭和37年法律第152号）第3条の2第1項第3号（組合の業務）に規定する退職等年金給付組合積立金の積立ての業務に係る地方公務員等共済組合法施行令（昭和37年政令第352号）第16条の3第1号（資金の運用に関する契約）（同令第20条（準用規定）において準用する場合を含む。）に掲げる契約

四　地方公務員等共済組合法第38条の2第2項第4号（地方公務員共済組合連合会）に規定する退職等年金給付調整積立金の管理及び運用に関する事務に係る業務に係る地方公務員等共済組合法施行令第21条の3（準用規定）において準用する同令第16条の3第1号に掲げる契約

五　日本私立学校振興・共済事業団法第23条第1項第8号（業務）に掲げる業務に係る信託の契約

相続税法（抜粋）

（昭和 25 年 3 月 31 日法律第 73 号）

（贈与又は遺贈により取得したものとみなす場合）

第 7 条 著しく低い価額の対価で財産の譲渡を受けた場合においては、当該財産の譲渡があつた時において、当該財産の譲渡を受けた者が、当該対価と当該譲渡があつた時における当該財産の時価（当該財産の評価について第 3 章に特別の定めがある場合には、その規定により評価した価額）との差額に相当する金額を当該財産を譲渡した者から贈与（当該財産の譲渡が遺言によりなされた場合には、遺贈）により取得したものとみなす。ただし、当該財産の譲渡が、その譲渡を受ける者が資力を喪失して債務を弁済することが困難である場合において、その者の扶養義務者から当該債務の弁済に充てるためになされたものであるときは、その贈与又は遺贈により取得したものとみなされた金額のうちその債務を弁済することが困難である部分の金額については、この限りでない。

（贈与又は遺贈により取得したものとみなす信託に関する権利）

第 9 条の 2 信託（退職年金の支給を目的とする信託その他の信託で政令で定めるものを除く。以下同じ。）の効力が生じた場合において、適正な対価を負担せずに当該信託の受益者等（受益者としての権利を現に有する者及び特定委託者をいう。以下この節において同じ。）となる者があるときは、当該信託の効力が生じた時において、当該信託の受益者等となる者は、当該信託に関する権利を当該信託の委託者から贈与（当該委託者の死亡に基因して当該信託の効力が生じた場合には、遺贈）により取得したものとみなす。

2 受益者等の存する信託について、適正な対価を負担せずに新たに当該信託の受益者等が存するに至つた場合（第 4 項の規定の適用がある場合を除く。）には、当該受益者等が存するに至つた時において、当該信託の受益者等となる者は、当該信託に関する権利を当該信託の受益者等であつた者から贈与（当該受益者等であつた者の死亡に基因して受益者等が存するに至つた場合には、遺贈）により取得したものとみなす。

3 受益者等の存する信託について、当該信託の一部の受益者等が存しなくなつた場合において、適正な対価を負担せずに既に当該信託の受益者等である者が当該信託に関する権利について新たに利益を受けることとなるときは、当該信託の一部の受益者等が存しなくなつた時において、当該利益を受ける者は、当該利益を当該信託の一部の受益者等であつた者から贈与（当該受益者等であつた者の死亡に基因して当該利益を受けた場合には、遺贈）により取得したものとみなす。

4 受益者等の存する信託が終了した場合において、適正な対価を負担せずに当該信託の残余財産の給付を受けるべき、又は帰属すべき者となる者があるときは、当該給付を受けるべき、又は帰属すべき者となつた時において、当該信託の残余財産の給付を受けるべき、又は帰属すべき者となつた者は、当該信託の残余財産（当該信託の終了の直前においてその者が当該信託の受益者等であつた場合には、当該受益者等として有していた当該信託に関する権利に相当するものを除く。）を当該信託の受益者等から贈与（当該受益者等の死亡に基因して当該信託が終了した場合には、遺贈）により取得したものとみなす。

5 第 1 項の「特定委託者」とは、信託の変更をする権限（軽微な変更をする権限として政令で定めるものを除く。）を現に有し、かつ、当該信託の信託財産の給付を受けることとされている者（受益者を除く。）をいう。

6 第 1 項から第 3 項までの規定により贈与又は遺贈により取得したものとみなされる信託に関する権利又は利益を取得した者は、当該信託の信託財産に属する資産及び負債を取得し、又は承継したものとみなして、この法律（第 41 条第 2 項を除く。）の規定を適用する。ただし、法人税法（昭和 40 年法律第 34 号）第 2 条第 29 号（定義）に規定する集団投資信託、同条第 29 号の 2 に規定する法人課税信託又は同法第 12 条第 4 項第 1 号（信託財産に属する資産及び負債並びに信託財産に帰せられる収益及び費用の帰属）に規定する退職年金等信託の信託財産に属する資産及び負債については、この限りでない。

（受益者連続型信託の特例）

第 9 条の 3 受益者連続型信託（信託法（平成 18 年法律第 108 号）第 91 条（受益者の死亡により他の者が新たに受益権を取得する旨の定めのある信託の特例）に規定する信託、同法第 89 条第 1 項（受益者指定権等）に規定する受益者指定権等を有する者の定めのある信託その他これらの信託に類するものとして政令で定めるものをいう。以下この項において同じ。）に関する権利を受益者（受益者が存しない場合にあつては、前条第 5 項に規定する特定委託者）が適正な対価を負担せずに取得した場合において、当該受益者連続型信託に関する権利（異なる受益者が性質の異なる受益者連続型信託に係る権利（当該権利のいずれかに収益に関する権利が含まれるものに限る。）をそれぞれ有している場合にあつては、収益に関する権利が含まれるものに限る。）で当該受益者連続型信託の利益を受ける期間の制限その他の当該受益者連続型信託に関する権利の価値に作用する要因としての制約が付されているものについては、当該制約は、付されていないものとみなす。ただ

し、当該受益者連続型信託に関する権利を有する者が法人（代表者又は管理者の定めのある人格の
ない社団又は財団を含む。以下第64条までにおいて同じ。）である場合は、この限りでない。
2　前項の「受益者」とは、受益者としての権利を現に有する者をいう。
（受益者等が存しない信託等の特例）
第9条の4　受益者等が存しない信託の効力が生ずる場合において、当該信託の受益者等となる者が
当該信託の委託者の親族として政令で定める者（以下この条及び次条において「親族」という。）
であるとき（当該信託の受益者等となる者が明らかでない場合にあつては、当該信託が終了した場
合に当該委託者の親族が当該信託の残余財産の給付を受けることとなるとき）は、当該信託の効力
が生ずる時において、当該信託の受託者は、当該委託者から当該信託に関する権利を贈与（当該委
託者の死亡に基因して当該信託の効力が生ずる場合にあつては、遺贈）により取得したものとみな
す。
2　受益者等の存する信託について、当該信託の受益者等が存しないこととなつた場合（以下この項
において「受益者等が不存在となつた場合」という。）において、当該受益者等の次に受益者等と
なる者が当該信託の効力が生じた時の委託者又は当該次に受益者等となる者の前の受益者等の親族
であるとき（当該次に受益者等となる者が明らかでない場合にあつては、当該信託が終了した場合
に当該委託者又は当該次に受益者等となる者の前の受益者等の親族が当該信託の残余財産の給付を
受けることとなるとき）は、当該受益者等が不存在となつた場合に該当することとなつた時におい
て、当該信託の受託者は、当該次に受益者等となる者の前の受益者等から当該信託に関する権利を
贈与（当該次に受益者等となる者の前の受益者等の死亡に基因して当該次に受益者等となる者の前
の受益者等が存しないこととなつた場合にあつては、遺贈）により取得したものとみなす。
3　前二項の規定の適用がある場合において、これらの信託の受託者が個人以外であるときは、当該
受託者を個人とみなして、この法律その他相続税又は贈与税に関する法令の規定を適用する。
4　前三項の規定の適用がある場合において、これらの規定により第1項又は第2項の受託者に課さ
れる贈与税又は相続税の額については、政令で定めるところにより、当該受託者に課されるべき法
人税その他の税の額に相当する額を控除する。
第9条の5　受益者等が存しない信託について、当該信託の契約が締結された時その他の時として政
令で定める時（以下この条において「契約締結時等」という。）において存しない者が当該信託の
受益者等となる場合において、当該信託の受益者等となる者が当該信託の契約締結時等における委
託者の親族であるときは、当該存しない者が当該信託の受益者等となる時において、当該信託の受
益者等となる者は、当該信託に関する権利を個人から贈与により取得したものとみなす。
（第4節　財産の所在）
第10条　次の各号に掲げる財産の所在については、当該各号に規定する場所による。
　一　動産若しくは不動産又は不動産の上に存する権利については、その動産又は不動産の所在。た
　　だし、船舶又は航空機については、船舶又は航空機の登録をした機関の所在
　二　鉱業権若しくは租鉱権又は採石権については、鉱区又は採石場の所在
　三　漁業権又は入漁権については、漁場に最も近い沿岸の属する市町村又はこれに相当する行政区
　　画
　四　金融機関に対する預金、貯金、積金又は寄託金で政令で定めるものについては、その預金、貯
　　金、積金又は寄託金の受入れをした営業所又は事業所の所在
　五　保険金については、その保険（共済を含む。）の契約に係る保険会社等（保険業又は共済事業
　　を行う者をいう。第59条第1項において同じ。）の本店又は主たる事務所（この法律の施行地に
　　本店又は主たる事務所がない場合において、この法律の施行地に当該保険の契約に係る事務を行
　　う営業所、事務所その他これらに準ずるものを有するときにあつては、当該営業所、事務所その
　　他これらに準ずるもの。次号において同じ。）の所在
　六　退職手当金、功労金その他これらに準ずる給与（政令で定める給付を含む。）については、当
　　該給与を支払つた者の住所又は本店若しくは主たる事務所の所在
　七　貸付金債権については、その債務者（債務者が二以上ある場合においては、主たる債務者と
　　し、主たる債務者がないときは政令で定める一の債務者）の住所又は本店若しくは主たる事務所
　　の所在
　八　社債（特別の法律により法人の発行する債券及び外国法人の発行する債券を含む。）若しくは
　　株式、法人に対する出資又は政令で定める有価証券については、当該社債若しくは株式の発行法
　　人、当該出資のされている法人又は当該有価証券に係る政令で定める法人の本店又は主たる事務
　　所の所在
　九　法人税法第2条第29号（定義）に規定する集団投資信託又は同条第29号の2に規定する法人
　　課税信託に関する権利については、これらの信託の引受けをした営業所、事務所その他これらに
　　準ずるものの所在
　十　特許権、実用新案権、意匠権若しくはこれらの実施権で登録されているもの、商標権又は回路
　　配置利用権、育成者権若しくはこれらの利用権で登録されているものについては、その登録をし

た機関の所在

十一　著作権、出版権又は著作隣接権でこれらの権利の目的物が発行されているものについては、これを発行する営業所又は事業所の所在

十二　第7条の規定により贈与又は遺贈により取得したものとみなされる金銭については、そのみなされる基因となつた財産の種類に応じ、この条に規定する場所

十三　前各号に掲げる財産を除くほか、営業所又は事業所を有する者の当該営業所又は事業所に係る営業上又は事業上の権利については、その営業所又は事業所の所在

2　国債又は地方債は、この法律の施行地にあるものとし、外国又は外国の地方公共団体その他これに準ずるものの発行する公債は、当該外国にあるものとする。

3　第1項各号に掲げる財産及び前項に規定する財産以外の財産の所在については、当該財産の権利者であつた被相続人又は贈与をした者の住所の所在による。

4　前三項の規定による財産の所在の判定は、当該財産を相続、遺贈又は贈与により取得した時の現況による。

（債務控除）

第13条　相続又は遺贈（包括遺贈及び被相続人からの相続人に対する遺贈に限る。以下この条において同じ。）により財産を取得した者が第1条の3第1項第1号又は第2号の規定に該当する者である場合においては、当該相続又は遺贈により取得した財産については、課税価格に算入すべき価額は、当該財産の価額から次に掲げるものの金額のうちその者の負担に属する部分の金額を控除した金額による。

一　被相続人の債務で相続開始の際現に存するもの（公租公課を含む。）

二　被相続人に係る葬式費用

2　相続又は遺贈により財産を取得した者が第1条の3第1項第3号の規定に該当する者である場合においては、当該相続又は遺贈により取得した財産でこの法律の施行地にあるものについては、課税価格に算入すべき価額は、当該財産の価額から被相続人の債務で次に掲げるものの金額のうちその者の負担に属する部分の金額を控除した金額による。

一　その財産に係る公租公課

二　その財産を目的とする留置権、特別の先取特権、質権又は抵当権で担保される債務

三　前二号に掲げる債務を除くほか、その財産の取得、維持又は管理のために生じた債務

四　その財産に関する贈与の義務

五　前各号に掲げる債務を除くほか、被相続人が死亡の際この法律の施行地に営業所又は事業所を有していた場合においては、当該営業所又は事業所に係る営業上又は事業上の債務

3　前条第1項第2号又は第3号に掲げる財産の取得、維持又は管理のために生じた債務の金額は、前二項の規定による控除金額に算入しない。ただし、同条第2項の規定により同号に掲げる財産の価額を課税価格に算入した場合においては、この限りでない。

第14条　前条の規定によりその金額を控除すべき債務は、確実と認められるものに限る。

2　前条の規定によりその金額を控除すべき公租公課の金額は、被相続人の死亡の際債務の確定していないものの金額のほか、被相続人に係る所得税、相続税、地価税、再評価税、登録免許税、自動車重量税、消費税、酒税、たばこ税、揮発油税、地方揮発油税、石油ガス税、航空機燃料税、石油石炭税及び印紙税その他の公租公課の額で政令で定めるものを含むものとする。

3　前項の債務の確定している公租公課の金額には、被相続人が、所得税法第137条の2第1項（国外転出をする場合の譲渡所得等の特例の適用がある場合の納税猶予）（同条第2項の規定により適用する場合を含む。第32条第1項第9号イにおいて同じ。）の規定の適用を受けていた場合における同法第137条の2第1項に規定する納税猶予分の所得税額並びに同法第137条の3第1項及び第2項（贈与等により非居住者に資産が移転した場合の譲渡所得等の特例の適用がある場合の納税猶予）（これらの規定を同条第3項の規定により適用する場合を含む。）の規定の適用を受けていた場合における同条第4項に規定する納税猶予分の所得税額を含まない。ただし、同法第137条の2第13項の規定により当該被相続人の納付の義務を承継した当該被相続人の相続人（包括受遺者を含む。以下この項及び同号において同じ。）が納付することとなつた同条第1項に規定する納税猶予分の所得税額及び当該納税猶予分の所得税額に係る利子税の額（当該納税猶予分の所得税額に係る所得税の同法第128条（確定申告による納付）又は第129条（死亡の場合の確定申告による納付）の規定による納付の期限の翌日から当該被相続人の死亡の日までの間に係るものに限る。）並びに同法第137条の3第15項の規定により当該被相続人の納付の義務を承継した当該被相続人の相続人が納付することとなつた同条第4項に規定する納税猶予分の所得税額及び当該納税猶予分の所得税額に係る利子税の額（当該納税猶予分の所得税額に係る所得税の同法第2編第5章第2節第3款（納付）の規定による納付の期限の翌日から当該被相続人の死亡の日までの間に係るものに限る。）については、この限りでない。

（相続開始前3年以内に贈与があつた場合の相続税額）

第19条　相続又は遺贈により財産を取得した者が当該相続の開始前3年以内に当該相続に係る被相

続人から贈与により財産を取得したことがある場合においては、その者については、当該贈与により取得した財産（第21条の2第1項から第3項まで、第21条の3及び第21条の4の規定により当該取得の日の属する年分の贈与税の課税価格計算の基礎に算入されるもの（特定贈与財産を除く。）に限る。以下この条及び第51条第2項において同じ。）の価額を相続税の課税価格に加算した金額を相続税の課税価格とみなし、第15条から前条までの規定を適用して算出した金額（当該贈与により取得した財産の取得につき課せられた贈与税があるときは、当該金額から当該財産に係る贈与税の税額（第21条の8の規定による控除前の税額とし、延滞税、利子税、過少申告加算税、無申告加算税及び重加算税に相当する税額を除く。）として政令の定めるところにより計算した金額を控除した金額）をもつて、その納付すべき相続税額とする。

2　前項に規定する特定贈与財産とは、第21条の6第1項に規定する贈与をする配偶者に該当する被相続人からの贈与により当該被相続人の配偶者が取得した同項に規定する居住用不動産又は金銭で次の各号に掲げる場合に該当するもののうち、当該各号に掲げる場合の区分に応じ、当該各号に定める部分をいう。

一　当該贈与が当該相続の開始の年の前年以前にされた場合で、当該被相続人の配偶者が当該贈与による取得の日の属する年分の贈与税につき第21条の6第1項の規定の適用を受けているとき。　同項の規定により控除された金額に相当する部分

二　当該贈与が当該相続の開始の年においてされた場合で、当該被相続人の配偶者が当該被相続人からの贈与について既に第21条の6第1項の規定の適用を受けた者でないとき（政令で定める場合に限る。）。　同項の規定の適用があるものとした場合に、同項の規定により控除されることとなる金額に相当する部分

（障害者控除）

第19条の4　相続又は遺贈により財産を取得した者（第1条の3第1項第2号又は第3号の規定に該当する者を除く。）が当該相続又は遺贈に係る被相続人の前条第1項に規定する相続人に該当し、かつ、障害者である場合には、その者については、第15条から前条までの規定により算出した金額から10万円（その者が特別障害者である場合には、20万円）にその者が85歳に達するまでの年数（当該年数が1年未満であるとき、又はこれに1年未満の端数があるときは、これを1年とする。）を乗じて算出した金額を控除した金額をもつて、その納付すべき相続税額とする。

2　前項に規定する障害者とは、精神上の障害により事理を弁識する能力を欠く常況にある者、失明者その他の精神又は身体に障害がある者で政令で定めるものをいい、同項に規定する特別障害者とは、同項の障害者のうち精神又は身体に重度の障害がある者で政令で定めるものをいう。

3　前条第2項及び第3項の規定は、第1項の規定を適用する場合について準用する。この場合において、同条第2項中「前条」とあるのは、「第19条の3」と読み替えるものとする。

（贈与税の非課税財産）

第21条の3　次に掲げる財産の価額は、贈与税の課税価格に算入しない。

一　法人からの贈与により取得した財産

二　扶養義務者相互間において生活費又は教育費に充てるためにした贈与により取得した財産のうち通常必要と認められるもの

三　宗教、慈善、学術その他公益を目的とする事業を行う者で政令で定めるものが贈与により取得した財産で当該公益を目的とする事業の用に供することが確実なもの

四　所得税法第78条第3項（寄附金控除）に規定する特定公益信託（以下この号において「特定公益信託」という。）で学術に関する顕著な貢献を表彰するものとして、若しくは顕著な価値がある学術に関する研究を奨励するものとして財務大臣の指定するものから交付される金品で財務大臣の指定するもの又は学生若しくは生徒に対する学資の支給を行うことを目的とする特定公益信託から交付される金品

五　条例の規定により地方公共団体が精神又は身体に障害のある者に関して実施する共済制度で政令で定めるものに基づいて支給される給付金を受ける権利

六　公職選挙法（昭和25年法律第100号）の適用を受ける選挙における公職の候補者が選挙運動に関し贈与により取得した金銭、物品その他の財産上の利益で同法第189条（選挙運動に関する収入及び支出の報告書の提出）の規定による報告がなされたもの

2　第12条第2項の規定は、前項第3号に掲げる財産について準用する。

（特定障害者に対する贈与税の非課税）

第21条の4　特定障害者（第19条の4第2項に規定する特別障害者（第1条の4第1項第2号又は第3号の規定に該当する者を除く。以下この項において「特別障害者」という。）及び第19条の4第2項に規定する障害者（特別障害者を除く。）のうち精神上の障害により事理を弁識する能力を欠く常況にある者その他の精神に障害がある者として政令で定めるもの（第1条の4第1項第2号又は第3号の規定に該当する者を除く。）をいう。以下この項及び次項において同じ。）が、信託会社その他の者で政令で定めるもの（以下この条において「受託者」という。）の営業所、事務所その他これらに準ずるものでこの法律の施行地にあるもの（第3項において「受託者の営業所等」と

いう。）において当該特定障害者を受益者とする特定障害者扶養信託契約に基づいて当該特定障害者扶養信託契約に係る財産の信託がされることによりその信託の利益を受ける権利（以下この条において「信託受益権」という。）を有することとなる場合において、政令で定めるところにより、その信託の際、当該信託受益権につきこの項の規定の適用を受けようとする旨その他必要な事項を記載した申告書（以下この条において「障害者非課税信託申告書」という。）を納税地の所轄税務署長に提出したときは、当該信託受益権でその価額のうち 6000 万円（特定障害者のうち特別障害者以外の者にあつては、3000 万円）までの金額（既に他の信託受益権について障害者非課税信託申告書を提出している場合には、当該他の信託受益権でその価額のうちこの項の規定の適用を受けた部分の価額を控除した残額）に相当する部分の価額については、贈与税の課税価格に算入しない。

2　前項に規定する特定障害者扶養信託契約とは、個人が受託者と締結した金銭、有価証券その他の財産で政令で定めるものの信託に関する契約で、当該個人以外の 1 人の特定障害者を信託の利益の全部についての受益者とするもののうち、当該契約に基づく信託が当該特定障害者の死亡の日に終了することとされていることその他の政令で定める要件を備えたものをいう。

3　障害者非課税信託申告書には、受託者の営業所等のうちいずれか一のものに限り記載することができるものとし、一の障害者非課税信託申告書を提出した場合には、当該障害者非課税信託申告書に記載された受託者の営業所等において新たに特定障害者扶養信託契約に基づき信託される財産に係る信託受益権につき第 1 項の規定の適用を受けようとする場合その他の場合で政令で定める場合を除き、他の障害者非課税信託申告書は、提出することができないものとする。

4　前二項に定めるもののほか、障害者非課税信託申告書の提出及び当該障害者非課税信託申告書に記載した事項を変更した場合における申告に関する事項その他第 1 項の規定の適用に関し必要な事項は、政令で定める。

（贈与税の配偶者控除）

第 21 条の 6　その年において贈与によりその者との婚姻期間が 20 年以上である配偶者から専ら居住の用に供する土地若しくは土地の上に存する権利若しくは家屋でこの法律の施行地にあるもの（以下この条において「居住用不動産」という。）又は金銭を取得した者（その年の前年以前のいずれかの年において贈与により当該配偶者から取得した財産に係る贈与税につきこの条の規定の適用を受けた者を除く。）が、当該取得の日の属する年の翌年 3 月 15 日までに当該居住用不動産をその者の居住の用に供し、かつ、その後引き続き居住の用に供する見込みである場合又は同日までに当該金銭をもつて居住用不動産を取得して、これをその者の居住の用に供し、かつ、その後引き続き居住の用に供する見込みである場合においては、その年分の贈与税については、課税価格から 2000 万円（当該贈与により取得した居住用不動産の価額に相当する金額と当該贈与により取得した金銭のうち居住用不動産の取得に充てられた部分の金額との合計額が 2000 万円に満たない場合には、当該合計額）を控除する。

2　前項の規定は、第 28 条第 1 項に規定する申告書（当該申告書に係る期限後申告書及びこれらの申告書に係る修正申告書を含む。）又は国税通則法第 23 条第 3 項（更正の請求）に規定する更正請求書に、前項の規定により控除を受ける金額その他の控除に関する事項及びその控除を受けようとする年の前年以前の各年分の贈与税につき同項の規定の適用を受けていない旨を記載した書類その他の財務省令で定める書類の添付がある場合に限り、適用する。

3　税務署長は、前項の財務省令で定める書類の添付がない同項の申告書又は更正請求書の提出があつた場合においても、その添付がなかつたことについてやむを得ない事情があると認めるときは、当該書類の提出があつた場合に限り、第 1 項の規定を適用することができる。

4　前二項に定めるもののほか、贈与をした者が第 1 項に規定する婚姻期間が 20 年以上である配偶者に該当するか否かの判定その他同項の規定の適用に関し必要な事項は、政令で定める。

（評価の原則）

第 22 条　この章で特別の定めのあるものを除くほか、相続、遺贈又は贈与により取得した財産の価額は、当該財産の取得の時における時価により、当該財産の価額から控除すべき債務の金額は、その時の現況による。

（地上権及び永小作権の評価）

第 23 条　地上権（借地借家法（平成 3 年法律第 90 号）に規定する借地権又は民法第 269 条の 2 第 1 項（地下又は空間を目的とする地上権）の地上権に該当するものを除く。以下同じ。）及び永小作権の価額は、その残存期間に応じ、その目的となつている土地のこれらの権利を取得した時におけるこれらの権利が設定されていない場合の時価に、次に定める割合を乗じて算出した金額による。

残存期間が 10 年以下のもの　　　　　　　　　　100 分の 5
残存期間が 10 年を超え 15 年以下のもの　　100 分の 10
残存期間が 15 年を超え 20 年以下のもの　　100 分の 20
残存期間が 20 年を超え 25 年以下のもの　　100 分の 30
残存期間が 25 年を超え 30 年以下のもの及び地上権で存続期間の定めのないもの　　100 分の 40

残存期間が 30 年を超え 35 年以下のもの　　100 分の 50
残存期間が 35 年を超え 40 年以下のもの　　100 分の 60
残存期間が 40 年を超え 45 年以下のもの　　100 分の 70
残存期間が 45 年を超え 50 年以下のもの　　100 分の 80
残存期間が 50 年を超えるもの　　　　　　　100 分の 90

（定期金に関する権利の評価）

第 24 条　定期金給付契約で当該契約に関する権利を取得した時において定期金給付事由が発生しているものに関する権利の価額は、次の各号に掲げる定期金又は一時金の区分に応じ、当該各号に定める金額による。

　一　有期定期金　次に掲げる金額のうちいずれか多い金額
　　イ　当該契約に関する権利を取得した時において当該契約を解約するとしたならば支払われるべき解約返戻金の金額
　　ロ　定期金に代えて一時金の給付を受けることができる場合には、当該契約に関する権利を取得した時において当該一時金の給付を受けるとしたならば給付されるべき当該一時金の金額
　　ハ　当該契約に関する権利を取得した時における当該契約に基づき定期金の給付を受けるべき残りの期間に応じ、当該契約に基づき給付を受けるべき金額の 1 年当たりの平均額に、当該契約に係る予定利率による複利年金現価率（複利の計算で年金現価を算出するための割合として財務省令で定めるものをいう。第 3 号ハにおいて同じ。）を乗じて得た金額

　二　無期定期金　次に掲げる金額のうちいずれか多い金額
　　イ　当該契約に関する権利を取得した時において当該契約を解約するとしたならば支払われるべき解約返戻金の金額
　　ロ　定期金に代えて一時金の給付を受けることができる場合には、当該契約に関する権利を取得した時において当該一時金の給付を受けるとしたならば給付されるべき当該一時金の金額
　　ハ　当該契約に関する権利を取得した時における、当該契約に基づき給付を受けるべき金額の 1 年当たりの平均額を、当該契約に係る予定利率で除して得た金額

　三　終身定期金　次に掲げる金額のうちいずれか多い金額
　　イ　当該契約に関する権利を取得した時において当該契約を解約するとしたならば支払われるべき解約返戻金の金額
　　ロ　定期金に代えて一時金の給付を受けることができる場合には、当該契約に関する権利を取得した時において当該一時金の給付を受けるとしたならば給付されるべき当該一時金の金額
　　ハ　当該契約に関する権利を取得した時におけるその目的とされた者に係る余命年数として政令で定めるものに応じ、当該契約に基づき給付を受けるべき金額の 1 年当たりの平均額に、当該契約に係る予定利率による複利年金現価率を乗じて得た金額

　四　第 3 条第 1 項第 5 号に規定する一時金　その給付金額

2　前項に規定する定期金給付契約に関する権利で同項第 3 号の規定の適用を受けるものにつき、その目的とされた者が当該契約に関する権利を取得した時後第 27 条第 1 項又は第 28 条第 1 項に規定する申告書の提出期限までに死亡し、その死亡によりその給付が終了した場合においては、当該定期金給付契約に関する権利の価額は、同号の規定にかかわらず、その権利者が当該契約に関する権利を取得した時後給付を受け、又は受けるべき金額（当該権利者の遺族その他の第三者が当該権利者の死亡により給付を受ける場合には、その給付を受け、又は受けるべき金額を含む。）による。

3　第 1 項に規定する定期金給付契約に関する権利で、その権利者に対し、一定期間、かつ、その目的とされた者の生存中、定期金を給付する契約に基づくものの価額は、同項第 1 号に規定する有期定期金として算出した金額又は同項第 3 号に規定する終身定期金として算出した金額のいずれか少ない金額による。

4　第 1 項に規定する定期金給付契約に関する権利で、その目的とされた者の生存中定期金を給付し、かつ、その者が死亡したときはその権利者又はその遺族その他の第三者に対し継続して定期金を給付する契約に基づくものの価額は、同項第 1 号に規定する有期定期金として算出した金額又は同項第 3 号に規定する終身定期金として算出した金額のいずれか多い金額による。

5　前各項の規定は、第 3 条第 1 項第 6 号に規定する定期金に関する権利で契約に基づくもの以外のものの価額の評価について準用する。

（相続税の申告書）

第 27 条　相続又は遺贈（当該相続に係る被相続人からの贈与により取得した財産で第 21 条の 9 第 3 項の規定の適用を受けるものに係る贈与を含む。以下この条において同じ。）により財産を取得した者及び当該被相続人に係る相続時精算課税適用者は、当該被相続人からこれらの事由により財産を取得したすべての者に係る相続税の課税価格（第 19 条又は第 21 条の 14 から第 21 条の 18 までの規定の適用がある場合には、これらの規定により相続税の課税価格とみなされた金額）の合計額がその遺産に係る基礎控除額を超える場合において、その者に係る相続税の課税価格（第 19 条又は第 21 条の 14 から第 21 条の 18 までの規定の適用がある場合には、これらの規定により相続税の

課税価格とみなされた金額）に係る第 15 条から第 19 条まで、第 19 条の 3 から第 20 条の 2 まで及び第 21 条の 14 から第 21 条の 18 までの規定による相続税額があるときは、その相続の開始があつたことを知つた日の翌日から 10 月以内（その者が国税通則法第 117 条第 2 項（納税管理人）の規定による納税管理人の届出をしないで当該期間内にこの法律の施行地に住所及び居所を有しないこととなるときは、当該住所及び居所を有しないこととなる日まで）に課税価格、相続税額その他財務省令で定める事項を記載した申告書を納税地の所轄税務署長に提出しなければならない。

2　前項の規定により申告書を提出すべき者が当該申告書の提出期限前に当該申告書を提出しないで死亡した場合には、その者の相続人（包括受遺者を含む。第 5 項において同じ。）は、その相続の開始があつたことを知つた日の翌日から 10 月以内（その者が国税通則法第 117 条第 2 項の規定による納税管理人の届出をしないで当該期間内にこの法律の施行地に住所及び居所を有しないこととなるときは、当該住所及び居所を有しないこととなる日まで）に、政令で定めるところにより、その死亡した者に係る前項の申告書をその死亡した者の納税地の所轄税務署長に提出しなければならない。

3　相続時精算課税適用者は、第 1 項の規定により申告書を提出すべき場合のほか、第 33 条の 2 第 1 項の規定による還付を受けるため、第 21 条の 9 第 3 項の規定の適用を受ける財産に係る相続税の課税価格、還付を受ける税額その他財務省令で定める事項を記載した申告書を納税地の所轄税務署長に提出することができる。

4　前三項の規定により申告書を提出する場合には、当該申告書に被相続人の死亡の時における財産及び債務、当該被相続人から相続又は遺贈により財産を取得したすべての者がこれらの事由により取得した財産又は承継した債務の各人ごとの明細その他財務省令で定める事項を記載した明細書その他財務省令で定める書類を添付しなければならない。

5　同一の被相続人から相続又は遺贈により財産を取得した者又はその者の相続人で第 1 項、第 2 項（次条第 2 項において準用する場合を含む。）又は第 3 項の規定により申告書を提出すべきもの又は提出することができるものが 2 人以上ある場合において、当該申告書の提出先の税務署長が同一であるときは、これらの者は、政令で定めるところにより、当該申告書を共同して提出することができる。

6　第 1 項から第 3 項までの規定は、これらの項に規定する申告書の提出期限前に相続税について決定があつた場合には、適用しない。

（相続時精算課税等に係る贈与税の申告内容の開示等）

第 49 条　相続又は遺贈（当該相続に係る被相続人からの贈与により取得した財産で第 21 条の 9 第 3 項の規定の適用を受けるものに係る贈与を含む。）により財産を取得した者は、当該相続又は遺贈により財産を取得した他の者（以下この項において「他の共同相続人等」という。）がある場合には、当該被相続人に係る相続税の期限内申告書、期限後申告書若しくは修正申告書の提出又は国税通則法第 23 条第 1 項（更正の請求）の規定による更正の請求に必要となるときに限り、他の共同相続人等が当該被相続人から当該相続の開始前 3 年以内に取得した財産又は他の共同相続人等が当該被相続人から取得した第 21 条の 9 第 3 項の規定の適用を受けた財産に係る贈与税の申告書に記載された贈与税の課税価格（当該贈与税について修正申告書の提出又は更正若しくは決定があつた場合には、当該修正申告書に記載された課税価格又は当該更正若しくは決定後の贈与税の課税価格）の合計額について、政令で定めるところにより、当該相続に係る被相続人の死亡の時における住所地その他の政令で定める場所の所轄税務署長に開示の請求をすることができる。

2　前項の請求があつた場合には、税務署長は、当該請求をした者に対し、当該請求後 2 月以内に同項の開示をしなければならない。

（調書の提出）

第 59 条　1　省略

2　信託の受託者でこの法律の施行地に当該信託の事務を行う営業所、事務所、住所、居所その他これらに準ずるもの（以下この項において「営業所等」という。）を有するものは、次に掲げる事由が生じた場合には、当該事由が生じた日の属する月の翌月末日までに、財務省令で定める様式に従つて作成した受益者別（受益者としての権利を現に有する者の存しない信託にあつては、委託者別）の調書を当該営業所等の所在地の所轄税務署長に提出しなければならない。ただし、信託に関する権利又は信託財産の価額が一定金額以下であることその他の財務省令で定める事由に該当する場合は、この限りでない。

一　信託の効力が生じたこと（当該信託が遺言によりされた場合にあつては、当該信託の引受けがあつたこと。）。

二　第 9 条の 2 第 1 項に規定する受益者等が変更されたこと（同項に規定する受益者等が存するに至つた場合又は存しなくなつた場合を含む。）。

三　信託が終了したこと（信託に関する権利の放棄があつた場合その他政令で定める場合を含む。）。

四　信託に関する権利の内容に変更があつたこと。

3〜7　省略

(信託の変更をする権限)
第 1 条の 7 法第 9 条の 2 第 5 項に規定する政令で定めるものは、信託の目的に反しないことが明らかである場合に限り信託の変更をすることができる権限とする。
2 法第 9 条の 2 第 5 項に規定する信託の変更をする権限には、他の者との合意により信託の変更をすることができる権限を含むものとする。

(受益者連続型信託)
第 1 条の 8 法第 9 条の 3 第 1 項に規定する政令で定めるものは、次に掲げる信託とする。
　一　受益者等（法第 9 条の 2 第 1 項に規定する受益者等をいう。以下この節において同じ。）の死亡その他の事由により、当該受益者等の有する信託に関する権利が消滅し、他の者が新たな信託に関する権利（当該信託の信託財産を含む。以下この号及び次号において同じ。）を取得する旨の定め（受益者等の死亡その他の事由により順次他の者が信託に関する権利を取得する旨の定めを含む。）のある信託（信託法（平成 18 年法律第 108 号）第 91 条（受益者の死亡により他の者が新たに受益権を取得する旨の定めのある信託の特例）に規定する信託を除く。）
　二　受益者等の死亡その他の事由により、当該受益者等の有する信託に関する権利が他の者に移転する旨の定め（受益者等の死亡その他の事由により順次他の者に信託に関する権利が移転する旨の定めを含む。）のある信託
　三　信託法第 91 条に規定する信託及び同法第 89 条第 1 項（受益者指定権等）に規定する受益者指定権等を有する者の定めのある信託並びに前二号に掲げる信託以外の信託でこれらの信託に類するもの

(契約締結時等の範囲)
第 1 条の 11 法第 9 条の 5 に規定する政令で定める時は、次の各号に掲げる信託の区分に応じ当該各号に定める時とする。
　一　信託法第 3 条第 1 号（信託の方法）に掲げる方法によつてされる信託　委託者となるべき者と受託者となるべき者との間の信託契約の締結の時
　二　信託法第 3 条第 2 号に掲げる方法によつてされる信託　遺言者の死亡の時
　三　信託法第 3 条第 3 号に掲げる方法によつてされる信託　次に掲げる場合の区分に応じそれぞれ次に定める時
　　イ　公正証書又は公証人の認証を受けた書面若しくは電磁的記録（イ及びロにおいて「公正証書等」と総称する。）によつてされる場合　当該公正証書等の作成の時
　　ロ　公正証書等以外の書面又は電磁的記録によつてされる場合　受益者となるべき者として指定された第三者（当該第三者が 2 人以上ある場合にあつては、その 1 人）に対する確定日付のある証書による当該信託がされた旨及びその内容の通知の時

(受益者等が存しない信託の受託者の住所等)
第 1 条の 12 法第 9 条の 4 第 1 項又は第 2 項の信託の受託者について法第 1 条の 3 及び第 1 条の 4 の規定を適用する場合には、次に定めるところによる。
　一　法第 9 条の 4 第 1 項又は第 2 項の信託の受託者の住所は、当該信託の引受けをした営業所、事務所その他これらに準ずるものの所在地にあるものとする。
　二　法第 9 条の 4 第 1 項又は第 2 項の信託の受託者は、法第 1 条の 3 第 1 項第 2 号又は第 1 条の 4 第 1 項第 2 号の規定の適用については、日本国籍を有するものとする。
2 法第 1 条の 4 の規定の適用については、法第 9 条の 5 の個人の住所は同条の委託者の住所にあるものとみなす。
3 受益者等の有する信託に関する権利が当該信託に関する権利の全部でない場合における法第 1 章第 3 節の規定の適用については、次に定めるところによる。
　一　当該信託についての受益者等が一である場合には、当該信託に関する権利の全部を当該受益者等が有するものとする。
　二　当該信託についての受益者等が二以上存する場合には、当該信託に関する権利の全部をそれぞれの受益者等がその有する権利の内容に応じて有するものとする。
4 停止条件が付された信託財産の給付を受ける権利を有する者は、法第 9 条の 2 第 5 項に規定する信託財産の給付を受けることとされている者に該当するものとする。
5 法第 9 条の 2 第 6 項本文の規定は、法第 9 条の 4 第 1 項若しくは第 2 項の信託の受託者又は法第 9 条の 5 の受益者等となる者が、これらの規定により信託に関する権利を取得したものとみなされる場合について準用する。
6 法第 9 条の 4 の規定により信託の受託者が贈与税又は相続税を納める場合（第 1 条の 10 第 1 項から第 5 項までの規定により贈与税額又は相続税額を計算する場合を含む。）において、一の信託

について受託者が二以上あるときは、当該信託の信託事務を主宰する受託者が納税義務者として当該贈与税又は相続税を納めるものとする。

7 前項の場合において、同項の信託に関する権利は、当該信託の信託事務を主宰する受託者が有するものとみなす。

8 前二項の規定により第6項の信託の信託事務を主宰する受託者が納めるものとされている贈与税又は相続税については、法人税法第152条（受託者の連帯納付の責任）の規定を準用する。

9 法第34条第1項及び第2項の規定は、第6項の規定により相続税を納める同項の信託の信託事務を主宰する受託者以外の受託者に適用があるものとする。

（障害者の範囲等）

第4条の4 法第19条の4第2項に規定する精神又は身体に障害がある者で政令で定めるものは、次に掲げる者とする。

一 所得税法施行令第10条第1項第1号から第5号まで及び第7号（障害者及び特別障害者の範囲）に掲げる者

二 所得税法施行令第10条第1項第6号に掲げる者のうち、その障害の程度が同項第1号又は第3号に掲げる者に準ずるものとして同項第7号に規定する市町村長等の認定を受けている者

2 法第19条の4第2項に規定する精神又は身体に重度の障害がある者で政令で定めるものは、次に掲げる者とする。

一 所得税法施行令第10条第2項第1号から第4号まで及び第6号に掲げる者

二 所得税法施行令第10条第1項第5号に掲げる者

三 前項第2号に掲げる者のうち、その障害の程度が所得税法施行令第10条第2項第1号又は第3号に掲げる者に準ずるものとして同条第1項第7号に規定する市町村長等の認定を受けている者

3 前条の規定は、法第19条の4第3項において準用する法第19条の3第2項の規定による控除を受けることができる扶養義務者が2人以上ある場合について準用する。この場合において、前条第2号中「法第19条の3第2項」とあるのは「法第19条の4第3項において準用する法第19条の3第2項」と、「第19条の2」とあるのは「第19条の3」と読み替えるものとする。

4 法第19条の4第3項において準用する法第19条の3第3項の規定を適用する場合において、法第19条の4第1項の規定に該当する一般障害者（同項に規定する障害者のうち同項に規定する特別障害者（以下この項において「特別障害者」という。）以外の者をいう。以下この項において同じ。）又は特別障害者が、これらの者又はこれらの者の扶養義務者について既に同条第1項又は同条第3項において準用する法第19条の3第2項の規定による控除を受けたことがあり、かつ、その控除を受けた時においてはそれぞれ一般障害者又は特別障害者に該当する者であつたときは、法第19条の4第3項において準用する法第19条の3第3項の規定により控除を受けることができる金額は、既に控除を受けた金額の合計額が次に掲げる金額の合計額に満たなかつた場合におけるその満たなかつた部分の金額の範囲内に限るものとする。

一 当該相続（遺贈を含む。次号において同じ。）により財産を取得した一般障害者又は特別障害者につき法第19条の4第1項の規定により控除を受けることができる金額

二 前号の一般障害者又は特別障害者につき、同号の相続の開始前に開始した相続（法第19条の4の規定の適用に係るものに限る。以下この号において「前の相続」という。）の時における一般障害者又は特別障害者の区分に応じ、当該前の相続開始の時から前号の相続開始の時までの期間に相当する年数を同条第1項に規定する85歳に達するまでの年数とみなして同項の規定を適用した場合に控除を受けることができる金額（前の相続が2回以上ある場合には、当該前の相続ごとに、当該前の相続開始の時から同条の規定の適用に係るその直後の相続開始の時までの期間に相当する年数を当該85歳に達するまでの年数とみなして同項の規定を適用した場合に控除を受けることができる金額の合計額）

（特別障害者以外の特定障害者の範囲）

第4条の8 法第21条の4第1項に規定する精神に障害のある者として政令で定めるものは、次に掲げる者とする。

一 所得税法施行令第10条第1項第1号及び第2号（障害者及び特別障害者の範囲）に掲げる者

二 所得税法施行令第10条第1項第7号に掲げる者のうち、その障害の程度が同項第1号に掲げる者に準ずるものとして同項第7号に規定する市町村長等の認定を受けている者

相続税法施行規則（抜粋）

（昭和 25 年 3 月 31 日大蔵省令第 17 号）

（調書提出の限度等）
第 30 条 1、2 省略
3 法第 59 条第 2 項ただし書に規定する財務省令で定める事由は、次に掲げる事由とする。
一 受託者の引き受けた信託について受益者（受益者としての権利を現に有する者の存しない信託にあつては、委託者。以下この号において同じ。）別に当該信託の信託財産を法第 22 条から第 25 条までの規定により評価した価額（その年の 1 月 1 日から当該信託につき法第 59 条第 2 項各号に掲げる事由が生じた日の前日までの間に当該信託と受益者が同一である他の信託（以下この号において「従前信託」という。）について当該事由が生じていた場合は、当該信託及び当該従前信託の信託財産をそれぞれ法第 22 条から第 25 条までの規定により評価した価額の合計額）が 50 万円以下であること（当該信託又は当該従前信託についてこれらの信託財産を法第 22 条から第 25 条までの規定により評価することを困難とする事情がある場合を除く。）。
二 受託者の引き受けた信託が投資信託及び投資法人に関する法律（昭和 26 年法律第 198 号）第 2 条第 3 項（定義）に規定する投資信託であること。
三 受託者の引き受けた貸付信託（貸付信託法（昭和 27 年法律第 195 号）第 2 条第 1 項（定義）に規定する貸付信託をいう。以下この項において同じ。）の受益権が当該貸付信託の無記名式の同条第 2 項に規定する受益証券に係るものであること。
四 受託者の引き受けた受益証券発行信託（信託法（平成 18 年法律第 108 号）第 185 条第 3 項（受益証券の発行に関する信託行為の定め）に規定する受益証券発行信託をいう。）の受益権が当該受益証券発行信託の無記名式の同条第 1 項に規定する受益証券に係るものであること。
五 次に掲げる場合の区分に応じ、それぞれ次に定める事由
 イ 法第 59 条第 2 項第 1 号に掲げる事由が生じた場合 受託者の引き受けた信託が次に掲げるものであること。
  (1) 法第 21 条の 4 第 2 項に規定する特定障害者扶養信託契約に基づく信託
  (2) 租税特別措置法（昭和 32 年法律第 26 号）第 70 条の 2 の 2 第 2 項第 2 号イ（直系尊属から教育資金の一括贈与を受けた場合の贈与税の非課税）に規定する教育資金管理契約に基づく信託
  (3) 租税特別措置法第 70 条の 2 の 3 第 2 項第 2 号イ（直系尊属から結婚・子育て資金の一括贈与を受けた場合の贈与税の非課税）に規定する結婚・子育て資金管理契約に基づく信託
  (4) 委託者と受益者等（法第 9 条の 2 第 1 項に規定する受益者等をいう。以下この号において同じ。）とが同一である信託
 ロ 法第 59 条第 2 項第 2 号に掲げる事由が生じた場合 次に掲げる事由
  (1) 受託者の引き受けた信託について生じた法第 59 条第 2 項第 2 号に掲げる事由が所得税法第 224 条の 3 第 2 項（株式等の譲渡の対価の受領者の告知）に規定する株式等又は同法第 224 条の 4（信託受益権の譲渡の対価の受領者の告知）に規定する信託受益権の譲渡によるものであることから、当該信託の受託者が同法第 225 条第 1 項（支払調書及び支払通知書）に規定する調書を同項の規定により提出することとなること。
  (2) 受託者の引き受けた信託が顧客分別金信託等（金融商品取引法第 43 条の 2 第 2 項（分別管理）の規定による信託、賃金の支払の確保等に関する法律施行規則（昭和 51 年労働省令第 26 号）第 2 条第 1 項第 2 号（貯蓄金の保全措置）に規定する信託契約に基づく信託その他これらに類する信託をいう。ハ (3) において同じ。）であること。
  (3) 法第 59 条第 2 項第 2 号に掲げる事由が次に掲げる事由により生じたこと。
   （ⅰ）受託者の引き受けた信託について受益者等の合併又は分割があつたこと。
   （ⅱ）金融機関の信託業務の兼営等に関する法律（昭和 18 年法律第 43 号）第 5 条第 1 項（定型的信託契約約款の変更等）に規定する定型的信託契約に基づく信託の受益権について同条第 4 項の規定による買取りの請求があつたことにより当該信託の受託者が当該受益権を買い取つたこと（当該受託者が当該受益権を遅滞なく消却する場合に限る。）。
   （ⅲ）貸付信託法第 6 条第 6 項（信託約款の変更）又は第 11 条（受託者による受益証券の取得）の規定により貸付信託の受託者が当該貸付信託の同法第 2 条第 2 項に規定する受益証券を買い取つたこと（当該受託者が当該受益証券に係る受益権を遅滞なく消却する場合に限る。）。
 ハ 法第 59 条第 2 項第 3 号に掲げる事由が生じた場合 次に掲げる事由
  (1) 受託者の引き受けた信託が租税特別措置法第 70 条の 2 の 2 第 2 項第 2 号イに規定する教育資金管理契約に基づく信託であること。
  (2) 受託者の引き受けた信託が租税特別措置法第 70 条の 2 の 3 第 2 項第 2 号イに規定する結

婚・子育て資金管理契約に基づく信託であること。
(3) 受託者の引き受けた信託が顧客分別金信託等であること。
(4) 受託者の引き受けた信託の終了直前の受益者等が当該受益者等として有していた当該信託に関する権利に相当する当該信託の残余財産の給付を受けるべき、又は帰属すべき者となつたこと。
(5) 受託者の引き受けた信託の残余財産がないこと。
(6) 受託者（金融機関の信託業務の兼営等に関する法律により同法第1条第1項（兼営の認可）に規定する信託業務を営む同項に規定する金融機関に限る。）の引き受けた貸付信託又は合同運用信託（法人税法（昭和40年法律第34号）第2条第26号（定義）に規定する合同運用信託をいう。）の残余財産が信託法第182条第3項（残余財産の帰属）の規定により当該受託者に帰属したこと。
二　法第59条第2項第4号に掲げる事由が生じた場合　次に掲げる事由
(1) 受託者の引き受けた信託の受益者等が一の者であること。
(2) 受託者の引き受けた信託の受益者等（法人税法第2条第29号の2に規定する法人課税信託の受託者を含む。）がそれぞれ有する当該信託に関する権利の価額に変動がないこと。
4〜10　省略

租税特別措置法（抜粋）

（昭和 32 年 3 月 31 日法律第 26 号）

（青色申告特別控除）

第 25 条の 2　青色申告書を提出することにつき税務署長の承認を受けている個人のその承認を受けている年分（第 3 項の規定の適用を受ける年分を除く。）の不動産所得の金額、事業所得の金額又は山林所得の金額は、所得税法第 26 条第 2 項、第 27 条第 2 項又は第 32 条第 3 項の規定により計算した不動産所得の金額、事業所得の金額又は山林所得の金額から次に掲げる金額のうちいずれか低い金額を控除した金額とする。

一　10 万円

二　所得税法第 26 条第 2 項、第 27 条第 2 項又は第 32 条第 3 項の規定により計算した不動産所得の金額、事業所得の金額（次条第 1 項の規定の適用がある場合には、同項に規定する社会保険診療につき支払を受けるべき金額に対応する部分の金額を除く。第 3 項第 2 号において同じ。）又は山林所得の金額の合計額

2　前項の規定により控除すべき金額は、不動産所得の金額、事業所得の金額又は山林所得の金額から順次控除する。

3　青色申告書を提出することにつき税務署長の承認を受けている個人で不動産所得又は事業所得を生ずべき事業を営むもの（所得税法第 67 条の規定の適用を受ける者を除く。）が、同法第 148 条第 1 項の規定により、当該事業につき帳簿書類を備え付けてこれにその承認を受けている年分の不動産所得の金額又は事業所得の金額に係る取引を記録している場合（これらの所得の金額に係る一切の取引の内容を詳細に記録している場合として財務省令で定める場合に限る。）には、その年分の不動産所得の金額又は事業所得の金額は、同法第 26 条第 2 項又は第 27 条第 2 項の規定により計算した不動産所得の金額又は事業所得の金額から次に掲げる金額のうちいずれか低い金額を控除した金額とする。

一　65 万円

二　所得税法第 26 条第 2 項又は第 27 条第 2 項の規定により計算した不動産所得の金額又は事業所得の金額の合計額

4　前項の規定により控除すべき金額は、不動産所得の金額又は事業所得の金額から順次控除する。

5　第 3 項の規定は、確定申告書に同項の規定の適用を受けようとする旨及び同項の規定による控除を受ける金額の計算に関する事項の記載並びに同項に規定する帳簿書類に基づき財務省令で定めるところにより作成された貸借対照表、損益計算書その他不動産所得の金額又は事業所得の金額の計算に関する明細書の添付があり、かつ、当該確定申告書をその提出期限までに提出した場合に限り、適用する。

（家内労働者等の事業所得等の所得計算の特例）

第 27 条　家内労働法（昭和 45 年法律第 60 号）第 2 条第 2 項に規定する家内労働者に該当する個人、外交員その他これらに類する者として政令で定める個人が事業所得又は雑所得を有する場合において、その年分の事業所得の金額の計算上必要経費に算入すべき金額及び雑所得の金額の計算上必要経費に算入すべき金額の合計額が 65 万円（当該個人が給与所得を有する場合にあつては、65 万円から所得税法第 28 条第 2 項に規定する給与所得控除額を控除した残額。以下この条において同じ。）に満たないときは、その年分の事業所得の金額の計算上必要経費に算入する金額又は雑所得の金額の計算上必要経費に算入する金額は、所得税法第 37 条第 1 項及び第 2 編第 2 章第 2 節第 4 款第 1 目から第 5 目までの規定にかかわらず、65 万円を政令で定めるところにより事業所得に係る金額と雑所得に係る金額とに区分した場合の当該区分したそれぞれの金額とする。この場合において、当該それぞれの金額は、その年分の事業所得に係る総収入金額又は雑所得に係る総収入金額（同法第 35 条第 3 項に規定する公的年金等に係るものを除く。）を限度とする。

（相続財産に係る譲渡所得の課税の特例）

第 39 条　相続又は遺贈（贈与者の死亡により効力を生ずる贈与を含む。以下この条において同じ。）による財産の取得（相続税法又は第 70 条の 5 若しくは第 70 条の 7 の 3 の規定により相続又は遺贈による財産の取得とみなされるものを含む。第 6 項において同じ。）をした個人で当該相続又は遺贈につき同法の規定による相続税額があるものが、当該相続の開始があつた日の翌日から当該相続に係る同法第 27 条第 1 項又は第 29 条第 1 項の規定による申告書（これらの申告書の提出後において同法第 4 条に規定する事由が生じたことにより取得した資産については、当該取得に係る同法第 31 条第 2 項の規定による申告書。第 4 項第 1 号において「相続税申告書」という。）の提出期限（同号において「相続税申告期限」という。）の翌日以後 3 年を経過する日までの間に当該相続税額に係る課税価格（同法第 21 条の 14 から第 21 条の 18 までの規定の適用がある場合には、これらの規定により当該課税価格とみなされた金額）の計算の基礎に算入された資産の譲渡（第 31 条第 1 項に規定する譲渡所得の基因となる不動産等の貸付けを含む。以下この項、第 4 項及

び第8項において同じ。）をした場合における譲渡所得に係る所得税法第33条第3項の規定の適用については、同項に規定する取得費は、当該取得費に相当する金額に当該相続税額のうち当該譲渡をした資産に対応する部分として政令で定めるところにより計算した金額を加算した金額とする。

2　前項の規定は、同項の規定の適用を受けようとする年分の確定申告書又は修正申告書（所得税法第151条の2第1項の規定により提出するものに限る。次項において同じ。）に、前項の規定の適用を受けようとする旨の記載があり、かつ、同項の規定による譲渡所得の金額の計算に関する明細書その他財務省令で定める書類の添付がある場合に限り、適用する。

3　税務署長は、確定申告書若しくは修正申告書の提出がなかつた場合又は前項の記載若しくは添付がない確定申告書若しくは修正申告書の提出があつた場合においても、その提出又は記載若しくは添付がなかつたことについてやむを得ない事情があると認めるときは、当該記載をした書類及び同項の財務省令で定める書類の提出があつた場合に限り、第1項の規定を適用することができる。

4　次の各号に掲げる者が第1項に規定する課税価格の計算の基礎に算入された資産の譲渡について同項の規定を適用することにより、当該譲渡をした者の確定申告書又は決定（国税通則法第25条の規定による決定をいう。）に係る同法第19条第1項に規定する課税標準等又は税額等（当該課税標準等又は税額等につき修正申告書の提出又は同法第24条若しくは第26条の規定による更正（以下この項及び第9項において「更正」という。）があつた場合には、その申告又は更正後の課税標準等又は税額等）が過大となる場合には、その者は、それぞれ当該各号に定める日まで、税務署長に対し、更正の請求をすることができる。

一　当該資産の譲渡をした日の属する年分の確定申告期限の翌日から相続税申告期限までの間に相続税申告書の提出（第69条の3第5項第1号（第70条第9項において準用する場合を含む。）の規定により第2条第3項第1号に規定する期限内申告書とみなされるものの提出を含む。以下この号において「相続税の期限内申告書の提出」という。）をした者（当該確定申告期限までに既に相続税申告書の提出をした者及び当該相続税の期限内申告書の提出後に確定申告書の提出をした者を除く。）当該相続税の期限内申告書の提出をした日の翌日から2月を経過する日

二　当該資産の譲渡をした日以後に当該相続人又は遺贈に係る被相続人（包括遺贈者を含む。）の当該相続の開始の日の属する年分の所得税につき所得税法第60条の3第6項前段の規定の適用があつたことにより同法第153条の3第1項の規定による更正の請求に基づく更正があつた者　当該更正があつた日の翌日から4月を経過する日

5　第2項及び第3項の規定は、前項の規定により更正の請求をする場合について準用する。この場合において、第2項中「確定申告書又は修正申告書（所得税法第151条の2第1項の規定により提出するものに限る。次項において同じ。）に、前項」とあるのは「更正請求書に、同項」と、第3項中「、確定申告書若しくは修正申告書」とあるのは「、次項各号に掲げる者の区分に応じ当該各号に定める日までに更正請求書」と、「添付がない確定申告書若しくは修正申告書」とあるのは「添付がない更正請求書」と、「その提出」とあるのは「同日までにその提出」と読み替えるものとする。

6　第1項に規定する相続税法の規定による相続税額は、同一の被相続人（第70条の6第1項に規定する被相続人をいう。）からの相続又は遺贈による財産の取得をした者のうちに同条第1項の規定の適用を受ける者がある場合には、同条第2項に規定する納付すべき相続税の額とし、同法第20条、第21条の15第3項又は第21条の16第4項の規定により控除される金額がある場合には、同法の規定による相続税額又は当該納付すべき相続税の額に当該金額を加算した金額とする。

7　第1項に規定する課税価格の計算の基礎に算入された資産には、相続又は遺贈による当該資産の移転につき所得税法第59条第1項又は第60条の3第1項の規定の適用を受けた資産（同条第6項前段の規定の適用を受けたものを除く。）を含まないものとし、当該課税価格の計算の基礎に算入された資産につき第33条の3の規定の適用を受けた場合における当該資産に係る同条第1項の換地処分又は同条第2項、第4項若しくは第6項の権利変換により取得した資産を含むものとする。

8　第1項の規定を適用する場合において、同項の規定により同項に規定する取得費に加算する金額は、譲渡をした資産ごとに計算するものとする。

9　第1項の規定の適用を受けた個人が相続税法第32条第1項の規定による更正の請求を行つたことにより第1項の相続税額が減少した場合において、当該相続税額が減少したことに伴い修正申告書を提出したこと又は更正があつたことにより納付すべき所得税の額については、所得税に係る国税通則法第2条第8号に規定する法定納期限の翌日から当該修正申告書の提出があつた日又は当該更正に係る同法第28条第1項に規定する更正通知書を発した日までの期間は、同法第60条第2項の規定による延滞税の計算の基礎となる期間に算入しない。

10　第2項、第3項及び第5項から前までに定めるもののほか、相続税法第19条の規定の適用がある場合における第1項に規定する同法の規定による相続税額の計算その他同項の規定の適用に関し必要な事項は、政令で定める。

（特定組合員等の不動産所得に係る損益通算等の特例）
第41条の4の2　特定組合員（組合契約を締結している組合員（これに類する者で政令で定めるも

のを含む。以下この項において同じ。）のうち、組合事業に係る重要な財産の処分若しくは譲受け又は組合事業に係る多額の借財に関する業務の執行の決定に関与し、かつ、当該業務のうち契約を締結するための交渉その他の重要な部分を自ら執行する組合員以外のものをいう。）又は特定受益者（信託の所得税法第13条第1項に規定する受益者（同条第2項の規定により同条第1項に規定する受益者とみなされる者を含む。）をいう。）に該当する個人が、平成18年以後の各年において、組合事業又は信託から生ずる不動産所得を有する場合においてその年分の不動産所得の金額の計算上当該組合事業又は信託による不動産所得の損失の金額として政令で定める金額があるときは、当該損失の金額に相当する金額は、同法第26条第2項及び第69条第1項の規定その他の所得税に関する法令の規定の適用については、生じなかつたものとみなす。

2　この条において、次の各号に掲げる用語の意義は、当該各号に定めるところによる。

一　組合契約　民法第667条第1項に規定する組合契約及び投資事業有限責任組合契約に関する法律第3条第1項に規定する投資事業有限責任組合契約並びに外国におけるこれらに類する契約（政令で定めるものを含む。）をいう。

二　組合事業　各組合契約に基づいて営まれる事業をいう。

3　前項に定めるもののほか、第1項の規定の適用に関し必要な事項は、政令で定める。

（中小企業等の貸倒引当金の特例）

第57条の9　法人で各事業年度終了の時において法人税法第52条第1項第1号イからハまでに掲げる法人（保険業法に規定する相互会社及びこれに準ずるものとして政令で定めるものを除く。次項において「中小法人」という。）に該当するものが同条第2項の規定の適用を受ける場合には、同項の規定にかかわらず、当該事業年度終了の時における同項に規定する一括評価金銭債権（当該法人が当該法人との間に連結完全支配関係がある連結法人に対して有する金銭債権を除く。次項において同じ。）の帳簿価額（政令で定める金銭債権にあつては、政令で定める金額を控除した残額。次項において同じ。）の合計額に政令で定める割合を乗じて計算した金額をもつて、同条第2項に規定する政令で定めるところにより計算した金額とすることができる。

2、3　省略

（交際費等の損金不算入）

第61条の4　法人が平成26年4月1日から平成28年3月31日までの間に開始する各事業年度において支出する交際費等の額のうち接待飲食費の額の100分の50に相当する金額を超える部分の金額は、当該事業年度の所得の金額の計算上、損金の額に算入しない。

2　前項の場合において、法人（投資信託及び投資法人に関する法律第2条第12項に規定する投資法人及び資産の流動化に関する法律第2条第3項に規定する特定目的会社を除く。）のうち当該事業年度終了の日における資本金の額又は出資金の額（資本又は出資を有しない法人その他政令で定める法人にあつては、政令で定める金額）が1億円以下であるもの（法人税法第2条第9号に規定する普通法人のうち当該事業年度終了の日において同法第66条第6項第2号又は第3号に掲げる法人に該当するものを除く。）については、次の各号に掲げる場合の区分に応じ当該各号に定める金額をもつて、前項に規定する超える部分の金額とすることができる。

一　前項の交際費等の額が800万円に当該事業年度の月数を乗じてこれを12で除して計算した金額（次号において「定額控除限度額」という。）以下である場合　零

二　前項の交際費等の額が定額控除限度額を超える場合　その超える部分の金額

3　前項の月数は、暦に従つて計算し、1月に満たない端数を生じたときは、これを1月とする。

4　第1項に規定する交際費等とは、交際費、接待費、機密費その他の費用で、法人が、その得意先、仕入先その他事業に関係のある者等に対する接待、供応、慰安、贈答その他これらに類する行為（以下この項において「接待等」という。）のために支出するもの（次に掲げる費用のいずれかに該当するものを除く。）をいい、第1項に規定する接待飲食費とは、同項の交際費等のうち飲食その他これに類する行為のために要する費用（専ら当該法人の法人税法第2条第15号に規定する役員若しくは従業員又はこれらの親族に対する接待等のために支出するものを除く。第2号において「飲食費」という。）であつて、その旨につき財務省令で定めるところにより明らかにされているものをいう。

一　専ら従業員の慰安のために行われる運動会、演芸会、旅行等のために通常要する費用

二　飲食費であつて、その支出する金額を基礎として政令で定めるところにより計算した金額が政令で定める金額以下の費用

三　前二号に掲げる費用のほか政令で定める費用

5　第2項の規定は、確定申告書等、修正申告書又は更正請求書に同項第1号に規定する定額控除限度額の計算に関する明細書の添付がある場合に限り、適用する。

6　第4項第2号の規定は、財務省令で定める書類を保存している場合に限り、適用する。

（中小企業者等以外の法人の欠損金の繰戻しによる還付の不適用）

第66条の13　法人税法第80条第1項（同法第145条第1項において準用する場合を含む。）の規定は、次に掲げる法人以外の法人の平成4年4月1日から平成28年3月31日までの間に終了する各

事業年度において生じた欠損金額については、適用しない。ただし、清算中に終了する事業年度及び同法第80条第4項（同法第145条第1項において準用する場合を含む。以下この項において同じ。）の規定に該当する場合の同法第80条第4項に規定する事業年度の欠損金額については、この限りでない。

一　法人税法第2条第9号に規定する普通法人（投資信託及び投資法人に関する法律第2条第12項に規定する投資法人及び資産の流動化に関する法律第2条第3項に規定する特定目的会社を除く。）のうち、当該事業年度終了の時において資本金の額若しくは出資金の額が1億円以下であるもの（当該事業年度終了の時において法人税法第66条第6項第2号又は第3号に掲げる法人に該当するものを除く。）又は資本若しくは出資を有しないもの（保険業法に規定する相互会社及びこれに準ずるものとして政令で定めるものを除く。）

二　公益法人等（法人税法第2条第6号に規定する公益法人等をいう。次号において同じ。）又は協同組合等（同条第7号に規定する協同組合等をいう。）

三　法人税法以外の法律によつて公益法人等とみなされているもので政令で定めるもの

四　人格のない社団等

2　前項の規定の適用に関し必要な事項は、政令で定める。

（組合事業等による損失がある場合の課税の特例）

第67条の12　法人が特定組合員（組合契約に係る組合員（これに類する者で政令で定めるものを含むものとし、匿名組合契約等にあつては、匿名組合契約等に基づいて出資をする者及びその者の当該匿名組合契約等に係る地位の承継をする者とする。以下この項及び第4項において同じ。）のうち、組合事業に係る重要な財産の処分若しくは譲受け又は組合事業に係る多額の借財に関する業務の執行の決定に関与し、かつ、当該業務のうち契約を締結するための交渉その他の重要な部分を自ら執行する組合員その他の政令で定める組合員以外のものをいう。第4項において同じ。）又は特定受益者（信託（法人税法第2条第29号に規定する集団投資信託及び法人課税信託を除く。以下この条において同じ。）の同法第12条第1項に規定する受益者（同条第2項の規定により同条第1項に規定する受益者とみなされる者を含む。）をいう。第4項において同じ。）に該当する場合で、かつ、その組合契約に係る組合事業又は当該信託につきその債務を弁済する責任の限度が実質的に組合財産（匿名組合契約等にあつては、組合事業に係る財産）又は信託財産の価額とされている場合その他の政令で定める場合には、当該法人の当該事業年度の組合等損失額（当該法人の当該組合事業又は当該信託による損失の額として政令で定める金額をいう。以下この項において同じ。）のうち当該法人の当該組合事業に係る出資の価額又は当該信託の信託財産の帳簿価額を基礎として政令で定めるところにより計算した金額を超える部分の金額（当該組合事業又は当該信託財産に帰せられる損益が実質的に欠損とならないと見込まれるものとして政令で定める場合に該当する場合には、当該組合等損失額）に相当する金額（第3項第4号において「組合等損失超過額」という。）は、当該事業年度の所得の金額の計算上、損金の額に算入しない。

2　確定申告書等を提出する法人が、各事業年度において組合等損失超過合計額を有する場合には、当該組合等損失超過合計額のうち当該事業年度の当該法人の組合事業又は信託（当該組合等損失超過合計額に係るものに限る。）による利益の額として政令で定める金額に達するまでの金額は、当該事業年度の所得の金額の計算上、損金の額に算入する。

3　この条において、次の各号に掲げる用語の意義は、当該各号に定めるところによる。

一　組合契約　民法第667条第1項に規定する組合契約及び投資事業有限責任組合契約に関する法律第3条第1項に規定する投資事業有限責任組合契約並びに外国におけるこれらに類する契約（政令で定めるものを含む。）並びに匿名組合契約等をいう。

二　匿名組合契約等　匿名組合契約（これに準ずる契約として政令で定めるものを含む。）及び外国におけるこれに類する契約をいう。

三　組合事業　組合契約に基づいて営まれる事業（匿名組合契約等にあつては、匿名組合契約等に基づいて出資を受ける者の事業であつて当該匿名組合契約等の目的であるものをいう。

四　組合等損失超過合計額　当該法人の当該事業年度の直前の事業年度（連結事業年度に該当する事業年度にあつては、当該連結事業年度。以下この号において「前事業年度等」という。）以前の各事業年度における組合等損失超過額（連結事業年度に該当する事業年度にあつては、第68条の105の2第1項に規定する連結組合等損失超過額）のうち、当該組合等損失超過額につき第1項の規定の適用を受けた事業年度（同条第1項の規定の適用を受けた場合には、当該適用を受けた連結事業年度。以下この号において「適用年度」という。）から前事業年度等まで連続して法人税法第2条第31号に規定する確定申告書（以下この号において「確定申告書」という。）の提出（前事業年度等までの連結事業年度に該当する事業年度にあつては、当該法人又は当該法人に係る連結法人による同条第32号に規定する連結確定申告書（以下この号において「連結確定申告書」という。）の提出）をしている場合（適用年度が前事業年度等である場合には、当該適用年度の確定申告書の提出（当該適用年度が連結事業年度に該当する場合には、当該法人又は当該法人に係る連結親法人による連結確定申告書の提出）をしている場合）における当該組合

等損失超過額を、各組合事業又は各信託ごとに合計した金額（前項の規定により前事業年度等までの各事業年度の所得の金額の計算上損金の額に算入された金額（第68条の105の2第2項の規定により前事業年度等までの各連結事業年度の連結所得の金額の計算上損金の額に算入された金額を含む。）がある場合には、これらの損金の額に算入された金額を控除した金額）をいう。

4　前項に定めるもののほか、法人が自己を合併法人とする適格合併により特定組合員又は特定受益者に該当する被合併法人の組合契約に係る組合員又は信託の受益者たる地位の承継をした場合における第1項の規定の適用に関する事項その他同項又は第2項の規定の適用に関し必要な事項は、政令で定める。

（小規模宅地等についての相続税の課税価格の計算の特例）

第69条の4　個人が相続又は遺贈により取得した財産のうちに、当該相続の開始の直前において、当該相続若しくは遺贈に係る被相続人又は当該被相続人と生計を一にしていた当該被相続人の親族（第3項において「被相続人等」という。）の事業（事業に準ずるものとして政令で定めるものを含む。同項において同じ。）の用又は居住の用（居住の用に供することができない事由として政令で定める事由により相続の開始の直前において当該被相続人の居住の用に供されていなかつた場合（政令で定める用途に供されている場合を除く。）における当該事由により居住の用に供されなくなる直前の当該被相続人の居住の用を含む。同項第2号において同じ。）に供されていた宅地等（土地又は土地の上に存する権利をいう。同項及び次条第5項において同じ。）で財務省令で定める建物又は構築物の敷地の用に供されているもののうち政令で定めるもの（特定事業用宅地等、特定居住用宅地等、特定同族会社事業用宅地等及び貸付事業用宅地等に限る。以下この条において「特例対象宅地等」という。）がある場合には、当該相続又は遺贈により財産を取得した者に係る全ての特例対象宅地等のうち、当該個人が取得した特例対象宅地等はその一部でこの項の規定の適用を受けるものとして政令で定めるところにより選択をしたもの（以下この項及び次項において「選択特例対象宅地等」という。）については、限度面積要件を満たす場合の当該選択特例対象宅地等（以下この項において「小規模宅地等」という。）に限り、相続税法第11条の2に規定する相続税の課税価格に算入すべき価額は、当該小規模宅地等の価額に次の各号に掲げる小規模宅地等の区分に応じ当該各号に定める割合を乗じて計算した金額とする。

一　特定事業用宅地等である小規模宅地等、特定居住用宅地等である小規模宅地等及び特定同族会社事業用宅地等である小規模宅地等　100分の20

二　貸付事業用宅地等である小規模宅地等　100分の50

2　前項に規定する限度面積要件は、当該相続又は遺贈により特例対象宅地等を取得した者に係る次の各号に掲げる選択特例対象宅地等の区分に応じ、当該各号に定める要件とする。

一　特定事業用宅地等又は特定同族会社事業用宅地等（第3号イにおいて「特定事業用等宅地等」という。）である選択特例対象宅地等　当該選択特例対象宅地等の面積の合計が400平方メートル以下であること。

二　特定居住用宅地等である選択特例対象宅地等　当該選択特例対象宅地等の面積の合計が330平方メートル以下であること。

三　貸付事業用宅地等である選択特例対象宅地等　次のイ、ロ及びハの規定により計算した面積の合計が200平方メートル以下であること。

　イ　特定事業用等宅地等である選択特例対象宅地等がある場合の当該選択特例対象宅地等の面積を合計した面積に400分の200を乗じて得た面積

　ロ　特定居住用宅地等である選択特例対象宅地等がある場合の当該選択特例対象宅地等の面積を合計した面積に330分の200を乗じて得た面積

　ハ　貸付事業用宅地等である選択特例対象宅地等の面積を合計した面積

3　この条において、次の各号に掲げる用語の意義は、当該各号に定めるところによる。

一　特定事業用宅地等　被相続人等の事業（不動産貸付業その他政令で定めるものを除く。以下この号及び第3号において同じ。）の用に供されていた宅地等で、次に掲げる要件のいずれかを満たす当該被相続人の親族（当該親族から相続又は遺贈により当該宅地等を取得した当該親族の相続人を含む。イ及び第4号（ロを除く。）において同じ。）が相続又は遺贈により取得したもの（政令で定める部分に限る。）をいう。

　イ　当該親族が、相続開始時から相続税法第27条、第29条又は第31条第2項の規定による申告書の提出期限（以下この項において「申告期限」という。）までの間に当該宅地等の上で営まれていた被相続人の事業を引き継ぎ、申告期限まで引き続き当該宅地等を有し、かつ、当該事業を営んでいること。

　ロ　当該被相続人の親族が当該被相続人と生計を一にしていた者であつて、相続開始時から申告期限（当該親族が申告期限前に死亡した場合には、その死亡の日。第4号イを除き、以下この項において同じ。）まで引き続き当該宅地等を有し、かつ、相続開始前から申告期限まで引き続き当該宅地等を自己の事業の用に供していること。

二　特定居住用宅地等　被相続人等の居住の用に供されていた宅地等（当該宅地等が二以上ある場

合には、政令で定める宅地等に限る。）で、当該被相続人の配偶者又は次に掲げる要件のいずれ
かを満たす当該被相続人の親族（当該被相続人の配偶者を除く。以下この号において同じ。）が
相続又は遺贈により取得したもの（政令で定める部分に限る。）をいう。

イ　当該親族が相続開始の直前において当該宅地等の上に存する当該被相続人の居住の用に供さ
れていた一棟の建物（当該被相続人、当該被相続人の配偶者又は当該親族の居住の用に供され
ていた部分として政令で定める部分に限る。）に居住していた者であつて、相続開始時から申
告期限まで引き続き当該宅地等を有し、かつ、当該建物に居住していること。

ロ　当該親族（当該被相続人の居住の用に供されていた宅地等を取得した者に限る。）が相続開
始前3年以内に相続税法の施行地内にあるその者又はその者の配偶者の所有する家屋（当該相
続開始の直前において当該被相続人の居住の用に供されていた家屋を除く。）に居住したこと
がない者（財務省令で定める者を除く。）であり、かつ、相続開始時から申告期限まで引き続
き当該宅地等を有していること（当該被相続人の配偶者又は相続開始の直前において当該被相
続人の居住の用に供されていた家屋に居住していた親族で政令で定める者がいない場合に限
る。）。

ハ　当該親族が当該被相続人と生計を一にしていた者であつて、相続開始時から申告期限まで引
き続き当該宅地等を有し、かつ、相続開始前から申告期限まで引き続き当該宅地等を自己の居
住の用に供していること。

三　特定同族会社事業用宅地等　相続開始の直前に被相続人及び当該被相続人の親族その他当該被
相続人と政令で定める特別の関係がある者が有する株式の総数又は出資の総額が当該株式又は出
資に係る法人の発行済株式の総数又は出資の総額の10分の5を超える法人の事業の用に供され
ていた宅地等で、当該宅地等を相続又は遺贈により取得した当該被相続人の親族（財務省令で定
める者に限る。）が相続開始時から申告期限まで引き続き有し、かつ、申告期限まで引き続き当
該法人の事業の用に供されているもの（政令で定める部分に限る。）をいう。

四　貸付事業用宅地等　被相続人等の事業（不動産貸付業その他政令で定めるものに限る。以下こ
の号において「貸付事業」という。）の用に供されていた宅地等で、次に掲げる要件のいずれか
を満たす当該被相続人の親族が相続又は遺贈により取得したもの（特定同族会社事業用宅地等を
除き、政令で定める部分に限る。）をいう。

イ　当該親族が、相続開始時から申告期限までの間に当該宅地等に係る被相続人の貸付事業を引
き継ぎ、申告期限まで引き続き当該宅地等を有し、かつ、当該貸付事業の用に供しているこ
と。

ロ　当該被相続人の親族が当該被相続人と生計を一にしていた者であつて、相続開始時から申告
期限まで引き続き当該宅地等を有し、かつ、相続開始前から申告期限まで引き続き当該宅地等
を自己の貸付事業の用に供していること。

4　第1項の規定は、同項の相続又は遺贈に係る相続税法第27条の規定による申告書の提出期限
（以下この項において「申告期限」という。）までに共同相続人又は包括受遺者によつて分割されて
いない特例対象宅地等については、適用しない。ただし、その分割されていない特例対象宅地等が
申告期限から3年以内（当該期間が経過するまでの間に当該特例対象宅地等が分割されなかつたこ
とにつき、当該相続又は遺贈に関し訴えの提起がされたことその他の政令で定めるやむを得ない事
情がある場合において、政令で定めるところにより納税地の所轄税務署長の承認を受けたときは、
当該特例対象宅地等の分割ができることとなつた日として政令で定める日の翌日から4月以内）に
分割された場合（当該相続又は遺贈により財産を取得した者が次条第1項の規定の適用を受けてい
る場合を除く。）には、その分割された当該特例対象宅地等については、この限りでない。

5　相続税法第32条第1項の規定は、前項ただし書の場合その他既に分割された当該特例対象宅地
等について第1項の規定の適用を受けていなかつた場合として政令で定める場合について準用す
る。この場合において、必要な技術的読替えは、政令で定める。

6　第1項の規定は、同項の規定の適用を受けようとする者の当該相続又は遺贈に係る相続税法第
27条又は第29条の規定による申告書（これらの申告書に係る期限後申告書及びこれらの申告書に
係る修正申告書を含む。次項において「相続税の申告書」という。）に第1項の規定の適用を受け
ようとする旨を記載し、同項の規定による計算に関する明細書その他の財務省令で定める書類の添
付がある場合に限り、適用する。

7　税務署長は、相続税の申告書の提出がなかつた場合又は前項の記載若しくは添付がない相続税の
申告書の提出があつた場合においても、その提出又は記載若しくは添付がなかつたことについてや
むを得ない事情があると認めるときは、当該記載をした書類及び同項の財務省令で定める書類の提
出があつた場合に限り、第1項の規定を適用することができる。

8　第1項に規定する小規模宅地等について、同項の規定の適用を受ける場合における相続税法第
48条の2第6項において準用する同法第41条第2項の規定の適用については、同項中「財産を除
く」とあるのは、「財産及び租税特別措置法（昭和32年法律第26号）第69条の4第1項（小規模
宅地等についての相続税の課税価格の計算の特例）の規定の適用を受けた同項に規定する小規模宅

地等を除く」とする。

9　第4項から前項までに定めるもののほか、第1項の規定の適用に関し必要な事項は、政令で定める。

（直系尊属から教育資金の一括贈与を受けた場合の贈与税の非課税）

第70条の2の2　平成25年4月1日から平成31年3月31日までの間に、個人（教育資金管理契約を締結する日において30歳未満の者に限る。）が、その直系尊属と信託会社（信託業法第3条又は第53条第1項の免許を受けたものに限るものとし、金融機関の信託業務の兼営等に関する法律により同法第1条第1項に規定する信託業務を営む同項に規定する金融機関を含む。次項において「受託者」という。）との間の教育資金管理契約に基づき信託の受益権（以下この項及び第4項において「信託受益権」という。）を取得した場合、その直系尊属からの書面による贈与により取得した金銭を教育資金管理契約に基づき銀行等（銀行その他の預金又は貯金の受入れを行う金融機関として政令で定める金融機関をいう。次項及び第4項において同じ。）の営業所、事務所その他これらに準ずるものでこの法律の施行地にあるもの（第7項を除き、以下この条において「営業所等」という。）において預金若しくは貯金として預入をした場合又は教育資金管理契約に基づきその直系尊属からの書面による贈与により取得した金銭若しくはこれに類するものとして政令で定めるもの（以下この条において「金銭等」という。）で金融商品取引法第2条第9項に規定する金融商品取引業者（同法第28条第1項に規定する第一種金融商品取引業を行う者に限る。次項及び第4項において同じ。）の営業所等において有価証券を購入した場合には、当該信託受益権、金銭等又は金銭等の価額のうち1500万円までの金額（既にこの項の規定の適用を受けて贈与税の課税価格に算入しなかつた金額がある場合には、当該算入しなかつた金額を控除した残額）に相当する部分の価額については、贈与税の課税価格に算入しない。

2　この条において、次の各号に掲げる用語の意義は、当該各号に定めるところによる。

　一　教育資金　次に掲げる金銭をいう。

　　イ　学校教育法（昭和22年法律第26号）第1条に規定する学校、同法第124条に規定する専修学校、同法第134条第1項に規定する各種学校その他これらに類する施設として政令で定めるものを設置する者（ロにおいて「学校等」という。）に直接支払われる入学金、授業料その他の金銭で政令で定めるもの

　　ロ　学校等以外の者に、教育に関する役務の提供の対価として直接支払われる金銭その他の教育を受けるために直接支払われる金銭で政令で定めるもの

　二　教育資金管理契約　個人（以下この条において「受贈者」という。）の教育に必要な教育資金を管理することを目的とする契約であつて次に掲げるものをいう。

　　イ　当該受贈者の直系尊属と受託者との間の信託に関する契約で次に掲げる事項が定められているもの

　　　(1)　信託の主たる目的は、教育資金の管理とされていること。

　　　(2)　受託者がその信託財産として受け入れる資産は、金銭等に限られるものであること。

　　　(3)　当該受贈者を信託の利益の全部についての受益者とするものであること。

　　　(4)　その他政令で定める事項

　　ロ　当該受贈者と銀行等との間の普通預金その他の財務省令で定める預金又は貯金に係る契約で次に掲げる事項が定められているもの

　　　(1)　教育資金の支払に充てるために預金又は貯金を払い出した場合には、当該受贈者は銀行等に第7項に規定する領収書等の提出又は提供をすること。

　　　(2)　その他政令で定める事項

　　ハ　当該受贈者と金融商品取引業者との間の有価証券の保管の委託に係る契約で次に掲げる事項が定められているもの

　　　(1)　教育資金の支払に充てるために有価証券の譲渡、償還その他の事由により金銭の交付を受けた場合には、当該受贈者は金融商品取引業者に第7項に規定する領収書等の提出又は提供をすること。

　　　(2)　その他政令で定める事項

　三　教育資金非課税申告書　前項の規定の適用を受けようとする旨、受贈者の氏名及び住所又は居所その他財務省令で定める事項を記載した申告書をいう。

　四　非課税拠出額　教育資金非課税申告書又は第4項に規定する追加教育資金非課税申告書に前項の規定の適用を受けるものとして記載された金額を合計した金額をいう。

　五　教育資金支出額　第8項の規定により取扱金融機関（受贈者の直系尊属と教育資金管理契約を締結した受託者又は受贈者と教育資金管理契約を締結した銀行等若しくは金融商品取引業者をいう。第7項を除き、以下この条において同じ。）の営業所等において教育資金の支払の事実が確認され、かつ、記録された金額を合計した金額をいう。

3　第1項の規定は、同項の規定の適用を受けようとする受贈者が教育資金非課税申告書を当該教育資金非課税申告書に記載した取扱金融機関の営業所等を経由し、信託がされる日、預金若しくは貯

金の預入をする日又は有価証券を購入する日までに、当該受贈者の納税地の所轄税務署長に提出した場合に限り、適用する。

4　受贈者が既に教育資金非課税申告書を提出している場合（当該教育資金非課税申告書に記載された金額が1500万円に満たない場合に限る。）において、当該教育資金非課税申告書に係る教育資金管理契約に基づき、当該受贈者が新たにその直系尊属の行為により信託受益権を取得したとき、その直系尊属からの書面による贈与により取得した金銭を銀行等の営業所等において預金若しくは貯金として預入をしたとき、又はその直系尊属からの書面による贈与により取得した金銭等で金融商品取引業者の営業所等において有価証券を購入したときは、当該受贈者は、当該信託受益権、金銭又は金銭等の価額について第1項の規定の適用を受けようとする旨その他財務省令で定める事項を記載した申告書（次項及び第6項において「追加教育資金非課税申告書」という。）を当該教育資金非課税申告書を提出した取扱金融機関の営業所等を経由し、新たに信託がされる日、預金若しくは貯金の預入をする日又は有価証券を購入する日までに、当該受贈者の納税地の所轄税務署長に提出した場合に限り、第1項の規定の適用を受けることができる。

5　前二項の場合において、第3項の教育資金非課税申告書又は前項の追加教育資金非課税申告書がこれらの規定に規定する取扱金融機関の営業所等に受理されたときは、これらの申告書は、その受理された日にこれらの規定に規定する税務署長に提出されたものとみなす。

6　教育資金非課税申告書は、受贈者が既に教育資金非課税申告書を提出している場合（既に提出した教育資金非課税申告書に係る教育資金管理契約が第10項第3号に掲げる事由に該当したことにより終了している場合を除く。）には提出することができないものとし、教育資金非課税申告書に第1項の規定の適用を受けるものとして記載された金額が1500万円を超えるものである場合又は追加教育資金非課税申告書に係る教育資金管理契約について既に受理された教育資金非課税申告書及び追加教育資金非課税申告書に同項の規定の適用を受けるものとして記載された金額を合計した金額が1500万円を超えるものである場合には、取扱金融機関の営業所等は、これらの申告書を受理することができない。

7　第1項の規定の適用を受ける受贈者は、政令で定めるところにより選択した次の各号に掲げる場合の区分に応じ当該各号に定める日までに、教育資金の支払に充てた金銭に係る領収書その他の書類（電磁的記録（電子的方式、磁気的方式その他の人の知覚によつては認識することができない方式で作られる記録であつて、電子計算機による情報処理の用に供されるものをいう。第17項において同じ。）を含む。以下この項において同じ。）でその支払の事実を証するもの（相続税法第21条の3第1項第2号の規定の適用を受けた贈与により取得した財産が充てられた教育費に係るもの及び次条第2項第1号に規定する結婚・子育て資金の支払に充てた金銭に係る同条第7項に規定する領収書等であつて同項の規定により同条第2項第5号に規定する取扱金融機関の同条第2項第5号に規定する営業所等に提出したものを除き、その支払が少額の支払として財務省令で定める金額以下のものである場合における当該支払の事実の記載又は記録をした書類として財務省令で定める書類を含む。以下この条において「領収書等」という。）を第2項第5号に規定する取扱金融機関の第1項に規定する営業所等に提出又は提供をしなければならない。

一　教育資金の支払に充てた金銭に相当する額を払い出す方法により専ら払出しを受ける場合　当該領収書等に記載又は記録がされた支払年月日から1年を経過する日

二　前号に掲げる場合以外の場合　当該領収書等に記載又は記録がされた支払年月日の属する年の翌年3月15日

8　取扱金融機関の営業所等は、前項の規定により受贈者から提出又は提供を受けた領収書等により払い出した金銭が教育資金の支払に充てられたことを確認し、当該領収書等に記載又は記録がされた支払の金額及び年月日について記録をし、かつ、当該領収書等を受領した日から当該受贈者に係る教育資金管理契約が終了した日の属する年の翌年3月15日後6年を経過する日までの間、財務省令で定める方法により当該領収書等及び当該記録を保存しなければならない。

9　第7項第2号に掲げる場合において、その年中に払い出した金銭の合計額がその年中に教育資金の支払に充てたものとして提出又は提供を受けた領収書等（当該領収書等に記載又は記録がされた支払年月日その他の記録によりその年中に教育資金の支払に充てられたことを確認できるものに限る。）により教育資金の支払に充てたことを確認した金額の合計額を下回るときは、前項の規定により取扱金融機関の営業所等が記録する金額は、当該払い出した金銭の合計額を限度とする。

10　教育資金管理契約は、次の各号に掲げる事由の区分に応じ当該各号に定める日のいずれか早い日に終了するものとする。

一　受贈者が30歳に達したこと　当該受贈者が30歳に達した日

二　受贈者が死亡したこと　当該受贈者が死亡した日

三　教育資金管理契約に係る信託財産の価額が零となつた場合、教育資金管理契約に係る預金若しくは貯金の額が零となつた場合又は教育資金管理契約に基づき保管されている有価証券の価額が零となつた場合において受贈者と取扱金融機関との間でこれらの教育資金管理契約を終了させる合意があつたこと　当該教育資金管理契約が当該合意に基づき終了する日

11　前項第1号又は第3号に掲げる事由に該当したことにより教育資金管理契約が終了した場合において、当該教育資金管理契約に係る非課税拠出額から教育資金支出額（第15の規定による訂正があつた場合には、その訂正後のものとし、第2項第1号ロに掲げる教育資金については、500万円を限度とする。次項において同じ。）を控除した残額があるときは、当該残額については、当該教育資金管理契約に係る受贈者の前項第1号又は第3号に定める日の属する年の贈与税の課税価格に算入する。

12　第10項第2号に掲げる事由に該当したことにより教育資金管理契約が終了した場合には、当該教育資金管理契約に係る非課税拠出額から教育資金支出額を控除した残額については、贈与税の課税価格に算入しない。

13　取扱金融機関の営業所等の長は、教育資金管理契約が終了した場合には、当該教育資金管理契約に係る受贈者の氏名及び住所又は居所その他の財務省令で定める事項を記載した調書（第17項及び第18項において「教育資金管理契約の終了に関する調書」という。）を当該教育資金管理契約が終了した日（当該教育資金管理契約が第10第2号に掲げる事由に該当したことにより終了した場合には、取扱金融機関の営業所等の長が当該事由を知つた日）の属する月の翌々月末日までに当該受贈者の納税地の所轄税務署長に提出しなければならない。

14　税務署長は、次に掲げる事実を知つた場合には、取扱金融機関の営業所等の長にその旨その他の財務省令で定める事項を通知するものとする。
　一　受贈者が教育資金の支払に充てるために取扱金融機関の営業所等から払い出した金銭が教育資金の支払に充てられていないこと。
　二　当該受贈者に係る教育資金非課税申告書が二以上の取扱金融機関の営業所等に提出されていること又は当該受贈者に係る非課税拠出額が1500万円を超えること。

15　取扱金融機関の営業所等の長は、前項の規定による税務署長からの通知（同項第1号に掲げる事実に係るものに限る。）を受けたときは、当該通知に基づき第8項の記録を訂正しなければならない。

16　第3項から第10項まで及び前三項に定めるもののほか、第1項、第11項及び第12項の規定の適用に関し必要な事項は、政令で定める。

17　国税庁、国税局又は税務署の当該職員は、教育資金管理契約の終了に関する調書の提出に関する調査について必要があるときは、当該教育資金管理契約の終了に関する調書を提出する義務がある者に質問し、その者の教育資金管理契約に関する帳簿書類（その作成又は保存に代えて電磁的記録の作成又は保存がされている場合における当該電磁的記録を含む。次条第18項及び第70条の13第4項第3号において同じ。）その他の物件を検査し、又は当該物件（その写しを含む。）の提示若しくは提出を求めることができる。

18　国税庁、国税局又は税務署の当該職員は、教育資金管理契約の終了に関する調書の提出に関する調査について必要があるときは、当該調査において提出された物件を留め置くことができる。

19　国税庁、国税局又は税務署の当該職員は、第17項の規定による質問、検査又は提示若しくは提出の要求をする場合には、その身分を示す証明書を携帯し、関係人の請求があつたときは、これを提示しなければならない。

20　第17項及び第18項の規定による当該職員の権限は、犯罪捜査のために認められたものと解してはならない。

21　前項に定めるもののほか、第18項の規定の適用に関し必要な事項は、政令で定める。

（直系尊属から結婚・子育て資金の一括贈与を受けた場合の贈与税の非課税）
第70条の2の3　平成27年4月1日から平成31年3月31日までの間に、個人（結婚・子育て資金管理契約を締結する日において20歳以上50歳未満の者に限る。）が、その直系尊属と信託会社（信託業法第3条又は第53条第1項の免許を受けたものに限るものとし、金融機関の信託業務の兼営等に関する法律により同法第1条第1項に規定する信託業務を営む同項に規定する金融機関を含む。次項及び第10項において「受託者」という。）との間の結婚・子育て資金管理契約に基づき信託の受益権（以下この項及び第4項において「信託受益権」という。）を取得した場合、その直系尊属からの書面による贈与により取得した金銭を結婚・子育て資金管理契約に基づき銀行等（銀行その他の預金又は貯金の受入れを行う金融機関として政令で定める金融機関をいう。次項及び第4項において同じ。）の営業所、事務所その他これらに準ずるものでこの法律の施行地にあるもの（第7項を除き、以下この条において「営業所等」という。）において預金若しくは貯金として預入をした場合又は結婚・子育て資金管理契約に基づきその直系尊属からの書面による贈与により取得した金銭若しくはこれに類するものとして政令で定める金銭等（以下この条において「金銭等」という。）で金融商品取引法第2条第9項に規定する金融商品取引業者（同法第28条第1項に規定する第一種金融商品取引業を行う者に限る。次項及び第4項において同じ。）の営業所等において有価証券を購入した場合には、当該信託受益権、金銭又は金銭等の価額のうち1000万円までの金額（既にこの項の規定の適用を受けて贈与税の課税価格に算入しなかつた金額がある場合には、当該算入しなかつた金額を控除した残額）に相当する部分の価額については、贈与税の課税価格に算入

しない。
2 この条において、次の各号に掲げる用語の意義は、当該各号に定めるところによる。
　一　結婚・子育て資金　次に掲げる金銭をいう。
　　イ　前項の規定の適用を受ける個人（以下この条において「受贈者」という。）の結婚に際して
支出する費用で政令で定めるものに充てる金銭
　　ロ　受贈者（当該受贈者の配偶者を含む。）の妊娠、出産又は育児に要する費用で政令で定める
ものに充てる金銭
　二　結婚・子育て資金管理契約　結婚・子育て資金を管理することを目的とする契約であつて次に
掲げるものをいう。
　　イ　受贈者の直系尊属と受託者との間の信託に関する契約で次に掲げる事項が定められているも
の
　　　(1)　信託の主たる目的は、結婚・子育て資金の管理とされていること。
　　　(2)　受託者がその信託財産として受け入れる資産は、金銭等に限られるものであること。
　　　(3)　当該受贈者を信託の利益の全部についての受益者とするものであること。
　　　(4)　その他政令で定める事項
　　ロ　受贈者と銀行等との間の普通預金その他の財務省令で定める預金又は貯金に係る契約で次に
掲げる事項が定められているもの
　　　(1)　結婚・子育て資金の支払に充てるために預金又は貯金を払い出した場合には、当該受贈者
は銀行等に第7項に規定する領収書等を提出すること。
　　　(2)　その他政令で定める事項
　　ハ　受贈者と金融商品取引業者との間の有価証券の保管の委託に係る契約で次に掲げる事項が定
められているもの
　　　(1)　結婚・子育て資金の支払に充てるために有価証券の譲渡、償還その他の事由により金銭の
交付を受けた場合には、当該受贈者は金融商品取引業者に第7項に規定する領収書等を提出
すること。
　　　(2)　その他政令で定める事項
　三　結婚・子育て資金非課税申告書　前項の規定の適用を受けようとする旨、受贈者の氏名及び住
所又は居所その他財務省令で定める事項を記載した申告書をいう。
　四　非課税拠出額　結婚・子育て資金非課税申告書又は第4項に規定する追加結婚・子育て資金非
課税申告書に前項の規定の適用を受けるものとして記載された金額を合計した金額をいう。
　五　結婚・子育て資金支出額　第8項の規定により取扱金融機関（受贈者の直系尊属と結婚・子育
て資金管理契約を締結した受託者又は受贈者と結婚・子育て資金管理契約を締結した銀行等若し
くは金融商品取引業者をいう。第7項を除き、以下この条において同じ。）の営業所等において
結婚・子育て資金の支払の事実が確認され、かつ、記録された金額を合計した金額をいう。
3　第1項の規定は、同項の規定の適用を受けようとする受贈者が結婚・子育て資金非課税申告書を
当該結婚・子育て資金非課税申告書に記載した取扱金融機関の営業所等を経由し、信託がされる
日、又は金若しくは貯金の預入をする日又は有価証券を購入する日までに、当該受贈者の納税地の所
轄税務署長に提出した場合に限り、適用する。
4　受贈者が既に結婚・子育て資金非課税申告書を提出している場合（当該結婚・子育て資金非課税
申告書に記載された金額が1000万円に満たない場合に限る。）において、当該結婚・子育て資金非
課税申告書に係る結婚・子育て資金管理契約に基づき、当該受贈者が新たにその直系尊属の行為に
より信託受益権を取得したとき、その直系尊属からの書面による贈与により取得した金銭を銀行等
の営業所等において預金若しくは貯金として預入をする又はその直系尊属からの書面による
贈与により取得した金銭等で金融商品取引業者の営業所等において有価証券を購入したときは、当
該受贈者は、当該信託受益権、金銭又は金銭等の価額について第1項の規定の適用を受けようとす
る旨その他財務省令で定める事項を記載した申告書（次項及び第6項において「追加結婚・子育て
資金非課税申告書」という。）を当該結婚・子育て資金非課税申告書を提出した取扱金融機関の営
業所等を経由し、新たに信託がされる日、預金若しくは貯金の預入をする日又は有価証券を購入す
る日までに、当該受贈者の納税地の所轄税務署長に提出した場合に限り、第1項の規定の適用を受
けることができる。
5　前二項の場合において、第3項の結婚・子育て資金非課税申告書又は前項の追加結婚・子育て資
金非課税申告書がこれらの規定に規定する取扱金融機関の営業所等に受理されたときは、これらの
申告書は、その受理された日にこれらの規定に規定する税務署長に提出されたものとみなす。
6　結婚・子育て資金非課税申告書は、受贈者が既に結婚・子育て資金非課税申告書を提出している
場合（既に提出した結婚・子育て資金非課税申告書に係る結婚・子育て資金管理契約が第11項第
3号に掲げる事由に該当したことにより終了している場合を除く。）には提出することができない
ものとし、結婚・子育て資金非課税申告書に第1項の規定の適用を受けるものとして記載された金
額が1000万円を超えるものである場合又は追加結婚・子育て資金非課税申告書に係る結婚・子育

て資金管理契約について既に受理された結婚・子育て資金非課税申告書及び追加結婚・子育て資金非課税申告書に同項の規定の適用を受けるものとして記載された金額を合計した金額が1000万円を超えるものである場合には、取扱金融機関の営業所等は、これらの申告書を受理することができない。

7　第1項の規定の適用を受ける受贈者は、政令で定めるところにより選択した次の各号に掲げる場合の区分に応じ当該各号に定める日までに、結婚・子育て資金の支払に充てた金銭に係る領収書その他の書類でその支払の事実を証するもの（相続税法第21条の3第1項第2号の規定の適用を受けた贈与により取得した財産が充てられた生活費又は教育費に係るもの及び前条第2項第1号に規定する教育資金の支払に充てた金銭に係る同条第7項に規定する領収書等であつて同項の規定により同条第2項第5号に規定する取扱金融機関の同条第1項に規定する営業所等に提出又は提供をしたもの（同条第7項に規定する財務省令で定める書類に記載された支払に係る領収書その他の書類でその支払の事実を証するものを含む。）を除く。以下この条において「領収書等」という。）を、第2項第5号に規定する取扱金融機関の第1項に規定する営業所等に提出しなければならない。

　　一　結婚・子育て資金の支払に充てた金銭に相当する額を払い出す方法により専ら払出しを受ける場合　当該領収書等に記載された支払年月日から1年を経過する日
　　二　前号に掲げる場合以外の場合　当該領収書等に記載された支払年月日の属する年の翌年3月15日

8　取扱金融機関の営業所等は、前項の規定により受贈者から提出を受けた領収書等により払い出した金銭が結婚・子育て資金の支払に充てられたことを確認し、当該領収書等に記載された支払の金額及び年月日について記録をし、かつ、当該領収書等を受領した日から当該結婚・子育て資金管理契約が終了した日の属する年の翌年3月15日後6年を経過する日までの間、財務省令で定める方法により当該領収書等及び当該記録（第10項第3号の規定による記録を含む。）を保存しなければならない。

9　第7項第2号に掲げる場合において、その年中に払い出した金銭の合計額がその年中に結婚・子育て資金の支払に充てたものとして提出を受けた領収書等（当該領収書等に記載された支払年月日その他の記録によりその年中に結婚・子育て資金の支払に充てられたことを確認できるものに限る。）により結婚・子育て資金の支払に充てたことを確認した金額の合計額を下回るときは、前項の規定により取扱金融機関の営業所等が記録する金額は、当該払い出した金銭の合計額を限度とする。

10　贈与者（受託者との間の結婚・子育て資金管理契約に基づき受贈者を受益者とする信託をした当該受贈者の直系尊属又は受贈者に対し結婚・子育て資金管理契約に基づき預金若しくは貯金の預入若しくは有価証券の購入をするための金銭等の書面による贈与をした当該受贈者の直系尊属をいう。）が第1項の規定の適用に係る結婚・子育て資金管理契約に基づき信託をした日、同項の規定の適用に係る結婚・子育て資金管理契約に基づき預金若しくは貯金をするための金銭の書面による贈与をした日又は同項の規定の適用に係る結婚・子育て資金管理契約に基づき有価証券の購入をするための金銭等の書面による贈与をした日からこれらの結婚・子育て資金管理契約の終了の日までの間に、当該贈与者が死亡した場合には、次に定めるところによる。

　　一　当該贈与者に係る受贈者は、当該贈与者が死亡した事実を知つた場合には、速やかに、当該贈与者が死亡した旨を取扱金融機関の営業所等に届け出なければならない。
　　二　当該贈与者に係る受贈者については、当該贈与者が死亡した日における非課税拠出額から結婚・子育て資金支出額（第16項の規定による訂正があつた場合には、その訂正後のものとし、第2項第1号イに掲げる結婚・子育て資金については、300万円を限度とする。第12項及び第13項において同じ。）を控除した残額として政令で定める金額（以下この項及び第12項において「管理残額」という。）を当該贈与者から相続（当該受贈者が当該贈与者の相続人以外の者である場合には、遺贈。次号及び第4号並びに同項において同じ。）により取得したものとみなして、相続税法その他相続税に関する法令の規定を適用する。
　　三　取扱金融機関の営業所等は、前号の規定により相続により取得したものとみなされた管理残額及び当該贈与者が死亡した日を記録しなければならない。
　　四　第2号の規定により管理残額を相続により取得したものとみなされる場合における相続税法第18条の規定の適用については、同条第1項中「相続税額」とあるのは、「相続税額（租税特別措置法第70条の2の3第10項第2号（直系尊属から結婚・子育て資金の一括贈与を受けた場合の贈与税の非課税）の規定の適用がある場合には、同号に規定する管理残額に対応する相続税額として政令で定めるところにより計算した金額を控除した相続税額）」とする。
　　五　当該贈与者から相続又は遺贈により管理残額以外の財産を取得しなかつた受贈者に係る相続税法第19条の規定の適用については、同条第1項中「遺贈」とあるのは、「遺贈（租税特別措置法第70条の2の3第10項第2号（直系尊属から結婚・子育て資金の一括贈与を受けた場合の贈与税の非課税）の規定によりみなされる相続又は遺贈を除く。）」とする。

11 結婚・子育て資金管理契約は、次の各号に掲げる事由の区分に応じ当該各号に定める日のいずれか早い日に終了するものとする。
　一　受贈者が50歳に達したこと　当該受贈者が50歳に達した日
　二　受贈者が死亡したこと　当該受贈者が死亡した日
　三　結婚・子育て資金管理契約に係る信託財産の価額が零となつた場合、結婚・子育て資金管理契約に係る預金若しくは貯金の額が零となつた場合又は結婚・子育て資金管理契約に基づき保管されている有価証券の価額が零となつた場合において受贈者と取扱金融機関との間でこれらの結婚・子育て資金管理契約を終了させる合意があつたこと　当該結婚・子育て資金管理契約が当該合意に基づき終了する日
12　前項第1号又は第3号に掲げる事由に該当したことにより結婚・子育て資金管理契約が終了した場合において、当該結婚・子育て資金管理契約に係る非課税拠出額から結婚・子育て資金支出額（第10項第2号の規定により相続により取得したものとみなされた管理残額を含む。次項において同じ。）を控除した残額があるときは、当該残額については、当該結婚・子育て資金管理契約に係る受贈者の前項第1号又は第3号に定める日の属する年の贈与税の課税価格に算入する。
13　第11項第2号に掲げる事由に該当したことにより結婚・子育て資金管理契約が終了した場合には、当該結婚・子育て資金管理契約に係る非課税拠出額から結婚・子育て資金支出額を控除した残額については、贈与税の課税価格に算入しない。
14　取扱金融機関の営業所等の長は、結婚・子育て資金管理契約が終了した場合には、当該結婚・子育て資金管理契約に係る受贈者の氏名及び住所又は居所その他の財務省令で定める事項を記載した調書（第18項及び第19項において「結婚・子育て資金管理契約の終了に関する調書」という。）を当該結婚・子育て資金管理契約が終了した日（当該結婚・子育て資金管理契約が第11項第2号に掲げる事由に該当したことにより終了した場合には、取扱金融機関の営業所等の長が当該事由を知つた日）の属する月の翌々月末日までに当該受贈者の納税地の所轄税務署長に提出しなければならない。
15　税務署長は、次に掲げる事実を知つた場合には、取扱金融機関の営業所等の長にその旨その他の財務省令で定める事項を通知するものとする。
　一　受贈者が結婚・子育て資金の支払に充てるために取扱金融機関の営業所等から払い出した金銭が結婚・子育て資金の支払に充てられていないこと。
　二　当該受贈者に係る結婚・子育て資金非課税申告書が二以上の取扱金融機関の営業所等に提出されていること又は当該受贈者に係る非課税拠出額が1000万円を超えること。
16　取扱金融機関の営業所等の長は、前項の規定による税務署長からの通知（同項第1号に掲げる事実に係るものに限る。）を受けたときは、当該通知に基づき第8項の記録を訂正しなければならない。
17　第3項から第9項まで、第11項及び前三項に定めるもののほか、第1項、第10項、第12項及び第13項の規定の適用に関し必要な事項は、政令で定める。
18　国税庁、国税局又は税務署の当該職員は、結婚・子育て資金管理契約の終了に関する調書の提出に関する調査について必要があるときは、当該結婚・子育て資金管理契約の終了に関する調書を提出する義務がある者に質問し、その者の結婚・子育て資金管理契約に関する帳簿書類その他の物件を検査し、又は当該物件（その写しを含む。）の提示若しくは提出を求めることができる。
19　国税庁、国税局又は税務署の当該職員は、結婚・子育て資金管理契約の終了に関する調書の提出に関する調査について必要があるときは、当該調査において提出された物件を留め置くことができる。
20　国税庁、国税局又は税務署の当該職員は、第18項の規定による質問、検査又は提示若しくは提出の要求をする場合には、その身分を示す証明書を携帯し、関係人の請求があつたときは、これを提示しなければならない。
21　第18項及び第19項の規定による当該職員の権限は、犯罪捜査のために認められたものと解してはならない。
22　前項に定めるもののほか、第19項の規定の適用に関し必要な事項は、政令で定める。
（土地の売買による所有権の移転登記等の税率の軽減）
第72条　個人又は法人が、平成25年4月1日から平成31年3月31日までの間に、土地に関する登記で次の各号に掲げるものを受ける場合には、当該各号に掲げる登記に係る登録免許税の税率は、登録免許税法第9条の規定にかかわらず、当該各号に掲げる登記の区分に応じ、当該各号に定める割合とする。
　一　売買による所有権の移転の登記　1000分の15
　二　所有権の信託の登記　1000分の3
2　平成15年4月1日から平成18年3月31日までの間に登録免許税法別表第1第1号(12)ロ（3）又はニ（1）に掲げる仮登記を受けた者が、土地について、当該仮登記に基づき前項の規定により同項各号の登記を受ける場合には、同法第17条第1項の規定により控除する割合は、同項の規定

にかかわらず、次の各号に掲げる登記の区分に応じ、当該各号に定める割合とする。

一　売買による所有権の移転の登記　1000 分の 7.5

二　所有権の信託の登記　1000 分の 1.5

3　平成 15 年 3 月 31 日以前に登録免許税法別表第 1 第 1 号 (12) ロ (3) に掲げる仮登記を受けた者が、土地について、当該仮登記に基づき第 1 項の規定により同項第 1 号の登記を受ける場合には、同法第 17 条第 1 項の規定により控除する割合は、同項及び所得税法等の一部を改正する法律（平成 15 年法律第 8 号）附則第 24 条第 4 項の規定にかかわらず、1000 分の 3 とする。

租税特別措置法施行令（抜粋）

（昭和 32 年 3 月 31 日政令第 43 号）

（法人課税信託の受託者等に関する通則）

第 1 条の 2　1、2　省略

3　法人税法（昭和 40 年法律第 34 号）第 4 条の 7 に規定する受託法人（次項において「受託法人」という。）に対する法及びこの政令の規定の適用については、次の表の上欄に掲げる規定中同表の中欄に掲げる字句は、同表の下欄に掲げる字句とする。

法第 61 条の 4 第 2 項	投資法人及び	投資法人、
	特定目的会社	特定目的会社及び法人税法第 4 条の 7 に規定する受託法人
	法人税法	同法
法第 66 条の 13 第 1 項第 1 号	投資法人及び	投資法人、
	特定目的会社	特定目的会社及び法人税法第 4 条の 7 に規定する受託法人
	おいて法人税法	おいて同法
法第 68 条の 66 第 2 項	又は第 3 号に掲げる法人	若しくは第 3 号に掲げる法人又は同法第 4 条の 7 に規定する受託法人
法第 68 条の 98 第 1 項第 1 号	普通法人	普通法人（同法第 4 条の 7 に規定する受託法人を除く。）
第 27 条の 4 第 5 項及び第 28 条の 9 第 13 項	法人と	法人（これらの法人のうち法人税法第 4 条の 7 に規定する受託法人に該当するものを除く。）と
第 28 条の 9 第 16 項第 1 号	500 万円（資本金の額等が 1000 万円を超え 5000 万円以下である法人にあつては 1000 万円とし、資本金の額等が 5000 万円を超える法人にあつては 2000 万円とする。）	2000 万円
第 28 条の 9 第 18 項第 1 号及び第 20 項第 1 号	500 万円（資本金の額等が 5000 万円を超え 1 億円以下である法人にあつては 1000 万円とし、資本金の額等が 1 億円を超える法人にあつては 2000 万円とする。）	2000 万円
第 39 条の 39 第 4 項及び第 39 条の 56 第 3 項	連結親法人又は	連結親法人（法人税法第 4 条の 7 に規定する受託法人に該当するものを除く。）又は

第39条の56第5項第1号、第6項第1号及び第7項第1号	500万円（当該連結親法人又はその連結子法人が次に掲げる法人に該当する場合には、次に定める金額）	2000万円

4 省略

（家内労働者等の事業所得等の所得計算の特例）

第18条の2 法第27条に規定する政令で定める個人は、集金人、電力量計の検針人その他特定の者に対して継続的に人的役務の提供を行うことを業務とする者とする。

2 法第27条に規定する個人（以下この項において「家内労働者等」という。）について同条の規定の適用がある場合には、第1号に掲げる家内労働者等にあつては同号に定める金額を事業所得又は雑所得に係る必要経費に算入する金額とし、第2号に掲げる家内労働者等にあつては同号イに掲げる金額を事業所得に係る必要経費に算入する金額とし、かつ、同号ロに掲げる金額を雑所得に係る必要経費に算入する金額とする。

一 事業所得又は雑所得のいずれかを有する家内労働者等 65万円（当該家内労働者等が給与所得を有する場合にあつては、65万円から所得税法第28条第2項に規定する給与所得控除額を控除した残額。次号において同じ。）

二 事業所得及び雑所得を有する家内労働者等

イ 65万円のうち、所得税法第37条第1項及び第2編第2章第2節第4款第1目から第5目までの規定による事業所得の必要経費に相当する金額（雑所得に係る総収入金額（同法第35条第3項に規定する公的年金等に係るものを除く。）がロに掲げる金額に満たない場合には、当該満たない部分に相当する金額を加算した金額）に達するまでの部分に相当する金額

ロ 65万円のうち、所得税法第37条第1項及び第2編第2章第2節第4款第1目から第5目までの規定による事業所得の必要経費に相当する金額に達するまでの部分以外の部分に相当する金額

（特定組合員等の不動産所得に係る損益通算等の特例）

第26条の6の2 1～5 省略

6 その年において組合事業又は信託から生ずる不動産所得を有する個人が確定申告書を提出する場合には、財務省令で定めるところにより、当該組合事業又は信託から生ずる不動産所得の金額の計算に関する明細書を当該申告書に添付しなければならない。

7 省略

（組合事業等による損失がある場合の課税の特例）

第39条の31 1～4 省略

5 法第67条の12第1項に規定する出資の価額又は信託財産の帳簿価額を基礎として政令で定めるところにより計算した金額は、組合契約に係る組合員又は信託の受益者である法人のその組合事業又は信託に係る第1号及び第2号に掲げる金額の合計額から第3号に掲げる金額を減算した金額（次項及び第17項において「調整出資等金額」という。）とする。

一 当該事業年度にその終了の日が属する組合損益計算期間（組合等損失額又は組合等利益額（法第67条の12第2項に規定する政令で定める金額をいう。）の計算の基礎となる当該組合事業に係る損益が計算される期間をいう。次項において同じ。）のうち最も新しいものの終了の時（信託にあつては、当該事業年度終了の時。第3号において「最終組合損益計算期間等終了時」という。）までに当該組合契約又は信託行為に基づいて出資又は信託をした金銭の額に金銭以外の資産（以下この項において「現物資産」という。）に係る次に掲げる金額の合計額（当該組合契約が匿名組合契約等である場合には、当該現物資産の価額）を加算した金額（組合員持分担保債務がある場合にはその額に相当する金額を控除した金額とし、金銭若しくは現物資産と負債を併せて出資をした場合又は資産の信託と併せて委託者の負債を信託財産に属する負債とした場合にはこれらの負債の額を減算した金額とする。

イ 当該現物資産の価額に当該組合契約に係る他の組合員（第3号イにおいて「他の組合員」という。）の当該組合事業に係る組合財産持分割合（組合財産に対する各組合員の持分の割合をいう。以下この条において同じ。）を合計した割合又は当該信託の他の受益者の当該現物資産に係る信託財産持分割合（現物資産の価額に対する各受益者が法人税法第12条第1項の規定により有するものとみなされる部分の価額の割合をいう。以下この条において同じ。）を合計した割合を乗じて計算した金額

ロ 当該法人の当該出資又は当該信託の直前の当該現物資産の帳簿価額に当該法人の当該組合事業に係る組合財産持分割合又は当該現物資産に係る信託財産持分割合を乗じて計算した金額

二 次に掲げる金額の合計額

イ 当該法人の当該事業年度前の各事業年度における法人税法施行令第9条第1項第1号イから

ニまで、ヘ及びトに掲げる金額の合計額から同号リ及びルに掲げる金額を減算した金額（当該金額のうちに留保していない金額がある場合には、当該留保していない金額を減算した金額）のうち、当該組合事業に帰せられる部分の金額又は当該信託の信託損益帰属額（法人税法第12条第1項の規定により当該法人の収益及び費用とみなされる当該信託の信託財産に帰せられる収益及び費用に係る損益の額をいう。ロにおいて同じ。）に係る部分の金額の合計額

ロ　当該法人の当該事業年度前の各連結事業年度における法人税法施行令第9条の2第1項第1号イからハまで、ヘ及びトに掲げる金額の合計額から同号リ及びルに掲げる金額を減算した金額（当該金額のうちに留保していない金額がある場合には、当該留保していない金額を減算した金額）のうち、当該組合事業に帰せられる部分の金額又は当該信託の信託損益帰属額に係る部分の金額の合計額

三　最終組合損益計算期間等終了時までに分配等（当該組合事業に係る利益の分配若しくは出資の払戻し（組合員持分担保債務に相当する払戻しを除く。）又は信託財産からの給付をいう。以下この号において同じ。）として交付を受けた金銭の額に現物資産に係る次に掲げる金額の合計額（当該組合契約が匿名組合契約等である場合には、当該現物資産の価額）を加算した金額（金銭又は現物資産と負債を併せて分配等として交付を受けた場合には、当該負債の額を減算した金額）

イ　当該現物資産の価額に当該分配等の直前の他の組合員の当該組合事業に係る組合財産持分割合を合計した割合又は当該信託の他の受益者の当該現物資産に係る信託財産持分割合を合計した割合を乗じて計算した金額

ロ　当該法人の当該分配等の直前の当該現物資産の帳簿価額

6〜15　省略

16　法第67条の12第2項の規定の適用を受ける法人は、当該適用を受ける事業年度の確定申告書等に同項の規定により損金の額に算入される金額の計算に関する明細書を添付しなければならない。

17　法人が各事業年度終了の時において特定組合員又は特定受益者（当該信託に係る調整出資等金額を超える組合等損失額が生ずるおそれがないと見込まれ、かつ、第7項に規定する損失補てん等契約が締結されていない場合における当該特定受益者を除く。）に該当する場合には、当該法人は、当該事業年度の法人税法第2条第31号に規定する確定申告書にその組合事業又は信託に係る組合等損失額又は組合等利益額、法第67条の12第1項に規定する組合等損失超過額及び組合等損失超過合計額並びに調整出資等金額の計算に関する明細書を添付しなければならない。

18　省略

租税特別措置法施行規則（抜粋）

（昭和32年3月31日大蔵省令第15号）

（特定組合員等の不動産所得の計算に関する明細書）

第18条の24　その年において組合事業（法第41条の4の2第2項第2号に規定する組合事業をいう。以下この条において同じ。）又は信託から生ずる不動産所得を有する個人は、所得税法第120条第4項の規定により確定申告書に添付すべき同項の書類のほか、当該組合事業又は信託に係る次に掲げる項目別の金額その他参考となるべき事項を記載した施行令第26条の6の2第6項の明細書を確定申告書に添付しなければならない。

一　総収入金額については、当該組合事業又は信託から生ずる不動産所得に係る賃貸料その他の収入の別

二　必要経費については、当該組合事業又は信託から生ずる不動産所得に係る減価償却費、貸倒金、借入金利子及びその他の経費の別

2　施行令第26条の6の2第6項に規定する個人は、同項の明細書を各組合契約（法第41条の4の2第2項第1号に規定する組合契約をいう。）に係る組合事業又は信託ごとに作成するものとする。

事項索引

<監　修>

平川　忠雄　（ひらかわ　ただお）〈はじめに〉

　東京生まれ。中央大学経済学部卒業。日本税理士会連合会理事、同税制審議委員、東京税理士会常務理事などを歴任。現在、中央大学経理研究所講師、日本税務会計学会顧問、日本税務研究セミナー研究員、日本税理士会全国統一研修会講師。公的審議委員として経済産業省、中小企業庁、国土交通省、税制調査会、日本商工会議所、東京商工会議所等の委員を務める。税理士法人平川会計パートナーズ代表社員として、企業や個人に対するタックス・プランニングの指導などコンサルタント業務に従事。

【主な著書等】

『相続時精算課税制度の徹底解説』（日本法令）、『外形標準税』（同）、『減資の税務と登記手続』（同）、『金融所得課税がこんなに変わる』（税務経理協会）、『会社分割・企業組織再編税制の実務』（同）ほか多数。

◆税理士法人 平川会計パートナーズ（千代田本部）
　〒101-0021　東京都千代田区外神田6丁目9番6号
　ホームページ　http://www.hirakawa-tax.co.jp

<編　者>

遠藤　英嗣　（えんどう　えいし）〈第9章1、第10章1、さいごに〉

　弁護士（遠藤家族信託法律事務所）。元公証人（蒲田公証役場所属）。一般社団法人 民事信託推進センター監事、株式会社野村資産承継研究所・研究理事、日本成年後見法学会・常務理事。

【主な著書等】

『新訂 新しい家族信託』（日本加除出版）、『新しい地域後見人制度』（同）、「任意後見契約の変更、解除」（『成年後見制度をめぐる諸問題』新日本法規出版）。その他、日本経済新聞電子版・連載コラム「新しい相続のかたち・家族信託」執筆。

中島　孝一　（なかじま　こういち）〈第6〜7章、第10章2〉

　東京生まれ。現在、東京税理士会・会員相談室相談員、日本税務会計学会副学会長、税理士法人平川会計パートナーズ・税理士。

【主な著書等】

『業種別で見る8％消費税』（税務研究会・共著）、『事例式 資産をめぐる複数税目の実務』（新日本法規出版・共著）、『同族会社の新事業承継制度と関連税制』（日本法令・共著）、『新しい信託の活用と税務・会計』（ぎょうせい・共著）、『業種

別税務・会計実務処理マニュアル』（新日本法規出版・共著）、『租税基本判例80』（日本税務研究センター・共著）ほか。
◆税理士法人 平川会計パートナーズ（千代田本部）

星田　寛（ほしだ　ひろし）〈第1〜3章、第5章1・2・7・8・9〉

　平成20年三菱UFJ信託銀行退職。公益財団法人 公益法人協会 専門委員。一般社団法人 民事信託推進センター監事。信託法学会、租税法学会、成年後見法学会、日本FP学会の会員。
【主な著書等】
「自分と家族のための家族信託の検討」（信託229、信託協会）、「福祉型信託、目的信託の代替方法との税制の比較検討」（信託232、同）、「遺言代用信託」（『新しい信託法の理論と実務』経済法令研究会）、「財産承継のための信託（受益者連続信託）の検討」（『信託の実務と理論』有斐閣）、「信託と後見」（『成年後見制度法の理論と実務［第2版］』同）、「受託者の裁量権の検討」（『信託法実務判例研究』同）ほか。

＜執　筆＞（五十音順）

小山　武晴　（こやま　たけはる）〈第6章〉

　千葉生まれ。流通経済大学経済学部卒業。税理士。
【主な著書等】
『平成30年度税制改正と実務の徹底対策』（日本法令・共著）、『相続税修正申告と更正の請求の実務』（税務研究会・共著）、『税理士必携業種別税務ハンドブック』（ぎょうせい・共著）
◆小山武晴税理士事務所

高橋　宏治　（たかはし　こうじ）〈第4章〉

　平成23年司法書士、行政書士登録。優司法書士・行政書士事務所代表。栃木県司法書士会常任理事、一般社団法人 民事信託推進センター理事、リーガルサポートとちぎ支部幹事。その他、民事信託士、6次産業化アドバイザー（栃木県）、農業経営アドバイザー（日本政策金融公庫）。
【主な著書等】
『法律から見た農業支援の実務』（日本加除出版）

山北　英仁　（やまきた　ひでひと）〈第9章2〉

　合同事務所ジュリスター・インターナショナル代表。NPO法人渉外司法書士協会会長、日本司法書士政治連盟副会長、一般社団法人 民事信託推進センター専務理事・事務局、一般社団法人 民事信託士協会専務理事・事務局、一般社団法人 国際行政書士協会副会長。

【主な著書等】

『渉外不動産登記の法律と実務』（日本加除出版）、『Q&A 民事渉外の手続と書式』（新日本法規出版・編集代表）、加除式『事例式・民事渉外の実務』（同・編集代表）、『不動産取引とリスクマネジメント』（日本加除出版・共著、第3章「物件調査、重要事項説明、契約書」）、『司法書士の新展開』（日本評論社・共著、外国会社の日本進出のお手伝い）、『不動産をめぐる相続の法務と税務』（三協法規出版・共著、第8章「渉外相続による不動産の相続」）。

山﨑　芳乃　（やまざき　よしの）〈第5章5・6、第9章3〉

　司法書士。平成13年2月、埼玉司法書士会登録。平成16年10月、こすもす司法書士法人設立。一般社団法人 民事信託推進センター理事長。

【主な著書等】

「震災復興における土地信託の提案」（信託フォーラム Vol.2、日本加除出版）、「浪費者支援のための民事信託活用事例」（市民と法 №76、民事法研究会）、「民事信託実務入門講座」（登記情報633号、きんざい）、『株式会社の登記と実務』（民事法研究会・共著）

若山　寿裕　（わかやま　としひろ）〈第7章〉

　東京生まれ、明治大学商学部卒業。現在、税理士法人平川会計パートナーズ・税理士。

【主な著書等】

『平成30年度税制改正と実務の徹底対策』（日本法令・共著）、『事例式 資産をめぐる複数税目の実務』（新日本法規出版・共著）、『税理士必携業種別税務ハンドブック』（ぎょうせい・共著）

◆税理士法人 平川会計パートナーズ（上野本社）

渡部　美津子　（わたなべ　みつこ）〈第5章3・4、第8章〉

　平成4年建設省（現在の国土交通省）入省後、住宅、都市、公共事業、NPO、まちづくり、不動産市場に関する業務に従事。平成27年に退職。現在、フリーランス、一般社団法人 民事信託推進センター理事。

民事信託実務ハンドブック

| | 平成 28 年 7 月 15 日　初版発行 |
| | 平成 30 年 11 月 1 日　初版 3 刷 |

日本法令 ®

〒 101 - 0032
東京都千代田区岩本町 1 丁目 2 番 19 号
http://www.horei.co.jp/

検印省略

監　修	平　川　忠　雄
編　者	遠　藤　英　嗣
	中　島　孝　一
	星　田　　　寛
編集協力	(一社)民事信託推進センター
発行者	青　木　健　次
編集者	岩　倉　春　光
印刷所	日 本 ハ イ コ ム
製本所	国　　宝　　社

（営　業）　TEL　03-6858-6967　　E メール　syuppan@horei.co.jp
（通　販）　TEL　03-6858-6966　　E メール　book.order@horei.co.jp
（編　集）　FAX　03-6858-6957　　E メール　tankoubon@horei.co.jp
（バーチャルショップ）　http://www.horei.co.jp/shop
（お 詫 び と 訂 正）　http://www.horei.co.jp/book/owabi.shtml

※万一、本書の内容に誤記等が判明した場合には、上記「お詫びと訂正」に最新情報を掲載
　しております。ホームページに掲載されていない内容につきましては、FAX または E
　メールで編集までお問合せください。